KB088920

문학교육을 위한

고전시가작품론

문학교육을 위한

고전시가작품론

염은열 · 류수열 · 최홍원 지음

사회평론아카데미

문학교육을 위한
고전시가작품론

2019년 9월 16일 초판 1쇄 펴냄
2024년 6월 21일 초판 8쇄 펴냄

지은이 염은열 · 류수열 · 최홍원

책임편집 정세민
디자인 김진운
본문조판 민들레
마케팅 김현주

펴낸이 윤철호
펴낸곳 ㈜ 사회평론아카데미
등록번호 2013-000247(2013년 8월 23일)
전화 02-326-1545
팩스 02-326-1626
주소 03993 서울시 마포구 월드컵북로6길 56
홈페이지 www.sapyoung.com
이메일 academy@sapyoung.com

ISBN 979-11-89946-25-8 93370

머리말

'고전시가'와 '교육'. 이 책을 일관하는 두 개의 핵심어다. 우리는 과거의 문학인 '고전시가'가 현대의 독자들에게 어떤 의미를 지니는지, 고전시가를 '교육'한다는 것이 과연 어떤 인문적·사회적 의미를 지니는지 오랜 시간 고민하였고, 이 모든 고민과 탐구의 성과를 '고전시가교육'의 방향을 제시하고 내용을 안내하는 이 책에 담아내고자 했다. 그러나 막상 책을 내려니 부족함과 아쉬움이 크게 느껴진다. 무심할 용기가 부족한 세 명의 저자 모두 학내외 여러 요구에 시달렸고 세상일과 유행에도 자주 휩쓸렸다. 표면적으로는 같은 말을 사용했지만 때로 셋의 관점과 생각이 조금씩 달랐고 책에 대한 기대 수준 또한 같지 않아 논의가 공전(空轉)하는 일도 흔했다. 문학교육 실천가이자 연구자로서, 현장을 바꿀 수 있는 의미 있는 책을 써야 한다는 강박도 우리의 자유로운 사고를 제약했다.

그럼에도 불구하고 이제 이 책을 세상에 내보낸다. 우리들의 성취와 한계, 고민 등을 객관화함으로써 연구자로서의 여정을 다시 시작하기 위한 의식(儀式)이자 반성이며 다짐의 의미가 크다. 인문적 토양이 날로 척박해지는 세상에서 고전시가의 무엇을 왜 가르쳐야 하는지에 대한 의심과 회의 또한 심각한 수준에 이르렀다는 진단 때문이기도 하다.

1989년 사범대학에 박사과정이 개설되고 문학교육 연구가 본격화되었지만, 이론적 탐구가 문학교육 현장을 바꿔놓지는 못했다. 특히 고전시가 교육은 기원을 잊어버린 문학 용어와 작품 해석과 동떨어진 국문학사적 지식을 설명하고 암기하는 수준에 여전히 머물고 있다. 학계에서 통용되는 정설이나 통설이 아닌 견해는 물론이고 폐기된 견해, 심지어는 틀린 정보나 지식을 가르치는 경우가 적지 않다. 정작 작품 이해에 필요한 신뢰할 만한 지식이나 정보는 턱없이 부족하고, 그로 인해 수업 시간에 배움, 즉 고전시가 작품에 대한 의미 있는 경험이 사실상 불가능해진 지 오래되었으며, 결과적으로 고전시가를 왜 배워야 하는지 심각한 의심과 회의만 남게 되었다.

우리는 고전시가의 무엇을 왜 가르쳐야 하는지 그 방향의 일단을 보여주려고 한다. 모어 화자의 국어 능력 신장을 의도하는 중·고등학교 교실에서, 예비교사 양성을 목적으로 하는 교원양성기관의 강의실에서, 나아가 한국의 시가 작품이나 언어문화 유산에 대해 공부하는 여러 한국학교육 및 인문교육의 장에서 가르칠 내용을 제공하고자 하였다. 그러나 고전시가를 배우면 이런 능력이 길러질 수 있다고 명시적으로 주장하지는 않았다. 또한 고전시가 작품을 이런 방법으로 가르치라는 실용적인 제안도 하지 않았다. 그런 주장이나 제안이 사실은 가능하지도 교육적이지도 않다는 판단 때문이다. 그보다는 고전시가 작품 한 편 한 편이 지닌 고유한 가치를 인식하고 그 가치를 경험할 수 있도록 안내하고자 하였다. 그 경험을 통해 말이나 노래가 우리 삶에서 어떤 의미를 지니는지, 언어로 소통한다는 것은 또 어떤 개인적·사회적 가치를 지니는 실천 행위인지에 대해 깊이 이해하고 통찰하기를 희망했다. 고전시가 작품은 역사성과 근원성을 지니는 언어 자료로서, 교육적으로 대상화하고 객관화하기 수월하다. 언어가 어떻게 우리의 상상력을 제한하거나 열어주는지, 어떤 세계를 보여주고 어떤 세상을 만들어냄으로써 현실에서 어떤 힘을 발휘하는지를 밝히는 데 유용하다. 이 점을 보여줌으로써 고전시가 작품의 무엇을 왜 가르쳐야 하는지에 대해 보다 본질적이면서도 인문적인 답을 스스로 찾아볼 수 있게 하였다. 나아가 고전시가의 무엇을 왜 배워야 하는지 혹은 가르쳐야 하는지에 대한 답을 찾을 수 있도록 하였다.

이 책에는 상고시대 노래로부터 잡가에 이르기까지 57편의 작품이 수록되어 있다. 어떤 효과 내지 힘을 발휘함으로써 존재감을 획득하여 오늘날까지 전해진 귀한 노래들이다.

57편의 작품을 갈래별로 나눠 한 작품씩 기술했는데, 먼저 작품을 제시한 후

작품을 둘러싼 '맥락'과 '쟁점'을 살폈다. 작품을 제시할 때는 가독성을 높이기 위해 띄어쓰기를 하고 행과 연을 나눴지만 가급적 원문 그대로의 모습을 보여주고자 노력했다. '맥락'에서는 작품이 생산되고 향유된 맥락에 대한 기록이나 언급 등을 직접 보여줌으로써 고전시가 개별 작품에 대한 사실적 이해를 높이고자 하였다. 이어 '쟁점'에서는 작품 이해와 관련하여 논란이 되었거나 쟁점이 되었던 사항을 다룸으로써 맥락 부재의 문학사적 지식이나 자극적인 정보가 중재되고 있는 현실에서 유용한 지식과 견해가 생겨나는 해석의 역사를 보여줌과 동시에, 이후 본격적으로 작품을 이해하기 위한 비계를 제공하고자 하였다.

'꼼꼼히 읽기'는 개별 작품이 어떤 교육적 의미가 있는지를 탐구하여 기술한 부분이다. 고전시가라는 역사적 갈래에 속하는 개별 작품을 통해 경험할 수 있는, 혹은 경험해야만 하는 교육 내용을 제시하고자 하였다. 꼼꼼하게 읽는 과정까지 보여줌으로써 그 경험이 일어나는 과정 또한 드러내고자 하였다. '엮어 읽기'에서는 상호텍스트성을 활용하여 심화된 이해가 가능하도록 다른 작품을 제시하였는데, 이를 통해 말의 본질이나 작용, 문학적 요소 및 속성에 대한 통찰을 심화하고자 하였다. 아울러 고전시가가 '죽은 말(dead language)'이 아니라 오늘날의 언어 현상과 작용에 대한 이해를 깊게 해주는 교육 자료임을, 이 역시 배워야 할 고전시가 개별 작품의 교육적 가치이자 내용임을 전하고자 하였다. 모쪼록 우리의 의도가 독자들에게 전달되고 교육 현장의 변화로 이어지기를 희망한다.

꼭 밝혀야 할 것은 이 책이 세 사람의 은사이자 국어교육학자인 김대행 선생님으로부터 시작되었다는 점이다. 말이 단지 소통의 도구가 아니라 사람을 드러내고 세계를 만들어낸다는 선생님의 관점은 비민주화의 길을 걸어온 문학과 '사람'이 빠져버린 문학교육에 대한 비판으로 이어질 수밖에 없었고, 선생님께서는 비판을 넘어 실질적인 대안을 끊임없이 모색하고 제안하셨다. '고전시가작품교육론'을 집필하는 일 역시 그 대안 중의 하나였지만, 못난 제자들이 끝내 그 도전을 감당해내지 못했다. 끝내지 못한 숙제가 늘 마음을 무겁게 했고, 한참의 시간이 지난 후 우리는 이 숙제를 더 이상 미룰 수 없다는 데 생각을 같이 했다. 2세대 연구자로서 부족하더라도 나름의 답을 내는 것이 우리들의 발달 과업이라고 생각했다. 그러나

선생님께 누가 되지는 않을까 늘 두려웠다. 그래서 책이 늦어졌고 '고전시가작품 교육론'이라는 이름을 감히 붙이지 못하고 한 발 물러서 '문학교육을 위한 고전시가작품론'이라는 제목을 붙였다. 이 책의 관점과 구도는 물론이고 성과가 있다면 그것은 김대행 선생님께 빚진 것이다. 그리고 부족한 점이 있다면 그것은 전적으로 필자들의 역량 부족이 원인이다.

부디 이 책이 고전시가 나아가 문학을 왜 배워야 하는지에 대한 회의를 잠재우는 데 기여하기를, 고전시가의 무엇을 배우고 가르쳐야 하는지와 관련하여 실질적인 도움이 되기를, 인문적 토양과 문화가 날로 척박해지는 현실에서 말이나 문학이 지닌 힘과 의미를 자각하는 데 도움이 되기를 희망한다. 시간에 쫓기면서도 좋은 책을 만들고자 노력해준 사회평론아카데미의 고하영 이사님과 정세민 선생님께도 감사의 말을 전한다.

2019년 가을 저자 일동

차례

III. 고려가요

IV. 악장

V. 평시조

VI. 사설시조

VII. 가사

VIII. 잡가

일러두기

1. 이 책에서는 표제 작품을 최대한 원문에 가깝게 제시하려 하였다. 이를 위해 다음과 같은 원칙을 따랐다.
   1) 한역되어 전하는 작품은 한자를 그대로 밝혔고 한자음을 괄호 속에 넣어두었다.
   2) 한자와 한글이 함께 병렬되어 전하는 경우는 한자 표기를 살리되 한글을 위 첨자로 명기하였다.
      단, 한자와 한글이 낱자로 병기되어 있는 경우에는 단어로 묶어 표기하였다. (예 關[관]東[동] → 關東[관동])
   3) 표제 작품 이외에 다른 고전시가 작품을 인용할 때는 한자를 괄호로 병기하였고, 나머지 작품들은 현대어로 풀어 제시하였다.
   4) 가독성을 위해 띄어쓰기를 하였고, 해독의 혼란을 주는 오기만 최소한으로 바로잡았다.
2. 표제 작품 및 인용 작품의 목록은 책의 말미에 색인으로 제시하였다.
3. 향가 작품의 맥락에 제시된 『삼국유사』는 김원중의 번역(을유문화사, 2002)을 따르되, 향가 풀이 중 일부는 이 책에서 변개하여 제시한 경우가 있다.

I

고대가요

고대가요

고대(古代)라는 말은 '아득한 옛날'이라는 뜻으로 붙인 이름이다. 그러나 그 옛날이 구체적으로 언제부터인지는 정확히 알기 어렵다. 다만 그 끝을 고구려, 백제, 신라가 한반도에 정립되기 직전까지의 시기로 잡는 것이 일반적이다. 고대가요(古代歌謠)는 이 시기에 지어지고 향유되었던 노래를 일컫는다.

이 시기에는 구석기시대와 신석기시대, 청동기시대와 철기시대가 모두 포함된다. 대략 청동기시대쯤에는 이미 부족 집단의 수준을 넘어서 고대 국가를 형성했던 것으로 짐작된다. 고조선, 부여, 옥저, 예, 마한, 진한, 변한 등이 그러한 나라들이었다고 알려져 있다. 이 나라에서는 원시종합예술의 형태로 문학을 향유했을 것으로 보인다.

당시에는 문자가 없었으므로, 모든 문학은 창작, 구연, 전승의 과정이 전부 말로 이루어지는 구비문학이었다. 부족이나 민족이 하나의 공동체를 이루기 위해서는 의사소통을 위한 언어가 필요하며, 또 그 구성원들 간의 단합을 위해 여러 가지 의식(儀式)이 필요하다. 이 시기에 부여의 영고(迎鼓), 예의 무천(舞天), 고구려의 동맹(東盟) 등과 같은 제천의식(祭天儀式)이 있었다는 기록이 있는데, 이런 의식에서 공동체가 공유하고 있는 건국 시조 등을 위한 노래와 춤, 이야기를 함께 즐기는 원시종합예술이 있었을 것으로 보인다. 우리 문학사에서는 김수로왕의 탄생과 활약을 담은 건국신화에 〈구지가〉라는 노래가 삽입되어 전한다.

이러한 집단적인 성격의 원시종합예술은 이후 점차 분화하고 발전하면서 개인의 감정을 노래한 서정시(抒情詩)가 나타났다. 오늘날 확인할 수 있는 개인 서정시로는 〈공무도하가〉와 〈황조가〉 정도이지만 훨씬 더 많은 작품들이 구비로 향유되었을 것으로 짐작된다. 이들 작품은 창작자가 누구인지 기록되어 있기는 하지만, 창작을 전후해서 당대 수많은 사람들의 입에 오르내렸을 것으로 추측되기에 순수한 개인 서정시로 못 박기는 어렵다.

일반적으로 이 시기의 노래는 집단적이고 서사적인 원시종합예술에서 개인적이고 서정적인 내용을 담은 시가(詩歌)로 발전한다고 본다. 그러나 우리 시가문학사에서는 시대순으로 보아 〈공무도하가〉와 〈황조가〉가 먼저 보이고 집단 주술요인 〈구지가〉가 이들보다 후대에 나타난다는 점이 특징적이다. 이는 문학사가 대체(代替)의 역사가 아니라 부가(附加)의 역사임을 보여주는 현상이기도 하다. 다시 말해, 새로운 형태의 문학이 나타난다고 해서 전대에 있었던 형태의 문학이 곧바로 사라지는 것이 아니라 어느 정도 시기까지는 경쟁하고 공존하기도 한다는 것이다.

오늘날 우리가 접하는 〈공무도하가〉, 〈황조가〉, 〈구지가〉 세 편의 고대가요는 모두 짧고 간결한 형식, 소박한 정서 표현 등 민요의 성격을 가진 것으로 파악된다. 그러나 설화 문맥 속에 편입되면서 원형 그대로가 아니라 한역된 형태로 전한다. 이 노래들이 채록된 설화의 문맥 속에 자리 잡고 있다는 것은 어느 정도 널리 알려져 있었다는 뜻이고, 이는 곧 의식을 동반했을 가능성을 보여준다. 주술 또는 제의가 중요했던 당대의 생활상을 반영하고 있다는 것이다. 그러면서도 이 노래들이 탄생, 애정, 죽음이라는, 인간의 생애 주기에서 매우 중요한 문제를 화제로 다루고 있다는 점도 주목할 필요가 있다. 인간의 보편적 관심사를 다루고 있기에 많은 이들에게 공감을 얻어 널리 전파되고 전승될 수 있었던 것이다.

고대가요 01

공무도하가 公無渡河歌

지은이 여옥(麗玉, ?~?) 또는 백수광부(白首狂夫)의 처(?~?) **출처** 『해동역사』

公無渡河(공무도하)	임이여, 물을 건너지 마오
公竟渡河(공경도하)	임은 그예 물을 건너시네
墮河而死(타하이사)	물에 휩쓸려 돌아가시니
當奈公何(당내공하)	가신 임을 어이할꼬

맥락

중국 문헌에 전하는 가장 오래된 우리 노래

〈공무도하가〉는 현전하는 가장 오래된 우리 시가로, 중국 후한의 채옹(蔡邕)이 펴낸 『금조(琴操)』에 채록되어 전해진다. 최표(崔豹)의 『고금주(古今注)』에는 백수광부와 그의 처가 물에 빠져 연쇄적으로 죽은 사건담과 이를 곽리자고가 지켜보고 여옥과 이웃 사람에게 전하게 된 목격담으로 구성된 배경 이야기를 아래와 같이 기록하고 있다.

공후인(箜篌引)은 조선(朝鮮)의 진졸(津卒) 곽리자고의 아내 여옥이 지은 것이다. 곽리자고가 새벽에 일어나 배를 끌어내 노를 젓고 있었는데 그때 머리가 허연 한 미친 사내[白首狂夫]가 머리를 풀어 헤친 채 술병을 들고 다짜고짜 강물에 뛰어들어 건너려 하자 그의 부인이 쫓아가서 말렸지만 미치지 못해서 결국 강물에 빠져 죽고 말았다. 그래서 그의 아내가 공후를 들고 연주해 〈공무도하〉라는 곡을 지었는데, 그 소리가 몹시 처량하고 구슬펐다. 그녀는 곡을 마치고 스스로 강에 몸을 던져 죽었다. 곽리자고가 집으로 돌아와서 그 노랫소리를 아내 여옥에게 말해주었더니, 여옥이 슬퍼하며 이내 공후를 끌어당겨 그 노랫소리를 따라 연주했는데, 듣는 사람 중에 눈물을 떨구고 울음을 삼키지 않는 자가 없었다. 여옥은 그 곡을 이웃 여자 여용에게 전해 주고 이름하여 〈공후인〉이라 했다.

이후에 이 노래는 많은 인기를 얻어 〈공무도하가〉 계통의 작품으로 전해지는 것이 40여수에 이른다고 알려져 있다(윤호진, 2005). 우리나라에서는 17세기에 이르러서야 비로소 조선 후기 실학자들에 의해 재조명되기 시작했다. 차천로(車天輅)의 『오산설림초고(五山說林草藁)』, 한치윤(韓致奫)의 『해동역사(海東繹史)』, 박지원(朴趾源)의 『열하일기(熱河日記)』, 유득공(柳得恭)의 『이십일도회고시(二十一都懷古詩)』 등에 기록되었다. 『해동역사』에서 『고금주』에 수록된 배경설화를 소개하면서 배경설화 속 '조선(朝鮮)'을 '낙랑군(樂浪郡) 조선현(朝鮮縣)'으로 본 이래로, 〈공무도하가〉는 고조선시대의 우리 시가로 여겨져 왔다.

그런데 중국에서는 일찍부터 기록되고 이백의 〈공무도하(公無渡河)〉와 같이 여러 노래가 만들어져서 많은 인기를 누렸던 것과 달리, 우리 쪽에서는 비교적 후대에 기록되어 전해진다는 사실은 〈공무도하가〉가 우리의 노래인지에 대해 의구심을 불러일으켰다. 특히 우리의 노래라는 근거가 되었던 배경 이야기 속 '조선'의 지명이 실제 어느 지역을 가리키는지에 대해 여러 견해가 제기되기도 했다. 조선이 중국 직예성(直隸省) 안에 존속했던 '조선현'을 지칭한다고 보아 중국의 시가로 추정하기도 했고(최신호, 1971), 직예성의 조선현인들이 고조선 이래 한인(韓人)의 잔류민으로서 정체성과 동류의식을 유지했다는 사실에 주목하여 민족의 동질성 측면에서 우리 시가로 간주하기도 했다(김학성, 1980).

쟁점

누구의 노래인가

〈공무도하가〉는 아주 오래전에 만들어진 데다가 중국의 문헌에 수록되어 전해 내려왔다는 배경으로 인해 노래의 국적, 작자에서부터 등장인물의 정체, 노래의 성격과 의미에 이르기까지 수많은 의문이 제기되어 왔다. 이러한 의문은 누가 어떠한 배경에서 창작했으며, 어떠한 과정을 거쳐 전승, 기록되었는가의 문제로 수렴될 수 있다.

〈공무도하가〉의 배경설화를 전하는 『고금주』에 따르면, 이 노래는 곽리자고의 아내 여옥이 지은 것으로 명시되어 있다. 그러나 배경설화의 내용을 자세히 살펴보면 원작자가 백수광부의 아내이고 여옥은 그 노래의 전사자에 불과하다는 추정도 가능하다(양재연, 1953). 반면 남편의 죽음을 보고서 공후를 들고 와 노래를 지었다는 것이 이치에 맞지 않다는 점에서 곽리자고의 이야기를 전해 듣고 여옥이 지은 것으로 보는 견해도 있다(정병욱 외, 1977).

그런데 백수광부의 아내 혹은 여옥이 지은 이 노래가 중국 문헌에 한문으로 기록되어 전해진다는 사실에 근거하여, 이 노래의 작자와 전승 과정을 다르게 해석해볼 수도 있다. 백수광부의 아내와 여옥을 거쳐 점차 하층민의 어려운 삶을 하소연하는 방향으로 노래의 의미가 확대되면서 민요로 자리 잡게 되고, 어느 순간 중국 측 문인이 〈공무도하가〉를 악부에 넣고자 한문으로 번역했으리라는 추정이다. 이렇게 본다면 백수광부의 아내, 여옥, 번역자는 각각 일차적, 이차적, 삼차적 작자에 해당할 수 있다(조동일, 1982). 따라서 〈공무도하가〉는 한 개인의 창작물이라기보다는 민요적 성격이 강한 작품이 될 수 있고, 그만큼 작자를 특정하는 일 자체가 어려울 수 있다(정하영, 1992).

제한된 자료로 〈공무도하가〉를 누가 언제 창작했는지를 밝히고 확정하기는 쉽지 않다. 그러나 원작자가 누구든지 간에 이 노래가 백수광부의 아내, 여옥, 번역자를 거치면서 널리 퍼지고 향유되었다는 것은 확실하다. 이는 곧 한 개인의 특별한 사건을 담고 있으면서도 사별로 대표되는 인간의 근본적인 문제를 다루고 있어 많은 사람들이 노래의 내용에 공감했기 때문일 것이다.

꼼꼼히 읽기

백수광부, 강물에 뛰어들어 죽다

여기 강물에 뛰어든 한 남자가 있다. 이를 말리는 아내의 애절한 목소리에도 불구하고 결국 그는 물에 휩쓸려 사라지고, "가신 임을 어이할꼬"라는 아내의 절망과 탄식만이 울려 퍼진다. 눈앞에서 남편을 잃은 슬픔과 충격이 2천년의 시간을 건너 이 순간에도 절절히 와닿는다. 〈공무도하가〉의 노랫말은 여기서 끝나지만 사건은 멈추지 않고 노래를 불렀던 아내마저 죽음을 선택하는 파국으로 마무리되면서, 듣는 사람을 더 큰 슬픔과 충격으로 몰아넣는다.

이처럼 백수광부가 물에 빠져 죽게 된 사건이나, 그에 따른 화자의 슬픔은 비교적 선명하다. 그러나 정작 백수광부를 죽음에 이르게 만든 까닭은 명확하지 않다. 배경 이야기가 전해지고 있으나, 백수광부가 강에 뛰어든 직접적인 이유나 계기를 발견하기 어렵고, 이를 추정할 수 있는 인물과 상황의 정보도 충분치 않다. 이른 아침에 머리가 허옇게 센 미치광이가 술병을 쥐고서 아내의 만류에도 불구하고 강물을 건너려 했고 마침내 물에 휩쓸려 죽게 되었다는 것, 이것이 노래와 배경 이야기에서 확인할 수 있는 정보의 전부이다. 백수광부는 과연 누구이며, 왜 죽었을까? 그는 왜 아내의 만류에도 불구하고 강물에 뛰어들어 마침내 죽게 된 것일까? 백수광부의 정체와 죽음의 의미는 〈공무도하가〉의 의미를 밝히는 중요한 통로가 된다.

무엇보다 백수광부의 기이한 모습과 거동이 눈에 띈다. 이러한 모습은 무당을 떠올리게 한다. 특히 머리를 풀어 헤치고 술병을 든 채 미치광이 짓을 하면서 강물에 뛰어드는 것은 황홀경에 든 무당의 모습이라 할 수 있다. 공후를 연주한 아내 역시 무당으로, 굿노래 가락에 얹어 넋두리를 한 것으로 이해할 수 있다. 그렇다면 백수광부가 강물에 뛰어드는 일탈적 행동과 기이성은 죽음을 이기고 새로운 권능을 확인하려는 무당의 의식을 묘사한 것일 수 있다. 여기에 고조선이 국가 체제를 수립하면서 무당의 권위가 추락한 역사적 사실을 더하게 되면, 백수광부의 죽음은 무당의 권위가 사회적으로 추락하여 불신되고 배격되는 상황에서 기인한 것으로 볼 수 있다(조동일, 2005).

한편 백수광부의 기이한 모습과 행동은 신화의 세계를 연상시킨다. 머리를 풀어 헤치고 술병을 들고서 아무런 두려움 없이 물속으로 걸어 들어가는 것을 일반인의 행동으로 보기는 어렵기 때문이다. 그렇다면 백수광부가 삶과 죽음을 초월한 신이었기 때문에 가능했던 것은 아닐까? 무엇보다 백수광부와 그의 아내가 각각 '술병'과 '공후'를 들고 있었다는 사실은 이들을 각각 그리스 신화의 디오니소스

(Dionysos)에 대응하는 주신(酒神)과 강물의 요정 님프(Nymph)에 해당하는 악신(樂神)의 존재로 볼 수 있는 근거가 된다(정병욱, 1977). 그렇지만 신적인 존재로 보더라도 백수광부가 왜 물에 뛰어들었는지에 대한 의문은 여전히 남는다.

이와 달리 백수광부를 '주신'이나 '무부(巫夫)'로 볼 수 있는 결정적인 근거가 없다는 점에서, 부부 간의 가정불화에서 기인한 노래로 보아 감상할 수도 있다(정하영, 1992). 등장인물의 일탈적 행동과 기이성을 잠시 제쳐둔다면, 사랑하는 이의 죽음과 그에 따른 슬픔은 문학의 보편적인 주제이다. 특히 가까운 이의 죽음에서 비롯되는 절절한 슬픔은 시공간을 뛰어넘어 현재의 독자에게도 흡입력 있는 요소이다.

백수광부가 강물에 뛰어들어 죽음에 이르게 된 사연이 다양하게 추정되는 만큼, 작품 세계 역시 여러 가지로 읽어낼 수 있다. 〈공무도하가〉는 우리 시가의 맨 첫머리에서 과거의 특별했던 역사적 사건을 담고 있으면서, 한편으로 사별의 상황이나 인간 존재의 유한성과 같은 보편적인 문제를 생각하게 만든다(최홍원, 2010). 우리 노래의 초창기 모습으로 〈공무도하가〉에 주목하는 까닭도, 단지 가장 오래되었다는 역사적 이유를 넘어 이 노래가 과거에 있었던 특별한 사건과 오늘날까지 이어지는 보편적인 문제를 동시에 담고 있다는 데서 찾을 수 있다.

엮어 읽기

단절과 재생의 매개, 물

〈공무도하가〉에는 물이 여러 차례 등장한다. 1행에서 물은 임에 대한 사랑을 표현하는 계기가 되었고, 2연에서 물은 임과 화자를 갈라놓는 이별을 낳고 있다. 3행에서는 물로 인해 임이 죽게 되면서 영원한 단절을 가져오기도 한다. 이처럼 〈공무도하가〉는 물을 중심으로 사건이 펼쳐지는데, 물이 마침내 임과 화자 사이에 영원한 이별과 단절을 낳는다.

물이 이별과 연결되는 데에는 물리적으로 물이 이 땅과 저 땅을 갈라놓고 나와 너를 떼어놓는 단절의 속성을 갖고 있기 때문이다. 강을 경계로 나와 상대방이 떨어지게 되면서 심리적 평정이 깨지고, 비애, 한탄, 체념, 원망 등 여러 정서가 자연스럽게 표출되는 것이다. 한 예로 한시 〈송인(送人)〉에서 대동강 물은 이별이 발생하는 공간으로, 슬픔과 비애를 심화시키는 장치가 되고 있다(▶164쪽 〈서경별곡〉 참조). 나아가 '무슨 약수(弱水) 가렸관대 오거나 가거나 소식조차 그쳤는고'와 같은 〈규원가(閨怨歌)〉 속 탄식이나 대동강을 건너면 다른 꽃을 꺾을 거라는 〈서경별곡(西京別曲)〉의 자조적 목소리에서 보듯, 물은 임과 나를 갈라놓는 장애물이면서 영원한 이별에 따른 불안감과 원망을 드러내는 계기가 되기도 한다. 물이 만들어내는 이별과 단절의 장면을 아래 박목월의 〈이별가〉에서 자세히 들여다보기로 하자.

뭐락카노, 저 편 강기슭에서
니 뭐락카노, 바람에 불려서

이승 아니믄 저승으로 떠나는 뱃머리에서
나의 목소리도 바람에 날려서

뭐락카노 뭐락카노
썩어서 동아밧줄은 삭아 내리는데

하직을 말자 하직 말자
인연은 갈밭을 건너는 바람

뭐락카노 뭐락카노 뭐락카노
니 흰 옷자라기만 펄럭거리고……

오냐. 오냐. 오냐.
이승 아니믄 저승에서라도……

이승 아니믄 저승에서라도
인연은 갈밭을 건너는 바람

뭐락카노, 저 편 강기슭에서
니 음성은 바람에 불려서

오냐. 오냐. 오냐.
나의 목소리도 바람에 날려서.

강을 기준으로 이승과 저승이 나뉘면서 강은 삶과 죽음 사이에 놓인 건널 수 없는 벽이 된다. 저편에 있는 이의 말소리가 잘 들리지 않을 만큼 단절의 폭은 크기만 하다. 살아서 맺었던 이 세상과의 관계인 '동아밧줄'마저 삭아 내리는 지경인 것이다. 이처럼 강은 이승과 저승을 나누어 사랑하는 이와의 단절을 만들어 낸다.

그런데 우리 문학에서 물이 헤어짐이나 단절 등의 부정적 의미로만 등장하는 것은 아니다. 이와 동시에 새로운 창조와 재생이라는 긍정적 의미 또한 내포하여 양면적인 의미를 지니는 경우가 많다. 〈공무도하가〉만 하더라도 배경 이야기를 보면 아내가 강물에 몸을 던져 죽는 것에서 물이 한 번 더 등장한다. 따라서 강은 백수광부와 아내의 사랑에 끝을 가져오는 '이별의 강'이자, 노래를 부른 아내가 물에 빠져 죽음으로써 강 속의 공간에서 새롭게 만나게 되는 '만남의 강'이 된다(손종흠, 2011).

물을 매개로 새로운 차원의 만남이 이루어지는 것은 죽음의 과정을 거친 끝에 도달하게 되는 결과로, 죽음 이전의 만남과는 다를 수밖에 없음은 물론이다. 이때 물은 이전 세계와의 단절이자, 죽음 이후에 새로운 창조와 재생으로서의 의미를 갖는다. 이러한 모습을 〈심청전〉에서 심청이 인당수에 빠지고 이후 다시 살아나는 장면에서 자세히 만나보기로 하자.

심청이 다시 정신 차려 할 수 없어 일어나서 온 몸을 잔뜩 끼고 치마폭을 뒤집어쓰고, 종종걸음으로 물러섰다 바다 속에 몸을 던지며,
"애고 애고, 아버지 나는 죽소."

뱃전에 한 발이 지칫하며 거꾸로 풍덩 빠져 놓으니, 꽃 같은 몸이 풍랑에 휩쓸리고 밝은 달이 물 속에 잠기어 너른 바다 속에 곡식 낱이 빠진 것 같았다. …(중략)…

하루는 옥황상제께서 사해용왕에게 말씀을 전하시기를,

"심소저 혼약할 기한이 가까우니, 인당수로 돌려보내어 좋은 때를 잃지 않게 하라."

분부가 지엄하시니 사해용왕이 명을 듣고 심소저를 보내실 제, 큰 꽃송이에 넣고 두 시녀를 곁에 모시게 하여 아침 저녁 먹을 것과 비단 보배를 많이 넣고 옥 화분에 고이 담아 인당수로 보내었다. 이때 사해용왕이 친히 나와 전송하고 각궁 시녀와 여덟 선녀가 여쭙기를,

"소저는 인간 세상에 나아가서 부귀와 영광으로 만만세를 즐기소서."

소저 대답하기를,

"여러 왕의 덕을 입어 죽을 몸이 다시 살아 세상에 나가오니 은혜를 잊을 수가 없습니다. 모든 시녀들과도 정이 깊어 떠나기 섭섭하오나 이승과 저승의 길이 다르기에 이별하고 가기는 하지마는 수궁의 귀하신 몸 내내 평안하옵소서."

하직하고 돌아서니, 순식간에 꿈같이 인당수에 번듯 떠서 뚜렷이 수면을 영롱케 하니 천신의 조화요 용왕의 신령이었다.

앞부분은 심청이 공양미를 마련하기 위해 목숨을 던지는 장면이다. 여기서 인당수는 심청이 목숨을 잃게 되는 죽음과 소멸의 공간이다. 그러나 심청은 다시 살아나 왕후로서 이전과는 다른 새로운 삶을 살아가게 된다. 이렇게 보면 물은 심청을 죽음에 이르게 하는 공간이지만, 한편으로 새로운 삶으로 다시 태어나게 만드는 공간이기도 하다. 기존의 불우했던 삶과 단절하고 행복한 삶으로 변화하기 위해 반드시 거쳐야만 했던 통과의례의 장소이다.

흔히 이별의 상황에서 만나게 되는 물이지만, 물이 함축하는 바는 단절의 의미에 그치지 않는다. 문학에서 물은 죽음, 단절의 의미와 함께 창조와 재생이라는 상반된 원형적 속성을 갖고 있다. 이에 따라 등장인물들이 죽거나 헤어지는 공간이면서, 한편으로는 이전과 다른 새로운 존재로 변화하는 공간이 되기도 한다. 삶과

죽음, 이별과 만남처럼 물이 만들어내는 다양한 의미 속에서 작품의 세계는 더욱 풍요로워진다.

참고문헌

김학성(1978), 「공후인의 신고찰」, 『관악어문연구』 3, 서울대학교 국어국문학과.
김학성(1980), 「공후인의 신고찰」, 『한국고전시가의 연구』, 원광대학교출판국.
박목월(1968), 〈이별가〉, 《경상도의 가랑잎》, 민중서관.
서수생(1974), 「공후인연구」, 『한국가요의 연구』, 형설출판사.
성기옥(1988), 「공무도하가 연구」, 서울대학교 박사학위논문.
손종흠(2011), 『고전시가 미학 강의』, 앨피.
양재연(1953), 「공무도하가 소고」, 『국어국문학』 5, 국어국문학회.
윤호진(2005), 『임이여! 하수를 건너지 마오』, 보고사.
장덕순(1975), 『한국문학사』, 동화문화사.
정병욱(1977), 『한국고전시가론』, 신구문학사.
정병욱 외(1977), 『고전의 바다』, 현암사.
정하영(1992), 「공무도하가의 성격과 의미」, 백영정병욱선생10주기추모논문집간행위원회 편, 『한국고전시가작품론 1』, 집문당.
정하영 편(1995), 『한국고전문학전집 13: 심청전』, 고려대학교 민족문화연구원.
조동일(1982), 『한국문학통사 1』, 지식산업사.
조동일(2005), 『한국문학통사 1』(제4판), 지식산업사.
조윤제(1949), 『국문학사』, 동국문화사.
최신호(1971), 「공후인이고」, 『동아문화』 10, 서울대학교 동아문화연구소.
최홍원(2010), 「고대가요에 대한 국어교육적 탐색」, 『국어교육학연구』 38, 국어교육학회.

고대가요 02

황조가 黃鳥歌

지은이 유리왕(琉璃王, ?~18) **출처** 『삼국사기』 고구려 본기 '유리왕'조

翩翩黃鳥(편편황조)	오락가락 꾀꼬리는
雌雄相依(자웅상의)	암수 서로 정답건만
念我之獨(염아지독)	생각할사 이 외로움
誰其與歸(수기여귀)	뉘와 함께 돌아갈꼬

맥락 **유리, 꾀꼬리를 보고 노래를 부르다**

〈황조가〉는 고구려의 2대 임금이었던 유리왕이 부른 노래로 『삼국사기(三國史記)』에 한역(漢譯)으로 실려 전한다. 그 내용은 다음과 같다.

즉위 3년(기원전 17) 가을 7월에 골천(鶻川)에 별궁(別宮)을 지었다. 겨울 10월에 왕비 송씨(松氏)가 죽었다. 왕이 다시 두 여자에게 장가들어 후실로 삼았다. 하나는 화희(禾姬)라 하는데 골천 사람의 딸이었고, 또 하나는 치희(稚姬)라 하는데 한(漢)나라 사람의 딸이었다. 두 여자가 총애를 받으려고 다투고 서로 화해하지 않으므로 왕이 양곡(涼谷)에 동·서 2궁을 지어 각기 두었다. 후에 왕이 기산(箕山)으로 사냥을 나가 7일 동안 돌아오지 않았는데 두 여자가 다투었다. 화희가 치희에게 욕하기를 "너는 한인(漢人) 집안의 비첩(婢妾)으로, 어찌 무례함이 심한가?"라고 하였다. 치희가 부끄럽고 분하여 도망쳐 돌아갔다. 왕이 그 말을 듣고 말을 채찍질하여 이를 따라갔으나 치희는 성을 내고 돌아오지 않았다.

왕이 어느 날[嘗] 나무 밑에서 쉬다가 꾀꼬리가 날아와 모여드는 것을 보고 감

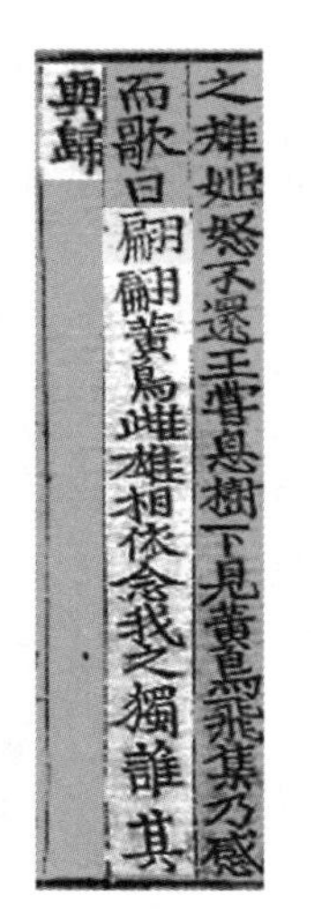
之雉姬怒不還王嘗息樹下見黃鳥飛集乃感
而歌曰翩翩黃鳥雌雄相依念我之獨誰其
與歸

황조가 수록 부분
(『삼국사기』)

탄하여 노래하기를 "오락가락 꾀꼬리는 / 암수 서로 정답건만 / 생각할사 이 외로움 / 뉘와 함께 돌아갈꼬"하였다.

유리왕은 고구려의 건국 시조 주몽의 아들로 태어났다. 그는 어머니와 자신을 남기고 떠난 아버지를 찾기 위해 몸소 아버지가 남겨둔 수수께끼를 풀어서 부러진 칼 한 조각을 찾고, 이 칼 한 조각을 들고 가서 부자의 연을 확인했다. 거기에 더해 공중으로 솟아올라 창을 타고 해에 닿았다가 돌아옴으로써 신성한 혈통과 비범한 능력을 검증받기도 했다. 이러한 검증을 거쳐 왕위에 오르니 이때가 기원전 19년이었다. 이 시기까지만 해도 그는 신화적 인물로 형상화되어 있다.

그런데 『삼국사기』의 기록에서처럼 즉위 초에 한 여인을 잃고 〈황조가〉와 같은 애상적인 노래를 불렀다면, 즉위와 더불어 신화적 영웅성과는 거리가 다소 멀어진 것으로 볼 수도 있겠다. 실제로 유리왕은 기원후 3년 도읍을 홀본(忽本: 졸본)에서 국내성(國內城)으로 옮기고 4년에는 왕자 해명(解明)을 태자로 삼았으나 후에 해명이 외교적 문제를 일으키자 자결하도록 했다. 13년에는 부여가 침입하자 왕자 무휼(無恤, 대무신왕)에게 나가 싸우게 하였고, 무휼이 싸움에서 이기자 14년에 그를 태자로 책봉했다. 이런 역사적 사실을 고려해보면 유리왕은 시종일관 신화적 영웅으로 그려지고 있는 아버지 주몽과는 달리, 국권의 보존과 왕권의 계승 등 국가의 흥망성쇠에 대해 고뇌하는 역사적 인물임을 알 수 있다.

쟁점

유리왕 이야기에 실린 내력

〈황조가〉에 대해서는 유리왕이 우리말로 지은 개인 서정시라는 입장과 구비로 전승되던 민요라는 입장, 서사시의 일부라는 입장이 있다. 이러한 입장 차이는 신화적 성격과 역사적 성격을 동시에 지닌 유리왕의 위상과 무관하지 않다. 전승 문헌의 기록을 존중하면 당연히 유리왕이 우리말로 지어 부른 노래로서 당연히 개인 서정시로 규정된다. 그런데 신화적인 인물이 개인 서정시를 지어 부른다는 것이 이치에 맞지 않는다는 이유로, 역사서의 명시적인 기록과는 별도로 그 성격에 대한 이견이 일찍부터 있었다.

그중 하나는 이 노래를 서사시의 일부로 규정하는 관점이다. 이러한 관점에서는 화희[이름의 '화(禾)'가 벼를 뜻함]와 치희[이름의 '치(雉)'가 꿩을 뜻함]의 다툼을 농경족과 수렵족 간 분쟁의 상징으로 보고, 왕으로서 이를 중재하지 못한 회환을 읊은 노래로 간주한다(이명선, 1948). 그런가 하면 원래는 우리말로 창작되고 가창되던 구애(求愛)의 민요가 구전되다가 후대에 한자가 전래되면서 한역을 거쳐 정착되었고, 이것이 유리왕 설화에 편입되어 『삼국사기』에 수록되었다고 보는 견해(정병욱, 1967)도 제기된 바 있다. 요컨대 노래의 성격에 대한 논란은 유리왕이 직접 지은 것인가, 민요가 설화 속으로 편입된 것인가 하는 문제와 그것이 개인 서정시인가, 서사시의 일부인가 하는 문제로 요약된다.

이와 같은 논란은 사서의 편찬자가 왜 유리왕에 대한 역사 서술에 〈황조가〉를 굳이 포함시켰는가 하는 편찬 의도에 대한 의문으로 연결된다. 이런 의문에 접근하는 단서는 "어느 날[嘗(상)]" 불렀다는 기록이다. '일찍이', '언젠가', '과거에'를 뜻하는 '嘗'으로 표시되었다는 점에 주목하여 〈황조가〉의 창작 시기를 치희를 떠나보낸 직후가 아니라 두 궁을 따로 지어놓고 지내던 때로 간주하는 견해가 있다. 이러한 견해는 이 노래를 낭만적인 연정을 읊은 서정시가 아니라 두 여자를 두고 음분(淫奔)을 행한 방탕한 군주를 비판하기 위해 편찬자가 의도적으로 배치한 노래로 본다(김영수, 2000). 조선 후기에 이르러 안정복이나 이익 등이 유리왕에 대해 두 아내를 두고 사냥이나 다니면서 정치적으로 혼미해진 군주라고 평가했던 사실들이 이런 견해의 근거가 된다.

이와는 달리 '嘗'을 '거듭하여'라는 뜻으로도 새긴다는 점을 고려하여 유리왕이 자주 불렀던 일종의 애창곡으로 보고, 치희의 도망 이전에는 물론 그 이후에도 지속된 일련의 곤란한 상황에서 외로움을 표현한 노래로 파악하는 견해(조하연, 2018)도 있다. 이러한 관점에서는 사서의 편찬자가 유리왕의 인간적 한계에 대한 성찰을 포괄적으로 드러내기 위해 이 노래를 배치한 것으로 본다.

꼼꼼히 읽기

꾀꼬리는 한 쌍, 나는 한 몸

사랑하는 연인을 떠나 보낸 사람이 있다. 그는 당연히 외로움을 느끼고 있을 것이다. 그 외로움을 감추고 있을 수도 있고, 억누르고 있을 수도 있다. 그러나 손을 맞잡고 걸어가는 다정한 연인 한 쌍을 목격한다면 사정은 달라진다. 감추고 있거나 억누르고 있던 외로움이 번져나올 것이다.

〈황조가〉는 위와 같은 상황에서 다정한 연인 한 쌍의 자리에 꾀꼬리 한 쌍이라는 자연물이 배치되어 있는 작품이다. 사랑하는 이를 떠나보낸 뒤에 느끼는 화자의 외로운 심사가 꾀꼬리 한 쌍의 다정한 어울림과 대비를 이루면서 드러나 있는 것이다. 실제로 김영랑이 〈오월〉이라는 시에서 "꾀꼬리는 엽태 혼자 날아 볼 줄 모르나니 / 암컷이라 쫓길 뿐 / 수놈이라 쫓을 뿐 / 황금 빛난 길이 어지럴 뿐"이라고 묘사한 대로, 꾀꼬리는 암수가 정답기로 소문난 조류이다. 짝을 잃은 자의 눈에 짝을 지어 노는 꾀꼬리 한 쌍의 풍경이 예사로 보일 리는 없었을 것이다. 자아에게 결핍된 것을 조화롭고 충족된 사상(事象)에 비추어 발견하는 발상을 담고 있기에 기본적인 정조는 외로움일 수밖에 없다.

이 노래에서 다정한 꾀꼬리 한 쌍은 시적 화자의 외로움을 부각시키는 배경일 뿐만 아니라, 외로움이라는 정서를 증폭시키는 자극물로 기능한다. 그리하여 조화로운 세계와 결핍감을 느끼는 자아가 선명하게 대비된다. 유리왕에게 있어야 할 짝[이상적인 것]이 곁에 없는 것[현실적인 것]에서 갈등이 생성되었고, 이상적인 것에 대한 추구가 좌절되는 데서 오는 비극미를 표현한 노래가 되는 것이다.

자아와 세계의 이러한 구도는 서정 갈래에서 일반적인 발상 원리이기도 하다. 이 노래에서도 서로 정다운 꾀꼬리 한 쌍이 이른바 객관적 상관물(objective correlative)로 기능하면서, 화자의 외로운 정서를 유발하는 구도를 취한다. 자아를 둘러싼 세계가 충족되고 조화로울수록 자아가 느끼는 결핍과 불안은 한층 더 선명하게 표면화되는 법이다. 이는 인간이 겪는 보편적 삶의 원리이기도 하다. 만일 이 노래가 서사시의 일부라 하더라도, 이러한 발상법은 서정 갈래의 일반적 원리에서 비껴가지 않는다.

엮어 읽기

반면투사를 통한 발상

주관화의 장르인 서정시에서는 대개 자아의 상황과 정서를 중심으로 외부 세계를 해석하고 수용한 결과를 노래의 형식으로 표현한다. 이때 자아는 외부 세계를 자신의 상황이나 정서와 동일시하거나 서로를 대비하는 방향으로 배치한다. 이는 자아의 정서를 선명하게 부조(浮彫)하는 보편적인 방식이다.

공자가 편찬했다는 『시경(詩經)』의 첫머리에 자리 잡고 있는 노래 "꾸룩꾸룩 저 물새 / 물가에서 울고 / 요조숙녀는 / 군자의 좋은 짝이라네[關關雎鳩 / 在河之洲 / 窈窕淑女 / 君子好逑]"는 전형적인 구애요로서, 〈황조가〉의 문학적 원류로 지목되기도 한다. 이 노래는 물새가 물가에서 노는 것이 자연의 섭리이듯, 요조숙녀가 군자의 짝이 되는 것 또한 자연의 이치라는 의미를 담고 있다. 외부의 세계를 자아의 상황이나 정서와 동일시하는 구도를 취하고 있는 것이다.

〈황조가〉에서는 이와 반대로 양자를 서로 대비하는 구도를 취했다. 남[세계]을 보고 자기 자신의 위치와 상태를 확인하는 인식 방법이다. 이를 일러 '반면충동(反面衝動)'이라 할 수 있다. 반면충동이란 원래 〈덴동어미 화전가〉(▶ 492쪽)에서처럼 즐거운 자리에서 설움을 환기하는 현상을 가리키는 말이지만(김대행, 2003), 충족된 세계를 보면서 자아의 결핍을 확인하는 발상에도 적용될 수 있다. 다만 충동이라는 단어는 일회성이나 일시성을 내포하고 있으므로, 시적 형상화의 차원에서는 감정이나 욕망을 남이나 외부 세계에 비추어 본다는 점에서 '충동'보다 '투사(投射)'가 더 적절한 개념이라 할 수 있다.

모든 노래의 원형이라 할 수 있는 민요에서도 이러한 발상은 흔하게 발견된다. 민요의 흔적을 강하게 지닌 고려속요 중 〈동동〉(▶ 139쪽)의 4월령, 〈만전춘별사〉(▶ 198쪽)의 2연에서도 뚜렷하게 드러나며, 신흠의 〈한식 비온 밤에〉를 비롯한 여러 시조 작품에서도 산견된다. 근대에 들어서도 이런 발상의 전통은 지속되고 있는데, 주요한의 〈불노리〉에서 이를 확인할 수 있다.

아아 썩거서 시둘지 안는 솟도 업것마는, 가신 님 생각에 사라도 죽은 이 마음이야, 에라 모르겟다, 저 불길로 이 가슴 태와 버릴가, 이 서름 살라 버릴가, 어제도 아픈 발 끌면서 무덤에 가 보앗더니 겨울에는 말랏던 꼿이 어느덧 피엇더라마는 사랑의 봄은 또다시 안 도라오는가, 찰하리 속 시언이 오늘 밤 이 물속에…

인용 대목의 앞부분에서는 '시드는 꽃'과 '가신 님'의 유사성에 대한 인식이 감지되지만, 뒷부분에서는 결국 봄을 맞아 '다시 핀 꽃'과 봄이 되어도 '돌아오지 않는 사랑'이 선명히 대비되면서 화자의 결핍감은 확연히 증폭된다. 이 또한 반면투사의 효과라 할 것이다.

이러한 표현은 나아가 소설 속 인물의 대사에서도 쉽게 발견된다. 예컨대 〈장끼전〉에서 장끼가 죽는 장면에 나오는 까투리의 말 "명사십리(明沙十里) 해당화야, 꽃 진다 한을 마라. 너는 명년 봄이 되면 또 다시 피려니와 우리 낭군 이번 가면 다시 오기 어려워라."에서는 '다시 피는 해당화'와 '다시 오지 않는 우리 낭군'의 대비가, 〈심청가〉에서 곽씨 부인의 죽음에 대해 심봉사가 하는 말 "동산에 돋는 풀은 해마다 푸르건만 우리 집 마누라는 귀불귀(歸不歸) 웬일인고."에서는 '동산에 돋는 풀'과 '우리 집 마누라'의 대비가 선명하다.

인간은 자기 자신을 직접 확인하기 어렵다. 대신 자신을 비추어줄 거울을 대면하면 비로소 자기 자신을 선명히 볼 수 있다. 마찬가지로 자신의 처지와 대비되는 외부의 풍경이나 사건을 대면할 때 비로소 자신의 처지를 선명하게 확인하게 된다. 특히 충족과 결핍의 상반된 상황이 가져다주는 상대화로 인해, 자기에 대한 이해가 가능해지고 심화될 수 있는 것이다(최홍원, 2010). 인간의 유한성이 상대적 대상인 자연의 무한성과 병렬될 때 그 주체는 자연히 비극적 존재로 인식되기 마련이라는 설명(김대행, 1980)에 비추어 본다면, 반면투사는 자기 자신을 객관화하여 관조하기 어렵다는 인간의 한 본질적인 특성을 보여준다는 점에서 특별히 주목될 필요가 있다.

참고문헌

김대행(1980), 『한국시의 전통 연구』, 개문사.
김대행(2003), 「덴동어미 화전가와 팔자의 원형」, 박노준 편, 『고전시가 엮어 읽기 (하)』, 태학사.
김영수(2000), 「황조가 연구 재고—악부시 '황조가'의 해석을 원용하여」, 『한국시가연구』 6, 한국시가학회.
이명선(1948), 『조선문학사』, 조선문학사.
정병욱(1967), 「한국시가문학사 (상)」, 『한국문화사대계』 5, 고려대학교 민족문화연구소.
조하연(2018), 「〈황조가〉에 대한 접근 방식 재고—편찬자의 의도를 중심으로」, 『고전문학과 교육』 37, 한국고전문학교육학회.
주요한(1919), 〈불노리〉, 『창조』 창간호. 『주요한 시선』(김문주 편, 2014, 지식을만드는지식)에서 재인용.
최홍원(2010), 「고대가요에 대한 국어교육적 탐색」, 『국어교육학연구』 38, 국어교육학회.

고대가요 03

구지가 龜旨歌

지은이 구간(九干) 등 **출처** 『삼국유사』 기이 편 '가락국기'조

龜何龜何(구하구하)	거북아 거북아
首其現也(수기현야)	머리를 내밀어라
若不現也(약불현야)	만약 내밀지 않으면
燔灼而喫也(번작이끽야)	구워서 먹으리라

맥락

하늘이 내린 노래

가락국(駕洛國)은 6가야 중에서도 맹주 역할을 했던 금관가야의 전신이다. '가락국기'에 따르면 김수로왕은 김해 지역에 가락국을 세웠으며, 아유타국에서 온 허왕후를 왕비로 맞아들인 인물이다. 〈구지가〉는 가락국이 건국된 내력을 전하는 김수로왕 신화에 삽입되어 전하는 가요로서, 〈영신군가(迎神君歌)〉 또는 〈구지봉영신가(龜旨峰迎神歌)〉라고도 한다. 편의상 구간, 곧 아홉 명의 추장과 그 백성들이 함께 부른 노래라고는 하지만, 기록된 바를 그대로 믿으면 하늘에서 지상으로 보낸 노래이다. 『삼국유사』에는 다음과 같은 맥락과 함께 기록되어 있다.

천지가 개벽한 이후로 이 땅에 아직 나라의 칭호가 없었고, 군신의 칭호도 없었다. 이때 아도간, 여도간, 피도간, 오도간, 유수간, 유천간, 신천간, 오천간, 신귀간 등 구간(九干)이 있었다. 이 추장들이 백성을 아울러 다스렸으니, 모두 100호(戶)에 7만 5,000명이었다. 대부분이 저마다 산과 들에 모여 살았고 우물을 파서 마시고 밭을 갈아서 먹었다.

후한의 세조(世祖) 광무제(光武帝) 건무(建武) 18년 임인년(42년) 3월 계욕일(禊浴日)에 그들이 살고 있는 북쪽 구지봉(龜旨峯) — 이는 산봉우리의 이름인데, 마치 십붕(十朋)에 엎드려 있는 형상이므로 이렇게 부른다 — 에서 사람들을 부르는 것 같은 이상한 소리가 났다. 그래서 무리 이삼백 명이 그곳으로 모여들었다. 사람의 소리 같았지만 형체는 보이지 않고 소리만 들렸다.

"여기에 사람이 있는가?"

구간 등이 말했다.

"우리들이 있습니다."

또 소리가 들려왔다.

"내가 있는 곳이 어디인가?"

구간 등이 다시 대답했다.

"구지봉입니다."

또 소리가 들려왔다.

"하늘이 나에게 이곳에 내려와 새로운 나라를 세워 임금이 되라고 명하셨기 때문에 내가 일부러 온 것이다. 너희들이 모름지기 봉우리 꼭대기의 흙을 파내면서 '거북아 거북아 / 머리를 내밀어라 / 만약 내밀지 않으면 / 구워서 먹으리라'라고 노래 부르고 춤을 추면 대왕을 맞이하여 [너희들은] 기뻐 춤추게 되리라."

구간들은 그 말대로 하면서 모두 기쁘게 노래하고 춤을 추었다. 얼마 후 하늘을 우러러보니 자줏빛 새끼줄이 하늘에서 내려와 땅에 닿았다. 줄 끝을 살펴보니 붉은색 보자기로 싼 금합이 있었다. 그것을 열어보니 해처럼 둥근 황금알 6개가 들어 있었다.

이 이야기의 뒤에는 상자 안에서 용모가 훤칠한 어린아이가 나왔고 10여일 후에는 9척의 어른으로 자랐으며, 그중에서 가장 먼저 나온 이가 왕위에 오르면서 수로(首露)라는 이름을 얻었다는 내용이 이어진다. 그리하여 이 이야기는 전체적으로 가락국 건국 신화의 위상을 가진다.

한편 〈구지가〉는 약간의 변이를 거치며 후대에는 『삼국유사』 기이 편 '수로부

경남 김해에 있는 구지봉석 (©문화재청)

인'조에 수록된 〈해가(海歌)〉로 이어진다. 신라 성덕왕 시절에 수로부인이 강릉 태수로 부임하는 순정공을 따라가던 중 바다의 용이 갑자기 부인을 끌고 바다로 들어가 버리자, 한 노인이 '뭇 사람의 입은 쇠도 녹인다[중구삭금(衆口鑠金)]'면서 부인을 구출하기 위해 경내(境內)의 백성을 모아 부르라고 했던 노래이다. 그 가사는 이렇다.

龜乎龜乎出水路(구하구하출수로)　　거북아 거북아 수로를 내어 놓아라
掠人婦女罪何極(납인부녀죄하극)　　남의 부녀를 빼앗은 죄 얼마나 큰가
汝若悖逆不出獻(여약패역불출헌)　　네 만약 거역하고 내어 놓지 않으면
入網捕掠燔之喫(입망포략번지끽)　　그물로 사로잡아 구워서 먹으리

이 노래를 불렀더니 과연 용이 부인을 받들고 바다에서 나왔다. 노인이 노래의 효험을 '중구삭금'이라고 한 데서 알 수 있듯이, 〈구지가〉와 〈해가〉는 주술성을 공유하고 있다. 이 점을 고려하면, 〈구지가〉는 특정한 상황 맥락에 맞추어 소망을 표현할 때 다양하게 변주된 주술적 가요의 원형 중 하나로 오랫동안 전승되어 온 것으로 보인다.

쟁점

노래의 신화적 해석

이 노래는 건국 신화의 한 부분을 차지한다. 이에 따라 신화적 맥락에서 노래의 성격을 규정하려는 노력이 지속되어 왔다. 제의적 차원에서는 신을 맞이하는 자리에서 가창된 영신가(迎神歌)로 분류되고(장덕순, 1960), 기능적으로는 흙을 파면서 부른 노동요로 분류된다(조윤제, 1949). 또 거북이 머리를 내미는 형상으로부터 유추하여 거북이 남근을 상징한다는 정신분석학적 해석도 있다(서정범, 1961). 3월 계욕일에 연행되었다는 점을 바탕으로 '봄의 재생성과 부활성'을 상징

화하여 곡식의 성장을 기원한 것으로 보는 민간신앙적 해석도 있다(김학성, 1980; 허남춘, 1999). 계욕일은 파종기를 맞아 액땜을 하는 날로서, 이 노래는 물에서 목욕을 하고 술을 마시면서 풍요를 기원하는 풍요 주술의 산물이라는 것이다. 그런가 하면 사회학적으로는 풍요 주술이 정치적인 영신 주술로 변용된 것이라는 규정이 있다(성기옥, 1991). 성격을 어떻게 규정하든 '신화는 제의의 구술적 상관물(the oral correlative of ritual)'이라는 명제에 기대어보면, 〈구지가〉는 신화에 포함되어 있다는 점에서 가야국의 건국에 얽힌 역사적 사건을 제의의 맥락에서 형상화한 노래의 일부로 볼 수 있다.

한편 이 노래에서 가장 크게 주목되는 것은 거북이다. 노래에서 시적 청자 역할을 맡고 있는 거북은 기원의 수신자이면서 동시에 명령과 협박의 대상이 된다. 이 점에 주목하여 거북의 정체에 대한 다양한 논의가 이어져 왔다. 거북을 희생 의식에 바쳐진 제물로 보는 가운데 거북의 머리가 나오는 것을 어떤 조짐의 구실로 보는 견해도 있고(김열규, 1961), 〈구지가〉를 원시인의 성욕에 대한 강렬하고도 소박한 표현으로 보고 거북의 머리를 남성의 성기를 은유하는 것으로 파악하기도 했다(정병욱, 1967). 또 〈구지가〉를 영신 제의와 출산 제의의 두 가지 속성을 지닌 제의에서 정상 출산을 기원하기 위해 불린 노래로 파악하여, 거북이 머리를 나타내는 것을 영신이자 출산이라는 이중적 의미를 지니는 것으로 이해하기도 했다(김학성, 1984).

그런데 거북은 초월적인 존재로 설정되어 있으면서도 위협의 대상이 된다는 점에서 모순이 있다. 이로 인해 거북의 정체성에 대한 논의가 계속되어 왔다. 거북이 신이었다면 위협의 대상이 되지는 않았을 것이다. 이러한 상식적인 논리에 따라 거북을 신 자체가 아니라 신의 사자(使者) 정도로 보는 관점이 있다. 〈단군신화〉를 포함한 신화시대의 위협 주술에서는 신에게 직접적으로 위협하고 요청하는 소통 구조였으나, 이 노래는 신을 직접 위협할 수 없다는 관념이 상당히 형성된 시기 이후의 산물이기 때문이라는 설명(조동일, 1982; 성기옥, 1992)이 여기에 해당한다.

이와는 달리 토착 세력과 이주 세력 간의 갈등 관계를 바탕으로 정치사적 맥락에서 해석하는 견해도 있다. 거북은 이주 세력에 의해 그 세가 위축된 토착 세력을 표상하는 토템이며, 그래서 위상이 현저하게 격하된 신적 존재로 묘사했다고 보는 것이다(임재욱, 2009). 이 경우 〈구지가〉는 외부 세력을 대표하는 김수로가 거북을 숭배 대상으로 삼던 아홉 종족의 토착 세력들에게 거북이 지닌 신격의 권위를 무너뜨리면서 자신의 권위와 신성성을 내세우기 위해 부르게 한 노래가 된다. 자신의 출현이 하늘의 명령에 따라 이루어졌으므로 아홉 종족에게 자신을 왕으로 받들 것을 강요하기 위한 노래인 셈이다.

문학이 지닌 신화적 상징에 대한 해석에는 본래 다양한 상상력이 경합한다. 상상력은 초월적인 배경과 사건, 초월적인 인물이 등장하는 신화를 역사적 맥락으로 편입시키는 과정에서 필수적인 요건이다. 이로 인해 〈구지가〉에 등장하는 거북의 정체와 노래의 성격은 앞으로도 계속 논쟁의 대상이 될 것으로 보인다.

꼼꼼히 읽기

지도자의 강림을 요청하다

〈구지가〉는 신을 맞이하는 영신 제의에서 불린 노래로서, 그 공동체의 집단적 소망을 강하게 함축하고 있다. 인간들이 거북에게 요청한 것은 정치적 지도자의 강림이다. 그리고 가창의 결과 인간들의 요청은 수행되었다. 노래는 매우 소박하고 간략해서 마치 동요와 같은 인상을 준다.

이 짧은 노래에서 주목을 끄는 것은 인간이 거북이라는 존재에게 요청을 하면서 동원한 화행(話行)이 명령조의 협박이라는 점이다. 이 노래는 각 행이 '호명-명령-가정-위협'으로 이루어져 있다. 먼저 청자인 '거북'을 거듭 부른 다음 머리를 내밀라고 명령을 내린다. 여기에 덧붙여 만일 이 명령에 따르지 않을 경우를 가정한 다음 죽음이라는 가장 치명적인 위협을 예고한다.

거북을 신의 사자 정도로 보더라도 거북에게 협박이 섞인 명령의 화행을 선택한 것은 쉽게 납득되지 않는다. 이를 이해하기 위해서는 얼마간의 신화적 혹은 역사적 상상력이 필요하다. 이 노래가 성립될 수 있었던 것은 인간보다 더 거대하고 신비한 마력을 지닌 자연이나 우주의 질서에 대해 인간의 언어가 어떤 힘을 발휘할 수 있다는 믿음이 있었기 때문이다. 성덕왕 대(702~737)에 등장한 〈해가〉의 배경 기사에서 보이는 '중구삭금(衆口鑠金)'이나, 향가의 기능을 요약적으로 압축한 '감동천지귀신(感動天地鬼神)'(『삼국유사』 '월명사도솔가'조)이라는 말 또한 같은 맥락에서 이해된다.

이처럼 언어에 자연이나 초월적 존재를 움직일 수 있는 힘이 있다는 믿음을 가리켜 언령사상(言靈思想)이라고도 하고, 언어주력관(言語呪力觀)이라고도 한다. 오늘날에도 우리는 은연중에 말이 무언가를 이룬다고 믿는다. '말이 씨가 된다'는 속담이 아직도 통용되는 것이 그 증거이다.

그렇긴 해도 이 노래의 창작 배경을 둘러싼 신화적 진술은 사실(事實/史實) 그 자체로서보다는 상징적 의미로 받아들이는 것이 마땅하다. 모든 신화적 진술은 사실을 상징화한 결과이기 때문이다. 그렇다면 하늘에서 소리가 들리고 알이 내려오고 알 속에서 왕이 나왔다는 진술은 어떤 상징적 의미로 이해할 수 있을까? 이에 접근하기 위해서는 이 이야기를 역사적 실재에 투사해보아야 한다. 김수로는 1세기 초에 철기 문화를 가지고 한반도 김해 지역으로 이주한 외래 민족 집단으로 추측된다. 그러나 철기 문화만으로 토착 세력을 제압하는 것은 쉽지 않았기에 김해 주변 9개 지역의 대표자들[구간]을 포섭하여 구지봉에 모이게 하고 자신을 추대하는 의식을 통해 권위를 인정받고자 한 것이라는 해석(이상돈, 2011)이 가능하다.

모든 건국 신화가 한 나라의 흥망성쇠와 명운을 함께하듯이, 김수로왕 신화도 가락국이 자리를 잡은 이후 형성되어 신라가 가야를 병합할 때까지 생명력을 지니고 전승되었을 것이다. 그렇다면 〈구지가〉는 가야 건국 이후에 건국 시조 김수로가 왕권을 잡은 일의 정당성과 필연성을 하늘의 권위에 기대어 드러낸 노래가 된다. 신화의 맥락을 보면 〈구지가〉는 구간과 그 백성들이 지은 것이 아니라 하늘에서 그들에게 알려준 노래로 명시되어 있기 때문이다. 이는 곧 김수로왕의 등장이 인간의 바람보다는 하늘의 계시에 따른 사건이라는 점을 강조하는 효과를 낳는다. '가락국기' 자체가 하나의 난생신화, 그중에서도 인간의 몸이 아니라 하늘에서 내려온 알에서 나온 지도자의 이야기이므로, 결국 〈구지가〉는 건국 시조 김수로왕이 천신(天神) 또는 태양의 후손임을 드러냄으로써 건국의 신성성에 대한 백성들의 믿음을 응집시키는 역할을 했을 것으로 보인다.

엮어 읽기

설득 전략으로서의 협박 주술

이 노래는 각 행이 '호명-명령-가정-위협'의 구조로 이루어져 있다. 이와 같은 구조는 위협 주술의 통시적·공시적인 보편성을 드러낸다. 위협 주술은 넓게 보아 설득적 말하기에 속한다. 청자가 요청을 들어주지 않을 때의 불이익을 알려주고 화자의 의도대로 청자를 설득하는 것이다. 이 노래는 달리 말해 '부정 조건 형성에 의한 설득'이라 할 수 있다.

〈구지가〉에 선행하는 노래 중에서도 이와 유사한 양상을 보이는 작품이 있다. 이규보의 『동국이상국집(東國李相國集)』에서 동명왕이 지어 부른 것으로 기록되어 있는 〈설색궤가(雪色麂歌)〉가 그것이다.

天不雨沸流(천불우비류)	하늘이 비류에 비를 내려
漂沒其都鄙(표몰기도비)	그 도성과 변방을 표몰시키지 않으면
我固不汝放(아고불여방)	내가 너를 놓아주지 않을 것이니
汝可助我憤(여가조아치)	너는 내 분함을 풀어다오

눈처럼 하얀 사슴[雪色麂] 한 마리를 잡아서 매달아놓고 비류왕의 도읍을 수몰시키지 않으면 놓아주지 않겠다는 내용이다. 여기에서 호명은 없지만 조건을 내걸고 협박을 하는 어법은 〈구지가〉와 다를 바 없다.

그런가 하면 부정적인 조건 대신 긍정적 결과를 환기하면서 요청을 하는 구조를 가지는 경우도 있다. 성현(成俔)이 지은 『용재총화(慵齋叢話)』에서 조선시대 국가에서 주관하는 기우제에서 가창되었다고 소개된 〈석척가(蜥蜴歌)〉가 바로 그것이다. 노랫말은 "도마뱀아 도마뱀아 / 구름을 일으키고 안개를 토해라 / 비를 퍼붓게 하면 / 너를 놓아서 돌아가게 하리라"로 구성되어 있다. 긍정형과 부정형이라는 차이가 있지만, 이는 언제든지 서로 교체될 수 있기에 위협이라는 본질이 달라지는 것은 아니다.

이와 같이 협박하는 어조를 지닌 노래의 전형적인 특성을 확인할 수 있는 것은 구전 동요이다. "두껍아 두껍아 / 헌 집 줄게 / 새 집 다오", "까치야 까치야 / 헌이 줄게 / 새 이 다오"나, "달팽아 달팽아 너의 집에 불났다 / 소시랑 가지고 뚤레 뚤레 해라 / 안 하면 모가지를 비틀어 놓는다"에서처럼 주술 동요에서 명령과 협박은 특이한 화법이 아니다. 주술 동요 189편 중 111편에 명령법이 나타나고, 43편에 협박 언어가 나타난다는 연구 결과(전원범, 2005)를 보더라도 이를 확인할 수 있다. 이러한 주술적 관념이 녹아 있는 화법은 어린이에게 매우 자연스럽다. 합리적으로 사고하는 데 미숙한 어린이는 애니미즘에 의존하는 경향이 강하며 성인에 비해 자연계 혹은 초월계에 대한 외경심이 훨씬 더 크기 때문이다.

어린이들의 주술 동요에서 확인할 수 있는 것처럼 협박 주술은 지극히 단순하면서도 노골적인 설득 전략에 해당된다. 그만큼 협박 주술을 겨냥하는 노래는 유아적이거나 원시적인 발상을 담고 있다고 볼 수도 있다. 그러나 인간이 스스로의 능력으로 간여하거나 통제하기 어려운 사태에 직면했을 때, 초월적인 존재의 권능에 기대어 그 문제 사태를 해결하고자 하는 심리적 편향이 나오는 것은 자연스러운 현상이다. 어린이들이 주술 동요를 부를 때처럼, 이러한 상황에서는 초월적인 존재에 대한 의존도가 높아지고 그에 대한 외경심이 발현되기 십상이다. 주술은 이와 같은 외경심을 바탕으로 인간의 문제 상황을 해결하려는 성취 욕망이 낳은 산물이라 할 수 있다. 그런 점에서 〈구지가〉를 비롯한 주술적 노래들은 초월계에 대한 외경심과 성취 욕망이 동시에 언어화하여 표출된 결과물이라 할 수 있다.

참고문헌

김열규(1961), 「가락국기고」, 『국어국문학지』 3, 부산대학교.
김학성(1980), 『한국고전시가의 연구』, 원광대학교출판국.
김학성(1984), 「상대가요의 미의식 유형 체계」, 김학성 · 권두환, 『고전시가론』, 새문사.
서정범(1961), 「고전문학에 대한 정신분석학적 시론」, 『현대문학』 75, 현대문학사.
성기옥(1987), 「〈구지가〉의 작품적 성격과 그 해석(2)」, 『배달말』 12, 배달말학회.
성기옥(1991), 「〈구지가〉 형성의 문화기반과 역사적 양상」, 『한국고대사논총』 2, 한국고대사회연구소.
성기옥(1992), 「상고시가」, 『한국문학개론』, 새문사.
이상돈(2011), 「쉽게 풀어본 〈구지가사〉의 해석」, 『인문언어』 13, 국제언어인문학회.
임재욱(2009), 「〈구지가〉에 나타난 신격에 대한 이중적 태도의 이해」, 『국문학연구』 19, 국문학회.
장덕순(1960), 『국문학통론』, 신구문화사.

전원범(2005),「한국 전래 동요의 수사 연구 — 주술동요 · 예언동요를 중심으로」,『한국초등국어교육』 29, 한국초등국어교육학회.
정병욱(1967),「한국시가문학사 (상)」,『한국문화사대계』 5, 고려대학교 민족문화연구소.
조동일(1982),『한국문학통사 1』, 지식산업사.
조윤제(1949),『국문학사』, 동국문화사.
허남춘(1999),『고전시가와 가악의 전통』, 월인.

II

향가

향가

향가(鄕歌)는 향찰로 표기되어 전하는 우리말 노래를 가리키는 것으로, 중국 시가와는 다른 '우리 노래'라는 뜻에서 유래된 말이다. 신라 때 생겨나 고려 때까지 이어졌다. 현재 전하는 노래들이 모두 향찰로 표기되어 있어 이러한 조건을 갖춘 노래들을 향가로 묶는데, 『삼국유사』에 14수, 『균여전』에 11수가 전해지고 있다.

현재 전해지는 노래들 중에는 민요에서 유래된 것으로 보이는 단순한 노랫말도 있고, 개인의 서정을 수준 높게 담아낸 것들도 있어 그 성격을 규정하기가 쉽지 않다. 그런데 "신라 사람들이 향가를 숭상한 지 오래되었다."고 하면서 향가가 "천지와 귀신을 감동시킨 일이 한두 번이 아니었다."는 『삼국유사』의 기록을 보면, 당시 향가는 신이한 힘을 지닌 노래로 여겨졌음을 짐작할 수 있다. 일연이 『삼국유사』에 향가를 수록하면서 유래담을 곁들였던 것도, 노랫말이 갖는 신이하고 주술적인 힘에 주목했기 때문이다. 실제로 해가 한꺼번에 둘이 나타나 열흘이나 없어지지 않을 때에도, 자신을 등용하겠다는 약속이 지켜지지 않은 순간에도 향가를 동원하여 문제를 해결하려 했다. 노래를 통해 인간과 세계가 조화로운 방향으로 변화할 수 있다는 믿음에서 향가가 만들어지고 불렸던 것이다.

향가는 한 작품을 이루는 줄의 수에 따라 넉 줄, 여덟 줄, 열 줄 형식으로 나뉜다. 물론 『삼국유사』에 표기된 분절과도 차이가 있고 전해지는 작품 수도 많지 않아 형식에 대해 여러 이견이 있지만, 대체로 넉 줄짜리 소박한 양식의 노래(4구체), 여기에 다시 넉 줄을 더한 여덟 줄짜리 노래(8구체), 거기에 두 줄을 덧보태면서 시적 완결성을 추구한 열 줄짜리의 노래(10구체)로 구분한다. 넉 줄짜리 노래에는 〈서동요〉, 〈풍요〉, 〈헌화가〉, 〈도솔가〉가 있고, 여덟 줄짜리 노래에는 〈처용가〉, 〈모죽지랑가〉가 있으며, 그 밖의 나머지 노래는 모두 열 줄짜리 노래에 속한다. 넉 줄과 여덟 줄짜리 노래는 민요의 형식을 가져와서 형태적으로 단순한 모습을 지니는 데 반해, 열 줄짜리 노래는 처음 두 부분이 병렬되다가 마지막 부분에 감탄사를 넣어 시상의 고양과 전환을 꾀하면서 전체를 마무리하는 독특한 구조를 갖고 있다. 이러한 형태상의 차이로 인해 열 줄짜리가 가장 나중에 만들어진 것으로 짐작할 수도 있지만, 넉 줄짜리 노래가 사라지고 여덟 줄, 열 줄짜리가 이를 대체하여 나타난 것이 아니라 세 형식이 비슷한 시기에 공존하면서 서로 역할을 나눠 가졌던 것으로 생각된다. 실제로 열 줄짜리 향가인 〈혜성가〉가 일찍이 594년 진평왕 대에 창작된 반면, 넉 줄짜리 향가인 〈도솔가〉가 훨씬 후대인 760년 경덕왕 대에 만들어진 사실에서도 이를 확인할 수 있다. 다만 전하는 노랫말을 살펴봤을 때, 대체로 넉 줄, 여덟 줄짜리는 민요적 어법으로 기층민들의 감성을 담아내는 데 활용되고, 열 줄짜리는 승려나 화랑과 같이 상층 지식인들이 개인적 감정을 노래하는 데 사용된 것으로 보인다.

우리말 노래라는 명칭의 뜻이 가리키듯, 향가는 중국 문학과 대비되는 우리 시가에 대한 특별한 인식을 담고 있다. 비록 우리 문자가 없어 한자의 음과 훈을 섞어 표기했던 방식으로 전해지는 까닭에 노랫말을 정확하게 읽어내는 데 다소 어려움이 있지만, 당시에 중국의 한시와는 구별되는 특별한 효용을 지녔던 것으로 보인다. 그것은 말과 노래에는 어떤 신이한 힘이 있다는 것이다. 향가가 개인적인 서정시이면서도 한편으로는 집단적이고 주술적인 양면성을 지니는 것도, 그만큼 노래의 신이한 힘이 닿을 수 있는 지점과 결이 다양했기 때문이다. 비록 향가는 화랑이 쇠퇴하고 한문학이 발달하면서 이미 오래전에 소멸해버렸지만, 독자적인 우리말 노래로서 문학이 인간과 세계에 어떠한 영향을 미칠 수 있는지를 보여준다. 이는 우리가 문학을 배우고 감상하는 하나의 이유가 될 수 있다.

향가 01

서동요 薯童謠

지은이 서동(薯童, ?~641) **출처** 『삼국유사』 기이 편 '무왕'조

善化公主主隱	善化公主니믄
他密只嫁良置古	ᄂᆞᆷ 그ᅀᅳ지 얼어두고
薯童房乙	맛둥바ᄋᆞᆯ
夜矣卯乙抱遣去如	바ᄆᆡ 몰 안고 가다
	(양주동 해독)

맥락

서동이 짓고 아이들이 부르다

〈서동요〉는 『삼국유사』 기이 편 '무왕'조에 수록되어 있는 노래이다. 후에 백제의 무왕(武王)이 되는 서동이 신라 진평왕 시기에 신라의 서울 경주에 가서 지어 아이들에게 부르게 한 노래로 기록되어 있다. 서동은 백제 무왕의 어릴 적 별명이다. '장(璋)'이라는 본명이 있었으나, 항상 마를 캐어 팔아 생활했기 때문에 '마'를 뜻하는 '서(薯)'에 '아이'를 뜻하는 '동(童)'을 붙여 서동이라는 별명으로 불린 것이다.

제30대 무왕(武王, 재위 600~640)의 이름은 장(璋)이다. 그의 어머니가 홀로 수도 남쪽 못가[南池]에 집을 짓고 살면서 못 속의 용과 관계를 맺어 장을 낳았다. 어릴 때 이름은 서동(薯童)이며, 재주와 도량이 헤아릴 수 없을 정도로 많았다. 항상 마[薯蕷]를 캐다가 파는 것을 생업으로 삼았으므로 나라 사람들은 이것으로 이름을 삼았다. 신라 진평왕(眞平王)의 셋째 공주 선화(善花) — 혹은 선화(善化)라고 쓴

다—가 매우 아름답다는 말을 듣고는 머리를 깎고 신라의 수도로 가서 동네 아이들에게 마를 나누어 주면서 아이들과 친하게 지냈다. 그러고는 노래를 지어 아이들을 꾀어 부르게 했는데 그 노래는 다음과 같다.

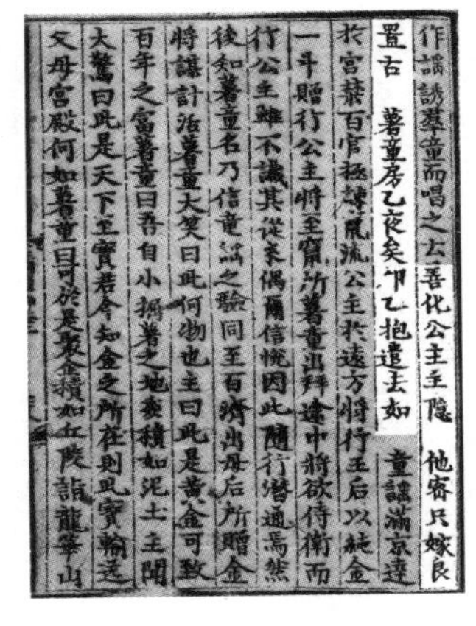
作謠誘羣童而唱之云善化公主主隱 他密只嫁良
置古 薯童房乙夜矣卯乙抱遣去如 童謠滿京達
於宮禁百官極諫竄流公主於遠方將行王后以純金
一斗贈行公主將至竄所薯童出拜途中將欲侍衛而
行公主雖不識其從來偶爾信悅因此隨行潛通焉然
後知薯童名乃信童謠之驗同至百濟出母后所贈金
將謀計活薯童大笑曰此何物也主曰此是黃金可致
百年之富薯童曰吾自小掘薯之地委積如泥土主聞
大驚曰此是天下至寶君今知金之所在則此寶輸送
父母宮殿何如薯童曰可於是聚金積如丘陵詣龍華山

〈서동요〉 수록 부분 (『삼국유사』)

> 선화공주님은
> 남몰래 짝지어 두고
> 서동 서방을
> 밤에 몰래 안고 간다네

동요는 수도에 가득 퍼져 궁궐에까지 알려지게 되었다. 백관들은 힘껏 간하여 공주를 먼 곳으로 유배 보내게 했다. 공주가 떠날 때 왕후는 순금 한 말을 여비로 주었다. 공주가 유배지에 도착할 즈음, 가는 길에 서동이 나와 절을 하고 모시고 가겠다고 했다. 공주는 비록 그가 어디서 온 사람인지는 몰랐으나, 우연한 만남을 기뻐하며 그를 믿고 따라가 몰래 정을 통했다. 그런 후에야 서동의 이름을 알고 동요의 징험을 믿게 되었다.

이후에 전개되는 내용은 다음과 같다. 선화는 대량의 금을 신라 궁중에 보내도록 한다. 서동은 사자사(獅子寺)에 있던 법사의 신력으로 금을 하룻밤 사이에 신라 궁중으로 옮긴다. 이에 신라 진평왕이 그 신이함에 항상 서신을 보내 안부를 물었다. 서동이 이런 일로써 백성의 마음을 얻어 마침내 왕위에 오른다. 이후 두 사람은 미륵사를 창건하기도 한다.

서동 설화는 전체적으로 광포설화(廣布說話) 중의 하나인 '내 복에 산다'형 설화에 해당된다. 부잣집 막내딸이 누구 덕에 먹고사느냐는 부친의 질문에 자기 복에 산다고 대답하여 집에서 쫓겨나고, 그 뒤 숯 굽는 총각을 만나 살다가 구덩이에서 금을 발견하여 큰 부자가 된 후, 망해버린 아버지를 모셔 와서 잘 살았다는 이야기이다. 다만 '내 복에 산다' 설화에서는 숯 굽는 총각이 우둔한 인물로 등장하는 데

비하여, 서동 설화의 서동은 매우 명민하고 전략적인 인물로 형상화되어 있다는 점에서 차이가 있다. 선화공주를 얻기 위해 〈서동요〉를 지어 여러 아이들로 하여금 부르게 한 데서 그의 이러한 인물됨이 분명히 드러난다.

쟁점 **민요인가, 개인 창작 가요인가**

이 노래에 대한 논란 중 하나는 '서동'이라는 인물의 정체이다. 일연(一然)도 『삼국유사』를 편찬하면서 '무왕'조의 마지막 각주에 "『삼국사』에 이르기를 '이는 법왕의 아들이다'라고 했는데 여기에 전하기를 홀어미의 자식이라 했으니 모를 일이다."라고 하면서 의심을 표한 바 있다. 서동을 법왕의 아들인 무왕으로 파악하고 있으면서도 그의 정체에 대한 다른 기록도 신뢰하고 있었음을 알 수 있다. 이와 같은 일연의 의심은 현대에까지 이어진다. 심지어 역사적 사실과 전승 문헌의 기록이 정확하게 일치하지 않아서 그 의심은 증폭되기도 한다. 특히 백제 무왕과 신라 진평왕 시절에는 양국의 관계가 아주 적대적이었기 때문에 양국 간의 혼인 사실을 그대로 믿을 수 없고, 이에 따라 무왕을 실제 양국의 혼인이 이루어진 백제 동성왕으로, 선화공주를 신라 이찬 비지의 딸로 추정하는 견해(이병도, 1953)도 있다.

서동의 정체에 대한 논란은 이 노래의 성격이 구애를 목적으로 가창되던 민요인가, 서동이 지어 부른 개인 창작 가요인가 하는 논란으로 이어지기도 한다. 『삼국유사』의 기록을 그대로 믿는다면 서동의 개인 창작으로 볼 수밖에 없다. 반면에 온달 이야기나 숯 굽는 총각 이야기 등에 나타나는 설화 구조의 유형적 보편성, 즉 아버지에 의해 쫓겨난 딸이 미천한 남자를 만나 그를 성공시킨다는 구조에 주목하여 이 노래를 무왕 설화의 진실성을 높이기 위해 본래 민간에서 불리던 민요에 '선화공주'와 '서동'이라는 고유 명사를 대입하여 설화에 편입시킨 것으로 보기도 한다(김열규, 1972; 강혜선, 1992). 이와 같은 맥락에서 영남 지역의 민요인 〈모심는 소리〉 중에서 제삼자가 처녀의 행위를 보고하는 유형과 매우 닮아 있고, 소문거리와 발복(發福)이라는 의미가 복합되어 있음을 바탕으로 이러한 민요가 서동 설화에 수용되면서 변개되었다는 설명(정한기, 2011)도 설득력이 있다.

한편 미륵사 창건 설화에는 무왕과 왕비가 용화산 아래 큰 연못에 이르렀을 때 미륵삼존이 나타났고, 왕비가 무왕에게 큰 사찰을 창건해달라 부탁하여 연못을 메우고 만든 절이 미륵사라고 기록되어 있다. 〈서동요〉의 배경설화와 엮어서 이해한다면, 미륵사를 창건해달라고 부탁한 것은 선화공주가 된다. 하지만 2009년 1월에 발견된 미륵사지 석탑 '금제사리봉안기(金製舍利奉安記)'에는 절을 창건한 백제 왕후가 "파평 사택적덕의 따님"이라고 기록되어 있다. 이는 무왕의 왕비가 선화가 아닌 백제의 귀족인 사택적덕의 딸이라는 것을 보여준다. 이로 인해 〈서동요〉와 그 배경설화는 허구성 논란에 부딪히게 되었고, 지금도 논란은 지속되고 있다.

그러나 설화의 역사적 해석에 대해 여러 논란이 있음에도 불구하고 이 노래가 징험(徵驗)을 보여주고 예언적 기능을 발휘한 참요(讖謠)이자 소망의 마법적 실현을 목적으로 한 주술요(呪術謠)이며, 내용상으로 볼 때 구애 시가에 해당되는 것은 분명하다.

꼼꼼히 읽기

소문의 위력에 기대어

〈서동요〉는 현전하는 최고(最古)의 향가 작품이다. 동요 형식의 민요가 향가로 정착된 대표적인 사례로 간주되기도 한다. 특히 이 노래는 배경설화에 신화적인 요소가 있는 향가로서, 한 영웅적 인물이 다른 여인과 만나 결연을 하는 과정에서 매우 중요한 서사적 기능을 맡고 있다. 이 노래의 배경설화는 주인공이 용자(龍子)로 태어나서 고난을 극복하고 왕위에 오른다는 영웅 설화의 공식을 가지고 있다. 그 주인공의 일생에서 성공의 실마리는 공주와의 결혼에 있다. 〈서동요〉가 공주와의 결혼에서 열쇠 구실을 함으로써, 주인공이 가진 지략과 영웅적인 자질을 입증해주는 것이다. 그렇기에 서동은 노래의 주술적 기능을 알고 있었고 이를 적극적으로 활용한 것으로 보인다.

이제 이 점을 염두에 두고 작품에 접근해보자. 먼저, 이 노래는 밤에 은밀하게 이루어지는 선화공주와 서동의 밀애에 대한 소문을 전달하고 있다. 그런데 여기에서 불온한 행위의 주체는 서동이 아닌 선화공주이다. 선화공주가 남몰래 서동과 정을 통해두고('얼어두고') 밤마다 서동을 만나러 간다는 내용을 담고 있는 것이다. 다음으로, 이 노래는 서정적 자아가 전혀 드러나지 않은 채 현재 일어나고 있는 사건을 제삼자가 객관적으로 서술하는 방식을 취하고 있다. 서동이나 선화공주가 시적 화자로서 직접 자신의 마음을 이야기하는 1인칭 형식이 아니라, 제삼자(아이들)가 서동과 선화공주의 이야기를 보고하고 증언하는 형식인 것이다. 이처럼 〈서동요〉는 불온한 행위의 주체를 선화공주로 설정한 전략과 제삼자가 보고하는 목소리를 택한 전략이 만나 소문 만들기의 의도를 달성하고 있다.

배경설화에 따르면 서동은 마를 캐어 팔아 생계를 유지하는 미천한 무명의 소년이었다. 그런 소년이 한 나라의 공주에 대한 애정을 있는 그대로 표현했고, 그 노래가 대궐에까지 흘러 들어가 왕과 신하들이 들었다고 가정해보자. 그랬다면 철도 들지 않은 미천한 인간이 고귀한 공주를 탐내서 없는 일을 만들어내고 거짓된 말을 퍼뜨린 황당한 해프닝으로 끝났을 것이다. 그러나 이 노래에서는 제삼자가 보고하는 목소리를 취하고 행동 주체를 공주로 설정했다. 그리하여 어린아이를 포함한 세상 사람들이 다 아는 공주의 음란함을 왕실만 모르고 있다는 식의 조롱이 담기게 되었고, 결국 왕이 딸을 내쫓을 수밖에 없었던 것이다. 즉 보고하는 목소리 및 행위의 주체와 객체를 도치시킨 표현은, 불온한 소문을 만들고 그 소문의 위력을 이용하여 야망과 집념을 실현하고자 했던 서동의 전략적 선택이었던 것이다.

엮어 읽기

참요의 전통

〈서동요〉는 노래의 주술적 기능을 가장 압축적으로 보여주는 대표적인 참요이다. 이 노래가 민간에서 떠돌다가 무왕 설화에 편입된 것으로 본다면 참요로서의 성격은 더욱 강해진다. 참요는 여론을 환기하고 당대 변혁에 대응하는 언술로서 그 자체로 사회적 발언이라 할 수 있기 때문이다. 따라서 참요가 나타난다는 것은 사회가 혼란을 겪고 있다는 의미이며, 참요에는 그러한 혼란을 극복하고 싶어 하는 마음이 담겨 있다고 할 수 있다. 신라 진평왕 시기에 신라와 백제는 많은 전쟁을 겪고 있었다. 그렇다면 신라와 백제의 백성들 모두가 이러한 혼란이 빨리 종결되기를 바라는 마음에서 〈서동요〉와 같은 참요를 만들어서 불렀을 것이라는 추측도 가능하다.

이러한 특징을 가진 삼국시대의 참요로는 〈서동요〉 외에도 〈완산요(完山謠)〉와 〈계림요(鷄林謠)〉 등이 있다. 〈완산요〉는 견훤의 아들 신검이 아버지를 금산사에 가두었을 때 나돌던 민요로, 신검이 왕건에게 나라를 빼앗길 것을 예언한 것이다. 〈계림요〉는 신라의 멸망과 고려의 건국을 예언한 것으로 전해진다. 『삼국사기』의 '백제 본기'에 따르면 의자왕 20년(660) 귀신이 나타나서 백제가 망한다는 말을 하고 땅속으로 들어가기에 땅을 파보니 거북이 한 마리가 있었고, 거북이의 등에 "백제는 보름달과 같고 신라는 초승달과 같다[百濟同月輪 新羅如月新]"라고 씌어 있었다고 한다. 표면적인 뜻과 달리, 백제는 보름달과 같아서 기울게 마련이고 신라는 초승달과 같아서 앞으로 융성할 일만 남았다는 뜻을 함축한 것으로 풀이된다.

고려 말에 이성계의 등장을 예언한 〈목자요(木子謠)〉 혹은 〈목자득국요(木子得國謠)〉도 유명한 참요 중의 하나이다. 이는 "목자가 나라를 얻는다"는 구절이 있는 노래로, 많은 백성들이 불렀다는 기록이 몇몇 문헌에 전한다. 여기에서 목자(木子)는 이성계의 성씨인 '이(李)'를 파자(破字)한 것이다. 조선시대에는 참요가 더욱 다양하게 나타난다. 『문헌비고(文獻備考)』에는 조선 초기에 〈남산요(南山謠)〉가 불렸다는 기록이 있다. "저 남산에 가 돌을 캐니 정(釘)이 남음이 없네[彼南山往伐石釘無餘]"라는 노랫말은 세자 책봉에 불만을 품은 방원 형제의 거사로 개국공신이었던 정도전[釘]과 남은[餘]이 죽게 될 것임을 예언한 것이다. 연산군이 폐위된 후에는 "충성이 사모(詐謀)냐[忠誠詐謀乎]"라는 표현을 통해 사모(紗帽)를 쓰고 관대를 두른 채 거짓 충성을 했던 신하를 비꼬면서 왕의 향락 생활을 풍자한 〈사모요(詐謀謠)〉도 있었고, 숙종 때에는 "장다리는 한철이고 미나리는 사철이라"라는 사설로 장희빈의 폐위와 인현왕후 민씨의 복위를 예언한 〈미나리요〉가 있었다. 이들 참요에서는 발음의 유사성에 기대어 언어유희의 묘미를 살린 표현이 등장한다는 공통점이 있다.

이처럼 참요는 역사적 변화를 맞아 민중의 집단적 동질화를 겨냥하여 역사적 실천을 촉구하기도 하고, 통치자나 지배층에 대한 민중들의 염원을 담아내어 여론을 수렴하기도 했다. 또한 참요에는 왕이나 그를 둘러싸고 있는 지배층을 풍자하거나 그들의 부침을 예언하고, 왕권이나 지배층에 도전하는 인물들의 운명을 암시하는 등의 기능도 있다(이창식, 1999). 참요는 역사적 변동기를 맞아 민중들의 소망이 정방향 혹은 역방향으로 투사되어 자연발생적으로 형성되거나 의도적으로 유포된 것이다. 자연발생적인 노래는 민중의 시대 인식을 서로 공유하는 통로라는 의미를, 의도적으로 유포된 노래는 한 개인이나 집단의 정치적 목적 달성을 위한 도구라는 의미를 각각 지닌다고 할 수 있다. 어떤 경우든 모두 노래가 지니는 예언적 기능이 최대화되는 사례이다. 〈서동요〉는 이 두 경우 중 정치적 목적을 위해 의도적으로 유포된 노래를 대표하는 작품이다.

참고문헌

강혜선(1992), 「구애의 민요로 본 〈서동요〉」, 백영정병욱선생10주기추모논문집간행위원회 편, 『한국고전시가작품론 1』, 집문당.

김열규(1972), 「향가의 문학적 연구 일반」, 김열규 외, 『향가의 어문학적 연구』, 서강대학교 인문과학연구소.

이병도(1953), 「서동설화에 대한 신고찰」, 『역사학보』 1, 역사학회.

이창식(1997), 「언어유희요의 참요적 기능과 장르 양상」, 『한국의 유희 민요』, 집문당.

정한기(2011), 「〈서동요〉에 나타난 민요적 성격」, 『고전문학과 교육』 22, 한국고전문학교육학회.

향가 02

혜성가 彗星歌

지은이 융천사(融天師, ?~?) **출처**『삼국유사』 감통 편 '융천사혜성가'조

舊理東尸汀叱 乾達婆矣
遊烏隱城叱肹良望良古
倭理叱軍置來叱多
烽燒邪隱邊也藪耶
三花矣岳音見賜烏尸聞古
月置八切爾數於將來尸波衣
道尸掃尸星利望良古
彗星也白反也人是有叱多
後句達阿羅浮去伊叱等邪
此也友物北所音叱彗叱只有叱故

녜 ᄉᆡᆺ믌ᄀᆞᆺ 乾達婆ᄋᆡ
노론 잣홀란 ᄇᆞ라고
예ㅅ 軍두 옷다
燧ᄉᆞᆯ얀 ᄀᆞᆺ 이슈라
三花ᄋᆡ 오롬보샤올 듣고
ᄃᆞᆯ두 ᄇᆞᄌᆞ리 혀렬바애
길ᄡᆞᆯ 별 ᄇᆞ라고
彗星여 ᄉᆞᆯᄫᆞᆫ여 사ᄅᆞ미 잇다
아으 ᄃᆞᆯ 아래 ᄠᅥ갯더라
이어우 므슴ㅅ 彗ㅅ기 이실꼬
(양주동 해독)

맥락 **주문을 외워보자, 혜성이여 사라져라!**

이 노래는 작자인 융천사의 생몰 연대가 밝혀지지 않아서 정확한 창작 시기를 알 수 없으나, 혜성이 나타난 역사적 시기를 근거로 진평왕(재위 579~632) 시기인 594년 정도로 추정하고 있다. 진평왕 시기에 지어진 4구체의 〈서동요〉와 선후를 따지기 어렵지만, 10구체 향가 중에서는 최고(最古)의 작품이다.『삼국유사』 감통 편 '융천사혜성가'조에 전한다.

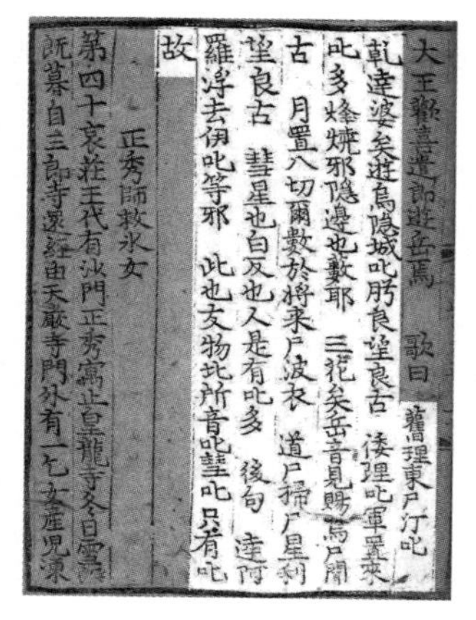
大王歡喜遣郎遊岳焉 歌曰 舊理東尸汀叱
乾達婆矣遊烏隱城叱肹良望良古 倭理叱軍置來叱
叱多烽燒邪隱邊也藪耶 三花矣岳音見賜烏尸聞
古 月置八切爾數於將來尸波衣 道尸掃尸星利
望良古 彗星也白反也人是有叱多 後句 達阿
羅浮去伊叱等邪 此也友物北所音叱彗叱只有叱
故
正秀師救氷女
第四十哀莊王代有沙門正秀寓止皇龍寺冬日雪深
既暮自三郎寺還經由天嚴寺門外有一乞女産兒凍

〈혜성가〉 수록 부분 (『삼국유사』)

제5 거열랑(居烈郎), 제6 실처랑(實處郎) — 돌처랑(突處郎)이라고도 한다 — , 그리고 제7 보동랑(寶同郎) 등 세 화랑의 무리가 금강산[楓岳山]에 놀이를 가려는데 혜성이 심대성(心大星)을 침범했다. 화랑의 무리들은 꺼림칙하게 여겨 가는 것을 그만두려고 했다. 그때 융천사(融天師)가 노래를 지어 부르니 혜성의 변괴가 즉시 사라지고 일본의 군사가 저희 나라로 물러가 도리어 복이 되었다. 대왕이 듣고는 기뻐하여 화랑의 무리들을 금강산에 놀러 보냈다.

그 노래는 다음과 같다.

옛날 동해 가에 건달파(乾達婆)가
놀던 성을 바라고
'왜군이 왔다'고
봉화를 든 변방이 있어라
세 화랑이 산 보러 간다는 말을 듣고
달도 부지런히 밝히는데
길 밝히는 별을 바라보고
혜성이여! 라고 아뢴 사람이 있다
아아! 달이 아래로 떠가고 있더라
이와 어울릴 무슨 혜성이 있을는지

혜성이 심대성을 침범하는 괴변이 있었고, 이 노래를 지어 불렀더니 변괴가 사라졌을 뿐만 아니라 일본병도 물러갔다는 기사이다. 이는 노래의 주술성을 분명히 증언해주고 있다.

쟁점 왜구의 침입이 사실인가

〈혜성가〉는 배경설화의 분량도 적고 신비함을 드러내는 시어가 많아 의문점이 많은 향가이다. 이와 맞물려 있는 쟁점은 〈혜성가〉로 왜구를 물리쳤다는 점을 역사적 사실로 볼 것인가 하는 문제이다. 이는 일연이 이 노래를 소개하면서 왜병 침입이라는 국가적 변란의 발생을 단 한 번 언급했을 뿐, 그 실체에 대해서는 거의 함구에 가까운 태도를 보인 데서 비롯되는 것이기도 하다.

일단 역사적 사료를 살펴보면, "일본병이 제 나라로 돌아갔다[日本兵還國]"는 『삼국유사』의 기록과는 달리, 김부식의 『삼국사기』 등 그 외의 역사적 사료에는 진평왕 대에 일본병이 침략했다는 기록이 없다. '돌아갔음'은 '왔음'을 전제로 하는데, 일본군이 침략했다는 기록이 없다는 점 때문에 큰 의문이 남는다(이도흠, 2003).

여기에 더하여 〈혜성가〉의 모호한 첫 구절은 더 큰 논란을 만들어낸다. "옛날 동해 가에 건달파(乾達婆)가 / 놀던 성을 바라고 / '왜군이 왔다'고 / 봉화를 든 변방이 있어라"라는 첫 구절에서 '옛날[舊理]'이라는 부사를 어느 문맥에 맞춰 해석하느냐에 따라 그 의미가 달라지기 때문이다. 기존의 대표적인 두 해석을 살펴보면 다음과 같다.

(1) 건달파가 놀던 옛 성을 보고[見/望] 왜군이 왔다고 아뢴 변방이 있다(손종흠, 2011).

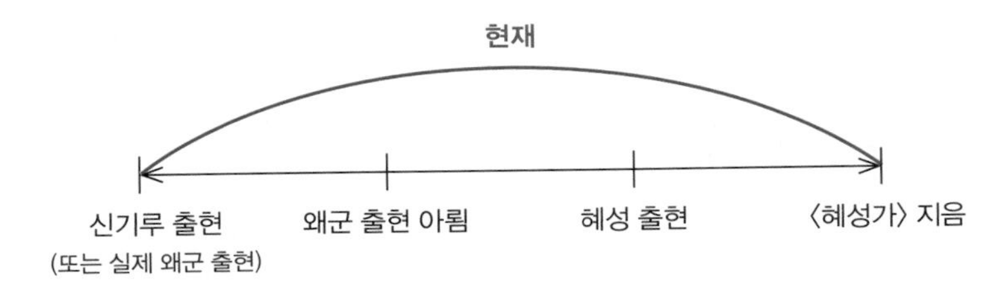

(2) 옛날에 동해변의 신기루를 보고 왜군이 왔다고 봉화를 올린 사건이 있다(이도흠, 2003).

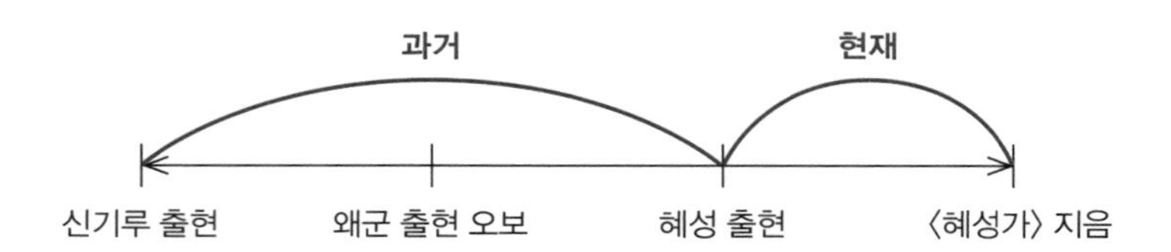

해석 (1)의 경우 신기루든 실제 왜군이든 불길한 사건이 일어났고 혜성의 출현이 이를 표상하는 것으로 본다. 일본군의 출병 자체가 없었거나, 실제로 일본군이 왔더라도 '왜군 = 신기루'라는 메타포를 사용한 것을 봤을 때 이를 실체도 없고 무해한 것으로 간주했다고 볼 수 있다. 이 논리에 따르면 〈혜성가〉는 왜군 침입에 대한 잠재적 불안을 해소시키려는 의도가 있었을 것이라고 해석할 수 있다. 해석 (2)에서는 왜군의 침입 자체가 부정된다. 여기서 말하는 사건은 옛날에 동해변의 봉화지기가 신기루를 보고 왜군의 선단으로 착각해서 봉화를 올렸고 이 바람에 난리가 났었던 '옛 일화'에 불과하기 때문이다. 이처럼 '옛날'에 대한 위의 두 해석을 도식화해보면 보다 분명한 차이가 드러난다.

두 가지 해석 중 노래 창작 당시에 일본병의 침입이 있었음을 전제로 하는 해석은 (1)이다. 그러나 〈혜성가〉 내에 반드시 일본 침입에 대한 근거가 있어야 『삼국유사』에 기록된 '일본병의 환국'을 증명할 수 있는 것은 아니다. 진평왕 대에 일본병이 출정하였으나 '무공이퇴(無功而退)' 하였다는 『일본서기(日本書紀)』의 기록처럼 외재적인 사실을 통해 접근할 수도 있기 때문이다(이도흠, 2003). 당시에 일본병의 크고 작은 침략과 노략질이 잦았다는 것은 사실이다. 그러므로 일본병의 출현이 당대의 상시적 불안 요소로 잠재되어 있었던 것은 분명하다. 그럼에도 일본병의 출현 여부에 대한 역사적 진실의 문제는 이 작품의 내적 문맥의 정합성을 확보하는 데 관건이 되고 있다.

꼼꼼히 읽기

혜성은 없다, 다만 길 쓸 별이 있을 뿐

이 노래는 3개의 단락으로 나누어 볼 수 있다. 제1단락은 1행부터 4행까지, 제2단락은 5행부터 8행까지이고, 제3단락은 9행과 10행이다. 이러한 구조를 염두에 두면서 이 노래를 음미해보자.

〈혜성가〉가 주가(呪歌)로서 설득력을 가지는 지점은 제1단락과 제2단락의 유비관계(analogy)이다. 제2단락의 핵심적인 내용은 혜성의 출현이 흉조(凶兆)가 아니라 오히려 길조(吉兆)인 '길 쓸 별(길 밝히는 별)'이라는 인식에 있다. 즉, '길 쓸 별'을 두고 흉조인 혜성으로 오해하고 있음을 지적하는 것이다. 달과 같은 존재마저도 부지런히 세 화랑의 산행을 돕고자 하는 상황에 '길 쓸 별'을 두고 혜성이라고 하는 것은 어불성설이라는 지적이다. 이러한 지적에 설득력을 더하기 위해 제1단락에서 과거의 사례를 언급한 것이다.

이렇게 함으로써 현재의 위기감을 정서적인 차원에서 누그러뜨렸고, 나아가 실재적인 차원에서 위기 상황을 극복하는 데까지 이르게 된다. 이러한 논리를 도식화하면 다음과 같다(고혜경, 1998).

	제1단락(1~4행)	제2단락(5~8행)
시간	과거	현재
시적 대상 간의 관계	'건달파가 놀던 성(城)' … 실체 ⇓ '왜군' … 허상	'혜성' … 흉조 ⇓ '길 쓸 별' … 길조
시적 화자의 태도	사실 판단의 오류로 규정	가치 인식의 오류로 인정

〈혜성가〉에서는 대상이 지닌 부정적 의미를 긍정적 의미로 치환함으로써 현실의 문제를 해결하는 언어적 전략을 취했다. 관습적으로 혜성의 출현은 국가적 안위를 위협하는 사태가 도래할 것을 예언하기 때문에 흉조로 간주된다. 그런데 융천사는 '혜성'의 문자적 의미에 주목하여 새로운 인식을 시도했다. '혜(彗)'는 본래 '빗자루' 혹은 '쓸다'의 의미를 지니며, 그래서 일명 '소성(掃星)'[(비로) 쓸 소, 별 성]이라고도 한다. 긴 꼬리를 가진 형상으로 보이기 때문에 얻은 이름이다. 따라서 관

습적인 의미를 무시하면 혜성은 오히려 국가적 위협이 제거될 것임을 예고하는 길조, 즉 '길 쓸 별'이 될 수 있다. 이것이 〈혜성가〉의 기본적인 발상 과정이다. 재명명을 통해 대상의 이름에서 연상되는 관습적인 의미를 전도시키고, 인식의 힘으로 그 조짐의 이면을 봄으로써 불행한 사태에 대응하는 태도를 보여주는 것이 '혜성가식 발상'이라 할 수 있다(류수열, 2008). 요컨대 〈혜성가〉는 있는 사실을 없는 사실처럼 말함으로써 문제 사태를 해결하는 데 기여한 것이다. 이 점은 없는 사실을 있는 사실처럼 말함으로써 문제 사태를 해결한 〈서동요〉(▶44쪽)와 묘한 대비를 이룬다.

〈혜성가〉라는 짤막한 노래 하나가 과연 혜성의 변괴를 사라지게 하고 왜군을 물리치기까지 했을지 그 역사적 진실을 우리는 알 수 없다. 시대에 따라 사람들의 관념 체계가 다르고 삶을 바라보는 기준 역시 현재 우리의 시각과는 차이가 있기 때문이다. 그러나 융천사의 상상력이 담긴 전복적 해석이 진평왕과 당대 사람들의 마음을 달랬고, 그 덕분에 화랑들과 신라인들이 조화로운 삶을 지속할 수 있었다는 것은 충분히 인정할 수 있는 사실이다. 이런 점에서 신라 진평왕 대에 이 향가가 필요했던 이유는 명확해 보인다. 그것은 바로 혼란한 시대에 불안과 두려움을 이겨내는 긍정적 인식의 힘이다. 왜군의 침입 등으로 인한 불안과 두려움은 사실 실체가 없는 거짓 혹은 허상일 뿐이라고 말한 뒤, 현재의 모습이자 미래에 도래할 모습을 그려낸 것이다(염은열, 2013). 더욱이 〈혜성가〉가 두 해가 나란히 나타나는 괴변을 해결한 〈도솔가〉와 함께 '감통' 편에 수록되어 있다는 사실을 고려하면, 이 노래가 우주 혹은 자연과의 감응을 통해 인간의 불안을 다스리는 향가의 징험을 보여주는 증거라는 점이 명백해진다.

엮어 읽기

관습적 의미의 전복

언어는 일상적으로 관습적 의미를 매개로 해서 소통된다. 그런데 "언어는 존재의 집"이라는 말이 있듯이, 언어가 달라지면 존재의 의미도 달라질 수 있다. 대상의 의미는 객관적으로 정해지는 것도 아니고 고정 불변하는 것도 아니다. 대상에 대한 의미를 달리 부여함으로써 그 대상의 실제적인 가치도 달라질 수 있는 것이다.

이와 같은 이치를 보여주는 사례는 설화에서 산견된다. 성현의 『용재총화』에는 다음과 같은 기사가 나온다.

> 옛날에 유생(儒生) 세 사람이 있었다. 장차 과거 시험에 응시하러 가고자 하는데, 한 사람은 거울이 땅에 떨어지는 꿈을 꾸었고, 한 사람은 애부(艾夫, 쑥으로 만든 인형)를 문 위에 달아 놓은 꿈을 꾸었으며, 또 한 사람은 바람이 불어 꽃이 떨어지는 꿈을 꾸었다. 모두 함께 해몽하는 사람의 집을 찾아갔더니 그 사람은 없고 그의 아들만이 있었다. 세 사람이 꿈의 길흉을 물으니 그 아들이 점쳐 말하기를 "세 가지 꿈이 다 상서롭지 않으니 소원을 성취하지 못하겠습니다."라고 하였다. 조금 있다가 해몽하는 사람이 와서 자기 아들을 꾸짖고는 시(詩)를 지어 주기를, "쑥 인형은 사람들이 우러르는 것이요 / 거울이 떨어지니 어찌 소리가 없을꼬. / 꽃이 떨어지면 응당 열매가 있을 것이니 / 세 분은 함께 이름을 이루리라." 했는데, 과연 그 세 사람은 모두 과거 시험에 급제하였다고 한다.

세 사람이 꿈을 꾼 후에 해몽하는 사람의 집을 찾아간 것은 모두 꿈을 불길한 암시로 받아들였기 때문일 것이다. 거울이 땅에 떨어지고, 쑥으로 된 인형이 문 위에 매달리고, 꽃이 떨어지는 형상이 꿈에 나타났다면 누구라도 불길한 조짐으로 받아들였을 것이다. 해몽하는 사람의 아들 또한 이러한 상식적인 수준에서 판단을 했다. 그러나 해몽하는 사람은 완전히 상반된 해몽으로 예언을 했다. 표면적으로 드러난 의미를 전복하여 긍정적인 의미를 발견한 것이 그러한 해몽의 열쇠였다.

이와 같은 설화는 판소리 〈춘향가〉에도 수용된다. 변 사또로부터 온갖 곤욕을 치른 춘향이 옥중에서 꽃이 지고 거울이 깨지며 허수아비가 매달린 꿈을 꾼다. 춘향은 자신이 죽을 꿈이라고 짐작하고 판수를 불러 해몽을 부탁한다. 판수는 산통에서 산가지를 꺼내 만져보곤 "꽃이 졌으니 열매 맺을 것이요 거울이 깨졌으니 어찌 소리가 없을 것이며, 허수아비가 매달렸으니 만인이 우러러보겠다[花落能成實이요 鏡破豈無聲이며, 懸偶人萬人皆仰視니라].”라고 해몽을 한다. 거울이 깨진다는 것은 곧 어떤 소리가 난다는 것, 그리고 허수아비가 매달려 있다면 만인이 우러러볼 것이니 이는 곧 이 도령이 장원 급제를 하여 경사스러운 잔치를 벌이고 높은 벼슬을 맡게 될 것이라는 암시이다. 춘향의 관습적 생각으로는 불길할 수밖에 없던 흉몽이 이 도령의 입신양명과 춘향 자신의 구출을 암시하는 길몽으로 전복된 것이다.

이처럼 통상적인 관념으로는 흉조에 해당되는 사물이나 현상을 일부러 긍정적인 뜻으로 해석하려는 발상은 속신(俗信)의 세계에서는 흔하게 발견된다. 뿐만 아니라 이형기의 〈낙화〉나 김현승의 〈눈물〉과 같은 현대시 작품에서도 낙화를 성숙이나 결실의 의미로 치환함으로써 애상(哀傷)을 넘어서는 발상이 나타난다. 이와 같은 발상의 전통은 좌절이나 비애를 피해갈 수 없는 존재인 인간이 이를 안고 넘어서고자 하는 의지를 발현한 결과라 할 수 있을 것이다.

참고문헌

고혜경(1998), 「〈혜성가〉의 시가적 성격」, 국어국문학회 편, 『향가연구』, 태학사.
류수열(2008), 「〈혜성가〉의 발상과 표현」, 『고전시가교육의 구도』, 역락.
성기옥 · 손종흠(2006), 『고전시가론』, 한국방송통신대학교출판부.
손종흠(2011), 『한국시가의 미학』, 에피스테메.
염은열(2013), 「향가의 실재와 믿음 형성에 대한 고찰」, 『문학교육학』 40, 한국문학교육학회.
이도흠(2003), 『신라인의 마음으로 삼국유사를 읽는다』, 푸른역사.

향가 03

모죽지랑가 慕竹旨郎歌

지은이 득오(得烏, ?~?) **출처** 『삼국유사』 기이 편 '효소왕대 죽지랑'조

去隱春皆理米	간봄 그리매
毛冬居叱沙哭屋尸以憂音	모든것사 우리 시름
阿冬音乃叱好支賜烏隱	아름 나토샤온
皃史年數就音墮支行齊	즈ᅀᅵ 살쭘 디니져
目煙廻於尸七史伊衣	눈 돌칠 ᄉᆞ이예
逢烏支惡知作乎下是	맛보옵디 지소리
郎也慕理尸心未 行乎尸道尸	郎이여 그릴ᄆᆞᅀᆞᄆᆡ 녀올길
蓬次叱巷中宿尸夜音有叱下是	다봊ᄆᆞ슬히 잘밤 이시리
	(양주동 해독)

맥락 **화랑 집단의 정치적 쇠락**

〈모죽지랑가〉는 익선에게 잡혀갔던 득오가 화랑 죽지랑을 그리워하면서 창작했던 8구체 향가로, 『삼국유사』 기이 편 '효소왕대 죽지랑(죽만)'조에 수록되어 전한다.

제32대 효소왕대에 죽만랑(竹曼郎)의 무리 가운데 득오[또는 득곡(得谷)] 급간이 있었는데, 화랑의 명부에 이름을 올려놓고 날마다 나오다가 열흘 동안 보이지 않았다. 죽만랑이 그의 어머니를 불러 물었다.

"당신의 아들이 지금 어디 있소?"

득오의 어머니가 말하였다.

"당전인 모량부의 아간 익선이 제 아들을 부산성의 창고지기로 보냈는데, 급히 가느라 낭께 말씀을 드릴 겨를이 없었습니다.

낭이 말하였다.

"네 아들이 만약 사사로운 일로 그곳에 갔다면 찾아볼 필요가 없겠지만, 공적인 일로 갔으니 내가 가서 대접해야겠다."

그러고 나서 떡 한 합과 술 한 동이를 갖고 좌인(左人)[향언에서 모두 갯지라고 하니, 노복을 말한다]들을 거느리고 떠나는데, 낭의 무리 1백 37명 역시 의장을 갖추고 따라갔다.

부산성에 이르러 문지기에게 득오실의 행방을 물어보았다. 그가 말하였다.

"지금 익선의 밭에서 관례에 따라 부역을 하고 있습니다."

낭은 밭으로 가서 가지고 간 술과 떡으로 대접하였다. 그리고 익선에게 휴가를 청하여 득오와 함께 돌아오고자 했으나, 익선이 완강히 반대하면서 허락하지 않았다.

그때 사리(使吏) 간진(侃珍)이 추화군(推火郡)의 세금 30석을 거두어 성 안으로 수송하다가 선비를 귀중히 여기는 낭의 풍모를 아름답게 여기고 익선의 융통성 없음을 야비하게 여겨 가지고 가던 30석을 익선에게 주고 도움을 요청했으나 여전히 허락하지 않았다. 그런데 사지(舍知) 진절(珍節)이 가마와 말안장을 주니 그때서야 허락하였다.

조정의 화주(花主)는 그 소식을 듣고 사자를 보내어 익선을 잡아다가 그의 더럽고 추잡함을 씻어주려 했는데, 익선이 달아나 숨었으므로 그의 맏아들을 잡아갔다. 이때는 몹시 추운 날이었는데, 성 안에 있는 못 가운데서 익선의 아들을 목욕시키니 그대로 얼어죽고 말았다.

대왕은 그 말을 듣고는 모량리 사람으로 벼슬에 종사하는 자는 모두 내쫓아 다시는 관공서에 발을 붙이지 못하게 하고, 검은색 옷(승복)을 입지 못하게 했으며, 만약 승려가 된 자라도 종을 치고 북을 올리는 절에는 들어가지 못하도록 명령을 내렸다. 또 명을 내려 간진의 자손을 올려 평정호손(枰定戶孫)으로 삼아 표창하였다. 이때 원측법사(圓測法師)는 해동의 고승이었으나 모량리 사람이었던 까닭으로 승직을 받지 못하였다. …(중략)…

처음에[初] 득오곡이 낭을 사모하여 노래를 지었는데, 그 내용은 다음과 같다.

> 간 봄 그리매
> 모든 것사 설이 시름하는데
> 아름다움 나타내신
> 얼굴이 주름살을 지니려 하옵내다
> 눈 돌이킬 사이에나마
> 만나뵙도록 [기회를] 지으리이다
> 낭이여 그릴 마음의 녀올 길이
> 다북쑥 우거진 마을에 잘 밤이 있으리이까

'효소왕대 죽지랑'조는 크게 두 부분으로 구성되어 있다. 먼저 죽지랑과 익선의 다툼과 갈등, 그에 대한 왕과 중앙 화주의 징벌이 그려지고, 두 번째 부분에서는 죽지랑의 출생담과 〈모죽지랑가〉의 노랫말이 이어진다. 말미에는 죽지랑이 김유신과 함께 삼한을 통일하고 진덕여왕, 태종무열왕, 문무왕, 신문왕의 4대에 걸쳐 재상을 지내며 나라를 안정시키는 데 크게 기여했던 사실도 기록해두고 있다.

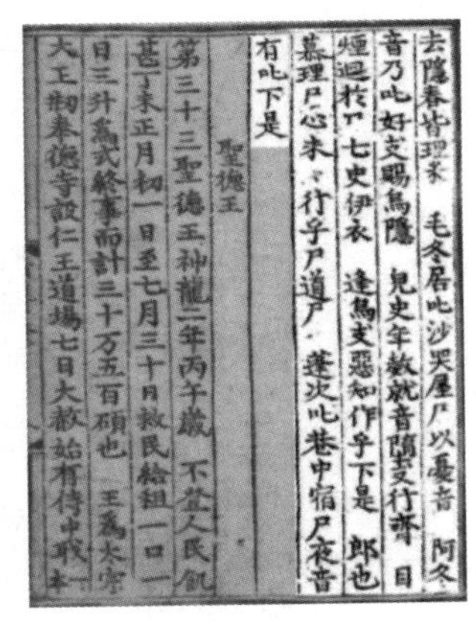
去隱春皆理米 毛冬居叱沙哭屋尸以憂音 阿冬
音乃叱好支賜烏隱 皃史年數就音墮支行齊 目
煙廻於尸七史伊衣 逢烏支惡知作乎下是 郎也
慕理尸心未 行乎尸道尸 蓬次叱巷中宿尸夜音
有叱下是

聖德王

第三十三聖德王神龍二年丙午歲不登人民飢
甚丁未正月初一日至七月三十日救民給租一口一
日三升爲式終事而計三十万五百碩也 王爲太宗
大王刱奉德寺設仁王道場七日大赦始有侍中職

〈모죽지랑가〉 수록 부분 (『삼국유사』)

이처럼 배경설화는 죽지랑과 같은 화랑이 일개 아간 벼슬의 익선과 갈등하고 수모를 겪은 특별한 사건을 전하고 있다. 이 사건은 삼국통일 이후 화랑 집단의 정치적 쇠락과 연관되어 있는 것으로 보인다. 신문왕 원년(681) 화랑 김흠돌의 반란 이후 화랑도가 일시적으로 폐지될 만큼, 지속적으로 정치적 영향력이 줄어들었던 당시의 역사적 상황을 드러낸 것으로 보는 것이다. 그런 만큼 이 노래는 죽지랑에 대한 개인적 차원의 그리움을 넘어서서 화랑 집단의 정치적 쇠락을 바탕에 두고 있다.

쟁점

사모의 노래인가, 추모의 노래인가

배경설화가 장황하게 기술되어 있지만, 정작 〈모죽지랑가〉가 언제 창작되었는지에 대해서는 분명하게 제시되어 있지 않다. 죽지랑이 익선에게 모욕을 당한 사건이 끝나고, 죽지랑의 출생 이야기와 일대기가 나온 이후에 노랫말이 등장하고 있다. 이로 인해 관심은 노랫말이 제시되는 장면에서 언급되는 "처음에[初] 득오공이 낭을 사모하여 노래를 지었는데"에 모아진다. 노래를 지은 시점을 가리키고 있는 '처음에'를 언제로 보느냐에 따라 창작 시점이 달라지는데, 이는 단순히 노래를 언제 지었느냐의 문제를 넘어서서 이 노래의 성격에도 영향을 미친다.

먼저 노래를 지은 시점을 죽지랑이 부산성(富山城)으로 득오를 찾아간 때로 보는 입장이 있다. 죽지랑이 살아 있을 때 노래를 창작했다고 보면(서재극, 1974; 박노준, 1982; 윤영옥, 1982; 신동흔, 1992, 이도흠, 1998), 이 노래는 노쇠한 화랑도 출신의 죽지 장군을 사모하는 내용으로 이해된다. 배경설화와 노랫말 어디에도 죽지랑의 죽음이 직접적으로 언급되지 않았고, 대신 화랑도 세력, 지역 세력, 왕의 삼자관계를 중심으로 이야기가 미묘하게 전개되고 있다는 점에 주목한 것이다. 이러한 입장에서는 이 노래를 당시의 정치적 문제와 사회적 갈등을 내포한 작품으로 읽어내면서, 화자의 정서와 태도가 순수하고 서정적이지만 그 애환은 복잡한 사회적 갈등에서 비롯되었다고 본다.

반면 죽지랑이 세상을 떠나게 되어 득오가 추모의 마음을 담아 노래를 지은 것으로 보는 입장도 있다(김동욱, 1961; 김학성, 1980; 황패강, 1991). 큰 은덕을 베풀었던 죽지랑이 세상을 떠난 후 득오가 추모의 정을 드러낸 작품으로 이해하는 것이다. 이승에서의 헤어짐, 슬픔과 피안에서의 만남, 기쁨이 서로 대비되면서 현실의 무상감을 이겨내는 불교적이면서 구도적인 성격의 노래로 보는 것이다.

이처럼 노래의 창작 시점과 성격에는 여러 이견이 있지만, 죽지랑의 인품을 찬양하고 숭모의 감정을 표현한 노래라는 점에 대해서는 크게 다르지 않다.

꼼꼼히 읽기

과거와 현재의 대비와 소망의 피력

노래는 과거와 현재가 대비되어 포개지면서 실의와 탄식으로 시작한다. 가고 다시 오지 못하는, 돌이킬 수 없는 '간 봄'이 '모든 것이 서러워 시름'하는 현재와 대칭되어 제시되고 있다. 과거가 아름답고 화려했던 데 반해, 현재가 이토록 처연한 심정으로 가득 찬 까닭은 무엇일까? 이는 죽지랑이 쇠락했거나 혹은 없기 때문이다. 죽지랑과 함께했던 화려했던 시간은 이미 지나간 과거, 즉 '간 봄'이 되었기에 죽지랑이 쇠락하였거나 없는 지금은 이러한 과거와 선명한 대비를 이룬다. 모든 것이 서러울 수밖에 없고, 그래서 실의와 탄식이 절로 나온다.

3행과 4행에서 아름다운 죽지랑의 얼굴이 변해버린 것에서 안타까움은 더해간다. 아름답던 모습이 주름을 지닌 얼굴로 변해버린 것이다. 되돌아가고 싶은 과거의 시간, 그리고 받아들일 수 없는 현재의 시간이 나란히 진술되는 가운데 화자의 심정은 더욱 처연해지기만 한다.

이처럼 첫 4행에서는 과거와 현재가 각각 홀수행과 짝수행으로 교차되는 구조를 보인다(서철원, 2011). 지나간 시간은 봄과 아름다운 얼굴에, 현재의 시간은 늙어 쇠락한 모습에 연결된다. 아름다운 과거와 쇠락한 현재가 행이 교차되는 가운데 대비됨으로써 실의와 탄식이 심화되어 가는 모습이다.

그런데 〈모죽지랑가〉의 미학은 과거와 현재의 대비가 가져오는 실의와 탄식에 그치지 않고, 소망의 피력으로 나아가는 데에 있다. 5행, 6행에 이르러 죽지랑을 만나고 싶다는 재회의 소망으로 전환되고 있다.

마침내 7행에서는 '그리워하는 마음의 길'을 걷는 간절한 소망을 피력하기에 이른다. 그런데 그 길은 '다북쑥 우거진 구렁'과 같은 험난한 공간을 만나는 것으로 이어진다. 이를 두고서 '다북쑥 구렁과 같은 험난한 길에 어찌 잠이나마 이룰 수 있겠느냐'는 의문형으로 보아 잠조차 편안히 자지 못하는 간절한 기다림을 노래한 것으로 해석하기도 한다(김진희, 2009). 반면 낭도들이 겪고 있는 어려움을 암시적으로 드러내는 것으로 보아 그리운 낭의 모습을 좇아가려면 어둠이 자욱한 밤길에 다북쑥 우거진 구렁텅이에서 자는 고통을 겪어야 하는 것으로 보기도 한다(서정목, 2014). 어느 경우든 죽지랑의 쇠락과 부재를 서러워하는 데 그치지 않고 어떻게 해서라도 만나고 싶은 마음, 그에 대한 충성과 믿음을 저버리지 않겠다는 마음가짐이 절절히 표현되고 있는 것이 분명하다. 특히 이 부분은 10구체 향가의 낙구와 같은 탄사(歎辭)의 모습도 볼 수 있을 뿐만 아니라 절묘한 은유적 표현으로 구성되어 있어, 8구체임에도 10구체 향가 못지않게 작품이 완결되고 있다는 평가를 받기도 한다.

이처럼 〈모죽지랑가〉는 죽지랑의 쇠락 혹은 부재에서 출발한다. 현재의 쇠락과 부재는 화려했던 과거와 대비되어 실의와 탄식을 자아내게 만든다. 그러나 실의와 탄식에 그치지 않고 다시 만날 소망을 피력한다. 죽지랑을 그리워하고 사모하는 절실한 마음이 과거와 현재의 대비 속에서 선명하게 그려지고 있는 것이다.

엮어 읽기

역사적 인물의 소환과 예찬

다른 향가가 특별한 주술적·현실적 효용을 지녔던 것과 달리, 〈모죽지랑가〉는 노래의 특별한 힘을 보여주는 기록을 따로 전하지는 않는다. 표면적으로는 죽지랑이라는 인물에 대한 그리움이 작품 세계를 이끌고 있다.

이처럼 〈모죽지랑가〉가 화랑의 인물인 죽지랑을 대상으로 고매한 인품, 숭고한 정신을 그리고 있다는 점은 다른 향가 작품인 〈찬기파랑가〉(▶103쪽)를 떠올리게 만든다. 비록 인물을 그리는 방식에서 〈모죽지랑가〉가 과거와 현재의 시간 구도로 전개되는 데 반해, 〈찬기파랑가〉는 달, 수풀, 조약돌, 잣나무 등과 같은 자연물과 공간을 바탕으로 펼쳐진다는 차이가 있지만, 이 두 작품 사이에는 유사한 면이 많다. 무엇보다 두 작품 모두 죽지랑, 기파랑과 같은 화랑의 인물을 찬양하면서 화랑의 세계를 보여주고 있다. 특히 죽지랑과 기파랑은 공통적으로 고매한 인품을 지닌 인물이면서, 이들이 문학 작품으로 형상화되는 배경 또한 예사롭지 않다. 뛰어난 화랑이 수모를 겪어야만 했던 〈모죽지랑가〉의 사연이나, 자세한 기록은 찾아볼 수 없으나 정치적 위기를 겪던 경덕왕 대의 상황에서 보건대, 이들은 모두 현재의 위기 상황을 들추어내고 이를 극복하려는 의도로 불러들여진 대상일 수 있다.

이처럼 지조와 절개를 지닌 인물들은 오래전부터 예찬의 대상이 되어 문학 작품으로 형상화되어 왔다. 가령 논개, 전봉준, 유관순 등과 같은 인물들은 여러 문학 작품에 널리 등장하고 있는데, 변영로의 〈논개〉, 한용운의 〈논개의 애인이 되어서 그의 묘에〉, 황동규의 〈삼남에 내리는 눈〉, 안도현의 〈서울로 가는 전봉준〉, 정호승의 연작시 〈유관순〉 등이 있다. 여기서는 변영로의 〈논개〉를 통해 역사적 인물에 대한 예찬의 태도와 문학으로 형상화하는 배경과 의도를 간략하게나마 살펴보기로 하자.

거룩한 분로는
종교보다도 깁고
불붓는 정(精)렬은
사랑보다도 강하다
아, 강낭콩 쏫보다도 더 푸른
그 물결우에
양귀비 쏫보다도 더 불근
그 마음 흘녀라.

아리답든 그 아미(蛾眉)
놉게 흘들니우며
그 석류(石榴)속 가튼 입설
'죽음'을 입맛추엇네!
아, 강낭콩 쏫보다도 더 푸른
그 물결 우에
양귀비 쏫보다도 더 붉은
그 마음 흘녀라.

흐르는 강(江)물은
기리기리 푸르리니

그대의 꽃다운 혼
어이 아니 붉으랴
아, 강낭콩 꽃보다도 더 푸른
그 물결 우에
양귀비 꽃보다도 더 붉은
그 '마음' 흘너라!

〈논개〉는 임진왜란 중에 왜장을 안고 남강에 빠져 죽은 논개의 의로운 행적을 소재로 우국충절을 기리고 있는 현대시이다. 적장에 대한 민족적 분노는 '종교'보다도 깊은 '거룩한 분노'가 되고, 나라를 사랑하는 '불붙는 정열'은 '사랑'보다도 강한 것이 되고 있다. 이러한 분노와 정열 속에서 의로운 죽음을 맞이하는 논개의 모습은 '석류', '강낭콩 꽃', '양귀비 꽃'을 통해 아름답게 표현된다. 마침내 꽃다운 혼은 흐르는 강물처럼 영원할 것임을 밝히는 것으로 마무리된다. 푸른 물결과 붉은 마음을 대조하는 방식으로 논개의 애국적 정열을 형상화하면서, 흐르고 흐르는 강물을 통해 의롭고 애국적인 논개의 행동이 영원할 것임을 예찬하고 있는 시이다. 일제 강점기의 시대적 상황을 고려해본다면, 논개의 민족혼과 조국애를 찬양함으로써 빼앗긴 조국과 역사를 되찾겠다는 신념을 불러일으키려 했음을 짐작할 수 있다. 여기서 논개는 절망적인 상황에서도 미래에 대한 희망을 불러오는 존재이다.

문학에서 역사적 인물을 불러들일 때에는 대체로 그 인물들이 처했던 당시의 역사적 고통이나 위기가 현재에도 지속되고 있음을 드러내려는 의도에서 비롯되는 경우가 많다. 고매한 역사적 인물은 현재의 부정적 상황을 들추어낼 뿐만 아니라, 이를 극복할 힘과 신념을 불러일으키는 데에도 적합한 방법이 되기 때문이다. 그래서 오늘날에도 과거의 역사적 인물들은 끊임없이 소환되고 불러들여진다.

참고문헌

김동욱(1961), 『한국가요의 연구』, 을유문화사.
김진희(2009), 「모죽지랑가와 찬기파랑가의 송도적 서정성에 대하여」, 『국문학연구』 20, 국문학회.
김학성(1980), 『한국고전시가의 연구』, 원광대학교출판국.
박노준(1982), 『신라가요의 연구』, 열화당.
박노준(2014), 『향가여요 종횡론』, 보고사.
변영로(1924), 〈논개〉, 『조선의 마음』, 평문관.
서재극(1974), 「모죽지랑가 연구」, 한국어문학회 편, 『신라시대의 언어와 문학』, 형설출판사.
서정목(2014), 『향가 모죽지랑가 연구』, 서강대학교출판부.
서철원(2010), 「향가의 제재로서 화랑 형상의 문학사적 의미」, 『한국시가연구』 29, 한국시가학회.
서철원(2011), 『향가의 역사와 문화사』, 지식과교양.
신동흔(1992), 「모죽지랑가의 시적 문맥」, 백영정병욱선생10주기추모논문집간행위원회 편, 『한국고전시가작품론 1』, 집문당.
신재홍(2006), 『향가의 미학』, 집문당.
양희철(2000), 『향가 꼼꼼히 읽기 — 모죽지랑가의 해석과 창작 시기』, 태학사.
윤영옥(1982), 『신라시가의 연구』, 형설출판사.
이도흠(1998), 「모죽지랑가의 창작배경과 수용의미」, 『한국시가연구』 3, 한국시가학회.
최철(1983), 『향가의 본질과 시적 상상력』, 새문사.
황패강(1991), 「모죽지랑가 연구」, 『어문연구』 21, 어문연구학회.

향가 04

헌화가 獻花歌

지은이 견우노옹(牽牛老翁, ?~?) **출처** 『삼국유사』 기이 편 '수로부인'조

紫布岩乎邊希	딛배 바회 ᄀᆞᇫ히
執音乎手母牛放敎遣	자ᄇᆞ온손 암쇼 노ᄒᆡ시고
吾肹不喩慙肹伊賜等	나ᄒᆞᆯ 안디 븟ᄒᆞ리샤ᄃᆞᆫ
花肹折叱可獻乎理音如	곶ᄒᆞᆯ 것가 받ᄌᆞ보리이다
	(양주동 해독)

맥락 **꽃을 꺾어다 바치면서 부른 노래**

〈헌화가〉는 신라 성덕왕(재위 702~737) 시기에 이름을 알 수 없는 한 노인이 지은 노래로서 『삼국유사』 기이 편 '수로부인'조에 전한다.

성덕왕대에 순정공(純貞公)이 강릉(江陵) — 지금의 명주(溟州) — 태수로 부임해 가다가 바닷가에서 점심을 먹었다. 옆에는 바위가 마치 병풍처럼 둘러쳐져 있었는데, 천 길이나 되는 높이에 철쭉이 활짝 피어 있었다. 순정공의 부인 수로(水路)가 그것을 보고 주위 사람들에게 말했다.

"누가 내게 저 꽃을 꺾어 바치겠소?"

따르던 사람이 말했다.

"사람이 오를 수 없는 곳입니다."

다들 나서지 못하고 있는데 옆에서 암소를 끌고 지나가던 노인이 그 꽃을 꺾어 와서 가사(歌詞)도 지어 부인에게 함께 바쳤다. …(중략)…

노인이 바친 헌화가는 이렇다.

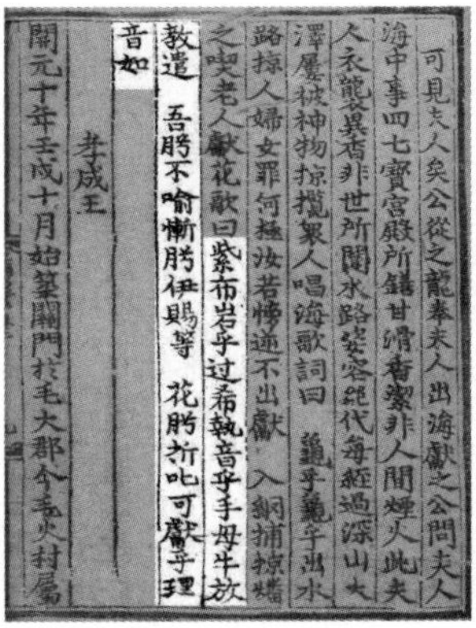

자줏빛 바위 가에
암소 잡은 손 놓게 하시고,
나를 아니 부끄러워하시면
꽃을 꺾어 바치겠나이다.

〈헌화가〉 수록 부분 (『삼국유사』)

이 기사의 '중략' 부분에는 또 다른 일화가 있다. 그 뒤 편안하게 이틀을 가다가 또 임해정에서 점심을 먹는데 갑자기 바다에서 용이 나타나더니 부인을 끌고 바닷속으로 들어갔다. 공이 땅에 넘어지면서 발을 굴렀으나 어찌 할 수가 없었다. 또 한 노인이 나타나더니 말한다. "옛 사람의 말에, 여러 사람의 말은 쇠도 녹인다 했으니 이제 바닷속의 용인들 어찌 여러 사람의 입을 두려워하지 않겠습니까. 마땅히 경내의 백성들을 모아 노래를 지어 부르면서 지팡이로 언덕을 치면 부인을 만나볼 수가 있을 것입니다." 공이 그대로 하였더니 용이 부인을 모시고 나와 도로 바쳤다. 이 일화는 수로부인의 자태와 미색이 매우 빼어났다는 점을 보여준다. 또한 이 이야기에서 노인이 가르쳐준 노래는 〈해가〉(▶34쪽)인데, 이 노래는 〈구지가〉(▶32쪽)의 패러디라 할 수 있을 정도로 그 발상과 표현이 매우 많이 닮아 있다. 이처럼 수로부인 설화 전체는 결국 수로부인이 아름다운 꽃을 탐하는 전반부 이야기와 용이 아름다운 수로부인을 탐하는 후반부 이야기로 나누어질 수 있다.

쟁점

성(聖)과 속(俗) 사이

〈헌화가〉의 성격에 대해서는 일상의 인간적 욕망과 관련된 세속적 노래로 보는 경우, 주술적 혹은 종교적 제의와 관련된 무속적 노래로 보는 경우, 불교적 수행과 관련된 선승의 노래로 보는 경우 등 매우 다양한 관점이 공존하고 있다.

〈헌화가〉는 노인이 수로부인에게 꽃을 꺾어 바치며 불렀다는 기사의 표면적 의미를 존중하면 개인 서정시로 볼 수 있다. 두 사람의 신분과 나이로 보나 우연히 만나게 되는 상황으로 보나 사랑을 주고받을 처지는 전혀 아니지만, 귀부인의 아름다움에 도취한 시골의 늙은 영감이 그 자신의 처지도 잠시 잊고 상대방 귀부인을 짝사랑하면서 부른 소박한 서정 가요인 것이다(박노준, 1982; 김승찬, 1999). 또한 꽃을 탐하는 아름다운 여인과 소를 몰고 가는 노옹을 대비시켜 아름다운 것과 속된 것, 젊은 여인의 아름다움과 늙은 노옹의 인자한 자비심을 격조 높게 대비시킨 두 사람의 사랑 이야기로 보기도 한다(최철, 1990).

이에 반해 이 노래를 종교적 혹은 신화적 맥락에서 접근하는 시각이 있다. 이런 시각에서는 〈헌화가〉를 부정을 털어버리기 위한 불계(祓禊)의 제의에서 부른 노래로 보면서, 불교와 재래의 샤먼적인 신앙이 특별한 마찰 없이 습합되어 가는 과정을 담고 있는 것으로 간주한다(김사엽, 1979). 권위 있는 무당인 수로부인이 성덕왕대에 일어난 민란을 굿으로 다스리기 위해 꽃거리굿에서 부른 굿노래로 보거나(조동일, 1982), 수로가 성무(成巫)하는 통과의례상의 한 절차로 불린 노래로 보는 견해(장진호, 1993)도 있다. 노래의 마지막 행 '바치오리다'가 미래형 시제로 설정된 점을 고려하여 이 노래가 특정한 상황에서 일회적으로 불린 노래가 아니라 굿 속에서 반복적으로 연행된 노래로 보는 견해(박진태 외, 2002)도 종교적 혹은 신화적 맥락으로 접근한 경우이다.

아름다움의 매혹을 중심에 두고 두 견해를 아우르는 절충적인 입장도 있다. 즉 아름다움에 매혹되는 것은 신적 존재와 신적 존재 사이 또는 인간과 인간 사이에서만 성립되는 것이 아니라 신적 존재와 인간 사이에서도 성립 가능한 것임을 전제로, 단순한 구애의 노래를 넘어 신화적 인물이 여성의 아름다움에 바치는 사랑의 노래, 나아가 신들이 인간의 아름다움에 바치는 예찬의 노래라고 보는 시각이 그것이다. 비형랑 설화, 지귀 설화, 처용 설화를 통해서도 확인할 수 있는바, 적어도 신라인의 미의식을 기준으로 본다면 여성의 아름다움이 인간은 물론 신적인 존재의 마음을 움직이는 것은 허황된 이야기가 아니라는 것이다(성기옥, 1992).

노래의 성격에 따라 노인이 꺾어 바치는 인물들과 '꽃'의 성격도 달리 규정된다. 개인 서정시로 보는 관점에서는 꽃이 노인의 마음을 전달하는 하나의 정표로 간주된다. 반면 신화적 혹은 종교적 맥락에서 보면 꽃은 신성성을 지닌 매개자나 메신저가 된다. 대지 위에 만개한 철쭉꽃은 바로 그 공간에 가득한 생명력과 풍요의 기운을 상징하는 것으로, 이러한 꽃은 주술적 대상으로 신성시된다. 이는 꽃이 제의 중에 강림한 신격과 동일시되기 때문이다(최선경, 2002). 특히 배경설화가 산신[견우노옹]과 수로부인이 화합하는 굿에 대한 기록이라면, 꽃은 주술적인 매개체로서 성스러운 보살이 신의 의지를 실현시키려는 인간의 아름다운 부인에게 내리는 축복이며, 꽃이 피어 있는 높은 절벽이라는 공간은 접근 불가능성을 속성으로 하는 성스러운 공간이 된다(이도흠, 1992). 꽃의 성격에 대한 논란은 꽃이 본래적으로 지닌 '성(聖)'과 '미(美)'의 이중적 정체성으로 수렴될 수도 있다(류수열, 2008).

이상의 논란은 모두 수로부인이라는 존재의 비범성에서 비롯된다. 수로부인은 여왕이 아니면서도 단독으로 하나의 조목(條目)을 차지할 정도로 큰 위상을 지녔다. 그 위상이 '자용절대(姿容絶代)'로 표현된 비범한 아름다움에서 출발하는 것은 물론이다.

꼼꼼히 읽기

대범한 부끄러움

시골의 한 노인이 소를 끌고 가다가 고관대작과 그 부인, 그리고 그들을 옹위하는 일군의 시종들을 만난다. 점심을 먹은 후 한 무리는 휴식을 취하고 있고, 한 무리는 수로부인을 둘러싸고 고민에 빠져 있다. 천 길 절벽 위에 피어 있는 철쭉꽃을 어떻게 꺾어 올 것인가? 시종들 중에는 감히 그 높이를 감당할 만한 사람이 없다. 이때 노인이 나선다. 가뿐하게 올라가서 숙달된 솜씨로 꽃을 꺾어 온다. 무릎은 꿇었을까? 노래를 부르며 꽃을 바친다. 〈헌화가〉는 이러한 짧은 서사 속에 배치되어 있다.

'자줏빛 바위 가'라고 했다. 자줏빛 바위가 있을까? 아마도 철쭉꽃이 흐드러지게 피어 있다 보니 그런 빛깔로 보였을 것이다. 이어서 암소를 '놓게 하신다'고 했다. 잡은 암소를 스스로 놓는다고 하지 않았다. '부인께서 놓게 하시기 때문에 놓는 것'으로 말하고 있는 것이다. 손에서 소를 놓는 주체는 노옹이지만 이러한 결과를 초래한 행위의 원인이 수로부인에게 있다는 점을 밝힌 셈이다. 그 원인은 당연히 수로부인의 절대적 아름다움이었을 터. 이러한 표현은 미를 찬미하는 데 매우 효과적인 발화로 볼 수 있다. 부지불식간에 손에서 소를 놓칠 정도로 그 아름다움이 매혹적이라는 점을 과장에 가깝게 표현한 것이기 때문이다.

그다음 구절 '나를 아니 부끄러워하시면'도 특별한 표현이다. 화자 자신의 능동성을 은폐하고 수동성을 부각하고 있다는 점에서 그렇다. '꺾어드리고 싶은 마음이 간절해서 꺾어 드리겠다'가 아니라 '나를 아니 부끄러워하시면 꺾어드리겠다'고 짐짓 돌려서 말하고 있는 것이다. 의뭉스럽게 시치미를 떼고 있다고 할 만하다. 여기에 더하여 현재 꽃을 꺾어 바치면서도 이를 현재형 시제가 아닌 '바치오리다'라는 미래형으로 드러내고 있다는 점도 주목된다. 만일 원하시기만 한다면 앞으로도 언제든 계속 꺾어 바치겠다는 의지를 드러내고 있는 것으로 보아도 무방하기 때문이다.

노옹은 아름다운 미모와 자태를 지닌 여인의 소망이 무엇인지 알고, 자신의 능력으로 그 소망을 성취해주었다. 그것은 자신의 자발적인 판단과 행동으로 이룬 성과였다. 그럼에도 이와 상반된 표현으로 자신의 행위를 정당화하고 있다. 매우 치밀한 전략의 소산이라 볼 수밖에 없다. 전체적으로 이 노래의 전략적 표현은 아름다움에 대한 탐심에서 비롯된 자신의 행위를 마치 부인의 부탁 혹은 암묵적 동의에 따라 수동적으로 움직인 것처럼 진술하는 효과를 낳는다. 결정권 이양 전략이라 부를 만하다. 그러나 그것은 비겁한 변명으로 들리지 않고 결과적으로 수로부인이 가진 아름다움을 예찬하는 효과를 빚어낸다. 그리고 이는 마치 첫사랑의 설레는 마음을 그리는 듯한 소박한 분위기를 자아내는 효과로 이어진다.

엮어 읽기

아름다움, 사건이 되다

노인이 평범한 사람이든 신적인 존재이든, 한 남성으로서 아름다운 여성을 보고 매혹되는 것은 인지상정으로 볼 수 있다. 이러한 경향은 『삼국유사』 등에 수록된 다른 설화에서도 종종 확인된다.

『삼국유사』 기이 편 '도화녀 비형랑'조에 실린 이야기도 그중 하나이다. 신라 제25대 진지왕이 도화녀라는 미녀를 탐냈지만, 도화녀는 유부녀로서 두 남편을 섬길 수 없다고 하며 왕의 요구를 거절했다. 바로 그해에 왕이 죽고 2년 뒤에는 도화녀의 남편도 죽었는데, 하루는 갑자기 죽은 왕이 나타나서 이전의 약속을 지켜 달라고 했다. 도화녀는 죽은 왕과 함께 7일을 지낸 뒤 임신하여 비형랑을 낳았다. 죽었던 왕이 환신(幻身)의 몸으로 다시 찾아올 정도로 도화녀는 빼어난 미모를 지니고 있었던 것이다.

그런가 하면 『삼국유사』 기이 편 '처용랑 망해사'조에 실린 〈처용가〉(▶111쪽)의 배경설화에는 역신(疫神)이 동해 용의 아들 처용과 부부의 인연을 맺은 미녀를 흠모하다가 처용이 집을 비운 사이에 침입하여 처용의 처를 범한다는 이야기가 있다. 역신이 사신(邪神)이라 하더라도 신적인 존재라는 점은 분명한데, 처용 처의 미모는 이러한 신적 존재의 마음과 몸을 움직이게 할 정도였던 것이다.

한편 『대동운부군옥(大東韻府群玉)』에도 실려 있는 〈심화요탑(心火繞塔)〉의 지귀(志鬼)는 진지왕의 환신이나 역신과는 또 다른 측면을 보여준다. 이야기는 다음과 같다. 신라 때 지귀라는 사람이 선덕여왕을 사모하다 야위어갔다. 절에 불공을 드리러 갔다가 그 이야기를 들은 여왕은 지귀를 불렀다. 그러나 여왕을 기다리던 지귀는 탑 아래서 잠이 들고 말았고, 여왕은 팔찌를 벗어 지귀의 가슴에 놓고 갔다. 잠에서 깬 지귀는 팔찌를 보고 잠든 사이에 여왕이 다녀갔음을 알고 사모의 정이 불타 불귀신이 되었다. 『삼국유사』에는 "지귀의 심화(心火)로 인해 탑이 불탔다."라고 기술되어 있다. 여왕에 대한 미천한 남자의 일방적 연모라는 점에서, 신적인 존재인 남성이 아름다운 미모를 지닌 여성을 흠모했던 앞의 두 이야기와는 차이가 있다. 그러나 그들 사이에 뛰어넘을 수 없는 거대한 벽이 있다는 점에서는 유사하다. 생과 사의 경계, 초월적 세계와 현실 세계의 경계, 신분 간의 경계가 모두 소통을 가로막는 벽에 해당된다.

이처럼 신라인의 사랑은 신적 존재와 인간 사이, 왕과 미천한 백성 사이를 뛰어넘는 특별한 동선을 보여준다. 여성적 아름다움이 자연과 초자연의 경계, 신성과 세속의 경계를 초월하여 그 힘이 두루 미칠 수 있다는 인식이다. 그리고 그것은 신적 존재와 인간 사이, 고귀한 신분과 미천한 신분 사이와 같이 낙차가 큰 위계적 관계에서만 성립되는 것이 아니고, 우리의 일상과 현실에서도 얼마든지 성립될 수 있는 보편적인 인식이다. 이처럼 아름다움은 그 자체로 하나의 사건이면서 또 다른 사건으로 이어진다. 수로부인과 견우노옹의 정체성에 대한 논란과는 무관하게, 아름다움에 대한 이러한 인식이 〈헌화가〉를 지어 부르게 된 동기로 작용했음은 분명해 보인다.

참고문헌

김사엽(1979), 『향가의 문학적 연구』, 계명대학교출판부.
김승찬(1999), 『신라향가론』, 부산대학교출판부.
류수열(2008), 「꽃의 시적 표상과 그 계보」, 『고전시가교육의 구도』, 역락.
박노준(1982), 『신라가요의 연구』, 열화당.
박진태 외(2002), 『삼국유사의 종합적 연구』, 박이정.
성기옥(1992), 「〈헌화가〉와 신라인의 미의식」, 백영정병욱선생10주기추모논문집간행위원회 편, 『한국고전시가작품론 1』, 집문당.
이도흠(1992), 「〈헌화가〉의 문화사회학적 시학」, 『한양어문연구』 10, 한양어문연구회.
장진호(1993), 『신라향가의 연구』, 형설출판사.
조동일(1982), 『한국문학통사 1』, 지식산업사.
최선경(2002), 「〈헌화가〉에 대한 제의적 고찰」, 『인문과학』 84, 연세대학교 인문과학연구소.
최철(1990), 『향가의 문학적 해석』, 연세대학교출판부.

향가 05

도솔가 兜率歌

지은이 월명사(月明師, ?~?) **출처**『삼국유사』 감통 편 '월명사도솔가'조

今日此矣散花唱良	오늘 이에 散花 블러
巴寶白乎隱花良汝隱	보보술본 고자 너는
直等隱心音矣命叱使以惡只	고둔 모수믹 命ㅅ 브리이악
彌勒座主陪立羅良	彌勒座主 모리셔 벌라
	(김완진 해독)

맥락

변고를 물리친 노래

〈도솔가〉는 『삼국유사』 감통 편에 그 유래와 함께 전한다.

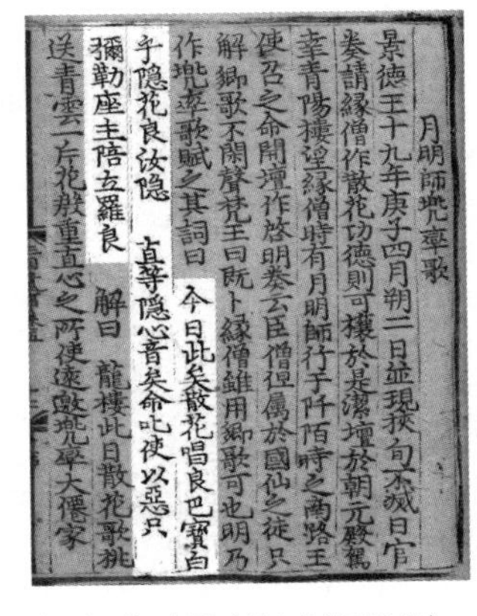

〈도솔가〉 수록 부분 (『삼국유사』)

경덕왕 19년 경자년(760) 4월 초하루에 두 해가 나란히 나타나 열흘이 되어도 사라지지 않았다. 천문을 맡은 관리[日官]가 아뢰었다.

"인연 있는 승려를 청하여 산화공덕(散花功德)을 하면 [재앙을] 물리칠 수 있을 것입니다."

그리하여 조원전(朝元殿)에다 깨끗이 단을 만들고 청양루(青陽樓)에 행차하여 인연 있는 승려가 오기를 기다렸다. 이때 월명사(月明寺)가 밭 사이로 난 남쪽 길을 가고 있었는데, 왕이 사람을 보내 그를 불러 단을 열고 기도하는 글을 짓게 하였다. 월명사가 말하였다.

"신승은 국선의 무리에 속하여 단지 향가만을 알 뿐 범성(梵聲)은 익숙하지 못합니다."

왕이 말하였다.

"이미 인연 있는 승려로 지목되었으니, 향가를 짓는다 해도 좋소."

이에 월명사가 〈도솔가〉를 지어 불렀는데, 그 내용은 다음과 같다.

오늘 여기에 산화가를 부를 제
솟아나게 한 꽃아 너는
곧은 마음의 명을 받들어
미륵좌주(彌勒座主)를 모셔라

이 시를 해석하면 다음과 같다.

용루(龍樓)에서 오늘 산화가를 불러 龍樓此日散花歌 (용루차일산화가)
푸른 구름에 한 송이 꽃을 날려 보낸다 排送青雲一片花 (배송청운일편화)
은근하고 곧은 마음이 시키는 것이니 殷重直心之所使 (은중직심지소사)
도솔천의 대선가(大仙家)를 멀리서 맞이하라 遠激兜率大僊家 (원격두솔대선가)

지금 세속에서는 이 노래를 가리켜 〈산화가〉라고 하는데, 잘못된 것이니 마땅히 〈도솔가〉라고 해야 한다. 이와 별도로 〈산화가〉가 있으나, 글이 번잡하여 싣지 않는다.

얼마 후 해의 괴이함이 사라졌다. …(후략)…

기록을 보면 경덕왕 때 '이일병현(二日竝現)', 즉 열흘 동안 해가 둘이 나타나는 변고가 발생하였고, 〈도솔가〉는 그 변고 혹은 재앙을 물리치고자 국가적인 차원에서 행한 의식에서 불린 노래임을 알 수 있다. 노래가 지어진 배경과 더불어 해시(解詩)까지 덧붙인 점이 특이하고, 이 노래를 〈산화가(散花歌)〉라고 부르는 것은 잘못이며 〈도솔가〉라고 불러야 마땅하다는 의견까지 덧붙이고 있다.

쟁점

두 개의 해가 나타났다?

한문으로 풀어쓴 시가 있어 〈도솔가〉는 상대적으로 해석이 용이한 편이다. 그러나 '이일병현'이라고 명명된 변고 혹은 재앙의 실체가 무엇인지에 대해서는 의견이 갈린다.

『삼국유사』 감통 편에 따르면 경덕왕 19년(760) 경자 4월 해가 둘이 되어 열흘간 지속되는 변고가 있었다. 그러나 『삼국사기』 등 다른 문헌에는 이에 대한 기록이 없다. '이일병현'이란 과연 어떤 현상, 사건 혹은 변고를 일컫는 말일까.

우선 감통 편의 기록에 충실한 해석이 가능하다. '이일병현'을 말 그대로 해가 둘이 나타난 것과 유사한 자연현상으로 해석하는 것이다. '이일병현'을 혜성의 출현이나 일식 현상으로 보거나 환일(幻日) 혹은 햇무리 현상 등 천문 현상으로 보는 해석(서영교, 2006; 황병익, 2002; 박창범, 2002)이 그 예가 된다. 이러한 입장에서는 '이일병현'을 해와 관련된 이례적이면서도 불길한 자연현상으로 보고, 당시 사람들이 이를 장차 일어날 정치 사회적인 변고까지 예고한다고 생각하여 모종의 의식을 기획하였고 이를 위한 의식요로서 〈도솔가〉를 지었다고 본다. 그러나 아직까지는 이 이례적인 자연현상을 기록한 다른 문헌이 발견되지 않았고, 일식과 월식을 구분하고 성운과 혜성까지 식별하였던 당시의 천문학 수준으로 볼 때 혜성의 출현이나 일식 혹은 햇무리 현상을 과연 해가 둘이 나타난 현상으로 인식했을까 하는 의문이 제기(이도흠, 1993)될 수 있다.

당시의 역사적 상황을 살펴 '이일병현'을 비유적으로 혹은 상징적으로 해석하는 것도 가능하다. 〈도솔가〉가 지어진 경덕왕 19년 전후를 검색해보면, 그해 정월에는 도성 안에서 귀신의 북소리가 들리는 기이한 일이 있었고, 4월에 시중(侍中)이 교체되고 7월에 세자가 책봉되는 등 정치적인 변화가 있었다. 검색 범위를 더 넓히면, 경덕왕 재임 기간 동안 유독 때아닌 우박이나 벼락, 극심한 가뭄 등 천재지변으로 인한 자연재해가 빈번했음도 확인할 수 있다. 그러한 자연재해가 사회

정치적 불안을 가중시켰을 것임은 물론이다. 결국 〈도솔가〉는 자연재해가 끊이지 않고 기이한 일이 거듭 일어났으며 정치적 지형이 크게 흔들리던, 격변 혹은 혼란의 시기에 지어졌음을 알 수 있다. 이유가 어찌되었든 나라에 변고가 거듭되면 민심이 흔들리고 왕의 권위가 실추될 수밖에 없다. 특히 해는 관습적으로 왕이나 왕권을 상징한다는 점에서 '이일병현'을 왕의 권위에 도전하는 특정 사건이나 당시의 정황(조동일, 1983; 윤영옥, 1982)으로 해석할 수 있는데, '열흘간 지속되었다'는 기록을 통해 경덕왕 대의 정치적 위기 혹은 혼란이 상당 기간 지속되었음을 알 수 있다. 구체적으로 상대등(上大等)과 시중이 이 시기에 유독 자주 바뀌었다는 사실을 고려하여 '이일병현'을 경덕왕과 귀족 세력 간의 대립으로 해석하는 견해(이도흠, 1993)가 제출되기도 하였다. 그런가 하면 〈도솔가〉를 정치적 혼란기에 세자 책봉이라는 중차대한 일을 치르기 위한 불양(祓禳) 의식에서 불린 노래로 보는 견해(신재홍, 2000, 2006)도 있는데, 경덕왕이 어렵게 세자를 얻은 데다가 〈도솔가〉가 세자 책봉(7월) 직전에 지어졌고 의식을 행한 장소가 용루, 즉 동궁(東宮)으로 세자를 상징하는 장소라는 점을 그 근거로 들었다.

한편 〈도솔가〉를 민속학적 관점에서 해석하는 것도 가능하다. 가뭄을 해가 둘 이상 나타나 지속됨으로써 생겨난 땅의 재앙으로 그려내고, 영웅이 등장하여 둘 중 하나를 제거함으로써 가뭄이 해결되고 땅의 평화가 다시 시작된다는 내용의 설화가 이미 존재한다. 그렇다면 '이일병현'을 해가 둘이 나타난 것처럼 땅이 불타오르는 현상, 즉 천재지변 중 가뭄으로 해석(현용준, 1973)할 수도 있다. 용루나 미륵 등이 모두 물을 관장하는 용신과 관련되고 꽃 또한 물의 힘으로 피워낸 물과 관련된 상징물이라는 점에서 '이일병현'을 가뭄으로 보고 〈도솔가〉를 가뭄을 물리치기 위해 행한 의식, 곧 기우제에서 불린 노래로 보는 것이다.

사실 '이일병현'이 어떤 현상인지 특정할 수는 없다. 그러나 분명한 것은 이 시기 해가 둘이 나타난 것과 맞먹는 재앙 혹은 변고가 일어났으며, 그 변고가 무엇이든 간에 당시 왕을 비롯한 신라 사회를 위협했고 사람들을 불안하게 했으며, 그렇기에 이를 극복하거나 잠재울 특별한 의식이 필요했다는 점이다. 그리고 이러한 필요에 의해 만들어진 노래가 바로 〈도솔가〉라는 사실이다.

꼼꼼히 읽기

말로 모셔온 미륵좌주

〈도솔가〉는 "오늘 이에 산화(散花) 블러"라는 말로 시작된다. '오늘'은 의식이 시작되는 시간을, '이에'는 해시를 참조해볼 때 용루, 곧 의식이 시작되는 장소를, '산화 블러'는 그곳에서 행하고 있는 의식의 내용을 지칭한다. 시간과 장소를 특정하고 그곳에서 하는 일을 특정함으로써, 그 자리에 있는 모든 사람에게 의식이 시작되었음을, 그리고 월명사를 포함하여 왕과 청중 모두가 그 의식의 중심에 있음을 환기하고 있다.

"오늘 이에 산화(散花) 블러"에 짝이 되어 이어지는 구절은 "보보술븐 고자 너는"이다. 향찰로 표기된 '보보술븐'의 '보보(巴寶)'는 '뿌리다', '뽑다' 등으로 해독될 수도 있지만, 김완진(2000)이 해독한 것처럼 '올리다' 혹은 '날리다'의 뜻을 지닌 해시의 한자['배송(排送)']를 참고하여 '솟아오르다'로 해독할 수도 있다. 의미의 큰 차이는 없지만, '솟아오르다'로 해석하면 산화가를 부름으로써 하늘과 땅을 잇는 사자(使者)로서의 꽃이 하늘을 향해 이동하는, 더욱 적극적이고 동적인 이미지가 부각된다.

이렇게 솟아오른 꽃은 산화공덕의 의식에 소용되는 "공불(供佛)만이 아니고 사자(使者)와 인도자(引導者)의 구실"(윤영옥, 1998)을 한다. 의식에 참여한 월명은 물론이고 왕과 신하 등 청중들이 이미 '지금 여기에서 진행되고 있는' 의식의 중심으로 호명된 상황이라, 꽃은 그 자체로 그곳에 모인 모든 사람이 바치는 공불이면서 동시에 모두가 미륵좌주에게 보내는 사자이자 인도자라고 할 수 있다. 그런데 공불이자 사자요 인도자인 꽃이 다소곳하게 등장하는 것이 아니라 푸른 구름[靑雲] 속으로 솟아오르는[排送] 형상으로 표현되어 시각적인 효과까지 생겨난다.

덧붙여 월명사는 '너는'이라는 주어로 그 행을 마감하는 묘수까지 구사함으로써, 즉 다음 행의 주어를 앞 행의 끝에 배치함으로써 이어지는 두 행의 '곧은 마음'과 '미륵좌주'를 전면에 부각시키고 있다. 해시의 구절을 참조할 때, "고든 ᄆᆞᅀᆞ미 命ㅅ 브리이악"에서 명을 부리는 주체는 곧은 마음이고 꽃은 그 곧은 마음의 부림을 받는 존재가 된다. 왕이 의식을 요청한 사람이라는 점을 감안하여 곧은 마음의 주체를 왕으로 보는 견해(윤영옥, 1998; 신재홍, 2000)도 있지만, 제의가 왕의 요청에 의해 시작되었다 하더라도 그것이 국가적인 차원의 의식이라는 점에서 그 자리에 참여한 모든 사람을 주체로 볼 수 있다는 견해(염은열, 2013)도 제시되었다.

한편 '곧은 마음'을 '대비심'이나 '정심(正心)' 등 종교적으로 해석할 수도 있고, 말 그대로 의식에 참여한 사람들의 순수한 마음의 상태로 해석할 수도 있다. 어떻게 해석하든 간에 이 말은 〈도솔가〉에서 갈등을 언표화한 유일한 말임에 분명하다. 평화롭지 않거나 평화가 위협받을 때 평화를 기원하는 말이 등장하는 것처럼, '곧은 마음' 역시 '곧지 않은 마음'이 문제가 되는 상황에서 나온 가치 지향적인 말인 것이다. 그런 점에서 산화공덕의 의식은 곧은 마음을 회복하기 위한 의식이라고도 바꿔 말할 수 있다.

마지막 행에서 화자는 솟아올라간 꽃에게 땅으로 다시 내려와 미륵좌주를 중심에 두고 나립(羅立)하라고 명한다. 올라가서 미륵좌주를 모셔와 나립하는 것으로 꽃의 소임이 끝이 나고 의식도 끝이 난다.

이처럼 월명사는 노래를 통해 미륵좌주를 신라 땅에 '불러들이고' 있다. 그리고 불러들이고 마는 것이 아니라 솟아올랐던 꽃들[衆生]이 미륵좌주를 중심에 두고 나립하는 평화로운 모습까지 '그려내고' 있다. 곧은 마음의 부림을 받은 꽃이 문제적 상황에 빠진 신라로 미륵좌주를 모셔오는 절차와 모셔온 모습이 〈도솔가〉에 형상화되어 있는 것이다. 몇 개의 시어와 동사로 구성된 이 짧은 노래에 말이다. 이렇게 〈도솔가〉에서 월명사는 말을 통해서 그 자리에 모인 사람들의 마음 안에 미륵좌주가 하토(下土)한 세상을 실재하도록 만들고 있다. 그런 점에서 〈도솔가〉는 '여럿이 소망으로 미륵좌주를 불러내는 노래'(염은열, 2013)라고 할 수 있다.

엮어 읽기

천지와 귀신을 감하고 동하게 하다

『삼국유사』 감통 편에 실린 10편의 이야기 중 총 4편이 향가와 관련된다. 월명사의 〈도솔가〉와 〈제망매가〉, 융천사의 〈혜성가〉, 〈원왕생가(願往生歌)〉가 바로 그것인데 모두 노래가 행한 이적(異蹟)에 대해 이야기하고 있다. 〈도솔가〉를 부르니 열흘 동안 해가 둘이었던 변고가 사라졌고, 〈제망매가〉를 부르니 누이를 위한 노잣돈[지전(紙錢)]이 서쪽으로 날아갔으며, 〈혜성가〉를 부르자 혜성은 물론 왜구가 물러갔다는 기록이 있다. 〈원왕생가〉를 짓고 광덕(廣德)이 왕생했다는 기록은 없지만 이 노래가 광덕의 왕생 이적을 일으켰다고 보는 데는 별 무리가 없어 보인다.

사실 종교 언어 혹은 제의 언어에서 시간과 공간은 매우 본질적인 요소로 중시된다. 현재의 고통을 과거지사가 되게 함으로써 고통이 아니게 하고, 소망하는 미래를 현재로 만드는 것이 믿음을 형성하는 기본 원리이자 종교나 제의가 필요한 중요한 이유이기 때문이다. 그래서 시간과 공간을 어떻게 직조하느냐가 중요한 수사적 문제로 제기된다. 결론을 먼저 말하면, 감통 편에 수록된 작품들은 종교적 언어의 본질을 간파한 작품으로 각기 다른 방식으로 미래의 모습을 현재화하여 제시하는 데 성공했다(염은열, 2013)는 공통점이 있다.

〈도솔가〉의 경우 산화가를 불러 꽃을 솟아오르게 하면 곧은 마음이 시킨 그 꽃이 미륵좌주를 모셔 온다고 말한다. 나아가 미륵좌주를 중심에 둔 중생들(꽃)의 모습을 형상화하고 있다. 말로 미륵좌주가 중심에 있는 세상을 그려 보여줌으로써 그러한 세상이 도래할 것이라는 믿음을 갖게 하는 효과를 노린 것이다. 이렇게 〈도솔가〉는 곧은 마음이 있기에, 혹은 곧은 마음이 있으면, 또는 이 의식을 통해 곧은 마음을 회복하게 되면, 함께 산화가를 불러 솟아오르게 한 꽃이 미륵좌주를 이 세상에 모시고 내려올 것이라는 믿음을 만들어냈다.

〈제망매가〉도 미래를 시각화하여 보여준다. 처음에는 보통 사람인 나처럼 누이의 죽음을 신체적·물리적 문제로 인식하였던 월명사가 노래의 마지막에 이르면 미타찰 왕생을 의심 없이 받아들이며 정진을 다짐한다. 월명사와 내가 다르지 않다면 월명사의 달라진 모습 또한 내 모습일 수 있고 왕생에 대한 월명사의 믿음 역시 나의 것이 될 수 있다. 이렇게 의식에 참여한 모든 사람이 미타찰에 왕생할 것이라는 믿음을 가지고 현재의 삶의 자세를 가다듬게 되는 것이다(▶84쪽 〈제망매가〉 참고).

이는 본질적으로 원왕생을 거듭 염(念)함으로써, 즉 거듭 마음속으로 떠올리고 새김으로써 왕생에 대한 믿음을 실재하도록 한 〈원왕생가〉와도 다르지 않은 발상이다. 〈원왕생가〉는 신라 문무왕 때 엄장의 친구 광덕이 지은 것으로 알려져 있다.

달하 이제
또 서방(西方)까지 가시어
무량수불전에
일러다가 사뢰소서
다짐 깊으신 존(尊)을 우러르며
두손 모아 비옵나니
원왕생 원왕생(願往生 願往生)
그릴 사람 있다 사뢰소서
아으 이 몸 버려두고
사십팔대원(四十八大願) 이루어질까

광덕은 엄장의 꿈에 나타나 자신이 죽어 서방 정토에 먼저 갔음을 알린 바 있다. 그런데 위 노래는 광덕이 죽기 전 일찍이[嘗] 불렀다고 기록되어 있다. 노래에 따르면 화자는 서방까지 가서 무량수불에게 원왕생을 비는 사람이 있음을 전해달라고 달을 향해 청한다. 그리고 이어 '이 몸을 버려두고 사십팔대원을 이룰 수 있을까'라며 수사적 물음을 던짐으로써 사십팔대원을 이루기 위해서는 이 몸의 왕생이 전제되어야 함을 기정사실화하고 있다. 말을 통해 자신의 염원과 그 염원이 이루질 수밖에 없음을 천명한 것이다.

〈혜성가〉 역시 방식은 다르지만 다가올 미래를 시각화하고 있다는 점은 동일하다. 왜군의 침입 등 상존하는 두려움은 사실 실체가 없는 거짓 혹은 허상일 뿐이라고 말한 뒤, 현재의 모습이자 미래에 도래할 모습을 그림으로 보여주고 있다. 땅의 세계에 있는 화랑 혹은 신라를 돕기 위해 조화롭게 움직이고 있는 천상(신재홍, 2006)을 시각화하여 보여준다. 그 천상의 자리에는 요성(妖星)인 혜성이 아니라 길쓸 별만이 부지런히 길을 쓸고 있다. 그런 그림을 떠올리는 순간 마음속에 혜성이 자리할 곳이 없어진다(▶ 51쪽 〈혜성가〉 참고).

마음속에 다가올 미래의 모습이 그려지면 해가 둘인 변고도, 죽음에 대한 두려움도, 혜성도, 나아가 늘 근심거리였던 왜군도 큰 문제가 되지 않는다. 〈도솔가〉와

〈제망매가〉, 〈혜성가〉, 〈원왕생가〉의 이적이 사람들의 마음속에 소망하는 미래를 실재하게 함으로써, 나아가 소망이 이루어지거나 해결될 것이라는 믿음을 형성함으로써 가능했던 일이라고 결론지을 수 있다.

의식이 끝난 직후 공교롭게 이적이 일어났을 가능성도 있지만 그렇지 않았다고 해서 의식의 효험이, 구체적으로는 노래를 부른 효험이 없었다고 보기는 어렵다. 마음의 불안이 사라지고 미래에 대한 소망이 생겨남으로써 현실을 이겨낼 힘이 생기고 마침내 현실의 문제 또한 해결되었을 가능성이 크기 때문이다. 즉각적인 해결이 아니라 하더라도, 함께 부른 노래와 그 노래를 통해 미리 상상으로 경험한 미래가 결국에는 노래를 부른 사람들의 현실 세계에서 이적을 일으켰음은 분명하다. 그런 점에서 〈도솔가〉, 〈제망매가〉, 〈혜성가〉, 〈원왕생가〉가 각각 두 개의 해를 사라지게 했고, 지전을 서쪽으로 날아가게 했으며, 혜성과 왜구를 물러나게 했고, 광덕을 왕생하게 했다는 것은 신라인들에게 엄연한 '사실'이었다. 그리고 그런 이유로 이 노래들이 감통 편에 수록될 수 있었다. 이것이 노래, 나아가 말의 힘이다.

참고문헌

김완진(2000), 『향가와 고려속요』, 서울대학교출판부.
박창범(2002), 『하늘에 새긴 우리 역사』, 김영사.
서영교(2006), 「경덕왕대 월명사의 〈도솔가〉 창작과 핼리혜성」, 『우리문학연구』 19, 우리문학회.
신재홍(2000), 『향가의 해석』, 집문당.
신재홍(2006), 『향가의 미학』, 집문당.
양주동(1943), 『고가연구』, 박문서관.
염은열(2013), 「향가의 실재와 믿음 형성에 대한 고찰 ― 〈도솔가〉, 〈제망매가〉, 〈혜성가〉를 중심으로」, 『문학교육학』 40, 한국문학교육학회.
윤영옥(1982), 『신라시가의 연구』, 문창사.
윤영옥(1984), 「〈도솔가〉 고」, 권두환 · 김학성 편, 『고전시가론』, 새문사.
윤영옥(1998), 『한국의 고시가』, 문창사.
이도흠(1993), 「〈도솔가〉의 화쟁시학적 연구」, 『고전문학연구』 8, 한국고전문학회.
정정문(1995), 「종교적 언어의 해석학적 과제」, 『신학논단』 23, 연세대학교.
조동일(1983), 『한국문학통사 3』, 지식산업사.
현용준(1973), 「월명사 도솔가 배경설화고」, 『한국언어문학』 10, 한국언어문학회.
황병익(2002), 「〈『삼국유사』 '이일병현'과 〈도솔가〉의 의미 고찰」, 『어문연구』 115, 한국어문교육연구회.

향가 06

제망매가 祭亡妹歌

지은이 월명사(月明師, ?~?) **출처** 『삼국유사』 감통 편 '월명사도솔가'조

生死路隱	生死路는
此矣有阿米次肹伊遣	예 이샤매 저히고
吾隱去內如辭叱都	나는 가ᄂᆞ다 말ㅅ도
毛如云遣去內尼叱古	몯다 닏고 가ᄂᆞ닛고
於內秋察早隱風未	어느 ᄀᆞᄉᆞᆯ 이른 ᄇᆞᄅᆞ매
此矣彼矣浮良落尸葉如	이에 저에 ᄠᅥ딜 닙다이
一等隱枝良出古	ᄒᆞᄃᆞᆫ 가재 나고
去奴隱處毛冬乎丁	가논 곧 모ᄃᆞ온뎌
阿也 彌陀刹良逢乎吾	아으 彌陀刹애 맛보올 내
道修良待是古如	道 닷가 기드리고다
	(양주동 해독)

맥락

회오리바람을 일으킨 힘

신라 경덕왕(재위 742~765) 시기에 월명사가 지은 노래로서, 조목(條目)의 일부이기도 한 〈도솔가〉와 함께 『삼국유사』 감통 편 '월명사도솔가'조에 실려 있다. 일명 〈위망매영재가(爲亡妹營齋歌)〉라고도 한다. 〈제망매가〉와 〈위망매영재가〉 두 가지 가명 모두 근대의 연구자들이 임의로 붙인 것이다.

월명사는 또 죽은 누이동생을 위해 재를 올리면서 향가를 지어 제사를 지내는

데, 문득 회오리바람이 일어나더니 종이돈[紙錢]을 날려 서쪽으로 사라지게 했다.

그 향가는 다음과 같다.

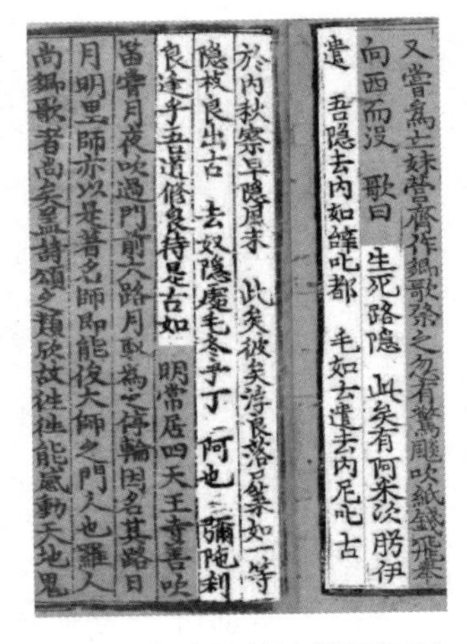
又嘗爲亡妹營齋作鄕歌祭之忽有驚飇吹紙錢飛擧
向西而沒 歌曰 生死路隱 此矣有阿米次肹伊
遣 吾隱去內如辭叱都 毛如云遣去內尼叱古
於內秋察早隱風未 此矣彼矣浮良落尸葉如一等
隱枝良出古 去奴隱處毛冬乎丁 阿也 彌陁刹
良逢乎吾道修良待是古如 明常居四天王寺善吹
笛嘗月夜吹過門前大路月馭爲之停輪因名其路曰
月明里師亦以是著名師卽能俊大師之門人也羅人
尙鄕歌者尙矣盖詩頌之類歟故往往能感動天地鬼

〈제망매가〉 수록 부분 (『삼국유사』)

삶과 죽음의 길은
여기 있으니 두려워지고
나는 간다는 말도
못 다 이르고 간단 말인가
어느 가을 이른 바람에
여기저기 떨어지는 나뭇잎처럼
한 가지에 나서
가는 곳을 모르는구나!
아아! 미타찰(彌陀刹)에서 만날 나
도를 닦으며 기다리련다

월명은 언제나 사천왕사(四天王寺)에 살면서 피리를 잘 불었다. 일찍이 달밤에 피리를 불며 문 앞의 큰길을 지나가자, 달이 그를 위해서 운행을 멈추었다. 이 때문에 이 길을 월명리(月明里)라 하였으며 월명사 또한 이 일로 이름을 드날리게 되었다.

월명사는 바로 능준대사(能俊大師)의 제자다. 신라 사람들은 향가를 숭상한 지 오래되었는데, 대개 시송(詩頌)과 같은 것이었다. 그래서 천지와 귀신을 감동시킨 경우가 한두 번이 아니었다.

월명사가 그 이름을 얻은 배경도 확인되고, 향가의 주력(呪力)을 압축적으로 말해주는 '감동천지귀신(感動天地鬼神)'이라는 말의 출처도 이 기사임을 알 수 있다.

쟁점

서정적 의식요로서의 복합성

〈제망매가〉는 내용상 세 단락으로 구성되고 셋째 단락의 첫머리에 감탄사가 놓이는 10구체 향가의 완성된 형식미를 가지고 있다. 참신한 비유적 표현과 슬픔의 초극이라는 주제의식에서 오는 폭넓은 공감대를 지니고 있어서 독보적인 시적 성취를 이룬 작품으로 높은 평가를 받는다. 주술적·불교적 색채가 강한 다른 향가들과 달리 그 자체로 서정성을 뚜렷이 확보하고 있다는 점도 이 작품이 높게 평가받는 이유이다. 이에 따라 여타의 향가 작품들에 비해 논란이 되는 쟁점도 많지 않다.

노래의 성격에 대해서는 무가(巫歌)로 보거나(임기중, 1989; 나경수, 1995), 불교 의식가로 보는 견해(양희철, 1989; 성호경, 2004)도 있고, 개인 서정시와 종교적 의식가가 복합된 노래로 규정하는 절충적인 견해도 있다. 그러나 어떤 견해도 이 작품이 지닌 높은 서정성을 부인하지는 않는다. 즉 혈육과의 운명적 이별에 따른 애절한 심정을 종교적인 구도의 자세로 승화시킨 작품으로 보는 데는 이견이 없는 것이다.

향찰 표기 해독에서 미묘한 차이가 있는 구절마저도 그 서정성과 종교성 안에서 모두 용인될 만하다. 2행의 "次肹伊遣"은 "次"(머뭇거릴 차)를 음독하여 '저히고'로 읽느냐 훈독하여 '머뭇거리고'로 읽느냐의 차이가 있지만, 때 이르게 다가온 죽음을 흔쾌히 받아들일 수 없는 마음을 담고 있다는 점에서는 다르지 않다. 9~10행의 경우 도를 닦아 기다리는 주체가 '나'인지 누이인지 논란이 있다. 그러나 어떻게 읽어도 미타찰, 곧 극락세계에서의 재회에 대한 의지를 보여준다는 점은 동일하다. 어떻게 해독하든 서정시로서 드러낸 개인적 정서나 불교의 의식요로서 추구한 신앙적 당위를 표현한 셈이어서 작품의 대의가 달라지지는 않는다.

전체적으로 이 노래가 누이의 죽음에서 오는 비애를 종교적으로 초극하고자 하는 의지를 담고 있다는 점은 분명해 보인다. 승려가 죽은 누이를 위해 재(齋)를 지내면서 불렀던 만큼 종교적 색채가 깔려 있지만, 종교적 당위에 압도당하지 않고 혈육으로서 느끼는 비애감의 정서를 적실한 비유에 담아냈다는 점에서 이 노래가 향가 중의 백미(白眉)라는 데 동의하지 않을 수 없을 것이다.

꼼꼼히 읽기

혈육의 죽음을 대하는 한 태도

〈제망매가〉가 실린 『삼국유사』의 조목은 '월명사도솔가'이다. 〈도솔가〉(▶75쪽)는 두 개의 해가 나란히 나타난 변괴를 해결하기 위해 월명사가 지은 주술적 향가이다. 적어도 『삼국유사』의 편찬자 일연의 입장에서는 〈제망매가〉보다는 〈도솔가〉를 더 중요한 작품으로 간주했을 거라고 짐작할 수 있다. 그러나 오늘날에는 문학적 완성도 면에서 〈도솔가〉보다 〈제망매가〉가 더 높은 평가를 받는다. 이는 〈제망매가〉가 지닌 고유한 문학적 향기 때문일 것이다. 꼼꼼히 읽어가면서 그 향기를 경험해보자.

먼저 첫 번째 단락에 해당되는 1~4행에는 누이에게 말을 건네는 듯한 어조를 취하면서 누이의 죽음이라는 사건 앞에 선 한 인간의 모습이 보인다. 그 모습은 어떻게 나타나는가? 한 인간이 어느 날 갑자기 삶과 죽음이 나누어지는 길목[생사로(生死路)]에 서게 된다면, 즉 그 길이 저 멀리에 있다고 생각했는데 성큼 다가와서 지금 '여기'에서 죽음의 세계로 넘어가게 된다면 저어하고 머뭇거릴 수밖에 없을 것이다. 얼마나 당혹스럽겠는가. 그 당혹감은 망자의 것이기도 하지만, 망자를 보내는 모든 살아남은 자의 몫이기도 할 것이다. '못다 이르고 간단 말인가'라는 구절에서 갑작스런 길 떠남[죽음]을 앞에 두고 오히려 누이에 대한 원망이 섞인 듯한 어조가 감지되는 것도 그러한 당혹감의 표현으로 볼 수 있다. 물론 이는 죽은 누이에 대한 직접적인 원망이 아니라 그 죽음을 받아들이기 어려운 화자 자신의 한탄이 전이된 결과일 것이다.

5~8행은 두 번째 단락에 해당된다. 앞 단락의 주어가 '너'로 지칭된 객체라면, 이 단락의 주어는 화자 자신이다. 그리고 앞 단락이 과거의 정황을 묘사한 것이라면, 이 단락은 현재의 정황을 그리고 있다. 이 단락에는 비유적 표현이 집중적으로 나타나 있다. 〈제망매가〉가 많은 이들로부터 공감을 얻는 데는 이 비유적 표현의 힘이 크게 작용한다. '이른 바람'과 '떨어질 잎'을 통해 오누이의 요절을 암시하고, 다시 '잎'과 호응하는 '가지'를 통해 혈육 관계를 암시하는 등 연속적인 비유로 혈육의 요절에 대한 화자의 정서를 구체적 형상으로 그려내고 있는 것이다. 즉 때 이르게 다가온 사고나 병환 등의 외부적 시련을 '이른 바람'에, 그로 인한 죽음을 '떨

어질 잎'에, 같은 부모에서 태어난 혈육임을 '한 가지'에 비겨 표현한 것이다. 요컨대 혈육의 죽음을 자연물의 조락(凋落)에 비유한 시적 진술을 통해 누이가 요절했음을 우회적으로 드러내는 한편, 누이의 죽음과 이로 인한 사별이 필연임을 암시하고 있다.

그런데 이러한 비유는 월명사 개인의 독창적인 표현이 아니라 당대에 널리 알려진 표현일 것으로 추정된다. 이 표현의 근원은 인도의 시인 아슈바고샤(Aśvaghoṣa)가 부처의 일대기를 형상화한 서사시 〈붓다차리타〉에 있다. 이 작품은 5세기경에 중국에서 한역된 이후 신라로 전파되었으므로 당시 신라의 승려들도 많이 접했을 것으로 짐작된다. 이 작품에는 "비유컨대 봄에 난 나무 / 점점 자라 가지와 잎 우거지다가 / 가을 서리에 말라 떨어지는 것처럼 / 한 몸으로도 오히려 나뉘리라"라는 구절이 포함되어 있다. 이 구절은 "어느 가을 이른 바람에 / 여기저기 떨어지는 나뭇잎처럼 / 한 가지에서 나고서도 / 가는 곳을 모르겠노라"라는 부분과 상당히 닮아 있음을 알 수 있다(송지언, 2012). 불교적 윤회관과 무상관이 함축되어 있다는 점도 닮은 점이다. 따라서 이러한 비유적 표현이 당대 사람들에게 널리 공유되어 있었다면, 〈제망매가〉가 당대인들에게 친숙하게 다가설 수 있었던 이유도 여기에서 찾을 수 있을 것이다.

9~10행은 개인적 인연의 단절에서 비롯된 슬픔을 시인 자신의 신앙심을 바탕으로 종교적으로 초극하려는 의지를 뚜렷이 드러내고 있다. 어떤 면에서 이 마지막 단락에서 보이는 월명의 태도는 돌연 바뀐 것처럼 보이기도 한다. 이전까지는 비교적 세속적 인연에 초점을 맞추고 있다가, 여기에서 갑자기 승려의 모습이 등장하기 때문이다. 그러나 이 또한 공감대를 형성하는 한 축이다. 이별에서 오는 비애의 정서를 직접적으로 표출했다면 감상적 허무주의로 전락했을 수 있다. 그러나 이 작품에서는 그 비애를 미래에 있을 재회에 대한 기대로 연결함으로써, 상심을 노골적으로 드러내는 낭만적 감상(感傷)으로 떨어지지 않고 비애를 승화시킨 것이다. 상실감을 가진 사람들이 겪는 정서 변화를 '분노-부정-타협-우울-수용'의 단계로 구별하는 심리학적 설명에 기댄다면, 월명사는 이미 수용 단계에 도달한 상태에서 이 노래를 지은 것으로 볼 수도 있겠다. 문장 형식 차원의 주어가 누구인가

하는 논란과는 별도로 이 단락의 맥락상 그 주어는 '너와 나', 곧 '우리'로 보는 것이 타당하다. 첫 단락이 '누이'의 과거를, 둘째 단락이 '나'의 현재 정황을 그린 데 비해, 이 단락은 '우리'의 미래에 일어날 일에 대한 기대를 표현하고 있는 것이다.

마지막 두 행을 이해하는 데는 이 노래가 재를 올리는 자리에서 연행되었다는 점도 고려해야 한다. 죽은 이를 위한 제의이므로 거기에는 당연히 다른 가족들이나 친지 등이 함께 참여했을 것이다. 월명사는 죽음에 대해 설명하지도 않았고, 죽음을 대면했을 때의 종교적 태도에 대해서 설파하지도 않았다. 다만 그는 왕생을 믿고 정진하는 승려의 모습을 말로 보여주었을 뿐이다. 그리하여 제의에 참여한 청중들의 마음속에 죽은 누이와 월명사의 왕생을 기정사실화하고, 나아가 월명사도 자신과 같은 사람이니 자신도 월명사처럼 될 수 있다는 생각을 심어주었다고 할 수 있다(염은열, 2013).

이처럼 〈제망매가〉는 잘 빚어진 항아리처럼 짜임새가 오밀조밀하다. 이를 도식으로 나타내면 다음과 같다.

	내용	주체	시적 사건의 시점
제1단락(1~4행)	누이의 길 떠남	너	과거
제2단락(5~8행)	나의 남음	나	현재
제3단락(9~10행)	누이와의 만남을 기약함	우리	미래

이 노래를 지어 제사를 지낼 때 갑자기 회오리바람이 일어나 지전을 서쪽으로 날려 없어지게 했다는 기록은 노래의 효험을 보여준다. 지전은 죽은 자가 극락으로 갈 때 노잣돈으로 쓰라는 의미로 장례식에서 쓰는 가짜 돈이다. 그런 용도의 돈이 서쪽으로 날려갔으니, 이는 곧 누이의 극락왕생을 눈으로 확인하게 하는 상징이다. 그리고 일연은 이 노래의 효험을 바탕으로 신라의 향가가 천지귀신을 감동시킨 적이 비일비재하다고 했다. 천지귀신을 감동시키는 것이 가능했던 이유는 한편으로는 '시송(詩頌)'과 같이 제의에서 음악을 동반한 악곡으로 연행되었다는 사실도 개입되었겠지만(김성룡, 2004), 다른 한편으로는 시인의 비애가 절절했고, 또

그 비애를 종교적으로 초극하려는 의지가 그만큼 깊은 신앙심에 바탕을 두었기 때문일 것이다.

그렇지만 이 작품은 특정한 종교적 절대자에 대한 구도자적 신앙심을 넘어서는 보편적 공감대를 형성한다. 물론 '재'라는 제의를 위해 기능적으로 제작되었기에 제의 참여자들의 감정이입을 유도하는 힘을 지니고 있다. 그러나 이런 사실과 무관하게 읽어도 인간사의 운명적 비극에 대한 초극 의지를 일깨워주는 힘을 지닌 작품이라는 점은 분명하게 확인된다.

엮어 읽기

사별, 그 묵직한 상처의 무게

사랑하는 이와의 모든 이별은 상처를 남긴다. 사별이라면 더더욱 말할 것도 없다. 재회에 대한 희망마저도 기대할 수 없는 영원한 이별이기 때문이다. 그 중에서도 가장 큰 상처를 남기는 것은 혈육과의 사별일 것이다. 그런데 우리 문학사에서는 혈육과의 사별을 소재로 삼은 노래가 우리말 시가에서보다 한시에서 많이 보인다.

허난설헌의 한시 〈곡자(哭子)〉는 두 해에 걸쳐 딸과 아들을 잃은 어미의 곡진한 정서가 표현된 작품이다. 이 작품에서 화자는 두 해에 걸쳐 딸과 아들을 잃은 사정을 말하고 난 뒤 두 자녀가 묻힌 한 쌍의 무덤을 마주하는 심경을 밝힌다.

蕭蕭白楊風(소소백양풍) 쓸쓸한 바람은 백양나무에 불고
鬼火明松楸(귀화명송추) 도깨비불은 소나무와 오동나무를 밝히네
紙錢招汝魂(지전초여혼) 지전을 살라 너희들 혼을 부르고
玄酒奠汝丘(현주전여구) 술을 따라 너희들 무덤에 붓는다

… (중략) …

浪吟黃臺詞(낭음황대사) 헛되이 황대사를 읊조리니
血泣悲呑聲(혈읍비탄성) 피눈물 나는 슬픔을 속으로 삼킨단다

여기에서도 종이돈[紙錢]이 나온다. 〈제망매가〉의 배경설화에 나온 종이돈이 망자의 혼을 극락으로 보내는 돈이라면, 여기에서는 저승에 있는 망자의 혼을 부르는 돈이다. 종이돈으로 혼을 부르고 물을 따른다고 했으니, 죽은 혈육을 추도하는 의식을 치르는 중이다. 그런데 여기에서는 두 아이를 잃은 어미의 극단적 비애감이 직설적이라 할 만큼 선명하게 드러난다. '황대사'는 중국 당나라 고종 때 형이 권력 다툼에 희생당한 후 황태자가 된 이현(李賢)이 지은 노래로, 형제가 한 명씩 제거되는 비극적인 상황에 대한 우려를 '외[瓜]'를 하나씩 따는 장면에 빗대어 표현한 작품이다. 화자인 난설헌은 이 노래를 부르며 한 해에 한 명씩 자녀를 잃은 비애감을 곱씹는다. 피눈물로 표상되는 비애감이다. 그런데 여기에는 특별한 문학적 수사도 없다. 입에서 나오는 그대로의 탄식이고 그래서 더 생생한 고통의 언어이다. 극단의 고통은 세련된 언어를 허용하지 않는 법이다(김진영 외, 2010). 그는 여전히 우울하며 운명과의 타협도 이루어지지 않은 상태에 있는 것으로 보인다. 이는 초극의 의지를 보여주고 있는 〈제망매가〉의 화자와 다른 점이다.

현대시 중에서는 박목월의 〈하관〉이 동생을 땅에 묻으며 느끼는 회한을 그리고 있고, 정지용의 〈유리창〉, 김광균의 〈은수저〉, 김현승의 〈눈물〉이 자식의 죽음을 맞아 아버지로서 가질 수밖에 없는 참척(慘慽)의 고통을 나름대로의 방식으로 승화시키고 있다. 그중에서도 김현승의 〈눈물〉은 종교적 신앙심을 바탕으로 삼고 있어서 〈제망매가〉와 비교해볼 만하다. 이 작품에서는 절대자가 "아름다운 나무의 꽃이 시듦을 보시고 / 열매를 맺게 하신" 것처럼 "나의 웃음을 만드신 후에 / 새로이 나의 눈물을 지어" 주신다고 했다. 화자는 꽃과 열매의 생리를 바탕으로 참척(慘慽)으로 인한 눈물의 의미를 유추해냈다. 다시 말해 화자가 흘려야 할 눈물은 곧 웃음이 사라진 자리에 맺히는 하나의 값진 열매라는 진실을 발견한 것이다. 〈제망매가〉가 미타찰이라고 하는 하나의 초월계에서 망자와 재회할 날에 대한 기대로 사별의 고통을 승화하고 있다면, 이 시는 자식과의 사별을 초월자가 주관하는 섭리로 받아들임으로써 그 고통을 승화하고 있는 셈이다.

인간사에서 사별을 포함한 모든 이별은 필연이다. 다만 이별하는 때가 다를 뿐이다. 그 이별의 시간은 갑자기 다가올 수도 있고 충분히 준비되어 있을 수도 있다. 그리고 모든 이별은 비극이다. 이별 중에서도 사랑하는 이와의 사별은 인간이 겪는 모든 삶의 과정에서 가장 묵직한 상처를 남긴다. 죽음이 문학의 영원한 테마로 자리 잡고 있는 것은 그것이 인간이 가질 수 있는 가장 극단적인 정서의 원천이기 때문일 것이다. 사별을 시적 정황으로 삼은 작품에서 그로 인한 비극적 상처에 대응하는 심리적 기제는 여러 양상으로 나타난다. 그것은 화자 자신에 대한 분노, 스스로에 대한 위안, 신의 섭리에 대한 겸허한 인정과 수용, 재회에 대한 초월적인 기대 등 그 편폭이 넓다. 상처는 아물면서 흉터로 남기 십상이지만 온전히 다스리면 아름다운 결을 지닌 무늬로 남을 수도 있다. 흉터와 무늬 사이의 차이는 결국 이별에 대한 대응 방식의 차이와도 무관하지 않다.

참고문헌

김성룡(2004), 「감동천지귀신의 기능과 의미」, 『고전문학과 교육』 7, 한국고전문학교육학회.
김진영 외(2010), 『한국 한시 감상』, 보고사.
나경수(1995), 『향가 문학론과 작품 연구』, 집문당.
성호경(2006), 「<제망매가>의 시 세계」, 『국어국문학』 143, 국어국문학회.
송지언(2012), 「'감동천지귀신'의 의미와 <제망매가>의 감동」, 『한국어교육』 139, 한국어교육학회.
신영명(2004), 「<제망매가>, 회향의 노래」, 『국제어문』 32, 국제어문학회.
양희철(1989), 「<제망매가>의 의미와 형상」, 『국어국문학』 102, 국어국문학회.
염은열(2013), 「향가의 실재와 믿음 형성에 대한 고찰」, 『문학교육학』 40, 한국문학교육학회.
임기중(1989), 『신라가요와 기술물의 연구』, 이우출판사.

향가 07

안민가 安民歌

지은이 충담사(忠談師, ?~?) **출처** 『삼국유사』 기이 편 '경덕왕·충담사·표훈대덕'조

君隱父也
臣隱愛賜尸母史也
民焉狂尸恨阿孩古
爲賜尸知民是愛尸知古如
窟理叱大肹生以支所音物生
此肹喰惡支治良羅
此地肹捨遣只於冬是去於丁
爲尸知國惡支持以支知古如
後句君如臣多支民隱如爲內尸等焉
國惡太平恨音叱如

君은 어비여
臣은 ᄃᆞᄉᆞ샬 어ᅀᅵ여
民은 얼ᄒᆞᆫ아ᄒᆡ고 ᄒᆞ샬디
民이 ᄃᆞᄉᆞᆯ 알고다
구믈ㅅ다히 살ᄉᆞᆫ 物生
이흘 머기 다ᄉᆞ라
이ᄯᅡᄒᆞᆯ(흘) ᄇᆞ리곡 어듸갈뎌 ᄒᆞᆯ디
나라악 디니디 알고다
아으 君다이 臣다이 民다이 ᄒᆞᄂᆞᆯᄃᆞᆫ
나라악 太平ᄒᆞ니잇다
(양주동 해독)

맥락

오악삼산 신들의 출현

〈안민가〉는 신라 경덕왕 24년(765) 삼월삼짇날에 충담사가 왕명에 따라 지은 노래이다. 『삼국유사』 '경덕왕·충담사·표훈대덕'조에 따르면, 오악삼산의 신들이 대궐 뜰에 그 모습을 드러낸 사건이 작품 창작의 직접적인 계기이다.

왕이 나라를 다스린 지 24년이 되던 해에 오악삼산(五岳三山)의 신들이 때때로 나타나 궁궐 뜰에서 대왕을 모셨다.

3월 3일, 왕이 귀정문(歸正門) 누각 위에 올라가 주위 사람들에게 말하였다.

"누가 길거리에서 위엄과 풍모가 있는 승려[大德] 한 명을 데려올 수 있겠는가?"

이때 마침 위엄과 풍모가 깨끗한 한 고승이 배회하며 가고 있었다. 신하들이 그를 데리고 와 뵙게 하니, 왕이 말하였다.

"내가 말한 위엄과 풍모가 있는 승려가 아니다."

그리고 돌려보냈다.

다시 한 승려가 가사를 걸치고 앵통(櫻筒)을 지고(삼태기를 메고 있었다고 한 곳도 있다) 남쪽에서 오고 있었다. 왕이 기뻐하며 그를 보고 누각 위로 맞아 들였다. 통 안을 살펴보니 다구(茶具)가 가득 들어 있었다. 왕이 말하였다.

"그대는 누구인가?"

승려가 아뢰었다.

"소승은 충담(忠談)이라 합니다."

"어디에서 오는 길인가?"

승려가 아뢰었다.

"소승은 매년 중삼일(重三日), 중구일(重九日)에 차를 끓여 남산 삼화령(三花嶺)의 미륵세존(彌勒世尊)께 올리는데, 지금도 차를 올리고 돌아오는 길입니다."

왕이 말하였다.

"나에게도 차 한 잔 나누어 줄 수 있겠는가?"

승려는 이에 차를 끓여 바쳤는데, 찻잔 속에서 향내가 풍겼다. 왕이 말하였다.

"짐은 일찍이 대사가 기파랑(耆婆郎)을 찬미한 사뇌가(詞腦歌)의 뜻이 매우 높다고 들었는데, 정말 그런가?"

"그렇습니다."

왕이 말하였다.

"그렇다면 짐을 위해 안민가(安民歌)를 지어보라."

충담은 곧바로 왕명을 받들어 노래를 지어 바쳤다. 왕이 아름답게 여겨 왕사로 봉했으나, 그는 삼가 재배하며 간곡히 사양하고 받지 않았다. 안민가는 다음과 같다.

임금은 아버지요,

신하는 사랑을 주는 어머니라

백성을 어리석은 아이로 여기면

모든 백성들이 사랑을 알리라

꾸물거리며 사는 중생

이들을 먹여 다스려라

이 땅을 버리고 어디로 가랴고 하면

이 나라가 보전될 줄 알리라

아아, 임금답게, 신하답게, 백성답게 하면

나라는 태평을 지속하리

배경설화는 당시의 정치사회적 갈등을 암시한 것으로 이해될 수 있다. 오악삼산 신의 출현은 나라의 재앙을 예고한 것으로, 헌강왕 때 처용 이야기에서 온갖 신들이 나타나 나라의 장래에 대해 경고했던 사실을 떠올리게 한다. 『삼국유사』에는 오악삼산의 신들이 대궐 마당에 나타나 왕에게 현신(現身)한 사실을 언급하는 데 그치지만, 『삼국사기』 등에서는 보다 구체적으로 왕당파가 물러나고 김양상 일파가 등장하며 겪게 되는 정치적 혼란에 대한 기록도 찾아볼 수 있다.

이러한 점을 근거로 〈안민가〉의 배경설화는 당시 왕위 계승을 둘러싼 정치 세력의 대립, 여러 해에 걸친 천재지변과 자연재해 등으로 인해 백성의 고통이 심화되고 불안과 동요가 심했던 역사적 상황을 반영하고 있는 것으로 이해될 수 있다. 이 같은 정치적 변고의 상황에서 지어진 노래가 바로 〈안민가〉였던 것이다.

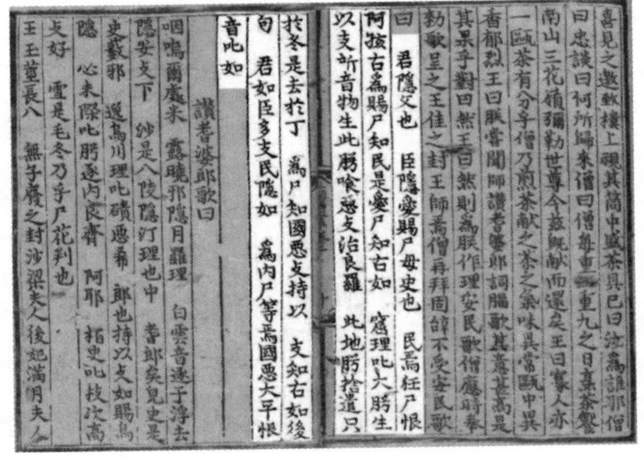

嘉見之邀致樓上視其筒中盛茶具已曰汝爲誰耶僧
曰忠談曰何所歸來僧曰僧每重三重九之日烹茶饗
南山三花嶺彌勒世尊今玆旣獻而還矣王曰寡人亦
一甌茶有分乎僧乃煎茶獻之茶之氣味異常甌中異
香郁烈王曰朕嘗聞師讚耆婆郎詞腦歌其意甚高是
其果乎對曰然王曰然則爲朕作理安民歌僧應時奉
勅歌呈之王佳之封王師焉僧再拜固辭不受安民歌
曰　君隱父也　臣隱愛賜尸母史也　民焉狂尸恨
阿孩古爲賜尸知民是愛尸知古如　窟理叱大肹生
以支所音物生此肹喰惡支治良羅　此地肹捨遣只
於冬是去於丁　爲尸知國惡支持以　支知古如後
句　君如臣多支民隱如　爲內尸等焉國惡太平恨
音叱如
　讚耆婆郎歌曰
咽嗚爾處米　露曉邪隱月羅理　白雲音逐于浮去
隱安支下　沙是八陵隱汀理也中　耆郎矣皃史是
史藪邪　逸烏川理叱磧惡希　郎也持以支如賜烏
隱　心未際叱肹逐內良齊　阿耶　栢史叱枝次高
支好　雪是毛冬乃乎尸花判也
王玉莖長八　無子廢之封沙梁夫人後妃滿月夫人

〈안민가〉 수록 부분 (『삼국유사』)

쟁점 배경 사상은 무엇인가

〈안민가〉는 정치적 이상을 담고 있어 노래의 성격, 배경부터 다른 향가 작품과 차이가 크다. '안민가', '백성가(百姓歌)', '이안민가(理安民歌)' 등의 제목이 붙는 것도 이 노래가 백성이 편안하게 살 수 있도록 다스리는 민본주의를 향하는 데서 비롯된다. 이처럼 정치의 문제를 다루는 만큼 이 작품의 배경 사상에 대해 많은 의문과 탐색이 뒤따랐다.

〈안민가〉의 "군(君)다이 신(臣)다이 민(民)다이"라는 구절이 『논어(論語)』 안연편의 내용('君君臣臣父父子子')을 수용하였다고 보아 유교적인 덕목을 노래한 것(양주동, 1966)으로 규정되어 왔다. 『논어』에서는 왕은 덕으로 다스리고, 신하는 그 도리를 지키며, 어버이는 자식에게 엄함과 자애로 대하고, 자식은 효성으로 부모 뜻을 따르면서 맡은 바 본분을 다하면 자연히 사회 질서가 유지된다고 하였다. 이처럼 사회적 직책이나 가족 관계에서 요구되는 역할을 올바르게 구현할 때 비로소 '정명(正名)'이 달성된다고 보았는데, 이때의 정명이란 인간 사회의 모든 행위가 그 이름에 적합하도록 이루어지는 것을 가리킨다. 〈안민가〉 역시 왕과 백성을 부모와 자식의 관계로 설정하는 발상법을 볼 수 있는 만큼, 유가적 윤리 이념을 바탕으로 정명론을 구조화한 노래로 설명될 수 있다(나경수, 1995). 이러한 사실들에 초점을 맞추면, 현전 향가들이 대부분 불교사상을 바탕으로 하는 데 반해 〈안민가〉는 유교적 통치 이념을 내세운다는 개별적인 특질이 부각된다.

그런데 『논어』 안연 편의 내용이 군신 관계와 부자 관계를 이야기하는 반면, 〈안민가〉의 경우 군, 신, 민의 관계를 다룬다는 차이도 있다. 이러한 차이에 주목할 경우 〈안민가〉의 배경 사상은 유교 이념을 넘어 다양한 가능성으로 확대될 수 있다.

『삼국유사』 '경덕왕·충담사·표훈대덕'조가 '경덕왕과 충담사', '경덕왕과 표훈대덕'으로 구성되어 충담사, 표훈대덕 등과 같은 화엄종 계열의 승려가 다수 등장한다는 사실에서, 이 노래를 불교적 성격으로 접근하기도 한다. 호국불교의 이념에 입각하여 불교의 국가관, 통치관을 피력한 작품으로 보는 것이다.

그런데 〈안민가〉에 등장하는 비유는 유교나 불경 곳곳에서 쉽게 찾아볼 수 있는 것들이다. 따라서 〈안민가〉에서 드러나는 유교와 불교적 내용을 근거로, 유교와 불교 사상이 혼합된 노래로 보는 입장도 있다. 유교와 불교의 배경사상을 독자적으로 변용하여 군신민 관계의 정명론으로 새롭게 융합한 것으로 설명하는 것이다(양희철, 1997).

이와는 달리, 특정 배경 사상과 일대일로 대응시키기보다는 당시 어지러웠던 정치 상황에서 갈등을 해결하기 위해 가장 원론적인 의견을 제시한 것으로 보기도 한다. 특정 종교 이념이나 사상 대신, 인간이라면 누구나 가질 수 있는 보편적인 생각이라고 보는 입장이다(조규익, 2010). 잠재적인 청자에게 익숙한 사상과 사유의 패러다임을 활용하여 통치 문제에 대한 생각을 피력한 작품으로 보는 것도 이러한 인식에 따른다(임주탁, 2011).

〈안민가〉의 배경 사상이 무엇이든 간에, 분명한 것은 이 시기에 정치적 혼란이 있었고, 이러한 문제를 향가를 통해 해결하려 했다는 점이다. 다른 향가와 구별되는 〈안민가〉의 특질이 바로 여기에 있다.

꼼꼼히 읽기

백성을 앞세워 신하를 견제하다

〈안민가〉는 말하고 전달하려는 의도와 목적이 분명하기에, 작품의 시작부터 간결하고 선명하다. 시작 부분에서 으레 언급하기 마련인 치레의 언술 대신 곧바로 문제가 되는 지점을 향하고 있다. '임금은 아버지, 신하는 어머니, 백성은 아이'와 같이 군신민의 관계를 가족 관계에 빗댐으로써 왕과 신하가 백성을 사랑으로 돌보면 나라가 편안할 것이라는 정치적 이상을 표명하고 있다. 경세제민의 주체인 임금과 신하가 마땅히 해야 할 가장 기본적인 직분과 역할을 천명하고 있는 것이다. 이로 인해 〈안민가〉의 도입부는 "서론이면서 또한 본론이요 결론"(박노준, 2014)이라는 평가를 받기도 한다.

이러한 행동 강령의 결과로 백성이 사랑을 알게 된다는 지극히 원론적인 결론에 도달한다. 그런데 원론적인 결론은 그만큼 문제에 대한 가장 본질적인 대답이 될 수 있기에 다른 의견과 입장을 제기하는 것 자체를 근본적으로 차단하는 효과를 갖는다. 상식적인 내용의 진술 이면에 쓸데없는 정쟁을 거두고 백성부터 돌봐야 한다는, 선명하면서도 매서운 메시지를 담고 있는 것이다.

임금, 신하의 관계에 대한 진술에 이어 5~6행의 구절에서는 백성이 중심에 놓여 있다. 앞서 윤리적인 당위와 강령이 추상적인 차원으로 진술되었다면, 여기서는 해결해야 할 당면 과제로 구체화되어 제시되고 있다. '이들을 먹여 다스려라'는 현실의 과제로 제시함으로써 임금과 신하가 해야 할 일이 분명하고 명료해진다.

임금과 신하, 그리고 백성의 관계 속에서 전개되는 진술이 7~8행에 이르면 갑자기 전환되면서, 내용이 다소 낯설어진다. '이 땅을 버리고 어디 갈 것인가' 하는 백성의 목소리가 돌출되기 때문이다. 이 부분을 해석하면서 당시 신라 사람들의 일부가 나라를 버리고 왜로 건너간 역사적 기록을 들추어내기도 하지만, 나라를 보전하려면 백성들이 굶주리지 않고 헐벗지 않게 해야 한다는 당부 정도로 이해할 수 있다. 정치는 말에 그치는 것이 아니라 백성의 삶을 윤택하게 하는 실천임을 일깨우는 것이다.

9~10행은 작품 전체의 결사에 해당한다. 1~3행의 선명하고 분명했던 내용을 다시 불러오는 쌍괄식의 구조가 활용되고 있다. 도입부에서 임금, 신하, 백성의 관계가 명시되었다면, 결사에서는 이러한 관계 설정에 기반하여 각자에게 '임금답게 신하답게 백성답게'를 요청하고 있다. 임금, 신하, 백성이 제 역할을 다함으로써 이제 '안민'을 넘어 '태평'에 이르게 된다.

이처럼 〈안민가〉는 국가·사회적 혼란의 상황에서 그 해결책의 일환으로 주문 생산된 노래인 만큼, 말하고자 하는 바가 비교적 선명하고 명료하다. 〈안민가〉만큼 교조적인 규범성의 성명서식 제시가 뚜렷하고 논리적인 전개가 극명하게 드러나는 작품도 없다(박노준, 2014).

그런데 작품 세계를 비판적으로 바라보면, 또 다른 의문을 가질 수도 있다. 무엇보다 왕이 익히 알고 있을 만큼 유명한 작가였던 충담사가 내놓은 결과물치고는, 각자가 자기의 직분에 충실할 때 안민에 이를 수 있다는 노랫말은 그리 특별한 내용이라 하기 어렵다. 지극히 상식적인 내용임에도 불구하고 "왕이 그를 아름답게 여겨 왕사(王師)"로 봉하려 했다는 점도 의문스럽다. 게다가 왕이 왕사로 봉하려 하되, 두 번 절하고 굳이 사양하며 받지 않은 것이 예사롭지 않다. 여기에

『삼국유사』는 경덕왕 대의 정치적 격동과 갈등이 마침내 파국에 이르고 말았다는 기록을 함께 전하고 있다. 여러 향가 작품이 노래를 통해 희원을 실현하고 현실의 변화를 끌어낸 데 반해, 〈안민가〉에서는 이러한 모습을 찾아보기 어렵다.

그렇다면 〈찬기파랑가〉와 같은 서정성이 뛰어난 작품을 창작했던 충담사가 〈안민가〉에서는 상식적인 내용을 되풀이하는 데 그친 까닭은 무엇일까? 먼저 진술되는 내용은 분명 상식적인 것이지만, 이를 철저히 가정법에 기반하여 표현하고 있다는 점을 눈여겨보자.

조건/가정		결과
백성을 어리석은 아이로 여기면	→	모든 백성들이 사랑을 알리라
이 땅을 버리고 어디로 가랴고 하면	→	이 나라가 보전될 줄 알리라
임금답게, 신하답게, 백성답게 하면	→	나라는 태평을 지속하리

가정법은 어디까지나 현실에서는 그러하지 못함을 전제한다. 다시 말해 〈안민가〉 전체가 가정법으로 기술되는 것에서, 기본조차 지켜지지 않는 현실을 비판하려는 의도를 읽어낼 수 있다. 갈등과 반목으로 인해 민생이 내팽개쳐지는 정치 현실을 강하게 비판하면서 정치가 본래의 역할에 충실해야 함을 강조하려는 것이다.

〈안민가〉는 표면적으로 민본주의를 환기하여 왕에게 충직하게 간언하는 성격을 갖고 있다. 그러나 왕이 〈안민가〉의 내용에 만족하면서 충담사에게 왕사의 자리를 권했던 것은, 그의 매서운 비판이 신하를 향했던 데에서 그 이유를 찾을 수 있지 않을까 한다. 임금은 그냥 아비인 데 반해, 신하는 '사랑하실'이라는 수식어가 특별히 덧붙여져 있다. 백성의 불만이 가득한 상황에서 백성을 사랑해야 할 신하들이 제 역할은 하지 않고 임금의 자리를 위협하는 사태에 대해 엄중한 경고의 메시지를 던지고 있는 것이다. 이렇게 본다면 경덕왕은 자기에게 거역하는 신하의 세력을 누르기 위해 백성의 지지가 필요했고, 이를 충담사에게 부탁해서 〈안민가〉를 짓게 한 것으로도 볼 수 있다(조동일, 1992).

엮어 읽기

문학, 정치의 문제를 다루다

사실 향가가 정치를 하는 데 필요한 노래가 아니었던 만큼 〈안민가〉는 예외적인 성격의 작품으로 여겨지기도 한다(조동일, 1992). 〈안민가〉가 정치의 문제를 직접적으로 다룬다는 점에서 우리 옛 노래 중에서 사회성을 함축한 대표적인 가요로 평가되기도 하고, 교술시 혹은 참여시의 갈래를 처음 개척한 노래로 이해되기도 한다(박노준, 2014).

문학이 정치의 문제를 다룰 때는 오륜가류나 연군시가와 같이 이상적인 군신의 관계를 전제하는 가운데 왕을 향한 충이나 연모의 감정을 일방적으로 노래하는 것이 일반적이다. 한 예로 '역군은(亦君恩)'의 표현은 이러한 맹목적인 상하 관계의 전통이 외현화된 표현 관습이라 할 수 있다. 그런데 이들과 달리 설총(薛聰)의 「화왕계(花王戒)」는 신하가 왕에게 간하는 소통 구조 속에서 군신의 관계를 다루고 있어 〈안민가〉와 함께 읽어볼 만하다. 「화왕계」는 왕에게 충언을 하기 위한 목적으로 인간의 모습을 꽃에 비유하여 제왕이 지녀야 할 도리를 우의적으로 일깨우고 있다.

베옷을 입고 허리에는 가죽 띠를 두르고 손에는 지팡이, 머리는 흰 백발을 한 장부 하나가 둔중한 걸음으로 나와 공손히 허리를 굽히며 말했다.

"저는 서울 밖 한길 옆에 사는 백두옹(白頭翁)입니다. 아래로는 창망한 들판을 내려다보고 위로는 우뚝 솟은 산 경치에 의지하고 있습니다. 가만히 보옵건대, 좌우에서 보살피는 신하는 고량과 향기로운 차와 술로 수라상을 받들어 임금님의 식성을 흡족하게 하고, 정신을 맑게 해드리고 있사옵니다. 또 고리짝에 저장해둔 양약으로 임금님의 기운을 돕고, 금석의 극약으로써 임금님의 몸에 있는 독을 제거해줄 것입니다. 그래서 이르기를, 비록 실을 만드는 삼이 있더라도 군자는 띠를 버리는 일이 없고, 부족에 대비하지 않음이 없다고 하였습니다. 임금님께서도 이러한 뜻을 가지고 계신지 모르겠습니다."

… (중략) …

"제가 온 것은 임금님의 총명이 모든 사리를 잘 판단한다고 들었기 때문입니다.

그러나 지금 뵈오니 그렇지 않으십니다. 무릇 임금 된 자로서 간사하고 아첨하는 자를 가까이 하지 않고, 정직한 자를 멀리하지 않는 이는 드뭅니다. 그래서 맹자(孟子)는 불우한 가운데 일생을 마쳤고, 풍당(馮唐)은 낭관(郎官)으로 파묻혀 머리가 백발이 되었습니다. 예로부터 이러하오니 저인들 어찌하겠습니까?"

백두옹은 바른 도리로써 정치를 하고 부귀에 안주하는 무리를 가까이하지 말 것을 당부하고 있다. 작자 설총은 꽃을 의인화하여 인간 세계를 빗대어 넌지시 말하는 방식으로 왕에게 간언하고 있는 것이다. 이는 왕과 신하, 백성의 관계를 아비, 어미, 어린 아이에 빗대어 전하는 〈안민가〉의 표현 관습과도 만나는 지점이다.

이곡(李穀)의 「차마설(借馬說)」에서도 왕과 신하의 문제가 언급되어 있어 관심을 갖게 된다. 여기서는 본래부터 자기 것이란 없고 잠시 빌린 것에 불과하다는 점에서 소유에 대한 올바른 태도를 촉구하는 가운데 왕과 신하의 문제가 등장한다.

사람이 가지고 있는 것이 어느 것이나 빌리지 아니한 것이 없다. 임금은 백성으로부터 힘을 빌려서 높고 부귀한 자리를 가졌고, 신하는 임금으로부터 권세를 빌려 은총과 귀함으로 누리며 아들은 아비로부터, 지어미는 지아비로부터, 비복은 상전으로부터 힘과 권세를 빌려서 가지고 있다.

그 빌린 바가 또한 깊고 많아서 대개는 자기 소유로 하고 끝내 반성할 줄 모르고 있으니, 어찌 미혹한 일이 아니겠는가?

그러다가도 혹 잠깐 사이에 그 빌린 것이 도로 돌아가게 되면, 만방(萬邦)의 임금도 외톨이가 되고, 백승(百乘)을 가졌던 집도 외로운 신하가 되니, 하물며 그보다 더 미약한 자야 말할 것이 있겠는가?

「차마설」에서는 왕을 상대로 직접 간언하고 있지는 않으나, 왕의 권력이 백성으로부터 빌린 것임을 명확하게 밝히고 있다. 이 세상 모든 것은 다 빌린 것이기 때문에 자기 소유로 여겨서는 안 된다는 냉철한 경계의 말이 전달되는 순간이다. 이처럼 「차마설」은 말을 빌린 일상의 체험을 바탕으로 소유와 정치의 본질을 꿰뚫는 근원적 성찰과 깨달음을 전하고 있다.

정치의 문제를 다룰 때에는 여러 문학적 장치와 관습이 활용되는 경우가 많다. 특히 절대 권력인 왕에게 올바른 정치의 문제를 간언할 때는 그것을 전달할 방법을 고민하게 되는데, 이때 문학은 다른 대상에 빗대거나 혹은 에둘러서 넌지시 나타낼 수 있어 효과적인 방법이 되어 왔다. 문학의 여러 기법과 표현 관습들은 진술의 위험성을 경감시키는 안전장치의 효과도 갖고 있다. 직설적인 내용이 초래하는 위험성을 줄이면서, 듣는 이의 부담도 덜어주는 기능을 수행하였던 것이다. 현실 속 정치의 문제를 허구의 문학 양식 속에 넣으려 했던 이유를 여기에서 찾을 수 있다.

참고문헌

김동욱(1961), 『한국가요의 연구』, 을유문화사.
나경수(1995), 『향가 문학론과 작품 연구』, 집문당.
박노준(1982), 『신라가요의 연구』, 열화당.
박노준(2014), 『향가여요 종횡론』, 보고사.
서철원(2011), 『향가의 역사와 문화사』, 지식과교양.
신재홍(2004), 「향가에 나타난 정치의 이념과 현실」, 『고전문학연구』 26, 한국고전문학회.
양주동(1966), 「논어와 국문학」, 『논어』, 현암사.
양희철(1997), 『삼국유사 향가 연구』, 태학사.
윤영옥(1980), 『신라시가의 연구』, 형설출판사.
임주탁(2011), 「안민가의 창작 동기와 의미 해석」, 『한국문학논총』 57, 한국문학회.
조규익(2003), 「계층화의 명분과 기득권 수호 의지」, 『고전문학연구』 23, 한국고전문학회.
조규익(2010), 『고전시가와 불교』, 학고방.
조동일(1992), 「안민가에 나타난 정치의식」, 백영정병욱선생10주기추모논문집간행위원회 편, 『한국고전시가작품론 1』, 집문당.
최홍원(2015), 「정치적 소통과 글쓰기로서 고전문학 읽기」, 『국어문학』 60, 국어문학회.

향가 08

찬기파랑가 讚耆婆郞歌

지은이 충담사(忠談師, ?~?) **출처** 『삼국유사』 기이 편 '경덕왕·충담사·표훈대덕'조

咽嗚爾處米	열치매
露曉邪隱月羅理	나토얀 ᄃᆞ리
白雲音逐于浮去隱安支下	힌 구룸 조초 ᄠᅥ가ᄂᆞᆫ 안디하
沙是八陵隱汀理也中	새파ᄅᆞᆫ 나리여ᄒᆡ
耆郞矣貌史是史藪邪	耆郞ᄋᆡ 즈ᅀᅵ 이슈라
逸烏川理叱磧惡希	일로 나리ㅅ ᄌᆡ벽ᄒᆡ
郞也持以支如賜烏隱	郞ᄋᆡ 디니다샤온
心未際叱 肹逐內良齊	ᄆᆞᅀᆞᄆᆡ ᄀᆞᇫ홀 좇누아져
阿耶 栢史叱枝次高支乎	아으 잣ㅅ가지 노파
雪是毛冬乃乎尸花判也	서리 몯누올 花判이여
	(양주동 해독)

맥락

왕이 인정한 절창

『삼국유사』 기이 편 '경덕왕·충담사·표훈대덕'조에 충담사의 다른 작품인 〈안민가〉의 창작 배경과 함께 실려 전한다. 그러나 이 조의 기사는 대부분 〈안민가〉의 창작 배경에 대한 내용으로 구성되어 있고, 〈찬기파랑가〉와 관련해서는 단지 경덕왕이 충담사에게 '찬기파랑사뇌가(讚耆婆郞詞腦歌)'의 뜻이 매우 고상하다[其意甚高]고 말한 것만 기록되어 있다. 왕이 인지하고 있고 또 높은 뜻이 있다고 고평한 것으로 보아 〈찬기파랑가〉는 당대에 아주 널리 알려진 절창이었을 것으

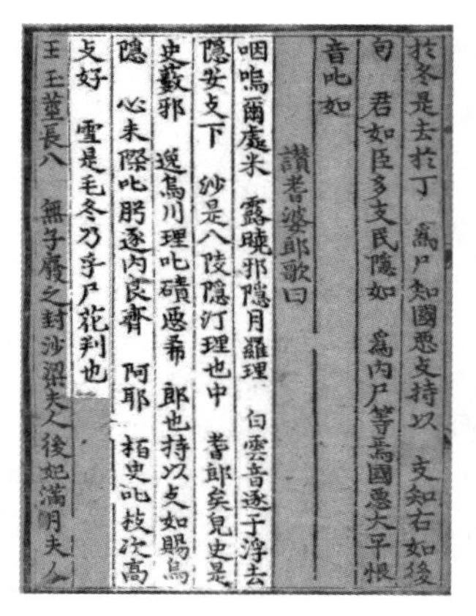

於冬是去於丁 爲尸知國惡支持以 支知右如後
句 君如臣多支民隱如 爲内尸等焉國惡大平恨
音叱如
讚耆婆郞歌曰
咽嗚爾處米 露曉邪隱月羅理 白雲音逐于浮去
隱安支下 沙是八陵隱汀理也中 耆郞矣皃史是
史藪邪 逸烏川理叱磧惡希 郞也持以支如賜烏
隱 心未際叱肹逐内良齊 阿耶 栢史叱枝次高
支好 雪是毛冬乃乎尸花判也
王玉莖長八 無子廢之封沙梁夫人後妃滿月夫人

〈찬기파랑가〉 수록 부분 (『삼국유사』)

로 짐작된다. 왕이 충담사에게 〈안민가〉를 지어달라고 청한 까닭도 〈찬기파랑가〉가 지닌 높은 뜻 때문이었다.

이 노래에 대해 정치적 기반이 불완전했던 경덕왕이 삼국통일 이후 세력이 약화되다가 자신의 통치기 때는 이미 정계에서 밀려나 있었던 화랑 세력과의 제휴를 통해 왕권을 위협하는 다른 세력을 견제하고자 하는 의도에서 이 작품을 고평했을 것이라는 역사주의적 접근이 주목된다(조동일, 1993). 물론 이러한 정치적 의도가 있다고 하더라도, 〈찬기파랑가〉가 특정 인물에 대한 교술적 찬양으로 흐르지 않고 고도의 수사적 표현 전략에 힘입어 폭넓은 공감대를 가지고 있다는 점은 분명해 보인다. 〈제망매가〉와 함께 서정 향가의 대표작으로 꼽히는 이유가 여기에 있다.

한편 이 노래는 해독에 논란이 많은 편이지만, 초기 연구자 중 하나였던 양주동은 이 노래를 다음과 같은 뜻으로 새기고 있다.

> 열치며
> 나타난 달이
> 흰 구름 좇아 떠가는 것 아닌가
> 새파란 시냇가에
> 기랑의 얼굴이 있구나
> 이로부터 시냇가 조약돌에
> 낭이 지니시던
> 마음의 끝을 좇고 싶어라
> 아! 잣 가지 높아
> 서리 모르시올 화랑장이여

쟁점

형식의 차이로 이어지는 해독 상의 이견

〈찬기파랑가〉는 향찰 해독 상의 이견이 가장 왕성하게 교환되는 작품 중 하나이다. 향찰 해독의 두 권위자인 양주동과 김완진의 해독 사이에서도 많은 쟁점이 나타난다. 우선 김완진의 해독은 다음과 같다.

> 흐느끼며 바라보매
> 이슬 밝힌 달이
> 흰 구름 따라 떠간 언저리에
> 모래 가른 물가에
> 기랑의 모습이올시 수풀이여
> 일오(逸烏)내 자갈 벌에서
> 낭(郎)이 지니시던
> 마음의 갓을 좇고 있노라
> 아아, 잣나무 가지가 높아
> 눈이라도 덮지 못할 고깔이여

먼저 시상의 전개 과정을 기준으로 양주동 해독본의 분절을 나누어보면, 1~3행, 4~8행, 9~10행으로 구별되면서, 1~3행, 4~8행이 충담과 달의 대화로 구성된다고 본다(양주동, 1965). 먼저 '구름 장막을 확 열어젖히매 둥두렷이 나타나는 달아. 너는 흰 구름을 좇아 서쪽으로 떠감이 아니냐?'(1~3행)라는 충담의 질문이 있다. 이에 대한 달의 대답은 '(나는 흰 구름을 좇아감이 아니로세.) 멀리 지상을 굽어보니 새파란 냇가에 기랑의 모습이 있어라. 이제부터 냇가 모랫벌 위에 낭이 지니던 그 마음의 끝을 좇으려 하옵네.'(4~8행)이다.

양주동의 해독에 따르면 기랑은 잣나무에 비유된다. 그리고 시상도 천상과 지상을 이으며 수직적으로 전개된다. 달, 시냇물, 조약돌, 서리, 잣나무 등 자연물의 형상을 통해 기파랑이라는 인물의 고아한 기품을 보여주고 있다. 특히 달빛의 흰색과 시냇물의 파란색, 서리의 흰색과 잣나무의 푸른색이 이루는 대비적 색채감은 매우 전략적인 표현인 것으로 보인다.

한편 김완진의 해독에 따르면 기랑은 수풀과 잣나무에 비유된다. 잣나무로써 기파랑을 표상한다는 점은 양자 공통이지만, 5행의 '藪(수풀 수)'를 어떻게 읽을 것인가 하는 데서 의견이 갈라진다. 양주동은 이를 '슈'로 음독하여 '이슈라'(있구나)라는 서술어의 일부로 규정했고, 김완진은 이를 훈독하여 '수풀'로 읽으면서 기랑의 모습을 나타내는 비유적 심상으로 보았다.

시상 전개 면에서도 김완진의 해독은 1~5행, 6~8행, 9~10행으로 분절되며, 충담과 달의 대화가 아닌 화자의 독백 혹은 고백으로 일관되는 것으로 본다. 초두에 '흐느끼며'라는 표현을 앞세움으로써 기파랑을 찬양하는 마음이 양주동의 해독에 비해 더욱 노골적으로 표현되어 있고, 고유명사에 해당되는 지명 '일오 내'라는 공간이 명시된다는 차이가 있다.

두 해독을 비교해볼 때 시의 형식면에서 유일한 공통점이 있다면, 4-4-2행으로 분절되는 여타의 10구체 향가와 달리 분절에 파격이 있다는 점뿐이다. 그마저도 분절의 마디가 달라서 좀처럼 해결되기 어려운 쟁점을 남기고 있다.

그러나 이러한 차이에도 불구하고 천상과 지상의 자연물을 중심으로 시상이 전개된다는 점, 잣나무처럼 곧은 기파랑의 인품 한 자락이라도 좇고 싶다는 화자의 결연한 의지가 나타나 있다는 점은 공통된다. 기파랑이라는 인물의 정체에 대한 기록이 없는 관계로 이 노래의 성격에 관해 다양한 이설이 제기된 바 있지만, 그럼에도 기파랑을 당대의 화랑 지도자[花判]로 보는 데는 이론의 여지가 없다. 그렇다면 이 노래는 기파랑이라는 화랑 지도자의 생애를 찬양하고 추모하는 뜻으로 지은 추도시가 된다. 대표적인 두 가지 해독에서 갈라지는 지점들도 추도의 정서를 어떻게 형상화하고 있는가 하는 데 있다.

꼼꼼히 읽기

기파랑의 고매한 인품이여!

이 작품을 읽기 위해 잠정적으로 제1~5행, 제6~8행, 제9~10행을 의미 단락으로 구별하려 한다. 그러면서도 여기에서는 양주동의 해독과 김완진의 해독을 두루 존중하면서 읽을 것이다. "이미지와 이미지의 연결에 의한 구원의 초상화"(박노준, 2014)라는 평어가 말해주듯, 어느 해석을 따르더라도 다양한 자연물의 이미지가 도처에 포진해 있다는 점은 확실하다.

첫 번째 단락에서는 '달'과 '물'의 원형적 상징을 통해 기파랑의 모습(즛)을 연상한다. '달'이 천상적 존재라면 '시냇물'은 지상적 존재라고 할 수 있다. 이러한 연상을 통해 첫 번째 단락에서는 기파랑의 고귀한 모습을 재현해 보이면서 그를 흠모하고 추종한다. 자연물의 형상을 통해 기파랑을 동경하는 것이다. 조금 더 과감하게 해석하면 달은 서방 정토로 향하는 기파랑의 형상으로 볼 수도 있다. 김완진의 해독에 따른다 해도, 달이 흰 구름을 따라 떠 간 언저리에 그리고 모래를 가른 물가에 기랑의 모습이 있다는 진술에서 확인되듯이, 천상적인 존재와 지상적인 존재로부터 기파랑의 모습을 연상하는 것은 마찬가지이다.

두 번째 단락에서는 기파랑이 지닌 마음의 끝을 좇고자 하는 의지가 명시적으로 나타난다. 물론 김완진의 해독을 따른다면 현재에도 이미 기파랑의 마음을 따르고 있다는 뜻으로 이해된다. 이 단락에서는 6행의 '일오'를 어떻게 해석하느냐가 하나의 쟁점이다. 이를 '이로부터'로 본다면 단순히 특정 시점을 드러낸 표현에 불과하지만, 지명으로 본다면 문제가 조금 복잡해진다. 우선 '일오 내 자갈 벌'이 시적 자아가 위치해 있는 자리인가, 시적 대상인 기파랑이 위치해 있는 자리인가가 문제가 된다. 시적 자아의 자리라면, 이 단락은 잃어버렸거나 동요되고 있는 자아의 정체성을 기파랑의 정신을 통해 회복하겠다는 의미가 된다. 그에 비해 기파랑이 과거에 있었던 자리라면, 그것은 과거에 그 공간에서 보여줬던 기파랑의 행적과 관련하여 기파랑이 지녔던 마음을 현재의 시적 자아가 따르겠다는 뜻이 된다. 그런데 두 경우 모두 화자가 그토록 추앙하는 기파랑의 마음이 어떤 실체를 지녔는지는 확인하기 어렵다. 이와는 달리, '일오 내'를 은하수로, '조약돌'이나 '자갈'을 은하에 무수히 깔려 있는 이름 없는 작은 별들로 보는 접근법(김준영, 1991)에 기대어 그 별들을 힘도 없고 이름도 없는 백성들을 상징하는 것으로 간주한다면, 이 단락은 전체적으로 기파랑의 위민(爲民) 정신을 원망(願望)하는 정서를 표현한 것으로 볼 수 있다.

세 번째 단락에서는 '가지 높은 잣나무'와 '눈'(혹은 '서리')이 각각 기파랑의 고귀한 인품과 고난을 상징한다. '가지 높은 잣나무'와 '화랑장 기랑'은 눈이나 서리를 다 겪어내고도 지조를 꺾지 않은 고고한 인품의 표상이다. 땅에 뿌리박고 하늘을 향해 가지를 높이 뻗은 채 매서운 눈서리에도 꺾일 줄 모르는 잣나무와 비록 세속에 몸을 담았으나 고고한 뜻을 품고 어떤 시련에도 의연히 처신하여 굽히지 않은 화랑장 기랑을 완전히 동일시함으로써 기파랑의 곧고 바른 고귀한 인품을 찬양하고 있는 것이다.

이제 〈찬기파랑가〉의 전체적인 시상을 정리해보자. '일오 내'를 은하로 간주한다면, 공간적으로 '천상(달, 구름)→지상(시냇물)→천상(은하)→지상(잣나무)'의 상하 회귀를 반복하면서 정서적으로 심화되어 가는 구조로 볼 수 있다. 천상적인 것을 중심으로 하여 천상에의 회귀를 지향하는 구조를 지니는 공간 구성은 위대한 인물인 기파랑을 찬양하는 '찬가(讚歌)'라는 이 작품의 기본 성격에도 부합하며, 핵심 주제인 '기파랑의 뛰어난 인품에 대한 찬양과 그의 영원성에 대한 기대'를 구현하는 데도 적합한 구성이다(성호경, 2004). 동시에 시적 대상인 기파랑에 대한 접근 층위가 '표층(모습)→심층(마음, 정신)'으로 이동한다는 점도 이러한 시적 구성과 맞물려 주제의식을 한층 더 선명하게 형상화하는 데 기여한다.

요컨대 일련의 천상적 상징물인 '달, 구름, 은하'는 '높음'(고결, 고상)과 '밝음'(광명, 아름다움)의 가치를 표상하고 있고, '높은 잣나무 가지'는 서리나 눈과 같은 외부적인 시련에도 변하지 않는 기파랑의 고매한 인물됨을 시각적으로 형상화하고 있는 것이다.

엮어 읽기

수목의 인격 표상

〈찬기파랑가〉에서 '잣나무'는 기파랑의 인품을 비유적으로 드러내는 자연물이다. 잣나무는 상록수의 일종으로 푸른 잎을 달고 추운 겨울을 견딘다. 자연물의 심상을 통해 특정한 인격 요소를 형상화하는 것은 우리의 아주 오래된 문학사적 전통 중 하나로, 잣나무와 같은 식물을 통해 윤리적 인간상을 표현한 작품들을 만나는 것은 어려운 일이 아니다.

사대부들이 향유했던 시조에서는 이러한 경향이 아주 큰 흐름을 형성하고 있다. 자연 자체를 수양의 공간으로 삼았던 사대부들은 자연으로부터 가르침을 얻는 데 매우 익숙했다. 이를 가장 선명하게 보여주는 것은 사군자를 소재로 한 작품들이다. 절개나 지조와 같은 윤리적 덕목을 표상하는 매화, 난초, 국화, 대나무를 앞세워 인간됨의 조건들을 웅변했던 것이다.

『고산유고(孤山遺稿)』에 수록되어 있는 윤선도의 〈오우가(五友歌)〉 또한 표면적으로는 물, 돌, 소나무, 대나무, 달의 여러 가지 속성을 예찬한 노래이지만, 심층적으로는 그러한 속성을 인간이 지녀야 할 윤리적 덕목으로 투사한 것으로 볼 수 있다. 이 중에서 각각 소나무와 대나무의 덕성을 노래한 제4수와 제5수를 살펴보자.

> 더우면 곳 픠고 치우면 닙 디거늘
> 솔아 너ᄂᆞᆫ 얻디 눈서리ᄅᆞᆯ 모ᄅᆞᄂᆞᆫ다
> 구천(九泉)의 불희 고ᄃᆞᆫ 줄을 글로 ᄒᆞ야 아노라
>
> 나모도 아닌 거시 플도 아닌 거시
> 곳기ᄂᆞᆫ 뉘 시기며 속은 어이 뷔연ᄂᆞᆫ다
> 뎌러코 사시(四時)예 프르니 그를 됴하 ᄒᆞ노라

더우면 꽃이 피고 추우면 잎이 지는 것은 자연의 순리이며 법칙이다. 윤선도는 이러한 자연의 일반적인 법칙을 따르지 않는 소나무를 우러러보고 있다. 모든 나무가 철에 맞추어 꽃을 피우고 잎을 떨어뜨리지만, 소나무만큼은 이 순정한 자연의 법칙을 넘어서는 예외이다. 그렇다면 뿌리는 굳이 땅을 파서 확인해보지 않아도 곧을 수밖에 없을 것이라며, 지조라는 덕성을 말하고자 한다.

소나무와 함께 지조를 상징하는 자연물은 대나무이다. '나무도 아닌 것', '풀도 아닌 것'은 대나무의 생물학적 특성이고, '곧은 것', '속이 빈 것'은 물리적 특성이다. 대나무는 통상적으로 나무로 분류되지만 보통의 나무와는 다르다. 겉모습만

봐도 다른 나무들과는 차이가 있다. 속이 비어 허할 것 같지만 오히려 강인하다. 그리고 그 강인함은 절개와 의리, 그리고 지조라는 인간의 덕성으로 구체화된다. 윤선도는 겉으로는 대나무의 미덕을 말하고 있지만, 이면에서는 이상적인 인간의 자질 중 하나로 지조를 내세우고 있는 것이다.

자연을 노래한 강호가도(江湖歌道)가 인생 시일지언정 자연 시는 못 된다는 단언(정병욱, 1988)도 있거니와, 수목의 덕성을 찬양한 노래 또한 자연 시가 아니라 인생 시로 보는 것이 옳을 것이다. 이는 우리 시가사의 한 전통이라 할 만하다. 현대까지도 김현승의 〈플라타너스〉에서 확인할 수 있듯이 수목으로 인격을 표상하는 방식은 이어져 왔다. 이처럼 수목을 비롯한 자연물의 인격 표상을 바탕으로 한 시적 형상화는 무엇보다 해석 공동체 구성원들이 용이하게 공감할 수 있도록 하기 때문에 어떤 덕목이나 가치를 표현하고 전달하는 데 매우 유용한 전략이다.

참고문헌

김준영(1991), 「찬기파랑가」, 『향가문학』, 형설출판사.
박노준(2014), 『향가여요 종횡론』, 보고사.
성호경(2004), 「〈찬기파랑가〉의 시 세계」, 『국어국문학』 136, 국어국문학회.
양주동(1965), 『증정 고가 연구』, 일조각.
장진호(1994), 『신라향가의 연구』, 형설출판사.
정병욱(1988), 「고시조에 나타난 꽃」, 『한국고전시가론』(증보판), 신구문화사.
조동일(1993), 『한국 시가의 역사의식』, 문예출판사.

향가 09

처용가 處容歌

지은이 처용(處容, ?~?)　**출처**『삼국유사』 기이 편 '처용랑 망해사'조

東京明期月良	ᄉᆡᄫᆞᆯ ᄇᆞᆯ긔 ᄃᆞ래
夜入伊遊行如可	밤드리 노니다가
入良沙寢矣見昆	드러ᅀᅡ 자리 보곤
脚烏伊四是良羅	가ᄅᆞ리 네히어라
二肹隱吾下於叱古	둘흔 내해엇고
二肹隱誰支下焉古	둘흔 뉘해언고
本矣吾下是如馬於隱	본ᄃᆡ 내해다마ᄅᆞᆫ
奪叱良乙何如爲理古	아ᅀᅡᄂᆞᆯ 엇디ᄒᆞ릿고
	(양주동 해독)

맥락

역신을 항복시킨 노래

신라 말기 헌강왕(재위 875~886) 시기에 동해 용의 아들 처용이 신라의 서울에 정착하여 살다가 역신이 아내를 범하는 장면을 보고 부른 노래이다. 『삼국유사』 기이 편 '처용랑 망해사'조에 실려 전한다.

제49대 헌강대왕(憲康大王) 대에는 서울에서 동해 어귀에 이르기까지 집들이 즐비하게 늘어서 있고 담장이 서로 맞닿았는데, 초가집은 한 채도 없었다. 길에는 음악과 노랫소리가 끊이지 않았으며 바람과 비는 사철 순조로웠다. 이때 대왕이 개운포(開雲浦) — 학성(鶴城) 서남쪽에 위치하므로 지금의 울주(蔚州)다 — 로 놀러 갔

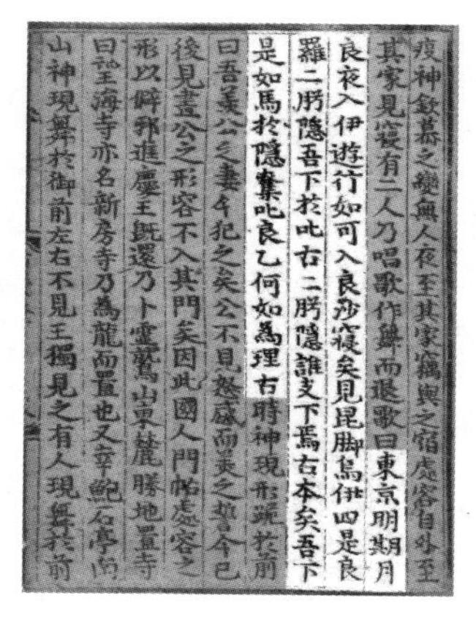

疫神欽慕之變無人夜至其家竊與之宿處容自外至
其家見寢有二人乃唱歌作舞而退歌曰東京明期月
良夜入伊遊行如可入良沙寢矣見昆脚烏伊四是良
羅二肹隱吾下於叱古二肹隱誰支下焉古本矣吾下
是如馬於隱奪叱良乙何如爲理古時神現形跪於前
曰吾羨公之妻今犯之矣公不見怒感而美之誓今已
後見畫公之形容不入其門矣因此國人門帖處容之
形以僻邪進慶王旣還乃卜靈鷲山東麓勝地置寺
曰望海寺亦名新房寺乃爲龍而置也又幸鮑石亭南
山神現舞於御前左右不見王獨見之有人現舞於前

〈처용가〉 수록 부분 (『삼국유사』)

다 돌아오려 했다. 낮에 물가에서 쉬고 있는데, 갑자기 구름과 안개가 캄캄하게 덮여 길을 잃었다. 왕이 괴이하게 여겨 주위 사람들에게 물으니 일관이 아뢰었다.

"이는 동해에 있는 용의 변괴니, 마땅히 좋은 일을 하여 풀어야 합니다."

그래서 용을 위해 근처에 절을 짓도록 유사(有司)에게 명령했다. 명령을 내리자마자 구름이 걷히고 안개가 흩어졌다. 이 때문에 그곳의 이름을 [구름이 걷힌 포구라는 뜻의] 개운포라고 한 것이다.

동해의 용은 기뻐하여 일곱 아들을 거느리고 왕의 수레 앞에 나타나 덕을 찬양하며 춤을 추고 음악을 연주했다. 그중 한 아들이 왕의 수레를 따라 서울로 들어와 왕의 정사를 보필했는데, 이름을 처용(處容)이라 했다. 왕은 미녀를 주어 아내로 삼아 그의 마음을 잡아 머물도록 하면서 급간(級干)이란 직책을 주었다. 그의 아내가 매우 아름다웠으므로 역신(疫神)이 흠모하여 밤이 되면 사람으로 변해 그 집에 와 몰래 자곤 했다.

처용이 밖에서 집에 돌아와 두 사람이 자고 있는 것을 보고는 노래를 지어 부르고 춤을 추다가 물러났는데, 그 노래는 다음과 같다.

동경(東京) 밝은 달에
밤새도록 노닐다가
들어와 자리를 보니
다리가 넷이구나
둘은 내 것이지만
둘은 누구의 것인가
본래 내 것이지만
빼앗긴 것을 어찌 하리

이때 역신이 형체를 드러내 처용 앞에 꿇어앉아 말했다.

"제가 공의 처를 탐내어 범했는데도 공이 노여워하지 않으니 감탄스럽고 아름답게 생각됩니다. 맹세코 오늘 이후로는 공의 형상을 그린 그림만 보아도 그 문에는 절대로 들어가지 않겠습니다."

이로 인해 나라 사람들이 문에 처용의 형상을 붙여 사악함을 물리치고 경사스러운 일을 맞이하려고[僻邪進慶] 했다.

이 기사의 후반부에는 헌강왕이 '망해사(望海寺)'라는 절을 지은 사연이 나온다. 그런데 이후 헌강왕이 행차하는 곳마다 산신이 나와서 춤을 추었다는 기록이 이어지면서 반전이 일어난다. 나라 사람들은 산신의 춤을 길조로 해석했을 것이다. 그러나 산신이 춤을 추고 노래를 부르되 '지리다도파도파(智理多都波都波: 대개 지혜로 나라를 다스리는 사람은 이 사태를 미리 알고 많이 도망하였으므로 장차 도읍이 파괴된다)'라고 한 것은 나라의 멸망에 대한 예고였다. 나라 사람들이 이를 모르고 향락에 빠짐으로써 나라는 마침내 멸망에 이르렀다고 한다. 이러한 사실은 처용이 "밤드리 노니다가" 집에 돌아왔다는 구절의 해석, 그리고 역신의 정체에 대한 논란에서 중요하게 고려되는 지점이다.

이 노래는 끝 2구를 제외한 6구에 다른 노랫말이 첨가되면서 고려 〈처용가〉로 변모된다. 고려 〈처용가〉에는 처용의 형상과 역신에 대한 정보가 자세히 나열되면서 장형화되는 한편, 내용상으로는 역신에 대한 분노의 정서가 강하게 노출되어 있다. 고려 〈처용가〉는 귀신을 쫓는 나례(儺禮)에서 처용의 가면을 쓰고 춤을 출 때 불렀다고 한다.

쟁점

무가 혹은 주가인가, 불교가요인가

이 노래의 성격에 대해 무가(巫歌) 혹은 주가(呪歌)로 보는 견해와 불교적 가요로 보는 견해가 대립한다. 무가 혹은 주가로 보는 견해는 노래의 창작 동기 및 '벽사진경(僻邪進慶)'이라는 효용에 주목한다(김동욱, 1967; 김열규, 1972). 이 견해에서 처용은 무당으로 간주된다. 아내가 다른 남자와 잠자리를 같이하는 것을 보고도 춤을 추며 물러선 것은 상식 밖의 행동이며, 무격 사회에서나 가능한 방식이기 때문이다. 처용의 아내가 역신과 교접한 것은 병이 들었음을 상징적으로 표현한 것이고, 처용은 무당의 직능상 아내의 병을 치료하는 것으로 볼 수 있다는 견해이다.

그런데 이 노래 자체에는 명령형의 위협적인 어조 등 무가에서 일반적으로 나타나는 주술적 어법이 전혀 없다. 이 노래가 무가가 아닌 불교적 성격의 가요라는 주장은 이러한 어법상 특징에 더해 배경설화가 사찰 연기 설화라는 점, 혹은 국가의 안녕을 도모하다가 끝내 멸망한다는 국가적 차원의 설화라는 점을 지적한다. 그리하여 이 노래를 중생홍화(衆生弘化)의 교화 가무에 의미 지향을 두고 있는 불교적 가요로 본다(황패강, 1974). 이 같은 관점의 연장선상에서 배경설화를 '망국'에 초점을 맞추어 접근하고 유락적·퇴폐적 사회 풍조가 만연했던 헌강왕 대의 역사적 맥락을 결부시켜, 헌강왕의 행차를 놀이 행각으로 본 입장(박노준, 1982)과 처용을 호국 용신의 대리자이자 술과 계집을 즐기는 탐락(耽樂)으로 인해 점점 기울어져 가는 나라를 교화 가무를 통해 바로잡고자 하는 정신적 지도자로 보는 입장(김학성, 1990)도 나왔다. 나아가 국가 차원에서 호국이라는 의미를 갖는 교화적 성격의 가요라고 보는 견해(김학성, 1997) 또한 그러한 맥락에서 처용을 탐락에 빠진 신라 사회를 구제하기 위해 애쓰는 영웅으로 간주한다. "밤드리 노니다가"라는 구절은 처용이 향락을 위해 밤늦도록 놀았다는 뜻이 아니라 신라 사람들을 대상으로 교화를 한 것으로 해석되는 것이다. 이때 역신은 진골 귀족을 비롯한 지배 계층 등 탐락에 빠진 신라인들을 상징하는 존재이며, 처용이 던지는 질문과 대답은 사실상 간음의 주체인 역신으로 하여금 스스로 견성(見性)하게 하여 애욕의 미망으로부터 해탈하도록 교화하는 불교적 방법이 된다.

물론 이들 견해 역시 〈처용가〉가 지닌 무가적 성격을 부인하지는 않는다. 다만 그것이 본래적인 것이 아니라 후대에 민간 신앙의 맥락 속에 포섭되는 과정에서 강화된 것으로 본다. 그렇다고 해도 불교적 성격을 지닌 것으로 보는 견해 또한 노래의 내적 자질에서 그 단서를 찾은 것은 아니기에 이러한 논란은 쉽게 해결될 것으로 보이지는 않는다.

처용의 아이러니

〈처용가〉를 읽으면서 눈을 끄는 대목은 우선 "가ᄅᆞ리 네히어라"라는 구절이다. 아내가 역신과 사통하는 장면을 이처럼 골계적인 육담에 가깝게 표현한 점이 이채롭기 때문이다. 더불어 "둘흔 내해엇고 / 둘흔 뉘해언고 / 본ᄃᆡ 내해다마ᄅᆞᆫ / 아ᅀᆞᄂᆞᆯ 엇디ᄒᆞ릿고"라는 구절에도 눈이 간다. 분노나 협박은커녕 체념 혹은 달관의 태도를 보이고 있다는 점이 특이하다. 처용은 왜 통상적인 관념으로는 이해할 수 없는 반응을 보였던 것일까? 이런 의문을 해소하려면 우선 배경설화의 문맥으로부터 단서를 발견해야 한다. 노래 자체에 서사적 맥락이 포함되어 있고, 노래 자체가 이야기의 전개에서 매우 중요한 서사적 계기가 되기 때문이다.

노래는 달 밝은 밤에 늦은 시간까지 놀다가 귀가한 처용이 역신과 아내의 간음 현장을 목격하는 것으로 시작된다. 그런데 처용의 귀가가 왜 늦어졌는지를 알 수 있는 단서는 분명하지 않다. 통속적인 상상력을 발휘한다면 "밤드리 노니다가"라는 구절을 처용이 유흥에 빠져 있었다는 뜻으로 해석할 수 있다. 기대하는 바와 실제로 발생한 결과 사이의 불일치 혹은 모순을 가리켜 상황적 아이러니라고 한다면, 이 장면은 아내가 집 안에서 역신과 간음을 하고 있는 장면과 더불어 상황적 아이러니를 구성한다. 마치 영화의 대조 혹은 교차 편집을 떠올릴 만큼 극적인 것이다. 부부가 안팎에서 각자 다른 상대와 함께 쾌락에 탐닉하는 장면이 연출되기 때문이다. 그렇게 되면 처용과 역신은 모두 타락한 시대의 타락한 인물 군상을 표상하게 된다.

그러나 이 노래가 끝난 후의 결과를 보면 이 해석은 사리에 맞지 않는다. 먼저 역신은 처용의 관대한 처신에 감복하면서 처용의 화상만 있어도 감히 범접하지 않겠다고 했다. 처용이 적어도 평범한 인물은 아니었기에 나온 반응일 것이다. 더욱이 당대 사람들은 이 희대의 사건을 계기로 문간에 처용의 얼굴을 그려 붙여 벽사진경을 기원하는 새로운 풍속까지 만들었다. 처용을 신적 권능을 가진 인물로 존중한 것이다. 이처럼 노래가 끝난 후에 역신이 보인 반응과 당대 사람들 사이에서 생겨난 사회적 풍속으로 볼 때, 단순히 쾌락적 유흥에 빠져 있었다고 보는 것은 타당성이 떨어진다.

그렇다면 이 구절은 달리 해석되어야 한다. 처용이 간음 현장을 목격하고 보이는 관대한 태도에서 다른 해석의 가능성을 찾아볼 수 있을 듯하다. 처용은 왜 "가ᄅᆞ리 네히어라"라는 골계적 육담에 가까운 표현을 구사했을까? 그리고 처용은 왜 "둘흔 내해엇고 / 둘흔 뉘해언고 / 본ᄃᆡ 내해다마ᄅᆞᆫ / 아ᅀᆞᄂᆞᆯ 엇디ᄒᆞ릿고"라는 자문자답의 발언을 통해 체념 혹은 달관의 태도를 보여주었을까? 이 의문을 해결하기 위해서는 용의 아들이라는 그의 태생적 자질과 왕의 정사(政事) 보필이라는 그의 직분을 고려해야 한다.

처용의 관대한 인물됨을 두고 이른바 '호야형(好爺型) 인간상'으로 규정하기도 한다(정병욱, 1988). '면도날로 베는 것 같은 날카로운 성격, 송곳날로 찌르는 듯한 뾰족한 성격'과 대비되는 인물형으로서 모나지 않고 원만한 성격, 관대하고 악의 없고 소탈한 성격의 소유자가 바로 처용이라는 것이다. 이처럼 처용은 한국문학의 전통적 인간상이라는 차원에서 조명을 받기도 한다. 그러나 처용은 태생적으로 특정한 '인간'으로 규정될 수 없는 초월적 존재였으므로, 인간을 재는 잣대로 그를 규정하는 것은 그다지 합리적이지 않아 보인다. 더욱이 처용의 노래를 듣고서야 역신이 형체를 드러냈다는 진술로 미루어보면, 처용은 간음의 현장에서 보통 사람의 육안으로 보이지 않는 인물을 볼 수 있는 비범한 눈을 가진 존재이기도 하다.

그렇다면 "밤드리 노니다가"라는 구절은 세속의 평범한 인간들이 누리는 쾌락과는 거리가 멀다고 보는 것이 마땅하다. 마침 배경설화에는 당대를 초가집이 한 채도 없을 정도로 번화한 거리에 음악과 노랫소리가 끊이지 않았던, 바람과 비마저 사철 순조로웠던 시절로 묘사하고 있다. 신라인들은 이런 태평성대에 가까운 시대를 배경으로 탐락에 빠져 있었던 것은 아니었을까? 사실 태평성대의 이면에서는 퇴폐적 향락이 허락되기도 쉬운 법이다. 그렇다면 처용이 그런 신라인들을 구원하기 위해 헌신적으로 교화에 투신하고 있었다는 뜻으로 이를 읽는 것이 좀 더 온당한 해석이 아닐까 한다. 이렇게 하면 아내의 간음 현장에 대한 처용의 관대한 반응도 집 밖에서 벌인 헌신적 교화 활동의 연장선상에 놓여 있는 것으로 자연스럽게 이해된다. 그것은 체념도 아니고 달관도 아닌, 아내를 범한 역신마저도 교화하고자 했던 설득적 열정의 산물이라 할 것이다.

물론 이렇게 접근하더라도 이 노래는 여전히 상황적 아이러니를 이루는 일부가 된다. 헌신적으로 사람들을 교화해서 예방하고자 했던 바로 그 사태에 역신과 자신의 아내가 가담하고 있기 때문이다. 이처럼 그들이 만들어내는 아이러니가 이 노래의 서사적 맥락 안에 깔려 있다.

그런데 왜 하필 아내와 간통하는 인물을 역신이라는 비현실적 존재로 설정했을까 하는 의문이 남는다. 이 의문은 역신을 현실적인 한 인물의 상징으로 해석함으로써 해결될 수 있을 것이다. 그렇다면 그는 누구를 상징화한 것일까? 그를 헌강왕으로 유추한 한 접근(박일용, 2016)이 매우 적실한 해답을 제시해준다. 헌강왕이 누구였던가? 그는 미모가 빼어난 여인을 골라 처용과 부부의 연을 맺어준 인물이다. 역신을 헌강왕의 상징으로 보는 접근에서는, 헌강왕 자신이 처용의 아내로 점지해준 여인과 간음을 한 것이 된다. 이런 장면을 목도하고서도 노골적인 반감을 표하지 않고, 대신에 '아내의 가랑이를 빼앗긴 것을 어찌 하리오'라는 체념적 태도를 보인 것은 헌강왕으로 하여금 남의 아내를 물건처럼 주었다 빼앗은 자기 행위의 의미를 스스로 성찰하도록 이끌고자 했던 의도로 볼 수 있다. 견성이라는 불교적 교화 방법을 헌강왕에게 적용한 것이다. 이렇게 본다면 '본디 내 것이지만 빼앗긴 걸 어찌 하리오'라는 언술에서도 처용의 깨달음이 드러난다. 즉 자신이 내심 느꼈을 분노마저도 결국 그의 아내가 자신의 것이라는 관념적 허상에서 비롯되었다는 깨달음이 그것이다.

엮어 읽기

돌려세우기 어법

일상적인 언어생활에서 우리는 특정한 청자를 앞에 두고도 독백인 양 말을 하는 경우가 있다. 직접적으로 말을 건넸을 때 불화가 예상되는 경우나, 상대방을 비난하거나 조롱할 목적으로 말을 하는 경우에 흔히 활용되는 화법이다. 〈처용가〉도 이러한 화법을 구사하고 있는 것으로 보인다.

이 노래는 표면상 처용의 독백으로 일관하고 있다. "아ᅀᅡᄂᆞᆯ 엇디ᄒᆞ릿고"라는 마지막 구절마저 특정한 청자에게 던지는 질문이 아니다. 탄식을 함축한 설의적 의문형일 따름이다. 노래와 춤이 동반되었다는 점을 고려하면 이는 더 분명해진다.

춤에 동반되는 노래라면, 그 노래는 내적 독백의 어조를 띠는 것이 더 자연스럽기 때문이다. 따라서 시적 화자와 청자는 모두 처용이다. 처용은 또한 실제의 화자이기도 하다. 반면에 실제의 청자는 역신이다. 노래를 들은 역신이 처용 앞에서 무릎을 꿇고 용서를 빌었다고 했으므로, 처용은 노래로써 역신과 대화를 한 셈이다.

그렇다면 의사소통의 맥락상 처용의 노래는 일종의 의사(擬似) 독백이라 할 수 있다. 아무도 들어주지 않고 오직 자신의 내면을 향해 발언하는 독백으로 가장하고 있지만, 실제로는 특정 청자를 의식하고 청자를 지향하는 메시지 전달법인 것이다. 이처럼 처용의 화법은 독백의 장치를 통해 메시지의 최종 수신인인 청자를 외면하는 듯한 소통 구도를 취하고 있다. 청자를 돌려세우는 간접화 어법의 일종이라 볼 수 있다. '돌려세우기'는 진술에 우회적·간접적인 성격을 부여한다.

이러한 말하기 전략은 〈봉산탈춤〉에 나오는 말뚝이의 어법에서도 나타난다.

> 말뚝이: (중앙쯤 나와서) 쉬이. (음악과 춤 그친다.) (큰 소리로) 양반 나오신다아! 양반이라거니 노론(老論), 소론(少論), 이조(吏曹), 호조(戶曹), 옥당(玉堂)을 다 지내고 삼정승(三政丞), 육판서(六判書) 다 지낸 퇴로 재상(退老宰相)으로 계신 양반인 줄 아지 마시오. 개잘량이라는 '양'자에 개다리소반이라는 '반'자 쓰는 양반이 나오신단 말이오.
>
> 양반들: 야아, 이놈, 뭐야아!
>
> 말뚝이: 아아, 이 양반 어찌 듣는지 모르겠소. 노론 소론 이조 호조 옥당을 다 지내고 삼정승 육판서를 다 지내고 퇴로재상으로 계시는 이 생원네 삼형제분이 나오신다고 그리 했소.
>
> 양반들: (합창) 이 생원이라네에. (굿거리 장단에 모두 같이 춤춘다.)

위의 장면에서 말뚝이는 양반 삼형제 앞에서 말을 하면서도 마치 그들이 없는 것처럼 비하하는 말을 한다. 이러한 말뚝이와 관객들의 공모 의식에 의해 양반은 삼정승과 육판서를 연상시키는 지위에서 개잘량과 개다리소반에 준하는 지위로 급전직하하게 된다. 그러니 양반들이 적극적으로 반발하는 것은 당연하다. 이러한 말뚝이의 화법은 들을 줄 알면서도, 그리고 들으라고 하는 말임에도 마치 안 듣고 있는 것처럼 말을 하는 돌려세우기에 해당한다. 이와 같은 돌려세우기는 직접적인 비난을 피하는 전략으로서 상당한 효과를 낳는 것으로 보인다. 물론 면전에서 노골적으로 칭찬하는 것이 민망할 때에도 효과적으로 사용할 수 있는 화법이다.

이처럼 상대에게 원망이나 비난을 직접적으로 쏟아붓는 것이 부담스러울 때는 화자 자신에게 스스로 말을 하는 독백의 형식이나 그 상대와 화자를 둘러싼 제삼자에게 말을 건네는 대화의 형식을 취하게 된다. 이것은 일상적인 어법에서도 흔하게 발견된다. '아희야'로 종장이 시작되는 시조를 비롯하여 국문학사의 여러 갈래에 걸쳐 폭넓게 드러나는 이러한 간접화의 어법을 두루 살핀 한 연구(김대행, 1991)에서 밝히고 있듯이, 이는 내면의 정서를 가급적 우회적인 표현으로 드러냄으로써 미학적 요소를 갖추는 전략으로 볼 수 있다. 만일 〈처용가〉가 역신을 향하는 대화적 어조를 취했다면 필연적으로 위협이나 협박을 동반했을 것이고, 이 경우 주가로서의 성격은 훨씬 강해졌을 것이다. 그러나 〈처용가〉에서는 주가에서 흔히 보는 조악하고 거친 위협이나 협박의 언어 대신 한발 물러서서 말하는 돌려세우기의 어법을 선택했다. 그렇게 함으로써 가지런한 독백적 어조를 유지하게 된 것이다.

참고문헌

김대행(1991), 「간접화의 시적 기능」, 『시가 시학 연구』, 이화여자대학교출판부.
김동욱(1967), 『한국 가요의 연구』, 을유문화사.
김열규(1972), 「향가의 문학적 연구 일반」, 김열규 외, 『향가의 어문학적 연구』, 서강대학교 인문과학연구소.
김학성(1990), 「처용 설화의 서술 구조와 〈처용가〉의 성격」, 『문학한글』 4, 한글학회.
김학성(1997), 『한국 고시가의 거시적 탐구』, 집문당.
박노준(1982), 『신라가요의 연구』, 열화당.
박일용(2016), 「역신의 상징적 의미와 〈처용가〉의 감동 기제」, 『고전문학연구』 49, 한국고전문학회.
전경욱 편(1993), 「봉산탈춤」, 『한국고전문학전집 8: 민속극』, 고려대학교 민족문화연구원.
정병욱(1988), 「호야형(好爺型)의 인간상 계승」, 『고전시가론』(증보판), 신구문화사.
황패강(1974), 「향가 연구 시론 1 — 처용가의 사적 반성과 일 시고」, 『고전문학연구』 2, 한국고전문학회.

III

고려가요

고려가요

고려가요(高麗歌謠)란 고려시대 노래를 일컫는 말로, 줄여서 여요(麗謠)라고도 한다. 한역되어 전하는 민요가 있기는 하지만, 현전하는 고려가요는 조선 초 기록에 남은 고려 궁중 속악의 가사가 대부분이다. 민요에서 기원했을 것으로 추정되는 고려 속요(이하 '속요')와, 〈한림별곡〉으로 대표되는 경기체가가 여기에 해당한다.

『고려사』 악지 '속악'조에는 "비리가 많아 심한 것들은 노래의 이름과 내용만 기록한다[語多鄙俚 其甚者 但記歌名與作歌之意]"라는 말과 함께 고려속악 31편과 삼국속악 13편이 소개되어 있다. 여기서의 '비리(鄙俚)'나 〈동동〉을 설명하면서 등장한 '이어(俚語)'는 우리말 노래라는 뜻이다. 여기에 소개된 작품 중 고려속악으로는 〈동동〉과 〈서경〉, 〈대동강〉, 〈처용가〉, 〈정과정〉, 〈삼장〉 및 〈사룡〉과 〈한림별곡〉이, 삼국속악으로는 백제의 노래로 소개된 〈정읍사〉가 눈에 띈다. 이들 노래들을 포함하여 현전하는 속요의 노랫말은 조선 초 악서인 『악학궤범』과 『시용향악보』, 『악장가사』에 처음 등장한다.

조선조 도학자들에 의해 몇몇 작품이 남녀상열지사(男女相悅之詞)나 음사(淫辭)라는 평가를 받기도 했지만, 고려가요의 작품 세계는 다양하다. 작품수가 많지 않음에도 불구하고 남녀 간의 사랑뿐만 아니라 떠남과 정착이라는 심각한 문제를 다룬 〈청산별곡〉과 같은 노래도 있고, 〈처용가〉처럼 무가계 노래도 있으며, 〈사모곡〉 등 효를 주제로 한 노래가 있는가 하면, 억울함을 호소한 〈정과정〉이나 앞서 언급한 〈한림별곡〉 등의 노래도 있다. 내용 못지않게 형식이나 양식 또한 다양하다. 단련체인 〈상저가〉, 〈사모곡〉, 〈유구곡〉, 〈정과정〉, 〈정읍사〉도 있지만 〈가시리〉, 〈서경별곡〉, 〈쌍화점〉, 〈동동〉, 〈만전춘별사〉, 〈서경별곡〉, 〈정석가〉, 〈한림별곡〉 등 한 연을 노래하는 악곡에 맞추어 여러 연들이 노래되는 연장체(聯章體) 혹은 분련체(分聯體) 노래가 대부분이다. 분련체 노래는 각 연의 형식이 다양한 것이 특징이다. 형식의 다양성을 포괄하기 위하여 속요 대신 장가나 별곡이라는 명칭을 사용하자는 제안까지 등장하는 등 명칭에 혼란을 보이는 것도 고려가요의 내용과 형식이 다양해서 비롯된 현상이다. 고려시대에는 훨씬 더 다양한 노래들이 두루 향유되었을 것으로 짐작된다.

속요가 민요라는 주장도 있지만 속요는 엄연한 궁중 속악의 가사이다. 다만, 내용의 보편성과 후렴구 등 형식적인 특징이 민요와 닮아 있다. 악부시에 〈쌍화점〉과 〈정석가〉[혹은 〈서경별곡〉], 〈정읍사〉와 〈처용가〉, 〈정과정〉의 일부 내용이 포함되어 있다. 그리고 이른바 〈구슬가〉가 〈정석가〉와 〈서경별곡〉 두 작품에 등장하고 〈서경별곡〉이나 〈만전춘별사〉의 경우 각 연의 화자와 형식이 모두 다르다는 점에서 합가일 가능성이 농후하다. 여기에 〈가시리〉의 후렴구나 〈동동〉 등에 삽입된 송축의 말, 여러 노래에서 두루 나타나는 악기의 구음 혹은 여음의 존재까지 고려하면, 당대 폭넓은 공감을 얻은 민간의 노래, 즉 민요를 취하여 궁중 속악의 가사로 편사, 개편했을 것이라고 추정할 수 있다. 이러한 속요의 성립 과정은 그 자체로 속요가 민간과 궁중에서 두루 불렸던, 공감의 양식임을 증거해준다.

경기체가의 첫 작품이자 대표작은 〈한림별곡〉이다. 경기체가는 형식적 틀이 완고하고 연마다 '경 긔 어떠하니잇고'라는 후렴구가 반복되는 것이 특징인데, 형식의 완고함으로 인해 널리 그리고 길게 생존할 수 없는 양식이었다. 그러나 한림제유가 지었고 그 제유들의 관심사와 소망이 드러나며 그들의 취흥과 자부심까지 표출된 〈한림별곡〉은 조선 초 대단한 인기를 누렸고, 16세기 이황의 비판을 받기도 하였다. 사실, 양식적인 특이함에 주목하여 〈한림별곡〉을 다른 속요 작품과 구분하는 것이 일반적이지만 〈한림별곡〉 역시 고려 궁중 속악의 가사로 기록되어 전하고, 연장체로 후렴구 등의 특징을 공유하고 있다는 점에서는 다른 속요 작품과 다르지 않다.

고려가요 01

정읍사 井邑詞

지은이 정읍 사는 여인(?~?) **출처** 『악학궤범』

前腔전강 ᄃᆞᆯ하 노피곰 도ᄃᆞ샤
어긔야 머리곰 비취오시라
어긔야 어강됴리
小葉소엽 아으 다롱디리
後腔全후강전 져재 녀러신고요
어긔야 즌 ᄃᆡᄅᆞᆯ 드ᄃᆡ욜셰라
어긔야 어강됴리
過篇과편 어느이다 노코시라
金善調금선조 어긔야 내 가논 ᄃᆡ 졈그ᄅᆞᆯ셰라
어긔야 어강됴리
小葉소엽 아으 다롱디리

맥락 **고려 궁중에서 불린 백제 노래**

〈정읍사〉는 백제의 노래로 고려 궁중에서 악장으로 쓰이다가 조선 초 기록으로 남았다. 『고려사(高麗史)』 악지 '무고(舞鼓)'조에 〈정읍사〉 연행의 절차와 과정에 대한 기록이 나오고 같은 책 '삼국속악'조에 노래의 사연과 내용이 요약적으로 제시되어 있다.

['무고'조] 무대가 악관(樂官)과 기(妓)를 거느리고 남쪽에 선다. 악관들은 두 줄

로 앉는다. 악관 두 사람이 고(鼓)와 대(臺)를 받들어다가 전(殿) 복판에 놓는다. 여러 기들은 정읍사를 부르는데, 향악(鄕樂)에서 그 곡을 연주한다. 기 두 사람이 먼저 나가 좌우로 갈라 고(鼓)의 남쪽에 서서 북쪽을 향해 큰 절을 하고, 끝나면 꿇어앉아 손을 여몄다가 춤추기 시작한다. 음악의 한 단락이 끝나는 것을 기다려 두 기가 부채를 잡고 춤추기 시작하여 북을 가운데 끼고 좌우로 갈라져 한 번 앞으로 나갔다 한 번 뒤로 물러났다 하고, 그것이 끝나면 북의 주위를 돌고, 혹은 마주보고 혹은 등지고 하여 빙글빙글 돌려 춤춘다. 채로 북을 쳐 음악의 절차에 따라 장고와 맞추어나가는데, 음악이 끝나면 멎는다. 음악이 다 끝나면 두 기가 앞서와 같이 부복(俯伏)했다가 일어나서 물러간다.

['삼국속악'조] 〈정읍〉: 정읍은 전주의 속현이다. 정읍 사람이 행상을 나가서 오래 되어도 돌아오지 않자 그 처가 산 위의 돌에 올라가 바라보면서 남편이 밤길을 가다 해를 입을까 두려워함을 진흙물의 더러움에 부쳐서 이 노래를 불렀다. 세상에 전하기는, 고개에 올라가 남편을 바라본 돌이 있다고 한다.

『고려사』에 따르면 〈정읍사〉는 〈선운산(禪雲山)〉, 〈무등산(無等山)〉, 〈방등산(方等山)〉, 〈지리산(智異山)〉처럼 백제의 노래이며, 행상인의 처가 남편을 걱정하여 부른 노래이다. 그리고 큰 북을 사용하는 무고 정재라는 궁중 종합 연희에서 사용되었다고 한다.

〈정읍사〉의 노랫말은 성종 24년(1493) 완성된 『악학궤범(樂學軌範)』 '무악정재'조에 전한다. '무악정재'조 중에서도 '고려사 악지 속악정재' 편과 '시용향악정재도의' 편에 나오는데, 전자에는 무고에 대한 설명만 나오고 후자에 그림을 곁들여 무고 정재의 절차에 대해 설명하는 대목에서 노랫말이 나온다.

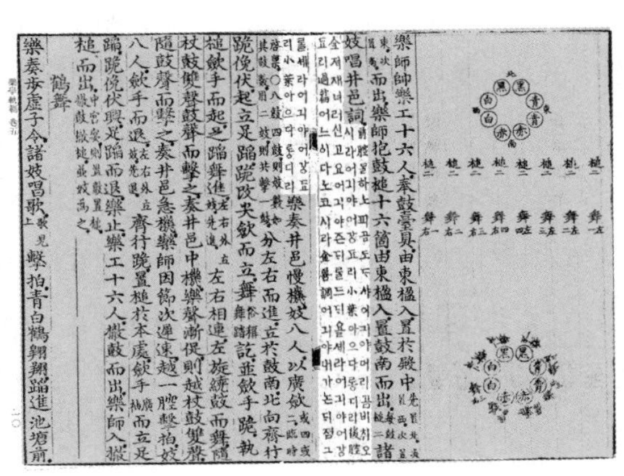

樂師帥樂工十六人奉鼓臺具由東楹入置於殿中
而出樂師抱鼓槌十六箇由東楹入置鼓南而出諸
妓唱井邑詞
樂奏井邑慢機妓八人以廣袖
分左右而進立於鼓南北向齊行
跪俛伏起立足蹈蹝收尖斂而立舞 訖並斂手跪執
槌斂手而起足蹈舞進 左右相連左旋繞鼓而舞隨
杖鼓雙聲鼓聲而擊之奏井邑中機樂聲漸促則越杖鼓雙聲
隨鼓聲而擊之奏井邑急機樂師因節次遲速越一腔擊拍妓
八人斂手而退 齊行跪置槌於本處斂手 而立足
蹈跪俛伏起足蹈而退樂止樂工十六人撤鼓而出樂師入撤
槌而出
鶴舞
樂奏步虛子令諸妓唱歌 擊拍青白鶴翱翔蹈進池塘前

〈정읍사〉 수록 부분 (『악학궤범』)

〈정읍사〉는 공식적으로 중종 13년(1518) 〈오관산(五冠山)〉(▶153쪽)으로 대체되기 전까지 궁중 가무악의 노래로 사용되었으며, 그 이후에도 상당 기간 노래로 연희되었음을 정조 19년(1795)의 연희 기록을 통해 확인할 수 있다.

쟁점

어느 때 노래인가

구술시가의 경우 창작 시기와 향유 시기, 그리고 기록으로 정착된 시기가 일치하지 않는 일이 허다하다. 그 경우 작품이 지어진 창작 시기를 존중하는 것이 관례인데, 관례에 따르면 〈정읍사〉는 백제의 노래로 분류된다. 그런데 〈정읍사〉의 경우 백제 노래라고 하면서도 고려의 노래, 즉 고려속요로 분류하는 것이 일반적이다. 이는 〈정읍사〉가 백제의 노래라고는 하지만 고려 궁중에서 향유되다가 800년이나 지난 시점, 조선의 문헌에 기록됨으로써 생겨난 혼란이다.

〈정읍사〉를 백제의 노래로 규정하는 근거는 『고려사』 악지 '삼국속악'조에 백제의 노래라고 기록되었다는 사실에 근거한다. 덧붙여 백제의 노래라는 주장은 삼국의 노래로 기록된 작품 중 가사가 전해지는 유일본이라는 사실 때문에 심정적인 지지를 받는다. 또한 궁중 속악의 가사였던 까닭에 상대적으로 변개되었을 가능성이 적다는 점을 감안하면 〈정읍사〉를 백제의 노래로 충분히 볼 수 있다. 『고려사』의 기록을 보면 〈정읍사〉는 구 백제의 광포설화인 망부석 설화와 관련되면서도 정읍이라는 지역에 대한 정체성을 보여주는 노래이다.

그러나 〈정읍사〉가 백제 노래로서의 원형을 얼마나 간직하고 있는지는 의문이다. 이와 관련하여 '後腔全져재'의 해독에 논란이 있다. 일찍이 '후강'과 '전져재'를 끊어 읽고 '전져재'를 '전주 저자'의 약자로 해석하여, 전주라는 지명이 신라 경덕왕 이후에 붙여진 이름이니 〈정읍사〉가 신라 경덕왕 이후 내지 고려대의 민요일 것이라는 주장(양주동, 1947, 1962)이 제기되었다. 그러나 '後腔'과 '全져재'가 아니라 '後腔全'과 '져재'로 끊어 읽고 '後腔全'을 소엽(小葉)이 빠졌음에도 '완전하다'는 뜻을 지닌 음악적 표지로 해석(양태순, 1986)할 수도 있고, '전 져재'를 '전주 시장'이 아니라 '온 장터'로 해석할 수 있다는 점(이희승, 1971)에서 그 대목을 '전주 시장'으로 보고 시대를 판정하는 것은 문제가 있다. 설혹 '전주'라는 지명이 맞다 치더라도 구술시가의 경우 기록으로 정착될 때 지명만 당시의 이름으로 바꿔 표기했을 가능성도 있다. 따라서 이 한 구절을 근거로 〈정읍사〉를 통일 신라 시대 혹은 고려시대의 민요일 것으로 추정하는 것은 무리가 있다.

한편 〈정읍사〉가 고려속요였다는 사실 또한 명백하다. 백제의 노래에서 유래했다는 말이 있기는 하지만 어디까지나 고려 궁중에서 향유된 속악의 가사로 기록에 남았고, 고려시대 큰 북을 사용하는 궁중 종합 연행 양식인 무고의 노래로 소용되었다. 그런가 하면 고려시대 속악의 하나로 기록되어 조선시대에도 사용되었다는 점에서 조선 궁중의 노래이기도 했다.

〈정읍사〉를 어느 시대의 노래로 귀속시킬 것인가, 혹은 현재의 〈정읍사〉 노랫말이 얼마나 백제 노래로서의 원형을 간직하고 있는가는 판단하기 어렵다. 그보다 고려속요에는 서로 다른 시간대에 속해 있는 흔적들이 공존하고 있어 이를 해석하는 데 어려움과 혼란이 있지만, 그 혼란마저도 시간차를 두고 그 지역에 거주했던 모든 사람의 흔적임을 인정해야 한다는, 즉 고려속요를 '고려 궁지 출토품(高麗宮趾 出土品)'으로 보자는 주장(김흥규, 1997)이 설득력이 있다. 그렇게 보면 조선 거주지에서 발굴해낸 〈정읍사〉는 백제의 노래이자 고려의 노래이고 또 조선의 노래이기도 하다는 결론이 가능하다. 그리고 더욱 중요한 사실은 '정읍'이라는 지역 정체성을 반영하는 백제의 노래 〈정읍사〉가 고려 궁중을 거쳐 조선에 이르기까지 살아남았다는 사실이며, 그로써 이 노래가 지닌 시대를 초월한 보편적 공감대를 스스로 입증했다는 점이다.

꼼꼼히 읽기

소망의 말로 불안 다스리기

〈정읍사〉는 달에 소망을 의탁하는 말로 시작한다. 이어 어디를 지나고 있을지 궁금해하고 '진 데'를 디딜까 걱정하다가 급기야는 '나'의 미래를 걱정하는 말로 마무리된다. 맥락에 대한 정보를 참조하지 않아도 장사 나간 남편과 그 아내의 존재를 어느 정도 짐작할 수 있다.

부부 사이에 어떤 문제가 발생한 것이 아니라 오랜 부재로 인해 관계의 지속성에 대한 믿음이 흔들리게 된 것이 불안의 실체이고 갈등의 원인이다. 남편의 부재가 길어짐으로써 아내의 불안한 상상력이 발동되었고, 관계의 지속에 대한 아내의 믿음이 흔들리고 있다. 이러한 화자의 불안과 그로 인한 심적 갈등은 부재 기간과 더불어 '장소' 혹은 '장소성'에서 기인한 면도 적지 않다. 아내에게 미지의 공간인 '저자'는 행상 나간 남편이 물건을 팔 수 있는 생계의 공간이기도 하지만, 동시에 '진 데'가 있을지도 모르는 위험한 공간이기도 하다. 돌아오지 않고 소식마저 끊긴 상황이라면 그 공간은 더 이상 생계를 위한 희망의 공간일 수 없다. 부정적인 생각이 생겨나고 불안한 상상력이 발동하자 그곳은 남편의 안위는 물론이고 '나'의 안위까지도 위협하는 공간으로 바뀌고 만다. 화자는 저잣거리로 이어지는 정읍 땅 끝 가장 높은 곳에 올라 남편이 오기를 기다리며 노래를 부르는 것 외에 달리 할 수 있는 일이 없었다.

화자는 달에게 높이 떠서 남편을 비추라고 명(命)한다. 어디든 갈 수 있고 세상 모든 것을 내려다볼 수 있는 달에 의탁함으로써 아내 역시 남편이 있는 곳을 더 구체적으로 상상할 수 있게 된다. 달이 정읍에 갇힌 화자의 시선을 저잣거리에 있을 남편에게로 옮겨준 것이다. 그러나 저잣거리를 떠올린 화자는 자연스럽게 '진 데'가 있지는 않을까 걱정하게 된다. 남편을 기다리는 동안 자라나기 시작한 불안의 실체가 '진 데'로 구체화된 것이다.

화자의 불안은 남편의 안위를 걱정하며 "어느이다 노코시라"라는 말로 이어진다. '어디에나'는 정읍과 대비되는 불확실한 공간(이사라, 1986)이 아니라 '아무데나'의 뜻, 즉 장소가 중요하지 않다는 말에 가깝다. 장사고 뭐고 신경 쓰지 말고 일단 돌아오라는 절실한 소망의 말인 것이다. 음악적 형식으로 볼 때도 이 짧은 구절을 독립시킴으로써 화자의 절실한 심정을 강조하고 있다.

이렇게 남편을 향해 돌아오라는 말을 쏟아낸 화자는 '금선조'로 노래말이 전변(轉變)되는 부분에서 시선을 달리해(윤영옥, 1997) 자신의 미래에 대한 의구심을 드러낸다. 달에 의탁한 시선이 위에서 아래로, 그리고 원경에서 근경으로 바뀌면서 남편에 대한 걱정이 나에 대한 걱정으로 바뀐 것이다. 관심이 공중에 떠 있는 달에서 저잣거리에 있을 남편에게로, 그리고 남편을 기다리고 있는 자신에게로 다시 옮겨오면서, 남편에 대한 걱정과 불안감이 불확실한 상황에서 남편을 기다리는 일밖에 할 수 없는 자신의 처지와 미래에 대한 걱정과 의구심으로 바뀐 것이다.

불안의 실체를 확인하고 불안을 해소하고자 소망의 말을 던진 〈정읍사〉의 화자에겐 다시 기다리는 일만이 남게 된다. 관계의 지속에 대한 불안이 실질적으로 사라진 것은 아니지만, 불안의 실체를 대면하고 소망의 말을 함으로써 일시적으로나마 불안했던 마음의 평정을 찾고 다시 기다리는 것이 가능해졌다고 볼 수 있다. 자신을 괴롭히는 문제나 불안을 꺼내 대면하고 자신이 원하는 바를 말함으로써 심리적 위안을 얻는 일은 상황을 바꿀 힘이 없는 인간이 스스로를 위로하기 위해 오래전부터 사용해온 방법이다.

엮어 읽기

이야기를 만든 기다림

『고려사』 악지 '삼국속악'조에는 행상인의 처가 올라가 남편을 기다린 돌이 전한다는 기록이 있다. 『신증동국여지승람(新增東國與地勝覽)』 '정읍 고적'조에도 '망부석'이라는 표제 아래 정읍 읍내에서 북쪽 십리 지점에 남편을 바라보았던 돌의 자취가 그대로 남아 있다는 기록이 있다. 물론 정읍 지역 관련 자료에서도 망부석에 대한 기록을 찾아볼 수 있다. 조선조 말기인 고종 25년(1889)에 편찬한 『정읍현지(井邑顯誌)』 '고적'조에도 망부석에 대한 언급이 나오는데, 『신증동국여지승람』의 기록과 다르지 않은 내용이고 다만 망부석의 위치에 대한 언급만 빠져 있다.

이상의 기록을 통해 〈정읍사〉가 '정읍'의 노래였다는 점, 정확하게 정읍이라는 특정 지역의 정체성을 반영하는 노래로 인식되었음을 알 수 있다. 동시에 정읍에 사는 아내가 정읍을 떠난 남편의 귀환을 기다린 사연이 하나의 '이야기'가 되어 백제로부터 조선 말기에 이르기까지 전승되었음을 확인할 수 있다.

이른바 '망부석'의 유래담에 해당하는 〈정읍사〉류의 이야기는 우리나라 전역에서 접할 수 있는 설화, 즉 광포설화 중의 하나이다. 그중 가장 잘 알려진 것은 신

치술령 신모

베트남의 망부석 (©최홍길)

라 시대 박제상(또는 김제상)의 아내가 치술령에서 남편을 기다리다 돌이 되었다는 내용의 이야기이다. 볼모로 잡혀 있는 왕자를 구하기 위해 자신의 목숨을 기꺼이 바친 남편을 기다리고 기다리다가 마침내 망부석이 된 아내의 이야기는 지역 주민들의 칭송을 받았고 박제상의 아내는 치술령 신모로 사당에 모셔지기까지 했다. 사실 사람이 돌이 된 사건은 동서양을 막론하고 흔한 화소인데, 베트남에도 아이를 업고 남편을 기다리는 망부석과 그 유래담이 곳곳에 전해진다. 자신과 아내가 남매지간임을 알게 된 남편이 바다로 나가 돌아오지 않았다는 점이 우리 설화와 다르지만 아내가 남편을 기다리다 돌이 되었다는 사연은 다르지 않다.

여기서 한 가지 궁금증이 생겨난다. 사람들은 왜 기다림이 지극하여 '돌'로 화했다거나 기다림을 증거해주는 '돌'이 아직도 남아 있다는 식의 이야기를 만들어 냈을까. 그리고 사람들은 왜 그런 이야기를 전하고 기록했을까.

지금까지도 남아 있는 돌, 이른바 망부석은 기다림의 지속성과 견고함을 보여주는 상징물이자, 이야기의 신빙성을 뒷받침하는 증거물이며, 그러한 숭고한 기다림을 기리는 일종의 기념물이다. '돌'은 '기다림'이 만들어낸 이적이고 돌로 변한 사연이나 돌을 남긴 사연은 '기다림'에 대한 이야기이다. 그 이야기가 거듭 회자되고 여러 문헌에 기록되기까지 하면서 마치 역사적 사실처럼 여겨졌고, 한 여인의 지고지순한 기다림은 기념할 만한 사건이 되었다. 이러한 의미작용의 과정에는 역설적이게도 인간의 연약한 신체와 나약한 마음에 대한 인정이 전제되어 있다. 대부분의 사람들은 박제상의 아내나 백제 행상인의 아내처럼 기다리지 못한다. 기다리기가 쉽지 않고 흔들리게 된다. 이러한 경험적 진실에 대한 인정은 끝까지 기다린, 혹은 기다려줄 수 있는 누군가에 대한 낭만적인 동경으로 이어질 수밖에 없다. 즉, 이 자리에 서서 돌이 되는 한이 있더라도 기다리고픈, 혹은 누군가가 자신을 그렇게 기다려주기를 바라는, 인간들의 낭만적인 소망이나 보편적인 욕망에서 생겨난 이야기가 바로 망부석 설화라 할 수 있다.

그러나 돌이 될 때까지 혹은 돌이 되어서라도 기다린 사람이 모두 여인, 그것도 아내라는 점도 간과할 수 없다. 기다림의 주체가 모두 여자이고 누군가의 아내라는 사실은 망부석 설화가 여인의 기다림을 미덕으로 요구하던 전통사회에서 생산되고 유통되고 강화된 이야기라는 점을 보여준다.

참고문헌

김흥규(1997), 「고려속요의 장르적 다원성」, 『한국시가연구』 1, 한국시가학회.
양주동(1947), 『여요전주』, 을유문화사.
양주동(1962), 『국학연구논고』, 을유문화사.
양태순(1986), 「정읍사는 백제 노래인가」, 장덕순 외, 『한국문학사의 쟁점』, 집문당.
염은열(2008), 「교육의 관점에서 본 고전시가 해석의 다양성」, 『한국시가연구』 24, 한국시가학회.
염은열(2013), 『공감의 미학, 고려속요를 말하다』, 역락.
윤영옥(1997), 「망부석 설화와 〈정읍사〉」, 국어국문학회 편, 『고려가요 · 악장 연구』, 태학사.
이사라(1986), 「정읍사의 정서 구조」, 김대행 외, 『고려가요의 정서』, 새문사.
이희승(1971), 「정읍사 해독에 대한 의문점 이삼」, 『백제연구』 2, 충남대학교 백제연구소.

고려가요 02

정과정 鄭瓜亭

지은이 정서(鄭敍, ?~?) **출처**『악학궤범』

前腔전강	내 님믈 그리ᅀᆞ와 우니다니
中腔중강	山산 졉동새 난 이슷ᄒᆞ요이다
後腔후강	아니시며 거츠르신ᄃᆞᆯ 아으
附葉부엽	殘月曉星잔월효성이 아ᄅᆞ시리이다
大葉대엽	넉시라도 님은 ᄒᆞᆫᄃᆡ 녀져라 아으
附葉부엽	벼기더시니 뉘러시니잇가
二葉이엽	過과도 허믈도 千萬천만 업소이다
三葉삼엽	ᄆᆞᆯ힛마리신뎌
四葉사엽	ᄉᆞᆯ읏븐뎌 아으
附葉부엽	니미 나ᄅᆞᆯ ᄒᆞ마 니ᄌᆞ시니잇가
五葉오엽	아소 님하 도람 드르샤 괴오쇼셔

맥락과 쟁점

약속 이행을 촉구하는 노래

〈정과정〉은 고려 의종 때 유배 갔던 정서가 억울함을 하소연하며 지은 노래이다. 금방 다시 부르겠다는 의종의 약속과 달리, 좀처럼 해배와 복권이 이루어지지 않은 처지에서 만든 노래로 알려져 있다.『악학궤범』에 '삼진작(三眞勺)',『대악후보(大樂後譜)』에 '진작(眞勺)'이라는 제목으로 노랫말이 수록되어 전한다.『고려사』악지와 열전에는 창작 배경과 사연이 실려 있다. 이처럼 〈정과정〉은 고려가요 가운데 작자가 분명하고 창작 배경이 비교적 상세히 기록되어 전하는 작품이다.

〈정과정〉은 내시낭중 정서가 지은 것이다. 정서는 과정이라 자호했고 외척과 혼인을 맺어 인종의 총애를 받았다. 의종이 즉위하게 되자 그의 고향인 동래로 돌려보내면서 이르기를, '오늘 가게 된 것은 조정의 의론에 몰려서이다. 머지않아 소환하게 될 것이다'고 하였다. 정서가 동래에 오래 머물러 있었으나 소환 명령이 오지 않았다. 그래서 거문고를 잡고 이 노래를 불렀는데 가사가 극히 처비(凄悲)하였다.

정서가 귀양을 떠날 때 왕이 그에게 말하기를 '이번 일은 조정의 공론에 몰려서이니 가 있으면 곧 소환하게 될 것이다'고 위안하였다. 그러나 정서가 귀양 간 후 오랫동안 지났으나 소환 명령이 오지 않자 정서가 거문고를 타며 노래를 지어 불렀는데 가사가 지극히 처량하였다. 정서는 스스로 과정이라 호를 지었으므로 후세 사람들이 그가 지은 곡조를 〈정과정〉이라고 불렀다.

고려 후기 이제현(李齊賢)은 『익재난고(益齋亂藁)』에서 〈정과정〉의 앞부분을 다음과 같이 한시로 번역하기도 하였다.

憶君無日不霑衣(억군무일불점의)	날마다 임 생각에 울며 옷깃을 적시니
政似春山蜀子規(정사춘산촉자규)	봄날 동산에서 우는 접동새 같아라
爲是爲非人莫問(위시위비인막문)	내가 옳은지 그른지 아무도 묻지 마소
只應殘月曉星知(지응잔월효성지)	새벽달과 별만은 응당 알리이다

이 노래는 궁중에서 널리 불렸으며 조선시대에 들어서도 악공을 선발하는 시험의 필수 곡목으로 지정되는 등 많은 인기를 얻었다. 고려속요에 대한 후대의 비판에도 불구하고, '충신이 임금을 그리는 가사이므로 사용해도 거리끼는 일이 없다'는 『성종실록(成宗實錄)』의 기록(성종 19년 8월 13일)과 같이 사대부들이 즐겨 불렀던 노래이다.

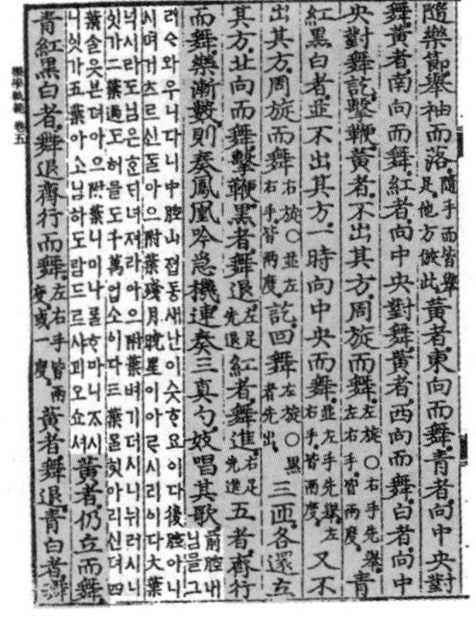
隨樂節擧袖而落 隨手而皆擧 凡他方倣此 黃者東向而舞 青者向中央對
舞 黃者南向而舞 紅者向中央對舞 黃者西向而舞 白者向中
央對舞訖 擊鞭 黃者不出其方周旋而舞 左旋○右手先擧 左右手皆兩度 青
紅黑白者並不出其方 一時向中央而舞 並左手先擧 左右手皆兩度 又不
出其方周旋而舞 右旋○並左 右手皆兩度 訖 回舞 左旋○黑者先出 三匝各還立
其方 北向而舞 擊鞭 黑者舞退 左足先退 紅者舞進 右足先進 五者齊行
而舞 樂漸數 則奏鳳凰吟急機 進奏三真勺 妓唱其歌

〈정과정〉 수록 부분 (『악학궤범』)

꼼꼼히 읽기

슬픔과 그리움, 억울함과 기막힘의 뒤엉킴

이 노래는 단도직입적으로 '내 임을 그리워하여 울고 지낸다'는 말로 시작한다. 특별한 문학적 수사나 장치 없이 화자가 처해 있는 상황을 솔직하게 진술하고 있다. 이어서 피눈물을 흘리며 절규하는 접동새의 이미지를 빌려 와 자신의 처지에 빗대어 표현함으로써 그의 심정이 얼마나 애절하고 절박한지를 토로하고 있다. 촉나라 망제의 혼이 깃든 자규와 그 핏빛 울음은 멀리 유배를 와서 돌아가지 못하는 그의 비극적인 사연을 그려내기에 알맞은 소재였던 것이다. 그런데 무엇보다 꼭 말하고 싶었던 것은 자신의 결백함이 아니었을까? 화자는 '(참소가 진실이) 아니며 거짓인 줄을 잔월효성이 알 것'이라고 자신의 결백을 호소한다. 억울하고 답답한 심정에서 하늘만은 자신의 결백을 알아줄 것이라고 외치는 것이다.

이처럼 억울한 처지와 답답한 마음에 하소연을 늘어놓다가도, 임과 함께 지내고 싶은 마음이 물밀 듯이 찾아와 '넋이라도 임과 함께 살고 싶구나'를 내뱉게 된다. 억울함과 그리움의 정서가 나란히 있기에 지금의 상황이 더더욱 견디기 어려울 것이다. 평서형 대신 '함께 살고 싶구나'의 감탄형이 등장하는 것도 이러한 감정의 변화에서 이해될 수 있다. 평서형을 통해서 자신의 결백을 드러내고, 감탄형과 의문형을 통해서는 촉구나 강한 원망을 드러내고 있는 것이다(이형대, 1999).

곧이어 '(허물이 있다고) 우기던 이가 누구였는지' 억울하고 답답한 처지를 다시 짚어낸다. 그리고 자신에겐 '잘못도 허물도 전혀 없음'을 주장한다. 이 모두는 누군가가 헐뜯는 바람에 생긴 일이며, 자신은 결코 잘못을 저지르지 않았음을 재차 피력하고 있다. 뭇사람들의 참소에서 비롯된 결과라는 생각에 밀려오는 슬픔과 억울함을 거침없이 내뱉는다. 급기야 '임께서 나를 벌써 잊으셨습니까?'라며 자신을 잊어버린 임을 원망하는 말을 쏟아내기에 이른다.

그러나 결코 임을 버릴 수 없기에, 또한 임만이 나를 구원해줄 수 있는 유일한 존재이기에, 자기를 저버리지 말라는 간절한 호소로 되돌아가는 것은 예정된 결론일 수 있다. 임에 대한 원망과 분노는 접어두고 다시 자신을 사랑해달라는 간절한 애원투의 목소리로 노래를 마무리 짓고 있다. 이것이야말로 임금과 신하의 관계에서, 특히 유배의 상황에 처해 있는 신하가 선택할 수 있는 현실적인 방안이 아니었을까?

이처럼 작품 전체가 억울하고 답답한 마음을 분출하면서 자신의 떳떳함을 드러내는 데 치중한 탓에, 때때로 직설적인 표현과 따지는 듯한 말투마저 보인다. 거친 표현 속에서 처절한 호소와 하소연을 늘어놓고 있는 것이다. 약속을 지키지 않는 왕과의 관계에서 비롯된 일인 만큼 하고 싶은 말이 너무도 많았을 것이기에 정연한 노랫말을 기대하는 것 자체가 무리일 수 있다. 특히 상소문이 아닌 노래라는 점을 고려한다면, 자신의 결백과 억울함을 마음껏 표출함으로써 심리적으로나마 위안을 얻고 마음을 다스릴 수 있었을 거라 짐작할 수 있다. 현실적으로 개선될 여지를 찾기 어려운 상황에서 노래로나마 마음 속 감정을 실컷 토로하는 것이다.

부산 수영구에 있는 정과정 유적지
(©장희석)

실제로 노래에 담긴 그의 애절한 바람은 현실에서 곧바로 실현되지 못한다. 정서는 동래에서 거제도로 유배지를 옮겨가며 20년에 걸친 유배 생활을 한 끝에, 의종 이후에 즉위한 명종 대에 이르러서야 비로소 풀려난다. 통일신라 시대에 신충(信忠)이 〈원가(怨歌)〉를 부름으로써 다시 등용될 수 있었던 것과는 사뭇 다르다. 비록 〈정과정〉은 해배에 직접적인 영향을 끼치지는 못했지만, '지극히 쓸쓸하고 구슬프다'고 평한 『고려사』의 기록과 같이 자신의 감정을 솔직하게 드러내는 호소력으로 인해 조선시대까지도 널리 향유되면서 충신연주지사의 전통으로 자리 잡게 된다. 응어리진 한과 하소연이 노래에 생생하게 담겨 있었기 때문이다.

엮어 읽기

충신연주지사의 표현 관습

충신연주지사(忠臣戀主之詞)는 글자 그대로 충성스런 신하가 왕을 그리워하며 부른 노래를 일컫는다. 충신연주지사에 대한 기록은 조선시대 성종 때 당시의 궁중음악을 비판하는 가운데 '진작(眞勺, 〈정과정〉)은 비록 속된 말이나 충신이 임금을 그리는 가사이므로[忠臣戀主之詞] 사용해도 거리끼는 일이 없다'는 『조선왕조실록(朝鮮王朝實錄)』의 기사에 처음 등장한다. 이는 〈정과정〉을 충신연주지사의 첫 작품으로 손꼽는 근거가 된다.

그런데 〈정과정〉은 충신연주지사가 환기하는 일반적인 분위기와는 다소 거리가 있어 보인다. 작자 정서의 '성격이 경박[性輕薄]'하다는 『고려사』 열전의 기록도 볼 수 있거니와, 유배 생활에서 벗어나려는 의도로 노래를 지었던 점도 순수한 충신의 노래로 보기 어렵게 한다. "임의 무심함에 대한 원망"(이형대, 1999)이 열거되고 반복되는 노랫말도 그러하다. 이러한 점은 충신연주지사가 단순히 충신이 임금을 그리워하는 노래 정도로 쉽게 설명될 수 없음을 보여준다.

잘 알려진 것처럼 충신연주지사의 관습은 전국시대 말기 초나라의 충신 굴원(屈原)과 그의 자전적인 장형시가인 〈이소(離騷)〉에 그 뿌리를 두고 있다. 굴원은 초왕을 섬겨 충성을 다했으나 간신의 참소로 추방되어 9년 동안 상강(湘江) 일대를 떠돌게 되고, 마침내 멱라강에 투신함으로써 스스로 생을 마감한다. 자신의 간언을 들어주지도 않고 심지어 자신을 추방까지 했건만, 신하로서 임금과 임금의 나라를 버릴 수 없었던 우국지정을 노래한 작품이 바로 〈이소〉인 것이다. 이처럼 바른 정치를 펼 미인(美人)을 갈구한 신하로서의 자세, 다른 임금을 섬길 수 없어 투신한 결기 있는 행동은 군신 관계에서 신하의 충정에 대해 성찰하게 했고, 이후 중국과 조선 문인들에게 깊은 인상을 남기기에 충분했다. 그래서 굴원은 본받을 만한 인물이요, 〈이소〉는 거듭 용사(用事)의 대상이 되어 여러 작품의 모티프나 내용으로 활용되었다.

그렇다면 임금을 그리워하는 마음은 보다 구체적으로 어떻게 표현될까? 대개의 충신연주지사에서 왕은 남성으로, 신하는 여성으로 설정된다. 남성 작자는 작품 속에서 여성 화자로 관계가 치환되면서, 자신이 처한 처지와 간절한 마음을 이별한 여성의 목소리로 절절하게 그려낸다(최홍원, 2009). 아래 정철이 지은 〈사미인곡(思美人曲)〉을 살펴보자.

나 ᄒᆞ나 졈어 잇고 님 ᄒᆞ나 날 괴시니
이 ᄆᆞᄋᆞᆷ 이 ᄉᆞ랑 견졸 ᄃᆡ 노여 업다
평생(平生)애 원(願)ᄒᆞ요ᄃᆡ ᄒᆞᆫᄃᆡ 녜쟈 ᄒᆞ얏더니

늙거야 므ᄉᆞ 일로 외오 두고 그리ᄂᆞᆫ고
엇그제 님을 뫼셔 광한전(廣寒殿)의 올낫더니
그 더ᄉᆡ 엇디ᄒᆞ야 하계(下界)에 ᄂᆞ려오니
올 저긔 비슨 머리 헛틀언 디 삼년(三年)일쇠
연지분(臙脂粉) 잇ᄂᆡ마ᄂᆞᆫ 눌 위ᄒᆞ야 고이 ᄒᆞᆯ고

젊어서 임의 사랑을 받던 화자가 임과 이별하게 된 사정을 얘기하고 있다. 광한전에서 임을 모셨던 화자가 하계(下界)에 내려온 지 삼 년이 되었다고 한다. 임과 떨어져 있으니 누구를 위하여 연지분(臙脂粉)으로 곱게 단장하겠느냐며 이별의 고통을 내뱉고 있다. 이별한 여성이 임을 향한 그리움의 심정을 드러낸 것으로 보이지만, 광한전, 하계, 연지분 등은 사실 임금을 향한 충군지정을 표현하기 위한 관습적인 설정이자 소재이다.

이처럼 충신연주지사의 대표적 노래인 〈사미인곡〉에서 여성의 목소리가 등장하는 것에 대해 일찍이 조선 후기 문신 김상숙(金相肅)은 '한결같은 마음'을 고리로 군신의 충이 남녀의 연정으로 표현된다고 평하기도 했다.

> 고신(孤臣)과 원녀(怨女)는 의중이 똑같다. 여자는 지아비에게 버림을 받더라도 자신이 지아비를 버리지는 않으며, 신하는 임금에게 배척을 당하더라도 자신이 임금을 배척하지는 않는다. 그것은 의리가 중요함을 알아서가 아니라 그 한결같은 마음이 곧고 굳기 때문이다.

임을 상계에 있는 절대적인 존재로 그리고 임에 대한 절대적인 연정과 그리움을 표현하는 노래들이 다수 창작되면서, 충신연주지사의 창작과 향유는 하나의 문화적 전통을 이루게 된다. 특히 조선시대에 와서는 왕이나 권력 집단의 견제로 정치적 위기 상황에 처했을 때, 자신의 결백과 왕에 대한 충정을 드러내고 전달하는 하나의 표현 관습으로 자리 잡는다. 충신연주지사라는 양식 자체가 버림받은 상황에서도 왕과 국가에 대한 충성의 마음은 변하지 않았다는 굴원 이래의 전통을 함

축하고 있기 때문에, 충신연주지사의 차용은 유배와 같은 정치적 위기 상황에서 자신의 심정을 안전하게 드러내는 장치가 되었던 것이다.

사실 임금을 미인에 빗대고 이별한 여성의 목소리로 무조건적인 충정을 토로하는 것은 유교적 군신 관계에서 가능한 발상이다. 그리고 미인에 대한 무조건적인 충정을 토로하는 문학은 통치의 중심에 왕이 있었기에 지속될 수 있었던 문학 양식이다. 정치적 수사일망정 왕의 입장에서는 굳이 충신연주지사의 노래를 싫어할 까닭이 없었다. 유배자의 입장에서도 해배의 결정권자인 왕에게 자신의 존재를 드러내는 동시에 자신의 감회와 생각을 은근히 전달하는 데에 효과적인 방식이었다. 이런 이유에서 독특한 표현 관습을 지닌 문학적 소통 방식의 하나로 충신연주지사의 전통이 생겨났고, 이후에도 오랜 기간 지속되었다.

참고문헌

김학성(1987), 『국문학의 탐구』, 성균관대학교출판부.
박노준(1990), 『고려가요의 연구』, 새문사.
박인희(2014), 「충신연주지사의 이해와 사적 전개」, 『고시가연구』 33, 한국고시가문학회.
양태순(1991), 「정과정(진작)의 연구」, 서울대학교 박사학위논문.
양태순(1992), 「정과정의 종합적 고찰」, 백영정병욱선생10주기추모논문집간행위원회 편, 『한국고전시가작품론 1』, 집문당.
염은열(2015), 『유배, 그 무섭고도 특별한 여행』, 꽃핀자리.
이가원(1953), 「〈정과정곡〉의 연구」, 『성균』 4.
이형대(1999), 「원가와 정과정의 시적 인식과 정서」, 『한성어문학』 18, 한성대학교 한성어문학회.
정병욱·이어령(1977), 『고전의 바다』, 현암사.
정재호(1982), 「정과정에 대하여」, 『고려시대의 가요문학』, 새문사.
최홍원(2009), 「고전시가 관계 치환의 교육 내용 연구 — 남성 작자의 여성 화자 작품을 중심으로」, 『문학교육학』 28, 한국문학교육학회.

고려가요 03

동동 動動

지은이 미상　출처 『악학궤범』

德[덕]으란 곰ᄇᆡ예 받ᄌᆞᆸ고 福[복]으란 림ᄇᆡ예 받ᄌᆞᆸ고
德[덕]이여 福[복]이라 호ᄂᆞᆯ 나ᅀᆞ라 오소이다
아으 動動[동동]다리

正月[정월]ㅅ 나릿 므른 아으 어져 녹져 ᄒᆞ논ᄃᆡ
누릿 가온ᄃᆡ 나곤 몸하 ᄒᆞ올로 녈셔
아으 動動[동동]다리

二月[이월]ㅅ 보로매 아으 노피 현 燈[등]ㅅ블 다호라
萬人[만인] 비취실 즈ᅀᅵ샷다
아으 動動[동동]다리

三月[삼월] 나며 開[개]ᄒᆞᆫ 아으 滿春[만춘] ᄃᆞᆯ욋고지여
ᄂᆞᄆᆡ 브롤 즈ᅀᅳᆯ 디녀 나샷다
아으 動動[동동]다리

四月[사월] 아니 니저 아으 오실셔 곳고리새여
므슴다 錄事[녹사] 니ᄆᆞᆫ 넷 나ᄅᆞᆯ 닛고신뎌
아으 動動[동동]다리

五月오월 五日오일애 아으 수릿날 아ᄎᆞᆷ 藥약은
즈믄 ᄒᆡᆯ 長存장존ᄒᆞ샬 藥약이라 받ᄌᆞᆸ노이다
아으 動動동동다리

六月유월ㅅ 보로매 아으 별해 ᄇᆞ룐 빗 다호라
도라보실 니믈 젹곰 좃니노이다
아으 動動동동다리

七月칠월ㅅ 보로매 아으 百種백종 排배ᄒᆞ야 두고
니믈 ᄒᆞᆫᄃᆡ 녀가져 願원을 비ᅀᆞᆸ노이다
아으 動動동동다리

八月팔월ㅅ 보로ᄆᆞᆫ 아으 嘉俳가배니리마ᄅᆞᆫ
니믈 뫼셔 녀곤 오ᄂᆞᆯ낤 嘉俳가배샷다
아으 動動동동다리

九月구월 九日구일애 아으 藥약이라 먹논
黃花황화 고지 안해 드니 새셔 가만ᄒᆞ애라
아으 動動동동다리

十月시월애 아으 져미연 ᄇᆞᄅᆞᆺ 다호라
것거 ᄇᆞ리신 後후에 디니실 ᄒᆞᆫ 부니 업스샷다
아으 動動동동다리

十一月십일월ㅅ 봉당 자리예 아으 汗衫한삼 두퍼 누워
슬ᄒᆞᆯ ᄉᆞ라온뎌 고우닐 스싀옴 녈셔
아으 動動동동다리

十二月십이월ㅅ 분디남ᄀᆞ로 갓곤 아으 나ᄉᆞᆯ 盤반잇 져 다호라
니믜 알ᄑᆡ 드러 얼이노니 소니 가재다 므ᄅᆞ숩노이다
아으 動動동동다리

맥락

노래이자 놀이

〈동동〉은 고려 궁중에서 행해졌던 놀이[動動之戱(동동지희)]이자 그 놀이에서 불렸던 노래[動動詞(동동사)]의 이름이다. 『고려사』 악지 '속악'조에 두 차례나 언급되는데, 모두 인용하면 다음과 같다.

고려의 속악은 여러 악보를 참고해서 실었다. 그중에서 동동 및 서경 이하의 24편은 다 이어(俚語)를 쓰고 있다.

무대, 악관 및 기(妓), 그리고 의관과 행차는 앞의 의례와 같다. 기 둘이 먼저 나가 북쪽을 향해 좌우로 갈라서 손을 여미어 족도(足蹈)하고는 큰절을 하고 부복했다 일어나 아박(牙拍)을 받들어들고 동동사의 첫 귀를 창한다(혹 아박을 잡지 않기도 한다). 여러 기들은 그것에 따라 화창(和唱)하고 양악은 그 곡을 연주한다. 두 기는 꿇어 앉아서 아박을 띠 사이에 꽂고 음악 한 가락이 끝나기를 기다려 일어나 서고, 음악 두 가락이 끝나면 손을 여미어 무도(舞蹈)하고, 음악 세 가락이 끝나면 아박을 뽑아가지고 한번 앞으로 나갔다 한 번 위로 물러났다, 한 번 마주보고 한 번 등지고 하여 음악의 절차에 따라서 왼쪽으로 혹은 오른쪽으로, 혹은 무릎에 혹은 팔에 아박을 치며 무도한다. 음악이 끝나기를 기다려 두 기는 앞서와 같이 손을 여미어 족도하고는 큰절을 하고 부복했다가 일어나서 물러난다. 동동이라는 놀이는 그 가사에 송축하는 말이 많이 들어 있는데, 대체로 선어(仙語)를 본떠서 지은 것이다. 그러나 가사는 이속해서 기재하지 않는다.

『고려사』 악지 '속악'조의 기록에 따르면 〈동동〉은 두 여자 기생의 등장과 더불

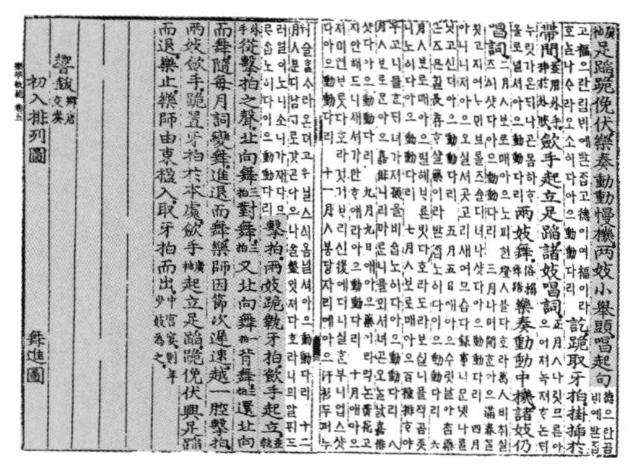

〈동동〉 수록 부분 (『악학궤범』)

어 시작하여 그 두 기생의 퇴장으로 마무리되는 격식 있는 궁중 연희에서 불린 노래임을 알 수 있다.

물론 한문 기록인 『고려사』에는 〈동동〉의 노랫말이 등장하지 않는다. '이어'로 되어 있다는 언급과 "가사 중에 송도의 사가 많고 선어를 본받고 있지만 이속하여 신지 않는다[其歌詞多有頌禱之詞 蓋效仙語以爲之 然詞俚不載]"는 기록이 있을 뿐이다. 여기서 '이어', '이속'이라는 말은 비하의 말이 아니라 우리말 노래를 뜻한다. 송도의 사가 많고 선어(仙語)를 본받고 있다고 한 것을 보면 〈동동〉이 궁중 속악 가사로서의 품위와 격을 갖추고 있음을 알 수 있다. 다만 '이어', 즉 우리말 노래라 기록할 수 없다고 한 것이다. 〈동동〉의 노랫말이 나오는 최초의 문헌은 『악학궤범』으로, 놀이하는 절차에 대한 설명과 노랫말이 함께 나온다. 〈동동〉은 고려 궁중 속악의 가사로, 춤을 추며 기녀 둘이 기구(起句)를 선창하는 것으로 시작하여 일정한 격식에 따라 연행되었던 궁중 노래임을 확인할 수 있다.

쟁점 임은 과연 누구인가

〈동동〉은 누릿 가운데 혼자 있는 화자 '나'의 말로 시작되고 '녹사 님'을 그리워하는 내용이 주가 된다. 표면적인 내용으로 보자면 연정의 노래로 해석하는 것이 자연스럽다.

그러나 『고려사』 악지의 기록으로 인해 〈동동〉의 성격에 대한 이견이 촉발되었다. '가사에 송도의 사가 많다'는 기록과 '선어를 본떠서 지었다'는 기록이 바로 그것이다. 다른 고려속요 중에도 왕의 덕(德)을 칭송하는 송도의 노래가 여럿 존재하고 〈동동〉의 기구 또한 송도의 내용을 담고 있다는 점까지 고려하여 〈동동〉을 송도의 노래 혹은 송도와 연정을 담은 노래(양주동, 1947; 박병채, 1968; 김학성, 1983; 박노준, 1990; 허남춘, 1994, 1996a, 1996b)로 보는 견해가 제기되었다. 그런가 하면 '선어'를 팔관회의 선풍(仙風)과 연관지어 〈동동〉을 제의적인 노래로 해석(최진원, 1981)하기도 하고, 고려시대의 종교적 상황과 연결하여 신의 강림 및 신과의 합일을 희구한 노래로 보는 관점(박혜숙, 1987)이 제시되기도 하였다. 이를 발전시켜 죽은 넋을 위로하기 위한 굿의 무가에서 월령체 형식을 쉽게 찾아볼 수 있다는 사실을 덧붙여 죽은 사람을 위하는 굿판에서 불린 어느 '거리'로 추정하는 논의(최미정, 1992)가 제출되기도 하였다.

〈동동〉의 성격을 둘러싼 논의는 결국 임을 어떻게 보느냐와 관련된다. 임을 연정의 대상으로 보면 송축의 말이 덧붙여져 있는 단순한 연정의 노래가 되고, 임금 등의 절대적인 존재로 보면 송도의 노래가 되며, 무신(巫神)으로 보면 무속적인 영신가(迎神歌)로 해석되고, 죽은 자로 보면 죽은 임을 위한 무속적인 노래로 해석될 수 있는 것이다. 〈동동〉의 화자는 고독한 상황에서 임과의 화합이나 조화를 꿈꾸고 있는데, 임은 고유의 질서에 의해 생성과 소멸을 반복하는 자연이나 인간 세계를 총칭하며 그 세계에 있는 구체적인 연정의 대상까지 포괄하는 개념이다. 따라서 나와 임의 관계 역시 누구와 누구의 관계라고 특정하기 어려운 포괄성을 지닌다. 이로 인해 〈동동〉은 표면적으로는 임과의 합일을 꿈꾸는 여성의 이야기처럼 보이지만, 제의의 노래나 송도의 노래로 해석될 여지를 가지고 있다.

어떻게 해석되든 간에 우리가 주목할 것은 〈동동〉이 임에 대한 화자의 희구와 갈망을 노래하고 있다는 점이며, 1월에서 12월에 이르는 시간을 월별로 구획하는 독특한 형식을 취하고 있다는 점이다.

꼼꼼히 읽기

결코 끝이 없는 이야기

〈동동〉은 전체 13연으로 구성되어 있다. 송축의 내용을 담고 있는 1연을 제외하면, '정월(正月)'로 시작되는 2연부터 '십이월(十二月)'로 시작하는 13연에 이르기까지 다음과 같은 내용의 노래가 펼쳐진다.

1월	홀로 있음 [어저 녹저 하는 세상]
2월, 3월	임에 대한 존경 [등, 진달래꽃]
4월, 5월	임에 대한 그리움 [꾀꼬리새, 수릿날]
6월, 7월, 8월	임과의 합일을 상상함 [유두일(流頭日), 백종(百種), 한가위]
9월, 10월, 11월	버림받은 신세 [구중일 황화(黃花), 버려진 ᄇᆞ롯, 봉당의 한삼]
12월	임과의 완전한 단절 [분디남ᄀᆞ]

혼자 있는 자신에 대한 자탄으로 시작되는 1월령은 〈동동〉 화자가 처한 상황을 알려준다. 화자는 세상과 무관하게, 정확하게 말하면 세상에서 고립되어 혼자 있다. 혼자 있다는 판단은 상대적인 평가인바, 화자는 '누리 가운데'에 오로지 '나만' 혼자 있다고 말한다. 중요한 것은 변화의 조짐이 없는 '나'와는 달리, 자연은 얼었다 녹았다를 반복하면서 변화의 조짐을 보인다는 사실이다. 얼었던 나릿 물이 녹을 기미를 보이자 화자의 마음 또한 동요하기 시작한다. 그러나 화자의 처지는 꽁꽁 얼어붙어서 녹을 기미가 보이지 않는다. 세상과 마음은 얼었다 녹았다 하는데, 누릿 가운데 있는 자신의 처지는 변함이 없으니 비극적일 수밖에 없다. 얼어붙은 자신의 처지에 대한 화자의 자탄은 역설적이게도 누군가와 함께 있고 싶은 욕망과 자연의 변화에 조응하여 자신의 처지에도 봄이 오길 바라는 소망을 잘 드러낸다.

1월령에서의 신세 자탄은 일종의 심리적 반동으로 아름다운 혹은 아름다웠던 임에 대한 생각을 불러온다. 2월 보름에 켠 등불 같이 만인(萬人)을 비추고 3월 개화한 진달래꽃처럼 남이 부러워할 얼굴을 지닌 임에 대한 영탄이 이어진다. 그 임이 나와 어떤 관계인지는 드러나 있지 않지만, 그 임은 '만인'을 비출 만하고 남이 부러워할 만한 얼굴을 지닌 인물이다. 그리고 계절의 변화에 조응하여 핀 꽃이나 절기에 실시되는 행사의 중심에 있는 인물이다. 자연의 변화와 무관하게 고독한 화자와는 전혀 다른 세계에 있는 인물인 것이다.

4월령에 이르러 화자는 때를 아는 꾀꼬리에 견주어 오지 않는 녹사 임을 원망하고 나를 잊지는 않았을까 불안해한다. 그러면서도 5월 수릿날 아침에는 장존(長存)할 약을 바친다. 6월령에서 자신의 처지를 버려진 빗과 같은 신세로 인식하면서도 7

월 백종에는 임과 함께 할 수 있기를 다시 기원한다. 그러나 8월 추석도 9월 구중일도 임과 함께 하지 못했고, 그렇게 가을이 가고 세상이 얼어붙는 겨울이 다가온다. 겨울이 다가오면서 화자의 처지가 다시 얼어붙기 시작하는데, 10월과 11월에서 화자는 자신을 버려진 존재이자 불쌍한 처지로 인식하기에 이르고 12월에는 자신의 소망과 달리 엉뚱한 '손'이 자신을 선택하는 비극적인 상황까지 맞이하게 된다.

결국 임과의 합일은 성사되지 않았고, 그렇게 화자는 마음이 얼어붙은 상태로 다시 1월을 맞이한다. 자연의 리듬에 맞춰 달력이 다시 시작되듯이 화자 역시 다시 정월 노래를 부르게 된다. 그런 점에서 〈동동〉은 "계절 감각이나 세시풍속에 느끼는 연정의 칼렌다"(정병욱·이어령, 1977)라 할 수 있다. 달력처럼, 각 연[月]이 분절되어 있지만 열두 개의 연(聯)이 합쳐져야 노래가 완성되고 어느 연에서 시작해도 시작한 지점으로 돌아올 수 있다는 점에서 〈동동〉은 끝이 나지 않는 노래이자 결코 끝이 날 수 없는 이야기라고 할 수 있다.

엮어 읽기

자연의 시간 구획을 문학 형식으로 삼아

〈동동〉의 12월 노래는 1월 노래와 이어진다. 이는 12월 다음에 1월이 오고 겨울이 가면 다시 봄이 오는 것과도 같은 자연의 이치이다. 〈동동〉의 월령체 형식은 이처럼 우리가 경험하는 현실 세계의 시간적 질서 혹은 계절의 질서를 따르고 있다.

사실 〈동동〉처럼 자연의 시간 구획의 방식을 문학적 형식으로 도입한 노래들이 적지 않다. 계절을 시간 단위로 한 강호사시가류(▶252쪽 〈강호사시가〉 참고)의 작품이 있는가 하면, 월별로 세시풍속과 농촌에서 해야 할 일 등에 대해 노래하는 〈농가월령가〉(▶454쪽)는 물론이고, 다음과 같은 월령체 민요[혹은 달풀이 노래]도 존재한다.

정월에는 달떡범벅 이월에는 시래기범벅
삼월에는 쑥범벅 사월에는 수리치범벅

오월에는 느티범벅 유월에는 밀범벅
칠월에는 수수범벅 팔월에는 꿀떡범벅
구월에는 귀리범벅 시월에는 무시루범벅
동동짓달에는 동지범벅 섣달에는 흰떡범벅

정월부터 섣달에 이르기까지, 그 달에 나오는 농산물로 만들었거나 그 달의 세시풍속과 관련된 범벅을 나열하고 있다. 고려속요인 〈동동〉이나 가사 작품인 〈농가월령가〉에 비해 내용이 압축되어 있기는 하지만 범벅을 나열하는 단위가 달이며 열두 달을 다루고 있다는 점은 다르지 않다. 이 〈범벅 타령〉처럼 간단한 형식도 있지만, '정월이라 십오일에 망월하는 소년들아'로 1월령을 시작하여 부모의 은덕을 노래한다거나 남편을 잃은 여인의 자탄을 달별로 담는 등 월령체 민요의 내용은 다양하다.

사실 인간은 시간의 흐름에 따른 자연의 변화에 무심하거나 무관하게 살 수 없다. 평범한 사랑 노래로 보이는 〈동동〉은 계절에 따른 자연의 변화와 그러한 변화에 따른 인간의 시간 인식과 구획 방법, 나아가 자연의 변화에 대응하는 인간 심리 및 마음의 움직임에 대한 깊은 통찰이 전제되어 있는 노래이다. 〈동동〉은 변화하는 자연 속에서 살고 있는 인간 삶의 조건이 달라지지 않는 한, 끊임없이 다시 만들어질 수 있는 형식으로서의 보편성을 확보하고 있는 것이다. 오늘날에도 반복되는 시간의 질서와 그에 따른 구획을 문학의 형식으로 삼은 작품이 존재한다.

빨간 꽃 노란 꽃 꽃밭 가득 피어도
하얀 나비 꽃 나비 담장 위에 날아도
따스한 봄바람이 불고 또 불어도
미싱은 잘도 도네 돌아가네

흰 구름 솜구름 탐스러운 애기 구름
짧은 샤쓰 짧은 치마 뜨거운 여름

소금 땀 비지땀 흐르고 또 흘러도
미싱은 잘도 도네 돌아가네

저 하늘엔 별들이 밤새 빛나고

찬바람 소슬바람 산 너머 부는 바람
간밤에 편지 한 장 적어 실어 보내고
낙엽은 떨어지고 쌓이고 또 쌓여도
미싱은 잘도 도네 돌아가네

흰 눈이 온 세상에 소복소복 쌓이면
하얀 공장 하얀 불빛 새하얀 얼굴들
우리네 청춘이 저물고 저물도록
미싱은 잘도 도네 돌아가네

공장엔 작업등이 밤새 비추고

빨간 꽃 노란 꽃 꽃밭 가득 피어도
하얀 나비 꽃나비 담장 위에 날아도
따스한 봄바람이 불고 또 불어도
미싱은 잘도 도네 돌아가네
미싱은 잘도 도네 돌아가네

이 노래는 '노래를 찾는 사람들'이 부른 〈사계〉(문승현 작사·작곡)이다. 일 년을 계절에 따라 넷으로 구획하여 노래의 제목도 '사계'이다. 사계에 따라 바깥 풍경이 달라지지만, 그러한 계절의 변화에도 불구하고 변함없이 미싱만 돌리고 있는 여공들의 처지를 서정적인 음색으로 노래하였다. 계절에 따라 변하는 자연 세계나 바깥세상과는 달리, 여공들의 사계는 변함이 없다. 그리고 사계절 내내 미싱을 돌렸지만 다시 돌아온 봄에도 여공들은 미싱을 돌리고 또 돌려야 한다. 일정한 톤으로 되풀이되는 노래의 구절은 반복되는 노동의 현실을 보여줌과 동시에, 끊임없이 일을 해도 삶은 조금도 나아지지 않는 현실을 고발하고 비판하는 데 효과를 발휘한다.

계절과 달은 1년을 구획하는 단위이지만 동시에 꼬리에 꼬리를 물고 이어지며 반복되는 시간의 단위이기도 하다. 이러한 시간 구획 및 반복의 특성을 적극 살림으로써, 〈동동〉은 결코 끝이 날 수 없는 사랑의 서사를, 〈사계〉는 결코 끝이 날 수 없는 여공들의 삶의 서사를 노래하고 있다. 이로써 계절과 달 등 시간에 대한 의식이 시간의 질서 속에서 살아가는 인간의 노래에도 자연스럽게 스며들어 있음을 알 수 있다. 동시에 자연의 질서 안에서 시간을 구획하면서 살아가는 인간사의 본질 또한 확인할 수 있다.

참고문헌

김학성(1983), 「고려가요의 작자층과 수용자층」, 『한국학보』 31, 일지사.
박노준(1990), 『고려가요의 연구』, 새문사.
박병채(1968), 『고려가요의 어석 연구』, 선명문화사.
박혜숙(1987), 「동동의 임에 대한 일고찰」, 『국문학연구』 10, 효성여자대학교.
양주동(1947), 『여요전주』, 을유문화사.
정병욱·이어령(1977), 『고전의 바다』, 현암사.
최미정(1992) 「〈동동〉의 풀이와 짜임」, 백영정병욱선생10주기추모논문집간행위원회 편, 『한국고전시가작품론 1』, 집문당.
최진원(1981), 「동동고」, 『국문학과 자연』, 성균관대학교출판부.
허남춘(1994), 「동동의 송도성과 서정성 연구(1)」, 『도남학보』 14, 도남학회.
허남춘(1996a), 「동동의 송도성과 서정성 연구(2) — 자연관과 내용소를 중심으로」, 『도남학보』 15, 도남학회.
허남춘(1996b) 「〈동동〉의 예악사상」, 성균관대학교 인문과학연구소 편, 『고려가요 연구의 현황과 전망』, 집문당.

고려가요 04

정석가 鄭石歌

지은이 미상　**출처** 『악장가사』

딩아 돌하 當今당금에 계샹이다
딩아 돌하 當今당금에 계샹이다
先王聖代션왕셩ᄃᆡ예 노니ᄋᆞ와지이다

삭삭기 셰몰애 별헤 나ᄂᆞᆫ
삭삭기 셰몰애 별헤 나ᄂᆞᆫ
구은밤 닷되를 심고이다
그 바미 우미 도다 삭 나거시아
그 바미 우미 도다 삭 나거시아
有德유덕ᄒᆞ신 님믈 여ᄒᆡᄋᆞ와지이다

玉옥으로 蓮련ㅅ고즐 사교이다
玉옥으로 蓮련ㅅ고즐 사교이다
바회 우희 接柱졉듀ᄒᆞ요이다
그 고지 三同삼동이 퓌거시아
그 고지 三同삼동이 퓌거시아
有德유덕ᄒᆞ신 님 여ᄒᆡᄋᆞ와지이다

므쇠로 텰릭을 ᄆᆞᆯ아 나ᄂᆞᆫ
므쇠로 텰릭을 ᄆᆞᆯ아 나ᄂᆞᆫ

鐵絲텰ᄉᆞ로 주롬 바고이다
그 오시 다 헐어시아
그 오시 다 헐어시아
有德유덕ᄒᆞ신 님 여ᄒᆡᄋᆞ와지이다

므쇠로 한쇼를 디여다가
므쇠로 한쇼를 디어다가
鐵樹山텰슈산애 노호이다
그 ᄉᆈ 鐵草텰초를 머거아
그 ᄉᆈ 鐵草텰초를 머거아
有德유덕ᄒᆞ신 님 여ᄒᆡᄋᆞ와지이다

구스리 바회예 디신ᄃᆞᆯ
구스리 바회예 디신ᄃᆞᆯ
긴힛ᄃᆞᆫ 그츠리잇가
즈믄ᄒᆡ를 외오곰 녀신ᄃᆞᆯ
즈믄ᄒᆡ를 외오곰 녀신ᄃᆞᆯ
信신잇ᄃᆞᆫ 그츠리잇가

맥락

'정석'의 정체

〈정석가〉는 고려시대 궁중 속악의 가사로, 『시용향악보(時用鄕樂譜)』에 악곡과 함께 첫 장이, 『악장가사(樂章歌詞)』에 노랫말 전문이 실려 전한다. 창작 맥락이나 향유 방식 등에 대한 기록은 전하지 않는다. 오늘날에는 통상적으로 내용의 의미에 따라 여섯 연으로 구분하지만, 원문에는 장과 장 사이에 ○표를 넣어 모두 11장으로 구획되어 있다. 『시용향악보』 악곡에 맞춰 11장(章)으로 불렸음을 알 수 있다.

〈정석가〉의 제목은 "딩아 돌하 당금(當今)에 계샹이다"로 시작하는 첫 구에서 따온 것으로 보인다. 그러나 관련 기록을 찾지 못한 까닭에 '정석', 즉 '딩'과 '돌'의 정체에 대한 해석이 분분하다.

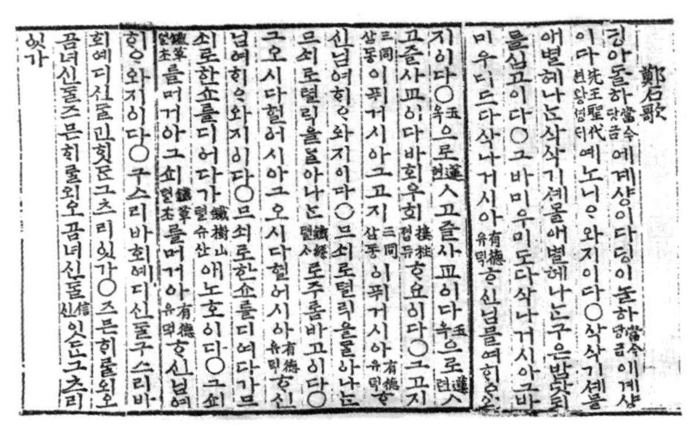
鄭石歌
딩아 돌하 當今(당금)에 계샹이다 딩아 돌하 當今(당금)에 계샹
이다 先王聖代(션왕셩ᄃᆡ)예 노니ᄋᆞ와지이다 ○ 삭삭기 셰몰
애 별헤 나ᄂᆞᆫ 삭삭기 셰몰애 별헤 나ᄂᆞᆫ 구은 밤 닷 되
를 심고이다 ○ 그 바미 우미 도다 삭나거시아 그 바
미 우미 도다 삭나거시아 有德(유덕)ᄒᆞ신 님믈 여ᄒᆡᄋᆞ와
지이다 ○ 玉(옥)으로 蓮(련)ㅅ 고ᄌᆞᆯ 사교이다 玉(옥)으로 蓮(련)ㅅ
고ᄌᆞᆯ 사교이다 바회 우희 接柱(졉듀)ᄒᆞ요이다 ○ 그 고지
三同(삼동)이 퓌거시아 그 고지 三同(삼동)이 퓌거시아 有德(유덕)ᄒᆞ
신 님 여ᄒᆡᄋᆞ와지이다 ○ 므쇠로 텰릭을 ᄆᆞᆯ아 나ᄂᆞᆫ
므쇠로 텰릭을 ᄆᆞᆯ아 나ᄂᆞᆫ 鐵絲(텰ᄉᆞ)로 주롬 바고이다 ○
그 오시 다 헐어시아 그 오시 다 헐어시아 有德(유덕)ᄒᆞ신
님 여ᄒᆡᄋᆞ와지이다 ○ 므쇠로 한쇼를 디여다가 므
쇠로 한쇼를 디여다가 鐵樹山(텰슈산)애 노호이다 ○ 그 쇠
鐵草(텰초)를 머거아 그 쇠 鐵草(텰초)를 머거아 有德(유덕)ᄒᆞ신 님 여
ᄒᆡᄋᆞ와지이다 ○ 구스리 바회예 디신ᄃᆞᆯ 구스리 바
회예 디신ᄃᆞᆯ 긴힛ᄃᆞᆫ 그츠리잇가 ○ 즈믄 ᄒᆡᄅᆞᆯ 외오
곰녀신ᄃᆞᆯ 즈믄 ᄒᆡᄅᆞᆯ 외오 곰녀신ᄃᆞᆯ 信(신) 잇ᄃᆞᆫ 그츠리
잇가

〈정석가〉 수록 부분 (『악장가사』)

일찍이 '정석'이 '딩'과 '돌'의 차자(借字)이고 '딩'과 '돌'은 징[鉦]과 경(磬)이라는 악기를 말하며 '딩-동'이 그 악기들의 의성음이라는 주장(양주동, 1947)이 나왔다. 한편 '딩'은 '정(鄭)'의 한자음에 대한 오기(誤記)로 '정석'이 사람의 이름이라고 본 견해(이형규, 2003)도 있었다. 또한 '딩'은 '디아[枝兒]'라는 상고 시대의 제의에서 유래한 말이라는 관점(지헌영, 1947)에 '돌'이 신성 내지 임금으로 규정될 수 있다는 주장(이명구, 1981)을 받아들여 '딩'과 '돌'을 제의와 관련된 어휘로 해석하는 견해(윤철중, 1996)가 제출되기도 하였다. 그런가 하면 북한에서는 '딩'을 '정(釘)'으로 보아 〈정석가〉를 석공(石工)이나 석공의 아내들이 지은 노동 관련 노래라고 해석(정홍교 외, 1986)하기도 하였다.

'딩'과 '돌'의 해석은 사실 단순한 자구 해독의 차원을 넘어서 작품 해석 및 노래의 성격 규정과도 연결된다. '딩'과 '돌'을 어떻게 해석하느냐에 따라 〈정석가〉는 평범한 궁중 연악의 가사로 해석될 수도 있고, 예악사상이나 제의와 관련된 노래로 해석될 수도 있으며, 심지어 민중들의 애환을 담은 노동 관련 노래로도 해석될 수 있다. 그러나 현재로서는 그러한 여러 해석의 타당성을 평가할 근거가 부족하며 '딩'과 '돌', 나아가 '정석'이 어떤 의미인지 정확하게 풀이할 길이 없다.

꼼꼼히 읽기

이별은 절대 불가

〈정석가〉는 내용상 6개의 연으로 나눌 수 있는데, 전체 연은 형식이나 내용에 따라 다시 세 부분으로 구분할 수 있다. 첫 부분은 '딩아 돌하'로 시작되는

1연으로, 송축의 의미를 드러낸 서사에 해당한다. 둘째 부분은 2~5연까지로 일종의 본사에 해당하며, 동일한 형식이 반복되고 있는 점이 특징이다. 마지막으로 결사에 해당하는 6연은 〈서경별곡〉에도 삽입되어 있는 이른바 〈구슬가〉로 이루어져 있다.

노래의 핵심이라고 할 수 있는 본사 네 연은 형식과 내용이 매우 흥미롭다. 각 연을 크게 두 부분으로 다시 나눌 수 있는데, 앞부분에서 어떤 조건을 제시한 후 뒷부분에서 그 조건이 충족되면 임과 이별하겠다고 말한다. 이러한 '조건-실행'의 구조는 언뜻 살피면 매우 논리적이고 합리적인 것처럼 보인다. 그러나 그 조건의 실현 가능성에 대해 따져보면, 이는 화자 자신의 의지를 드러내기 위한 일종의 수사임을 알 수 있다. 화자가 내세운 조건인즉, 현실 세계에서는 절대로 일어날 수 없는 일들이기 때문이다. 생밤도 아닌 구운 밤을, 좋은 토양도 아닌 모래밭에 심어 싹이 날 가능성이 있을 리 없고, 옥으로 만들어 바위에 붙인 꽃이 활짝 필 가능성 또한 있을 리 없으며, 무쇠로 지은 옷이 다 헐어지거나 무쇠 소가 철 풀을 다 먹어치울 가능성 또한 아예 없기 때문이다. 그러니 그러한 조건이 충족되어 화자가 임과 이별할 가능성 또한 없을 수밖에 없다.

살다보면 누구나 절대 하고 싶지 않거나 허락할 수 없는 일을 만나기 마련이다. 〈정석가〉의 화자는 바로 그런 상황에서 독특하면서도 세련된 방식으로 자신의 의사를 표현하고 있다. '불가능한 일이 일어난다면 자신도 불가한 일을 하겠다'는 조건문의 형식을 취한 '이중 부정 전략'이 바로 그것이다. 조건문의 형식을 사용하여 논리적으로 접근하는 듯한 느낌을 줄 뿐만 아니라, 조건부에 드러나는 발상의 기발함으로 시적 표현의 묘미까지 느끼게 한다. 사실 조건부에서 어떤 재미있는 상상을 하느냐와 호응부에서 어떤 어조를 선택하느냐에 따라 다양한 방식으로 자신의 의지를 표현할 수 있는데, 〈정석가〉의 화자는 조건부에서 절대 불가능한 상황을 천연덕스럽게 제시한 후 호응부에서 조건부가 충족되면 임과 이별하겠다며 짐짓 여유 있는 포즈를 취함으로써, 오히려 '이별 불가'라는 자신의 입장 내지 의지를 분명하게 선언하고 있다. 이 흥미롭고도 강력한 의사 표현 방식에는 이른바 '정석가식 발상' 혹은 '정석가식 표현'이라는 이름까지 붙여졌다.

엮어 읽기

이른바 정석가식 발상

'불가능한 일이 일어나면'이라는 조건부를 붙여 자신의 의사를 강하게 표현하는 방식, 즉 정석가식 발상과 표현은 오래전부터 널리 사용되었다. 멀리는 최치원이 우강(芋江)의 역참[驛程]에서 지은 시에도 "산이 평지가 되고 강물 말라 뭍이 되면 인간의 이별이 비로소 없어지려나[直得山平兼水渴 人間離別始應休]"라는 표현이 나오고, 〈정석가〉가 향유되었던 고려시대에도 〈오관산〉이라는 악부시(樂府詩)에 정석가식 발상이 나타난다. 『고려사』 악지에 따르면 문충이라는 사람이 경도에서 삼십 리나 떨어져 있는 오관산 밑에 살면서 모친을 극진하게 모셨다고 한다. 모친을 봉양하기 위하여 아침에 나갔다가 저녁에 돌아왔지만, 조석의 보살핌을 조금도 게을리하지 않았으며 그 모친이 늙은 것을 한탄하며 이 노래를 지었다고 한다. 이제현이 옮긴 악부시의 내용은 다음과 같다.

木頭雕作小唐鷄(목두조작소당계)	나무 끝에 조그만 닭을 조각하여
筯子拈來壁上捿(저자념래벽상서)	젓가락으로 집어다가 벽 위에 두네
此鳥膠膠報時節(차조교교보시절)	이 닭이 꼬끼오 하고 때를 알리면
慈顔始似日平西(자안시사일평서)	어머님 얼굴이 비로소 저물녘에 이르시리

나무로 조각한 닭이 운다면 어머님도 늙으실 것이라는 말인즉, 어머님은 늙을 수 없다는 선언이다. 화자는 그러한 현실 부정의 선언을 통해 어머님이 오래 사시기를 바라는 강렬한 소망을 표현하고 있다. 나무로 만든 닭이 운다거나 병풍 속에 있는 닭이 운다는 식의 발상은 〈오관산〉뿐만 아니라 조선시대 여러 시조 작품에서도 자주 등장한다. '병풍에 그린 황계 수탉이 두 나래 둥정치고 짧은 목을 빼어 긴 목을 에우리어' 등의 표현이 그 예가 된다. 이 외에 여러 시조 작품에서도 '돌 썩고 뫼 쓸리거든', '옥으로 말을 시켜', '바위를 정으로 깨뜨려 내어 털 돋게 하고 뿔 박아서' 등의 정석가식 발상을 어렵지 않게 찾아볼 수 있다.

이른바 정석가식 발상이나 표현이 비단 과거의 시가에서만 나타나는 것은 아니다. 다음과 같이 부산 기장면에 전해 내려오는 서사민요 〈애원애기 노래〉에서도 확인할 수 있다.

동솥에 앉힌 닭키 홰치거든 내 오거시
등판 밑에 흐른 물이 강 되거든 내 오거시
부뚜막에 흐른 밥 띠 싹 나거든 내 오거시
방에라꼬 들어서니 성주님이 막아서네
정지에라 들어서니 조왕님이 막아서네

이른바 '액운애기 노래'로도 불리는 노래인데, 인용한 부분은 저승사자가 데리러 오자 애원애기가 어린 자식을 남편에게 맡기고 저승으로 떠나는 대목이다. 애원애기가 동솥에 앉은 닭이 홰를 치면, 등판 밑에 흐르는 물이 강이 되면, 그리고 부뚜막에 흐른 밥물에 싹이 나면 돌아오겠다고 말한다. 조건부로 제시한 부분에 이른바 '정석가식 발상'이 나타나는데, 이별 불가를 선언했던 〈정석가〉의 화자와는 달리 애원애기는 돌아올 기약이 없음을 토로하고 있다. 인용한 대목의 뒤를 보면 애원애기는 가신(家神)들이 막아서지만 결국 돌아올 수 없는 길을 떠난다. 정석가식 발상이 〈정석가〉에서는 영원성을 꿈꾸는 화자의 강한 의지를 드러내는 데 기여하는 반면, 〈애원애기 노래〉에서는 죽음의 불가역성과 그로 인한 비극성을 강조하는 역할을 하고 있음을 알 수 있다. 이렇듯 내용의 차이는 있지만, 정석가식 발상이나 표현은 우리 문화에서 특이하거나 돌출된 현상이 아니다.

덧붙여, 불가능한 조건을 앞세워 자신의 의사를 표현하는 방식이 비단 시조나 민요 등 문학 작품에서만 나타나는 것도 아니다. '소금이 쉬랴', '볶은 콩에 싹이 날까(혹은 꽃이 필까)', '까마귀 학이 되랴', '나무 뚝배기 쇠양푼 될까', '삶은 닭이 울까', '돌에서 풀이 날까', '토끼 머리에 뿔 나면' 등 여러 속담이나 관용 표현으로 자리를 잡아 일상에서도 두루 사용되고 있다. 어쩌면 앞으로도 시대와 상황에 따라 정석가식 발상에 기초한 기발하고 다양한 표현들이 계속해서 만들어질 것이다. 자신의 의사를 강하게, 그러나 우회적으로 전달할 수 있는 효과적인 장치 혹은 조건부가 바로 정석가식 발상이자 표현이기 때문이다.

참고문헌

김승찬 외(1997),『기장군 문화유적과 기층문화』, 부산대학교 민족사연구소.
양주동(1947),『여요전주』, 을유문화사.
윤철중(1996),「〈정석가〉 고」, 성균관대학교 인문과학연구소 편,『고려가요 연구의 현황과 전망』, 집문당.
이규호(1984),「정석가식 표현과 시간의식」,『국어국문학』 92, 국어국문학회.
이명구(1981),「딩하돌하 당금에 계상이다」,『문학사상』 105, 문학사상사.
이형규(2003),『고가요주석』, 일조각.
정홍교 외(1986),『조선고대중세문학작품해설 2』, 과학백과사전출판사.
지헌영(1947),『향가여요신석』, 정음사.

고려가요 05

청산별곡 靑山別曲

지은이 미상　출처 『악장가사』

살어리 살어리랏다 靑山청산애 살어리랏다
멀위랑 ᄃᆞ래랑 먹고 靑山청산애 살어리랏다
얄리 얄리 얄랑셩 얄라리 얄라

우러라 우러라 새여 자고 니러 우러라 새여
널라와 시름 한 나도 자고 니러 우니로라
얄리 얄리 얄라셩 얄라리 얄라

가던 새 가던 새 본다 믈 아래 가던 새 본다
잉무든 장글란 가지고 믈 아래 가던 새 본다
얄리 얄리 얄라셩 얄라리 얄라

이링공 뎌링공 ᄒᆞ야 나즈란 디내와손뎌
오리도 가리도 업슨 바므란 ᄯᅩ 엇디 호리라
얄리 얄리 얄라셩 얄라리 얄라

어듸라 더디던 돌코 누리라 마치던 돌코
ᄆᆡ리도 괴리도 업시 마자셔 우니노라
얄리 얄리 얄라셩 얄라리 얄라

살어리 살어리랏다 바ᄅᆞ래 살어리랏다
ᄂᆞᄆᆞ자기 구조개랑 먹고 바ᄅᆞ래 살어리랏다
얄리 얄리 얄라셩 얄라리 얄라

가다가 가다가 드로라 에정지 가다가 드로라
사ᄉᆞ미 짒대예 올아셔 奚琴히금을 혀거를 드로라
얄리 얄리 얄라셩 얄라리 얄라

가다니 ᄇᆡ 브른 도긔 설진 강수를 비조라
조롱곳 누로기 ᄆᆡ와 잡ᄉᆞ와니 내 엇디 ᄒᆞ리잇고
얄리 얄리 얄라셩 얄라리 얄라

맥락과 쟁점

현실 공간인가, 피안의 공간인가

〈청산별곡〉은 『시용향악보』에 일부가, 『악장가사』에 전문이 실려 있다. 남효온(南孝溫)이 쓴 기행록인 『송경록(松京錄)』에는 그가 성종 16년(1485) 개성 유람 중에 〈청산별곡〉 첫 번째 곡의 연주를 들었다는 기록도 나온다.

세련된 짜임과 유려한 음악성을 이유로 지식인이 창작했을 것이라는 추정(정병욱, 1975)이 나오기도 했지만, 이 창작설을 뒷받침할 근거는 찾아보기 어렵다. '피안지향성'이라는 보편적인 주제를 다루고 있으며 분장체나 후렴구 등의 형식을 취하고 있다는 점을 고려하면, 〈청산별곡〉은 대부분의 고려가요 작품들처럼 민요에서 기원했거나 민요와 밀접하게 관련된 궁중의 노래였을 것으로 추정할 뿐이다.

〈청산별곡〉에 대한 해석은 청산과 바다를 어떻게 보는지에 따라 달라진다. 청산이나 바다를 낭만적인 피안(彼岸)의 공간으로 규정하면 〈청산별곡〉은 현실 도피 사상에 근거한 낭만적인 노래가 된다. 자연의 품에 안겨 현실의 비애를 잊고자 하는 노래이자 노장(老壯)의 출세간(出世間)적 사상과도 연결된다는 해석(서수생, 1963)이나, 현실의 혼탁에 물들지 않으려는 현실 도피 사상을 상상화한 노래라는 해석

〈청산별곡〉 수록 부분 (『악장가사』)

(전규태, 1976), 짝사랑의 비애를 노래하고 있다는 해석(양주동, 1947), 궁중 여인의 한과 고독이 담겨 있는 노래라는 해석(성현경, 1972) 등이 청산과 바다를 피안의 공간으로 규정한 견해들이다.

그러나 청산이나 바다를 현실 공간으로 설정하면 다소 다른 해석이 가능해진다. 일찍이 청산과 바다를 어떤 실패나 좌절로 인해 찾아 나선 또 다른 현실 공간으로 설정하는 견해(김형규, 1967)가 제출되었고, 청산과 바다를 유랑하는 백성들이 발을 붙이고 살아보고자 했던 현실 공간으로 설정함으로써 〈청산별곡〉을 유랑하는 백성들의 생활고를 담은 노래라고 보는 견해(신동욱, 1982)가 있었는가 하면, 대몽항쟁기 '사민산성해도(徙民山城海島)' 정책에 따라 고려인들이 산[청산]과 바다로 삶의 터전을 옮겨야 했던 역사적 현실에 주목하여 〈청산별곡〉을 '매우 심각한 유랑의 노래'로 보는 견해(박노준, 1990)까지 제시되었다.

그런가 하면 신화적 접근 방법에 따라 청산을 신화적 공간과 대비되는 자연 공간 혹은 현실 공간으로 설정한 연구(김복희, 1986)도 있다. 이 경우 〈청산별곡〉은 자연 공간에서 증폭되는 부정적인 감정을 신화적으로 해결한 노래가 된다.

꼼꼼히 읽기

길 위의 인생

〈청산별곡〉의 첫 연은 화자가 청산에 살고 싶다는 소망을 표현하는 것으로 시작한다. 피안을 청산이라는 선명한 이미지로, 그곳에서의 소박한 삶을 머루랑 다래를 먹는 삶으로 구체화하고 있다. 그런데 청산을 꿈꾸던 화자가 그다음 연들에서는 실제적이고 심리적인 어려움에 처한 사람으로 등장한다. 2연에서는 매일 일어나 우는 새보다도 더 많은 시름이 있는 사람으로, 3연에서는 이끼 낀 쟁기를 가지고 갈던 이랑을 멀리서 바라보는 사람으로, 4연에서는 이렇게 저렇게 낮은 견디지만 올 사람도 없고 갈 사람도 없는 밤을 두려워하는 사람으로, 급기야 5연에서는 누가 던졌는지도 모르는 돌에 맞아 우는 사람으로 등장한다. 이끼 낀 쟁기를 가지고 전에 갈던 이랑을 본다는 표현에서, 시간의 경과는 물론이고 청산을 꿈꾸던 화자가 지금은 산 속 어딘가로 이동해 왔음을 짐작할 수 있다.

그런데 이렇게 와서 정착한 곳이 또 다른 고통의 장소가 되었고, 화자는 다시 다른 피안을 꿈꾼다. 6연에서 화자는 "ᄂᆞᄆᆞ자기", "구조개"를 먹으며 바다에서 살고 싶다고 말한다. 청산에 살고 싶다고 했던 연의 형식 및 구조가 다시 반복됨으로써 〈청산별곡〉의 모든 연이 하나의 이야기 구조로 통합된다. 사실 이러한 반복은 유사성을 통해 작품을 하나로 묶어주는 동시에 다른 부분의 내용 자체에 주목하게 하는 효과가 있다. 또한 이러한 반복 형식은 의미의 확장을 가져온다. 청산에 살고 싶다는 화자의 피안지향성이 단순한 현실 도피를 넘어서 인간 실존에 중요한 성향임을 분명하게 드러낼 뿐 아니라, 화자를 '계속' 떠나고 정착하고 다시 떠나도록 하는 심각한 충동임을 알려준다.

화자가 바닷가 어느 마을에 도착했는지 도착하지 못했는지는 확인할 길이 없다. 바다로 구체화된 장소에 도착했으나 정착하지 못하고 다시 떠났을 수도 있고, 아직도 바다라는 피안을 찾아가는 길 위에 있을 수도 있다. 그러나 마지막 두 연을 보면 청산과 바다를 꿈꾸었던 화자가 지금도 여전히 길 위에 있다는 사실은 명확하다.

7연에는 '가다가'가 세 번이나 나온다. 가다가 가다가 '에정지'에 도착했고 그곳에서 사슴이 해금을 켜는 장면을 목격하게 된다. 이 장면은 신화적으로 해석(김복희, 1986)할 수도 있고, 산대희(山臺戲)가 연행되는 장면으로 해석(김완진, 2000)할 수도 있으며, 다른 해석도 얼마든지 가능하다. 중요한 것은 화자가 그 신기한 장면을 목격하고서도 여정을 멈추지 않았다는 것이다. 잠시 시선을 빼앗기기는 하지만 화자는 다시 길을 떠난다. 화자는 '가다가' 마지막 연에 이르러 술 빚는 장소에까지 오게 된다. 그곳에서 화자는 누룩의 유혹을 피하지 못하고 "내 엇디 ᄒᆞ리잇고"라고 체념하며 눌러 앉는다. 혹자는 이 구절을 "여기에 머물겠다는 체념의 뜻이 아니라 더 이상 갈 곳 없음을 확인한 데서 오는 비명(悲鳴)"(최미정, 1991)이라고 보기도 하였다. 그러나 길 위의 이 공간이 사슴이 짐대에 올라 해금을 켜는 것을 볼 수도 있고 누룩의 유혹도 있는, 상대적으로 긍정적인 장소로 그려진다는 점에서 "내 엇디 ᄒᆞ리잇고"를 비명으로 보기는 어렵다. 그리고 늘 피안을 향해 이동해 온 화자가 잠시 시선을 주고 일시적으로 위안을 받는, 그러한 장면에서 나온 말이라는 데에도 주목해야 한다. 인생의 비극적 본질을 간파한 화자가 잠시나마 자신의 존재마저 망각하게 해주는 '술'로 그 비극을 극복하려는 것은 아닐까 싶다.

그런데 더 중요한 점은 사슴이 해금을 켜는 장면이나 누룩 모두 화자가 '가다가' 길 위에서 만난 사건들이고 '가다가' 잠시 멈춘 상황에서 〈청산별곡〉이 끝났다는 점이다. 노래에서 '살다'라는 동사가 확장·반복되고 있는 것을 보면 화자의 정착과 머무름에 대한 갈망을 쉽게 확인할 수 있다. 그러나 이동을 나타내는 '가다'라는 단어가 작품 말미에 집중적으로 등장하는 것을 볼 때, 화자는 아직도 길 위에 있는 것으로 보인다. 사실 고려속요 중에서 〈청산별곡〉처럼 정착과 이동의 문제와 관련된 노래(최미정, 1991)는 찾아보기 어렵다. 떠나고 정착하고 다시 떠나는 것이 인간의 삶이라는 점에서 보면 〈청산별곡〉은 어쩌면 유목민(遊牧民), 즉 노마드(nomad)로서의 우리 삶의 본질에 맞닿아 있는 노래(염은열, 2013)일 수 있다. 늘 길 위에 있는 인간의 원초적인 비애와 방황, 그리고 다시 어딘가로 향하는 끝없는 추구를 비유적으로 형상화함으로써 수많은 사람들에게 사랑을 받았던 것은 아닐까 한다.

엮어 읽기

청산, 영원한 피안을 꿈꾸다

청산은 시가, 특히 강호가도를 표방하거나 자연에서의 삶을 노래한 시조 작품에서 두루 나타나는 소재이다. 실제 존재하는 어떤 산을 지시하기보다는 관념 속에 존재하는 이상적인 자연을 지시하는 것이 일반적이며, 이황(李滉)의 〈도산십이곡(陶山十二曲)〉(▶275쪽)에서는 청산이 일종의 도체(道體)로, 즉 '변치 않음'의 품성을 지닌 자연물로 나온다.

그런데 『삼가악부(三家樂府)』에 실려 있는 다음 시조에 나오는 '청산'은 조금 다른 의미를 지닌다.

나비야 청산 가자 범나비 너도 가자
가다가 저물거든 꽃에 들어 자고 가자
꽃에서 푸대접하거든 잎에서나 자고 가자

『청구영언(青丘永言)』에도 전하고 신위(申緯)의 『소악부(小樂府)』에도 한역되어 전하는 시조이다. 여기서 화자가 가고자 하는 청산은 앞산이나 뒷산이 아니라 가다가 잠도 자야 하는 먼 곳이자 나비, 범나비와 함께 가고픈 장소로 그려진다. 배워야 할 도덕적 품성을 지닌 자연이 아니라, 가고 싶고 가기를 꿈꾸는 이상향에 가깝다. 그런 점에서 〈청산별곡〉의 청산과 통하는 면이 있다.

〈청산별곡〉이 많은 사람들에게 유달리 호소하는 바가 큰 까닭은 우리 마음속에 있는 꿈을 건드려주기 때문인데, 그 꿈이 바로 피안지향성이며 피안지향성은 우리 인간이 원형질처럼 가지고 있는 것이면서 인간 존재의 본질에 입각해 있는 욕망이다(김대행, 1992, 1996). 〈청산별곡〉의 청산은 물론이고 위 시조의 화자가 나비, 범나비에게 함께 가자고 한 청산, 김소월의 〈엄마야 누나야〉에서 화자가 엄마와 누나에게 함께 살자고 한 강변이 바로 그 피안이다. 이러한 피안에 대한 지향은 우리나라 노래에서만 나타나는 것도 아니다.

윌리엄 버틀러 예이츠(William Butler Yeats)의 시 〈이니스프리의 호도(The Lake Isle of Innisfree)〉(이철희 역)를 살펴보자.

나 일어나 이제 가리, 이니스프리로 가리.
거기에 흙벽돌과 욋가지 엮어 오두막 짓고
거기에 아홉 줄의 콩이랑 만들고, 꿀벌도 치고
벌이 윙윙거리는 오솔길에서 홀로 살리라.

그리고 나는 거기서 얼마쯤 평화를 누리리라. 평화가 서서히
아침의 베일에서 귀뚜라미 노래하는 곳까지 내려오며
한밤중엔 온통 반짝이는 빛, 정오엔 자줏빛 이글거림

저녁에 홍방울새의 날갯짓으로 가득한

나 일어나 이제 가리, 밤 낮 항상
나는 호숫물이 해안가 낮은 소리로 찰싹이는 소리 들으리.
차도에 있든지 회색 인도에 있든지
나는 가슴속 깊게 그 소리를 들을 것이다.

화자는 일어나 이제 이니스프리로 가겠다고 말한다. 그리고 거기에 작은 오두막을 짓고 아홉 이랑의 콩과 한 통의 벌을 기르며 살고 싶다고, 이니스프리의 아름다운 빛과 깊은 소리가 느껴지는 듯하다고 노래하고 있다. 〈청산별곡〉의 화자가 청산 혹은 바다에 있지 않기 때문에 피안으로서의 청산과 바다를 꿈꾸는 것처럼, 〈이니스프리의 호도〉의 화자 역시 이니스프리에 있지 않기 때문에 피안인 이니스프리를 꿈꾸고 있다.

이니스프리는 실재하는 섬이다. 아일랜드 작가인 예이츠로 인해 더 널리 알려진, 아일랜드에 있는 호수 안에 자리한 아주 작은 섬이다. 그러나 〈청산별곡〉의 청산이나 바다처럼 이 시에서의 이니스프리 역시 현실적인 장소라기보다는 낭만적인 공간, 화자의 바람이 투영된 관념적인 공간으로 보아야 한다. 김소월의 〈엄마야 누나야〉에 나오는 강변이 금모래가 반짝이고 갈잎의 노래가 들리는 낭만적이기만 한 장소가 아니듯이, 이니스프리 역시 아름답기만 한 장소가 아니라 불편함과 부족함 또한 존재하는 장소일 것이다. 그런 점에서 청산과 바다가 길 위에 서 있는 고단한 화자에게 피안의 공간인 것처럼, 이니스프리 역시 자연을 떠난 사람이나 지친 도시인을 위로해줄 이상적인 피안의 공간이라고 볼 수 있다.

사실 피안지향성은 늘 '저쪽'을 향하며 '저쪽'에 관심이 있는 인간의 보편적인 동경이자 지향이다. '나'가 아닌 '남'을, '이곳'이 아닌 '저곳'을 늘 의식하고 살피는 인간의 특성과 관련된다. "남의 떡이 더 커 보인다."라는 속담이 있듯이 남의 것이 더 좋아 보이고 지금 여기보다 저기가 더 나아 보이는 경험을 하지 않은 사람은 없을 것이다. 이러한 인간 보편의 감정과 동경이 만들어낸 이상적인 공간이 바로 청산이고 바다이며, 강변이고 이니스프리이다. 동서양을 막론하고 인간은 피안을 지향함으로써, 즉 청산이나 바다, 강변, 이니스프리에서의 삶을 상상함으로써, 현실세계에서의 불만과 결핍, 고통을 해소하고 위로를 받았다. 이처럼 꿈과 동경을 형상화하여 위로와 즐거움을 주는 것은 문학의 중요한 기능 중의 하나이다.

참고문헌

김대행(1992), 『문학이란 무엇인가』, 문학사상사.
김대행(1996), 「고려시가의 문학적 성격」, 성균관대학교 인문과학연구소 편, 『고려가요 연구의 현황과 전망』, 집문당.
김복희(1986), 「청산별곡의 신화적 의미」, 김대행 외, 『고려시가의 정서』, 개문사.
김완진(2000), 『향가와 고려속요』, 서울대학교출판부.
김형규(1967), 『고가요 주석』, 일조각.
박노준(1990), 『고려가요의 연구』, 새문사.
서수생(1963) 「청산별곡소고」, 『경북사대 연구지』 1, 경북대학교 사범대학.
성현경(1972), 「청산별곡 고」, 『국어국문학』 58-60, 국어국문학회.
신동욱(1982), 「청산별곡과 평민적 삶 의식」, 『고려시대의 가요와 문학』, 새문사.
양주동(1947), 『여요전주』, 을유문화사.
염은열(2013), 『공감의 미학 고려속요를 말하다』, 역락.
전규태(1979), 『고려가요』, 정음사.
정병욱(1976), 『한국고전시가론』, 신구문화사.
최미정(1991), 『고려속요의 수용사적 연구』, 서울대학교 박사학위논문.

고려가요 06

서경별곡 西京別曲

지은이 미상 **출처** 『악장가사』

西京[서경]이 아즐가
西京[서경]이 셔울히 마르는
위 두어렁셩 두어렁셩 다링디리
닷곤ᄃᆡ 아즐가
닷곤ᄃᆡ 쇼셩경 고외마른
위 두어렁셩 두어렁셩 다링디리
여ᄒᆡ므론 아즐가
여ᄒᆡ므논 질삼뵈 ᄇᆞ리시고
위 두어렁셩 두어렁셩 다링디리
괴시란ᄃᆡ 아즐가
괴시란ᄃᆡ 우러곰 좃니노이다
위 두어렁셩 두어렁셩 다링디리

구스리 아즐가
구스리 바회예 디신ᄃᆞᆯ
위 두어렁셩 두어렁셩 다링디리
긴히ᄯᆞᆫ 아즐가
긴힛ᄯᆞᆫ 그츠리잇가 나ᄂᆞᆫ
위 두어렁셩 두어렁셩 다링디리
즈믄 ᄒᆡ를 아즐가

즈믄 ᄒᆡ를 외오곰 녀신ᄃᆞᆯ
위 두어렁셩 두어렁셩 다링디리
信신잇ᄃᆞᆫ 아즐가
信신잇ᄃᆞᆫ 그츠리잇가 나ᄂᆞᆫ
위 두어렁셩 두어렁셩 다링디리

大同江대동강 아즐가
大同江대동강 너븐디 몰라셔
위 두어렁셩 두어렁셩 다링디리
ᄇᆡ 내여 아즐가
ᄇᆡ 내여 노ᄒᆞᆫ다 샤공아
위 두어렁셩 두어렁셩 다링디리
네 가시 아즐가
네 가시 럼난디 몰라셔
위 두어렁셩 두어렁셩 다링디리
녈 ᄇᆡ예 아즐가
녈 ᄇᆡ예 연즌다 샤공아
위 두어렁셩 두어렁셩 다링디리
大同江대동강 아즐가
大同江대동강 건넌편 고즐여
위 두어렁셩 두어렁셩 다링디리
ᄇᆡ 타들면 아즐가
ᄇᆡ 타들면 것고리이다 나ᄂᆞᆫ
위 두어렁셩 두어렁셩 다링디리

맥락

인기 가요, 남녀상열지사

〈서경별곡〉은 『시용향악보』에 악곡과 함께 첫 연이, 『악장가사』에 가사 전체가 실려 있다. 일명 〈구슬가〉라고 불리는 두 번째 연은 고려속요 〈정석가〉의 여섯 번째 연과 같은 내용이고, 이제현의 『익재난고』 소악부 9편 중 여덟 번째 작품으로도 실려 있다.

이제현의 소악부로 기록된 노래는 다음과 같다.

縱然巖石落珠璣(종연암석낙주기)	바윗돌에 구슬이 떨어져 깨지긴 해도
纓縷固應無斷時(영루고응무단시)	꿰맨 실만은 끊어지지 않으리라
與郎千載相離別(여랑천재상이별)	임과 천추의 이별을 하였으나
一點丹心何改移(일점단심하개이)	한 점 단심이야 변함이 있으랴

'소악부'란 민간의 노래를 한역한 시를 일컫는다는 점에서, 일명 〈구슬가〉가 민간의 노래였음을 알 수 있다. 뿐만 아니라 이 노래가 〈정석가〉에도 삽입된 것을 보면, 민간의 여러 노래들이 궁중 속악의 가사로 선택·재구성되어 고려 궁중에서 불려진 정황을 짐작할 수 있다(▶ 149쪽 〈정석가〉 참고). 고려 궁중 속악의 가사였던 〈서경별곡〉은 조선조에 이르러서도 인기 있는 노래였던 모양이다. 『성종실록』(성종 19년 4월 4일)에는 다음과 같이 기록되어 있다.

> "종묘악(宗廟樂)의 보태평(保太平)·정대업(定大業)과 같은 것은 좋지만 그 나머지 속악(俗樂)의 서경별곡(西京別曲)과 같은 것은 남녀(男女)가 서로 좋아하는 가사(歌詞)이니, 매우 불가(不可)하다. 악보(樂譜)는 갑자기 고칠 수 없으니, 곡조(曲調)에 의하여 따로 가사(歌詞)를 짓는 것이 어떻겠는가? 그것을 예조(禮曹)에 묻도록 하라."

성종은 〈서경별곡〉을 남녀상열지사로 규정하고 〈서경별곡〉이 궁중 음악의 가사로는 적절하지 않다고 지적하면서 가사를 새로 짓는 방안에 대해 의론하라는 명을 내린다. 속악 가사에 대한 부정적인 평가가 집중적으로 등장한 시기가 바로 성종과 중종 때인데, 이때 〈서경별곡〉이 남녀상열지사로 배척되었음을 알 수 있다. 그러나 성종의 명에도 불구하고 〈서경별곡〉은 여전히 연행되었던 것으로 보인다. 사실 조선 초까지만 해도 남녀 간의 자연스런 감정이나 성정을 표현하는 것은 『시경』의 전통을 잇는 것으로 전혀 문제가 되지 않았다. 나라가 바뀌었음에도 상당수의 남녀상열지사가 조선의 궁중 음악 가사로 채택되어 연행될 수 있었던 것은 그 때문이다. 남녀상열지사라거나 음사라는 말은 엄격한 도학 국가를 꿈꾸었던 조선 중기에 등장한 평가어였다. 악부시나 다른 고려속요 작품에서도 〈서경별곡〉의 한 부분이 등장한다는 점과 조선 중기에 왕이 가사를 바꾸라고 명을 내린 정황은 오히려 〈서경별곡〉이 고려시대는 물론이고 조선 중기까지도 인기 있는 노래였다는 사실을 보여준다.

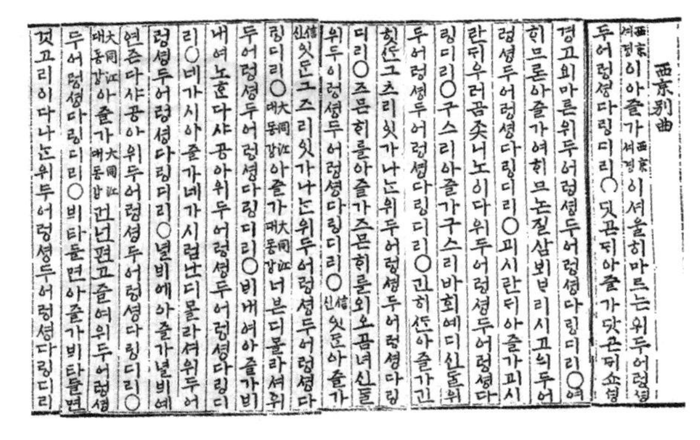

〈서경별곡〉 수록 부분 (『악장가사』)

쟁점 셋이 모여 하나 된 노래

『고려사』 악지 '속악'조에 〈서경〉과 〈대동강〉 노래에 대한 언급이 있어, 이 두 노래와 〈서경별곡〉과의 관련성이 일찍부터 제기되었다. 이러한 논의는 "서경과 대동강에 관한 4구체 민요의 원사가 있었고 여기에 당시의 유행구였던 2연 부분을 합해서, 새로 들어온 가락에 맞추어 연마다 후렴을 붙여 세 노래로 합가 조절한 것"(전택규, 1975)이라는 견해로 발전하였다. 그러나 현재로서는 어떤 노래가 어떤 계기로 어떻게 합쳐져 현재의 〈서경별곡〉이 되었는지 확인할 길이 없다.

『고려사』 악지에 소개된 두 노래와의 관련성을 입증하기는 어렵지만, 〈서경별곡〉이 '이별'과 관련하여 항간에 유행하던 노래들을 묶어 편집한 작품일 것이라는 추정(김학성, 1980; 박노준, 1990; 유효석, 1996)은 설득력을 얻고 있다. 〈서경별곡〉이라는 제목으로 묶여 있기는 하지만 세 연에 등장하는 화자의 성격과 어조가 각각 다를 뿐만 아니라 각 연의 형식마저 12줄과 18줄 등 다른 양상을 보인다는 점이 독립적인 세 편의 노래들을 엮어 만든 합가일 것이라는 추정을 뒷받침한다. 당시 유행하던 노래, 일명 〈구슬가〉가 삽입되었다는 점 역시 합가일 가능성을 뒷받침한다.

세 연의 독립성으로 인해 〈서경별곡〉은 작품으로서의 일관성, 유기성, 통일성이 부족하다는 평가를 받기도 한다. 그러나 이러한 평가는 오늘날의 문학관, 구체적으로는 시를 '잘 빚은 항아리(the well wrought urn)'로 규정하는 관점에 따라 〈서경별곡〉을 평가한 결과이다. 구술 문화의 전통 내에서 다시 읽어보면 〈서경별곡〉은 '나름의' 유기성과 완결성을 갖춘 노래일 수 있다. 사랑에 빠졌거나 이별을 당한 화자의 복잡한 태도와 마음을 다성적(多聲的) 목소리를 통해 오히려 실감나게 표현한 노래였기에, 고려와 조선의 궁중에서 하나의 주제의식을 가진 한 편의 노래로 연행되었다고 볼 수 있는 것이다. 사랑이나 이별에 맞닥뜨린 사람에게 일관성 있는 행동이나 논리적인 대응을 기대하는 것은 어렵다. 벅찬 기쁨이나 절망감에 휩싸여 있다 보면 하루에도 여러 번 마음이 바뀌고 예상치 않은 행동을 하거나 일관되지 않은 태도를 보이곤 한다. 행복한 마음이 금방 불안감으로 바뀌고 절대 이별할 수 없다는 다짐을 하게 되는가 하면 누군가에 대한 괜한 화풀이로 이어질 수도 있는 것이다. 그런 점에서 〈서경별곡〉의 일관성 없는 어조나 형식은 오히려 사랑과 이별에 처한 여성의 여러 가지 목소리 혹은 다면적인 내면 풍경을 사실적으로 그려내는 데 기여한 면(염은열, 2008, 2013)이 없지 않다. 결론적으로 말하면 〈서경별곡〉은 사랑과 이별에 대한 복잡한 심사를 표현한 한 편의 노래라고 하겠다.

꼼꼼히 읽기

서경에서 임을 보내며

평양은 고도(古都)로 일찍이 군사상 중요한 지역이었지만 고려 초 평양 유수경(留守京)을 설치하고 서경으로 승격하면서 개경에 버금가는 도시로 성장하게 된다. 묘청의 난(1135) 이후 초기의 번영과 영광을 되찾지 못하고 쇠퇴의 길을 걷기 시작하지만, 그럼에도 불구하고 서경은 고려를 거쳐 조선에 이르기까지 사람들에게 역사와 문화, 풍류의 장소로서 기억되었다.

특히 '서경'은 수도인 개경 양반들의 놀이처이자 휴식처로 부각되었다. 〈서경별곡〉은 이러한 고려의 도시, 서경을 배경으로 하는 노래이다. 옛 백제의 특정 장소를 배경으로 삼고 있는 〈정읍사〉 등 삼국에서 유래한 여러 속악 가사들과 더불어 고려속요의 장소성을 강하게 보여주는 노래가 바로 〈서경별곡〉이다.

사실 서경은 개경에서 이틀 안에 당도할 수 있는, 그리 멀지 않은 고려의 도시이지만 별서(別墅)를 두기에는 다소 먼 지역이었다. 그러나 서울 인근 지역, 즉 근기(近畿)와 근기의 바깥을 구분하는 중세적 관념에 따르면 서경, 즉 평양은 근기 바깥에 있는 특별한 장소, 대동강 등 천혜의 자연이 있고 뱃놀이가 있고 기생이 있으며 온갖 문화가 있는 장소였다.

〈서경별곡〉의 화자는 그런 독특한 장소성을 지닌 서경에 살고 있는 여성이다. 그래서 1연에서 화자는 "셔경이 셔울히 마르는"이라는 말로 시작한다. 그리고 "닷곤ᄃᆡ 쇼셩경"이라는 말까지 덧붙인다. 새로 닦은, 새롭게 뜨고 있는 서경이라는 도시에 대한 자긍심을 드러낸 대목이다. 화자는 그곳 서경에서 길쌈을 하는 여인이다. 서경이라는 신도(新都)에서 나름대로 뿌리를 내리고 살아가는 여인이라는 추정이 가능하다.

그런데 그런 화자가 임이 떠난다고 하면 서경도 길쌈 베도 다 버리고 임을 따라 나서겠다고 말한다. 임이 없는 서경, 임이 없는 안정된 삶은 아무런 의미가 없다고 선언하는 것이다. 여기까지는 가정법을 사용하고 있어서 임이 떠난 상황인지 아직 떠나지 않은 상황인지 특정할 수 없다. 그러나 이별을 상상하거나 이별의 조짐을 감지함으로써 내면에 불안이 자리하게 되었음은 분명하게 확인할 수 있다.

2연에서 화자는 이 불안을 잠재우기 위해 구슬이 깨진다고 하더라도 실이 끊어지지 않듯이 이별을 한다 하더라도 믿음은 변하지 않을 것이라며, 믿음이 변하지 않으면 된다고 다짐한다. 그러나 불안은 현실이 되고 만다. 3연을 보면 임이 대동강을 건너 서경 바깥으로 떠나버렸음을 알 수 있다. 대동강은 서경과 서경 바깥 세계를 연결하는 통로이자 둘을 가르는 경계이다. 대동강이 임과의 이별을 돌이킬 수 없는 사건으로 만들어버리고 화자는 대동강 앞에서 떠나는 임을 무기력하게 바라볼 수밖에 없다. 자부심을 갖게 했던 서경이라는 장소에 화자가 오히려 갇히게 된 것이다.

넓은 대동강을 앞에 두고 화자의 의식 공간이 확대되고, 그 공간의 폭 만큼 절망감에 빠진 화자는 참았던 감정을 표출하게 된다. 아무 잘못이 없는 사공에게 괜한 화를 내는 것이다. 그러나 화를 낸다고 해서 상황이 달라질 리는 없다. 결국 화자는 임이 자신을 잊고 말 것이라는 자탄의 말을 내뱉게 된다. 〈정읍사〉(▶124쪽)의 화자처럼 〈서경별곡〉의 화자 역시 서경에 갇힌 여성이고 임의 떠남을 인정하고 받아들일 수밖에 없는 존재이다. 〈정읍사〉의 화자가 "내 가논 딕 졈그룰셰라"라고 의구심을 드러낸 것처럼, 〈서경별곡〉의 화자 역시 임이 대동강을 건너면 '건너편 꽃을 꺾을 것'이라는 불안한 추측으로 노래를 끝맺는다. 그러나 임이 떠난 사실을 인정하기 시작했다는 점에서 〈서경별곡〉의 화자는 이제 떠남의 상처를 극복하는 새로운 국면에 진입하게 된다.

결국 〈서경별곡〉은 서경에 갇힌 여성의 사랑과 이별을 노래한 작품이라고 할 수 있다. 이러한 〈서경별곡〉은 개경에 거주하는 왕과 신하들에게 대동강에서의 무수한 이별을 떠올려주는 노래이자, 길쌈하는 여성이 있고 그 여성과의 사랑이 가능한 낭만적인 장소를 떠올려주는 노래로 사랑받았을 것이다.

엮어 읽기

이별 장소의 변천사

산이 높아 못 오시나 물이 많아[강이 막혀] 못 오시나. 유행가 가사는 물론이고 타령이나 시조 작품 등에 흔히 나타나는 표현이다. 사실 큰 강이나 산은 두 지역을 가르고 경계를 나누는 대표적인 자연물이다. 다리가 놓이지 않은 너른 강이나 접근을 허용하지 않는 우뚝 솟은 산은 두 지역을 나누는 물리적 장애물을 넘어, 사람들에게 심리적 장벽 내지 상상의 경계로 작동하기도 하였다. 두 지역에 접해 두 지역을 '가르면서도 이어주는' 독특한 공간성으로 인해 강이나 산은 다른 세계로 가기 위한 통과의례의 장소 또는 이승과 저승을 가르는 경계 등 상징적·문화적 의미를 지니곤 한다. 그래서 옛 노래나 이야기에서 큰 강이나 높은 산은 단순한 배경 이상의 의미를 지니는 경우가 적지 않다.

〈공무도하가〉(▶16쪽)에는 큰 강을 뜻하는 '하(河)'가 세 번이나 등장한다. 물, 즉 강(江)이 이별의 장소이자 죽음의 장소로 등장하고 있다. 임이 강에 빠짐으로서 임과 나의 인연이 끊어지고 임과 나는 저승과 이승이라는 다른 세계에 속한 사람이 된다.

〈서경별곡〉의 대동강 역시 이별의 장소로 같은 기능을 한다. 잘 알려진 동시대 한시인 〈송인〉에도 대동강이 이별의 장소로 등장한다.

雨歇長堤草色多(우헐장제초색다)	비 갠 언덕에 풀빛이 푸른데
送君南浦動悲歌(송군남포동비가)	임 보내는 남포에서 슬픈 노래 부르네
大同江水何時盡(대동강수하시진)	대동강 물은 언제나 다할 것인가
別淚年年添綠波(별루년년첨록파)	해마다 이별 눈물 푸른 물결에 더 보태니

임은 대동강 저편으로 떠나고 화자인 '나'는 대동강 이편의 남포에서 슬픈 노래를 부른다. 대동강에 해마다 이별 눈물이 더해진다고 한 것을 보면 대동강이 많은 이들에게 이별의 장소였음을 알 수 있다. 사실 평양의 대동강뿐만 아니라 한양의 한강, 중부의 금강 등 지역의 큰 강은 조선시대까지만 해도 이별과 떠남의 비극성을 강조하는 단골 장소였다. 부임지로 떠나는 경사스런 경우에도 강에서 가족이나 친구들의 환송을 받았고, 전라도 먼 섬으로 유배를 갈 때도 강에서 가족들과 눈물로 작별을 했으며, 부임지에서의 인연을 끊어내는 이별의 장소 역시 강이었다.

그러나 강에 다리가 놓이기 시작하고 인간이 강을 통제하기 시작하면서, 강은 더 이상 이별의 비극성을 드러내는 장소가 되지 못했다. 이편의 경계가 다리 너머 저편으로까지 확장되었기 때문이다. 전국의 거의 모든 강에 다리가 놓여 육로로 이동이 가능해진 이후, 유행가 가사에서 이별의 장소로 새롭게 부각된 곳은 '바다'이다. 마도로스의 사랑이나 부두에서의 이별 등 바다가 나오는 노래가 대거 등장하였다. 바다라는 거대한 장애물에 가로막혀 다시 만날 기약을 두기 어려운 상황이 되면서 임과 나의 이별은 더욱 비극적인 것이 된다. 화자는 그저 바다가 육지였으면 좋겠다는 소망의 말을 던지는 것으로 스스로를 위로할 수밖에 없다. 〈목포의 눈물〉이나 〈돌아와요 부산항에〉 등의 대중가요가 공감을 얻은 이유도 이와 무관하지 않다.

그러나 오늘날의 독자들에게는 바다 역시 더 이상 비극적인 이별의 장소가 되지 못한다. 비행기가 등장하면서 바다에서의 이별 상황 자체가 현실성(reality)을 상실한 탓이다. 드라마나 영화를 보면 주인공이 공항에서 낯설고 먼 어딘가로 떠남으로써 내용이 일단락되곤 한다. 주인공을 태운 비행기가 높은 하늘을 향해 이륙하는 장면으로 이야기가 끝나기도 하고, '일 년 후' 혹은 '십 년 후'로 건너뛰기도 한다. 이제 공항이 이별을 돌이킬 수 없는 사건으로 만드는 장소, 곧 떠남을 완성하는 장소이자 나아가 새로운 시작을 예고하는 장소로 기능하게 된 것이다. 문명의 발달과 더불어 공간이 확장되고 지리적 상상력 또한 달라졌으며, 그에 따라 이별의 비극성을 강조하는 장소 역시 바뀌었음을 확인할 수 있다.

참고문헌

김학성(1980) 『한국고전시가의 연구』, 원광대학교출판국.
박노준(1990), 『고려가요의 연구』, 새문사.
려증동(1973), 「서경별곡고구」, 『김사엽박사송수기념논총』, 학문사.
염은열(2008), 「디지털 시대 고전시가 읽기」, 『고전문학과 교육』 16, 한국고전문학교육학회.
염은열(2013), 『공감의 미학 고려속요를 말하다』, 역락.
유효석(1996), 「서경별곡의 편사의식」, 성균관대학교 인문과학연구소 편, 『고려가요 연구의 현황과 전망』, 집문당.
전택규(1975), 「별곡의 구조」, 『고려시대의 언어와 문학』, 형설출판사.

고려가요 07

사모곡 思母曲

지은이 미상 **출처**『악장가사』

호ᄆᆡ도 ᄂᆞᆯ히언마ᄅᆞᄂᆞᆫ
낟ᄀᆞ티 들리도 업스니이다
아바님도 어이어신마ᄅᆞᄂᆞᆫ
위 덩더둥셩
어마님ᄀᆞ티 괴시리 업세라
아소 님하 어마님ᄀᆞ티 괴시리 업세라

맥락과 쟁점

〈엇노래〉, 〈목주가〉와 어떤 관계인가

〈사모곡〉은 작자와 창작 연대가 미상인 고려속요의 하나로, 부모에 대한 사랑을 노래하고 있는 작품이다. 『악장가사』에 노랫말이, 『금합자보(琴合字譜)』, 『시용향악보』 등에 노랫말과 악보가 전해지지만, 그 밖의 배경 이야기나 관련 기록을 전하지 않아 자세한 내막을 알기는 어렵다.

그런데 〈사모곡〉은 〈엇노래〉, 〈목주가〉와 어떤 관계인가에 대해 많은 탐색이 이루어졌다. 이들 노래는 가사가 전하지 않고 제목만 기록으로 확인되는데, 〈사모곡〉이 〈엇노래〉나 〈목주가〉에 해당하는 노래로 이해되기도 했다.

먼저 〈사모곡〉을 〈엇노래〉와 동일한 노래로 보는 것은 『시용향악보』의 〈사모곡〉 명칭 뒤에 "속칭(俗稱) 엇노리"라는 표기를 특별히 덧붙이고 있는 사실에서 비롯된다. 그러나 민요적 성격을 강조하는 입장에서는 본래 민요였던 〈엇노래〉가 〈사모곡〉으로 변화한 것으로 보고 이 둘을 구분하기도 한다.

〈사모곡〉 수록 부분
(『악장가사』)

한편 〈사모곡〉을 〈목주가〉에 해당하는 노래로 보는 것은 내용상의 유사성에 바탕을 둔다. 〈목주가〉는 노랫말이 전해지지는 않고 『고려사』 악지에 배경 이야기가 수록되어 있는데, 이 사연이 〈사모곡〉의 내용과 흡사하여 〈사모곡〉이 〈목주가〉에 해당하는 노래라는 주장이 제기되었다(이병기 외, 1961). 그 배경 이야기는 다음과 같다.

목주(지금의 청주 속현임)는 효녀가 지은 것이다. 딸이 아비와 후모(後母)를 섬겼는데 효성스럽다고 알려졌다. 아비는 후모가 그녀를 헐뜯는 말을 듣고 그녀를 쫓아냈다. 딸은 차마 떠나가 버리지 못하고 머물러 있으면서 부모를 봉양하는데 더욱 근실히 하고 게을리 하는 일이 없었다. 부모는 심히 노해서 또 그녀를 쫓아냈다. 딸은 할 수 없이 하직하고 떠나가 어떤 산중으로 들어갔는데 석굴에 노파가 있는 것을 보게 되고 마침내 자기의 사정을 그 노파에게 말하고서 함께 살게 해달라고 하였다. 노파는 그녀의 궁박한 사정을 슬퍼하여 그렇게 하라고 허락했다. 딸은 부모를 섬기는 정성으로 노파를 섬겼다. 노파는 그녀를 사랑하여 자기 아들과 짝을 맞춰주었다. 부부는 협심하여 근면하고 검약하게 살아 부자가 되었는데 그녀의 부모가 심히 가난하다는 것을 듣고 자기네 집으로 맞이해서 극진하게 봉양했다. 부모가 그래도 기뻐하지 않자 효녀는 이 노래를 지어서 스스로 원망했다.

〈사모곡〉과 〈목주가〉가 달리 전승·기록된 사실에 대해 〈목주가〉가 구전되어 오다가 설화만 문헌에 정착되고 노래는 따로 유전되다가 고려속요에 끼어들어 〈사모곡〉이라는 이름을 부여받게 되었으리라는 추측이 더해지기도 했다(이종출, 1989). 한편으로 〈목주가〉와의 관련성을 인정하면서도, 신라에서 고려시대에 이르며 오랜 시간이 경과하면서 상당 부분 변개되었을 가능성이 제기되기도 했다. 즉, 신라 노래인 〈목주가〉가 민요로 구전 향유되는 과정에서 변모하여 〈사모곡〉으로 만들어진 것으로 보는 것이다(박노준, 1990). 더 구체적으로 지역의 민요인 〈목주가〉에서 지역을 벗어난 〈엇노래〉로, 이것이 다시 속악 가사화되면서 〈사모곡〉으로

3단계 변화를 겪은 것으로 이해되기도 한다(김학성, 1987).

현재로서는 〈사모곡〉과 〈엇노래〉, 〈목주가〉와의 관계를 명확히 밝힐 자료가 충분치 않아 판단하기가 쉽지 않다. 특히 〈목주가〉와의 관련성은 〈목주가〉의 배경 이야기 이외에 〈사모곡〉과의 관계를 설명해줄 수 있는 결정적인 자료가 없어 상당 부분 추론에 기대는 한계를 갖고 있다. 그럼에도 〈사모곡〉의 연원에 특별히 관심을 갖는 것은, 이 노래가 궁중에서 연행되었으면서도 민중의 애환과 삶의 정서를 생생히 담고 있으며, 보편적인 주제인 효를 다루면서도 굳이 아버지와 어머니의 사랑을 비교하는 독특한 모습을 보이기 때문이다. 오랜 기간 민요로 향유되어 왔으리라는 가정을 바탕으로, 아버지의 사랑을 구별하여 진술하는 독특한 노랫말이 어디에서 비롯되었는지 그 사연을 자세히 밝히려 했던 것이다.

꼼꼼히 읽기

호미와 낫이 부모의 사랑과 만나는 순간

표면적으로 본다면, 〈사모곡〉은 부모의 사랑을 소박하게 드러낸 노래로 대수롭지 않게 넘길 수도 있다. 단조로운 율격에 소박한 시어가 구사된 짧은 형태의 노래로, 호미와 낫이라는 농기구를 통해 아버지와 어머니의 사랑을 비교하는 것이 주된 내용이다. 전체적인 내용을 '호미도 날을 갖고 있지만, 낫같이 잘 들지 않는다. 마찬가지로 아버지도 어버이지만, 어머니같이 사랑해줄 리 없어라.'와 같이 간략하게 정리할 수 있다.

그런데 부모의 사랑과 같은 보편적인 주제를 다루면서도 이 노래가 우리에게 특별하게 다가오는 까닭은 호미, 낫과 같은 농기구에 빗대고 있다는 점에 있다. 쇠붙이의 차가운 속성을 떠올려보면, 사랑을 상징하는 비유로서 적합하지 못하다는 느낌마저 받게 된다(장덕순, 1982). 호미, 낫과 부모 사이에 유사성을 찾기가 쉽지 않고, '들다'와 '사랑하다' 사이에 놓인 거리 또한 상당하다. 굳이 부모의 사랑을 날카로운 농기구에 대응시키는 배경과 까닭이 궁금해진다.

부모의 사랑과 농기구 간의 대응은 〈사모곡〉이 민요에서 유래했음을 보여주는 흔적이 될 수 있다. 호미와 낫은 일상의 친숙한 대상이라는 점에서 작품의 민요적 성격을 보여주는 장치로 이해할 수 있다. 소박한 생활 감정을 노래하는 민요에서는 생활 현장의 도구와 행위가 소재나 내용으로 등장하는 경우가 흔하기 때문이다. 한편 호미와 낫이 모두 날을 가지고 있다는 노랫말의 내용에 따라 각각을 제주도에서 사용되는 '작은 낫'과 '큰 낫'에 해당하는 방언으로 보기도 한다(박병채, 1994).

이처럼 부모의 사랑이라는 보편적인 주제를 호미, 낫과 같은 친숙한 소재로 노래한다는 데 주목하면, 교훈시가류의 당위적 차원과는 다른 〈사모곡〉의 개성적인 목소리를 들을 수 있다. 효야말로 일상의 삶에서 만나는 문제이기에, 그 속에서 노래할 때 더욱 절절하게 다가갈 수 있음은 물론이다.

엮어 읽기 — 비유로 드러내기

부모의 사랑과 같이 익숙한 주제를 짧은 길이로 노래하면서도, 〈사모곡〉이 우리에게 특별하게 다가오는 것은 호미, 낫과 같은 대상에 빗대어 표현하는 데에 있다. 사실 아버지와 어머니의 사랑이 어떠한지를 말로 설명하기가 쉽지 않고, 이 둘의 차이를 드러내는 일도 어렵다. 그런데 〈사모곡〉은 아버지, 어머니의 사랑과 같은 추상적인 감정을 호미와 낫이라는 사물에 빗대어 표현함으로써 둘 간의 차이가 선명하게 와닿는다.

이처럼 한 마디로 정의하기 어려운 사랑과 같은 감정을 표현할 때 비유가 빈번하게 동원된다. 한 예로 시조 "ᄉᆞ랑이 엇덧터니 두렷더냐 모나더냐 기드냐 져르드냐 자힐러냐 발몰너냐 각별이 기든 아니되 ᄀᆞᆺ 간 ᄃᆡ를 몰ᄂᆡ라"를 보면, 사랑을 노래하되 '아름답다', '아프다'와 같은 말 대신, 마치 사물처럼 '둥글다', '모나다', '길다', '짧다' 등으로 말하고 있다. 종장에서는 사랑이 긴 줄은 모르겠고 그 끝 간 데를 모르겠다는 식으로 사랑의 속성을 넌지시 드러낸다. 비록 사랑에 해당하는 보조관념은 제시되어 있지 않으나, 사랑을 눈에 보이듯 만져지듯 그려냄으로써, 그 실체를 보다 쉽게 이해하게 만든다.

그런데 추상적인 감정뿐만 아니라, 어떤 존재나 대상의 정체를 설명하거나 정의

할 때도 사물에 빗대는 경우가 흔하다. 별명 붙이기는 이러한 비유의 표현 방식이 활용되는 단적인 예라 할 수 있다. 아래 〈시집살이 노래〉는 〈사모곡〉의 아버지와 어머니처럼, 주변의 가까운 이를 대상으로 사물에 빗대어 표현하고 있어 관심을 끈다.

형님 형님 사촌 형님 시집살이 어떱데까
이애 이애 그 말 마라 시집살이 개집살이
앞밭에는 당추 심고 뒷밭에는 고추 심어
고추 당추 맵다 해도 시집살이 더 맵더라

… (중략) …

외나무다리 어렵대야 시아버니같이 어려우랴
나뭇잎이 푸르대야 시어머니보다 더 푸르랴
시아버니 호랑새요 시어머니 꾸중새요
동세 하나 할림새요 시누 하나 뾰족새요
시아지비 뾰중새요 남편 하나 미련새요
자식 하난 우는 새요 나 하나만 썩는 샐세
귀먹어서 삼 년이요 눈 어두워 삼 년이요
말 못해서 삼 년이요 석 삼 년을 살고 나니
배꽃 같던 요 내 얼굴 호박꽃이 다 되었네
삼단 같던 요 내 머리 비사리춤이 다 되었네
백옥 같던 요 내 손길 오리발이 다 되었네

시집살이가 어떠한지를 아무리 설명해도 부족하고 불명확할 수밖에 없다. 어찌 보면 '개집살이'라는 말은 시집살이가 얼마나 힘들고 어려운지를 한마디로 설명해주는 가장 적절한 말이 될 수 있다. 마찬가지로 시아버지, 시어머니, 동서, 시누이, 시아주버니, 남편, 자식들이 각각 어떤 존재인지도 대해서도 설명하기가 쉽지 않다. 여기서는 무서운 사람, 꾸중을 잘하는 사람, 고자질을 잘하는 사람, 불만에 가득 찬 사람, 성질을 잘 내는 사람 등과 같이 그 사람의 개성적인 면을 포착하고, 이를 새에 비유하여 드러내고 있다. ‘호랑새’, ‘꾸중새’, ‘할림새’, ‘뾰족새’, ‘뾰중새’, ‘미련새’, ‘우는 새’와 같은 말은 시집 식구들의 개성과 특질을 가장 적확하게 드러내는 말일 수 있다. 또한 시집살이로 인해 변해 버린 자신의 모습을 일일이 설명하자면 장황할 수밖에 없는데, ‘호박꽃’, ‘비사리춤’, ‘오리발’과 같이 사물에 비유하는 방식으로 나타내고 있다.

이처럼 이 노래는 시집살이의 고통과 시집 식구들의 어려움 등을 직접 설명하는 대신, 새, 꽃 등과 같은 사물에 빗대어 표현함으로써 이를 참신하면서도 적확하게 드러내고 있다. 이렇게 보면 비유는 단순한 기교도 아니고, 일부러 모호하게 만드는 장치도 아니다. 추상적인 감정과 사상의 특질을 포착하여 적확하고 섬세하게 드러내는 효과적인 도구인 것이다.

비유가 대상을 적확하게 그려내기 위해서는 본래의 대상과 빗대는 대상을 서로 비교하는 사고 작용을 거쳐야 한다. 〈사모곡〉을 예로 들면, 아버지의 사랑, 어머니의 사랑을 각각 호미, 낫과 같은 이질적인 다른 대상의 속성과 비교하는 것을 말한다. 이때 ‘비유되는’ 대상인 ‘아버지, 어머니의 사랑’[원관념]과 ‘비유하는’ 대상인 ‘호미, 낫’[보조관념] 사이에는 일정 부분 유사성도 있고 차이도 있다. 두 대상의 거리가 지나치게 가까우면 뻔한 비유, 죽은 비유가 되고 너무 멀면 난해한 수수께끼 같은 것이 되기 십상이다. 〈사모곡〉의 비유가 낯설고 때로는 어색하게 느껴지는 것도 부모의 사랑과 호미, 낫 사이의 유사성이 쉽게 찾아지지 않기 때문이다.

그런데 문학의 경우 비유되는 대상과 비유하는 대상 사이의 유사성은 대부분 독자가 채워야 할 몫으로 비워지는 데 반해, 〈사랑은 얄미운 나비인가 봐〉와 같은 대중가요의 경우에는 둘 간의 거리가 가까울 뿐만 아니라 그 유사성을 자세하게 진술하는 내용이 뒤따르기도 한다. 말하고자 하는 바를 보다 쉽고 선명하게 전달하기 위함이다.

비유되는 대상과 비유하는 대상 사이의 거리가 클수록 참신한 표현이 되지만, 그만큼 이해하는 데 더 많은 상상력이 필요해진다. 반대로 그 거리가 가까울 경우에는 참신성이 떨어지지만, 그 대신 대중이 공유하는 의미와 관념을 기반으로 쉽게 전달된다는 장점이 있다. 그런 만큼 시적 형상화의 장치로 비유를 알고 그것이

가리키는 의미를 파악하는 것도 중요하지만, 추상적인 감정과 사상을 가장 적확하고 섬세하게 드러내면서 한편으로 쉽고 선명하게 전달하는 비유의 힘을 살피는 것도 필요하다.

참고문헌

김학성(1987), 『국문학의 탐구』, 성균관대학교출판부.
박노준(1990), 『고려가요의 연구』, 새문사.
박병채(1994), 『고려가요의 어석 연구』, 국학자료원.
이병기 외(1961), 『국문학전사』, 신구문화사.
이종출(1989), 「사모곡 신고」, 『한국고시가연구』, 태학사.
임동권(1974), 『한국민요집 1』, 집문당.
장덕순(1982), 『한국문학사』, 동화문화사.
장성진(1998), 「사모곡의 의미와 변용」, 『문화와 융합』 20, 문학과언어학회.

고려가요 08

쌍화점 雙花店

지은이 미상 **출처** 『악장가사』

雙花店솽화뎜에 雙花솽화 사라 가고신ᄃᆡᆫ
回回휘휘 아비 내 손모글 주여이다
이 말ᄉᆞᆷ미 이 店뎜 밧긔 나명들명
다로러 거디러
죠고맛감 삿기 광대 네 마리라 호리라
더러둥셩 다리러디러 다리러디러 다로러 거디러 다로러
긔 자리예 나도 자라 가리라
위 위 다로러 거디러 다로러
긔 잔 ᄃᆡ ᄀᆞ티 덦거츠니 업다

三藏寺삼장ᄉᆞ애 브를 혀라 가고신ᄃᆡᆫ
그 뎔 社主사쥬 ㅣ 내 손모글 주여이다
이 말ᄉᆞ미 이 뎔 밧긔 나명들명
다로러 거디러
죠고맛간 삿기 上座샹좌 ㅣ 네 마리라 호리라
더러둥셩 다리러디러 다리러디러 다로러 거디러 다로러
긔 자리예 나도 자라 가리라
위 위 다로러 거디러 다로러
긔 잔 ᄃᆡ ᄀᆞ티 덦거츠니 업다

드레 우므레 므를 길라 가고신ᄃᆡᆫ
우뭇 龍룡이 내 손모글 주여이다
이 말ᄉᆞ미 이 우믈밧ᄭᅴ 나명들명
다로러 거디러
죠고맛간 드레바가 네 마리라 호리라
더러둥셩 다리러디러 다리러디러 다로러 거디러 다로러
긔 자리예 나도 자라 가리라
위 위 다로러 거디러 다로러
긔 잔 ᄃᆡ ᄀᆞ티 덦거츠니 업다

술 ᄑᆞᆯ 지븨 수를 사라 가고신ᄃᆡᆫ
그 짓 아비 내 손모글 주여이다
이 말ᄉᆞ미 이 집 밧ᄭᅴ 나명들명
다로러 거디러
죠고맛간 싀구바가 네 마리라 호리라
더러둥셩 다리러디러 다리러디러 다로러 거디러 다도러
긔 자리예 나도 자라 가리라
위 위 다로러 거디러 다로러
긔 잔 ᄃᆡ ᄀᆞ티 덦거츠니 업다

맥락

왕을 즐겁게 한 노래

〈쌍화점〉 전문은 『악장가사』에 실려 있다. 그리고 〈쌍화점〉을 직접 언급하지는 않았지만, 『고려사』 악지 '속악'조에 〈삼장〉과 〈사룡〉을 소개한 후 충렬왕 대 궁중 상황에 대해 언급하며 다음과 같은 내용이 나온다.

三藏寺裸點燈去(삼장사나점등거)	삼장사에 불을 켜러 갔는데
有社主兮執吳手(유사주혜집오수)	그 절 사주 내 손목을 잡았네
倘此言兮出寺外(당차언혜출사외)	이 말이 이 절 밖에 나면
謂上座兮是汝語(위상좌혜시여어)	상좌 네 말이라 하리라

有蛇含龍尾(유사함용미)	뱀이 용의 꼬리를 물고
聞過泰山岑(문과태산잠)	태산 봉우리를 넘어갔다고 들었노라
萬人各一語(만인각일어)	만인이 각각 한 마디씩 하더라도
斟酌在兩心(짐작재양심)	짐작은 두 마음에 달려 있도다

위의 두 노래는 충렬왕조에 지어진 노래다. 왕이 군소배를 친근히 하고 연악을 좋아했다. 행신 오기와 김원상, 내료 석천보와 석천경 등이 성색(聲色)으로 왕을 기쁘게 해주기에 힘썼다. 관현방의 태악재인(太樂才人)으로도 부족하다 하여 여러 고을에 행신을 보내서 관기로 자색과 기예가 있는 자를 고르고, 또 성중에 있는 관비와 무당으로 가무를 잘하는 자를 골라다가 궁중에 등록해 두고는 비단 옷을 입히고 마종립을 씌워서 따로 한 대(隊)를 만들어 남장이라 칭하여 이 노래들을 가르쳐 군소배들과 밤낮으로 가무를 하고 난잡하게 구니 군신 사이에 예가 전연 없어졌다. 그 뒤를 대어 상급 등을 내려주고 하는 비용이 이루 기록할 수 없을 정도로 많았다.

『고려사』 열전 '오잠(吳潛)'조에도 〈삼장〉과 〈사룡〉이 삽입되어 있고 창작 및 향유 배경에 대한 비슷한 기록이 다시 나온다. 『고려사』 악지와 열전, 두 기록을 종합하면 〈삼장〉과 〈사룡〉이 충렬왕 대 지어진 것이고 오잠, 김원상, 석천보, 석천경 등이 연악(宴樂)을 좋아하는 왕을 기쁘게 하기 위하여 색(色)과 예(藝)를 갖춘 여자들을 궁중으로 뽑아 들여 별장대(別將隊)로 만들어 이 노래를 부르도록 했음을 알 수 있다. 한편 고려 후기 민사평(閔思平)의 『소악부』에도 〈삼장〉과 동일한 시가 한역되어 실려 있고, 〈쌍화점〉의 1연과 3연의 일부와 〈삼장〉이 조선 후기 『대악후보(大樂後譜)』에도 실려 있다. 성종 때 음사라는 부정적인 평가를 받기는 했지만, 이상의 여러 기록들을 참고해볼 때 〈쌍화점〉이 연악으로 널리 불렸음을 알 수 있다.

한편, 『시용향악보』에도 〈쌍화곡(雙花曲)〉이라는 제목의 노래가 실려 있다. 〈쌍화곡〉을 〈쌍화점〉의 연장선상에 있는 변형된 노래로 보는 관점(정운채, 1996)이 있기는 하지만, 이때의 '쌍화'는 '음식'이 아니라 '꽃'을 뜻하고 노래의 내용과 형식이 여러 면에서 달라 이 관점이 설득력을 얻으려면 논거가 좀 더 보강되어야 한다.

쟁점 신성(新聲)인가 아닌가

『고려사』의 관련 기록, 즉 〈삼장〉과 〈사룡〉이 "충렬왕 대에 지어졌다[忠烈王朝所作]"라는 언급과 전국에서 뽑아 올린 여자들에게 "새로운 소리를 가르쳤다[教以新聲]"라는 말의 해석에 따라 〈쌍화점〉의 창작 여부와 작가 추정이 갈린다.

충렬왕 대 지어졌으며['作'] 새로운 소리['新聲']를 가르쳤다는 기록을 존중하여 〈쌍화점〉이 충렬왕 대 창작되었다는 주장이 일찍이 제기되었다. 충렬왕 당대 향락 문화의 주체였던 행신들의 적극적인 역할에 주목하여 오잠이 〈쌍화점〉을 지었다는 설(려증동, 1982)과 오잠 등 당시 행신(幸臣)들이 함께 지었다는 설(정병욱, 1976)이 바로 그 예이다. 그러나 〈삼장〉이 곧 〈쌍화점〉은 아니며 새 노래를 가르쳤다고 했을 뿐 창작했다는 기록은 어디에도 없다. 이 점을 근거로 창작설을 부정하며 민요의 궁중 유입설을 주장하는 논의가 있었다. 당시 기녀 등이 궁중으로 들어오면서 새로운 노래가 궁중에 유입되었을 것이라는 추정이다. 궁중 음악으로 쓰이기 위해 민요에 기원을 둔 노래가 편사 혹은 편곡되었을 터인데, 편사 혹은 편곡의 주체를 누구로 보느냐에 따라 입장이 다시 나뉜다. 왕을 기쁘게 하기 위해 애썼던 오잠 등이 편집 혹은 편사의 주체였다는 주장(조윤제, 1954; 조동일, 1983)과 각 도에 파견된 행신들이 그 역할을 했을 것이라는 주장(박노준, 1990)이 그것이다.

〈쌍화점〉이 새로 창작된 노래이든 민요에 기원을 둔 노래이든 간에 반복구나 연장체의 형식 등은 〈쌍화점〉이 어떤 방식으로든 민요와 관련되어 있음을 보여준다. 또한 창작 혹은 편사의 과정에 전국에서 뽑아 온 기녀들과 충렬왕 주변의 인물들이 관여했음도 분명하다.

꼼꼼히 읽기

욕망을 드러낸 노래

〈쌍화점〉은 네 개의 유사 사건이 동일한 언어 형식에 따라 네 번 반복되는 노래이다. 그 구조는 다음과 같다(염은열, 2013).

(1) A에 B하러 가고신대
(2) C가 내 손목을 쥐여이다
(3) 이 말씀이 A′ 밖에 나명들명
〈다로러 거디러〉
(4) 죠고맛간 D의 말이라 하리라
〈더러둥셩 다리러디러 다리러디러 다로러 거디러 다로러〉
(5) 그 자리예 나도 자러 가리라
〈위 위 다로러 거디러 다로러〉
(6) 그 자리같이 덤거츤 데 없다

	A	B	C	D
1연	쌍화점(雙花店)	쌍화 매매(賣買)	회회 아비	삿기 광대
2연	삼장사(三藏寺)	현등(懸燈)	사주(社主)	삿기 상좌(上座)
3연	드레우물	물긷기	우물용	드레박
4연	술집	술매매	짓아비	싀구박

A에 B를 하러 갔는데, A에 있는 C가 내 손목을 쥔 사건(1, 2행)과 그 소문이 나면 D의 말이라고 하겠다는 엄포(3, 4행), 그리고 그 사건에 대한 제삼자의 평(5행)과 그에 대한 응대(6행)가 문면에 드러난다.

A라는 장소, 즉 쌍화점과 삼장사, 우물, 그리고 술집은 당시 여성들에게 익숙한 장소이다. 화자 '나'가 그곳에 B를 하러 간다. 그런데 A에 있는 C라는 인물, 즉 회회아비와 사주, 용, 그리고 술집 아비가 '나'의 손목을 쥐는 사건이 발생한다. 물론 손목을 쥐는 행위는 '나'가 A라는 장소에 가면서 기대한 일이 아니다. A라는 장소 고유의 목적과도 무관하다. 그렇다면 〈쌍화점〉은 화자 '나'가 일상적으로 가는 장소에서 비일상적인 사건, 즉 일탈적인 사건을 당한 것이 핵심 내용이 된다. B하러 갔다가 당한 성적인 사건이 발단이 된 것이다.

〈쌍화점〉의 화자는 이 사건에 대해 이중적인 태도를 보인다. 그 사건이 알려질까 봐 걱정하는 듯하지만, 정작 그 사건을 보고하는 이도 바로 화자 자신이다. 사건의 주체인 화자 자신이 '내 손목을 쥐었다'고 보고하는, 아니 폭로성 고백을 하는 것이다. 제삼자에게 있었던 사건처럼 돌려 말하지도 않고 일탈적 사건의 주체가 자기 자신임을 밝히는 것이 특이한데, 이 특이성은 그 자체로 색다른 흥미를 주는 요인이 될 수 있다(염은열, 2103). 겪은 일에 대한 신뢰성과 현장성을 높이는 한편 사회적 통념을 깨는 과감성까지 보임으로써 도발적인 폭로의 효과를 낼 수 있기 때문이다.

그런데 그 보고를 들은 제삼자가 위로의 말을 던지기는커녕 자신도 그 자리에 자러 가고 싶다고 말한다. 화자의 보고를 들은 제삼자가 자신의 성적 욕망을 솔직하고 대담하게 드러낸 것이다. 이처럼 극적인 특징을 지니고 있는 점에다 충렬왕을 기쁘게 하려는 목적으로 만든 별장대에서 공연했다는 사실까지 더해져, 〈쌍화점〉이 질펀한 연회의 장에서 극적인 형식으로 연행되었던 노래, 구체적으로는 피학적 여성과 가학적 여성의 노래라는 해석(려증동, 1982, 1985)이 제출되기도 하였다. 그러나 이는 상상에 근거한 비약이며, 고려 말 궁중의 타락상을 과장했던 조선조의 평가가 선입견으로 작용한 해석일 수 있다. 첫 부분의 '손목을 잡았다'는 보고의 말이나 제삼자의 '나도 자러 가고 싶다'는 말은 솔직하고 대담하기는 하지만, 그렇다고 해서 퇴폐적이거나 병적인 것은 아니다. 욕정에 사로잡힌 여성의 말이라거나 가학적 혹은 피학적인 성향을 드러낸 말도 아니다. 그저 욕망에 충실한 목소리일 뿐이다.

손목을 잡혔다고 보고하고 나도 자러 가겠다고 동조하는 목소리 뒤에 오는, "긔 잔 ᄃᆡᄀᆞ티 덦거츠니 업다"는 표현은 다소 해석의 논란이 있을 수 있다. 이 대목을 '이 자리같이 지저분한 데 없다'고 해석하면 욕망을 도덕적 평가어로 지양하는 노래(김대행, 1997)가 된다. 그러나 '덦거츠'를 '덦거츠'의 속음으로 보고 '무(茂)'로 해석하는 견해(이기문, 1972; 서재극, 1973; 최미정, 1996)를 받아들이면 각 연의 마지막 구절은 '그 자리같이 무성한 곳 없다'고 해석되고 〈쌍화점〉은 욕망을 긍정하고 드러내는 노래가 된다. 그렇다고 이것이 곧 퇴폐의 징후이거나 증거가 되는 것은 아니다.

어떤 해석을 따르든 간에 〈쌍화점〉이 욕망을 진솔하게 드러내고 인정하는 노래이되, 사회적 규범 혹은 도덕을 의식한 노래라는 점은 분명하다. 화자는 자신이 당한 사건에 대해 보고한 후, 그 일에 대한 입장이나 감정을 표하지 않고 '이 말이 이 점 밖에 나명들명' 어떻게 하나, 즉 자신이 당한 사건이 바깥으로 퍼져나가면 어떡하나 걱정하고 있기 때문이다. 소문이 날까 두려워하는 마음을 다른 사람이나 사물에 전가하기까지 한다. '새끼 광대'와 '새끼 상좌', '두레박'과 '술바가지'가 바로 전가의 대상들인데, 사실 이들이 일탈적 사건을 목격했는지는 알 수 없으며 중요하지도 않다. 소문이 날까 걱정하는 화자가 심리적 불안을 극복하고자 불러낸 사람 혹은 사물이기 때문이다. 즉, 화자가 자신이 당한 사건에 대한 사회적 혹은 도덕적인 평가의 시선을 의식하여 불러들인 대상인 것이다.

이렇게 보면 〈쌍화점〉은 욕망과 규범 사이의 팽팽한 긴장감이 전제된 노래이며, 사회적 규범 내지 도덕을 의식하면서도 욕망을 진솔하게 드러냄으로써 오히려 그 욕망을 지양하는 노래라고 볼 수 있다.

엮어 읽기

고백적 보고

〈쌍화점〉은 일탈적 사건의 주체이자 표현 주체가 '나'라는 점이 특징적이다. 이 노래는 어떤 사건에 대해 '나'가 보고하는 말로 시작되는데 '나'가 그 사건의 당사자라는 점에서 일종의 고백이기도 하다. 고백적 보고 혹은 보고식 고백은 양립하기 어려운 두 가지 서술 태도를 동시에 취함으로써 독특한 표현 효과를 낸다. 고백은 표현 주체가 곧 '나'인 까닭에 표현 내용에 대한 신뢰감을 주는 양식이고, 보고는 관찰자나 서술자의 입장에서 상황을 기술함으로써 그 상황을 장면화하거나 거리를 두고 바라보게 하는 진술 방식이다. 따라서 고백적 보고는 '나'의 이야기를 객관화하여 들려주는 듯한 효과를 자아낸다.

다음 서정주의 〈자화상〉 역시 고백 양식을 취한 시이다.

> 애비는 종이었다. 밤이 깊어도 오지 않았다.
>
> 파뿌리같이 늙은 할머니와 대추꽃이 한 주 서 있을 뿐이었다.
>
> 어매는 달을 두고 풋살구가 꼭 하나만 먹고 싶다 하였으나……흙으로 바람벽한 호롱불 밑에
>
> 손톱이 까만 에미의 아들.

갑오년(甲午年)이라든가 바다에 나가서는 돌아오지 않는다 하는 외할아버지의
숱 많은 머리털과
그 커다란 눈이 나는 닮았다 한다.

스물세 해 동안 나를 키운 건 팔할(八割)이 바람이다.
세상은 가도 가도 부끄럽기만 하더라.
어떤 이는 내 눈에서 죄인(罪人)을 읽고 가고
어떤 이는 내 입에서 천치(天癡)를 읽고 가나
나는 아무것도 뉘우치진 않으련다.

찬란히 틔어 오는 어느 아침에도
이마 위에 얹힌 시(詩)의 이슬에는
몇 방울의 피가 언제나 섞여 있어
볕이거나 그늘이거나 혓바닥을 늘어뜨린
병든 수캐마냥 헐떡거리며 나는 왔다.

위 시는 "애비는 종이었다."고 선언함으로써 자신이 종의 아들임을 고백하는 말로 시작된다. 달을 둔 어매가 풋살구 하나를 먹을 수 없을 정도로 가난했고, 화자 역시 그 누구의 보살핌도 받지 못한 채 살아왔다고 말한다. 불우했던 과거를 객관적으로 서술하고 있는 듯한 화자의 태도는 당당하다. "아무것도 뉘우치진 않"겠다고 하고, 나아가 자신의 시적 성취가 결국에는 그 불우한 과거에 바탕을 둔 것임을 선언한다. 〈쌍화점〉의 화자가 자신이 겪은 일을 알리면서 제삼자를 탓한 것과는 달리 〈자화상〉의 화자는 자신의 불우했던 과거사를 알림으로써 일종의 자기 변명을 하고 있다. 사실 고백은 '자신이 속해 있어야 하고 자신을 인정해줄 수 있는 공동체를 대표하는 청자'를 염두에 둔 '의도적이고 자의식적인 시도'(Doody, 1980)이다. 고백은 1인칭 표현이되, 편지나 일기와는 달리 지극히 수신자를 의식한 문학적 표현이자 수사적 양식인 셈이다. 시인은 1인칭 화자의 고백 형식을 빌어, 자신

의 집안이나 행적, 처지 등을 당당하게 밝히면서 자기 자신과 자신의 시에 대한 변명 혹은 합리화를 시도하고 있다. 자신이 오로지 시를 향해 달려왔음을, 거칠었던 자신의 인생마저 시로 승화되었음을 은근히 선언함으로써, 청중들에게 그런 자신의 생애와 시 세계에 대한 인정 내지 동의를 구하고 있는 것이다.

결국 '고백적 보고' 혹은 '보고의 고백'은 우리가 어떤 의도를 관철시키기 위해 선택할 수 있는 매우 효과적인 표현 양식이라고 결론 내릴 수 있다. 1인칭 고백의 형식을 빌어 정보의 가치와 신뢰감을 더하되, 객관적인 서술자의 입장에서 가능한 보고의 형식을 빌어 거리를 두고 장면화하는 효과까지 노릴 수 있기 때문이다. 그래서 시나 소설 등 문학 양식에서 사용되는 것은 물론이고 '르포르타주(reportage)', 줄여서 '르포'라는 문학 양식으로 발전하기도 하였다. 최근에는 일제강점기나 한국 전쟁 등 우리의 아픈 역사는 물론, 어떤 상황이나 국면을 알리기 위해 고백적 보고의 형식으로 글을 쓰는 경우가 많다. 보고 혹은 고백의 주체를 누구로 하느냐에 따라 직접 겪은 생생한 실화일 수도 있고 생생한 목격담일 수도 있지만 두 경우 모두 특정 상황에 대한 효과적인 표현임은 분명하다.

참고문헌

김대행(1997) 「〈쌍화점〉과 반전의 의미」, 국어국문학회 편, 『고려가요 · 악장연구』, 태학사.
려증동(1982), 「쌍화점노래 연구」, 『고려시대의 가요문학』, 새문사.
려증동(1985), 「쌍화점 고구」, 황패강 · 박노준 · 임기중 공편, 『향가여요연구』, 반도출판사.
박노준(1990), 『고려가요의 연구』, 새문사.
서재극(1973), 「백년초해의 석에 대하여」,『한국학논집』 1, 계명대학교 한국학연구소.
서정주(1941), 〈자화상〉, 《화사집》, 남만서고.
염은열(2013), 『공감의 미학 고려속요를 말하다』, 역락.
이기문(1972), 「한자의 석에 관한 연구」, 『동아문화』 11, 서울대학교 동아문화연구소.
정병욱(1976), 『한국고전시가론』, 신구문화사.
정운채(1996), 「〈쌍화점〉과 〈쌍화곡〉의 편향과 강호가도의 논의 재고」, 성균관대학교 인문과학연구소 편, 『고려가요 연구의 현황과 전망』, 집문당.
조동일(1983), 『한국문학통사 3』, 지식산업사.
조윤제(1954), 『한국시가사강』, 을유문화사.
최미정(1996), 「쌍화점의 해석」, 장덕순 외, 『한국 문학사의 쟁점』, 집문당.
Doody, T.(1980), *Confession and Community in the Novel*, Louisiana State Univ. Press.

고려가요 09

가시리

지은이 미상　출처 『악장가사』

가시리 가시리잇고 나는
ᄇᆞ리고 가시리잇고 나는
위 증즐가 大平盛代대평셩ᄃᆡ

날러는 엇디 살라ᄒᆞ고
ᄇᆞ리고 가시리잇고 나는
위 증즐가 大平盛代대평셩ᄃᆡ

잡ᄉᆞ와 두어리 마ᄂᆞᄂᆞᆫ
선ᄒᆞ면 아니 올셰라
위 증즐가 大平盛代대평셩ᄃᆡ

셜온 님 보내ᄋᆞᆸ노니 나는
가시는 ᄃᆞᆺ 도셔 오쇼셔 나는
위 증즐가 大平盛代대평셩ᄃᆡ

맥락

가시리의 여러 별칭

〈가시리〉의 창작 연대와 창작 배경을 밝힌 기록은 아직까지 발견되지 않았다. 조선 초 악서인 『악장가사』에 전문이, 『시용향악보』에 '귀호곡(歸乎曲)'이

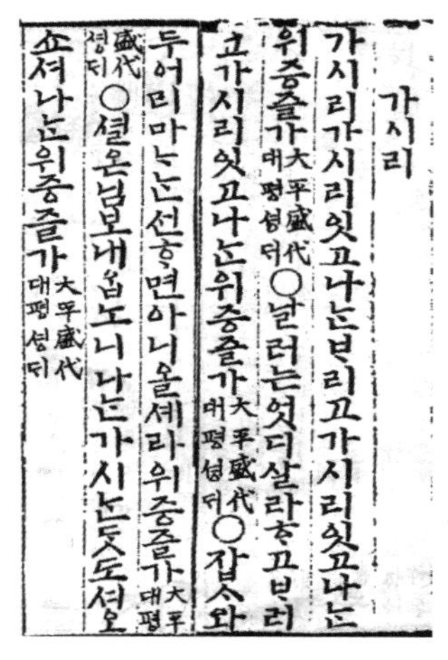
가시리
가시리가시리잇고나ᄂᆞᆫᄇᆞ리고가시리잇고나ᄂᆞᆫ
위증즐가大平盛代(대평셩ᄃᆡ)○날러는엇디살라ᄒᆞ고ᄇᆞ리
고가시리잇고나ᄂᆞᆫ위증즐가大平盛代(대평셩ᄃᆡ)○잡ᄉᆞ와
두어리마ᄂᆞᄂᆞᆫ선ᄒᆞ면아니올셰라위증즐가大平
盛代(대평셩ᄃᆡ)○셜온님보내ᄋᆞᆸ노니나ᄂᆞᆫ가시ᄂᆞᆫᄃᆞᆺ도셔오
쇼셔나ᄂᆞᆫ위증즐가大平盛代(대평셩ᄃᆡ)

〈가시리〉 수록 부분 (『악장가사』)

라는 제목으로 곡조와 함께 1연이 수록되어 있고, 이형상의 『악학편고(樂學便考)』에는 '嘉時理(가시리)'라는 제목으로 실려 있다. 이들 기록을 통해 〈가시리〉가 고려 궁중의 속악 가사였음을 확인할 수 있을 따름이다.

〈가시리〉는 원래 민요였다가 고려 궁중에 유입되면서 편사 혹은 개편되어 기록에서와 같은 모습이 되었을 것으로 추정된다. 분련체이고 후렴구가 발달되어 있는 점과 여음구인 '위 증즐가 대평성대'가 존재한다는 점이 그러한 추정을 뒷받침한다.

쟁점

전통시가의 정서, 한

〈가시리〉 연구는 대체적으로 '이별의 정한'이라는 주제와 그 주제의 시가사적 지속 및 변화의 문제에 집중되어 왔다. 논의의 촉발은 「〈가시리〉 평설」(양주동, 1947)에서 시작되었는데, 평설에서는 "별리(別離)를 제재(題材)로 한 시가(詩歌)가 고금(古今) 동서(東西)에 무릇 그 얼마리오마는 이 〈가시리〉 일편(一篇) 통편(通篇) 67자 20수어(六十七字 二十數語)의 소박미(素朴味)와 함축미(含蓄美), 그 절절(切切)한 애원(哀怨), 그 면면(綿綿)한 정한(情恨), 아울러 그 구법(句法) 그 장법(章法)을 따를 만한 노래가 어듸 잇느뇨"라고 하며 〈가시리〉를 극찬했다. 이에 대해 〈가시리〉가 운율이 비교적 유려하다는 것을 제외하면 시적 감흥을 일으키지 못하는 산문이고, '나를 버리고 가시는 임은 십 리도 못 가서 발병 난다'는 아리랑의 표현이 〈가시리〉의 마지막 구절보다 급이 높다는 반박(정병욱, 1975)도 있었다. 그러나 이러한 반박에도 불구하고 평설의 내용은, 이후 〈가시리〉에 대한 지배적인 관점과 내용으로 영향력을 끼쳤다. 교과서에 〈가시리〉가 이별을 소재로 한 한국시가의 수작(秀作)으로 소개되었고, 한국문학의 보편성 내지 전통성을 찾는 논의와 연결되면서 〈가시리〉가 위로는 〈황조가〉나 〈공무도하가〉와, 당대에는 〈서경별곡〉과 〈이상곡〉, 정지상의 〈송인〉과, 그리고 현대의 작품으로는 〈진달래꽃〉과 이어진다는 점이 강조되었다.

〈가시리〉를 이별의 상황에서도 변치 않는 사랑과 지속적인 그리움의 정서를 드러내는 전통시가로 보는 관점은 고려속요 장르 전반의 성격에 대한 논의로까지 확대되었다. 일찍이 '애처로움과 가냘픔'을 민족의 두 번째 특징이라고 하면서, 고려속요의 대부분이 현실이 애처롭기 때문에 애처로움을 노래했다는 견해(조윤제, 1978)가 제출되었다. 고려속요의 화자가 대개 여성이고 이별을 당하는 입장에 처해 있음에 주목하면서 고려속요를 소극적인 여성화자의 체념의 정서, 즉 한의 정서나 이별의 정한을 보여주는 장르로 규정한 것이다.

이에 대해 "민족문학을 다양한 시각으로 면밀하게 살펴보기도 전에 하나의 특성으로 규정하는 것도 문제려니와, 일제의 식민사관이 조장한 한(恨)이라는 패배적·좌절적 속성을 신봉하는 것도 문제"라며 "〈동동〉을 비롯한 고려가요를 한과 결부된 센티멘탈리즘으로 보는 도식성에서 탈피해야 하는 것이 시가 연구의 한 과제"라는 문제제기(허남춘, 1996)가 있었다. 이러한 문제제기는 한편으로는 고려속요의 제의성 혹은 송도성에 대한 주목으로 이어졌고, 고려속요를 '한의 정서'로 접근하는 관점을 비판하는 견해(최진원, 1996)로도 이어졌다. 다행인 것은 고려속요 정서의 실체를 탐구하려는 논의(김대행 외, 1986)가 본격화되면서 '이별의 정한' 혹은 '한의 정서'가 무엇인지 그 실체가 구명되기 시작했고, 고려속요의 장르적 특질은 물론이고 전통성의 실체가 어느 정도 드러났다는 점이다. 이별을 기정사실로 받아들이며 당부를 남기는 것으로 심리적 평정에는 도달했지만 여전히 갈등의 소지를 남기고 있다는 점에서 〈가시리〉가 '한의 정서'를 드러낸다는 점과, '좌절'이나 '돌이킬 수 없음'이 한의 한 요소라고 할 때 내적 갈등이 대부분 외부에서 주어지는 고려속요의 경우 좌절이나 돌이킬 수 없음을 특징으로 하기 때문에 넓은 의미의 한의 범주 — 한(恨), 정한(情恨), 회한(悔恨) 등을 모두 포괄하는 — 로 접근할 수 있다는 사실이 드러났다. 동시에 어떻게든 갈등을 해소하려는 모습 또한 보이고 있기에 이러한 한의 정서가 소극적 패배주의와는 거리가 먼, 특징적인 정서라는 점도 분명해졌다(김대행, 1996).

결국 한의 정서란 소극적 패배주의와 거리가 먼, 약자의 적극적인 자기 방어나 적극적인 의사 표현의 한 방식일 수 있다는 결론이 가능하다. 사실 〈가시리〉의 화자는 이별에 처한 약자이지만 현명하고 적극적으로 하고 싶은 말을 다 하는 여성이다. 가겠느냐고 반문하고 잡고 싶지만 오해를 살까 봐 잡지 못하는 심정도 드러내고 바로 다시 오라는 호소까지 빠뜨리지 않는, 적극적인 여성인 것이다. 그런 점에서 〈가시리〉는 더 사랑하기에 약자인 화자가 이별의 상황에 처해 적극적으로 자신의 감정을 표현한 건강한 노래이며, 그 점이 궁중 속악의 가사로 편입될 수 있게 한 동인이 되었다(염은열, 2013)고 할 수 있다.

꼼꼼히 읽기

임을 보내는 노래

임과의 이별을 원치 않는 화자는 임이 떠나자 적잖게 당황한다. 정말 떠나겠느냐고 묻고 또 묻는다. 그러나 떠남은 엄연한 현실이고 아쉽지만 받아들일 수밖에 없어 떠나는 임에게 화자는 '가시는 듯 다시 오라'는 소망의 말을 던진다. 이러한 화자의 심리 변화에 주목하여 〈가시리〉의 내용을 좀 더 자세히 살펴보자.

〈가시리〉는 "가시리 가시리잇고 나는 / ᄇᆞ리고 가시리잇고 나는"이라는 말로 시작한다. 세 번 등장하는 '가시리', 즉 '가겠느냐'는 말은 만류의 말(최용수, 1991)이자 사실 확인을 요구하는 말이며 현실을 부정하는 말이다. 갑자기 이별을 통보받으면 누구나 당황하게 되고 그 상황을 인지하고 받아들이는 데 시간이 필요한데, 화자의 거듭되는 물음은 일종의 상황 확인 혹은 인지 과정이라고 할 수 있다. 화자는 동일한 표현을 확장적으로 반복함으로써 리듬감까지 만들어내고 있다.

상황을 파악한 화자는 "날러는 엇디 살라ᄒᆞ고 / ᄇᆞ리고 가시리잇고 나는"이라고 한 번 더 묻는다. 단지 "날러는 엇디 살라ᄒᆞ고"가 추가되었을 뿐이지만 이별이 자신에게는 살 수 없을 정도로, 사는 게 힘겨워질 정도로 심각한 문제임을 은근히 밝히고 있다. 동시에 그래도 떠나겠느냐며 마지막으로 확인하고 있다. '가시리잇고 → ᄇᆞ리고 가시리잇고 → 날러는 엇디 살라ᄒᆞ고'로 문장이 확대됨에 따라 의미의 폭이 확대되고 비극의 정도 역시 심화된다.

사실 확인을 하고 자신의 심정까지 전달했으니 이제 마음을 추스르고 정리하는 국면으로 들어갈 수밖에 없다. 화자는 이별의 상황을 받아들이기 시작한다. 이와 관련하여 화자는 잡아두고 싶지만 잡는 행위가 의도와 다른 효과를 낼까 두려워 보낼 수밖에 없다고 말한다. 자신의 모든 감정 표현과 행동을 조심하는, 관계에서 약자의 위치에 있는 모습이 잘 드러난다.

결국 화자는 "셜온 님 보내옵노니 나는 / 가시는 듯 도셔 오쇼셔 나는"이라며 당부 혹은 호소의 말을 던진다. 이 당부의 말은 〈가시리〉의 묘(妙)가 숨어 있는 대목으로 극찬(양주동, 1947)을 받았다. "서두와 수미일관의 구조를 취하고 있는 것도 그러하려니와, 원(怨)하고 소(訴)하고 반발(反撥)하고 다시 눙쳐 보는, 본사의 모든 말들이 결국에는 결사의 이 말을 하기 위함"이라고 하며, '듯'이라는 절묘한 표현을 찾아냄으로써 〈가시리〉의 묘미가 살아났다고 평한 것이다. 사전에서 '듯'은 "그런 것 같기도 하고 그러지 아니한 것 같기도 함을 나타내는 말"이라고 규정되어 있다. 경계에 있는 어떤 상태나 양상을 표현하는 말인데, 모양뿐만 아니라 시간까지 형상한 말이다. 사전을 참고해보면 "가시는 듯 도셔 오쇼셔"라는 표현은 가는 듯한 모양만 취하다가 돌아오라는, 즉 떠나는 시늉만 하라는 말도 되고, 가는 것처럼 하다가 곧바로 빨리 돌아오라는 말도 된다. 버리고 떠나는 임의 처지나 마음을 헤아려주는 듯한 포즈를 취하면서 화자 자신의 소망까지 언표화한 묘미가 있다. 논리적 전개에 주목하여 〈가시리〉를 오성(悟性)의 형식(정병욱, 1975)이라고 부른 것이나, 원인 파악과 그에 대한 주관적인 처방이 나타나는 노래(최미정, 1990)라고 본 것도 이 때문이다. 화자가 이별의 상황에 논리적으로 대응하는 한편, 조리 있는 화법을 구사하고 있기에 가능한 평가이다.

이렇듯 화자는 '듯'이라는 우리말 표현의 절묘함 혹은 애매함에 기대어 노골적으로 만류하지 않고 애교 있게 호소하는 말로 자신의 바람을 언어화하고 있다. 이별의 상황을 바꿀 수는 없겠지만 그렇게 소망을 표현함으로써 적어도 화자는 심리적 평정 혹은 해소의 상태에 이를 수 있었을 것이다.

언어적 대응을 통한 심리적 극복

〈가시리〉의 화자는 상황을 확인한 후 어쩔 수 없으니 보내지만 곧 다시 오라고 호소한다. 임에 대한 원망이나 자신의 처지에 대한 한탄은 찾아보기 어렵다. 그러나 고전시가의 화자들이 모두 〈가시리〉의 화자처럼 이별의 상황에 대응하는 것은 아니다. 시대나 갈래, 작자에 따라 다른 양상을 보인다. 『악부』(고대본)에 수록된 다음 사설시조의 화자 역시 임이 떠나는 상황에 처해 있다. 그런데 조심스럽게 임의 눈치를 살피며 다시 오라고 호소하는 〈가시리〉의 화자와는 다른 언어적 대응 방식을 보여주고 있다.

> 다려 가거라 ᄭᅳᆯ어 가거라 나를 두고선 못 가느니라 여필(女必)은 종부(從夫)ㅣ릿스니 거저 두고는 못 가느니라
>
> 나를 바리고 가랴 ᄒᆞ거든 청룡도(青龍刀) 잘 드는 칼노 요ᄎᆞᆷ이라도 ᄒᆞ고서 아ᄅᆡ 토막이라도 가저 가소 못 가느니라 못 가느니라 나를 바리고 못 가느니라 나를 바리고 가랴 ᄒᆞ거든 홍로화(紅爐火) 모진 불에 살울 터이면 살우고 가소 못 가느니라 못 가느니라 그저 두고는 못 가느니라 그저 두고서 가랴 ᄒᆞ거든 여산폭포(廬山瀑布) 흘으는 물에 풍덩 더지기라도 ᄒᆞ고서 가소 나를 버리고 가는 님은 오리(五里)를 못 가서 발 병이 나고 십리(十里)를 못 가서 안즌방이 되리라
>
> ᄎᆞᆷ으로 임(任) ᄉᆡᆼ각 그리워셔 나 못 살겟네

화자는 다짜고짜 자신을 데려가거나 끌고 가라고 한다. 자신을 두고 가려거든 잘 드는 청룡도로 허리를 베어 한 토막을 가져가거나 붉은 화롯불에 자신을 태워버리거나 여산 폭포에 자신을 던져버리고 가라는 극단적인 표현도 서슴지 않는다. 이어 자신을 버리고 간다면 얼마 가기도 전에 발에 병이 나고 앉은뱅이가 될 것이라는 저주의 말까지 던진다. 이토록 거칠고 강하게 자신의 감정을 표현하였지만, 노래의 마지막에 이르러서는 임 생각이 나서 못 살겠다는 자탄의 말을 내뱉는 것으로 끝을 내고 있다.

『청구영언』(진본)에 실린 다음 작품에는 해학적인 표현이 잘 드러난다.

이제ᄂᆞᆫ 못 보게도 ᄒᆞ애 못 볼시ᄂᆞᆫ 적실(的實)커다

만리(萬里) 가ᄂᆞᆫ 길헤 해구(海口) 절식(絶息)ᄒᆞ고 은하수(銀河水) 건너쒸여 북해(北海) ᄀᆞ리지고 풍토(風土)ㅣ 절심(切甚)ᄒᆞᆫᄃᆡ 심의산(深意山) ᄀᆞᆯ가마귀 태백산(太白山) 기ᄉᆞᆰ으로 골각골각 우닐며 ᄎᆞ돌도 바히 못 어더 먹고 굶어 죽ᄂᆞᆫ 싸희 내 어ᄃᆡ 가셔 님 ᄎᆞ자 보리

아ᄒᆡ야 님이 오셔든 주려 죽단 말 ᄉᆡᆼ심도 말고 빨빨이 그리다가 거어즐 병(病) 어더서 갓고 쌔만 나마 달바조 밋트로 아장밧삭 건니다가 쟈근 쇼마 보신 후(後)에 니마 우희 손을 언ᄭᅩ ᄒᆞᆫ 가래 추혀들고 잣바져 죽다 ᄒᆞ여라

이 사설시조의 화자는 〈가시리〉의 화자처럼 이별의 상황을 인지하고 받아들이는 것으로부터 시작한다. 이제는 못 만날 것이 확실하다고, 산 넘고 바다를 건너 찾아간들 만나볼 길이 있겠느냐며 임의 떠남과 부재를 재차 확인한다. 그런데 이별을 기정사실로 받아들인 후에는 〈가시리〉의 화자와 달리 임이 오거든 자신이 그리움에 병을 얻어 황망하게 죽었다고 전하라고, 다소 해학적으로 이야기한다.

내가 사준 옷을 걸치고
내가 사준 향술 뿌리고
지금쯤 넌 그녈 만나 또 웃고 있겠지
그렇게 좋았던 거니 날 버리고 떠날 만큼
얼마나 더 어떻게 더 잘 해야 한 거니
너를 아무리 지울래도 함께한 날이 얼마인데
지난 시간이 억울해서 자꾸 눈물이 흐르지만
보여줄게 완전히 달라진 나
보여줄게 훨씬 더 예뻐진 나
바보처럼 사랑 때문에 떠난 너 때문에 울지 않을래
더 멋진 남잘 만나 꼭 보여줄게 너보다 행복한 나
너 없이도 슬프지 않아 무너지지 않아 boy you gotta be aware

위 내용은 에일리가 부른 〈보여줄게〉(강은경 작사, 김도훈·이현승 작곡)라는 노래의 첫 부분이다. 가사를 보면 오랜 시간 사귀던 남자가 다른 여자를 만나 떠났음을 알 수 있다. 속상하고 억울해서 눈물이 나지만 달라진 모습을 '보여주겠다'고 선언하며 스스로 다짐하고 있다. 바보처럼 울지 않고 더 나은 사람을 만나 더 행복한 나의 모습을 보여주겠다고 거듭 말하는데, 그래서 노래 제목마저도 '보여줄게'이다. 이 노래는 큰 인기를 끌었다. 떠난 사람 때문에 괴로워하고 울어본 경험이 있는 사람, 그리고 너 없이도 잘 살 거라고 큰소리를 쳐본 경험이 있는 사람들에게 공감을 얻었던 것이다.

인간사에서 이별은 일상이다. 따라서 이별의 상황을 받아들이고 극복하는 것 또한 일상사다. 사람은 누구나 사랑하는 사람과의 이별로 상처를 받고 슬픔을 경험한다. 그래도 스스로를 위로하며 어떻게든 다시 살아갈 힘을 내면서, 삶은 중단 없이 계속된다. 이때 노래나 말이 살아갈 힘을 내는 하나의 방식일 수 있는데, 이별의 상황과 슬픔을 표현하는 것만으로도, 즉 외현화(外現化)하는 것만으로도 심리적 극복이 시작되기 때문이다. 그런데 이별을 극복하는 방식이 하나가 아니듯 이별에 처한 여성 화자가 감정과 슬픔을 외현화하는 태도와 방식 또한 다양하다. 〈가시리〉의 화자처럼 다시 돌아오라는 호소의 말을 던짐으로써 스스로 위로할 수도 있지만, 자신을 데리고 가거나 죽이고 가라고 떼를 쓴다거나 임이 돌아오면 죽었다고 전하라며 위협 아닌 위협의 말을 하며 상처받은 마음을 공격적으로 표출함으로써 극복하고자 할 수도 있다. 방식은 다양하지만 그 모든 방식이 이별의 상황을 받아들이고 슬픔을 극복하고 스스로를 위로하기 위한 언어 행위임에는 다르지 않다. 오늘날 많은 사람들이 이별을 소재로 한 대중가요에 공감하고 심리적 위안을 받는 것도 이러한 맥락에서 이해할 수 있다.

참고문헌

김대행(1996), 「고려시가의 문학적 특성」, 성균관대학교 인문과학연구소 편, 『고려가요 연구의 현황과 전망』, 집문당.

김대행 외(1986), 『고려시가의 정서』, 개문사.

양주동(1947), 『여요전주』, 을유문화사.

염은열(2012), 「학교 바깥 고전시가의 변용과 향유에 대한 교육적 성찰 ―〈가시리〉를 예로, 『문학치료연구』 23, 한국문학치료학회.

염은열(2013), 『공감의 미학, 고려속요를 말하다』, 역락.

정병욱(1975), 『한국고전시가론』, 신구문화사.

조윤제(1978), 『국문학개설』, 탐구당.

최미정(1990), 『고려속요의 수용사적 연구』, 서울대학교 박사학위논문.

최용수(1991), 『고려가요의 유형적 연구』, 영남대학교 박사학위논문.

최진원(1996), 「고려가요 연구의 현황과 전망」, 성균관대학교 인문과학연구소 편, 『고려가요 연구의 현황과 전망』, 집문당.

허남춘(1996), 「〈동동〉의 예악사상」, 성균관대학교 인문과학연구소 편, 『고려가요 연구의 현황과 전망』, 집문당.

고려가요 10

만전춘별사 滿殿春別詞

지은이 미상 **출처**『악장가사』

어름 우희 댓닙자리 보와 님과 나와 어러 주글만뎡
어름 우희 댓닙자리 보와 님과 나와 어러 주글만뎡
情정둔 오ᄂᆞᆳ범 더듸 새오시라 더듸 새오시라

耿耿경경 孤枕上고침샹애 어느 ᄌᆞ미 오리오
西窓셔창을 여러ᄒᆞ니 桃花도화ㅣ 發발ᄒᆞ두다
桃花도화ᄂᆞᆫ 시름업서 笑春風쇼춘풍ᄒᆞᄂᆞ다 笑春風쇼춘풍ᄒᆞᄂᆞ다

넉시라도 님을 ᄒᆞᆫᄃᆡ 녀닛景경 너기다니
넉시라도 님을 ᄒᆞᆫᄃᆡ 녀닛景경 너기다니
벼기더시니 뉘러시니잇가 뉘러시니잇가

올하 올하 아련 비올하
여흘란 어듸 두고 소해 자라 온다
소콧 얼면 여흘도 됴ᄒᆞ니 여흘도 됴ᄒᆞ니

南山남산애 자리 보와 玉山옥산을 벼여 누어
錦繡山금슈산 니블 안해 麝香사향 각시를 아나 누어
南山남산애 자리 보와 玉山옥산을 벼어 누어
錦繡山금슈산 니블 안해 麝香사향 각시를 아나 누어

藥약든 가ᄉᆞᆷ을 맛초ᄋᆞᆸ사이다 맛초ᄋᆞᆸ사이다

아소 님하 원ᄃᆡ평ᄉᆡᆼ遠代平生애 여힐 ᄉᆞᆯ 모ᄅᆞᄋᆞᆸ새

맥락

많은 인기를 끌었던 노래

〈만전춘별사〉는 『악장가사』에 전하는 작자 미상의 고려속요 작품이다. 그런데 『성종실록』(성종 19년 8월 13일)에 따르면 이세좌(李世佐)가 기녀와 악공들이 음탕한 음악을 익히지 말기를 청하는 중에 '만전춘'이 언급되는데, 이로부터 이 노래가 조선시대에 들어와 비루하고 저속한 가사[鄙俚之詞]로 지목되었음을 알 수 있다.

"요사이의 음악은 거의 남녀가 서로 좋아하는 가사를 쓰고 있는데 이는 곡연(曲宴)이나 관사(觀射)에 거둥하실 때는 써도 무방합니다만, 정전에 임어하시어 군신을 대할 때 이 속된 말을 쓰는 것이 사체에 어떠하겠습니까? 신이 장악 제조가 되었으나 본래 음률을 해득하지 못합니다. 그러하오나 들은 바대로 말씀드린다면 진작(眞勺)은 비록 속된 말이나 충신이 임금을 그리는 가사이므로 쓴다 해도 방해로울 것이 없으나, 다만 간간이 노래에 비루하고 저속한 가사로 후정화(後庭花), 만전춘 같은 종류도 많습니다. 치화평(致和平), 보태평(保太平), 정대업(定大業) 같은 것은 곧 조종의 공덕을 칭송하는 가사로서 마땅히 이를 부르도록 해서 성덕과 신공을 포양하여야 할 것입니다. 지금의 기공들은 누적된 관습에 젖어 있어 정악을 버리고 음탕한 음악을 좋아하니, 심히 적당하지 못합니다. 일체의 속된 말들은, 청컨대 모두 연습치 말게 하소서."

위 기록은 〈만전춘별사〉가 조선시대에 비루하고 저속한 가사로 비판받았음을 보여주는 것이지만, 그만큼 이 노래가 궁중에서 널리 불렸으며 많은 인기를 누렸음을 짐작하게 한다. 한편 조선 초 문신인 김수온(金守溫)의 시문집 『식우집(拭疣集)』에는 〈만전춘별사〉의 1연을 다음과 같은 한시로 번역하여 전하고 있다.

十月層氷上(십월층빙상)	시월 얼음 위에
寒凝竹葉棲(한응죽엽서)	찬 댓잎 자리 만들어
與君寧凍死(여군영동사)	임과 차라리 얼어 죽을망정
遮莫伍更鷄(차막오경계)	새벽닭이여 울지 마라

〈만전춘별사〉 수록 부분 (『악장가사』)

〈만전춘별사〉의 1연을 한시로 옮기면서 10월이라는 시간적 배경을 구체적으로 설정하고, 부디 오늘밤이 더디 가기를 바라는 마음을 "새벽닭이여 울지 마라"로 달리 표현하는 차이가 있다. 그러나 〈만전춘별사〉와 마찬가지로 임에 대한 화자의 강렬한 사랑, 그리고 임과 지내는 짧은 시간에 대한 진한 아쉬움을 진솔하게 드러내고 있다. 이러한 사실에서도 〈만전춘별사〉의 인기가 높았음을 확인할 수 있다.

쟁점

'만전춘별사'와 '만전춘'의 관계

노래 제목과 관련한 첫 번째 쟁점은 〈만전춘별사〉의 제목이 무엇을 뜻하는지에 대한 물음에서 시작된다. 대부분의 고려속요 제목들은 작품 내용이나 작품 속 시어 등을 따서 붙여지는데, 〈만전춘별사〉의 경우 제목이 노래 내용과 어떤 관련성을 갖는지가 명확하지 않기 때문이다.

먼저 〈만전춘별사〉의 노랫말은 기존 민요의 사설을 이것저것 모아 합성 편사해놓은 것인 만큼, 노래 내용과 무관하다고 보는 입장이 있다. 〈만전춘별사〉의 제목은 고려 이래로 관습화된 사조명(詞調名) 붙이기에서 비롯되었다고 보는데, 실제로 그 당시 사(詞)문학은 관례상 제목 대신 사조명을 붙이는 경우가 많았고, 이들은 대체로 작품 내용과는 관련성이 떨어지는 것들이었다(박노준, 1990).

반면 〈만전춘별사〉의 제목을 작품 내용과 관련지어 풀기도 하였다. '만전춘'

이 곧 '궁정에 가득한 봄'이라는 뜻인 만큼, 임과 화자의 화합을 지향하는 작품 내용이 '만전춘'이라는 제목과 관계있으리라는 추정이다(성현경, 1975). 특히 제목의 '전'이 궁전을 뜻하고 '옥산', '사향각시' 등의 화려한 궁중 용어가 사용되고 있다는 점에서, 작품의 배경을 궁중으로 보고 이 노래를 궁녀들의 임금을 향한 구애와 실연의 애정가요로 살피기도 하였다(이임수, 1988; 김영수, 2012).

이와 달리 〈만전춘별사〉를 노래극의 대본으로 보고 제목의 의미를 탐구하기도 하였다. 이러한 입장에서는 '전(殿)'이 궁전, '춘(春)'이 기(妓)의 대칭, '만(滿)'이 참여자의 무리를 가리키는 것이 되어, 궁전을 무대로 참여자의 만원(滿員)을 뜻하는 의미가 제목에 포함된 것으로 본다(려증동, 1967). 이는 가극(歌劇)의 조건에 맞추어 제목을 풀어내는 특징이 있다.

두 번째 쟁점은 이 노래의 제목에만 특별히 덧붙여져 있는 '별사'라는 용어의 의미에 관한 것이다. 특히 『악장가사』에 수록되어 전하는 이 노랫말과 별개로, 세종 때 윤회(尹淮)가 지은 한문악장 〈만전춘(滿殿春)〉이 『세종실록(世宗實錄)』 악보에 전하고 있다. 그런데 시기적으로 후대에 만들어진 조선 세종 때의 한문악장 작품이 '만전춘'으로 표기되고, 이보다 앞선 고려속요 작품에 '별사'라는 말이 붙어 있는 이유에 대해 의문이 제기되어 왔다.

우선, 본래 〈만전춘〉의 한문가사가 있었는데 후대에 이것이 소실되고, 그 곡조에 현재의 가사가 얹히어 불리게 되었다고 추정할 수 있다. 이러한 추정은 현재의 제명에 붙은 '별사'의 의미를 선명하게 설명해주는 장점을 갖지만, 확실한 문헌에 의한 전거나 고증이 뒷받침되지 않아 현재로서는 개연성 있는 주장에 그치고 있다.

또한 세종 때의 한문 악장인 〈만전춘〉과 구별하기 위해 고려속요 작품에 '별사'라는 말을 덧붙인 것으로 보면서, 사실상 고려속요 〈만전춘별사〉가 본래 가사에 해당하고 세종 때 지어진 한문악장 〈만전춘〉이 별사의 성격을 갖는다고 설명하기도 한다(장사훈, 1979; 김택규, 1979). 세종 대에 윤회가 〈만전춘〉의 곡에 〈봉황음(鳳凰吟)〉의 가사를 붙여 새로 노래를 만들었는데, 이 노래가 본래 우리말로 되어 있던 고려속요 〈만전춘별사〉를 대체하게 되었다고 보는 것이다. 우리말로 된 노래로 내용이 비리하다는 점 때문에 후대의 개찬가사가 도리어 '만전춘'의 이름을 갖게 되고, 본래 '만전춘'이었던 고려속요 작품이 별사가 되는 뒤바뀜이 일어난 것이다. 이러한 설명에 따르면 『세종실록』(세종 24년 2월, 세종 29년 6월)의 기록에 등장하는 〈만전춘〉은 개찬가사인 한문악장에 해당하고, 『성종실록』(성종 19년 8월)에 언급된 〈만전춘〉은 기존에 전해져 오던 고려속요 작품을 가리키는 것으로 구별될 수 있다.

현재로서는 창작 배경을 전해주는 기록이 부족한 탓에 '만전춘별사'라는 제목이 어떤 의미이며 무엇에서 비롯되었는지를 명확하게 확정하기는 어렵다.

꼼꼼히 읽기

사랑의 만화경

〈만전춘별사〉는 『악장가사』에 6개로 단이 구분되어 있어 이를 근거로 대체로 여섯 연으로 짜인 작품으로 이해된다. 그런데 각 연들이 형태 면에서 차이가 있을 뿐만 아니라, 우리말의 진솔한 문체를 사용한 연과 생경한 한자 어투로 된 연이 뒤섞여 있어 하나의 통일된 형식을 갖추지 못한 것으로 보인다. 이러한 모습은 여러 노래가 묶여서 만들어졌다는 합가의 가능성을 불러온다. 형식만 하더라도 1연이 민요, 2연, 4연, 5연이 광의의 시조, 3연이 민요와 경기체가, 6연이 향가의 종결부 양식과 유사한 형태로 되어 있어 여러 노래가 함께 묶인 노래라는 추정을 하게 된다.

그런데 여러 노래가 묶인 합가라 하더라도 하나의 노래에 삽입할 때는 그 작품의 구조에 맞게 유기적 관계를 지니도록 고려한다는 점에서, 하나의 작품 속에서 전체적 의미를 좇아 각 연을 감상해볼 수도 있다.

1연에서는 '얼음 위의 댓잎자리'에서 얼어 죽어도 좋으니 오늘밤이 계속되기를 바란다는 극단적인 욕망을 거침없이 드러낸다. 뜨거운 성애를 차가운 얼음과 맞붙여놓고 불같은 사랑을 얼어 죽는 것과 대응시키는 방식으로 사랑의 희열을 감각적으로 그려내고 있다. 자기 감정에 매우 솔직하면서도 격정적인 화자이기에, 조금의 망설임 없이 1연부터 뜨거운 사랑을 내뱉고 있다.

이러한 모습이 예사롭지 않다고 보아 내일이 없는 사랑, 절박감과 불안을 전제로 한 사랑, 금지된 사랑 등으로 읽어내기도 하고, 이별 상황에서의 비극적 정서를 역설적으로 표현한 것으로 해석하기도 한다. 두 번씩이나 반복되는 표현에서 일종의 가정적 설정을 찾아내어, 화자의 소망이 구체화된 가상의 상황으로 이해하기도 한다(염은열, 2013). 이별을 앞둔 여성이든 사랑의 한 가운데에 있는 여성이든 간에, 극단성을 수반한 가정법을 빌려 시간의 흐름을 멈추면서까지, 그리고 죽음을 내뱉으면서까지 성애를 만끽하려는 화자의 갈망만은 생생하게 전해진다.

그런데 이러한 뜨거운 성애를 내뱉는 모습은 이어지는 2연에서 갑자기 차갑게 식으면서 반전을 이룬다. 1연과 시간적·상황적으로 단절된 채 고독과 좌절의 장면이 새롭게 연출되고 있다. 얼어 죽더라도 헤어지지 않으려 했던 임은 이제 온데간데없고, 화자는 홀로 외로운 침상에서 잠들지 못하고 뒤척인다. 여기에 시름 가득하고 외로운 방안과 달리 서창의 바깥 세계는 봄바람이 불고 도화(桃花)가 활짝 웃고 있어 선명하게 대비된다. 이처럼 똑같은 밤이건만 1연과 2연 사이에는 임과 나의 화합과 단절이라는 상황적 대비가 뚜렷하게 확인된다. 그리고 2연 안에서도 봄바람, 도화와 같은 자연은 조화를 이루는 데 반해 화자와 임은 불화하는 처지라는 점에서 이러한 대비가 나타난다.

고독과 좌절의 상황은 3연에 이르러 임에 대한 원망의 정서를 자연스럽게 불러일으킨다. 넋이라도 함께 하자고 여겼는데, 어긴 이가 누구였는지를 반문하면서 마음속에 생겨난 임에 대한 원망을 따지듯이 늘어놓는다. 이러한 내용은 〈정과정〉에서도 볼 수 있는데, 당시 널리 유포된 사설을 〈정과정〉과 이 노래가 모두 차용한 것으로 짐작된다.

임을 향한 원망을 잔뜩 쏟아낸 화자는 4연에서 돌연 오리에게 말을 건넨다. 여울에 있던 오리가 소를 찾아온 것을 두고서 그동안 자신을 외롭게 만든 임을 향해 따지듯 묻는다. 여기서 오리는 임, 화자는 소, 화자의 연적(戀敵)은 각각 여울에 대응될 수 있다. 소에 해당하는 화자가 얼면(제대로 기능하지 않으면) 여울에 해당하는 연적들이 좋아할 테지만, 결코 소가 어는 일은 없을 것이라고 보면 '소가 얼면 여울도 좋을 텐데'라는 말은 화자가 내뱉은 자신감의 표현일 수 있다(이영태, 2018). 이와 달리 '소가 얼면 여울도 좋을 텐데'는 적어도 상황을 보아가며 소나 여울을 선택하려는 오리의 말일 수도 있다. 오리의 말이 화자가 바라는 임의 말을 상상해 낸 것이라고 보면 소와 여울의 존재를 모두 인정해주기를 바라는 화자의 마음을 드러내는 대목이 될 수도 있다(염은열, 2013). 소든 여울이든 둘 중에 하나를 선택한다면 적어도 임이 아주 떠나는 것만은 막을 수 있기 때문이다.

5연에서 화자는 다시 임과 하나가 되는 장면을 꿈꾸고 있다. 1연의 차가운 얼음 위와는 다른, '남산', '옥산', '금수산' 등으로 그려지는 아름다운 이곳에서 '약든 가슴'을 맞추는 상상을 하고 있다. 임과의 합일에 대한 소망을 내뱉고 있는 것이다. 이러한 상상이 있었기에, 마지막으로 '평생토록 이별할 줄 모르고 지내소서'라는 말로 작품이 매듭지어진다.

이처럼 〈만전춘별사〉는 사랑의 한 지점에 머무르지 않고, 뜨거운 성애의 순간부터 헤어진 이후의 기다림과 좌절, 그리고 재회의 소망까지 사랑에서 이별까지의 모든 순간을 노래하는 다채로운 작품이라 할 수 있다.

엮어 읽기

사설 차용의 재미

〈만전춘별사〉는 각 연의 독립성이 강한 탓에 하나의 일관된 목소리로 작품을 읽어내기가 쉽지 않다. 뜨거운 사랑을 거침없이 내뱉는 것으로 시작하지만(1연), 곧바로 헤어진 외로움을 노래하기도 하고(2연), 함께 하자고 했던 약속을 어긴 임에 대한 원망을 늘어놓기도 한다(3연). 돌연 오리를 상대로 소와 여울에 대한 이야기를 하다가(4연), 임과의 합일을 상상하고서(5연) 송축으로 마무리 짓고 있다(6연). 각 연마다 화자의 정서와 태도가 달라지는 데다가, 형식적으로도 각 연의 길이가 일정치 않고 우리말 표기와 한자 어투가 혼합되어 있어 작품의 통일성이 떨어진다. 실제로 3연의 경우 〈정과정〉에서도 그 모습을 찾아볼 수 있는데, 이는 여러 사설이 넘나들면서 공유되었던 흔적으로 보인다.

이처럼 여러 사설들이 한 작품 속에 들어오면서 의미가 연속되지 못한 채 단절되기도 하지만, 한편으로 이러한 전개는 사랑과 이별의 여러 빛깔을 한 작품 속에 모두 펼쳐놓은 효과를 주기도 한다. 제각각 다른 맥락에 위치했던 사설들이었지만 하나의 작품으로 묶이면서 여러 소재와 감정을 차용하고 공유하는 가운데 이전과는 다른 의미를 만들어내고 있는 것이다.

그렇다면 널리 알려진 기존의 사설들이 새로운 텍스트로 들어오는 과정에서 어떠한 효과와 재미가 발생할까? 한 편의 서정시는 단일한 목소리와 형식으로 구성되는 것이 일반적인데, 굳이 이를 포기하고서 서로 다른 노래나 텍스트를 차용하고 변주하는 까닭이 궁금해진다. 이를 위해 여러 노래와 사설이 차용되어 합성된 것으로 알려진 잡가 〈제비가〉의 노랫말을 살펴보자.

만첩산중 늙은 범 살찐 암캐를 물어다 놓고 에–어르고 노닌다	〈춘향가〉
광풍의 낙엽처럼 벽허(碧虛) 등둥 떠나간다 일락서산(日落西山) 해는 뚝 떨어져 월출동령(月出東嶺)에 달이 솟네 만리장천(萬里長天)에 울고 가는 저 기러기	
제비를 후리러 나간다 제비를 후리러 나간다 복희씨(伏羲氏) 맺힌 그물을 두루쳐 메고서 나간다 망탕산(芒宕山)으로 나간다 우이여–어허어 어이고 저 제비 네 어디로 달아나노 백운(白雲)을 박차며 흑운(黑雲)을 무릅쓰고 반공중에 높이 떠 우이여–어허이 어이고 달아를 나느냐 내 집으로 훨훨 다 오너라 양류상(楊柳上)에 앉은 꾀꼬리 제비만 여겨 후린다 아하 이에이 에헤야 네 어디로 행하느냐	〈흥부가〉
슬픈 소래 두견성(杜鵑聲) 슬픈 소래 두견제(杜鵑啼)	〈새타령〉
월도천심야삼경(月到天心夜三更)에 그 어느 낭군이 날 찾아오리	〈춘향가〉
울림비조(鬱林飛鳥) 뭇새들은 농춘화답(弄春和答)에 짝을 지어 쌍거쌍래 날아든다 말 잘하는 앵무새 춤 잘 추는 학 두루미 문채(紋彩) 좋은 공작 공기 적다 공기 뚜루루루루룩 숙궁 접동 스르라니 호반새 날아든다	〈새타령〉
기러기 훨훨 방울새 떨렁 다 날아들고 제비만 다 어디로 달아나노	〈흥부가〉

〈제비가〉 사설 분석(고정희, 2008)

〈제비가〉는 그 이름에서 보듯 〈흥부가〉 중에서 놀부가 제비 몰러 나가는 대목을 중심으로 만들어진 12잡가 중의 하나이다. 그런데 위의 노랫말 분석과 같이 〈흥부가〉뿐만 아니라 〈춘향가〉, 〈새타령〉 등의 여러 사설을 차용하여 병치하고 있어 유기성과 일관성이 매우 떨어진 채 내용이 전개되고 있다.

〈춘향가〉의 사랑가 중에서 송광록의 더늠이었던 '만첩산중 늙은 범'으로 시작하다가, 갑자기 제비를 후리러 나간다는 〈흥부가〉의 한 대목으로 옮겨간다. 제비를 잡겠다는 욕망이 제시되다가 느닷없이 〈새타령〉이 끼어들기도 하고, 곧바로 〈춘향가〉에서 춘향의 심정을 그린 대목이 이어지기도 한다. 그러다가 다시 〈새타령〉을 불러들이게 되고, 갈구하던 제비가 잡히지 않아서 안타까운 놀부의 심정이 그려진다. 물론 〈제비가〉에 등장하는 여러 인물과 소재들은 '욕망의 추구'와 '욕망의 좌절'과 같이 이항대립적으로 계열화될 수 있다. 각각의 사설들은 이러한 공통된 주제를 향하고 있는 것으로 볼 수 있다.

이처럼 특정한 상황과 감정을 대표하는 기존의 사설들을 작품 속에 끌고 들어오면, 일차적으로 이미 공유되고 있는 의미가 자연스럽게 환기된다. 널리 애호되고 쉽게 접근할 수 있는 낯익은 것을 차용함으로써, 정서나 상황을 더욱 선명하게 드러내고 이를 도식적으로 강화해나가는 것이다(김학성, 2002). 특히 해당 사설이 〈춘향가〉나 〈흥부가〉처럼 다양한 갈래와 작품의 형태로 당시에 널리 향유되던 보편적인 것이라면, 이는 동시대 문화를 공유하고자 하는 욕구를 충족시키는 효과도 갖는다(김대행, 1995). 기존에 알고 있던 공유된 사설을 확인하고 거기에 동참하는 확인의 즐거움이 발생하는 것이다.

그러나 새로운 텍스트에 차용되는 각각의 사설들은 원작품에서 지녔던 의미와 정서에서 떠나, 새로운 맥락 속에 병치되면서 이전과 다른 의미를 만들어내기도 한다. 본래의 도식적 의미를 추수하는 데 그치지 않고, 새로운 맥락 속에서 이전에 지녔던 의미가 전복되기도 하고 예상을 뒤엎는 뜻밖의 정서와 상황이 생겨나기도 한다. 이처럼 원래 텍스트가 지녔던 정서, 상황과 새로운 맥락이 서로 부딪히고 충돌하면서 긴장이 야기될 때, 본래의 의미 자질이 굴절되어 전환되는 일이 발생하는 것이다. 여기서 의미의 굴절과 전환을 발견하는 즐거움도 얻을 수 있다. 이렇게 본다면 〈만전춘별사〉와 〈제비가〉의 재미는 기존에 알고 있던 공유된 사설을 확인하는 것뿐만 아니라 새로운 맥락 속에서 발생하는 의미의 굴절과 전환을 발견하는 것을 포함한다.

이처럼 한 편의 작품에 여러 내용과 형식을 차용하게 되면 통일성과 일관성이 떨어지는 문제가 생기기도 하지만, 다채로운 목소리 속에서 유희성이 확대되는 효과를 거둘 수 있다. 하나의 일관된 주제와 목소리를 포기하는 대신, 널리 알려진 내용을 확인하고 공유하는 재미와 함께 여러 이질적인 내용과 맥락이 충돌하면서 만들어내는 발견의 재미를 노리는 것이다. 이런 점에서 본다면, 오늘날 우리 사회가 공유하는 친숙한 콘텐츠들이 여러 매체를 넘나들면서 끊임없이 모습을 바꿔가는 것도 그리 낯설고 새로운 현상만은 아니다. 익숙한 것이 새로운 맥락을 만나 다양하게 변용되는 과정과 그것이 주는 즐거움은 이미 오래전부터 추구되어 왔다.

참고문헌

고정희(2008), 「비유기적 노랫말을 지닌 고전시가의 재해석」, 『한국시가연구』 24, 한국시가학회.
김대행(1995), 「시조, 가사, 무가, 판소리, 민요의 교섭 양상」, 『한국학연구』 7, 고려대학교 한국학연구소.
김영수(2012), 「만전춘별사의 악장적 성격 고찰」, 『동양학』 51, 동양학연구소.
김택규(1979), 「별곡의 구조」, 『고려가요 연구』, 정음사.
김학성(1987), 『국문학의 탐구』, 성균관대학교출판부.
김학성(2002), 「잡가의 생성기반과 장르 정체성」, 『한국고전시가의 정체성』, 성균관대학교출판부.
려증동(1967), 「만전춘별사 가극론 시고」, 『진주교대 논문집』 1, 진주교육대학교.
려증동(1984), 「만전춘별사 연구」, 김학성 · 권두환 편, 『고전시가론』, 새문사.
박노준(1990), 『고려가요의 연구』, 새문사.
성현경(1975), 「만전춘별사의 구조」, 한국어문학회 편, 『고려시대의 언어와 문학』, 형설출판사.
염은열(2013), 『공감의 미학, 고려속요를 말하다』, 역락.
윤영옥(1996), 「만전춘별사의 재음미」, 성균관대학교 인문과학연구소 편, 『고려가요 연구의 현황과 전망』, 집문당.
이영태(2018), 「만전춘별사, 민요를 속악으로 전용하는 스토리텔링 기법」, 민족문학사연구소 편, 『한국고전문학작품론 3: 고전시가』, 휴머니스트.
이임수(1988), 「만전춘의 문학적 복원」, 『여가연구』, 형설출판사.
장사훈(1979), 「만전춘 형식고」, 『고려가요 연구』, 정음사.
현혜경(1985), 「만전춘 별사에 나타난 화합과 단절」, 김대행 편, 『고려시가의 정서』, 개문사.

한림별곡 翰林別曲

지은이 한림제유(翰林諸儒) **출처**『악장가사』

元淳文원슌문 仁老詩인노시 公老四六공노ᄉᆞ륙
李正言니졍언 陳翰林딘한림 雙韻走筆솽운주필
冲基對策튱긔ᄃᆡᄎᆡᆨ 光鈞經義광균경의 良鏡詩賦량경시부
위 試場시댱ㅅ 景경 긔 엇더ᄒᆞ니잇고
葉엽 琴學士금ᄒᆞᆨᄉᆞ의 玉笋門生옥슌문ᄉᆡᆼ 琴學士금ᄒᆞᆨᄉᆞ의 玉笋門生옥슌문ᄉᆡᆼ
위 날조차 몃 부니잇고

唐漢書당한셔 莊老子장로ᄌᆞ 韓柳文集한류문집
李杜集니두집 蘭臺集난ᄃᆡ집 白樂天集ᄇᆡᆨ락텬집
毛詩尙書모시샹셔 周易春秋주역츈츄 周戴禮記주ᄃᆡ례긔
위 註주조쳐 내외옰 景경 긔 엇더ᄒᆞ니잇고
葉엽 大平廣記대평광긔 四百餘券ᄉᆞᄇᆡᆨ여권 大平廣記대평광긔 四百餘卷ᄉᆞᄇᆡᆨ여권
위 歷覽력남ㅅ 景경 긔 엇더ᄒᆞ니잇고

眞卿書진경셔 飛白書비ᄇᆡᆨ셔 行書草書ᄒᆡᆼ셔초셔
篆籒書뎐류셔 蝌蚪書과두셔 虞書南書우시남셔
羊鬚筆양슈필 鼠鬚筆셔슈필 빗기 드러
위 딕논 景경 긔 엇더ᄒᆞ니잇고
葉엽 吳生劉生오ᄉᆡᆼ류ᄉᆡᆼ 兩先生량션ᄉᆡᆼ의 吳生劉生오ᄉᆡᆼ류ᄉᆡᆼ 兩先生량션ᄉᆡᆼ의
위 走筆주필ㅅ 景경 긔 엇더ᄒᆞ니잇고

黃金酒황금쥬 柏子酒ᄇᆡᆨᄌᆞ쥬 松酒醴酒숑쥬례쥬
竹葉酒듀엽쥬 梨花酒리화쥬 五加皮酒오가피쥬
鸚鵡盞잉무잔 琥珀盃호박ᄇᆡ예 ᄀᆞ득 브어
위 勸上권샹ㅅ 景경 긔 엇더ᄒᆞ니잇고
葉엽 劉伶陶潛류령도ᄌᆞᆷ 兩仙翁량션옹의 劉伶陶潛류령도ᄌᆞᆷ 兩仙翁량션옹의
위 醉취ᄒᆞᆫ 景경 긔 엇더ᄒᆞ니잇고

紅牧丹홍모단 白牧丹ᄇᆡᆨ모단 丁紅牧丹뎡홍모단
紅芍藥홍쟉약 白芍藥ᄇᆡᆨ쟉약 丁紅芍藥뎡홍쟉약
御柳玉梅어류옥ᄆᆡ 黃紫薔薇황ᄌᆞ장미 芷芝冬柏지지동ᄇᆡᆨ
위 間發간발ㅅ 景경 긔 엇더ᄒᆞ니잇고
葉엽 合竹桃花합듁도화 고온 두 분 合竹桃花합듁도화 고온 두 분
위 相映샹영ㅅ 景경 긔 엇더ᄒᆞ니잇고

阿陽琴아양금 文卓笛문탁뎍 宗武中琴종무듕금
帶御香ᄃᆡ어향 玉肌香옥긔향 雙伽倻솽개야ㅅ고
金善琵琶금션비파 宗智嵇琴종ᄃᆡ히금 薛原杖鼓셜원댱고
위 過夜과야ㅅ 景경 긔 엇더ᄒᆞ니잇고
葉엽 一枝紅일지홍의 빗근 笛吹뎍취 一枝紅일지홍의 빗근 笛吹뎍취
위 듣고아 ᄌᆞᆷ드러지라

蓬萊山봉ᄅᆡ산 方丈山방댱산 瀛洲三山영쥬삼산
此三山ᄎᆞ삼산 紅縷閣홍류각 婥妁仙子쟉약션ᄌᆞ
綠髮額子록발ᄋᆡᆨᄌᆞ 錦繡帳裏금슈댱리 珠簾半捲쥬렴반권
위 登望五湖등망오호ㅅ 景경 긔 엇더ᄒᆞ니잇고
葉엽 綠楊綠竹록양록듁 栽亭畔ᄌᆡ뎡반애 綠楊綠竹록양록듁 栽亭畔ᄌᆡ뎡반애
위 囀黃鶯뎐황ᅌᆡᆼ 반갑두세라

唐唐唐당당당 唐楸子당츄ᄌᆞ 皂莢조협 남긔
紅홍실로 紅홍글위 ᄆᆡ요이다
혀고시라 밀오시라 鄭少年뎡쇼년하
위 내 가논 ᄃᆡ 놈 갈셰라
葉엽 削玉纖纖샥옥셤셤 雙手솽슈ㅅ길헤 削玉纖纖샥옥셤셤 雙手솽슈ㅅ길헤
위 携手同遊휴슈동유ㅅ 景경 긔 엇더ᄒᆞ니잇고

맥락

제유의 노래

이 노래는 『고려사』 악지에 고종 때 '제유(諸儒)'가 지은 작품으로 소개되어 있고 한역되어 실려 있다. 『악장가사』에는 고종 때 '한림제유'가 지은 작품으로 소개되어 있고 노랫말 전문이 실려 있다. 이를 통해 〈한림별곡〉이 고종 때 지어진 속악의 가사임을 확인할 수 있는데, 조선시대까지도 제유, 즉 여러 선비들이 모인 자리에서 인기 있는 노래였다.

왕이 술과 고기를 하사하면서 〈한림별곡〉를 부르며 즐기라고 명하는가 하면[태종 13년(1413) 7월 18일], 〈한림별곡〉에 등장하는 잔을 한림들에게 하사하기도 하였다[성종 10년(1479) 11월 14일]. 〈한림별곡〉이 한림들의 술자리 노래로 자리 잡았고 그 사실을 왕까지도 잘 알고 있었음을 확인할 수 있다. 나아가 사신들이 중국으로 돌아갈 때 〈한림별곡〉을 적어 갔다는 기록[세종 7년(1425) 3월 3일, 세종 15년(1433) 11월 14일)]을 보면, 〈한림별곡〉이 조선을 넘어 중국에까지 알려졌던 정황도 알 수 있다.

〈한림별곡〉은 주로 한림제유들의 술자리에서 불렸다. 특히 유생이 급제하여 관료 사회에 편입되는 시점에 신참자를 환영함과 동시에 그들을 길들이기 위한 신고식 혹은 통과의례로 불렸음(『용재총화』 권 4)을 확인할 수 있다. 심지어 한재(旱災)가 나서 왕이 술을 금한 상황에서도 제유들이 〈한림별곡〉을 부르며 술과 고기를 먹고 음악을 즐겨 문제가 된 일도 있었다. 〈한림별곡〉을 부르며 놀기는 했지만 죄를 지은 듯해 왕에게 나아갈 수는 없다고 아뢴 예문관 관리에게, 성종은 옛 풍속을 따르는 것은 문제가 되지 않지만 상황이 상황인지라 옳지 못한 점이 있다

고 지적하면서 업무에 복귀할 것을 명하였다[성종 6년(1475) 8월 4일].

이 밖에도 〈한림별곡〉이 제유들의 노래로 얼마나 인기가 있었는지 보여주는 기록은 더 있다. 쾌심정이라는 정자에서 〈한림별곡〉을 부르며 놀았다는 기록(『용재집』)을 보면 〈한림별곡〉이 한양뿐 아니라 지방에서도 제유가 모인 자리에서 불렸음을 알 수 있고, 『지봉유설(芝峯類說)』과 『성수시화(惺叟詩話)』, 『서포집(西浦集)』, 『해동악부(海東樂府)』 등 여러 문집에도 〈한림별곡〉에 대한 언급이 나온다.

〈한림별곡〉 수록 부분 일부 (『악장가사』)

이러한 기록들을 볼 때, 고려 고종조 여러 선비들이 함께 지은 〈한림별곡〉이 조선시대까지도 궁중 및 선비들의 술자리에서 인기 있는 레퍼토리였음을 알 수 있다.

쟁점

'경 긔 어떠하니잇고'

〈한림별곡〉은 '경 긔 어떠하니잇고'라는 문구로 종결되는 독특한 형식의 노래로, 경기체가 혹은 경기하여가의 효시가 되는 작품이다. 이 문구를 전후로 시어의 배열이나 시상의 전개 방식 등이 달라지는데, 개별적인 사물이나 현상 등을 죽 나열하다가 하나의 '경(景)'으로 종합한 후 '긔 어떠하니잇고'라는 감탄의 말로 마무리하는 형식이 독특하다.

이 형식에 대한 미학적 접근이 시도되면서 〈한림별곡〉 및 경기체가의 장르적 특성에 대한 논의가 촉발되었고, 그 논의는 한국시가 전반을 아우르는 장르론으로까지 확장되었다(조동일, 1974). 그 논의에서는 엄격한 율격적인 배려 아래 나열되었던 사물들이 '경'으로 포괄되면서 장면화된다는 점과 '경'으로 포괄되기 전 사물들이 개별적으로 나열되고 있다는 점에 주목하여, 〈한림별곡〉을 '개별화와 포괄화의 원리'가 작동하는 새로우면서도 독특한 시가 장르라고 보았다. 나아가 이를 '물

(物)'에 대한 관심으로 무장한 신흥사대부들의 부상과 연결 짓고 그 시기 문학 담당층이 교체되고 새로운 갈래가 출현하였음에 주목하여, 〈한림별곡〉의 미학적 종결 방식을 객관적 세계상의 제시, 즉 자아의 세계화로 해석함으로써 급기야 〈한림별곡〉을 교술시가로 규정하는 장르론으로까지 나아갔다.

그러나 여러 문인들의 이름과 그들의 특장(特長) 및 일상 전반에 걸쳐 있는 여러 사물들이 나열되고 있기는 하지만, 전체적인 구도 속에서 바라보면 〈한림별곡〉을 자아의 세계화를 본질로 하는 교술시가로 볼 수 없다는 주장 또한 뒤따랐다. 세계의 객관상을 제시하기는 하지만 그마저도 자아의 감정에 의해 선택된 것이라는 점에서 〈한림별곡〉을 교술시가로 볼 수 없다는 주장(김학성, 1980)이 제기된 것이다. 또 '서경적 대상화와 즉물적 반응으로서의 찬탄'에 다름 아니라는 점에서 경기체가를 서정 장르로 귀속시켜야 한다는 주장(박일용, 1987) 등도 제기되었다.

꼼꼼히 읽기

여덟 개의 꿈

〈한림별곡〉은 경기체가의 효시이자 전형을 보여주는 작품으로 총 8연으로 구성되어 있다. 한문투성이의 어휘들이 엄격한 틀에 갇혀 있어서 답답할 정도의 인상을 주는 특이한 형식임에도 불구하고 그것대로 규격화된 질서 속에서 일정한 감흥과 미학을 유발한다(박노준, 1990).

첫 연을 예로 들어 〈한림별곡〉의 특징을 살펴보자. 전반부인 1~3행에서 3자 혹은 4자라는 제한된 글자 수에 맞춰 여러 문인들과 그들의 특기를 나열하다가, 4행에 이르러 돌연 이 문인들이 한데 모여 시험을 본다면 그 시험장의 풍경이 어떠할까 상상한다. 그리고 후반부 5~6행에 덧붙이기를, 금학사의 옥 같은 문하생들이 자신을 포함하여 몇 명이나 되겠느냐고 호기 있게 묻는다.

문(文)에 능했던 유원순(兪元淳)이나 시(詩)에 능했던 이인로(李仁老) 등 언급되는 여러 문인들의 면면도 흥미를 끌지만, 유명한 문인들과 그들의 특기를 줄줄이 열거하는 것도 매우 이례적이다. 그런데 이렇게 줄줄이 언급한 문인들이 모두 모여 시험을 본다면 그 시험장의 풍경이 어떠할까 하는 생각지도 못한 말이 이어진다. 개별적으로 나열되던 항목들이 모여 하나의 장면, 즉 '경(景)'으로 포괄되고 있는데, '경'인즉 전대와 당대의 내로라하는 문인들이 모두 모여 시험을 치는 풍경이다. 만약 이런 일이 정말 일어났다면 시험장의 권위와 분위기는 대단했을 것이다. 그러나 이 경은 그저 한림제유들이 상상한 장면, 곧 머릿속으로 그려본 장면(박노준, 1990)일 뿐이다. 활동 시기나 직책, 인간관계 등이 모두 달랐던 문인들이 한자리에 모여 재주를 겨루었을 가능성은 없기 때문이다.

결국 〈한림별곡〉의 첫 연은 '당대 문사들이 재주를 겨룬다면 어떻게 될까' 하는, 다소 도발적인 상상에서 출발했다고 볼 수 있다. 이는 학생이 국어 선생님들을 일일이 언급하며 그 선생님들이 모여 국어 시험을 보는 장면을 상상하는 것과 본질적으로 다르지 않은 발상이다. 이러한 상상은 권위의 전복 혹은 이상 내지 관념의 구상화라는 점에서 생각만으로도 재미를 준다.

후반부에 이르면 이러한 장면을 상상한 주체가 누구인지 드러난다. 학사 금의(琴儀) 밑에 있는 제유들이 바로 그들인바, 그들은 스스로를 옥순문생이라고 칭하면서 자신들과 같은 인재가 얼마나 있겠느냐고 반문하며 자긍심을 표출하고 있다. 국어 선생님들이 모여 국어 시험을 치는 장면을 도발적으로 상상하는 데 그치지 않고, '나'처럼 국어 실력이 촉망되는 인재가 몇이나 있겠느냐고 반문하는 셈이다. 이런 말로 시상을 마무리하는 것은 그 어떤 대상이나 권위에도 굴하지 않는 자긍심과 호기가 있을 때 가능한 표현들이다.

첫 연에서 권위에 도전하며 호기롭게 존재감을 드러냈던 한림제유들은 2연부터 8연에 이르기까지 자신들이 동경하거나 꿈꾸는 장면들을 더욱 과감하게 상상하며 즐긴다. 각 연의 화제와 특징적인 경을 정리하면 다음과 같다.

	화제	경(景)
1연	문인	시험 보는 경
2연	서적	주(註)까지 외운 경
3연	글씨	명필 한 점을 찍는 경
4연	술	좋은 술을 권하여 올리는 경

5연	꽃	어우러져 핀 경
6연	음악	온갖 악기와 함께 밤을 보내는 경
7연	절경	높은 대에 올라 오호(五湖)를 바라보는 경
8연	그네	옥 같은 손을 마주잡고 노니는 경

2연에서 8연까지 그들이 꿈꾸는 세계가 펼쳐지는데, 사서삼경은 물론이고 『태평광기(太平廣記)』 사백여 권을 주석까지 줄줄이 외우고 일필휘지로 글을 쓰며 세상에서 좋다는 술들을 모두 취하도록 마셔보고 온갖 좋은 악기를 밤새도록 연주하는 노는 등 한림제유들은 그들이 원하는 것을 거침없이 상상해본다(박노준, 1990, 1996). 거침없는 상상이 이어지다 보니, 엄격한 형식적 제약 안에서 출발한 노래가 뒤로 갈수록 그 제약이 느슨해지고 마지막 연에 이르러서는 영탄의 말이 절로 나온다. 이황이 〈도산십이곡발(陶山十二曲跋)〉에서 "문인의 입에서 나왔지만 자긍심이 강하고 지나치게 호방하며 방탕할 뿐만 아니라 외설스럽고 건방지며 함부로 굴기도 해서 더욱 군자가 마땅히 숭상할 바가 아니다[出於文人之口 而矜豪放蕩 兼以褻慢戲狎 尤非君子所宜尙]"라고 비판할 만하다. 이황과 같은 도학자의 입장에서 보면 매사 진지하게 고민하고 배워야 할 문사들이 취흥을 빙자하여 거침없이 상상하고 즐기는 것은 경계할 만한 일이었을 것이다.

한편 권위에 도전하고 동경하는 바를 마음껏 펼쳐보는 것은 자신감과 당당함이 있을 때 가능하다. 한림제유를 고려 중엽 이후 부상하여 조선 건국을 주도한 신흥사대부들로 보는 것도 이런 이유 때문이다. 사실 〈한림별곡〉은 집단의 정체성을 확인하고 문화적 공감대를 형성하며 종종 권위의 전복도 일어나는 술자리에서 매우 인기 있는 레퍼토리였다. 이 모든 상황을 고려해보면 〈한림별곡〉과 같은 경기체가의 본질은 자긍심의 표출에 있다고 볼 수 있다. 자긍심의 문학이었던 까닭에 〈한림별곡〉에서 시작된 경기체가는 조선 건국 초기에 가장 활발하게 생산되고 향유되었다.

역어 읽기

‘경’을 만들다

다음은 조선 초 권근(權近)이 지은 〈상대별곡(霜臺別曲)〉이다.

> 華山南(화산람) 漢水北(한슈븍) 千年勝地(쳔년승디)
>
> 廣通橋(광통교) 雲鐘街(운종가) 건나드러
>
> 落落長松(낙락댱숑) 亭亭古栢(뎡뎡고빅) 秋霜烏府(츄상오부)
>
> 위 萬古淸風(만고쳥풍)ㅅ 景(경) 긔 엇더ᄒᆞ니잇고
>
> 英雄豪傑(영웅호걸) 一時人材(일시인재) 英雄豪傑(영웅호걸) 一時人材(일시인ᄌᆡ)
>
> 위 날조차 몃 분니잇고

‘상대’는 ‘사헌부’를 일컫는 말로, 인용한 부분은 전체 다섯 장 중 첫 번째 장이다. 〈상대별곡〉은 경기체가의 형식에 충실한 모습을 보여주는데, 북한산의 남쪽이자 한강의 북쪽, 즉 제일 좋은 곳에 자리한 사헌부의 입지에 대한 언급으로 노래가 시작된다. 이어 광통교와 운종가 등 서울 거리와 그 거리에 자리 잡은 사헌부의 서릿발 같은 기상을 말하고, 이 기상을 ‘만고청풍’이라는 한 단어이자 하나의 경으로 포괄하여 이름 짓고 있다. 이는 사헌부의 기세를 표현하는 말이기도 하면서 사헌부 관원들이 지향해야 할 정신 혹은 태도를 변함없이 맑고 깨끗한 모습으로 시각화한 것이다. 이어 새 왕조에 반대하는 세력을 규찰하고 엄격한 질서를 수립하는 중대한 임무를 맡은 사헌부 관원들의 위의(威儀)와 자부심을 토로하는 것으로 노래가 끝이 난다.

여덟 연으로 구성된 〈한림별곡〉과 다섯 연으로 구성된 〈상대별곡〉 모두 각 연의 전반부에서는 하나의 ‘경(景)’을, 각 연의 후반부에서는 그에 대한 혹은 그로부터 촉발된 ‘정(情)’을 드러내고 있다. 사실 ‘경’은 ‘정’과 더불어 전통 시론 혹은 미학에서 중시되는 개념이다. 경은 감각으로 수용된 대상에 대한 객관적 서술로 이루어진 구절을 가리키며, 정은 시인의 감정이나 생각을 담은 구절을 가리킨다(구본현, 2013). 특히 한시 창작의 핵심 개념으로, 경이 정을 촉발하기도 하고 정에 따라 작가가 경을 구성하기도 한다. 〈한림별곡〉이나 〈상대별곡〉 등 경기체가 작품

들은 각 연의 전반부에서는 '경'을, 후반부에서는 '정'을 드러내는 구조로 되어 있다.

노래의 성격이 다르기는 하지만, 경기체가의 발생 및 향유 시기인 여말선초에 경을 핵심으로 삼는 한시 작품이 출현했다는 점도 주목할 만하다.

水遠天長日脚斜(수원천장일각사)	물 멀고 아득한 하늘 해가 지는데
隨陽征雁下汀沙(수양정안하정사)	볕을 따라 기러기는 모래톱에 내리네
行行點破秋空碧(행행점파추공벽)	가을 하늘의 푸름을 줄줄이 찍어 깨뜨리니
底拂黃蘆動雪花(저불황로동설화)	누른 갈대 낮게 스쳐 눈빛꽃을 뒤흔드네

위 시는 이인로의 〈소상팔경시(瀟湘八景詩)〉 중 일부이다. 평평한 모래톱에 내려앉는 기러기의 형상이 그림처럼 펼쳐진다. 평사낙안(平沙落雁), 원포귀범(遠浦歸帆), 강천모설(江天暮雪), 산시청람(山市晴嵐), 동정추월(洞庭秋月), 소상야우(瀟湘夜雨), 연사만종(煙寺晚鐘), 어촌석조(漁村夕照)를 일컬어 '소상팔경'이라고 하는데, 위 시는 그중 '평사낙안'의 모티프를 취한 한시이다. 소수(瀟水)와 상수(湘水)가 만나는 동정호 주변은 빼어난 경치로 유명하다. 11세기 이후 여덟 개의 승경을 발견하여 소상팔경이라고 명명한 후, 그 팔경은 수많은 시와 그림의 소재가 되었고 동아시아 전반에서 이상적인 풍경의 전범이 되었으며 장소를 인식하는 하나의 틀이 되었다.

한림제유들이 동경하는 바를 여덟 개의 경으로 형상화한 것은, 넓게는 경과 정을 핵심 원리로 삼는 동아시아적 창작 전통에 입각한 것으로 볼 수 있다. 그리고 더 가깝게는 소강과 상강 일대의 아름다운 풍경, 곧 '이상적이고 완전한 전체상으로서의 자연'을 팔경으로 그려낸 전통과 관련된다. 덧붙여 『주례(周禮)』에 근거를 둔 8방의 땅, 나아가 8풍(風)의 조화와 통일이라는 문화적 전통(임주탁, 2004)과도 무관하지 않아 보인다. 결국 〈한림별곡〉의 경을 구성하는 방식이나 여덟 개의 경으로 하나의 노래를 짓는 것은 당시의 보편 문화이자 동아시아 공동 문화에 따른 것이라고 할 수 있다. 그 전통이 오늘날까지 풍경을 인식하거나 풍경에 의미를 부여하는 틀 또는 방법으로 이어지고 있음은 물론이다. 관동팔경, 단양팔경 등 그 지역을 대표하는 아름다운 경치를 여덟 개로 명명하여 인식하고 나아가 이를 상품화하는 사례를 찾는 것은 어렵지 않다.

참고문헌

구본현(2013), 「경을 통한 정의 표출 방식에 따른 한시 해석」, 『온지논총』, 34, 온지학회.
김학성(1980), 『한국고전시가의 연구』, 원광대학교출판국.
김학성(1982), 「경기체가」, 황패강 외, 『한국문학연구입문』, 지식산업사.
김흥규(1982), 「장르론의 전망과 경기체가」, 『한국문학연구』, 신구문화사.
박노준(1990), 『고려가요의 연구』, 새문사.
박노준(1996), 「〈한림별곡〉와 〈관동별곡〉(겸 〈죽계별곡〉)의 거리」, 성균관대학교 인문과학연구소 편, 『고려가요 연구의 현황과 전망』, 집문당.
박일용(1987), 「경기체가의 장르적 성격과 그 변화」, 『한국학보』 46, 일지사.
염은열(2007), 『고전문학의 교육적 발견』, 역락.
임주탁(2004), 『강화천도, 그 비운의 역사와 노래』, 새문사.
조동일(1974), 「경기체가의 장르적 성격」, 『동서문화』 7, 계명대학교 동서문화연구소.
조동일(1983), 『한국문학통사 3』, 지식산업사.

Ⅳ

악장

악장

악장(樂章)은 원래 중국에서 국가 행사에 사용되던 공적 음악의 노랫말을 칭하는 말로, 중국의 음악 제도를 받아들인 고려시대와 조선시대 궁중 행사 및 연희에 사용되던 음악의 노랫말을 일컫는 용어로 쓰였다. 그러나 국문학계에서는 악장을 특히 조선 초기, 15세기 전후 궁중 음악의 노랫말을 일컫는 역사적 장르의 명칭으로 사용한다. 〈악학궤범〉이나 〈시용향악보〉, 〈악장가사〉 등의 악서에 기록되어 전한다.

악장은 구체적으로 유교 국가를 표방한 조선이 건국 초기 예악(禮樂)을 정비하는 과정에서 새롭게 제작된 노래들을 일컫는다. 어떤 장르적 특성이나 경향을 보이는 문학 양식을 뜻하는 말이 아니기 때문에, 악장에서 형식적 일관성이나 공통되는 양식적 표지를 발견하기는 어렵다. 그러나 특정한 시기에 출현하였고 궁중 음악으로 소용되었기 때문에 내용상의 공통점이나 지향은 존재한다. 조선 창업 및 왕업을 기리고 찬양하는 송도 혹은 송축, 기원의 내용 및 지향이 대부분인데, 그로 인해 송도가 혹은 송축가, 아송문학(雅頌文學)이라고 부르자는 주장이 제기되기도 하였다. 송축 혹은 기원의 노래라는 공통된 지향이 있기는 하지만, 각각의 노랫말들은 여러 종류의 서로 다른 음악에 맞추어 연행되었다.

노랫말의 표기 및 양식 역시 다양하다. 태조가 원나라 나하추의 침공을 물리친 공덕을 노래한 〈납씨가〉와 태조의 위화도 회군을 찬양한 〈정동방곡〉, 태조의 덕과 유교 정치의 덕을 찬하고 노래한 〈문덕곡〉 등은 한시에 토를 단 현토체 악장이고, 신도읍 한양의 형세와 아름다움을 노래하고 태조의 강녕을 빈 〈신도가〉 등은 단련의 작품으로 고려속요와 비슷한 형식의 악장이며, 중국의 사적을 인용해 태조를 찬양한 〈화산별곡〉과 사헌부의 기상과 위세를 노래한 〈상대별곡〉 등은 경기체가 형식의 악장이다. 여기에 훈민정음을 반포하기 전 심혈을 기울여 제작한 〈용비어천가〉와 불교찬가의 성격을 지니는 〈월인천강지곡〉은 연장체의 국문 양식으로 속요와는 물론이고 당대 다른 악장들과도 다른 특성을 보여준다. 한문 악장이든 현토체 악장이든 국문 악장이든 간에, 단련의 노래가 있기는 하지만 대부분은 여러 장으로 구성된 연장 형식이며 각 연이 후렴구가 덧붙여진 분절 형식을 보인다는 특징이 있다.

〈용비어천가〉는 훈민정음으로 기록된 최초의 노래라는 국어사적 · 국문학사적 의의를 지니는 작품으로, 문학성 역시 뛰어난 악장으로 손꼽힌다. 세종이 주관하여 전국에 영을 내려 태조의 사적을 조사하도록 하는 등 국가적인 사업의 결과로 탄생한 악장으로, 국문시가와 한시, 배경사화로 구성된 총 125장의 장편 노래이며 조선 건국의 정당성을 드러냄과 동시에 왕업을 찬양하였다.

조선 건국 초기에는 왕업을 찬양하고 기원하는 내용의 악장이 활발하게 창작되었지만, 조선 왕조의 기틀이 어느 정도 다져진 후에는 그 필요성이 줄어들어 더 이상 창작되지 않았다. 이러한 사실은 악장이 조선 건국의 필연성과 개연성을 확보하기 위한 목적 문학이자 이념 및 교훈 지향의 노래였음을 다시 한 번 일깨워준다.

악장 01

용비어천가 龍飛御天歌

지은이 정인지 등 **출처** 『용비어천가』 (오대산사고본)

海東해동 六龍육룡이 ᄂᆞᄅᆞ샤 일마다 天福천복이시니
古聖고셩이 同符동부ᄒᆞ시니 (1장)

불휘 기픈 남ᄀᆞᆫ ᄇᆞᄅᆞ매 아니 뮐ᄊᆡ 곶 됴코 여름 하ᄂᆞ니
ᄉᆡ미 기픈 므른 ᄀᆞᄆᆞ래 아니 그츨ᄊᆡ 내히 이러 바ᄅᆞ래 가ᄂᆞ니 (2장)

周國주국 大王대왕이 豳谷빈곡애 사ᄅᆞ샤 帝業제업을 여르시니
우리 始祖시조ㅣ 慶興경흥에 사ᄅᆞ샤 王業왕업을 여르시니 (3장)

千世천세 우희 미리 定정ᄒᆞ샨 漢水北한수북에 累仁開國누인개국ᄒᆞ샤 卜年복년이 ᄀᆞᇫ업스시니
성신聖神이 니ᅀᆞ샤도 敬天勤民경천근민ᄒᆞ샤ᅀᅡ 더욱 구드시리이다
님금하 아ᄅᆞ쇼셔 洛水낙수예 山行산행 가 이셔 하나빌 미드니잇가 (125장)

맥락

우리 문자로 기록된 최초의 노래

〈용비어천가〉의 창작 과정은 비교적 상세히 기록되어 있다. 〈용비어천가〉는 세종 24년(1442) 3월 1일부터 편찬 작업에 들어가, 27년 4월 권제(權踶), 정인지(鄭麟趾), 안지(安止) 등의 원고 상진(上進)이 있었고, 최항(崔恒) 등 집현전 학자들의 보수 작업을 거쳐 세종 29년(1447) 2월 10권 5책으로 만들어져 같은 해 10월에 출간되었다. 제작 과정이 짧지 않고 제작에 참여한 사람들(권제, 정인지, 안지, 박팽년, 강

희안, 신숙주, 이현로, 성삼문, 이개, 신영손)의 수 역시 적지 않음을 알 수 있다.

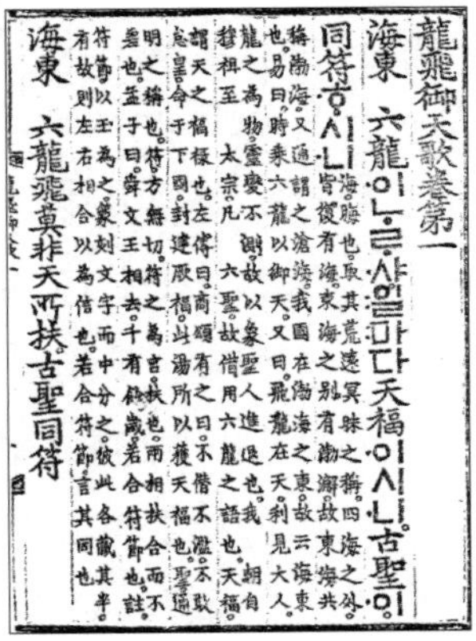

〈용비어천가〉는 총 125장으로, 각 장은 모두 국문시가와 한시, 배경사화 세 부분으로 구성되어 있다. 조선 왕조 창업의 사적[목조(穆祖), 익조(翼祖), 도조(度祖), 환조(桓祖), 태조(太祖), 태종(太宗)]과 후왕들에 대한 권계의 내용을 노래한 국문시가가 먼저 나오고 그 노래를 한역한 한시가 이어진 후, 각 장의 구체적인 내용이나 맥락을 자세히 설명한 배경사화가 뒤따른다.

〈용비어천가〉 첫 장 수록 부분

〈용비어천가〉는 훈민정음으로 표기된 최초의 기록으로, 15세기 중세 국어를 이해하는 데 긴요한 자료이다. 덧붙여 〈용비어천가〉의 창작은 어학적 · 국어사적 의의를 넘어서는 역사적 사건이기도 하다. 〈용비어천가〉는 송축시(頌祝詩)의 성격을 지니는 악장으로 궁중의례에 사용하려는 의도로 제작되었는데, 전국에 사관을 보내 선왕의 행적을 모으는 등 제작 과정에서 세종이 기울인 노력이 예사롭지 않다는 점에서 여느 악장의 제작과도 확연하게 구별된다. 사실 〈용비어천가〉의 제작은 새로 만들어진 문자 체계를 시험 적용해보는 역사적 의미와 더불어, 노래의 주술성에 힘입어 정통성의 시비를 완전히 잠재움으로써 건국을 합리화하려는 이데올로기적 목적까지 지니는 것이었다.

쟁점 서사인가 서정인가

〈용비어천가〉의 문학성 내지 미학성을 밝히려는 논의는 크게 서사시적 면모에 주목한 접근과 서정시가로서의 특질을 구명하려는 접근으로 나뉜다.

전자와 관련하여 일찍이 탄생 과정이 신이하지 않고 여인과의 결연이 드러나지 않는 등 공식적인 특성이 드러나지는 않지만 역사를 배경으로 하고 설화를 소재로 했다는 점과 영웅이 등장한다는 점, 영웅에 수반되는 조건을 갖추고 있다는 점, 그리고 어디까지나 주정적인 정서의 영탄이 아니라 사건의 서술에 중점을 두고 있다는 점에서 〈용비어천가〉가 서사시적 면모를 지닌다는 견해(장덕순, 1964)가 제출되었다. 그리고 서사시로 보는 관점을 유지하면서, 특히 4조의 행적이 태조 이성계의 '고귀한 혈통'을 강조하고 있음을 밝힌 논의(정병욱·이어령, 1977)가 있었다. 또 '선세적누지구(先世積累之久)', '개국(開國)', '후성지수지난(後聖持守之難)', '성덕(盛德)', '대공(大功)', '천명(天命)', '민심(民心)' 등 여러 조목들이 상호 유기적으로 결합되어 있다고 한 세조 때 양성지(梁誠之)의 말에서 실마리를 찾아 〈용비어천가〉가 철저히 유교적 이념이나 덕목에 해당하는 사건들을 나름의 질서에 따라 배치하고 있음을 밝힌 연구(심경호, 1991)도 있었다. 그러나 각 연의 사건 서술이 단편적인 삽화의 제시나 처리에 그친 면이 있고 장과 장의 연결 관계가 분명하게 파악되지 않는 등 서사성이 다소 불완전하며 시간적인 순차 역시 모호한 구석이 있는 것(조규익, 1990)도 사실이다.

이에 대해 인물과 사건의 서술적 진술이 드러난다는 이유만으로 서사시로 보려는 선입견이 작동했다고 비판하면서, 〈용비어천가〉가 영웅의 행적을 소개한 서사시가 아니라 성인의 공덕을 기리고 왕조의 영속을 갈망하는 서정시라는 견해(김학성, 2000a, 2000b)가 제출되었다. 이는 조선 세종조라는 특정한 시대를 배경으로 해서 나온 서정시가라고 보는 견해로, 동아시아 보편 시학의 관점에서 〈용비어천가〉의 특징을 살핀 견해(서수생, 1965; 김문기, 1977)에서 한걸음 나아간 것이다. 이러한 견해에서는 〈용비어천가〉가 직접적 언술과 직언을 핵심으로 하는 시경의 '부(賦)'에 입각해 있되, 배경사화의 내용을 극도로 압축함으로써 서술의 확장으로 나아가지 못했고, 그로 인해 서정성을 확보해 정서적 감응을 불러일으키는 서정시가로 존재한다고 본다.

〈용비어천가〉를 서사시로서 접근하는 관점과 서정시가로서 접근하는 관점이 모두 존재하는 것은 이 노래가 배경사화의 내용을 압축한 짧은 노래이면서, 동시에 인물과 사건이 중심이 되는 내용을 담고 있기 때문이다. 그런 점에서 두 가지 접근 방법은 〈용비어천가〉의 문학성을 입체적이고 종합적으로 이해하는 데 참조가 될 수 있다.

꼼꼼히 읽기

15세기식 건국 이야기

〈용비어천가〉가 목적 문학으로서 철저하게 계산된 작품이라는 점에 주목해보면, 연 혹은 장의 구성에서부터 예사롭지 않은 질서가 감지된다. 해동 여섯 용이 하늘로 오르고(1장) 땅에는 더없는 축복이 내리고(2장), 그 땅 위에서 예사롭지 않은 사람의 일(3장 이하)이 펼쳐진다(조동일, 1983). 하늘[天], 땅[地], 사람[人], 즉 우주를 구성하는 기본 요소이자 그 변화의 동인이 되는 삼재(三才)를 염두에 두고 노래가 진행된다.

창업의 기틀을 잡은 선조들을 하늘과 땅을 오가는 여섯 용으로 빗댄 1장은 일종의 서사에 해당하는 장으로, 송축의 선언이자 3장 이후 본사의 노랫말을 구성하는 방식을 암시하는 장으로 잘 알려져 있다. 육룡의 모든 행적이 하늘의 뜻이자 축복이며 중국 사적에서도 전례를 찾을 수 있는 일임을 선언하고 있다. 이렇게 서사에서 예고한 내용들이 3장 이후의 연들에서 구체적으로 드러난다. 해동 육룡 중 한 명의 사적을 다루되 그 일이 중국에도 있었고 하늘의 뜻이었다는 내용이 3장부터 109장까지 이어진 후, 후왕에 대한 권계의 말(110~125장)로 노래가 마무리된다.

본사에 해당하는 3장 이후 109장에 이르기까지 삽화의 배치 역시 나름의 질서를 보여준다. 〈용비어천가〉가 철저한 준비와 논의의 결과 만들어진 목적 문학이라는 점에서 나름의 질서가 숨어 있을 것이라고 가정하고 각 장의 삽화를 철저히 분석한 연구에서는 삽화의 배열에 다음과 같은 일정한 질서와 논리가 있음을 발견하였다(성기옥, 1984).

주기적 순환의 원리					
①	사조 (3–8)	→	태조 (9–16)		
②	사조 (17–26)	→	태조 (27–89)	→	태종 (90–109)
③	사조 (110–111)	→	태조 (112–122)	→	태종 (123–124)

순차적 진행의 원리

앞의 표를 보면 사조(四祖), 곧 목조, 익조, 도조, 환조의 사적으로부터 시작하여 태조와 태종의 사적으로 서술의 초점이 옮겨지고 있는데, 조선을 연 태조가 가장 비중 있게 다뤄지고 있음을 확인할 수 있다. 그리고 반복해서 등장하는 인물의 배치 순서가 나름 순차적이라는 점과, 그 인물과 관련된 사적 역시 반복되고 있지만 단순 반복에 그치지 않고 상세화 혹은 구체화의 방향성을 지닌다는 점도 알 수 있다. 이처럼 〈용비어천가〉의 본사는 서술의 중심에 태조가 놓여 있고 사적을 순차적으로 제시하되, 상세화 및 구체화하는 방향으로 반복·순환하는 나선형 구조를 보여준다.

그런데 잘 알려지다시피 나선형 구조는 교육과정을 구성하는 원리로서 지식을 학습하고 내면화하는 데 유용하다. 교육할 내용을 한번 노출하고 마는 것이 아니라 반복적으로 제시하면서 점차 심화된 내용으로 나아가는 방식이 바로 나선형 구조인 것이다. 그렇다면 당시에 나선형 구조의 효용성을 간파하여 교육적 효과를 노렸다는, 즉 청중들로 하여금 여섯 용들의 사적은 물론이고 그 사적들이 전례가 있고 하늘의 뜻이었다는 점을 받아들이도록 기획했다는 추정이 가능하다. 〈용비어천가〉를 통해 하늘이 미리 예비한 역사라는 조선 건국의 정통성을 자연스럽게 받아들이도록 한 것이다.

한편 궁중 무악의 가사라는 점에서 조선의 왕들 역시 예상 청중들이었기에, 〈용비어천가〉는 후왕에 대한 경계의 말, 이른바 물망장(勿忘章)을 본사 뒤에 덧붙이는 것으로 노래를 끝맺음하고 있다.

엮어 읽기

설득의 힘을 더하는 유권 해석

〈용비어천가〉는 3장에서 109장까지 해동 육룡과 관련된 일을 다루고 있는데, 중국 사적을 앞에 두고 그와 유사한 우리 사적을 뒤에 병치하는 구조를 취하면서 이 모든 일이 하늘의 뜻이라고 해석하고 있다. 육룡에 관한 사적들을 반복해서 배치함으로써, 조선의 건국을 세계사적인 선례를 가진 사건이며 오래전에 준비되었고 하늘의 조력을 받아 완성된 자명한 역사로 형상화하고 있는 것이다.

〈용비어천가〉의 제작자들은 왜 모든 일을 하늘의 뜻이라고 말하고 조선의 사적에 상응하는 중국의 사적을 끌어오느라 그토록 애를 썼을까? 결론부터 말하면 말에 설득력을 더하기 위함이다. 오늘날에도 어느 권위 있는 기관에서 인정했다거나 선진 외국에서 널리 사용되는 약품이라고 했을 때 그 약품의 성능을 신뢰하는 것처럼, 당시 사람들은 하늘이나 중국을 끌어와 설명했을 때 마음이 움직였던 것이다.

하늘이나 중국 등 권위 있는 것을 끌어들여 사건을 해석하는 행위는 설득력을 더하기 위하여 인간이 보편적으로 사용해온 전략이다. 시대와 장소에 따라 권위를 지니는 것이 다르고 따라서 끌어들여지는 사건이나 사물, 인물 등이 다를 뿐이다. 그런 점에서 〈용비어천가〉와 오늘날 광고 표현은 일견 아무 관련이 없어 보이지만, 사람의 마음을 움직이기 위해 어떤 사건이나 대상을 끌어와 상징적인 조작을 시도하고 있다는 점에서는 유사하다. 〈용비어천가〉의 제작자가 중국이나 하늘 등 당대 사람들에게 권위를 가지거나 선망의 대상이 되는 대상을 끌어들여 조선 건국을 정당화하고 있는 것처럼, 우리 시대의 광고 표현 역시 유명 연예인이나 과학적 근거 등 현 시대의 권위에 기대어 상품의 이미지나 가치를 포장한다. 이처럼 설득력을 더하기 위해 권위를 빌려 오는 행위는 일종의 '유권 해석'에 해당하는데, 앞에서 언급했듯이 유권 해석은 여러 설득적 상황에서 광범위하게 사용되는 방식이다.

한편 이러한 유권 해석에 대한 반응이나 태도는 상징 조작의 주체이냐 그 수용자이냐에 따라 달라질 수 있다. 제작자 혹은 창작자의 입장에서는 적극 활용해야 할 전략이겠지만, 수용자의 입장에서는 그 전략의 실체를 알아채고 비판적인 태도를 취해야 한다. 비판적 수용자라면 〈용비어천가〉가 역사적 사실을 직시하지 못하게 하거나 왜곡함으로써 조선 건국에 대한 객관적 이해를 어렵게 하는 점이 있음을 간파해야 하는 것이다.

말을 활용한 상징 조작의 입장에서 〈용비어천가〉에 접근하는 것은 역사적 산물인 〈용비어천가〉에 대해 깊이 이해하도록 해준다. 당시의 복잡한 정치적 맥락은 물론이고 상징적 조작 방법 및 그것을 작동하게 한 문화적 코드와 세계관 등을 파악할 수 있게 하기 때문이다. 이러한 점에서 현대 독자들, 즉 오늘날의 언어 사용자들에게도 시사하는 바가 적지 않다. 다시 말해 〈용비어천가〉는 사료로서 그 자체로 교육적 가치를 지니는 동시에, 언어를 활용한 상징 조작에 대해 성찰하도록 하면서, 효과적인 쓰기 및 비판적 읽기의 필요성과 그 방법을 생각해보게 하는 자료로서도 그 가치가 적지 않다.

참고문헌

김문기(1977), 「〈용비어천가〉의 구조」, 『국어교육연구』 9, 경북대학교 사범대학.
김학성(2000a), 「용비어천가의 짜임새와 시적 묘미」, 『국어국문학』 126, 국어국문학회.
김학성(2000b), 「동아시아 시학으로 본 용비어천가의 시적 특성」, 『시가시학연구』 8, 한국시가학회.
서수생(1965), 「〈용비어천가〉에 미친 시경의 영향」, 『경북대 논문집』 9, 경북대학교.
성기옥(1984), 「〈용비어천가〉의 서사적 짜임」, 김학성 · 권두환 편, 『고전시가론』, 새문사.
심경호(1992), 「〈용비어천가〉 소론」, 백영정병욱선생10주기추모논문집간행위원회 편, 『한국고전시가작품론 2』, 집문당.
장덕순(1964), 「용비어천가의 서사시적 고찰」, 『도남 조윤제박사 화갑기념논집』, 동논집간행위원회.
정병욱 · 이어령(1977), 『고전의 바다』, 현암사.
조규익(1990), 『선초악장문학연구』, 숭실대학교출판부.
조동일(1983), 『한국문학통사 2』, 지식산업사.

V

평시조

평시조

시조(時調)는 고려 말 이래 현재까지 지속적으로 창작되고 있는 우리 고유의 정형시이다. '시조'라는 명칭은 '시절가조(時節歌調)'에서 유래된 것으로, '이 시절의 노래'라는 뜻의 '시절가'에 곡조를 뜻하는 '조(調)'가 붙어 새로 유행하는 노래를 뜻하는 말이었다. 이처럼 명칭 자체에 노래라는 뜻이 담겨 있는 것은 본래 시조가 노래였기 때문이다. 오늘날 우리가 말하는 시조는 '가곡(歌曲)'이라는 음악에 얹어 부르는 노랫말에 해당하지만, 같은 노랫말을 '시조(時調)'라는 음악으로 노래했던 것처럼 시조는 음악 창법을 가리키는 것이기도 했다. 음악 형식의 곡조를 지칭하는 것이 20세기를 넘어오면서 문학 갈래의 명칭으로 바뀌게 된 것이다.

시조는 초장, 중장, 종장의 3장으로 구성되며 각 장은 3~4자 정도로 된 마디(토막) 네 개가 모여 이루어진다. 마디는 두 개가 합쳐져서 하나의 뜻을 갖는 구를 형성하고, 두 개의 구가 모여 하나의 장을 갖춘다. 이에 따라 시조는 3장 6구라는 형식을 보인다. 작품 한 편의 글자 수는 대략 45자 안팎이지만, 글자 수를 엄격하게 제한하지 않았기 때문에 장, 구, 마디의 글자 수에는 차이가 있다. 그렇지만 종장의 첫 마디는 3자, 둘째 마디는 5자 이상이 되는 것이 관습이다.

현재로서는 시조의 발생 시기에 대해 정확히 답하기는 어렵다. 고려 말에 활동했던 인물들이 지은 시조가 여럿 전하는 것을 통해, 그 이전에 이미 시조 형성의 기반이 마련되었을 것이라고 추정할 따름이다. 여기에 고려 중엽 이후에 등장한 사대부라는 새로운 문학 담당층에 의해 하나의 양식으로 만들어졌으리라는 추론이 더해지기도 한다. 또한 시조의 연원에 대해 그동안 짧은 형식에 주목하여 한시의 절구나 향가, 민요 등에서 이를 탐색해 왔으나, 아직 명료하게 설명되지는 않는다. 시조의 석 줄 양식이 4단 구조의 한시나 두 줄의 짧은 민요 형식과 맞지 않을 뿐만 아니라, 향가의 노랫말이나 작품 세계와도 상당히 다르기 때문이다.

시조는 구전되다가 나중에 기록된 것이 대부분이라서 같은 작품이라 하더라도 문헌에 따라 작가나 표기가 달라지는 것이 많다. 그렇더라도 시조의 작가로 기록되어 전하는 인물들은 대체로 사대부이다. 이들은 시조를 통해 14~15세기 조선 건국이나 세조의 왕위 찬탈과 같은 정치적 격변기에 자신의 입장을 드러내기도 했고, 정치적 안정기에는 자신의 심성을 가다듬으며 자연과의 조화를 추구하는 마음을 표현하기도 했다. 또한 사대부의 위치에서 사회를 계몽하고 백성을 가르치는 수단으로 시조를 선택하기도 하였다. 강호시조에서는 자아의 완성을 꿈꾸는 수기(修己)의 이상을, 교훈시조에서는 사회의 완성을 추구하는 치인(治人)의 이상을 각각 담아내려 한 것이다. 그 밖에도 연군과 우국을 노래하거나 유흥적 풍류를 담은 작품들도 전해진다.

황진이를 비롯한 기녀의 작품들도 여럿 전하는데, 여기에서는 감정을 진솔하게 드러내는 모습이 나타난다. 조선 후기에 이르러 시조 음악에 전문적 소양을 갖춘 중인 가객들이 시조 창작과 연행에 참여하면서 새로운 악곡이나 창법이 개발되기도 했고, 『청구영언』, 『해동가요』, 『가곡원류』 등 시조 작품을 정리한 가집이 편찬되기도 했다.

시조는 우리 민족 시가를 대표하는 갈래로 평가받는다. 방대한 분량의 작품이 전해질 뿐만 아니라, 오늘날까지도 만들어지고 향유되고 있기 때문이다. 무엇보다 시조는 독창적이면서 빼어난 형식을 갖고 있다. 분명 짧은 시형임에도 불구하고 뜻과 정서를 펼치는 데 모자람이 없고, 초장, 중장, 종장의 3단 구조로 시상을 압축하여 효과적으로 드러내는 장점이 있다. 시조가 오늘날까지도 계속하여 생산되는 것도, 교훈과 서정을 넘나들면서 다양한 주제를 담아낼 수 있는 것도, 시조 양식의 빼어난 특질에서 답을 찾을 수 있다.

평시조 01

ᄒᆞᆫ 손에 막ᄃᆡ 잡고

지은이 우탁(禹倬, 1262~1342) **출처** 『청구영언』(육당본)

ᄒᆞᆫ 손에 막ᄃᆡ 잡고 ᄯᅩ ᄒᆞᆫ 손에 가싀 쥐고
늙ᄂᆞᆫ 길 가싀로 막고 오ᄂᆞᆫ 白髮백발 막ᄃᆡ로 치려터니
白髮백발이 져 몬져 알고 즈럼길노 오더라

맥락

최초의 탄로가

이 작품은 〈탄로가(歎老歌)〉로도 알려져 있다. 우탁이 당시로서는 보기 드물게 80세까지 장수했다는 사실로 미루어볼 때 말년의 작품으로 추정된다. 『청구영언』 등에는 그가 지은 것으로 전해지는 또 다른 〈탄로가〉도 있다.

춘산(春山)에 눈 노기ᄂᆞᆫ ᄇᆞ람 건듯 불고 간 ᄃᆡ 업다
져근듯 비러다가 ᄆᆞ리 우희 불이고져
귀밋ᄐᆡ ᄒᆡ무근 셔리를 녹여 볼가 ᄒᆞ노라

이들 두 작품은 시가문학사상 최초의 탄로가로서, 전대 문학에서는 찾아볼 수 없는 주제라는 점에서 문학사적으로 중요한 의의를 지니고 있다.

쟁점

시조 장르는 언제 성립했는가

이 노래의 작가에 대한 진위는 논란거리로 남아 있다. 그러나 창작 시

기에 대해서는 시조의 형식이 완전히 정제되기 이전인 고려 후기의 작품으로 인정되고 있다. 한 토막을 이루는 음절의 수가 일곱('막듸로 치려터니')까지도 늘어나 있다는 점에 주목하여, 이러한 과음절(過音節) 현상이 처음에 시조의 틀이 제대로 잡히지 않았던 사정을 보여주는 것이라는 견해(조동일, 1982)가 대표적이다. 물론 그러면서도 종장의 첫 토막과 그다음 토막이 각각 기준 음절수 미만(3음절)과 초과(5음절)라는 규칙만은 선명하게 갖추었다.

이 시조가 시가사적으로 중요한 이유는 시조의 발생과 성립 시기를 추측할 중요한 단서가 되기 때문이다. 시조의 발생 시기에 관한 설은 고려 말엽 정착설, 조선 초기 정착설, 16세기 정착설 등으로 구별된다(성호경, 2011). 먼저 고려 말엽 정착설과 조선 초기 정착설은 시조가 고려 중엽에 배태되었을 것으로 보는 점에서는 공통된다. 두 이설이 달리 판단하는 지점은 우탁의 〈탄로가〉를 포함하여 시조의 기본 형식에서 벗어나 있는 일부 고려 말엽 시조이다. 고려 말엽 정착설에서는 이들 작품이 음절수와 같은 시조의 기본 형식에서 벗어나 있다 하더라도, 조선시대의 작품들 중에서도 기본 형식을 엄격하게 지키지 않는 경우가 많아 음절수를 절대적인 기준으로 삼을 수 없다고 본다. 이에 비해 조선 초기 정착설은 시조의 기본 형식을 온전히 지킨 작품들이 선초에 와서야 비로소 안정적으로 생산되었다는 점을 내세워 고려 말엽 정착설과 견해를 달리한다. 여기에 고려속요의 해체 및 성종이 지었다는 시조(〈이시렴 브듸 갈쌰〉)를 또 다른 근거로 추가하기도 한다. 그러나 두 시기를 엄밀하게 구별하기 어렵기 때문에 그 차이가 그리 중요하지는 않아 보인다. 이 두 학설을 합쳐 여말선초 정착설로 부르기도 하는 것은 이 때문이다.

이에 비해 16세기 정착설은 이현보(李賢輔)의 〈어부단가(漁父短歌)〉와 이황의 〈도산십이곡〉(▶ 275쪽), 김구(金絿)의 단가 5수 등 개인 문집에 수록된 시조가 16세기에 들어서야 나타난다는 점을 근거로 한다. 이 학설은 우선 15세기까지의 작품들이 후대의 위작(僞作)일 가능성이 높다고 본다. 그 근거로는 조선 후기 편찬된 가집들에 고구려의 을파소, 백제의 성충, 신라의 설총, 고려의 강감찬이 지은 것으로 명시된 작품들이 있다는 사실을 든다. 이 시기에 시조를 지었을 리 없었던 만큼 고려 말이나 조선 초의 작품들도 이 작품들과 마찬가지로 후대인들이 그 뜻을 의탁하여 지었을 것으로 보는 입장이다(성기옥·손종흠, 2011).

고려 말엽·조선 초기 정착설과 16세기 정착설의 대립은 다양한 조선 후기 가집들에 기록된 초기 작가들의 신빙성 여부를 역사적 정황과 실증적 증거물 중 무엇에 의거하여 판단할 것인가 하는 문제로 집약된다. 전자가 주로 역사적 정황에 의거하는 입장에 서 있다면, 후자는 실증적 증거물에 의거하는 입장에 서 있다고 할 수 있다. 현재 통설로 굳어져 있는 여말 정착설은 조선 후기에 편찬된 가집에 전하는 기록에 근거한다. 이들 가집에는 여말 이전의 인물들이 작가로 기록되어 있으나, 이는 후대인들의 위작이라고 하여 고려 말의 시조만을 인정한다. 가집의 기록을 믿는다면 고려 말 시조 시인은 8명, 작품은 9수로 집계되며(최동원, 1980), 우탁과 그의 〈탄로가〉는 그 일부로 자리 잡고 있다.

꼼꼼히 읽기

탄식을 감싸 안는 유머

작품의 화자는 한 손에는 막대를, 또 다른 한 손에는 가시를 쥐고 자신에게 다가오는 늙음을 단단히 막아서고자 한다. 이러한 모습과 함께 '백발', '늙는 길'이라는 소재는 우탁의 시조가 늙음을 단순히 한탄하고 아쉬워하는 것처럼 보이게 한다. 생로병사는 인간의 숙명이다. 늙고 병든다는 것은 죽음으로 가는 길로, 그것이 숙명이라 하더라도 기꺼이 수긍하는 일은 쉽지는 않을 것이다. 한탄이 나오는 것은 자연스러운 일이다. 이 노래에서 '막대'와 '가시'는 늙음에 대한 저항을 표상한다. 그러나 노화란 자연의 섭리이다. 섭리 앞에서 저항은 무기력할 수밖에 없다. 저항이 심할수록 오히려 노화는 더 빨리 다가오는 것처럼 느껴진다. '지름길'은 그 속도감을 확연하게 보여주는 시어이다. '탄로가'라는 제목은 이 점에서 퍽 적절해 보인다. 그의 또 다른 탄로가 〈춘산에 눈 노기는 ㅂ람〉도 크게 다르지 않다.

그러나 전체적인 시적 정황이나 어조를 보면, 단순히 늙음을 한탄하는 노래로 보기는 어렵다. 우선 한 손에 막대를 또 한 손에 가시를 쥐고 늙음을 막아서겠다는 시적 발상 자체가 비현실적이다. 오히려 아주 과장된 포즈로서 해학적 분위기를 자아낸다. 흥미로우면서도 속되지 않고 꾸미지 않은 가운데 기발한 표현(조동일, 1989)이라 할 것이다. 심지어 백발이 지름길로 오는 바람에 결국 노화를 막겠다는 기도가 실패한 것처럼 묘사한 것은 아기자기한 유머에 해당한다. 유머의 힘은 탄식을 가볍게 감싸 안는다. 노화에 대한 저항이 자연의 섭리에 대한 투항으로 옮겨 간 셈이다.

이 작품은 인간의 노화라는 자연의 섭리에 대응하여 그 섭리를 변화시켜 보고자 하는 의지에서 시작하여, 이것이 아무런 소용이 없다는 인식으로 종결되는 시상의 흐름을 보여준다. 흔히 늙음을 노래하는 사람은 비애와 감상에 젖기 쉬운 데 반해, 이 작품은 그런 구차스러움 없이 늙음을 당연한 것으로 받아들이는 달관의 태도를 나타내고 있다. 이는 조선조 문학의 한 흐름이라 할 수 있는 현실주의적이고 긍정적인 세계관과 상통하는 것으로도 보인다. 표면적으로는 자신이 늙어가는 데 대해 탄식하는 것처럼 보이지만, 해학적인 어조나 분위기로 보아 달관한 자의 지혜가 발현된 일종의 위장된 탄식이라 하겠다. 그런 면에서 '탄로가'라는 제목도 작품의 실상에는 그다지 어울리지 않으며, 〈춘산에 눈 노기ᄂᆞᆫ ᄇᆞ람〉과도 아주 큰 차이를 갖는다.

엮어 읽기

늙어감에 대한 두 가지 시선

문학 작품에서 노인은 주인공들을 절망적인 곤경으로부터 구해주는 신령스러운 인물로 곧잘 등장하곤 한다. 정신분석학적 견해에 따르면 이는 현실의 우리가 꿈속에서 만나는 '지혜의 노인(the wise old man)'이 인격화된 것이라 한다. 우리의 고전문학 작품에서도 대체로 늙음은 곧 지혜로움, 노인은 곧 지혜의 소유자라는 이미지로 형상화되는 것을 보면, 이러한 설명은 충분히 설득력이 있다. 이 점은 시가 작품에서도 크게 다르지 않아 보인다.

이러한 전통은 우탁의 탄로가 〈ᄒᆞᆫ 손에 막ᄃᆡ 잡고〉를 단순히 늙음을 한탄하는 노래가 아니라 노화에 대한 지혜로운 태도를 보여주는 노래로 읽어야 할 또 하나의 근거가 된다. 세월이 흘러 늙음이 닥치는 것은 사람의 힘으로 막을 수 없으니 순리를 따라야 하며 노욕에 사로잡히면 안 된다는 지혜를 함축하고 있는 것이다.

그런데 탄로가 계열의 작품이 모두 그런 것은 아니다. 예컨대 탄로가 연작 중의 하나로 조선 중기의 문신 신계영(辛啓榮)의 『선석유고(仙石遺稿)』에 실려 전하는 다음 작품에서는 비애와 한탄의 정서가 지배적이다.

> 늙고 병이 드니 백발(白髮)을 어이ᄒᆞ리
> 소년행락(少年行樂)이 어제런 듯 하다마는
> 어디 가 이 얼굴 가지고 옛 내로라 하리오

이 작품에서는 노인을 백발로 표상하면서 이를 '소년행락'과 대비한다. 그리고 늙음에 따른 비애와 한탄의 정서를 직접적으로 표출하고 있다. '소년행락'은 늙음이 유발하는 비애를 추동하는 근본적인 요인이면서 한탄의 정서를 내뱉는 계기가 된다(최홍원, 2015). 인생무상이라는 인식에서 오는 허무감, 자신의 늙음에 대한 반응으로 본다면 이것이 오히려 솔직한 태도일 수도 있다.

그리하여 탄로가 계열의 작품들은, 한국문학의 한 특질로 거론되곤 하는 '두어라'와 '노세'(조윤제, 1955)의 세계로 흘러가기도 한다. 늙음을 한탄해본들 다시 젊어질 수는 없으므로 한탄은 그만두고, 술이나 마시고 놀면서 남은 인생을 보내는 것이 차라리 현명하다는 식의 인식이다. 허무주의나 유흥주의, 행락주의 편향이라 할 것이다.

다른 인간사에 대해서와 마찬가지로 늙음 혹은 노화에 대한 인간의 태도도 이처럼 저마다 다르다. 자연의 질서이자 섭리이니 거부할 수 없다는 태도가 있는가 하면, 그렇다고 해도 자신이 원하는 바가 아니니 패배가 예정된 저항을 하는 포즈를 취할 수도 있으며, 그 패배의 끝에서 어쩔 수 없다는 듯 한탄을 하기도 하는 것이다.

그러나 이러한 여러 태도가 결코 배타적으로 대립하는 것은 아니다. 한 사람이 보일 수 있는 여러 가지 반응들로 이해될 수 있다. 특정한 국면과 상황에서 특정한 태도가 더 두드러지게 표출되었을 뿐인 것이다. 자연의 섭리에 지배당하는 인간사에 대해 어찌 감히 현실적인 대응을 할 수 있겠는가? 다만 다양한 소회를 다양한 표현으로 펼쳐내었을 따름이었을 것이다.

참고문헌

성기옥·손종흠(2011), 『고전시가론』, 방송대학교출판부.
성호경(2011), 『조선시대 시가 연구』, 태학사.
조동일(1982), 『한국문학통사 2』, 지식산업사.
조윤제(1955), 『국문학개설』, 동국문화사.
최동원(1980), 『고시조론』, 삼영사.
최홍원(2015), 「탄로가의 진술방식과 태도의 변주」, 『문학교육학』 47, 한국문학교육학회.

평시조 02

이화에 월백ᄒᆞ고

지은이 이조년(李兆年, 1269~1343) **출처** 『청구영언』(진본)

梨花이화에 月白월백ᄒᆞ고 銀漢은한이 三更삼경인 제

一枝春心일지춘심을 子規자규ㅣ야 아라마는

多情다정도 病병이냥 ᄒᆞ여 ᄌᆞᆷ 못 드러 ᄒᆞ노라

맥락

작품의 높은 인기와 작자에 관한 특별한 기록

〈이화에 월백ᄒᆞ고〉는 고려 말 이조년이 창작한 시조로 알려져 있다. 50여 종에 이르는 수많은 이본이 존재한다는 점과 조선시대 신위(申緯)가 이 시조를 아래와 같이 〈자규제(子規啼)〉라는 제목으로 한역했다는 사실을 볼 때 많은 인기를 누렸음을 짐작할 수 있다.

月白梨花伍更天(월백이화오경천)	이화에 달이 밝은 한밤중에
啼血聲聲怨杜鵑(제혈성성원두견)	두견의 애원하는 소리마다 피를 토하는 듯
儘覺多情原是病(진각다정원시병)	모두가 다정한 것이 병의 원인으로 느껴져
不關人事不成眠(불관인사불성면)	인사에 관심 없으나 잠 못 이뤄 하노라

국문학 연구에서도 일찍부터 『조선가요집성(朝鮮歌謠集成)』, 『매일신보(每日申報)』 등에 이조년이라는 작자 정보와 함께 소개되어 많은 관심을 받아 왔다. 이 시조를 감상한 이희승의 글이 초창기 국어 교과서부터 오랫동안 거듭 수록되어 교육의 국면에서도 중요하게 다루어져 왔다.

작자와 관련해서는 『가곡원류』 계열의 일부 가집에서 "윤회"라는 기록이 덧붙여져 있기도 하고, 작자 미상이나 작자를 밝히지 않은 가집도 일부 존재한다. 그러나 대부분의 가집에서 작자를 '이조년'으로 밝혀놓고 있어 이른 시기의 작품임에도 불구하고 작자를 확정하는 데 크게 무리가 없다.

그런데 『청구영언』(홍씨본), 『청구영언』(육당본), 『동가선(東歌選)』(도남본) 등 일부 가집에서는 이 시조의 작자를 '이조년'으로 밝히면서 충혜왕에게 직간을 하다가 받아들여지지 않자 벼슬을 그만두었다는 식의 기록들을 덧붙이고 있다. 한 예로 『청구영언』(홍씨본)에서는 다음과 같이 기록하고 있다.

> 성산부원군. 직간하고 치사하였다. 이것을 지어서 뜻을 붙였다[星山府院君. 直諫致仕. 作此寓意].

그 밖에 『고려사』에서는 "한 필 말을 타고 환향하고는, 인간사와 결교하지 않았다[匹馬還鄕, 不交人間事]."라는 기록도 찾아볼 수 있어, 이러한 기록들을 근거로 현실 세계와의 알레고리(allegory) 속에서 시적 상황을 재구하기도 했다.

꼼꼼히 읽기

다정이 병이 된 까닭은

이 시조의 별칭은 '다정가'인데 작품 종장에 등장하는 '다정(多情)'에서 따온 것이다. 화자는 다정으로 인해 도무지 잠을 이루지 못한다고 한다. 모두 잠든 삼경의 깊은 시간, 화자를 잠 못 들게 만드는 다정은 도대체 어떤 마음이며 무엇에서 비롯되었을까? 이 시조의 감상은 이 같은 다정의 정체와 까닭을 파악하는 것에서 출발할 수 있다.

다정의 실체에 이르는 방법에는 세 가지 길이 있다. 첫 번째는 다정이 표출되기까지 연이어 등장하고 있는 배경과 소품에 주목하는 것이다. 초장에서는 백색의 시각적 심상이 장면을 압도하고 있다. 하얀 배꽃에 달빛이 비치고 은한의 백색 이미지가 이어지면서 애상적인 분위기가 연출된다. 중장에 등장하는 자규의 처절한 울음소리는 여기에 청각적 효과를 더한다. 이처럼 초·중장의 이화, 월백, 은한, 자규 등은 일차적으로 시적 배경의 장치이지만, 시각적 심상과 청각적 효과 속에서 애상적인 분위기를 조성하고 고조시키는 데에도 기여하고 있다. 이때 '일지춘심'이라는 시어는 문제 상황을 봄이라는 계절이 불러일으키는 감상적 상태로 좁히는 데 결정적인 역할을 한다. 봄의 계절은 사람을 쉽게 감정적 상태로 빠져들게 만든다는 점에서, 다정은 이제 애상적인 봄밤의 감각이나 감정(이희승, 1949; 이어령, 2003)으로 좁혀진다. 즉, 봄밤의 애상적인 분위기와 정취에서 비롯되는 보편적인 감정으로 이해되는 것이다. 실제로 봄밤의 애상적인 분위기는 그동안 수많은 작품에서 널리 다루어온 인기 있는 글감이었다.

둘째, 봄밤의 애상적인 분위기에 전체적으로 공감하면서도 잠들지 못하는 까닭에 좀 더 초점을 맞출 수도 있다. '봄밤의 애상적 분위기 속에서 어떤 감정을 갖게 되는가'라는 물음을 던져보고, 보편적이고 일반적인 경험을 동원하여 구체화해 보는 것이다. 이 경우 초·중장에 펼쳐지는 시각적 이미지들이 애상적인 분위기를 자아냈고, 이로 말미암아 화자는 누군가를 향한 그리움을 자연스럽게 환기하게 되었다고 이해할 수 있다. 여기에 사랑하는 사람과 떨어져 있는 상황에서 자기감정을 이입하는 대상으로 '자규'가 널리 수용되었던 역사적 사실을 가져올 수도 있고, '춘심'이 때때로 남녀 간의 애정으로 소통되었던 표현 관습도 더할 수 있다. 이렇게 읽어나가면 이 시조는 누군가를 향한 그리움과 애정을 노래한 것이 되고, 애정을 읊은 최초의 시조 작품(진동혁, 1982)으로 평가될 수 있다. 실제로 이 작품을 수록한 일부 가집에서는 종장의 '다정'을 '상사(相思)'로 표기한 경우도 있어 이 작품의 의미가 어떻게 수용되었는지를 짐작해볼 수 있다.

끝으로, 당대의 역사적 맥락을 재구하고 복원하는 시도도 가능하다. 여기에는 『고려사』나 작품을 수록한 여러 가집에 기록된 이조년의 전기적 정보가 힘을 발휘한다. 이들은 이조년에 대해 뜻이 확고하고 할 말은 하는 강인한 성품을 가졌으며, 당시의 혼란한 정치를 비판하다가 고향으로 밀려났다는 사실 등을 전하고 있다. 게다가 '자규'는 촉나라 망제의 화신을 표상하는 대상이 아니었던가. 이쯤 되면 다정의 실체가 연군이나 우국으로 옮겨질 수 있다. 이 시조가 노래하는 것이 단순한 애정이 아니라, 당시 임금이었던 충혜왕을 걱정하는 애절한 충정으로 구체화되는 것이다. 혹은 충혜왕과의 관계에 따라 우국개세의 노래가 되기도 한다. 이렇게 보면 작가가 정치를 비판하다가 고향으로 밀려나서 충혜왕의 잘못을 걱정한 심정을 하소연한 작품이 된다(조동일, 2005). 무심히 읽으면 그저 아름답기만 한 노래이지만, 당대 사회를 떠올리면 기울어가는 나라의 운명을 걱정하는 목소리(김대행, 2009)를 들을 수 있다. 군주의 안위와 미래에 대한 불길한 예감 내지 상황이 반영된 작품으로 해석되는 것이다(임주탁, 2015). 물론 이러한 해석 역시 정황에 따른 추정과 짐작일 뿐, 이 시조를 당시의 정치적 상황과 연결 지을 명확한 근거는 부족하다.

다시 말해 이 시조가 노래하는 다정의 정체는 봄밤의 애상적 정취, 애정, 혹은 연군과 우국 등 여러 가지가 가능하다. 일찍이 여러 연구자들도 이 시조의 의미에 대해 "애매모호하다."(이희승, 1949; 김광순, 1978)라는 결론을 내린 바 있다. 이 시조에서 화자를 잠 못 들게 하는 다정의 실체와 원인을 어느 하나로 단정하기는 쉽지 않다. 그러나 오히려 다정이 여러 가지로 해석될 수 있고, 그만큼 다양한 감정이 이입될 수 있는 데서 이 시조의 문학적 묘미와 예술적 가치를 발견할 수 있다.

엮어 읽기

백색의 미장센과 감정의 소환

〈이화에 월백ᄒᆞ고〉에서 가장 돋보이는 점은 연이어 등장하는 여러 소재들이 만들어내는 감각적인 아름다움이다. 석 줄의 짧은 시조 형식이건만, 백색의 소재들이 그려내는 감각적인 형상은 아름다운 장면을 만들어내는 데 부족함이 없다. 하얀 배꽃이 달빛을 만나고 거기에 은한이 더해지면서 백색의 감각적 이미지가 장면을 압도하게 되는데, 이로 인해 독자들은 실제로 체험하지 않고서도 마음속에 감각적인 형상과 느낌을 자연스럽게 그리게 된다.

또한 이 시조는 마치 애상적인 분위기를 자아내는 소재들로 장면 전체를 배열하여 채우는 듯한 느낌을 준다. 연극이나 영화에서 연출가가 무대 위의 시각적 요소들을 배열하는 작업을 '미장센(mise-en-scéne)'이라 하는데, 이 시조에서도 아름다운 장면을 만들어내기 위해 화면 속에 담기는 요소들을 효과적으로 배치한 미장센의 효과가 돋보인다.

그런데 특정 이미지는 대상을 구체적이고 감각적으로 전달하는 것을 넘어, 때때로 말로 표현하기 힘든 미묘한 인상이나 감정을 불러일으키고 드러내는 역할을 하기도 한다. 이 시조에서도 달빛, 배꽃, 은한의 백색 이미지와 피눈물 나게 우는 자규의 울음소리는 애상적 분위기에서 감정이 촉발되는 조건이 되고 있다. 이처럼 백색 이미지에 두견(혹은 자규)의 울음소리가 더해지면서 감정이 불러일으켜지는 것은 "서산(西山)에 일모(日暮)ᄒᆞ니 천지(天地) ᄀᆞ이업ᄂᆡ / 이화(梨花) 월백(月白)ᄒᆞ니 님 생각(生覺)이 ᄉᆡ로왜라 / 두견(杜鵑)아 너는 눌을 그려 밤ᄉᆡ도록 우지지ᄂᆞᆫ"과 같이, 많은 작품에서 널리 차용된 표현 관습이다.

백색의 감각적 이미지가 채워지고 그 속에서 감정이 이끌려 나오는 것은 비단 고전문학에만 국한되는 것은 아니다. 한 예로 김광균의 현대시 〈설야〉에서도 "하이얀 입김 절로 가슴이 메어 / 마음 허공에 등불을 켜고 / 내 홀로 밤 깊어 뜰에 내리면"과 같이, 눈 내리는 밤에 백색의 이미지가 불러일으키는 그리움을 그려내기도 했다. 이처럼 백색 계열의 색채 이미지는 비애, 고독, 추억, 향수 등 주로 애상적인 분위기와 느낌을 불러오는 효과를 갖고 있으며, 특히 공간적으로 먼 곳을, 시간적으로 옛 과거를 환기시키는 것으로 본다(김유중, 2000).

다음은 이효석의 단편 소설 〈메밀꽃 필 무렵〉의 한 장면으로, 여기서도 백색의 이미지가 애상적인 분위기를 조성하면서 자연스럽게 아련했던 추억을 소환하는 모습을 만나볼 수 있다.

> "달밤이었으나 어떻게 해서 그렇게 됐는지 지금 생각해두 도무지 알 수 없어."
>
> 허생원은 오늘밤도 또 그 이야기를 끄집어내려는 것이다. 조선달은 친구가 된 이래 귀에 못이 박히도록 들어 왔다. 그렇다고 싫증을 낼 수도 없었으나 허생원은 시치미를 떼고 되풀이할 대로는 되풀이하고야 말았다.
>
> "달밤에는 그런 이야기가 격에 맞거든,"
>
> 조선달 편을 바라는 보았으나 물론 미안해서가 아니라 달빛에 감동하여서였다.

이지러는 졌으나 보름을 갓 지난 달은 부드러운 빛을 흐뭇이 흘리고 있다. 대화까지는 팔십 리의 밤길, 고개를 둘이나 넘고 개울을 하나 건너고 벌판과 산길을 걸어야 된다. 길은 지금 긴 산허리에 걸려 있다. 밤중을 지난 무렵인지 죽은 듯이 고요한 속에서 짐승같은 달의 숨소리가 손에 잡힐 듯이 들리며, 콩포기와 옥수수 잎새가 한층 달에 푸르게 젖었다. 산허리는 온통 메밀밭이어서 피기 시작한 꽃이 소금을 뿌린 듯이 흐뭇한 달빛에 숨이 막힐 지경이다.

달빛의 백색 이미지는 "소금을 뿌린 듯"한 흰 메밀꽃이 더해져 아름다운 장면을 연출한다. 백색의 이미지가 만드는 이러한 분위기는 자연스럽게 허생원의 간직하고 있던 아련한 추억을 끌어낸다. 이처럼 이미지는 아름다운 분위기를 연출할 뿐만 아니라, 아련한 감성을 건드리면서 과거의 기억을 떠올리게 하는 장치가 되기도 한다.

백색의 이미지가 만들어내는 애상적 분위기와 그에 따른 감상적 정서는 드라마 〈도깨비〉(김은숙 극본, 이응복 연출)에서도 만나볼 수 있다. 도깨비 신부인 은탁에게 검을 뽑게 하기 위해 도깨비 김신이 데려간 장소도 바로 하얀 메밀꽃밭이다. 흰 메밀꽃밭으로 화면을 가득 채우면서 계절에 맞지 않는 흰 눈까지 소환하여 아름다운 장면을 연출하고 있다. 이처럼 백색의 이미지가 중첩되면서 인물들의 감정이 아름답게 펼쳐질 수 있었다.

이미지는 대상을 구체적이고 감각적으로 전달하기도 하지만, 아름다운 분위기와 장면을 연출하여 감정을 끌어내는 역할을 하기도 한다. 그런 만큼 시를 감상할 때는 이미지가 형상화되는 대상이나 관념을 포착하고 그 의미를 파악하는 한편, 이미지를 작품 전체의 분위기나 감정과 연결 지어 살펴볼 필요가 있다.

참고문헌

김광순(1978), 「이조년의 시조에 대하여」, 조규설 외, 『시조론』, 일조각.
김대행(2009), 『한국의 고전시가』, 이화여자대학교출판부.

김유중(2000), 『김광균』, 건국대학교출판부.
김태준(1934), 『조선시가집성』, 조선어문학회.
박성의(1965), 「한국시가문학사 (중)」, 『한국문화사대계 4』, 고려대학교 민족문화연구소.
이상보(2004), 『한국의 옛시조』, 범우사.
이어령(2003), 『노래여, 천년의 노래여』, 문학사상사.
이정탁(1988), 「시조사연구 Ⅰ」, 『안동대학 논문집』 10, 안동대학교.
이효석(1936), 「메밀꽃 필 무렵」, 『조광』 36.
이희승(1949), 「시조감상 일수」, 『학풍』 2(1), 을유문화사.
임주탁(2015), 「이조년 시조 작품의 분석과 해석」, 『우리말글』 65, 우리말글학회.
조동일(2005), 『한국문학통사 2』(제4판), 지식산업사.
조윤제(1937), 『조선시가사강』, 동광당서점.
진동혁(1982), 『고시조문학론』, 형설출판사.
최홍원(2012), 「해석과 수용의 거리와 접점 — 이조년의 시조를 대상으로」, 『개신어문연구』 35, 개신어문학회.

평시조 03

흥망이 유수ᄒᆞ니

지은이 원천석(元天錫, 1330~?) **출처** 『청구영언』(육당본)

興亡흥망이 有數유수ᄒᆞ니 滿月臺만월대도 秋草추초ㅣ로다

五百年오백년 王業왕업이 牧笛목적에 붓쳐시니

夕陽석양에 지나는 客객이 눈물계워 ᄒᆞ노라

맥락과 쟁점

회고가의 정치의식

운곡 원천석은 문장과 학문으로 이름을 날렸으나, 여말선초의 격변하는 시국을 개탄하여 고향인 원주의 치악산에서 농사를 지으며 평생을 은사로 지냈다. 일찍이 조선의 태종이 된 이방원(李芳遠)을 가르친 일이 있었는데, 이방원이 즉위한 후 여러 차례 그를 불렀으나 나가지 않았고 집으로 친히 찾아와도 자리를 피했다. 태종이 세종에게 왕위를 물려주고 나서야 서울로 가서 태종을 만났다고 한다. 그는 향촌에 머물러 있으면서도 시국을 한탄하면서 현실을 증언하려 했다. 그의 문집으로 전하는 『운곡시사(耘谷詩史)』에는 왕조 교체기의 역사적 사실과 그에 관한 소감 등을 읊은 시가 1,000수 넘게 실려 있다. 원천석이 끝내 조선의 조정에 출사하지 않은 것은 고려 왕조에 대한 충의심의 발로였음을 〈흥망이 유수ᄒᆞ니〉 등을 통해 짐작할 수 있다.

이 노래는 이처럼 작가와 작품의 관계가 비교적 명확하고 작품의 취의가 분명하기에 작품에 관한 특별한 쟁점은 없다. 새로 출발한 왕조에 가담하지 않은 한 지식인이 몰락한 왕조를 회고하는 노래라는 점을 쉽게 알 수 있는 것이다. 유교의 불사이군(不事二君)이라는 가치를 숭상하는 고려 유신(遺臣)의 절의, 비애, 갈등, 회고의 정서를 표현한 작품으로서, 여기에는 조선 건국은 정당성이 없으며 고려 왕조에 대한 의리와 충성을 철저히 지켜야 한다는 유교적 관념의 정치의식이 깔려 있다고 본다(전재강, 2007). 다만 작품에 명료하게 드러나지 않은 불사이군의 명분을 읽어내는 것은, 작품 자체보다는 작가의 삶이나 역사적 맥락에 기대고 있다는 점에서 다소 조심스럽게 받아들일 필요가 있다. 작품 자체에만 주목한다면, 화자가 석양에 지나는 객이 되어 눈물을 흘린다고 하면서 과거로 돌아가지 못하는 것을 애석하게 여겼다고 보는 견해(조동일, 1994)나 역사의 급변과 시간의 흐름 앞에서 지식인이 느끼는 안타까움과 한탄을 읊은 것으로 보는 견해(임종찬, 2010)가 온당해 보인다.

회고가의 정치적 의미망과 관련된 논의도 주목할 필요가 있다. 고려 말기 시조 문학의 주된 담당층이 신흥사대부임을 단정하면서, 고려 말 왕조 교체기에 지식인의 고민을 토로하는 데 시조가 한시보다 긴요하게 구실을 하게 되었고, 이것이 이후 신흥사대부 계층이 시조를 격조 높고 울림이 큰 서정시로 받아들이는 중요한 계기가 되었다는 논의(김승찬, 1997)가 그것이다.

이와 더불어 조선조 초기에 한시보다 시조에서 회고가가 많이 산출된 이유를 시조의 구술시적 특성에서 찾은 논의(민병수, 1992)도 주목할 만하다. 훈민정음이 창제되기 이전은 물론이고 창제되어 널리 보급된 이후 근대에 들어설 때까지도 시조는 청각에 호소하는 구술 시가, 즉 노래 문학으로 향유되었다. 따라서 이 시기에 시조는 한시와는 달리 고려 왕조에 대한 그리움이나 안타까움을 읊는다 해도 반드시 기록으로 남는 것은 아니었다. 시조는 지식인의 고뇌를 토로하는 안전한 수단으로 선호될 수밖에 없는 기능적 특성을 가지고 있었던 것이다. 조선 왕조 출범에 호의적이지 않았던 사대부들이 구술시가인 시조의 틀을 빌려 회고가를 노래한 것은, 정치적으로 민감할 수밖에 없는 왕조 교체기에 필화를 피하기 위한 한 방편이었던 것으로 보인다.

꼼꼼히 읽기

조락의 분위기와 애수의 정서

새로운 왕조의 출범에 호의적이지 않았던 화자가 몰락한 왕조의 흔적을 직접 마주하게 됐을 때 그 심회는 어떠했을까? 화자는 고려 왕조가 멸망한 후, 고려 왕조의 심장부였던 개성, 그중에서도 송악산 남쪽 기슭에 있는 고려 궁궐터 근처의 만월대를 찾아간 모양이다. 시들어가는 가을 풀[秋草]이 우거져 있는 황량한 궁궐터, 그 한 자리를 차지하고 우두커니 서 있었을 만월대에선 더 이상 고려 왕조의 영화를 찾아볼 수 없다. 다만 몰락한 왕조의 잔영만을 마주할 뿐이다. 흥망의 운수가 어쩔 수 없는 일이기는 해도, 새 왕조 창업에 참여하기를 거부한 지식인으로서 몰락한 왕조의 흔적을 만나는 것은 더할 나위 없이 민망하고 서러운 일이었을 것이다.

이 노래에서 느껴지는 허망하고 쓸쓸한 분위기의 중심부에는 시각적 심상을 환기하는 '추초(秋草)'와 청각적 심상을 환기하는 '목적(牧笛)'이 있다. 한때는 영화로운 왕조의 번성을 상징하던 공간이 이제는 한갓 가축을 먹이는 풀밭으로 변해 있음을 보여준다. 가을철 누렇게 시들어버린 풀들이 깔려 있는 풀밭과 그곳에서 들려오는 목동의 피리 소리가 병치되어 있다. 시각과 청각의 조화와 균형을 보여준다. 게다가 시간은 또 어떤가? 해가 저물 무렵이다. 석양이 지는 때, 그 석양을 배경으로 객으로서 할 수 있는 것은 눈물을 흘리는 일뿐이었던 것이다. 이처럼 저녁 무렵 저무는 해와 이를 배경으로 흐르는 눈물을 나란히 제시하는 표현도 인상적이다. 하나의 왕조가 이미 저문 역사 앞에서, 해도 지고 눈물도 진다. 여기에 딱 어울리는 정서는 애수였을 터. 전체적으로 이 작품을 하나의 오밀조밀한 덩어리로 응집시키는 지배적 이미지는 조락(凋落)이다.

종장의 '객(客)'이라는 표현 역시 시조 전체에 흐르는 쓸쓸한 분위기를 형성하는 데 기여한다. 보통의 서정시에서라면 화자는 1인칭인 '나'로 등장하거나 이마저도 생략되는 것이 상례이다. 그런데 여기에서 화자는 1인칭 '나'를 3인칭에 해당하는 '객'으로 대체함으로써 자신의 정서를 객관화한다. 마치 자신이 느끼는 심회와는 무관한 듯이 제시하는 것이다. 이러한 거리감이 조락의 분위기와 거기에서 오는 애수의 정서를 오히려 더 강렬하게 드러내는 효과를 준다.

시조의 보편적 시간 의식이 '과거-긍정적, 현재-부정적, 미래-부정적'이라는 진단(김대행, 1986)도 있거니와, 이 노래에서는 과거와 현재가 상관적으로 연계되면서 과거의 긍정성과 현재의 부정성이 함께 드러난다. 과거는 오백 년 왕업의 영화로운 이미지인 반면, 현재는 이것이 피리소리와 더불어 사라지는 데서 오는 허무감이 눈물로 형상화되면서 과거 지향적 태도를 보이고 있다.

엮어 읽기

회고가의 장소성

고려 왕조가 멸망하고 조선 왕조가 들어선 후에 옛 왕조를 떠올리며 회고의 심회를 토로한 시조들이 많이 만들어졌다. 고려에 대한 충절 때문에 새 왕조 창업에 참여하지 않은 유신들은 물론, 새로운 왕조 창업에 참여한 사대부까지도 저마다 옛 왕조의 멸망에서 비롯되는 허망함과 회한의 심회를 읊조렸다.

그러나 모든 회고가가 동일한 태도를 담고 있는 것은 아니다. 옛 왕조의 도읍지와 그 도읍지를 상징하는 몇몇 장소를 보는 시선에서 미묘한 차이가 드러난다. 장소(place)는 물리적 공간(space)과는 그 개념이 다르다. 장소란 인간이 정서적인 끈을 형성하며 가치를 부여하는 공간이다. 특정 장소가 다른 공간과 구별되는 정서적 특징을 가질 때 이를 장소성(場所性)이라 하고, 장소성이 있는 장소에 대해 사람이 지니는 정서적 유대를 장소애(場所愛)라고 한다. 이제 이들 개념을 염두에 두고 다른 회고가를 함께 읽어보기로 한다.

우선 〈흥망이 유수ᄒᆞ니〉와 함께 회고가의 전형적인 작품으로 평가받는 야은 길재(吉再)의 〈오백년 도읍지를〉을 살펴보자.

> 오백년(五百年) 도읍지(都邑地)를 필마(匹馬)로 도라드니
> 산천(山川)은 의구(依舊)ᄒᆞ되 인걸(人傑)은 간 ᄃᆡ 업다
> 어즈버 태평연월(太平烟月)이 ᄭᅮᆷ이런가 ᄒᆞ노라

길재 역시 고려의 유신임을 자처하고 새 왕조의 회유를 끝까지 거부하며 절의를 굽히지 않은 인물이다. 화자는 말을 타고 고려 왕조 오백년 도읍지, 즉 개성(송도)을 홀로 돌아본 모양이다. 하지만 이미 망해버린 고려의 도읍지에는 태평성대

를 구가했던 고려의 인걸들과 그들이 지녔던 충의의 기개는 사라지고 없다. 다만 산천, 즉 자연만이 변함없이 자리하고 있을 뿐이다. 이 작품에서 '오백년 도읍지' 인 개성은 고려 왕조에서 잠시라도 벼슬을 맡았던 신하로서 정서적 유대, 즉 장소애를 가질 수밖에 없는 공간이다.

그렇지만 새로운 왕조의 출범에 동의할 수 없었고 끝내 은둔의 길을 선택했던 유신으로서는, 산천이 아무리 옛 모습을 지니고 있다 해도 '태평연월'을 구가했거나 추구했던 옛 왕조의 인물들이 모두 사라진 현장에서 무상감(無常感)에 압도되는 것이 지극히 자연스럽다. 비감의 감정적 뉘앙스를 갖는 감탄사 '어즈버'(김대행, 1986)는 이러한 무상감을 예고하는 공식구(公式句) 역할을 한다. 결국 길재가 가졌던 이 무상감이 '오백년 도읍지' 개성이 지닌 장소성의 실체였던 것이다. 이는 〈흥망이 유수ᄒᆞ니〉에 명시된 공간인 '만월대'가 지닌 장소성의 변주라 할 만하다. 시간 의식 또한 이와 맞물려 과거의 긍정성과 현재의 부정성이 함께 드러나고 있다.

그런데 원천석이나 길재와는 달리 왕조 교체를 이룩한 주역으로서 그 창업을 칭송한 정도전(鄭道傳)이 지은 시조 〈선인교 나린 물이〉에서는 〈흥망이 유수ᄒᆞ니〉, 〈오백년 도읍지를〉과는 사뭇 다른 태도가 드러나 있다.

선인교(仙人橋) 나린 물이 자하동(紫霞洞)에 흘너드러
반천년(半千年) 왕업(王業)이 물소릐뿐이로다
아희야 고국흥망(故國興亡)을 물어 무슴 ᄒᆞ리오

이 시조를 초·중장에 국한해서 보면 원천석이나 길재의 시조와 크게 다를 바 없다. 이미 사라진 옛 왕조의 도읍지에서 관찰되는 사물이 지명과 함께 묘사된다는 점에서 장면의 객관적 제시에 가깝다. 고려의 도읍지 개성 송악산 기슭에 위치한 '자하동'과 그곳에 있는 다리 '선인교'는 모두 고려의 왕업을 표상하는 소재들이다. 화자는 고려의 옛 도읍지를 둘러보며 옛 왕조를 떠올리지만, 영화로웠던 옛 왕조의 모습은 더 이상 찾아볼 수 없다. 다만 물소리만이 변함없이 그대로 들릴 뿐이다. 옛 왕조의 영화는 사라지고 물소리만 그대로임을 노래하는 시적 발상은 길재의 시조와 크게 다르지 않으며(성기옥 외, 2006), 원천석의 시조에 흐르는 조락의 분위기와도 유사하다. 정도전은 새로운 왕조 출범의 주역이었지만, 그도 한때는 신하의 몸으로 고려 왕조를 섬겼다. 그렇기에 선인교와 자하동은 그에게 장소성을 지닐 수밖에 없고, 원천석과 길재의 작품과 마찬가지로 그 장소성의 실체는 무상감이다.

하지만 정도전이라는 인물이 조선 건국의 설계자였다는 사실을 조회해보면 앞의 두 시조와 〈선인교 나린 물이〉의 미묘한 차이가 드러난다. 특히 종장의 "물어 무슴 ᄒᆞ리오"에 주목해보자. 새삼스럽게 옛 나라의 흥망을 묻는 것이 무의미함을 깨닫는 모습을 보여주는 표현이다. 그 계기로 작동하는 것이 중장의 '물소리'이다. 이것이 역사의 흐름과 변화, 왕조의 부침과 명멸을 자연적인 것으로 인식하게 되는 시적 계기인 것이다. 정도전의 회고가에서 고려 왕조의 존재가 전적으로 부정되지는 않는다. 그리고 무상감이 배제되는 것도 아니다. 그렇다고 하더라도 "물어 무슴 ᄒᆞ리오"에 깔려 있는 어조를 떠올려 본다면, 이미 출범한 조선 왕조의 역사적 실체에 대한 기대감이 슬며시 느껴진다. 그가 한양 천도를 찬양하기 위해 지은 악장 〈신도가(新都歌)〉의 한 구절 "앞은 한강수여 뒤는 삼각산이여 / 덕중(德重)하신 강산 즈음에 만세를 누리소서"와 비교하면 소심하다 할 정도로 은근한 표현이다.

이처럼 정도전의 회고가는 승자로서 지닐 법한 의기양양한 기개를 선명하게 드러내지 않는다. 무상감을 느끼면서도 허무감으로 나아가지는 않으며, 현실에 대한 낙관을 보여주면서도 그것을 노골적으로 표현하지는 않는 것이다. 이 점에서 선인교와 자하동은 과거에 대한 무상감에 더하여 미래에 대한 기대감이라는 장소성을 은근히 함축하는 것으로도 볼 수 있다. 경우에 따라 이 작품을 회고보다는 시대의 흐름을 일깨운다는 의미의 각세(覺世)라는 주제의식을 지닌 것으로 보기도 하는바(신영명, 2008), 이러한 구별법도 이 작품에 내포된 장소성이 여타의 회고가와는 다르다고 간주하는 데서 비롯된다. 이에 따라 정도전의 회고가에서는 과거사에 대한 안타까움이 없지는 않으나, 이것이 부정적 시간 의식으로 표면화되지는 않는다. 왕조의 부침을 자연의 질서로 인식하는 태도에서라면 새로운 왕조가 나타나는 것 또한 지극히 당연한 일이었을 것이기 때문이다. 물론 그렇다고 해서 현재를 긍정적으로 보는 태도가 선명히 드러나는 것도 아니다. 어떻게 보면 정도전의 회고가에 나오는 "물어 무슴 ᄒᆞ리오"는 새 왕조의 출범에 대한 시비를 피하겠다는 의지의 표현일지도 모른다.

이처럼 같은 회고가라 하더라도 개인적인 회한이나 구왕조에 대한 충절, 새로운 왕조 건설에 대한 기대 등 작자에 따라 그 태도는 달리 표명된다. 옛 왕조의 도읍지와 몇몇 장소가 지니는 장소성도, 그리고 과거와 현재에 대한 시간 의식도 이러한 태도에 따라 미묘한 차이를 보여준다.

참고문헌

김대행(1986), 『시조유형론』, 이화여자대학교출판부.
김승찬(1997), 『고전시가론』, 한국방송통신대학교출판문화원.
민병수(1992), 「회고가 〈오백년 도읍지…〉에 대하여」 백영정병욱선생10주기추모논문집간행위원회 편, 『한국고전시가작품론 2』, 집문당.
성기옥 외(2006), 『고전시가론』, 한국방송통신대학교출판문화원.
신영명(2008), 「여말선초 시조의 세 가지 국면」, 『시조학논총』 29, 한국시조학회.
임종찬(2010), 『시조에 담긴 주제와 시각』, 국학자료원.
전재강(2007), 「고시조에서의 정치의식 표출의 양상」, 『시조학논총』 27, 한국시조학회.
조동일(1994), 『한국문학통사 2』, 지식산업사.

평시조 04

강호사시가 江湖四時歌

지은이 맹사성(孟思誠, 1360~1438) **출처** 『청구영언』(진본)

江湖[강호]에 봄이 드니 미친 興[흥]이 절로 난다
濁醪[탁료] 溪邊[계변]에 錦鱗魚[금린어]ㅣ 안쥐로다
이 몸이 閑暇[한가]ᄒᆡ옴도 亦君恩[역군은]이샷다

江湖[강호]에 녀름이 드니 草堂[초당]에 일이 업다
有信[유신]ᄒᆞᆫ 江波[강파]ᄂᆞᆫ 보내ᄂᆞ니 ᄇᆞ람이로다
이 몸이 서ᄂᆞᆯᄒᆡ옴도 亦君恩[역군은]이샷다

江湖[강호]에 ᄀᆞ올이 드니 고기마다 ᄉᆞᆯ져 잇다
小艇[소정]에 그믈 시러 흘리ᄯᅴ여 더뎌 두고
이 몸이 消日[소일]ᄒᆡ옴도 亦君恩[역군은]이샷다

江湖[강호]에 겨월이 드니 눈 기픠 자히 남다
삿갓 빗기 쓰고 누역으로 오슬 삼아
이 몸이 칩지 아니ᄒᆡ옴도 亦君恩[역군은]이샷다

맥락과 쟁점

창작 시기에 따른 '역군은'의 함축

맹사성의 생애는 여말의 공민왕 대에서 시작하여 조선이 집권 안정기에 접어드는 세종 대에 이른다. 맹사성은 고려조에 관직에 나아간 후로, 조선 개국

과 더불어 순탄한 관료 생활을 했고 퇴임 때까지 판서 및 우의정, 좌의정 자리를 두루 거쳤다. 한 차례 유배를 당하고 몇 차례 파직을 당한 일이 있었으나, 심한 굴곡을 겪지는 않고 전체적으로 순탄한 고위 관료 생활을 이어나갔다. 퇴임 이후에도 그는 국가로부터 두터운 예우를 받았다고 한다. 향리에서 한가로운 생활을 즐기고 있을 때에도 국가 중대사와 관련한 자문이 계속되었고, 그가 세상을 떠나자 세종이 백관을 거느려 애도하고 관부(官府)로 하여금 장사를 준비하게 하였다는 기록이 『세종실록』에 전한다.

〈강호사시가〉는 이러한 정치적 이력을 지닌 인물이 퇴임 뒤에 향리에서의 유유자적한 생활을 읊은 노래로 알려져 있다. "만년(晩年) 치사(致仕) 이후 지은 것"이라는 규정(조윤제, 1937)이 있었던 이후 이 작품이 만년작이라는 점에 대해 대부분의 연구자들이 동의하고 있는 것이다. 그렇다면 명시적으로 드러나는 군은(君恩)의 뜻을 이러한 정치적 배경을 바탕으로 이해할 수 있다. 창작 시점을 만년이라고 가정할 경우 이 작품의 세계상은 현실 체험의 표상으로 이해된다(김흥규, 1999). 이때 '역군은이샷다'는 군주의 은혜로운 통치 덕분에 강호에서 안온한 삶을 누리고 있다는 의식을 압축적으로 드러내는 것으로 볼 수 있다. 강호는 자연의 조화로운 질서를 표상하는 공간으로서 풍성함과 너그러움을 함축하고 있으며, 화자는 자연의 그 조화로운 질서마저 군주가 베푼 선정(善政)의 산물로 받아들이고 있는 것이다.

그러나 창작 시기에 관한 정보를 얻을 수 없다면 맹사성의 삶의 궤적에 따라 작품의 생산 시기를 일정 정도 소급해볼 수도 있다(김명준, 2005). 창작 시점을 만년에서 관료 생활을 하던 시기로 소급하면, 이 작품은 관료 생활이 잠시 단절된 기간 동안 맛본 강호 체험을 기반으로 추체험한 관념상으로 이해된다. 이 경우 작품에 형상화된 사계절의 삶은 현실적 기반과 당초에 이념으로 삼았던 유교적 이상주의 국가를 향한 모색에서 유추된 것으로서, 그것은 아직 실현되지 않은 당위적 세계의 모습이면서 한편으로는 충분히 다다를 수 있고 거기에서 안식할 수 있는 현실적 가능태로서의 세계를 표상한 것이다(이형대, 2002). 즉, 현실적으로 누리고 있는 삶이 아니라 이상으로 추구하는 삶의 형상인 것이다.

창작 시기를 더욱 과감하게 소급하여 이 작품을 특정한 방축기(放逐期)에 지은 것으로 본다면, 강호는 환로(宦路)에서 이탈한 고독한 신하가 고통의 나날을 보내면서 재기의 기회를 기다리는 공간으로 이해될 수 있다. 이러한 해석을 뒷받침하는 것은 '초당에 일이 없다'라는 구절이다. 이 구절이 '역군은이샷다'와 함께 이중적 언어 미학을 형성하면서, 정치적 재기의 기회를 은연중에 드러내고 있다는 것이다(김명준, 2005).

이와 같은 논리는 『청구영언』(진본)과 『해동가요』(육당본)에 이 작품이 이색(李穡), 정몽주(鄭夢周)의 작품과 더불어 본조(本朝, 즉 조선)가 아닌 여말(麗末) 편에 나란히 실려 있다는 사실에 의해서도 뒷받침된다. 이 가집의 편찬자가 전환기에 놓인 인간상의 세 유형으로 이들을 선정하여 각자의 작품을 의도적으로 같은 조(條)에 실었다고 한다면(정재호, 1999), 도피적 태도를 보인 이색이나 새로운 왕조 건설에 적극적으로 저항한 정몽주와 대비되는 인간상의 유형으로 맹사성을 선택했다고 볼 수도 있는 것이다. 이런 맥락에서 미적 범주를 따진다면 〈강호사시가〉는 강호에 거처하는 삶의 넉넉한 만족감을 바탕으로 한 우아미만이 아니라 숭고미의 일단까지도 아우르는 작품으로 볼 수 있다.

꼼꼼히 읽기

강호지락은 계속된다

〈강호사시가〉의 각 수는 형식적으로 다음과 같은 짜임을 가지고 있다.

초장	강호에 (A)이 드니 (B)
중장	(C)
종장	이 몸이 (D)도 역군은이샷다

이러한 짜임을 바탕으로 각 수마다 화자의 상황과 정서를 변주하고 있는데, 그 내용은 다음과 같다.

<table>
<tr><th colspan="3">계절적 배경(A)</th><th>주요 소재(B와 C)</th><th>만족감(D)</th><th>종결</th></tr>
<tr><td rowspan="4">강호에</td><td>봄이</td><td rowspan="4">드니</td><td>탁료(막걸리), 금린어 안주</td><td>한가함</td><td rowspan="4">역군은(亦君恩)
이샷다</td></tr>
<tr><td>여름이</td><td>초당, 강파, 바람</td><td>서늘함</td></tr>
<tr><td>가을이</td><td>살찐 고기, 낚싯배, 그물</td><td>소일함</td></tr>
<tr><td>겨울이</td><td>눈, 삿갓, 누역</td><td>춥지 않음</td></tr>
</table>

A에는 화자가 맞이하게 되는 사계절이, B에는 각 계절에 어울리는 풍취가 표현되어 있다. C에는 D에 들어가는 '한가함, 서늘함, 심심하지 않게 세월을 보냄, 춥지 않게 지냄'과 관련된 구체적인 생활 모습이 드러나 있다. 종결 어구는 D를 가능하게 해주는 존재인 임금을 내세움으로써 사대부적 정체성을 직접적으로 보여주고 있다.

위와 같은 반복적 형식은 계절의 변화에도 불구하고 의연하게 살아가는 화자의 삶을 드러낼 뿐 아니라, 임금의 변함없는 은덕을 강조하는 데에도 효과적으로 기여하고 있다. 네 연에 반복적으로 배치된 '강호에 ○○이 드니'와 '역군은이샷다'라는 구절은 네 연이 자족적 완결성을 갖도록 하는 한편, 각각의 수가 하나의 구조적 질서 안에서 결속성을 가지도록 하여, 작품 전체의 완결성을 높이는 데 긴요한 역할을 한다. 이제 표현과 내용을 중심으로 이 작품을 읽어보자.

춘사(春詞)에서는 강호에 봄이 찾아와 시냇가에서 싱싱한 금린어를 안주 삼아 탁주를 마시는 흥겹고 한가로운 생활이 나타난다. 금린어는 비단 같은 비늘을 가진 물고기라는 뜻으로, 쏘가리를 미화한 표현이다. 모든 자연물이 생기발랄한 봄날에는 쏘가리마저 아름다워 보이지 않을 수 없었을 것이다. 그럼에도 이를 일러 '미친 흥'이라고 한 것은 다소 과장된 표현으로 보이기도 한다.

하사(夏詞)에서는 여름날 한가로운 초당에서 시원한 강바람을 쐬며 지내는 유유자적한 생활이 나타나 있다. 하사의 '유신(有信)한 강파(江波)는 보내느니 바람이다'라는 의인화된 표현을 통해 자연과 어우러져 사는 모습을 연상할 수 있다. 무더운 여름날 마치 강파가 시원한 바람을 자신에게 일부러 보내는 것처럼 묘사함으로써 자연의 조화로운 질서에 대한 만족감을 한층 더 효과적으로 형상화하고 있다.

추사(秋詞)에서는 가을날 강에 배를 띄워 고기를 잡으며 즐기는 생활이 묘사되어 있다. 고기마다 살쪄 있으니 그 자체로 풍성하고 풍요로운 느낌이다. 그렇기에 흐르는 강물에 그물을 던져두기만 할 뿐, 고기를 잡으려는 팽팽한 욕심은 보이지 않는다. 이는 '미친 흥이 절로 난다'며 흥분해 있는 춘사의 모습과 대비되면서도, 고기잡이라는 시적 모티프를 공유하고 있다는 점에서 춘사와 연속성을 지닌 시적 변주라 할 것이다. 추사를 춘사와 함께 읽으면 결국 한가하게 소일하는 삶으로 수렴된다.

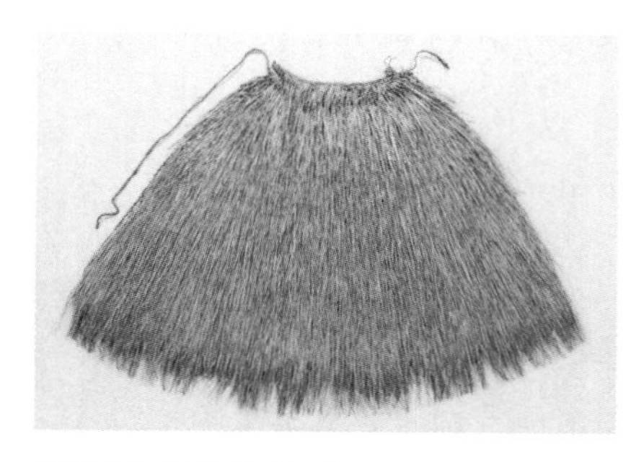
도롱이 (©국립민속박물관)

동사(冬詞)에서는 눈 내린 겨울의 풍경을 배경으로 한 강촌 생활이 나타난다. 눈이 한 자가 넘게 내려 거동조차 불편한 환경이지만, 화자는 삿갓을 쓰고 누역을 걸칠지언정 바깥출입을 삼가지 않는다. 그런데 여기에서 '누역'이 화자의 소박하고 검소한 삶을 표상하는 소재가 아니라는 점에 유의해야 한다. '누역'은 일부 가집에서 '縷繹'으로 표기되어 있는바, 이는 띠나 짚으로 만들어 여름에는 비를, 겨울에는 눈을 막기 위해 걸치는 도롱이를 뜻한다. 이 도롱이를 걸친 것은 화자가 소박하거나 검소했기 때문이 아니라, 당시에 그러한 용도로 쓸 수 있는 거의 유일한 도구가 도롱이였기 때문이다. 이러한 오해는 이 작품을 강호가도의 한 주제적 경향인 안빈낙도와 연결시키는 데에서 비롯된다. 물론 〈어부가〉류를 포함한 강호가도에서 어부는 강호의 빈천한 환경에서도 여유롭게 지내는 물외한인으로 표상되기도 하지만(이형대, 2002), 〈강호사시가〉는 넉넉하고 풍족한 삶을 그려내고 있을 뿐 안빈과는 거리가 있다. 넉넉하고도 안락한 생활은 겨울에도 지속되며, 따라서 '역군은이샷다'는 무의미한 수사가 아니다. 화자에게는 그것이 군주의 통치 행위와 조응하는 자연의 질서이기 때문이다. 다만 한 가지 흥미로운 점이 있다. 하사의 종장에 있는 '이 몸이 서늘하옴도'를 고려하면 동사의 종장에서도 '이 몸이 따뜻하옴도'로 표현했을 법한데, '이 몸이 춥지 아니하옴도'로 썼다는 점이다. 이는 겨우 누역 하나 더 걸쳤다고 해서 추위를 완전히 막을 수는 없었던 사정이 반영된 타협적인 표현이었을지도 모른다.

〈강호사시가〉는 연시조 형식을 취하고 있다. 시조사적으로는 최초에 해당된다. 연시조는 평시조 한 수로는 담기 어려운 긴 호흡의 내용이나 복합적 시상을 드러내려 할 때 선택되는 갈래이다. 보통 초장에서 일으킨 시상을 종장에서 매듭짓는 시조의 형식을 감안하면, 연시조의 연속적 형식은 오히려 전체 시상의 자연스러운 흐름을 방해하고 차단하는 장애물이 될 수도 있다. 예컨대 춘사의 초장에서 일으킨 시상이 춘사의 종장에서 완결되어야 하기에, 하사에서는 춘사의 시상을 그대로 이어받지 못하고 새로운 시상을 일으켜야 하는 난점이 있는 것이다. 만약 총 4수로 이루어진 연시조라면 각기 다른 시상을 환기하고 종결하는 구조를 네 번 거듭해야 하므로 단일한 감정을 지속함으로써 미학적 긴장을 조성하는 시적 전략이 근본적으로 성공하기 어렵다는 말이다. 다시 말해 연시조에서는 각 수의 독립성이 보장되는 대신, 각 수 사이의 연속성은 약화될 수밖에 없다.

그런데 사시가의 형식을 유지하고 있는 이 작품의 경우, 순환적인 시간관에 근거하여 접근해보면 이러한 한계를 넘어서는 시적 구조를 지니고 있음을 알 수 있다. 즉 춘사에서 동사에 이르는 시간이 '봄→여름→가을→겨울'로 나아가는 직선적인 흐름이 아니라, 동사에서 다시 춘사로 돌아가는 순환적인 질서를 바탕에 깔고 있다고 보는 것이다. 이렇게 보면 봄이 되었을 때 왜 '미친 흥'이 절로 난다고 했는지를 충분히 이해할 수 있다. 동사에서 묘사된 대로 겨울철에는 한 자가 넘게 쌓인 눈으로 인해 거동이 자유롭지 않다. 그런데 만물이 소생하는 봄이 오면 야외로 흥취의 공간이 확장된다. 이를 적절히 부각시켜주는 표현이 바로 '미친 흥'인 것이다. '누역'으로 옷을 삼아 춥지 않게 지내는 것도 역군은이라고 하긴 했지만, 그래도 눈 내리는 한겨울의 추위를 다른 계절과 마찬가지로 그저 안온하게 즐기기는 어려웠을 터이다. 그러니 봄을 맞아 '미친 흥'이 절로 난다고 한 것은 마치 움츠렸던 몸을 활짝 펴고 산과 들, 강으로 자유롭게 발걸음을 옮기는 즐거움의 표현이다. 따라서 이는 결코 과장된 표현이 아니라 봄의 도래를 맞이하는 흥취에 적실하게 어울리는 말이 아닐 수 없다.

이 연시조의 전체적인 주제는 결국 각 수에서 반복되는 '역군은이샷다'에 집약되어 있다. 이 구절은 궁중 음악인 악장 〈감군은(感君恩)〉과의 영향 관계를 암시한다. 뿐만 아니라 송순(宋純)의 가사 〈면앙정가(俛仰亭歌)〉(▶392쪽)나 『악장가사』에 실린 〈어부가〉 등도 동일한 표현으로 시상을 마무리하는 것으로 보아, 이 구절은 당대에 어느 정도 상투적인 공식구로 활용되었던 것으로 짐작할 수 있다. 그렇지만 이를 단지 임금을 향해 보내는 아유(阿諛)의 표현으로 폄하할 필요는 없다. "천하의 모든 땅이 왕토 아님이 없고, 모든 백성들이 왕의 신하가 아닌 이가 없다[普天之下 莫非王土 率土之民 莫非王臣]"는 것은 당대의 보편적 관념이었다. 이와 같은 맥락에서 본다면, '역군은이샷다'로 시상이 마무리되는 것은 강호의 세계와 정치 현실의 세계가 모두 군은(君恩)이라는 하나의 질서 안에 존재한다는 인식, 그리고 강호의 삶과 정치 현실의 삶이 서로 배타적이지 않고 연속·합일의 관계에 있다는 낙관적 세계관의 산물이라 할 수 있다(최홍원, 2008).

엮어 읽기

사대부에게 자연이란

흔히 '치사한객(致仕閑客)과 산림처사(山林處士)의 소한음영(消閑吟詠)'을 가리켜 강호가도(江湖歌道)라 한다. 강호가도의 전통은 15세기 맹사성, 정극인, 16세기 이현보, 송순, 이황, 권호문 등을 거쳐 17세기 윤선도에 이르러 절정에 달하고, 19세기 김천택, 김수장, 김성기 등에 의해 다시 고조된 것으로 파악된다(조윤제, 1954). 강호가도는 '경국제민의 현실'에 가 있는 이념(理念)과 '귀거래의 강호'에 가 있는 동경(憧憬) 사이에 낀 분신(分身) 상태에서 일어난 '귀거래적 충동'의 문학적 표현으로 규정되기도 하였다(최진원, 1977). 귀거래적 소망의 세계에서 시간은 언제나 태평성대이고 공간은 산수강호이며 세월은 사시가절(四時佳節)이고 지배적인 정서는 향수(鄕愁)이게 마련이라는 설명(김병국, 1995)도 이와 같은 맥락이다.

그렇다면 강호가도의 영토에서 〈강호사시가〉의 자리는 어디에 있을까? 한국문학에 나타난 유가적 자연관은 연군(戀君)과 역군은(亦君恩)의 자연, 유상적(遊賞的) 자연, 도학적(道學的) 자연 등으로 구별할 수 있다(이종은 외, 1998). 이에 따르면 〈강호사시가〉의 강호자연은 전형적인 '연군과 역군은의 자연'이라 하겠다. 이 작품은 정치 현실과 강호자연 사이에 어떤 모순이나 분열을 전제하지 않고 두 세계가 모두 임금의 은혜로 상징되는 포괄적 질서 안에 있으며, 이 질서는 풍성하고도 안정된 것임을 긍정적으로 노래한 것이다(김흥규, 1999).

이와는 달리 유상적 자연관은 아름다운 자연을 그 자체로 즐기려는 태도가 나타나는 일군의 작품들에서 발견된다.

> 두류산(頭流山) 양단수(兩端水)를 녜 듯고 이제 보니
> 도화(桃花) 쓴 묽은 물에 산영(山影)조ᄎᆞ 잠겻셰라
> 아희야 무릉(武陵)이 어듸오 나는 옌가 ᄒᆞ노라

남명 조식(曺植)의 작품이다. 자연에 어떠한 이념적 렌즈를 들이대지 않고 오직 자연의 풍광 그 자체의 아름다움을 그려내고 있다. 물론 두류산 양단수를 '무릉'이라는 관념화된 공간에 비유함으로써 이상화된 세계에 대한 지향이 배어 있다는 점을 부정할 수는 없지만, 도화가 떠 있는 맑은 물에 산 그림자가 잠겨 있는 장면이 압도적인 비중을 차지하고 있는 작품이라 할 수 있다.

도학적 자연관은 자연을 상도(常道)의 구현체로 인식하고 우주 자연의 이치를 궁구하여 인간의 실존적인 이치를 정립하려 하는 경향을 말한다. 이이(李珥)의 〈고산구곡가(高山九曲歌)〉(▶286쪽)에서 볼 수 있듯이 자연은 성리학적 도를 체득하고 구현하기 위한 수신의 공간으로 선택되기도 하고, 하늘의 섭리를 체현하고 있는 실체로서 결국 인간의 도리를 알려주는 매개물로 선택되기도 한다.

이 밖에도 직조대시(直釣待時)의 공간에 해당하는 자연이 있다. 직조대시는 문왕을 도와 주나라를 일으켰던 인물 강태공(姜太公)의 고사에 연원을 두고 있는 말로서, 고기를 낚을 뜻이 전혀 없이 곧은 낚시[직조]를 드리우고 성군이 출현하거나 자신의 정치적 포부를 펼칠 때를 기다린다[대시]는 뜻이다. 사대부들의 관념 속에서 때를 기다린다는 것은 사회적 자아를 실현할 정치적 공간을 획득할 시기를 준비한다는 의미이다. 직조대시의 자연은 정치 현실에 발을 담글 때를 기다리며 심성을 수양하는 예비적 공간이다.

이처럼 자연을 노래한 여러 시조들이 강호가도라는 하나의 전통 안에 놓여 있

지만, 소재 혹은 배경이 되는 자연의 의미는 넓은 스펙트럼을 보여준다. 그것은 '사(士)'와 '대부(大夫)'라는 이중적 정체성을 한 몸에 지니고 있었던 조선시대 유학자들이 추구했던 삶의 다양성을 말해주는 것이기도 하다. 그들은 두 가지 정체성 중 어느 쪽에 더 큰 뜻을 두고 있는가, 두 가지 정체성을 어떻게 조화시킬 것인가 등 정체성과 삶의 태도에 대한 질문에 서로 다른 답을 내리고 있었던 셈이다.

참고문헌

김명준(2005), 「〈강호사시가〉의 창작 시기와 세계상」, 『한국시가문화연구』 15, 한국시가문화학회.
김병국(1995), 『한국 고전문학의 비평적 이해』, 서울대학교출판부.
김흥규(1999), 『욕망과 형식의 시학』, 태학사.
이종은 외(1998), 「한국문학에 나타난 한국인의 자연관 연구」, 『한국학논총』 32, 한양대학교한국학연구소.
이형대(2002), 『한국 고전시가와 인물 형상의 동아시아적 변전』, 소명출판사.
정재호(1999), 『한국시조문학론』, 태학사.
조윤제(1937), 『조선시가사강』, 동광당서점.
조윤제(1954), 『한국 시가의 연구』, 을유문화사.
최진원(1977), 『국문학과 자연』, 성균관대학교출판부.
최홍원(2008), 「'역군은' 표현과 경험의 세계 — 관념적 표현의 교육적 자질에 대한 소고」, 『고전문학과 교육』 16, 한국고전문학교육학회.

평시조 05

가마귀 검다 ᄒᆞ고

지은이 이직(李稷, 1362~1431) **출처** 『청구영언』(진본)

가마귀 검다 ᄒᆞ고 白鷺백로ㅣ야 웃지 마라

것치 거믄들 속조차 거믈소냐

아마도 것 희고 속 검을슨 너ᄲᅮᆫ인가 ᄒᆞ노라

맥락과 쟁점

노래로 대답하기

형재 이직은 〈이화에 월백ᄒᆞ고〉(▶238쪽)의 작자인 이조년의 증손이다. 조선의 개국공신으로서 이조판서를 거쳐 태종과 세종 대에 이르기까지 영의정, 좌의정 등 요직을 두루 지냈다. 고려가 망하자 고려 유신들은 충절을 지키며 초야에 묻혀 망국의 한을 노래하고 새 왕조에 가담한 자들을 비난하였는데, 새 왕조에서 벼슬을 하면서 두 왕조를 섬긴 이직은 〈가마귀 검다 ᄒᆞ고〉를 불러 자신의 양심을 피력한 것으로 전해진다. 세상에 대한 걱정과 한탄을 담고 있다는 의미에서 개세가(慨世歌)로 분류된다.

이 노래는 일부 가집에서 정몽주의 모친이 지은 것으로도 전해지는 아래 〈가마귀 ᄡᅡ호ᄂᆞᆫ 골에〉와 정확하게 상반된 논리를 보인다.

가마귀 ᄡᅡ호ᄂᆞᆫ 골에 백로(白鷺)야 ᄀᆞ지 마라

셩ᄂᆡᆫ 가마귀 흰빗츨 ᄉᆡ올세라

청강(淸江)에 조히 ᄡᅵ슨 몸을 더러일가 ᄒᆞ노라

백로를 표리부동한 인물의 표상으로 그린 〈가마귀 검다 ᄒᆞ고〉와 달리 〈가마귀 ᄡᅡ호ᄂᆞᆫ 골에〉에서는 까마귀를 음흉한 인물로, 백로를 고고한 선비로 그리고 있다. 이직이 〈가마귀 ᄡᅡ호ᄂᆞᆫ 골에〉에 대한 문학적 대응으로 이 노래를 지었다는 정확한 근거는 없지만, 두 시조가 서로 대립적인 구도를 취하고 있어 상호 간에 대화적 긴장감이 나타난다는 점을 고려할 때, 〈가마귀 검다 ᄒᆞ고〉를 〈가마귀 ᄡᅡ호ᄂᆞᆫ 골에〉에 대한 화응형(和應形) 시조로도 볼 수 있다(류수열, 2005). 특히 시조 초장의 '백로야 웃지 마라'라는 구절이 〈가마귀 ᄡᅡ호ᄂᆞᆫ 골에〉의 '백로야 가지 마라'를 변형한 표현이라는 점에 주목하면, 두 시조 사이의 화응 관계가 더욱 선명하게 드러난다.

까마귀에 대한 이러한 대조적 인식은 시조라는 갈래를 파악할 때, 사대부 집단의 세계관을 단일한 것으로 전제하는 것이 위험할 수 있다는 사실을 보여준다(임주탁, 2005). 까마귀를 흉조(凶鳥)로, 백로를 길조(吉鳥)로 인식하는 관습적 사고에 의문을 제기하면서 논쟁적 태도를 취하는 이 작품은 사대부의 문화가 전일적인 구도에 놓여 있지 않았음을 말해주기도 하는 것이다. 이 점은 까마귀를 소재로 삼은 다양한 시조 작품을 통해 더욱 분명히 알 수 있다.

꼼꼼히 읽기

까마귀를 위한 변명

고려의 충절을 지키고자 조선 왕조에 참여하지 않은 고려 유신들이 조선의 개국공신으로 관직에 있는 자들을 어떻게 바라보았을까? 아마도 따가운 시선을 보내면서 힐난했을 것이다. 이에 〈가마귀 검다 ᄒᆞ고〉의 작자는 이 노래를 통해 조선 개국에 참여한 여러 주체들을 대표하여 자신의 정치적 입장을 옹호하고, 동시에 자신을 비난하는 유신들의 경직된 사고를 반박하고자 한 것으로 볼 수 있다.

이런 의도는 노래의 초장 '까마귀 검다 하고 백로야 웃지 마라'에서부터 바로 나타난다. 여기에서 이 노래가 백로를 청자로 설정하고, 그에게 말을 전하는 형식을 취하고 있음이 확인된다. 흥미로운 점은 이 구절에 도치 표현이 사용되었다는 점이다. '백로야'는 문법적으로 독립어에 해당한다. 이를 고려하여 산문체로 썼다면 '백로야. 까마귀 검다 하고 (비)웃지 마라.' 정도가 될 것이다. 만일 이를 시조의 율격에 맞추어 읊는다면, '백로야 / 까마귀 // 검다 하고 / (비)웃지 마라.'로 휴지(休止)가 만들어지면서 낭송이든 가창이든 리듬이 어색했을 것이다. 시조는 두 마디를 하나의 토막으로 끊어 읽는 것이 자연스럽기 때문이다. 어순을 도치한 것은 단지 문장에 변화를 주는 효과를 넘어 언어를 구술적으로 실현할 때 요구되는 질서를 고스란히 존중한 표현법이라 할 수 있다(류수열, 2013). 동시에 '백로'를 청자로 호명하면서 시상의 중요한 축으로 배치하는 효과도 낳는다.

이 노래에서 시선을 끄는 것은 선명한 색채 대비와 우의적 기법이다. 까마귀와 백로는 같은 조류라는 점에서는 동일하지만 그 의미와 색깔은 대조적이다. 보통 백색은 선(善)이나 정(淨)을, 흑색은 악(惡)이나 부정(不淨)을 표상한다. 따라서 흑색의 이미지를 갖는 까마귀는 부정적 의미를, 백색의 이미지를 갖는 백로는 긍정적 의미를 갖게 된다. 그런데 이 작품에서 까마귀는 겉은 검지만 속은 희어서 긍정적인 가치를 표상하고, 백로는 겉은 희지만 속이 검어서 부정적인 가치를 표상한다. 이런 점에서 이 흑백의 논리는 상대적인 것이라 할 수 있다(황충기, 1996). 또한 그 우의적 기법을 염두에 두면, 까마귀는 조선 왕조의 개국공신 세력을 대변하고 있으며, 백로는 이에 대항하는 무리를 가리키면서 위선자 또는 표리부동한 인물로 형상화되고 있는 것이다(이동철, 1997).

더욱 주목되는 점은 이러한 발상을 통해 까마귀와 백로의 통상적 이미지를 전체적으로 전복시키는 효과를 거두고 있다는 것이다. 자신을 까마귀라 규정하고 비난의 화살을 퍼붓는 상대에게 정면으로 대응할 의도였다면, 아마도 자신이 까마귀가 아니라고 부인하는 방법을 선택했을 것이다. 그러나 이런 방법은 설득력을 얻기 어려웠다. 사실상 역성혁명파들은 고려 왕조를 지키고자 했던 정몽주 등에 비해 성리학적 명분에서 치명적인 약점을 가질 수밖에 없었기 때문이다. 16세기에 들어 정몽주가 의리론(義理論)을 바탕으로 '문충(文忠)'이라는 시호를 얻고 문묘(文廟)에 배향되었으며 개성의 숭양서원 등 전국 13개 서원에서 제향되었다는 사실은 역성혁명파가 성리학적 명분 면에서 얼마나 취약했는지를 반증해준다.

이 작품을 쓴 이직 또한 이 점을 모르지 않았을 것이다. 까마귀가 검다는 것은 타고난 자질이므로 그것은 비난할 바가 못 된다. 중요한 것은 속이다. 그 속이 검은가 흰가 하는 점이다. 만일 속이 희다면 겉은 검든 희든 상관없다. 인간도 마찬가지이다. 겉으로는 인간다워 보여도 속에 비인간적인 욕망을 감추고 있다면 표리부동한 인물이라 비난받는다. 시적 화자는 당연히 까마귀형 인간일 것이다. 백로형의 인간들로부터 검다고 비웃음을 산 적이 있는 화자는 겉이 검을지언정 자신의 속마음은 결백하다고 전제하며, 오히려 겉만 희고 속마음은 검은 백로형 인간들을 비웃고 있다. 표면적 현상이 본질을 그대로 드러내주지 않는다는 점은 둘 다 마찬가지라 하더라도, 겉만 희고 속이 검은 것이야말로 위선이라고 하면서 그들의 표리부동한 면모를 비난하고 있는 것이다.

이직은 이처럼 성리학적 명분의 취약성을 적극적으로 인정하면서, 이를 뒤집어 자신의 정치적 선택에 대한 우의적 정당화를 시도한 것으로 볼 수 있다. 만일 이 노래가 〈가마귀 빠호는 골에〉와 직접적인 대화 관계에 있었다면, 그것은 〈가마귀 빠호는 골에〉에 대한 문학적 반론에 해당되는 셈이다(최홍원, 2017). 까마귀를 위한 변명이면서 동시에 까마귀로 비유되는 자신의 정체성에 대한 변명이라 할 것이다.

엮어 읽기

우의로 드러내는 세상 걱정

개세가는 부정적인 세태를 개탄하는 목적으로 지어진 노래이다. 어느 시기 어느 사회든 비판받을 만한 부정적인 현실이 있게 마련이다. 따라서 개세가의 전통 또한 인간의 역사가 시작된 이후로 시대와 장소를 불문하고 이어져 왔다고 볼 수 있다.

동양에서 개세의 시원은 공자가 편찬한 『시경』의 '풍(諷)' 편이라 할 수 있다. 여기에는 풍자 문학이라 할 만한 노래들이 대거 수록되어 있다. 본래 '빗대(어 간하)다'의 의미를 지닌 '풍(諷)'은 '찌르다', '가시', '침', '꾸짖다', '헐뜯다' 등의 의미를 지닌 '자(刺)'와 결합하여 풍자라는 용어로 굳어져 쓰인다. 이러한 배경을 고려해보면 풍자 문학에는 대개 개세의 의도가 포함되어 있다고 봐도 무방할 것이다.

풍자 문학에서 우의의 기법이 자주 활용되는 것은 당연하다. 무엇인가에 빗대어 찌르는 것이 풍자 본연의 의미라면, 빗댄다는 말에 적실한 문학적 표현 기법이 바로 우의이기 때문이다. 우의 또한 기본적으로 다른 무엇인가에 빗대어서 뜻을 드러내는 것을 말한다.

우리의 시가사로 눈을 돌리면 시조 문학의 발생기부터 우의적 기법의 개세가 가 등장한다.

구룸이 무심(無心)ᄐᆞᆫ 말이 아마도 허랑(虛浪)ᄒᆞ다
중천(中天)에 ᄯᅥ 이셔 임의(任意)로 ᄃᆞᆫ니면셔
구ᄐᆡ야 광명(光明)ᄒᆞᆫ 날빗촐 ᄯᆞ라가며 덥ᄂᆞ니

고려 말엽에 이존오(李存吾)가 지은 것으로 알려진 작품이다. 공민왕의 총애를 받아 진평후라는 봉작까지 받았던 요승 신돈(申旽)이 공민왕의 총명을 흐리게 하고 국정을 어지럽히는 것을 한탄하여, '구름'을 '신돈'으로 '날빛'을 '공민왕'으로 빗대어 풍자한 것이다. 상소를 통해 신돈을 비판하기도 한 그는 왕의 노여움을 사서 투옥되었고, 그 후 은둔 생활을 하며 울분을 삭였다고 한다. 정몽주와도 두터운 교분이 있었던바, 그의 강직한 기개를 엿볼 수 있는 작품으로 손색이 없다.

한편 〈가마귀 ᄡᆞ호ᄂᆞᆫ 골에〉의 모티프를 고스란히 이어받고 있는 작품도 있다.

가마괴 디디ᄂᆞᆫ 곧애 백로(白鷺)야 가디 말아
희고 흰 긴헤 거믄 ᄯᅵ 무칠셰라
딘실로 거믄 ᄯᅵ 무티면 씨을 ᄭᅵᆯ히 업ᄉᆞ리라

이시(李蒔)의 작품으로 알려진 〈가마괴 디디ᄂᆞᆫ 곧애〉는 까마귀가 갖는 외형적 색깔을 악한 내면적 본성으로 연결 지어, 백로로 하여금 까마귀의 악을 경계하라고 주문하고 있다. 앞서 소개한 〈가마귀 ᄡᆞ호ᄂᆞᆫ 골에〉와 마찬가지로 백색이 갖는 선과 정의 이미지와 흑색이 갖는 악과 부정의 이미지를 각각 백로와 까마귀의 외

형적 색깔에 투영시킨 우의적 작품이라 하겠다.

까마귀를 흉조로 보았던 전통으로 인해 문학에서도 까마귀는 대체로 부정적인 이미지로 형상화되곤 했다. 까마귀에 빗대어 지극한 효성을 표현한 반포지효(反哺之孝)라는 한자성어는 이런 점에서 이질적이기도 하다. 이와 같은 맥락에서 보면 이직의 〈가마귀 검다 ᄒᆞ고〉는 역발상의 독특한 개성만으로도 충분히 주목할 만한 작품이다.

이러한 개세가에는 세계관이나 처세관이 뚜렷이 드러난다. 이로 인해 향유나 소통의 맥락에서도 다른 노래와 비교되는 특징이 있다. 개세가가 우의를 통한 풍자를 지향한다고 할 때, 그 풍자는 현실의 부정적 요소를 폭로하거나 교정하려는 의도에서 출발한다. 퇴폐한 시기나 여론이 억압당하는 시기에 우의적인 풍자 문학이 양산되는 경향이 있는 것도 이 때문이다. 그런데 풍자를 통한 현실 폭로 혹은 교정의 의도는 성취되기 어렵다. 왜냐하면 풍자는 현실에 밀착해서 그 부정적 요소를 드러내기는 하지만, 대체로 뚜렷한 전망을 제시하지는 못하기 때문이다. 이는 풍자를 기반으로 하는 의사소통이 풍자를 하는 주체와 그 목소리를 듣는 주체 사이의 일종의 공모 의식을 전제로 성립되는 데서 비롯된다. 그리하여 풍자는 곧잘 두 주체가 현실에 냉소를 보내는 데서 만족을 느끼도록 한다. 이런 특성으로 인해 풍자 문학의 현실 교정 의도는 쉽게 성취되지 않는다.

개세가 또한 이러한 풍자 문학의 특성을 지니고 있다. 그렇다면 〈가마귀 ᄡᅡ호ᄂᆞᆫ 골에〉와 〈가마귀 검다 ᄒᆞ고〉는 각 작품에 공감하는 사람 또는 집단이 서로 달랐을 것이고, 해당 작품을 공감하는 이들 사이에서만 공모 의식을 매개로 별도의 통로로 소통되었을 것으로 짐작된다. 혹 같은 자리에서 소통되었다면 이질적인 처세관을 가진 두 무리 사이에서 대화적 긴장 관계를 유지한 채 주고받는 노래였을 것이다.

참고문헌

류수열(2005), 「화응형 시조를 통해 본 반응적 글쓰기의 가능성」, 『한국언어문학』 54, 한국언어문학회.
류수열(2013), 「고전시가 독서의 재미 요소 탐구 — 시조를 중심으로」, 『고전문학과 교육』 26, 한국고전문학교육학회.
이동철(1997), 『시조문학산고』, 국학자료원.
임주탁(2005), 「시조 문학에서의 사상 인식의 양상과 그 의미 — 까마귀와 해오라기에 대한 인식을 중심으로」, 『성심어문논집』 27, 성심어문학회.
최홍원(2017), 「창의 연구의 방법적 회의와 교과교육으로서 창의의 실현 가능성 탐색 — 까마귀 소재 시조를 대상으로」, 『국어교육』 159, 한국어교육학회.
황충기(1996), 『해동가요에 관한 연구』, 국학자료원.

평시조 06

동지ㅅ돌 기나긴 밤을

지은이 황진이(黃眞伊, ?~?) **출처** 『청구영언』(진본)

冬至동지ㅅ돌 기나긴 밤을 한 허리를 버혀 내여
春風춘풍 니불 아레 서리서리 너헛다가
어론님 오신 날 밤이여든 구뷔구뷔 펴리라

맥락과 쟁점

전설이 된 기생의 노래

황진이는 조선조 중종 때부터 선조에 걸쳐 살았던 이름난 기생이다. 『어우야담(於于野談)』을 비롯한 여러 문헌에 그의 남성 편력에 관련한 일화가 전해지는데, 전설적인 가공이 더해져 있어서 진위 여부를 확인하기 어렵다. 〈동지ㅅ돌 기나긴 밤을〉은 당대의 명창이었던 선전관(宣傳官) 이사종(李士宗)을 그리며 불렀던 것으로 추정된다. 황진이의 작품으로 알려진 시조 6수 중 일부는 한역으로 기록되어 전해지고 있는데, 이 노래는 후대의 문인 신위(申緯)가 편찬한 『소악부』에 〈동지영야(冬之永夜)〉라는 제목으로 한역되어 실려 있다.

截取冬之夜半强(절취동지야반강)	겨울밤 반토막을 싹뚝 잘라내어
春風被裡屈蟠藏(춘풍피리굴반장)	춘풍 이불 속에 서리서리 넣었다가
燈明酒爛郎來夕(등명주란랑래석)	등불 밝고 술 익는 밤 임이 오시면
曲曲鋪成折折長(곡곡포성절절장)	굽이굽이 펼쳐서 길이길이 늘이리

황진이 시조는 가곡창으로 향유될 때 여창뿐만 아니라 남창으로도 불리었다.

〈동지ㅅ둘 기나긴 밤을〉을 여창으로 부를 경우 임과의 사랑이 영원하기를 바라는 간절한 여심으로 해석되지만, 남창으로 부를 경우 호기롭고 절제되지 않은 남아의 탕정으로 해석되기도 한다(박연호, 2016).

황진이의 시조는 전체적으로 비유나 이미지 등 시적 자질 면에서 다른 애정 시조에 비해 높은 평가를 받는다. 이 노래는 그중에서도 가장 빼어난 수작으로 널리 인정되고 있다. 이 작품의 특장이 발상과 표현의 참신함에 있다는 점에 대해서도 이론의 여지가 없다. 그러한 평가의 핵심은 추상적인 시간을 물리적 실체인 것처럼 나타낸 표현의 참신성에 있다. 시간의 재단(裁斷) 의식이 뚜렷하다는 평가(송욱, 1964)는 후대의 연구에서도 이어졌다. 이 노래가 조선시대에 향유된 모든 시조 중에서도 거의 최상에 놓이는 이유도 여기에서 찾을 수 있다.

꼼꼼히 읽기

시간의 물질화

동짓달 밤은 다른 계절에 비해 물리적으로 길다. 지구가 기울어진 채 공전을 하는 까닭이다. 황진이가 이런 천문학적 이유를 알고 있었을 리는 없지만, 동짓달의 밤이 다른 때보다 더 길다는 사실은 경험으로 알았을 것이다. 그리고 황진이는 외로움에 떨면서 누군가를 간절히 그리워하는 이에게는 밤이 더욱 길게 느껴진다는 점도 안다. 이처럼 물리적으로도 길고, 심리적으로는 더욱 길게 느껴지는 동짓달 밤이라는 시간 앞에서 화자는 상상력을 발동시킨다. 기나긴 밤 시간 중 그리움이 최고조에 이른 시간의 한 구역을 잘라낸다. 그것이 "한 허리"에 해당한다. 외로움에 지치고 그리움에 떨리는 길고 긴 밤을 최소한으로 줄이기 위해서이다. 화자는 시간의 물질화를 통해 임의 부재로 인한 결핍을 최소화하는 것이다.

동짓달 기나긴 밤의 한 허리였던 시간은 이제 화자에 의해 강제로 절단되어 "춘풍 니불" 속이라는 물리적 공간으로 들어와 자리를 잡는다. 그 과정에서 그리움이라는 함축적 의미가 극대화되기도 한다. 이제 물질화된 시간이 자리한 춘풍의 이불 속은 그리움을 녹여 환희로 가득한 사랑을 꽃피울 수 있는 기다림의 공간으로 바뀐다(손종흠, 2011). 이러한 시적 논리는 밤을 비단과 같이 신장성(伸長性) 있는 물체로 인지하고 있다는 설명(임종찬, 1993)이나, 시간의 확장을 통해 임의 부재라는 현실과 임을 기다리는 이상 사이의 괴리를 극복하고 있다는 해석(나정순, 2000) 등 이 시조에 대한 거의 모든 논의에서도 주목했던 바이다.

이 시조에서 시간의 물질화라는 발상은 대립 관계를 맺는 시어들을 포진함으로써 안착된다. 첫 번째 대립은 "동지ㅅ달"과 "춘풍" 사이에 성립된다. 이는 '동'과 '춘'의 계절적 대립성이기도 하고, 차가운 겨울바람과 훈훈한 봄바람의 감각적 대립이기도 하며, 고독한 밤과 화락한 밤의 분위기적 대립이기도 하다. 또 기나긴 밤과 짧은 밤의 대립이 되기도 한다. 그리하여 결국 "동지ㅅ돌 기나긴 밤"과 "어론님 오신 날 밤"은 임의 부재와 현존을 기준으로 각각 부정적 시간과 긍정적 시간의 대비를 이룬다. 화자는 임의 부재를 비극적으로 인식하고 그것을 극복하는 방법을 시적 상상 속에서 찾은 셈인데(조세형, 1992), 단순한 극복을 넘어 마침내 가장 절실하게 원하는 시간을 예비하는 반전을 이루어내고 있다.

두 번째 대립은 "서리서리" 및 "구뷔구뷔"라는 의태어 간의 대립이다. 전자는 시간을 실처럼 감는 인상을, 후자는 그것을 풀고 펼치는 인상을 준다. 화자가 잘라낸 밤을 헝클어지지 않도록 '서리서리' 쌓아놓는 목적은 임이 왔을 때 막힘없이 술술 풀어내기 위함이다. 그러므로 '서리서리'는 그리움을 '구비구비' 풀어내어 사랑으로 승화시킬 것을 준비하는 상태가 되며, 길어진 그리움을 '구비구비' 펴내는 시간은 끝이 없는 영원한 시간이 된다. 나아가 '서리서리'와 '구비구비' 등의 의태어는, '허리'와 '춘풍', '이불' 등의 어휘로부터 발산되는 관능적이고 감각적인 분위기와 어울려 시의 전체적인 분위기와 주제의식을 한껏 밀어 올린다(손종흠, 2011). 이처럼 이 두 의태어의 대립적 구사는 이 시의 탁월성을 높이는 또 하나의 핵심 요소이기도 하다.

세 번째 대립은 "버혀 내여"와 "너헛다가"이다. "버혀 내여"의 '내어[出]'와 "너헛다가"의 '넣다[入]'는 반대 방향의 동선을 상정하기 때문이다. "너헛다가"는 다시 "펴리라"와도 대립한다. 목적어만 없다면 마치 커다란 옷감의 일부를 가위로 베어내어 깊숙한 장롱 속에 숨겨두었다가 기다리던 때가 오면 밖으로 꺼내어 주름도 하나 없이 깔끔하게 펼쳐 보이겠다는 의지처럼 보인다. 다만 '버혀 내여↔너헛다가↔펴리라'의 대립은 모순 관계가 아니라 임을 기다리는 정성으로 수렴되는 연속적 행위로 보아야 마땅할 것이다. 그리하여 우리는 '베다'라는 동사가 파괴나 훼손, 상처의 이미지를 전적으로 배제한 채 오히려 사랑하는 임을 기다리는 온전한 정성으로 이미지화되는 아주 드문 경우를 만나게 된다.

밤은 시간적 개념이다. 시간은 흐른다. 밤도 시간이 흐르면 낮으로 바뀌고 시간이 계속 흐르면 또 다시 밤이 온다. 계절의 변화도 시간의 흐름이다. 계절에 따라 밤과 낮의 길이도 다르다. 이 같은 시간의 흐름과 변화는 자연의 질서이자 섭리이다. 인위적으로 변화를 줄 수 없다. 그러나 이 노래의 시적 화자는 해체와 재구성을 통해 시간을 조작하고자 한다. 유일한 방법은 상상이다. 시간을 마치 잘라내고 붙일 수 있는 물질적 실체인 양 바라보는 것이다. 시적 발상이란 이처럼 추상적인 것을 구체적인 것으로 바꾸는 것이다. 물론 그 역도 성립 가능하지만, 시가 필연적으로 이미지를 추구한다는 점에서는 추상의 구체화가 시적 발상의 보편성에 훨씬 더 가깝다고 할 수 있다.

엮어 읽기

상상력의 극한

실제로 경험하지 않은 현상이나 사물을 구체적인 이미지(image)로 그려내는 능력을 상상력(imagination)이라 한다. 상상력은 과거의 인상들이 단순히 유기체 내부에 보존되어 있는 상태인 기억(記憶)과도 다르고, 시공의 테두리에서 벗어난 자유로운 연상을 뜻하는 공상(空想)과도 구별된다. 그러나 문학적 발상에서 발휘되는 상상력은 어느 정도는 기억에 의존하고, 어느 정도는 공상의 성격을 지니기 때문에 선명하게 구별되는 것은 아니다.

시간은 자연의 질서이므로 인위적 가공을 허락하지 않는다. 그러나 〈동지ㅅ돌 기나긴 밤을〉의 시적 화자는 시간을 마치 잘라내고 붙일 수 있는 구체적인 물건인 양 바라보며 자연물을 인위적으로 가공하는 상상력을 보인다. 이러한 상상력은 물리적 질서를 정면으로 배반한다. 이처럼 물리적 질서가 지배하는 현실 세계에서는 일어날 수 없는 상황이나 장면을 구성해내는 인지 능력을 잠정적으로 초물리적 상상력이라 해두자.

황진이의 시조는 초물리적 상상력이 시간에 적용된 경우이지만, 이는 공간 개념에 적용되기도 한다. 다음 사설시조 〈어이 못 오던가〉를 보자.

> 어이 못 오던가 무슴 일노 못 오던가
>
> 너 오ᄂᆞᆫ 길에 무쇠 성(城)을 ᄊᆞ고 성(城) 안에 담 ᄊᆞ고 담 안에 집을 짓고 집 안에 두지 노코 두지 안에 궤(櫃)를 ᄶᆞ고 그 안에 너를 필자형(必字形)으로 결박(結縛)ᄒᆞ여 너코 쌍배목(雙排目)의 걸쇠 금(金) 거북 자물쇠로 슈긔슈귀 잠가 잇더냐 네 어이 그리 아니 오더니
>
> ᄒᆞᆫ ᄒᆡ도 열두 ᄃᆞᆯ이오 ᄒᆞᆫ ᄃᆞᆯ 셜흔 ᄂᆞᆯ의 날 와 볼 ᄒᆞᆯ니 업스랴

이 시조의 화자는 〈동지ㅅᄃᆞᆯ 기나긴 밤을〉의 화자와 유사한 상황에 놓여 있다. 그런데 상상력의 동선을 중심으로 이 시조의 중장에 주목해보면, '성→담→집→두지→궤'라는 공간의 연쇄가, 넓이는 점점 좁아지고 폐쇄성은 점점 강해지는 방향으로 이루어져 있음을 확인할 수 있다. 여기에 더하여 감금 상태에서 필자형으로 결박되어 있는 '너'의 형상에 대한 상상은, 재회가 지연되는 데 대한 책임을 외부적 상황으로 미루고 싶어 하는 심리의 소산이기도 한다. 공간의 연쇄적인 축소는 그 안에 감금된 상대방에 대한 상상으로 이어지면서 화자와 상대방의 단절감을 극대화한다. 또한 혹시나 있을 수도 있는 '너'의 변심에 대한 부정을 통해 자기 위안을 도모하고자 하는 전략으로도 볼 수 있다. 어쨌든 어느 한 사람을 감금하기 위하여 이러한 공간을 축조할 리가 없다는 점에서 이는 상상력의 극단이라 할 것이며, 그 발상은 초물리적이라 할 수 있다.

이러한 상상력은 시간이나 공간을 포함한 자연물의 객관적 존재 방식에 두루 적용되기도 한다. 또한 그것은 우리만의 고유한 발상법으로 한정되는 것도 아니다.

> 그는 나의 북쪽이며, 나의 남쪽, 나의 동쪽과 서쪽이었고
>
> 나의 노동의 나날이었고 내 휴식의 일요일이었고

나의 정오, 나의 한밤중, 나의 언어, 나의 노래였습니다.

사랑은 영원히 계속될 줄 알았지만, 그게 아니었습니다.

지금 별들은 필요 없습니다. 다 꺼 버리세요.

달을 싸서 치우고 해를 내리세요.

바닷물을 다 쏟아 버리고 숲을 쓸어 버리세요.

지금은 아무것도 소용이 없으니까요.

위의 글은 1930년대 미국에서 활동한 위스턴 휴 오든(Wystan Hugh Auden)의 작품인 〈슬픈 장례식(Funeral Blues)〉(장영희 역, 2006)이다. 화자에게 '그'는 동서남북이며 노동과 휴식이며 언어이며 노래였다. 한마디로 화자의 전부였다. 그랬던 '그'가 죽었다. 영원할 줄 알았던 사랑도 죽음 앞에서는 멈춘다. 그의 죽음으로 인해 화자는 삶의 모든 의미를 상실했다. 자신을 둘러싸고 있는 별과 달과 해, 바닷물과 숲 등 모든 자연을 치워버리라고 절규한다. 우주만물이 아무런 소용이 없어진 탓이다. 별들을 꺼버리고, 달을 싸서 치우고, 해를 내리고, 바닷물을 쏟아버리고, 숲을 쓸어버리라는 절규에 그것이 진정 실현되리라는 기대가 담겨 있는 것은 아닐 것이다. 이 또한 사랑하는 이가 죽은 뒤에 닥쳐온 무시무시한 절망의 무게가 낳은 초물리적 상상력의 극단이다. 이처럼 이 작품에서 초물리적 상상력은 다소 과장된 느낌을 주면서도 지극한 슬픔을 구체적으로 형상화하는 미학적 효과를 가져온다.

이상에서 살펴본 초물리적 상상력은 시인이 전달하고자 하는 추상적이고 관념적인 정서와 주제의식을 생생한 이미지로 형상화시키는 미학적 역할을 한다. 산문적 진술로는 그려내기 어려운, 그리고 기억에 의존한 현실 세계의 정직한 반영이나 자유로운 연상만으로 얻을 수 없는 구체적인 이미지를 만들어내는 것이다. 이것이 없었다면 이들 작품은 단순한 감탄이나 산문적 진술에 그쳤을 것이다. 이것이 초물리적 상상력이 굳이 필요했던 이유이다.

참고문헌

김연옥(2002), 「황진이 시조의 멋과 풍류」, 『새국어교육』 63, 한국국어교육학회.
나정순(2000), 『한국 고전시가문학의 분석과 탐색』, 역락.
박연호(2016), 「시조시와 가곡창 선율의 상관성 — 황진이 시조를 중심으로」, 『문학교육학』 50, 문학교육학회.
송욱(1964), 『시학평전』, 일조각.
손종흠(2011), 『고전시가 미학 강의』, 앨피.
임종찬(1993), 『고시조의 본질』, 국학자료원.
장영희(2006), 『생일 — 장영희의 영미시 산책』, 비채.
조세형(1992), 「〈동짓달 기나긴 밤…〉의 시공 인식」, 백영정병욱선생10주기추모논문집간행위원회 편, 『한국고전시가작품론 2』, 집문당.

평시조 07

도산십이곡 陶山十二曲

지은이 이황(李滉, 1501~1570) **출처** 『청구영언』(진본)

前六曲전육곡 — 言志언지

이런들 엇더ᄒᆞ며 져런들 엇더ᄒᆞ료
草野愚生초야우생이 이러타 엇더ᄒᆞ료
ᄒᆞ믈며 泉石膏肓천석고황을 고쳐 므슴 ᄒᆞ료

煙霞연하로 집을 삼고 風月풍월로 벗을 사마
太平聖代태평성대에 病병으로 늘거 가뇌
이 즁에 ᄇᆞ라ᄂᆞᆫ 일은 허믈이나 업고쟈

淳風순풍이 죽다 ᄒᆞ니 眞實진실로 거즛말이
人性인성이 어지다 ᄒᆞ니 眞實진실로 올흔 말이
天下천하에 許多허다 英才영재를 소겨 말슴ᄒᆞᆯ가

幽蘭유란이 在谷재곡ᄒᆞ니 自然자연이 듯디 죠희
白雲백운이 在山재산ᄒᆞ니 自然자연이 보디 죠해
이 즁에 彼美一人피미일인을 더옥 닛디 못ᄒᆞ애

山前산전에 有臺유대ᄒᆞ고 臺下대하에 有水유수 ㅣ 로다
ᄣᅦ 만흔 ᄀᆞᆯ며기ᄂᆞᆫ 오명가명 ᄒᆞ거든
엇더타 皎皎白駒교교백구ᄂᆞᆫ 멀리 ᄆᆞ음 ᄒᆞᄂᆞᆫ고

春風춘풍에 花滿山화만산ᄒᆞ고 秋夜추야에 月滿臺월만대라
四時佳興사시가흥이 사ᄅᆞᆷ과 ᄒᆞᆫ가지라
ᄒᆞ믈며 魚躍鳶飛어약연비 雲影天光운영천광이야 어ᄂᆡ 그지 이시리

後六曲후육곡 — 言學언학

天雲臺천운대 도라드러 翫樂齋완락재 蕭灑소쇄ᄒᆞᆫ듸
萬卷生涯만권생애로 樂事낙사ㅣ 無窮무궁ᄒᆞ애라
이 듕에 往來風流왕래풍류를 닐러 므슴 ᄒᆞᆯ고

雷霆뇌정이 破山파산ᄒᆞ여도 聾者농자ᄂᆞᆫ 못 듯ᄂᆞ니
白日백일이 中天중천ᄒᆞ야도 瞽者고자ᄂᆞᆫ 못 보ᄂᆞ니
우리ᄂᆞᆫ 耳目聰明이목총명 男子남자로 聾瞽농고 ᄀᆞᆺ지 마로리

古人고인도 날 못 보고 나도 古人고인 못 뵈
古人고인을 못 봐도 녀든 길 알ᄑᆡ 잇ᄂᆡ
녀든 길 알ᄑᆡ 잇거든 아니 녀고 엇졀고

當時당시에 녀든 길흘 몃 ᄒᆡᄅᆞᆯ ᄇᆞ려두고
어듸 가 ᄃᆞᆫ니다가 이제야 도라온고
이제야 도라오나니 년 듸 ᄆᆞ음 마로리

靑山청산은 엇졔ᄒᆞ여 萬古만고에 프르르며
流水유수ᄂᆞᆫ 엇졔ᄒᆞ여 晝夜주야애 긋지 아니ᄂᆞᆫ고
우리도 그치지 마라 萬古常靑만고상청 ᄒᆞ리라

愚夫우부도 알며 ᄒᆞ거니 긔 아니 쉬운가
聖人성인도 못다 ᄒᆞ시니 긔 아니 어려온가
쉽거나 어렵거나 듕에 늙는 줄을 몰래라

맥락

도산서당의 교가

〈도산십이곡〉은 퇴계 이황이 벼슬을 버리고 향리로 돌아와 도산서당에서 후학을 양성할 때 자연에 동화되고 학문에 정진하려는 자세를 노래한 연시조이다. 송나라 진덕수(眞德秀)가 유교 경전과 송나라 도학자들의 저술에서 심성 수양에 관련된 글을 뽑아 엮은 『심경(心經)』을 읽은 퇴계가 감발흥기(感發興起)한 체험을 바탕으로 지은 노래라는 설명도 있다(최재남, 2003). 『퇴계집(退溪集)』을 보면 〈도산십이곡발(陶山十二曲跋)〉이라 하여 이 작품의 창작 배경을 아래와 같이 직접 밝히고 있다.

> 〈도산십이곡(陶山十二曲)〉은 도산노인(陶山老人)이 지은 것이다. 노인이 이를 지은 것은 무엇을 위해서인가? 우리 동방의 가곡은 대체로 음란함이 많아 족히 말할 것이 못된다. 이를테면 〈한림별곡〉과 같은 문인의 입에서 나왔으나, 호기를 자랑하여 방탕하며, 아울러 무례하고 거만하며 희롱하고 친압(親狎)하는 것으로서, 더욱이 군자로서 마땅히 숭상할 바가 못 된다. 오직 근세에 이별(李鼈)의 '육가(六歌)'란 것이 세상에 널리 전해지는데, 오히려 그것이 〈한림별곡〉보다 낫다고 하나 또한 세상을 놀리는 불공(不恭)한 뜻이 있고 온유돈후(溫柔敦厚)한 실속이 적어서 애석하도다.
>
> 노인이 본디 음율(音律)을 알지 못하나, 오히려 세속의 음악을 듣기 싫어할 줄은 알아서, 한가롭게 지내며 병을 요양하는 여가에 무릇 성정(情性)에 감동되는 것이 있으면 늘 시[漢詩]로 펴냈다. 그러나 지금의 시는 옛날의 시와는 달라서 읊을 수는 있으나 노래할 수가 없다. 만약 노래할 수 있도록 하자면 반드시 이속(俚俗)의 말[우리말]로써 엮어야 하니, 대개 우리나라의 속음절(俗音節)[音樂]이 그러하지 않을 수 없는 것이다. 그러므로 일찍이 이별(李鼈)의 노래를 간략히 본떠서 〈도산육곡(陶山六曲)〉이란 것을 둘 지었는데, 그 하나는 뜻을 말한 것[言志]이요, 다른 하나는 학문을 말한 것[言學]이다.
>
> 아이들로 하여금 아침저녁으로 익혀 노래하게 하고, 안석에 기대어 듣고자 하며, 또한 아이들로 하여금 스스로 노래하고 스스로 춤추며 뛰게 하고자 함이니, 행여 비루한 음악을 씻어냄으로써 감발(感發)되고 융통(融通)하게 할 수 있다면, 노래

하는 자와 듣는 자가 서로 유익하게 됨이 없지 않을 것이다.

스스로를 돌아보니 지난 행적이 자못 어그러져서 이와 같은 한사(閒事)로 인하여 혹 시끄러운 일의 실마리를 불러일으킬지 알 수 없다. 또 그것이 강조(腔調)에 들어 음악의 절주와 화합할 수 있는지도 자신할 수 없다. 짐짓 한 벌을 베껴서 상자에 넣어두고 때때로 꺼내어 완미(玩味)하여 스스로를 살피기도 하며, 또 다른 날에 보는 사람의 버리고 취함을 기다리고자 할 따름이다.

가정(嘉靖) 44년 을축년[명종 20년: 1565] 모춘(暮春) 기망(旣望)에 씀.

〈도산십이곡〉은 전체 12수의 연시조로서 이는 다시 둘로 나뉜다. 앞의 6수를 '전육곡(前六曲)', 뒤의 6수를 '후육곡(後六曲)'으로 부른다. 전육곡에 해당하는 '언지'는 자연 속에서 사는 즐거움을, 후육곡에 해당하는 '언학'은 자연을 닮아가고자 하는 마음과 학문을 향한 변치 않는 의지를 노래하고 있다. 자연은 그 속에서 살아가는 즐거움을 드러낼 때는 향유와 풍류의 대상이자 심미적 대상으로 표현되고, 그것을 본받고자 하는 태도를 드러낼 때는 각성을 불러일으키고 깨달음을 주는 대상으로 표현된다. 자연은 스스로 존재하는 '저절로'의 상태일 뿐만 아니라 우리에게 진리를 일러주는 보고(寶庫)가 되는 것이다(김대행, 2009). 전육곡과 후육곡에 이러한 각각의 자연관이 반영되어 있다. 도산서당에서 가르치는 제자들에게 이와 같은 자연의 아름다움이나 자연의 가르침을 알려주고자 하는 의도에서 이 노래를 창작했다면, 이는 도산서당의 교가라 해도 무방할 것이다.

쟁점 **'언지'와 '언학'의 사이와 차이**

시조는 본연지성(本然之性)의 시조와 기질지성(氣質之性)의 시조로 구별되기도 하고(조동일, 1978), 객관화 지향의 시조와 합일화 지향의 시조로 구별되기도 한다(김대행, 1976). 이기철학의 양분법에서 본연지성은 불변성을 지닌 이(理)를, 기질지성은 가변성을 지닌 기(氣)를 추구하는 입장을 뜻한다. 그리고 객관화는 논리적 타당성을 바탕으로 보편적 설득력을 지향하는 태도를, 합일화는 감정이입의 밀착도를 바탕으로 참신성을 지향하는 태도를 말한다. 이러한 구분에서 그 명칭은 서로 다르나 내포는 대체로 일치한다. 본연지성의 시조와 객관화 지향의 시조는 주로 문학의 도덕적·교훈적 효용을, 기질지성의 시조와 합일화 지향의 시조는 주로 개인적 감정의 표현을 추구하는 작품군을 가리킨다.

〈도산십이곡〉은 위의 기준에 따르면 본연지성의 시조, 객관화의 시조를 대표하는 작품으로 거론된다. 이황은 자연의 외형적 아름다움에 주목하지 않는 대신, 물성을 지향하여 그것이 함의하는 추상적 자질을 중시하였다(최홍원, 2006). 어느 한 지역의 특정한 대상물이 아니라 어느 곳에서나 통용될 수 있는 자연을 문학적 소재로 하였으며, 대상 그 자체의 특징과 실재보다는 대상이 갖고 있는 함축적 의미를 선택적으로 추상화하고 강화하는 방향으로 작품을 창작한 것이다. 즉, 각각의 소재가 지닌 의미를 불변적 이법(理法)으로 추상화한 것이다. 이는 개인적 발상의 참신성보다는 보편적 소통의 용이성을 추구한 결과라 할 수 있다.

그런데 이러한 특징과 관련하여 쟁점으로서 눈여겨볼 만한 것은 '언지'와 '언학'의 관계이다. 언지와 언학의 전체적인 통일성에 주안점을 두면 언지와 언학에 담긴 자연의 성격이나 전개 구조를 같은 결로 읽어낼 수 있다는 장점이 있다. 예컨대 언지는 자연-사회라는 기본 틀을 유지하면서 병치, 대조, 점층의 원리에 의해, 언학은 배움의 당위성과 연속성이라는 덕목을 가지고 점층, 대조의 원리에 의해 짜인 것으로 보는 견해(성기옥, 2002)가 이를 보여준다. 이 견해에 따르면 〈도산십이곡〉 전체를 강호시가에 포함시켜 다룰 수 있다.

이와 달리 두 6수에 담긴 자연의 성격이나 전개 구조를 다른 결로 읽어내면, 언지와 언학의 독립성이 커지고 전체적 통일성은 상대적으로 약화된다. 오늘날은 〈도산십이곡〉이라 부르고 있으나 작품이 유포될 당시만 해도 〈도산육곡(陶山六曲)〉이라고도 불렀다는 점, 이황 자신이 직접 〈도산십이곡발〉에서 이별(李鼈)의 '육가'를 모방하여 〈도산육곡〉 둘을 지었으니 첫째가 언지이고 둘째가 언학이라고 한 점은 둘을 다른 틀로 바라볼 합리적 근거가 된다. 비교적 이른 시기부터, 〈도산십이곡〉 12수에 대한 해설 중심의 연구들(서원섭, 1974; 이가원, 1989; 이동영, 1998)은 전체적 구조의 유기성에 관심을 두기보다는 각 수의 개별적 특성에 초점을 맞추었다.

이는 은연중에 통일성보다는 독립성을 지지한 것이라 할 수 있다. 이렇게 되면 〈도산십이곡〉 12수 중 전육곡, 즉 언지만을 강호시가로 보고, 언학은 강호시가의 범주에서 벗어난 것으로 볼 수도 있다.

결국 전후 육곡의 통일성에 주목하면 각각의 개별성을 어느 정도 인정해줄 것인가 하는 문제가, 각각의 독립성에 주목하면 작품의 전체성을 어떻게 수렴해낼 것인가 하는 문제가 남는다. 그러나 언지와 언학이 각각의 제명을 부여받은 이상 그것을 하나의 틀로 재단하는 것은 작가의 의도에 어긋나는 것일 수도 있다. 전자가 이 세상에 존재하는 질서 혹은 섭리에 대한 태도의 표백이라면, 후자는 그 질서 혹은 섭리에 이르는 방법으로서의 학문에 대한 관점의 표명이라는 점에서 차이가 있음은 분명해 보인다.

꼼꼼히 읽기

노래로 쓴 수양 선언문

이황은 기존의 시를 비판하면서 '온유돈후(溫柔敦厚)'한 시를 내세웠다. 온유돈후란 성격이 온화하고 부드러우며 인정이 두터움을 일컫는 말로 기교를 부리거나 노골적인 표현이 없는 것을 이른다. 이황은 이를 시의 본분으로 여긴 것이다. 전체 12수의 내용을 요약하면 다음과 같다.

연	언지(言志)	언학(言學)
기일	자연 속에 살고 싶은 마음	독서하는 무궁한 즐거움
기이	허물이 없는 삶에 대한 소망	이목 총명한 자세에 대한 소망
기삼	인성의 어질고 순박함	옛 성현들의 삶을 따르려는 의지
기사	자연에서도 임금을 생각함	꾸준한 수양 정진에 대한 의지, 다짐
기오	자연을 멀리하는 현실에 대한 안타까움	학문수양에 대한 변함없는 의지
기육	어약연비와 운영천광의 우주적 질서	종로(終老)까지의 노력

먼저 언지에서는 제1수에서 자신이 추구하는 삶의 지향을 '천석고황(泉石膏肓)'

으로 천명함으로써 전체적인 주제의식을 환기한다. 그리고 제2수에서는 '연하'와 '풍월' 등의 시어를 통해 천석고황의 구체적인 상을 제시하고, 제3수에서는 '순풍'과 '인성'의 가치를 언급하며 이를 사회 차원으로 확대하면서 시상을 전개한다. 제4수에서는 자연 속에 거하면서도 임금을 포함한 정치 현실에 대한 관심과 태평성대에 대한 소망을 지속적으로 간직해야 한다는 사대부적 당위를 강조하는 것도 잊지 않는다. 물론 여기에서 '미인'은 실제의 임금만이 아니라, 이상적 임금인 문왕, 주자, 이상적 인간, 이치의 의인화 등으로 볼 수도 있다(서명희, 2016). 제5수에서는 자신이 거하고 있는 공간, 즉 갈매기가 날아다니는 조화로운 자연에 어울리는 성인에 대한 기대감을 '교교백구'를 통해 드러낸다. 이어서 마지막 수에서는 '어약연비(魚躍鳶飛) 운영천광(雲影天光)'의 경지, 곧 대자연의 우주적 조화와 오묘한 이치를 추구하고자 하는 의지로서 시상을 마무리한다.

'언지'에서는 이처럼 화자가 거처하고 있는 공간에서 목도하는 자연의 아름다움을 예찬하거나, 그러한 자연의 섭리에 어울리는 인간의 이상적 삶에 대한 소망이 주로 나타난다. 이황은 평생 도학(道學)을 일으키는 일에 전념하였다. 그가 굳이 벼슬을 사양하고 고향의 자연과 더불어 살았던 것은 자연과의 화합을 체험하고 심성을 기름으로써 학문을 완성하기 위함이었다. 곧, 자연과의 만남을 통해서 비로소 만물의 원리요 핵심인 이(理)가 드러날 수 있다고 본 것이다. 그 연장선상에서 그는 물아일체(物我一體)의 즐거움이나 자연의 아름다움을 도의(道義)의 근본을 체득한 감격으로 이해하였다(정병헌 외, 1998).

'언지' 제6수에서 '사시가흥이 사람과 한 가지'라고 한 데서 알 수 있듯이, 자아가 자연을 만나면서 느끼는 감정은 순수하기 때문에 주체와 객체의 구분 없이 둘은 하나가 될 수 있다고 본다(신연우, 2004). 자연의 본성은 지극히 선한 것이니 인간의 본성도 역시 선한 것으로 간주된다. 그러한 상태가 우주적 섭리임을 선언한 구절이 바로 '어약연비 운영천광'이다. 본래 『중용(中庸)』에 나오는 말인 어약연비는 물고기가 펄펄 뛰고(혹은 뛰니) 솔개가 하늘 높이 난다는 뜻으로, 매우 박력 있고 활달한 상태를 비유적으로 이르는 말이다. 운영천광은 주자의 시에 나오는 구절로서, 하늘의 빛과 구름의 그림자가 함께 강물 위에 어리는 모습을 뜻한다. 이 모두는 삼

라만상의 조화로운 이법이 구현된 상태를 가리킨다. 화자는 이처럼 오묘한 이법의 실현을 소망한다.

이제 언학으로 넘어가보자. 언학에서는 학문을 하려는 기본 자세 위에 자기의 소망을 말한 뒤 학문의 본질을 알려주고 이어 성현의 학문 세계를 꾸준히 탐구해야 한다는 당부를 담고 있다. 제1~3수에서는 배움의 당위성을 강조한다. 제1수의 '만권생애', 제2수의 '이목총명 남자', 제3수의 '고인'이 '녀던 길'이 배움의 당위성을 집약해 주는 시어들이다. 제4~6수에서는 배움의 연속성을 강조한다. '년 듸 ᄆᆞ음 마로리', '만고상청 ᄒᆞ리라'와 같은 의지적 표현에서 이를 직접 확인할 수 있다. 또한 제1, 2, 3수와 제4, 5, 6수 각각에서 배우는 태도의 주체를 작가 자신에서 우리, 그리고 모든 사람으로 확장시키고 있다(성기옥, 2002). 이는 창작의 목적이 개인의 수양만이 아니라 집단적 정서의 유발에도 있다고 보는 근거가 될 수 있다. 자연에 초점이 맞추어져 있던 언지에서와는 달리, 언학의 주제의식은 학문을 왜 하며 어떻게 해야 하는가에 초점이 있는 것이다. '청산'과 '유수'라는 자연마저도 학문의 도리를 깨우쳐주는 거울로 인식되는 데서 이 점을 분명히 알 수 있다.

〈도산십이곡발〉에서 이황은 자신을 '도산노인'이라고 칭하면서 〈도산십이곡〉을 짓게 된 연유를 서술하였다. 감흥을 주려면 노래로 불려야 하는데 한시는 노래로 부를 수가 없으므로 이속의 말인 우리말로 노래를 지어야 하며, 이에 '언지' 6수와 '언학' 6수로 이루어진 〈도산십이곡〉을 짓는다는 것이다. 감흥을 불러일으킨다는 데서 문학이 사람을 움직인다는 문학의 효용론적 가치에 주목한 것으로 보이며, 또 우리말 문학을 옹호하고 있다는 점도 눈여겨볼 만한 대목이다(조희정, 2011). 한편 문학적 표현이나 그 자체의 내용보다는 문학이 가지는 목적성에 비중을 두어 내용의 참신성이나 표현의 독창성이 다소 부족하다는 지적도 있다. 그러나 이 노래가 이황이 말년에 이룩한 원숙한 수양과 학문의 정신적 기록이라는 데에는 이견이 없을 것이다.

문학은 사람의 심성을 기르는 데 긴요하다. 물아일체의 경지를 노래한 시 등을 읊으며 심성을 도야할 수 있다는 효용론은 인류의 문학사와 함께 이어져 온 생각이다. 그래서 이황은 문장의 수식에 주력한 글이나 과거 시험을 위한 글을 배격하였다. 문장은 뜻을 전달하기 위하여 필요한 것이지 그 자체로서 숭상할 필요는 없다는 것이다. 그는 문학이 말단의 기예이나, 성정을 기르는 데 도움이 될 수 있다고 했다. 문학을 도구적 관점에서 바라본 것이다. 그래서 그는 독창적인 창작으로까지 나아가는 문학적 소양의 확산과 전이에는 크게 관심을 두지 않았다. 어디까지나 성리학적 도리인 이(理)를 실현함으로써 성정을 다스리고, 내면적 정서의 고양을 통하여 도의를 실현하는 것이 목적이었다. 그에게 문학은 학문적인 수양의 방편이었고(김대행, 1986), 이와 같은 맥락에서 〈도산십이곡〉은 결국 시조 형식의 노래로 부른 수양 선언문이었던 셈이다.

엮어 읽기

완세불공과 온유돈후의 거리

〈도산십이곡발〉에서 퇴계는 〈한림별곡〉(▶ 208쪽)에 대해 '긍호방탕'이라 평했고, 이별의 〈육가〉에 대해서는 '완세불공'이라 평했다. 〈한림별곡〉은 고려 후기의 신흥 사대부들의 의기양양한 기세를 한껏 품고 있는 노래이므로 긍호방탕이라는 평에 동의하기는 어렵지 않다. 그런데 이별의 〈육가〉에 대한 평은 비교적 생소하다. 도대체 어떤 작품이기에 퇴계는 이를 완세불공, 즉 세상을 놀리는 불공(不恭)한 뜻이 있다고 평했을까? 그리고 왜 온유돈후가 적다고, 즉 따스하고 부드럽고 도타운 뜻이 부족하다고 했을까?

이별의 〈육가〉는 〈장육당육가(藏六堂六歌)〉라는 제목을 달고 그의 종손 이광윤(李光胤)이 지은 『양서집(瀼西集)』에 총 6수 중 4수만 한역되어 전해지므로, 그 전모를 알 수 없고 원래의 표현을 확인하는 것도 불가능하다. 그중 제2수는 다음과 같다.

赤葉滿山椒 空江零落時(적엽만산초 공강영락시)　온산 가득 붉은 잎이 빈 강에 떨어질 제
細雨漁磯邊 一竿眞味滋(세우어기변 일간진미자)　가랑비 내리는 물가에 낚시 재미 좋을시고
世間求利輩 何必要相知(세간구리배 하필요상지)　세상의 구리배들이 이 맛 알기 바라리

자연 속에 거하는 인물이 화자가 되어 노래를 한다는 점에서 〈도산십이곡〉과

다를 바 없는 것처럼 보인다. 그러나 그가 노래에서 관심을 두고 있는 것은 낚시이다. 세상에 나갈 때를 기다리는 방편으로서의 낚시도 아니다. 오히려 그는 세상 사람들을 모두 '구리배', 즉 이익을 구하는 무리로 통칭한다. 그는 낚시의 재미를 알지 못하는 구리배들과는 확연히 구별되는 존재로서 세속적인 이해관계에 초탈한 듯한 포즈를 취한다. 구리배들에 대해서는 환멸에 가까운 감정을 보여주는 것이다. 아마도 퇴계가 완세불공의 뜻이 있다고 한 것은 바로 이런 요소 때문이 아니었을까 한다.

이어지는 제3수에서는 소부와 허유의 고사에 기대어 공명을 헌 신발짝에 비유하며 세상과의 단절을 선언하고, 제4수에서는 물이 맑으면 갓끈을 씻고 흐리면 발을 씻는다는 굴원의 〈어부사〉의 표현을 빌려와 청탁을 모르고 나서는 세상 사람들을 조롱한다. 중앙 정계로 대표되는 세사의 일과 세속의 인간들에 대한 환멸이 여기에서도 보이는 것이다. 이로 미루어 본다면, 아마 이별 자신도 완세불공이라는 이황의 평가에 충분히 동의할 것으로 보인다(조희정, 2014). 세상에 대한 따스하고 부드러운 시선도, 인간을 향한 도타운 마음도 아예 기대할 수 없을 만큼 비관적인 태도를 견지하고 있는바, 〈장육당육가〉에서 이황이 세상을 놀리는 공손하지 못한 뜻을 읽어낸 단서는 이런 표현들이었을 것이다.

이별의 삶의 이력을 조회해보면 그의 작품이 이런 경향을 보이는 이유를 대략 짐작할 수 있다. 그는 조선 중기의 인물로서, 셋째 형이 김종직의 신원 운동을 벌이다 귀양을 가게 되자 황해도 평산의 옥계산으로 들어갔다. 그곳에서 은거하면서 집에 '장육당'이라는 이름을 붙여두고 소를 타고 다니며 마을 사람들과 어울려 낚시와 수렵을 하고 시도 짓고 술도 마시며 놀았다고 한다. 거기에서 죽을 때까지 살았던 그가 남긴 작품이 바로 〈장육당육가〉이다. 현실 정치의 소용돌이 속에서 자신의 뜻을 펴지 못하고 은거해야 하는 처지는, 귀거래사를 읊으면서 스스로 물러나는 다른 재지사족(在地士族)과는 달랐던 것이다(최재남, 1997).

사대부들이 자연과 더불어 사는 삶을 추구했다 하더라도, 그 자연이 모든 사대부에게 동일한 의미를 지니는 것은 아니었다. 이별과 이황의 두 작품에 국한해서 보더라도 이 점은 확연히 드러난다. 이별에게는 자연이 세상과의 단절을 위해 세속의 반대편에 설정한 은신의 공간이었다면, 이황에게는 자연이 '무궁'한 '낙사(樂事)'를 제공해주는 공간이면서 배움의 즐거움을 안겨주는 공간이었던 것이다.

이황은 이별의 〈장육당육가〉를 본떠서 〈도산육곡〉 둘을 지었다고 했다. 이황은 이별의 육곡에서 내용은 버리고 형식만을 취했던 것이다. 세상에 대한 환멸을 내용으로 담고 있는 노래에 대해 완세불공이라는 평가를 내리는 한편, 심신 수양을 위해 갖추어야 할 노래의 필수적인 덕목으로 내세운 것이 온유돈후였다 할 것이다. 시란 모름지기 읽고 읊는 이의 성품을 부드럽고 따스하게 해주어야 하고 안색을 온화하게 만들어주어야 한다는 것이다. 이러한 시의 미덕은 퇴계의 입장에서 세상을 자연의 이법에 맞게 온전하게 가꾸어가야 하는 사대부의 임무와 다르지 않았을 것으로 보인다.

참고문헌

김대행(1976), 『한국시가구조연구』, 삼영사.
김대행(1986), 『시조유형론』, 이화여자대학교출판부.
김대행(2009), 『한국의 고전시가』, 이화여자대학교출판부.
김상진(1993), 「〈도산십이곡〉의 창작 배경과 작품 세계」, 『한양어문연구』 11, 한양어문학회.
서명희(2016), 「교육을 위한 노래, 〈도산십이곡〉 '언지'의 뜻」, 『고전문학과 교육』 32, 한국고전문학교육학회.
서원섭(1974), 「퇴계의 도산십이곡 연구」, 『퇴계학연구』 2, 경상북도청.
성기옥(2002), 「도산십이곡의 구조와 의미」, 『한국시가연구』 11, 한국시가학회.
신연우(2004), 『가려 뽑은 우리 시조』, 현암사.
이가원(1989), 「퇴계선생의 시가문학」, 『퇴계학급기계보적연구』, 퇴계학연구원.
이동영(1998), 「이퇴계 시가와 도학」, 『조선조 영남 시가의 연구』(재판), 부산대학교출판부.
정병헌 외(1998), 『고전문학의 향기를 찾아서』, 돌베개.
조동일(1978), 「시조의 이론, 그 가능성과 방향 설정」, 『우리 문학과의 만남』, 홍성사.
조희정(2011), 『고전문학 교육 연구』, 한국문화사.
조희정(2014), 「어부 형상을 통해 본 고독의 서사와 문학 치료 — 굴원의 〈어부사〉와 이별의 〈장육당육가〉를 중심으로」, 『문학치료연구』 30, 한국문학치료학회.
최재남(1997), 「이별의 평산 은거와 〈장육당육가〉」, 『사림의 향촌 생활과 시가문학』, 국학자료원.
최재남(2003), 『서정시가의 인식과 미학』, 보고사.
최홍원(2006), 「성찰적 사고의 문학교육적 구도」, 『문학교육학』 21, 한국문학교육학회.

평시조 08

고산구곡가 高山九曲歌

지은이 이이(李珥, 1536~1584) **출처** 『해동가요』(박씨본)

高山九曲潭고산구곡담을 사ᄅᆞᆷ이 모로더니
誅茅卜居주모복거ᄒᆞ니 벗님네 다 오신다
어즈바 武夷무이을 想像상상ᄒᆞ고 學朱子학주자을 ᄒᆞ리라

一曲일곡은 어ᄃᆡ메고 冠巖관암에 ᄒᆡ 비쵠다
平蕪평무에 ᄂᆡ 거드니 遠近원근이 그림이로다
松間송간에 綠樽녹준을 노코 벗 오ᄂᆞᆫ 양 보노라

二曲이곡은 어ᄃᆡ메고 花巖화암에 春晩춘만커다
碧波벽파에 곳을 ᄯᅴ워 野外야외로 보내노라
사ᄅᆞᆷ이 勝地승지를 모ᄅᆞ니 알게 ᄒᆞᆫ들 엇더리

三曲삼곡은 어ᄃᆡ메고 翠屛취병에 닙 퍼젓다
綠樹山鳥녹수산조ᄂᆞᆫ 下上其音하상기음 ᄒᆞᄂᆞᆫ 적의
盤松반송이 바ᄅᆞᆷ을 바드니 녀름 景경이 업세라

四曲사곡은 어ᄃᆡ메고 松崖송애에 ᄒᆡ 넘거다
潭心巖影담심암영은 온갓 빗치 ᄌᆞᆷ겨셰라
林泉임천이 깁도록 죠흐니 興흥을 계워 ᄒᆞ노라

五曲오곡은 어ᄃᆡ메고 隱屛은병이 보기 죠ᄒᆡ
水邊精舍수변정사ᄂᆞᆫ 蕭灑소쇄홈도 ᄀᆞ이업다
이 中중에 講學강학도 ᄒᆞ려니와 詠月吟風영월음풍 ᄒᆞ오리라

六曲육곡은 어ᄃᆡ메고 釣峽조협에 물이 넙다
나와 고기와 뉘야 더욱 즐기ᄂᆞᆫ고
黃昏황혼에 낙대를 메고 帶月歸대월귀를 ᄒᆞ노라

七曲칠곡은 어ᄃᆡ메고 楓巖풍암에 秋色추색이 죠타
淸霜청상이 엷게 치니 絶壁절벽이 錦繡금수로다
寒巖한암에 혼ᄌᆞ 안자셔 집을 닛고 잇노라

八曲팔곡은 어ᄃᆡ메고 琴灘금탄에 ᄃᆞᆯ이 ᄇᆞᆰ다
玉軫金徽옥진금휘로 數三曲수삼곡을 노론 말이
古調고조를 알 리 업스니 혼ᄌᆞ 즐겨 ᄒᆞ노라

九曲구곡은 어ᄃᆡ메고 文山문산에 歲暮세모커다
奇巖怪石기암괴석이 눈 속에 뭇쳐셰라
遊人유인은 오지 아니ᄒᆞ고 볼 것 업다 ᄒᆞ더라

맥락

무이구곡을 꿈꾸고, 고산구곡을 즐기고

율곡 이이는 1577년 42세에 황해도 해주로 퇴거하여 고산석담(高山石潭)에 은병정사(隱屛精舍)를 짓고 은거하면서 후학을 가르쳤는데, 〈고산구곡가〉는 그때 지은 작품으로 알려져 있다. 『율곡전서(栗谷全書)』의 다음 기록은 이 노래가 고산 아홉 구비의 아름다운 자연을 벗 삼아 학문에 정진하는 생활을 그린 작품임을 전해준다.

> 무인 6년 선생 43세 때 은병정사를 지었다. 수양산의 일지가 서쪽으로 달리다가 그것이 선적봉이 되었는데 봉의 서쪽 수십 리쯤에 진암산이 있다. 선적봉과 진암산 사이로 강물이 40리를 흘러 아홉 번이나 굽이 돌아서 바다로 들어갔는데, 그 각 굽이마다 연못을 이루었고, 그 연못은 배를 띄울 만큼 깊었다. 이것이 우연히도 '무이구곡(武夷九曲)'과 상부한 까닭으로 '고산석담구곡'이라 했다. 또 제5곡에 석봉이 있어 그 앞에 공손한 형상이다. 선생은 이에 그 사이에 정사를 짓고 무이의 대은병(大隱屛)의 뜻을 취해 은병이라 이름하여 고정지의를 받들어 붙였다. 정사는 청계당의 동쪽에 있다. 선생은 〈무이도가〉를 본떠서 〈고산구곡가〉를 지으니, 이로부터 원근 학자들이 수없이 몰려왔다.

위 기록에서 보듯, 〈고산구곡가〉는 주자가 무이구곡(武夷九曲)에 은거하면서 자연의 흥취를 노래한 〈무이도가(武夷櫂歌)〉를 염두에 두며 창작한 것으로 전한다. 이이가 고산석담에 은거한 까닭도 주자가 은거했던 무이구곡과 흡사했기 때문이며, '은병정사(隱屛精舍)'라는 이름 또한 주자의 무이정사 뒤에 있는 바위 이름인 '무이대은병(武夷大隱屛)'을 취해 지었다고 한다. 그뿐만 아니라 노랫말에서도 "무이(武夷)을 상상(想像)ᄒᆞ고 학주자(學朱子)을 ᄒᆞ리라"라고 밝혀 〈무이도가〉를 염두에 두고 창작한 것임을 표방하고 있다. 이러한 관련성은 형태의 측면에서도 드러나는데, 〈무이도가〉가 10수인 것과 같이 〈고산구곡가〉 또한 10수로 구성되었다. 이들은 주자의 삶과 〈무이도가〉가 〈고산구곡가〉 작품 세계의 바탕이 되었음을 짐작케 한다.

이로 인해 〈고산구곡가〉가 〈무이도가〉를 단순히 모방한 것으로 평가되기도 했다. 그러나 주자의 삶과 문학이 사대부들의 이상이었고, 따라서 〈무이도가〉가 당시의 시가에 깊은 영향을 끼칠 수밖에 없었다는 역사적 배경을 고려할 필요가 있다. 특히 〈무이도가〉가 뱃노래의 형식인 데 반해, 〈고산구곡가〉는 시조의 양식으로 노래했다는 차이도 있다. 이러한 사실을 바탕으로 주자의 시 세계를 철학적 측면에서 재해석하여 자신의 독창적인 경지를 담은 작품으로 평가하기도 한다(이민홍, 2000).

한편, 〈고산구곡가〉는 이이의 문집이나 이른 시기의 문헌에서는 찾아볼 수 없고, 『해동가요』를 비롯한 조선 후기 가집에 전하고 있을 따름이다. 그러나 송시열(宋時烈)이 〈고산구곡가〉를 한문으로 번역하기도 했고, 송시열과 김수항(金壽恒), 권상하(權尙夏) 등 당대 유명한 인물들이 〈고산구곡가〉를 모방하여 각기 한 장씩 〈고산구곡시(高山九曲詩)〉를 지은 사실은 이 작품이 17세기 이후에 얼마나 인기 있는 작품이었는지를 단적으로 보여준다. 〈고산구곡시〉에는 "〈무이도가〉의 운을 차운하여 율곡의 구곡가에 따라 지었다"는 기록이 전해지는데, 〈고산구곡시〉의 창작이 '율곡을 통해 주자에 이른다'는 그들의 신념을 실천하는 행위로 받아들여졌음을 엿볼 수 있다(이상원, 2003).

주자의 무이구곡이 조선의 사대부들에게 미적 유토피아였던 것만큼이나 고산구곡 역시 또 하나의 유토피아로 여겨졌다(김병국, 1991). 실제로 구곡에 대한 동경 속에서 구곡가계 시가가 대거 생산되기도 하고, 『무이지(武夷志)』를 탐독하며 구곡도 그림을 감상하는 문화가 유행으로 번지기도 했다. 당대의 유명한 작가들이 그린 구곡도가 병풍이나 민화로 그려져 현재까지도 많이 전해지고 있는데, 아래 고산구곡시화병(高山九曲詩畵屛)은 이러한 문화를 보여주는 대표적인 예라 할 수 있다. 이처럼 구곡의 문화는 당시 사대부 문화의 중심을 이루면서 그들의 동경과 미의식을 오롯이 담고 있다.

고산구곡시화병(국보 제237호)

쟁점

경관의 제시와 정신경의 구현

〈고산구곡가〉는 제목에서 드러나듯이 고산의 구곡 풍경을 노래하고 있다. 그런데 고산 구곡의 경관을 별다른 수식 없이 담담하게 그려내는 데 그침으로써 담백함이 지나쳐 무미건조하다는 평가를 받기도 했다(최진원, 1988). 이러한 작품의 성격은 〈도산십이곡〉(▶ 275쪽)과 견주어볼 때 보다 선명해지는데, 〈도산십이곡〉에서 산수와 흥취, 그리고 마음을 바르게 하는 일이 하나로 연결되었다면, 〈고산구곡가〉는 바깥의 그림은 잘 그렸으나, 내심의 울림이 절실하다고 보기 어렵다는 것이다(조동일, 2005). 〈고산구곡가〉가 경관의 제시에 초점을 맞추면서 흥취와 같은 화자의 감정이 제대로 드러나지 않고, 이로 인해 긴장감도 떨어진다고 보고 있다.

그러나 〈고산구곡가〉가 그려내는 방식에 대해 다르게 평가하기도 한다. 퇴계식으로 도학을 직설하지 않고 자연 자체의 모습으로 그려내고 있다는 점에 주목하여, "좀 더 다채로운 경물, 형상, 색채를 보여주고 있으며, 정서 또한 고양되어"(김흥규, 1999) 있다고 본다. 작품 속 흥취와 긴장감이 떨어진다는 지적에 대해서도 이는 화자가 이미 지향하는 세계 속에 서 있는 만큼, 자신이 속한 세계의 아름다움을 제시하는 데 치중했기 때문이라고 본다. 나아가 〈도산십이곡〉의 직접적 진술과는 구별하여, 내포적이고 함축적인 형상화를 통해 조화의 경지에 들어선 수준 높은 정신경의 실체를 구현한 작품으로 보기도 한다(김혜숙, 1992).

〈고산구곡가〉의 이러한 문체상, 내용상의 특질들은 '불문이위문(不文而爲文)'으로 대표되는 이이의 문학관에 따라 기교를 배척하고 자연스러운 문장을 강조한 데 따른 결과로도 볼 수 있다(이민홍, 2000). 시의 본질을 담박함에 두고서 조화로운 세계를 꾸밈없이 펼쳐냄으로써, 고산구곡의 영원한 아름다움과 그 속에서 학문을 수양하는 태도와 의지를 작품 속에 담백하게 담았다는 것이다.

꼼꼼히 읽기

구곡의 풍경과 내면의 풍경

〈고산구곡가〉는 말 그대로 고산의 아름다운 아홉 구비를 그린 작품이다. 이때의 '구곡'은 사실 무이의 아홉 굽이의 절경에서 유래한 것이다. 그렇다면 이이는 주자가 은거했던 무이구곡과 같으면서도 다른 고산석담의 구곡 풍경을 어떻게 그렸을까? 〈고산구곡가〉 각 연은 하나의 경관을 구성하고, 그 경관은 다시 이를 구성하는 몇 개의 요소로 이루어져 있다. 작품의 감상은 이들 요소를 결합하여 고산 구곡의 전체상을 파악하는 것에서 출발할 수 있다(염은열, 2008).

먼저 각 연은 '○곡은 어듸메고'라는 질문으로 시작되는데, 곧바로 '○○에 ~다'와 같은 답이 이어진다. 초장의 첫째 마디가 매 수의 순서를 나타낸다면, 셋째 마디에서는 관암, 화암, 취병, 송애, 은병, 조협, 풍암, 금탄, 문산과 같이 구곡에 해당하는 장소가 제시되고, 이어 시간적 질서를 나타내는 말이 뒤따른다. 구곡에 해당하는 장소, 그리고 시간이 결합하여 '일곡은 어디인가?'라는 질문에 '관암에 해가 비친다'와 같이 아름다운 구곡의 풍경으로 대답하는 것이다.

중장에서는 초장에 제시된 구곡을 보다 구체화하고 있다. 그 모습은 잡초가 우거진 들판에 안개가 걷혀 원근의 경치가 마치 그림 같기도 하고, 깊은 물에 비친 바위 그림자에 온갖 빛이 잠겨 있는 듯하다. 맑은 안개가 엷게 내려 단풍에 둘러싸인 바위는 비단과 같이 아름다운 모습이다. 이처럼 중장에서는 구곡의 풍경을 담백하게 그려내고 있다.

그런데 자연 경관의 빼어난 아름다움에도 불구하고, 정작 화자는 차가운 바위에 혼자 앉아 집의 일을 잊어버리고, 황혼에 낚싯대를 둘러메고 달과 함께 돌아오거나, 옛 가락을 알 사람이 없어 혼자 듣고 즐기는 데 그친다. 빼어난 경관 속에서의 풍류를 야단스럽게 설명하지 않고 차분하고 조용하게 드러내고 있을 뿐이다. 이는 있는 그대로가 자연스러워 굳이 억지로 꾸밀 필요가 없었기 때문일 것이다(최재남, 1997). 겉으로 보기에는 평범하고도 객관적인 서술로 개성이 떨어지지만, 보편적인 감각과 관용적 표현에 뿌리를 둔 묘사를 통해 마음의 수양과 강학의 즐거움을 매수마다 담담하게 표현하고 있다.

이처럼 각 연이 초·중·종장에 걸쳐 질서 정연한 유기성을 갖고 있는 것과 마찬가지로, 전체 구조 또한 유기적 질서와 조화 속에서 전개되고 있다. 아침(2연)에서 낮을 거쳐 저녁에 이르고(5연), 다시 황혼(7연)을 지나 달밤(9연)에 이르는 하루 차원의 시간적 순환도 찾아볼 수 있다. 그런가 하면 봄(3연)에서 시작해서 여름(4연)을 지나 가을(8연)을 거쳐 겨울(10연)에 이르는 한 해의 질서 또한 만나볼 수 있다. 사계절과 하루의 시간적 질서를 담고 그 속에 삶과 행동을 대응시킴으로써 자연의 순리에 따른 삶을 구현하려 했음을 보게 된다.

구곡의 풍경뿐만 아니라 화자의 내면 풍경 또한 유기적 질서 속에서 드러나고 있다. 무엇보다 1연에서 "무이을 상상ᄒᆞ고 학주자을 ᄒᆞ리라"라고 언명하고 있는데, 이러한 태도는 6연에서 'ᄒᆞ리라'는 의지의 종결어를 통해 '강학'과 '영월음풍'의 태도를 언표하는 것과 정확히 대응된다. 시간적 표지가 누락된 1연과 6연이 작품 전체에서 대칭을 이루면서 앞과 뒤의 연들이 서로 짝을 짓는 구조를 갖고 있는 것이다. 이처럼 1연과 6연을 경계로 전반부와 후반부의 연들이 자연스럽게 대응되는 가운데, 화자의 내면 풍경이 표출되고 있다. 전반부의 기다림(2연)이 체념(10연)으로, 함께 나누고자 했던 의지(3연)가 홀로 즐기는 단념(9연)으로 바뀐다. 서로 함께 즐거움을 나누는 이미지(4연)가 망연히 홀로 잊고 있는(8연) 태도로, 흥겨운 태도(5연)가 고요하고 적적한 모습(7연)으로 바뀌고 있다. 이상의 내용을 그림으로 나타내면 다음과 같다(김대행, 1986).

1연	–	어즈바 武夷(무이)을 想像(상상)ᄒᆞ고 學朱子(학주자)을 ᄒᆞ리라
2연	아침	松間(송간)에 綠樽(녹준)을 노코 벗 오ᄂᆞᆫ 양 보노라
3연	봄	사ᄅᆞᆷ이 승지(勝地)를 모ᄅᆞ니 알게 ᄒᆞᆫ들 엇더리
4연	여름	반송(盤松)이 바ᄅᆞᆷ을 바드니 녀름 경(景)이 업세라
5연	저녁	임천(林泉)이 깁도록 죠흐니 흥(興)을 계워 ᄒᆞ노라
6연	–	이 중(中)에 강학(講學)도 ᄒᆞ려니와 영월음풍(詠月吟風) ᄒᆞ오리라
7연	황혼	황혼에 낙대를 메고 대월귀(帶月歸)를 ᄒᆞ노라
8연	가을	한암(寒巖)에 혼ᄌᆞ 안자셔 집을 닛고 잇노라
9연	밤	고조(古調)를 알 리 업스니 혼ᄌᆞ 즐겨 ᄒᆞ노라
10연	겨울	유인(遊人)은 오지 아니ᄒᆞ고 볼 것 업다 ᄒᆞ더라

이처럼 〈고산구곡가〉에는 고산석담의 빼어난 풍경과 함께 당시 사대부들이 꿈꾸던 미적·학문적 지향이 정연하게 담겨 있다. 〈무이도가〉의 배경인 구곡이 조선 사대부의 꿈의 현장이었고 무이산의 절경이 조선 사대부의 영원한 이상의 세계였던 것처럼(이민홍, 2000), 이이의 고산구곡 역시 질서와 조화 속에서 완전한 공간으로 그려지고 있음을 볼 수 있다.

엮어 읽기

자문자답, 이야기를 꺼내고 펼치는 하나의 방식

앞에서 언급했듯, 〈고산구곡가〉의 각 연은 '○곡은 어듸메고'라는 물음으로 시작된다. 그리고 그 물음에 대한 대답이 '○○에 ~다'로 이어진다. 이처럼 물음을 던지고 답하는 것은 의사소통의 보편적인 방식이다. 그러나 자연의 아름다움에 몰입하여 그 흥취를 표현하고자 할 때는, 물음을 던지고 답을 하는 것이 자칫 자연스러운 흐름을 방해하거나 시적 감수성을 저해할 수도 있다. 그렇다면 〈고산구곡가〉에서 매 연마다 구곡이 어디인가라는 물음을 던지고 그 답을 스스로 이어나가는 방식은 어떠한 효과를 줄까?

질문으로 시작하는 구조는 무엇보다 화제를 자연스럽게 끄집어낼 수 있다는 장점을 갖는다. 화제를 꺼낼 빌미를 마련함으로써 그에 대한 자신의 생각과 입장을 자연스럽게 펼칠 수 있게 만든다. 또한 질문을 던지는 것은 청자나 독자의 주의를 환기시키고 그 문제에 대해 다 함께 생각해볼 계기를 제공하는 효과도 지닌다. 이는 자신의 생각과 입장을 처음부터 일방적으로 진술하는 것과는 분명 차이가 있다. 아래는 함석헌의 「생각하는 백성이라야 산다」의 일부로, 이러한 효과를 선명하게 보여준다.

그러나 또 다시 독립정신은 어디서 나오나? 깊은 인생관, 높은 세계관 없이는 될 수 없다. 그럼 그것은 어디서 나오나? 위대한 종교 아니고는 될 수 없다. 종교란 다른 것 아니요 뜻을 찾음이다. 현상의 세계를 뚫음이다. 절대에 대듦이다. …(중략)…

우리는 왜 남의 식민지가 됐던가? 19세기에 있어서 남들은 다 근대식의 민족국가를 완성하는데 우리만이 그것을 못했다. 왜 못했나? 동해 바다 섬 속에 있어 문화로는 우리에게조차 업신여김을 당하던 일본도 그것을 하고 도리어 우리를 덮어누르게 되는데, 툭하면 예의의 나라라 '작은 중화'라 자존심을 뽐내던 우리가 왜 못했나? 원인은 여러 말 할 것 없이 서민, 곧 이 백성이란 것이, 이 씨올이 힘있게 자라지 못했기 때문 아닌가?

여기서도 "독립정신은 어디서 나오나?", "그것은 어디서 나오나?", "왜 남의 식민지가 됐던가?", "왜 못했나?" 등과 같이 여러 질문을 끊임없이 던지고 있다. 그리고 이 물음에 스스로 답을 하면서 자신의 주장을 펼치고 있다. 이처럼 질문을 던지고 곧이어 그 질문에 대한 답을 제시하는 방식은 자신의 생각과 입장을 자연스럽게 꺼낼 수 있는 장치로 활용할 수 있다. 나아가 청자나 독자의 감정과 관심을 고조시킨 다음 그에 대해 답을 제시함으로써, 곧바로 주장을 펼치는 것보다 훨씬 극적이면서도 체계적이고 논리적으로 내용을 전달할 수 있다는 장점도 있다.

화제를 자연스럽게 꺼낼 수 있고, 자신의 주장을 호소력 있게 전달하는 장치가 된다는 점에서 자문자답의 구조는 과거의 시가뿐 아니라 오늘날 논설문이나 수필에 이르기까지 널리 활용되고 있다. 이야기를 꺼내고 생각을 펼치는 하나의 보편적인 표현 관습인 것이다. 동서고금을 막론하고 여러 경전들이 자문자답의 구조로 기술되어 있는 것도, 자연스럽게 화제를 제시하면서 여기에 전달과 설득의 힘을 더할 수 있기 때문이다.

참고문헌

고정희(2005), 「〈도산십이곡〉과 〈고산구곡가〉의 언어적 차이와 시가사적 의의」, 『국어국문학』 141, 국어국문학회.
김대행(1986), 『시조유형론』, 이화여자대학교출판부.
김병국(1991), 「〈고산구곡가〉 연구」, 성균관대학교 박사학위논문.
김혜숙(1992), 「〈고산구곡가〉와 정신의 높이」, 백영정병욱선생10주기추모논문집간행위원회 편, 『한국고전시가작품론 2』, 집문당.
김흥규(1999), 「16, 17세기 강호시조의 변모와 전가시조」, 『욕망과 형식의 시학』, 태학사.
염은열(2008), 「고전시가 교육의 내용 탐색 — 〈고산구곡가〉 읽기를 예로」, 『선청어문』 36, 서울대학교 국어교육과.
이민홍(2000), 『조선조 시가의 이념과 미의식』(개정판), 성균관대학교출판부.
이상원(2000), 「〈고산구곡가〉의 이중 구조와 언어미」, 『민족문화연구』 33, 고려대학교 민족문화연구원.
이상원(2003), 「조선후기 고산구곡가 수용양상과 그 의미」, 『고전문학연구』 24, 한국고전문학회.
조동일(2005), 『한국문학통사 2』(제4판), 지식산업사.
최재남(1997), 『사림의 향촌생활과 시가문학』, 국학자료원.
최진원(1988), 「〈고산구곡가〉와 담박」, 『한국고전시가의 형상성』, 성균관대학교 대동문화연구원.
함석헌(1958), 「생각하는 백성이라야 산다」, 『사상계』 61, 사상계.

평시조 09

훈민가 訓民歌

지은이 정철(鄭澈, 1536~1593) **출처**『송강가사』(이선본)

아바님 날 나ᄒᆞ시고 어마님 날 기ᄅᆞ시니
두 분곳 아니면 이 몸이 사라시랴
하ᄂᆞᆯ ᄀᆞᄐᆞᆫ 은덕을 어ᄃᆡ 다혀 갑ᄉᆞ오리

형아 아ᄋᆡ야 네 ᄉᆞᆯᄒᆞᆯ ᄆᆞᆫ져 보와
뉘손ᄃᆡ 타나관ᄃᆡ 양ᄌᆡ조차 ᄀᆞᄐᆞᄉᆞᆫ다
ᄒᆞᆫ 졋 먹고 길러나이셔 닷ᄆᆞ ᄋᆞᆷ을 먹디 마라

님금과 ᄇᆡᆨ셩과 ᄉᆞ이 ᄒᆞᄂᆞᆯ과 ᄯᅡ히로ᄃᆡ
내의 셜운 이ᄅᆞᆯ 다 아로려 ᄒᆞ시거든
우린ᄃᆞᆯ ᄉᆞᆯ진 미나리ᄅᆞᆯ ᄒᆞᆫ자 엇디 머그리

어버이 사라신 제 셤길 일란 다ᄒᆞ여라
디나간 휘면 애ᄃᆞᆲ다 엇디ᄒᆞ리
평ᄉᆡᆼ애 고텨 못ᄒᆞᆯ 일이 잇ᄲᅮᆫ인가 ᄒᆞ노라

ᄒᆞᆫ 몸 둘헤 ᄂᆞᆫ화 부부ᄅᆞᆯ 삼기실샤
이신 제 ᄒᆞᆷᄭᅴ 늙고 주그면 ᄒᆞᆫᄃᆡ 간다
어ᄃᆡ셔 망녕의 ᄭᅥ시 눈 흘긔려 ᄒᆞᄂᆞ뇨

간나ᄒᆡ 가ᄂᆞᆫ 길ᄒᆞᆯ ᄉᆞ나ᄒᆡ 에도ᄃᆞ시
ᄉᆞ나희 녜ᄂᆞᆫ 길흘 계집이 츼도ᄃᆞ시
제 남진 제 계집 아니어든 일홈 뭇디 마오려

네 아ᄃᆞᆯ 효경 닑더니 어도록 ᄇᆡ환ᄂᆞ니
내 아ᄃᆞᆯ 쇼ᄒᆞᆨ은 모ᄅᆡ면 ᄆᆞᄎᆞᆯ로다
어ᄂᆡ제 이 두 글 ᄇᆡ화 어딜거든 보려뇨

ᄆᆞᄋᆞᆯ 사ᄅᆞᆷᄃᆞᆯ아 올ᄒᆞᆫ 일 ᄒᆞ쟈ᄉᆞ라
사ᄅᆞᆷ이 되여 나셔 올티옷 못ᄒᆞ면
ᄆᆞ쇼ᄅᆞᆯ 갓 곳갈 싀워 밥 머기나 다ᄅᆞ랴

ᄑᆞᆯ목 쥐시거든 두 손으로 바티리라
나갈 ᄃᆡ 겨시거든 막대 들고 조ᄎᆞ리라
향음쥬 다 파ᄒᆞᆫ 후에 뫼셔 가려 ᄒᆞ노라

ᄂᆞᆷ으로 삼긴 듕의 벗ᄀᆞᆺ티 유신ᄒᆞ랴
내의 왼 이ᄅᆞᆯ 다 닐오려 ᄒᆞ노매라
이 몸이 벗님곳 아니면 사ᄅᆞᆷ 되미 쉬올가

어와 뎌 족하야 밥 업시 엇디ᄒᆞᆯ고
어와 뎌 아자바 옷 업시 엇디ᄒᆞᆯ고
머흔 일 다 닐러ᄉᆞ라 돌보고져 ᄒᆞ노라

네 집 상ᄉᆞᄃᆞᆯ흔 어도록 ᄎᆞᆯ호ᄉᆞᆫ다
네 ᄯᆞᆯ 셔방은 언제나 마치ᄂᆞᄉᆞᆫ다
내게도 업다커니와 돌보고져 ᄒᆞ노라

오ᄂᆞᆯ도 다 새거다 호믜 메오 가쟈ᄉᆞ라
내 논 다 ᄆᆡ여든 네 논 졈 ᄆᆡ여 주마
올 길ᄒᆡ ᄲᅩᆼ ᄣᅡ다가 누에 먹켜 보쟈ᄉᆞ라

비록 못 니버도 ᄂᆞᄆᆡ 오ᄉᆞᆯ 앗디 마라
비록 못 머거도 ᄂᆞᄆᆡ 밥을 비디 마라
ᄒᆞᆫ 적곳 ᄣᅵ 시ᄅᆞᆫ 휘면 고텨 ᄲᅵᆺ기 어려우리

샹뉵 쟝긔 ᄒᆞ디 마라 숑ᄉᆞ 글월 ᄒᆞ디 마라
집 배야 므슴 ᄒᆞ며 ᄂᆞᄆᆡ 원슈 될 줄 엇디
나라히 법을 셰우샤 죄 인ᄂᆞᆫ 줄 모로ᄂᆞᆫ다

이고 진 뎌 늘그니 짐 프러 나를 주오
나ᄂᆞᆫ 졈엇쩌니 돌히라 무거을가
늘거도 셜웨라커든 지믈조차 지실가

맥락과 쟁점

목민관이 지은 훈민용 노래

송강 정철은 우리 시가 문학의 대표적인 작가이다. 명종 17년(1562) 27세 되던 해에 문과 별과에 장원 급제하면서 관직 생활을 시작한 송강은 말년에 이르기까지 여러 관직을 돌면서 진퇴를 여러 차례 반복했다. 부침이 많았던 그의 관직 생활은 '충(忠), 효(孝), 청(淸), 직(直)의 4점'(김사엽, 1950)으로 요약되는 그의 성격과도 무관하지 않다.

〈훈민가〉 또한 지방 관직을 맡으면서 목민관으로서 자신의 직분에 충실하고자 하는 의도의 소산이라 볼 수 있다. 창작 시기는 대략 송강의 나이 45세 전후인 선조 13년(1580)경으로 추정한다. 이는 송강이 강원도 관찰사로 부임하던 때로 국가적으로는 사화와 당쟁으로 점철되던 시기였다(김상진, 2006). 또한 〈훈민가〉 같은

훈민시조가 주로 창작된 시기는 16~17세기로, 한편으로는 조선조에 성리학적 이념이 확립되던 때이기도 하다. 그런 만큼 사대부 계층이 아닌 일반 백성들 또한 성리학이 지향하는 법도를 따를 필요가 있었다. 훈민시조는 이러한 당대 상황을 배경으로 창작되었다고 할 수 있다(김상진, 2009). 그러나 이와는 반대로 16~17세기는 임진왜란을 기점으로 성리학적 이념이 흔들리던 시기였기에 유교 이데올로기의 전파를 통해 성리학적 질서를 다지고자 훈민시조를 창작한 것으로 볼 수도 있다.

효종 대에 나온 『경민편언해(警民篇諺解)』에는 〈훈민가〉와 그 창작 배경이 함께 실려 있다. 이 노래를 일명 '경민편소재십육수(警民篇所載十六首)'라고 부르는 이유도 여기에 있다. 작자가 선조 대에 강원도 관찰사로 부임하였을 때, 선거(仙居) 지방을 다스렸던 송나라 진고령(陳古靈)의 〈유문제조(諭文諸條)〉[일명 〈선거권유문(仙居勸諭文)〉]에 의거하고, 군신(君臣)[실제로는 '군민(君民)'임], 붕우(朋友), 장유(長幼)에 관한 내용을 더해 지은 것으로, 백성들로 하여금 외우고 읊조리게 해 성정(性情)을 감발시키는 데 목적을 두었다. 그러나 〈유문제조〉의 조항 일부가 빠져 있기도 해서 다음 표에서처럼 〈훈민가〉와 〈유문제조〉의 각 조항이 정확히 일대일로 대응되지는 않는다.

연번	〈훈민가〉	〈유문제조〉
1	부생모육의 은혜	父義母慈(부의모자)
2	형제간의 우애	兄友弟恭(형우제공)
3	군민(君民≒君臣) 간의 배려	
4	부모에 대한 효도	子孝(자효)
5	부부의 정다운 해로(偕老)	夫婦有恩(부부유은)
6	남녀 간의 구별	男女有別(남녀유별)
7	자녀 교육	子弟有學(자제유학)
8	인간의 올바른 행동	鄕閭有禮(향여유례)
9	어른 공경	
10	친구 간의 신의	

11	가난한 친척 간 상부상조	貧窮憂患親戚相救(빈궁우환친척상구)
12	애경사 상조	婚姻死喪隣里相助(혼인사상인리상조)
13	농사에 근면하고 상부상조하기	無惰農桑(무타농상)
14	남의 소유물을 탐하지 말 것	無作盜賊(무작도적)
15	도박과 송사를 하지 말 것	無學賭博無好爭訟(무학도박무호쟁송)
16	노인에 대한 배려	班白者不負戴於道路(반백자불부대어도로)

〈훈민가〉는 교훈 전달이라는 목적의식이 강하기 때문에 그 문학성에 대해 낮은 평가를 받기도 했고, 전편을 관통하는 주제의식이 결국 지배 이데올로기적 특성을 가지고 있다는 지적을 받기도 했다. 그러나 목적의식을 앞세운 나머지 건조한 도덕적 교훈의 강압적 주입으로 흐르는 여타의 교훈시가와는 달리, 이 노래는 주제를 효과적으로 전달함으로써 공감의 폭과 깊이를 확보하여 문학적 성취도 이루어내고 있다는 평가(권두환, 1992)에 동의하는 견해가 많다.

〈훈민가〉는 훈민시조라는 역사적 갈래의 특성을 기준으로 이해되어야 한다. 사대부 시조에는 강호가도와 훈민시조라는 두 가지 큰 흐름이 있다고 할 수 있는데, 전자가 인격 수양을 중시하는 '수기(修己)의 도(道)'에 중점을 둔 반면 후자는 사회 교화를 중시하는 '치인(治人)의 도(道)'에 중점을 두어 전자와 후자는 상보적 관계를 이룬다(조태흠, 1990). 이에 따르면 훈민시조의 특징인 인간의 도리를 다루는 내용, 선험적이고 규범적인 언어 사용, 화자의 공적인 입장 견지 등이 훈민시조를 독자적인 유형으로 규정할 수 있는 근거가 된다. 그런 점에서 〈훈민가〉는 훈민시조이면서도 목적성과 문학성이 균형을 이루며 공존할 수 있음을 보여주는 모범적인 사례로 보아도 무방하다.

꼼꼼히 읽기

백성의 목소리로 담아낸 인간의 도리

다른 훈민시조 혹은 오륜가계 시조와 비교해볼 때, 〈훈민가〉는 교화의 성격을 본질로 하면서도 한문구를 가급적 배제하고 일상의 소재를 동원하여 일상의 언어를 이용해 지었다는 사실이 두드러진다(신연우, 1998). 여기에 백성의 목소리를 빌려와 주제의식을 전달하고 있다는 점도 특징적이다. 송강은 유교적 윤리관을 그려내면서도 양반의 목소리가 아닌 백성의 목소리로 백성의 삶을 담아내고자 했던 것이다.

우선 각 연마다 발화 유형을 달리하여 다양한 화자의 태도를 표현함으로써 백성의 목소리를 직접적인 형태로 드러내고자 한 점이 주목된다. 백성의 목소리, 즉 이웃과 이웃, 형과 아우, 늙은이와 젊은이 사이에 소통되는 목소리를 최대한으로 빌려 극화된 형식으로 살려낸 것이다. 이는 명령형의 서법을 최소화하고 설의적 의문형과 청유형, 그리고 의지를 표명하는 종결어 위주의 화법을 선택한 것과도 맞물려 있다(권두환, 1992). 산문을 통한 가르침보다 노래를 통한 깨우침을 선택한 이상, 이러한 형식은 전달 효과를 최대화하기 위해 시인이 취할 수 있는 최선의 전략이었을 것이다.

이제 이를 좀 더 구체적으로 짚어보기로 하자. 금지하거나 직접적으로 명령하는 말은 주로 형과 아우, 자식, 일반 사람을 대상으로 한다. 제2수는 형제간의 우애를 이야기하는데 작자는 작중 화자로 등장하여 형과 아우를 호명하면서 "닷ᄆᆞᄋᆞᆷ을 먹디 마라"라고 명령하고 있다. 제4수의 "셤길 일란 다ᄒᆞ여라", 제6수의 "일홈 뭇디 마오려", 제14수의 "ᄂᆞᄆᆡ 오ᄉᆞᆯ 앗디 마라", "ᄂᆞᄆᆡ 밥을 비디 마라", 제15수의 "ᄉᆞᆼᄉᆞ 글월 ᄒᆞ디 마라"에서도 금지 또는 직접 명령의 서술어가 사용된다. 그러나 이마저도 전체적인 맥락 속에서 파악해보면 목민관이 백성을 가르치는 훈계의 목소리가 아니라, 백성 중의 누군가가 다른 백성을 향해서 내는 권계의 목소리에 해당한다. 존칭의 선어말어미를 활용한 명령의 방식은 마을 사람들 또는 조카와 아저씨에게 말하는 경우에 나타나는데, 이 또한 직접 명령을 한다기보다는 권유의 성격을 띠고 있다고 볼 수 있다.

제8수의 "ᄆᆞᄋᆞᆯ 사ᄅᆞᆷ들아 올ᄒᆞᆫ 일 ᄒᆞ쟈ᄉᆞ라", 제13수의 "호ᄆᆡ 메오 가쟈ᄉᆞ라", "누에 먹켜 보쟈ᄉᆞ라"와 같은 청유형 문장은 당연히 권유의 목소리로 읽힌다. 백성들이 영위하는 구체적이고 일상적인 삶의 맥락에 자연스럽게 놓여 있는 것이다.

한편 제16수에서는 늙은이에게 높임말을 쓰면서 익명의 노인에 대한 공경을 보여준다. "짐 프러 나를 주오"에서 볼 수 있듯 늙는 것도 서러운데 짐까지 지면 안 된다고 하며 짐을 풀어 달라고 하는 부분은 명령이나 권유가 아닌 스스로의 실천으로 제시하여 정서적 공감을 확대하고 있다(최재남, 2008).

〈훈민가〉의 화자를 1인칭 화자와 함축적 화자라는 두 가지 유형으로 나눌 경우, 1인칭 화자는 주로 화자 자신의 의도를 드러내고, 함축적 화자는 청자를 향한 명령, 금지 또는 청유를 나타내는 것이 주를 이룬다(조태흠, 2018). 여기서 주의할 것은 백성의 목소리는 1인칭 화자로도, 함축적 화자로도 실현되고 있다는 점이다. 이 시의 전언 구조에서도 인간의 도리를 백성의 목소리로 담고자 했던 시인의 전략이 반영되어 있는 것이다. 앞에서 언급했듯, 이 시조에서 지배적인 화자는 목민관이 아니라 다양한 백성들이다. 시인이 목민관으로서 백성을 훈계하고자 하는 의도에서 창작된 노래이지만, 목민관의 목소리를 버리고 가르침의 대상인 백성을 시적 화자로 취함으로써 강제적 혹은 의무적 수용이 아닌 자발적 수용의 효과를 겨냥했던 것이다.

〈훈민가〉에서 또 하나 간과할 수 없는 것은 백성 친화적 표현 전략이다. 우선 어휘 면에서 보면 대부분 우리말 어휘로 구성되어 있다. 한자어가 전적으로 배제된 것은 아니지만, 그것은 우리말 어휘로 대체되기 어려운 경우에 국한되어 있다. 일반 백성에게 생경한 한자어를 최대한 배제한 채 가급적이면 백성이 일상적으로 쓰는 어휘를 동원함으로써 그들의 목소리를 더욱 핍진하게 느끼도록 하고 있다. 백성들의 생활상을 고스란히 보여주는 사물과 일을 주된 소재로 동원했다는 점도 같은 맥락에 놓여 있다. 가족 공동체, 마을 공동체, 국가 공동체 단위의 생활에서 만날 수 있는 지극히 일상적인 경험의 범위를 넘어서는 일이 없다. 〈훈민가〉는 송순이나 주세붕(周世鵬)에 의해 이미 시도된 훈민시조의 전통을 이어받아 내세우고자 하는 덕목은 전례와 같이 구비했으면서도 순탄하게 이어지는 말로 인정과 세태를 생동하게 드러내서 주목되는데(조동일, 1994), 이러한 사실과 더불어 백성 친화적 표현 전략은 창작의 의도를 관철하는 데 크게 기여했을 것으로 보인다.

또한 백성들의 삶을 구체적으로 반영해 각 연별로 한 인간이 수행해야 할 다양한 사회적 역할을 다면적으로 제시했다는 점도 시선을 끈다. 한 인간이 맺을 수 있는 다양한 개인적·사회적 관계를 설정해 시적 화자 혹은 대상, 그리고 그가 처한 시적 상황을 제시한 것이 특징이다. 인간의 생활 단위를 가족, 마을, 국가로 나누어보면, 각 수별로 나타나는 화자 또는 대상은 다음과 같이 구분될 수 있다. 제1, 4, 9수는 자식, 제2수는 형과 아우, 제3, 8수는 일반 백성, 제5수는 부부, 제6수는 일반 남녀, 제7수는 부모, 제10수는 벗, 제11수는 조카와 아저씨[숙질(叔姪)], 제12~15수는 이웃, 제16수는 젊은이이다. 이들은 화자로 설정되기도 하고 '훈(訓)'을 수용해야 하는 시적 청자로 설정되기도 한다. 각 수에서 인물이 처한 시적 상황은 실제 백성의 삶에 밀착된 구체성을 보이며, 이를 통해 정철이 추구하는 것은 각 인물의 '~다움'이라 할 수 있겠다. 이 노래가 지배 이데올로기를 백성에게 주지시키기 위한 목적에서 지어졌다 하더라도, 그것은 백성의 백성다움을 통해 인간의 인간다움을 추구하기 위한 노력의 산물이라는 점을 부인할 수는 없다.

엮어 읽기

훈민 문학의 전통

훈민시조란 백성을 가르치기 위한, 즉 유교와 관련된 구체적 실천 윤리를 주된 내용으로 하고 있는 모든 시조를 말한다. 이는 시조 문학사의 몇 가지 국면에서 중요한 위치에 놓여 있다. 교술적 내용을 서정적 양식으로 담아냈다는 점, 대국민 교화라는 차원에서 시조에 유교 사상이 직접적으로 표출된 예를 보여준다는 점, 문학사와 유학사의 상관성을 잘 설명해준다는 점 등에서 특히 그러하다.

훈민시조는 16~17세기에 송순과 주세붕을 필두로 많이 나타난다. 일반적으로 훈민시조는 일반적 특징은 비교적 긴 연시조 형태로 되어 있고 윤리를 체계적으로 표현한다. 성종 대 중반 이후 성리학적 소양을 풍부하게 갖춘 사림이 등장하였는데, 이들 사림은 향촌 사회를 사회적·경제적으로 지배하고 자신들의 이익을 안정적으로 보장받기 위해 향촌 주민의 교화를 중시하였다. 이것이 연시조 형태의 훈민시조가 나타나게 된 배경이라고 할 수 있다.

16세기에서 17세기 전반까지 나타난 훈민시조 작자를 보면 송순, 주세붕, 이숙량, 정철, 박인로, 김상용 등이다. 국가 윤리, 사회 윤리, 가족 윤리를 강조하는 큰 흐름에서 오륜을 노래한 일군의 작품들이 산출되는바, 오륜이라는 규범을 구심점으로 삼아 주종(主從), 친족, 남녀, 붕우 등의 인간관계에서부터 농사, 죄, 싸움 등의 일상적인 일이나 문제에 이르기까지 향촌 사회의 현장 윤리를 매우 구체적으로 표현하고 있다.

이 중에서 김상용(金尙容)의 〈오륜가(五倫歌)〉 중 '붕우지륜(朋友之倫)'이라는 제목을 달고 있는 한 수를 보기로 하자.

> 벗을 사괴오ᄃᆡ 처음의 삼가ᄒᆞ야
> 날도곤 나으니로 ᄀᆞᆯᄒᆞ여 사괴여라
> 종시(終始)허 신의(信義)ᄅᆞᆯ 딕희여 구이경지(久而敬之)ᄒᆞ여라

제목에서도 알 수 있듯이 이 시는 벗을 사귀는 도리를 읊은 것이다. 자신보다 나은 사람으로 가려서 사귀어야 하고, 한번 사귄 이상 끝까지 신의를 지켜서 오래도록 그를 존경하라는 주지를 담고 있다. '붕우유신(朋友有信)'이라는 규범은 삼강오륜의 다른 네 개의 덕목과는 구별된다. 친우 관계는 부자처럼 혈연으로 맺어지지 않으며, 군신이나 부부처럼 인위적으로 맺어지지도 않는다. 장유유서처럼 수직적인 관계도 아니다. 그것은 순전히 개인적인 선택에 의해 평등한 관계로 성립되는 것이다. 주세붕과 송순 등이 지은 초기의 〈오륜가〉에서 친우 관계를 제외한 것은 이러한 이유 때문이었을 것이다.

그런데 이 시에서는 '사귀어라', '구이경지하여라'와 같은 서술어에서 명령형의 어법을 사용하고 있어 정철의 〈훈민가〉와 대비된다. 사실 백성을 가르친다는 훈민시조의 의도에 가장 부합하는 어법은 명령형이다. 훈민시조는 작가층과 이를 수용해야 하는 청자층(혹은 독자층)이 구분되어 이데올로기의 주입이라는 창작 목적을 지니고 있기 때문에 이는 당연한 현상일 것이다(한창훈, 2009). 이런 점에서 김상용의 〈오륜가〉는 훈민시조의 의도를 충실히 드러낸 경우에 해당된다. 평등한 관계인 친구 간의 사귐마저도 명령형 어법을 통해 일방적으로 훈계하는 듯한 어법을 구사한 이상, 나머지 수직적 인간관계에 대한 규범은 말할 필요도 없을 것이다. 물론

김상용의 〈오륜가〉가 자손을 훈육할 목적으로 제작되었다는 실증적인 기록이 있긴 하지만(하윤섭, 2011; 오선주, 2016), 이를 감안하더라도 정철의 〈훈민가〉 중 제10수에 보이는 "이 몸이 벗님곳 아니면 사름 되미 쉬올가"와 같은 어법과는 선명하게 비교된다.

이와 같은 훈민시조의 전통은 18세기 이후에는 명령이나 의문의 서법, 의지의 양태를 사용하여 봉건 윤리의 절대성을 일방적으로 강조한 이전 시기의 일부 작품과 달리, 반성적 태도로 자기를 포함하는 윤리의 실천 문제를 완곡한 판단이나 의문, 의지의 서술을 통해 나타내는 경향으로 변화되기도 했다(전재강, 2003). 이는 현저하게 축소된 재지 사족들의 사회적 위상을 반영한 결과였을 것이다.

훈민시조는 조선의 봉건적 윤리의 전파와 전승이라는 목적의식이 뚜렷한 문학이다. 그러나 지배적 이념이나 윤리를 전파하고 전승하기 위해 목적의식적으로 창작되는 문학이 전근대 시기에만 고유하게 나타나는 것은 아니다. 목적의식을 앞세우는 점을 기준으로 삼으면, 개화기의 창가와 시조도 그 전통을 잇는 문학 양식이고, 오늘날 학교의 교가나 회사의 사가(社歌) 또한 그러한 전통의 변주라 할 수 있다. 〈새마을 노래〉와 같이 특정한 시기에 국민 의식을 계몽할 목적으로 정부가 주도하여 만들고 전파한 일군의 노래나, 〈둥근 해가 떴습니다〉처럼 아동들의 생활 습관을 형성하기 위해 제작된 노래들도 같은 범주에 속한다. 이들 노래에서는 임무를 수행할 주체를 화자로 내세워 여러 덕목의 가치를 드러내고 있다는 점도 흥미롭다. 가히 현대판 훈민가요라 할 만하다.

이러한 유형의 문학이 지닌 특징 중 하나는 관습적 표현에 있다. 그런데 이를 근거로 문학적 완성도라는 측면에서 비판을 가하는 경우도 있다. 독창성이나 참신성이 부족하다는 것이다. 물론 독창성이나 참신성은 문학의 미덕이다. 그러나 근대 이후 부상한 낭만주의적 문학관에 근거하여 당시의 문학적 관습을 폄훼하는 것은 문학의 존재 방식에 대해 역사적인 원근법이 결여된 평가라 할 수 있다. 어떤 형태, 어떤 갈래의 작품이든 문학은 특수한 역사적 상황의 소산이기 때문이다. 따라서 훈민시조는 창작 동기나 의도를 달성하기 위해 다양한 표현 전략을 개발하였을 뿐만 아니라, 그 갈래의 전통 속에서 스스로 진화하면서 문학의 사회적 존재 방식을 부단히 증명한 것으로 보아야 마땅하다.

참고문헌

권두환(1992), 「목소리 낮추어 노래하기」, 백영정병욱선생10주기추모논문집간행위원회 편, 『한국고전시가작품론 2』, 집문당.

김사엽(1950), 『송강가사 연구』, 계몽사.

김상진(2006), 『시조의 동향과 경향』, 국학자료원.

김상진(2009), 「시조 속에 나타난 가족과 가족 윤리 — 16, 17세기 훈민시조를 중심으로」, 『한국고시가문화연구』, 한국고시가문학회.

신연우(1998), 「주세붕에서 정철로 훈민시조의 변이와 그 의의」, 『온지논총』 4, 온지학회.

오선주(2016), 「김상용 〈오륜가 오장〉의 작법과 교술성」, 『한국시가문화연구』 38, 한국시가문화학회.

전재강(2003), 「훈민시조 작가와 작품의 역사적 성격」, 『어문학』 79, 한국어문학회.

조동일(1994), 『한국문학통사 2』, 지식산업사.

조태흠(1990), 「유교 이념의 시적 변용고 — 훈민시조를 중심으로」, 『국어국문학지』 27, 문창어문학회.

조태흠(2018), 「〈훈민가〉의 말하기 방식과 그 의의」, 『한국민족문화』 66, 부산대학교 한국민족문화연구소.

최재남(2008), 「〈훈민가〉 보급의 경과와 그 의미」, 『고시가연구』 21, 한국고시가문학회.

하윤섭(2011), 「조선조 '오륜' 담론의 계보학적 탐색과 오륜시가의 역사적 전개 양상」, 고려대학교 박사학위논문.

한창훈(2009), 「조선 시대 〈오륜가〉에 나타난 '우정'에 대한 인식과 그 양상」, 『고전과해석』 7, 고전문학한문학연구학회.

평시조 10

북천이 묽다커늘 / 어이 얼어 잘이

지은이 임제(林悌, 1549~1587) / 한우(寒雨, ?~?) **출처** 『해동가요』(주씨본)

北天북천이 묽다커늘 雨裝우장 업씨 길을 난이
山산에는 눈이 오고 들에는 춘비로다
오늘은 춘비 맛잣시니 얼어 잘까 ᄒᆞ노라

어이 얼어 잘이 므스 일 얼어 잘이
鴛鴦枕원앙침 翡翠衾비취금을 어듸 두고 얼어 자리
오늘은 춘비 맛자신이 녹아 잘까 ᄒᆞ노라

맥락과 쟁점

호방한 한량과 이름난 기생의 수작

임제는 16세기 후반 호방한 성품과 함께 책과 칼과 거문고를 겸비한 인물로 명성이 높았다. 스물이 넘어서 공부에 뜻을 두었고, 문과에 급제하여 예조정랑 등을 지내다가 당파 싸움을 개탄하면서 벼슬을 버리고 방황으로 생애를 채웠다. 자유분방한 시인이자 풍류 한량으로서, 기생을 비롯한 여러 여인과의 교분을 배경으로 삼아 다수의 시편들을 남겼다.

청초(淸楚) 우거진 골에 자는다 누엇는다
홍안(紅顔)은 어듸 두고 백골(白骨)만 무첫는이
잔(盞) 자바 권(勸)ᄒᆞ리 업스니 그를 슬허 ᄒᆞ노라 앞의 〈청초 우거진 골에〉는 평안도로 부임하는 길에 황진이의 무덤을 찾아가 제사를 지내며 지은 것으로 전해진다. 그 결과 조정에서 파면을 당했다는 일화가 있다.

〈북천이 ᄆᆞᆰ다커늘〉은 일명 〈한우가(寒雨歌)〉라는 별칭을 가지고 있으며, 조선 선조 때 평양의 기생이었던 '한우'를 향해 부른 노래로 기록되어 있다. 한우에 대한 자세한 기록은 없으나, 『해동가요』에서 한우를 '명기(名妓) 9인'에 넣은 것으로 보아 이름난 기생이었음은 분명한 사실로 보인다. 한우의 노래는 임제의 〈한우가〉에 화답하여 부른 것이고, 이로 말미암아 두 사람이 잠자리를 같이했다는 기록이 『해동가요』에 남아 있다.

두 작품은 서로 주고받으며 부르는 수작시조(酬酌時調)에 해당된다. 수작시조란 공통된 화제를 매개로 자신의 의사를 전달하거나 상대방의 의사를 타진하는 데 활용된 시조로서, 이방원의 〈하여가(何如歌)〉와 정몽주의 〈단심가(丹心歌)〉, 정철의 〈옥을 옥이라커든〉과 진옥(眞玉)의 〈철을 철이라커든〉이 이에 해당된다(윤영옥, 1983). 특히 풍류 공간에서 보조자로 기능하던 기녀들에게 수작시조 창작 능력은 반드시 갖추어야 할 기본 소양이었다(이영태, 2008). 수작은 풍류 공간의 여러 정황 및 자신이 상대하는 자들을 포함한 가변적 상황에서 진술되기에, 수작을 제대로 구사할 줄 아는 기녀를 명기라 칭할 수 있다는 것이다. 기녀들의 시조 창작 역량이 수작시조를 통해서 더욱 잘 드러날 수밖에 없다는 설명(김용찬, 2016)도 같은 맥락에서 이해된다.

수작시조는 서로 주고받으면서 연행된 노래의 향유 방식을 고스란히 보여주는 한편, 시조 향유의 쾌락적 효용을 암시해준다(김대행, 1986). 임제와 한우는 두 편의 시조를 주고받는 과정 그 자체에서 즐거움을 느낄 뿐 아니라, 남다른 어법으로 일정한 형식에 내용을 담아 의사를 소통하는 과정에서도 기쁨을 느꼈을 것이다. 나아가 이들 작품은 임제와 한우 사이의 일화에 머무르지 않고 그 맥락을 넘어 사대부와 기생이 모인 자리에서 누구라도 서로 주고받으면서 연행되었을 것으로 짐작된다. 이처럼 두 작품은 시를 짓고 노래하고 듣는 모든 과정이 즐거움을 준다는 쾌락주의적 입장에서 이해할 수 있다.

임제의 〈한우가〉와 한우의 답가는 성애를 갈구하는 남성과 이에 응답하는 여성의 대화로 구성된 대표적인 수작시조로서 넓게 보면 염정시(艶情詩)에 해당한다. 그러나 역사주의적 시각에서는 임제의 생애를 근거로 들어 임제가 세상과 불화한 데서 비롯된 비관적인 심정을 호소한 것으로 보기도 한다. 우장 없이 길을 나섰더니 눈이 오고 찬비가 내린다는 내용에서 낭패감이나 실망감을 읽어낸 것이다(김태준, 1931; 임형택, 1984). 이런 관점에서는 때를 기다렸다가 일을 해볼 시기로 판단하여 나섰으나, 관료들이 나라의 위기를 수습하는 데는 관심을 두지 않고 동서의 붕당으로 나뉜 채 권세와 명리로 다투는 당시의 정계에 크게 실망하는 심경을 느낄 수 있다는 것이다. 그 연장선상에서 보면 한우의 시조는 임제에게 낙관적으로 살아가라는 뜻을 담아 보내는 위로 혹은 충고의 시로 간주된다.

꼼꼼히 읽기

중의적으로 드러낸 성애의 열망

〈한우가〉의 화자는 날씨가 맑다는 말을 듣고 비옷을 준비하지 않은 채 길을 나섰으나, 도중에 비를 만나 온몸을 적셨다. 그것도 차가운 비였으니 추위를 느끼지 않을 수 없다. 여기까지는 일상적 경험을 비교적 건조하게 서술하고 있다. 문제는 종장에서 일어난다. 오늘 맞은 '찬비'는 자신이 얼어서 잘 수밖에 없는 조건이 된다. 자기 연민으로 귀결되는 형국이다. 그러나 '찬비'가 기생의 이름 '한우'에 대응하는 우리말이고, '얼어' 또한 '추위로 인하여 신체가 차가워져'라는 뜻과 함께 '배필을 삼아'나 '육체적으로 교합하여'라는 뜻을 동시에 지니고 있음을 고려하면 이 종장은 다른 뜻으로 해석된다. 기생 한우를 만났으니 그와 함께 어울려 자고자 한다는 의미로, 노골적인 성애의 열망을 표현한 것으로 볼 수 있다. 정황상 후자로 보는 것이 이 시조의 묘미를 훨씬 더 배가하는 독법이 될 것이다.

이에 대한 한우의 답가 또한 만만치 않은 내공을 보여준다. 원앙침과 비취금이 있으니 얼어 잘 이유가 없다고 한다. 게다가 찬비까지 맞았으니 차가운 몸을 녹이면서 따뜻하게 자야 하지 않겠느냐는 대답이다. 여기까지만 보면 찬비를 맞아 몸이 차가워진 한 나그네를 가련하게 여기는 집주인의 배려를 표현한 듯이 보인다.

그런데 종장에 함축된 뜻을 깊이 살펴보면 분위기가 달라진다. '찬비'를 〈한우가〉에서처럼 한우 자신을 지칭하는 뜻으로 읽고 '녹아' 자는 것을 뜨거운 성애의 다른 표현으로 보면, 결국 이는 〈한우가〉에서 임제가 넌지시 던졌던 질문에 대한 적극적인 응답이 되는 셈이다. '녹아 잘까 하노라'가 이본에 따라 '더욱 덥게 자리라'로 표기되어 있음을 고려하면, 이 구절은 얼어 있던 몸이 녹는 수준을 넘어 성애의 열정으로 달아오른 에로틱한 분위기를 묘사한 표현으로 볼 수밖에 없다.

이처럼 두 시조는 노골적인 표현 대신 우회적인 표현을 사용함으로써 음란함으로 흐를 수 있는 성적인 행위를 예술적 차원으로 끌어올리고 있다. '찬비'가 자연현상이기도 하고 사람의 이름이기도 하다는 사실을 바탕으로, 그리고 '얼어'가 차가움도 뜨거움도 모두 내포한 어휘라는 점을 바탕으로 시적 긴장감을 자아내고 지적인 유머를 빚어낸 한 쌍의 작품이다.

여기에 더하여 놓칠 수 없는 것은 공간이다. 임제 시의 공간은 '바깥'이고, 한우 시의 공간은 '안'이다. 임제 시의 '북천, 길, 산, 눈, 들, 찬비, 얼어서 잠' 등은 모두 '추운 바깥 공간'을 가리키고, 한우 시의 '원앙침, 비취금, 녹아서 잠' 등은 '따뜻한 안쪽 공간'을 의미한다(손종흠, 2011). 이 바깥과 안의 공간을 만나게 해주는 것이 바로 '찬비'라는 중의적 표현이다. 찬비를 만나 바깥에서 얼어 자겠다는 남성의 자학적인 수작에, 자신을 지칭하는 찬비와 함께 안에서 녹아 자라는 여성의 반응이 짝을 이루면서 사랑의 행위가 구체화되고 있다.

정치적·외교적 언사는 대체로 노골적인 표현 대신 우회적인 방식을 택하는 경우가 많다. 그것이 직접적으로 말하기 곤란한 내용이나 민감한 사안에 대해 상대방의 의사를 조심스럽게 타진해보거나 자신의 메시지를 흘려보내는 데 적절하기 때문이다. 인간 보편의 욕망이면서도 노골적인 표현이 금기시되는 성애 또한 이와 유사한 측면이 있다. 성애에 대한 열망을 우회적인 방식으로 표현하는 것도 결국은 정치적 의사소통 행위에 해당한다. 〈한우가〉와 이에 대한 한우의 답가 또한 중의적 표현 방식을 택하여 성애에 대한 열망을 드러낸 일종의 정치적 수사라 하겠다.

엮어 읽기

언어유희의 미학

이 노래에서 '찬비'는 글자 그대로 '차가운 비'이면서도 동시에 구애의 대상인 기생 '한우'를 가리킨다. 따라서 '찬비 맞았으니'는 '차가운 비를 맞았으니'와 '기생 한우를 만났으니'라는 두 가지 뜻을 동시에 가지게 된다. 이처럼 뜻은 전혀 다르지만 소리가 같은 말을 이용하는 것을 가리켜 '언어유희(pun)'라 한다. 이러한 언어유희는 기존의 관습적인 언어 사용 현상에 변화를 가져옴으로써 기존 언어 사회의 질서로부터 일탈하는 지적 쾌감을 일으킨다(허왕욱, 2003). 또한 언어유희로 구사되는 말은 중의적 성격을 지니기 때문에 해석상 모호성을 가지게 된다.

언어유희는 노골적인 표현이 금기시되는 성욕을 표현하는 시적 전략으로 자주 활용된다. 정철과 진옥이 주고받은 것으로 전해지는 수작시조에서도 이를 충분히 확인할 수 있다. 또한 에로티시즘을 지향하면서 성애에 대한 열망을 노래하고 있는 사설시조에서도 언어유희는 자주 등장한다. 가령 다음과 같은 작품이다.

> ᄃᆡᆨ들에 나모들 사오 져 쟝ᄉᆞ야 네 나모 갑시 언매 웨ᄂᆞᆫ다 사쟈
>
> ᄡᆞ리 남게ᄂᆞᆫ ᄒᆞᆫ 말 치고 검주남게ᄂᆞᆫ 닷 되를 쳐셔 合ᄒᆞ야 혜면 마 닷 되 밧습ᄂᆡ
> 삿 대혀 보으소 잘 붓슴ᄂᆞ니
>
> ᄒᆞᆫ적곳 사 ᄡᆞ혀 보며ᄂᆞᆫ ᄆᆡ양 사 ᄡᆞ히쟈 ᄒᆞ리라

이 작품은 나무를 파는 장수와 나무를 사고자 하는 아낙네 사이에서 일어나는 상거래의 문답으로 구성되어 있다. 여기에서 주목되는 것은 중장의 "삿 대혀", 종장의 "사 ᄡᆞ혀"와 "사 ᄡᆞ히쟈"이다. 이는 상거래라는 정황을 고려하면 '(나무를) 사서 (불을) 때어', '사서 때고자'의 의미로 읽힌다. 그러나 이는 '샅 대어', '샅 대고자'와 발음이 유사하기에 결국 서로의 샅을 댄다는 의미로 읽힌다. 결국 나무장수와 어느 아낙네 사이의 음담이 되는 셈이다(류수열, 2008).

에로티시즘에서 직접적이며 노골적인 표현을 피하고, 완곡하고 간접적이며 암시적인 표현을 택하는 것은 어쩌면 필연적이라 할 수 있다. 수신자와 발신자 사이

에서 이루어지는 의미의 은폐와 발견이라는 정보 게임을 바탕으로 서로에게 흥미를 돋우고 미적 쾌감을 유발하는 데 이러한 표현이 훨씬 효율적이기 때문이다.

그러나 노골적으로 표현하기 곤란한 성애나 그에 대한 욕망을 우회적으로 진술하는 국면에서만 언어유희가 강점을 발휘하는 것은 아니다. 코미디 프로그램에서 쉽게 확인할 수 있는 것처럼 해학이라는 미적 효과를 겨냥하는 경우에도 언어유희는 빈번하게 활용된다. 이러한 언어유희는 광고 언어에서도 흔히 볼 수 있다.

출처: 배민문방구(store.bamin.com)

좌측 그림은 안대, 우측 그림은 때밀이 수건의 상표를 보여준다. 좌측의 안대 상표는 '안 돼'와 '안대'의 발음의 유사성을 활용하였고, 우측의 때밀이 수건 상표는 피부에 묻어 있는 '때'와 특정 시점을 뜻하는 '때'를 중첩시켜 의미를 전달하고 있다. 이 메시지의 수신자들은 처음에는 당황하겠지만 이내 거기에 담긴 중의성을 읽어내면서 인지적 충격을 해소하게 된다. 이러한 유머나 위트는 상품에 대해 강한 인상을 남김으로써, 사람들은 이를 더 오랫동안 기억하게 된다. 이와 같은 효과는 '안 돼'와 '안대', '때[汚]'와 '때[時]'가 기표는 유사하거나 같으면서도 기의는 서로 다른 데서 비롯된다.

언어유희는 인간이 보편적으로 가지는 유희 충동의 기호적 실현이며, 기의와 기표의 무연성(無緣性)에 바탕을 둔 기호 놀이이다. 이를 통해 '낯설게 하기'의 미학을 실현하기도 한다. 기표를 매개로 하여 기존의 익숙한 기의 대신 새로운 기의를 부각시킴으로써 수신자의 인지를 자극하는 효과가 있다. 여기에 해학이라는 미적 효과도 첨가된다. 임제의 〈한우가〉와 이에 대한 한우의 답가가 그러했던 것처럼, 언어유희를 통해 형성되는 중의성은 해학이라는 미적 효과를 동반하면서 수신자와의 소통을 한층 더 원활하게 만들어주는 효과가 있다.

참고문헌

김대행(1986), 『시조유형론』, 이화여자대학교출판부.
김용찬(2016), 『조선 후기 시조사의 지형과 탐색』, 태학사.
김태준(1931), 「임제의 연문학」, 『조선어문학회보』 2(1-2), 조선어문학회.
류수열(2008), 「놀이로 본 사설시조의 에로티시즘」, 『고전시가교육의 구도』, 역락.
손종흠(2011), 『고전시가 미학 강의』, 앨피.
윤영옥(1983), 「기녀의 수작 시조」, 『태야 최동원 선생 화갑기념국문학논총』, 삼영사.
이영태(2008), 「조선 후기 수작·기지 시조의 행방」, 『시조학논총』 28, 한국시조학회.
임형택(1984), 『한국문학사의 시각』, 창작과비평사.
허왕욱(2003), 「조선시대 시가에 나타난 동음이의 현상」, 『고전문학교육론』, 보고사.

평시조 11

만흥 漫興

지은이 윤선도(尹善道, 1587~1671) **출처** 『고산유고』

山水間산수간 바회 아래 뛰집을 짓노라 ᄒᆞ니
그 모ᄅᆞᆫ ᄂᆞᆷ들은 욷ᄂᆞᆫ다 ᄒᆞᆫ다마ᄂᆞᆫ
어리고 하암의 뜻의ᄂᆞᆫ 내 分분인가 ᄒᆞ노라

보리밥 픗ᄂᆞ물을 알마초 머근 後후에
바횟긋 믉ᄀᆞ의 슬ᄏᆞ지 노니노라
그 나믄 녀나믄 일이야 부ᄅᆞᆯ 줄이 이시랴

잔 들고 혼자 안자 먼 뫼흘 ᄇᆞ라보니
그리던 님이 오다 반가옴이 이리ᄒᆞ랴
말ᄉᆞᆷ도 우움도 아녀도 몯내 됴하ᄒᆞ노라

누고셔 三公삼공도곤 낫다 ᄒᆞ더니 萬乘만승이 이만ᄒᆞ랴
이제로 헤어든 巢父소부 許由허유ㅣ 냑돗더라
아마도 林泉閑興임천한흥을 비길 곳이 업세라

내 셩이 게으르더니 하ᄂᆞᆯ히 아ᄅᆞ실샤
人間萬事인간만사ᄅᆞᆯ ᄒᆞᆫ 일도 아니 맛뎌
다만당 ᄃᆞ토리 업ᄉᆞᆫ 江山강산을 딕희라 ᄒᆞ시도다

江山강산이 됴타 ᄒᆞᆫ들 내 分분으로 누얻ᄂᆞ냐
님군 恩惠은혜ᄅᆞᆯ 이제 더옥 아노이다
아므리 갑고쟈 ᄒᆞ야도 ᄒᆡ올 일이 업세라

맥락

금쇄동과 더불어

〈만흥〉은 고산 윤선도가 지은 『산중신곡(山中新曲)』에 수록된 작품이다. 『산중신곡』은 윤선도가 56세 경 전라남도 해남의 금쇄동(金鎖洞)에 기거하며 창작한 시들을 묶은 작품집이다. 여기에 수록된 시는 총 18수로, 〈만흥〉 6수와 〈오우가(五友歌)〉 6수, 그리고 기타 작품 6수로 구성되어 있다.

윤선도는 정치적으로 열세에 있던 남인의 가문에서 태어났다. 그의 생애는 한마디로 투쟁의 연속이라 할 만하다. 남인 강경파였던 그는 일찍이 광해군 시절 당시 권력을 쥐고 있던 이이첨과 대북 일파를 비판하는 상소를 썼다가 유배를 갔다. 이후에도 노론, 서인 등 집권 세력으로 등장하는 정파에 대항하여 강력한 정치적 투쟁을 벌여 결국 20여 년의 유배 생활과 19년의 은거 생활을 하게 된다. 이는 그가 속한 정파의 정치적 위상 때문이기도 했지만 그의 강직한 성품 탓이기도 했다. 그러나 그는 조상으로부터 물려받은 유산이 많아서 생활이 넉넉했으며, 은거하면서도 풍족하게 지냈다.

윤선도는 평생 네 번에 걸쳐 총 25년간 유배 생활을 하였는데, 금쇄동은 그가 영덕에서의 두 번째 유배를 마친 후 생활의 터전으로 삼은 곳이다. 윤선도에게 해남 생활은 처음이 아니었지만, 금쇄동을 새롭게 발견한 것은 이 시기로 알려져 있다. 그는 금쇄동과 거기에 지은 집에 각별한 애정을 품고 『금쇄동기(金鎖洞記)』를 지었는데, 『금쇄동기』와 『산중신곡』은 동일한 공간에서의 생활을 소재로 하고 있는 만큼 서로 연결하여 이해할 필요가 있다(조하연, 2016).

이 집이 실로 나로 하여금 표표연(飄飄然)히 세상을 버리고 홀로 우뚝 서서 우화등선하는 뜻을 갖게 하면서도, 끝내는 또 나로 하여금 부자와 군신의 윤리를 도외시하지 않게 하고, 이 집이 실로 나로 하여금 낚시하고 밭갈이하는 흥치와 거문고 타고 장구 치는 즐거움을 오롯이 하게 하면서도, 끝내는 또 나로 하여금 전철(前哲)의 향기로운 발자취를 높이 우러르고 선왕이 끼친 기풍을 노래 부르게 하니, 이것이 바로 회심(會心)이라는 것이 아니겠는가.

이 글에서 말한 '이 집'은 〈만흥〉에서도 중요한 소재가 되는 띠집으로서 '회심'을 보장하는 공간적 거점이다. 여기에서 '회심'이란 '세상을 버리고 홀로 우뚝 서서 우화등선하는 뜻'이라는 개인적 삶과 '부자와 군신의 윤리'를 지속적으로 추구하는 사회적 삶을 모두 온전히 유지하는 상태를 일컫는다.

『금쇄동기』의 내용을 살펴보면 윤선도가 금쇄동의 발견을 새로운 삶의 시작으로 삼고자 했음을 알 수 있다. 『산중신곡』은 세상으로부터의 도피와 절경에 대한 만족감으로 해석될 뿐만 아니라, 삶에 대한 회의를 넘어 자신의 삶을 새롭게 구축하고자 하는 의지가 담겨 있는 작품집이다(김석회, 1987).

꼼꼼히 읽기

안분지족의 극치

〈만흥〉의 시 세계는 기본적으로 강호가도의 자장(磁場) 안에 놓여 있다. 조선 전기부터 지속되어 왔던 강호가도의 전통이 후기에 이르러 다소 다양화되긴 하지만, 윤선도는 기본적으로 사대부적 정체성을 견결하게 유지했던 인물로서, 안빈(安貧)이나 안분(安分)을 이념적 지향 중의 하나로 삼았던 조선 전기 강호가도의 주류적 흐름을 고스란히 이어받았기 때문이다.

이러한 사실은 제1수에서부터 명시적으로 확인된다. 여기에서 화자는 '띠집'을 짓는다고 했다. 이에 대해 그 뜻을 '모론 님'들은 화자를 비웃는다. 그들이 모르는 것은 무엇이었을까? 바로 안빈(安貧)의 이념이다. 이를 표상하는 것이 '띠집'인 것이다. 그리고 이를 '햐암[鄉闇]', 곧 시골에서 지내 사리에 어둡고 어리석은 사람의 뜻에 어울리는 분수라 했다. 표면적으로는 스스로를 한껏 낮추고 있지만, 주변 사람들의 비웃음에 대해 대범할 수 있었던 것은 그가 안빈과 안분을 자신의 신념으로 체화하고 있었기 때문일 것이다.

이는 제2수에서도 고스란히 재현된다. 안빈을 표상하는 '띠집'을 여기에서는 '보리밥'과 '풋나물'이 대신한다. 그마저도 양껏 채우는 충일감은 보이지 않는다. '알마초'라는 부사어가 충일감을 사전에 차단하는 것이다. 이들 명사형 시어들은 격조를 잃지 않는 청빈함, 균형을 잃지 않는 포만감을 의미한다(고정희, 2004). 이와 대조적으로 물가에서 노니는 일은 '슬ㅋ지'라는 부사어로 수식하면서, 양껏 먹지 않되 마음껏 놀겠다는 뜻을 드러낸다. 그 밖의 일은 더 이상 부러워할 필요도 없다 했으니, 이것이 화자가 지닌 욕망의 전부이다. '세상을 버리고 홀로 우뚝 서서 우화등선하는 뜻'이라는 『금쇄동기』의 취의를 시적으로 형상화하고 있는 것이다.

그런데 현실에서는 호사한 생활을 영위했던 윤선도의 삶에 비춰볼 때, 이러한 시적 형상화는 다소 가식적으로 보이기도 한다. 그러나 안빈이 윤선도를 포함한 모든 사대부의 이념적 지향이었음을 고려하면 이는 충분히 납득할 만하다. 『맹자』에서 "분(分)은 하늘에 얻은 바의 전체이다. 그러므로 궁하거나 영달한다고 해서 다름이 있는 것이 아니다."라고 했거니와, 그들이 검박(儉朴)한 삶을 추구하는 것은 어디까지나 이념 차원에서 정신적 귀족에 대한 지향을 보여주는 것이므로(문영오, 1999) 이는 그들의 또 다른 삶의 형식으로 이해하면 된다. 실제로는 윤선도가 기와집에 살면서 진수성찬을 즐겼다 할지라도 '띠집'과 이에 환유적으로 연합하는 '보리밥', '풋나물'은 그의 이념적 구도 안에서는 지극히 자연스러운 삶의 한 질서였던 것이다.

제3수에서는 일단 술이 등장한다. 그러나 혼자 앉아 있다고 했으니 술이 환기하는 도도한 취흥이나 흥분된 분위기와는 거리가 멀다. 그 대신 홀로 강호자연을 즐기는 은둔자의 고적감이 부각되어 있다. 그런데 여기서 먼 산을 바라보다가 무엇인가를 발견한다. 무엇이었을까? 아마도 달로 추정된다. 금쇄동에서 창작한 그의 또 다른 연시조 〈오우가〉에서 '보고도 말 아니하니 내 벗인가 하노라'라는 표현으로 달의 덕성을 칭송한 바 있으니, 말씀도 없고 웃음도 없는 그것을 달로 추정해도 대과는 없을 것이다. 고즈넉하게 즐기는 한 잔의 술에 달이 떠오른다면, 이 또한 자신의 '분'에 어울리는 장면이라는 취지였을 터이다. 그런 만큼 여기에서 달은 특정한 윤리적 덕목을 지닌 인간형의 표상이라기보다는 윤선도의 개성적 인식에 포착된 아름다운 풍경을 이루는 자연물로 보는 것(이민홍, 1985)이 더 적절해 보인다.

제4수에서는 뜻밖에도 은둔 생활의 시조(始祖)에 해당하는 소부와 허유에 대한 비판이 보인다. 그들이 약았다는 것이다. 그러나 이는 반어로 읽어야 한다. 왜 이리도 좋은 삶을 그들만 누리고 자신에게는 알려주지 않았느냐는 애교 섞인 핀잔인 셈이다. 삼공은 물론 만승천자의 삶과도 바꾸지 않겠다는 의지를 이렇듯 반어적으로 표현한 것이다. 이 역시 강호에서 '한흥'을 즐기는 자신의 '분'에 대한 재확인이다.

제5수에서 윤선도는 자연을 사랑하는 자신의 게으른 본성을 앞세워, 다툴 이 없는 강산을 지키는 것이 하늘이 허락한 정당한 삶, 즉 자신의 '분'임을 선언하고 있다. 이는 군자로서 추구해야 할 삶의 모습, 즉 '분'을 지키는 삶을 살겠다는 의지의 표현이다. 윤선도의 생애에 비겨 보면 여기에서도 반어가 보인다. 스스로 게으르다고 했지만, 그래서 하늘이 인간 세상의 어떤 일도 맡기지 않았다고 했지만, 그는 치열한 삶의 이력을 가진 이였고 유배나 은거도 자의에 의한 선택은 아니었다. 그렇다면 이는 그의 생애에 대한 자조로 보인다. 표면적으로는 만족감이 나타나 있지만 그 이면에서는 자신의 삶에 대한 자조가 읽히는 것이다.

이제 마지막 수로 옮겨 간다. 그런데 여기에서는 시상이 다소 돌연하게 전개된다. 갑자기 '임금의 은혜'가 전경화되기 때문이다. 그러나 이 또한 '안분'과 무관하지 않다. 강산과 더불어 지내는 자신의 '분' 역시 임금이 허락했기에 가능한 것이라는 생각으로 시상이 나아간 결과이기 때문이다. 맹사성의 〈강호사시가〉(▶ 252쪽)에 등장했던 '역군은'의 강호가도적 전통이 살짝 변주되어 나타났다고 볼 수 있다. 그렇다고 해서 세상에 대한 걱정 때문에 은거에 대한 의지가 흔들린다든가 하는 식의 내면적 갈등으로 나아가지는 않는다. 넓게 보아 임금의 은혜를 상기하는 것 또한 치인(治人)의 영역에 거하다가 수기(修己)의 영역으로 물러나 있는 화자로서는 당연히 지켜야 할 또 하나의 '분'이었던 것이다. 이로써 『금쇄동기』에서 언급한 '회심'이 온전히 실현된 경지를 보여주면서 시상이 마무리된다.

이러한 흐름에 따라 읽다 보면 윤선도의 시에는 기존의 시가와 달리 생동하는 심미적인 흥취와 더욱 간절해진 연군 지향 속에 새로운 희망의 서정이 배어 있다는 평가(김석회, 2003)에 충분히 동의할 수 있다. 미적 범주의 개념에서 '있는 것'과 '있어야 할 것'이 조화를 이룬 상태를 흔히 우아미라고 한다. 그렇다면 안분지족(安分知足)의 신념과 삶이 하나로 어우러진 경지를 일관되게 노래하고 있는 〈만흥〉이야말로 우아미의 극치를 보여준다 하겠다. 제목인 '만흥' 자체가 '질펀하게 넘치는 흥'이라는 뜻일진대, 윤선도에게 그 흥이란 결국 안빈을 추구하면서 안분을 누리고자 하는 신념과 그러면서도 군신의 윤리를 지키고자 하는 의지에서 비롯되는 만족감의 다른 이름이었던 것이다.

엮어 읽기

안빈, 이념과 현실 사이

조선의 사대부들이 넉넉한 생활 근거에도 불구하고 꾸준히 안빈낙도를 이념적 지향으로 삼은 연원에는 공자의 애제자 안회(顔回)가 있다. '단사표음(簞食瓢飮)'으로 집약되는 가난한 형편에도 불구하고 수신(修身)을 그치지 않으며 즐거운 마음으로 지낸 그는 두고두고 유학자들의 칭송을 받았다. "가난하더라도 아첨하지 말고 즐거울 수 있어야 하고, 부유하더라도 교만하지 말고 예를 좋아해야 한다."(『논어』 '학이' 편)나 "군자는 도(道)를 위하여 힘쓸 뿐이다. 군자는 도를 근심하지 가난을 걱정하지는 않는다."(『논어』 '위령공' 편)라는 가르침은 유학자들이 추구해야 하는 경제관념의 지표가 되었다(최상은, 2003). 『논어』에서 안빈을 강조한 이유는 오로지 '도(道)'만을 최우선의 가치로 두고 그 자체로 만족하는 삶의 태도와, 현실적 조건을 초월하여 끊임없이 수양하는 마음가짐을 강조하기 위한 것이었다. 그러나 조선시대 사대부들에게 안빈은 점차 경제적 불안이나 만족과는 무관하게 풍류의 의미로 자리 잡게 되었다.

이처럼 가난을 이념적 지향으로서만 추구하는 것이 주류적 경향이었지만, 조선 후기에 들어서면 사정이 달라진다. 토지를 기반으로 재지사족으로서 넉넉한 삶을 유지했던 부류와 달리 정치 권력에서 멀어진 채 경제적으로도 궁핍에 시달리는 사대부들이 나타나기 시작했기 때문이다. 이를 대표하는 인물이 정훈(鄭勳)이다.

정훈은 전형적인 양반가 출신이지만 정계에는 진출하지 않았다. 임진왜란·인조반정·병자호란 등 조선 전기와 후기의 분수령을 이루는 역사적 사건들을 몸소 겪었으며, 그 와중에 1624년 이괄의 난 때에는 61세의 나이로 의병을 모아 출전하는 기개도 있었다. 그러나 집은 부유하지 못했다. 그의 문집 『수남방옹유고(水南放翁遺稿)』에 수록된 〈탄궁가(嘆窮歌)〉의 묘사대로라면 그의 가난은 거의 적빈(赤貧) 수준이다.

작품의 전반부에서는 삼순구식(三旬九食)마저 어려운 수준의 가난과 이에 대한 한탄이 장황하게 이어진다. 식솔들은 굶고 베틀과 솥 등의 가재도구도 필요 없어지는 마당에 제사나 접객은 엄두도 못 내는 상황이다. 그러면서 돌연히 가난을 인격화하여 그와 대화하는 극적인 장면으로 돌입한다.

이 원수 궁귀(窮鬼)를 어이ᄒᆞ야 녀희려뇨
수ᄅᆡ 후량(餱粮)을 ᄀᆞ초오고 일홈 불러 전송(餞送)ᄒᆞ야
일길 신량(日吉辰良)에 사방(四方)으로 가라 ᄒᆞ니
추추분분(啾啾憤憤)ᄒᆞ야 원노(怨怒)ᄒᆞ야 니른 말이
자소지로(自少至老)히 희로우락(喜怒憂樂)을 너와로 ᄒᆞᆷᄭᅴᄒᆞ야
죽거나 살거나 녀흴 줄이 업섯거ᄂᆞᆯ
어ᄃᆡ 가 뉘 말 듯고 가라 ᄒᆞ여 니ᄅᆞᄂᆞ뇨
우ᄂᆞᆫ 덧 ᄭᅮ짓ᄂᆞᆫ 덧 온 가지로 공혁(恐嚇)커ᄂᆞᆯ
도롯셔 ᄉᆡᆼ각ᄒᆞ니 네 말도 다 올토다
무정(無情)ᄒᆞᆫ 세상(世上)은 다 나ᄅᆞᆯ ᄇᆞ리거ᄂᆞᆯ
네 호자 유신(有信)ᄒᆞ야 나ᄅᆞᆯ 아니 ᄇᆞ리거든
인위(人威)로 절피(絶避)ᄒᆞ며 좀ᄭᅬ로 녀흴너냐
하ᄂᆞᆯ 삼긴 이내 궁(窮)을 혈마ᄒᆞᆫᄃᆞᆯ 어이ᄒᆞ리
빈천(貧賤)도 내 분(分)이어니 셜워 ᄆᆞᄉᆞᆷᄒᆞ리

소박한 음식을 마련하여 가난을 저 멀리 환송하려 했더니, 정작 가난은 원망하고 분노하며 결코 자신을 떠나지 못하는 이유를 댄다는 것이다. 화자가 어렸을 때부터 지금까지 '희로우락'을 함께해 왔는데 이제 와서 가라고 하는 게 말이 되느냐는 항변이다. 이에 화자는 가난이 하는 말에 공감하면서 지금까지 유신(有信)하게 자신과 함께했음을 자각하면서 빈천이 자신의 분임을 수용하면서 시상이 마무리된다.

정훈이 의병을 모았다는 사실을 생각해보면 그의 실제 생활이 이 작품에서 묘사된 수준의 적빈은 아니었을 수도 있다. 그러나 만일 자신이 가난에 시달리지 않았다면 굳이 자신의 가난한 삶을 이렇게 과장되게 묘사했을 필요는 없었을 것이다. 솥이 녹슬 지경으로 불을 땐 적이 없었다는 내용은, '보리밥', '풋나물'이 소박한 이미지로 그려지는 윤선도의 〈만흥〉과는 거리가 멀어 보인다. 오죽했으면 제목으로 '탄궁'을 내세웠겠는가?

그러면서도 결국 그는 궁핍에서 탈출하고자 하는 욕망이 헛된 것임을 알게 된다. 가난과 멀어지려고 해도 그것이 곧 하늘이 내린 자신의 '분'임을 다시 확인하면서 설움을 삼킨다. 궁핍이라는 현실 문제에 거리 두기를 시도하고 이를 통해 새로운 인식과 태도 전환을 도모함으로써, 자신의 신념을 강화하고 그 속에서 갈등과 욕망을 조정하려 했다고 볼 수 있다. 문제에 대한 인지적 전환과 그에 따른 자기 조정 및 치유가 이루어진 것이다(최홍원, 2012).

〈만흥〉의 가난과 〈탄궁가〉의 가난을 비교해보면 흥미로운 점이 나타난다. 두 작품에서 가난은 기본적으로 '분'이라는 명분으로 나타난다는 점에서 유사하다. 사대부로서 두 시인은 모두 '안빈=안분'이라는 등식으로 수용한다. 가난이 사대부의 이념적 동반자가 되는 셈이다. 그러나 결정적인 차이가 있다. 전자에서는 가난이 만족스럽고 조화로운 현실을 더 아름답게 미화하는 이념적 방편이다. 반면 〈탄궁가〉에서 가난은 화자의 삶을 억압하는 현실이면서 동시에 그 현실을 은폐하는 명분으로 작용한다. 안빈이라는 명분으로써 가난이라는 억압적 현실을 은폐하고, 그 현실에서 비롯되는 절망을 스스로 다스리고자 하는 것이다.

참고문헌

고정희(2004), 『고전시가와 문체의 시학—윤선도와 정철의 경우』, 월인.
권두환(1993), 「송강 정철 문학의 특질」, 『인문논총』 30, 서울대학교 인문과학연구소.
김석회(1987), 「윤선도의 자연관과 그 실현양상에 관한 한 고찰」, 『고산연구』 1, 고산연구회.
김석회(2003), 『조선후기 시가 연구』, 월인.
문영오(1999), 「〈산중신곡〉과 〈금쇄동기〉의 교융성」, 『국어국문학』 124, 국어국문학회.
이민홍(1985), 『사림파문학의 연구』, 형설출판사.
조하연(2016), 「〈산중신곡〉의 구조에 나타난 윤선도의 자의식」, 『고전문학과 교육』 31, 한국고전문학교육학회.
최상은(2003,) 「안빈과 탄궁, 이념과 현실의 거리」, 『한민족어문학』 43, 한민족어문학회.
최홍원(2012), 「자기 조정과 위안으로서의 〈탄궁가〉의 정서 읽기」, 『고전문학과 교육』 23, 한국고전문학교육학회.

평시조 12

어부사시사 漁父四時詞

지은이 윤선도(尹善道, 1587~1671) **출처** 『고산유고』

우ᄂᆞᆫ 거시 벅구기가 프른 거시 버들숩가
이어라 이어라
漁村어촌 두어 집이 ᄂᆡᆺ 속의 나락 들락
至匊悤지국총 至匊悤지국총 於思臥어ᄉᆞ와
말가ᄒᆞᆫ 기픈 소희 온간 고기 뛰노ᄂᆞ다 (춘사 4)

년닙희 밥 싸두고 반찬으란 쟝만 마라
닫 드러라 닫 드러라
靑蒻笠청약립은 써 잇노라 綠蓑衣녹사의 가져오냐
至匊悤지국총 至匊悤지국총 於思臥어ᄉᆞ와
無心무심ᄒᆞᆫ 白鷗백구ᄂᆞᆫ 내 좃ᄂᆞᆫ가 제 좃ᄂᆞᆫ가 (하사 2)

物外믈외예 조ᄒᆞᆫ 일이 漁父生涯어부 ᄉᆡᆼ애 아니러냐
ᄇᆡ 떠라 ᄇᆡ 떠라
漁翁어옹을 욷디 마라 그림마다 그렷더라
至匊悤지국총 至匊悤지국총 於思臥어ᄉᆞ와
四時ᄉᆞ시 興흥이 ᄒᆞᆫ가지나 秋江츄강이 은듬이라 (추사 1)

간밤의 눈 갠 後후에 景物경믈이 달랃고야
이어라 이어라

압희는 萬頃琉璃만경류리 뒤희는 千疊玉山천텹옥산

至匊悤지국총 至匊悤지국총 於思臥어ᄉᆞ와

仙界션계ㄴ가 佛界불계ㄴ가 人間인간이 아니로다 (동사 4)

맥락

어부 노래의 전통

『고산유고(孤山遺稿)』의 기록에 따르면, 〈어부사시사〉는 고산 윤선도가 65세 무렵에 보길도 부용동에 은거할 때 지은 연시조로 알려져 있다. 수려한 경관의 보길도에서 현실 정치의 혼탁함을 벗어던지고 자연의 아름다움과 풍류의 삶을 노래한 작품이다.

〈어부사시사〉 창작에는 이러한 윤선도의 개인적 배경 외에도, 어부가라는 특별한 관습과 전통이 자리 잡고 있다. 일찍이 이현보는 이전부터 전해지던 〈어부가〉를 9장으로 개작하였는데, 이를 윤선도가 다시 봄, 여름, 가을, 겨울의 사계로 각각 10수씩 총 40수의 작품으로 만든 것이다. 〈어부사시사〉의 창작 의도와 경위를 밝히고 있는 아래 발문은 이 노래가 어부가의 전통 속에서 만들어졌음을 자세히 전해준다.

동방에 예로부터 어부사(漁父詞)가 있었으니 누가 지은 것인지는 알 수 없고 옛 시를 모아 곡을 붙인 것이다. 읊조리면 강풍(江風)과 해우(海雨)가 입가에 일어 사람으로 하여금 표연히 세상을 떠나 홀로 설 뜻을 갖게 한다. 이런 까닭에 농암(聾巖) 선생이 좋아하기를 게을리 하지 않았으며 퇴계(退溪) 선생도 탄상(歎賞)하기를 그치지 않았다. 그러나 음향(音響)이 상응하지 않고 어의(語意)가 심히 갖추어지지 못했으니 대개 옛시를 모으는 데에 얽매인 탓이다. 그러므로 옹색해지는 결함이 있음을 면치 못한다. 내가 그 뜻을 덧붙이고 우리말을 사용하여 어부사(漁父詞)를 지었으니 사계절을 각 한 편으로 하고 한 편은 10장으로 했다. 나는 강조(腔調)와 음률(音律)에 대해서 진실로 감히 망령된 논의를 할 바가 못 되며, 창주오도(滄洲吾道)에 대해서는 더욱 감히 사사로운 견해를 덧붙일 바가 못 된다. 그러나 맑은 못과 넓

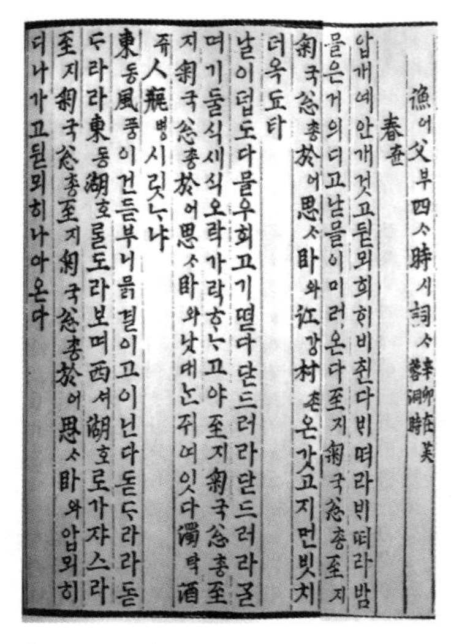

〈어부사시사〉 수록 부분 일부(『고산유고』)

은 호수에서 쪽배를 띄우고 마음껏 노닐 때 사람들로 하여금 함께 소리 내면서 서로 노 젓게 한다면 또한 한 가지 즐거운 일이 될 것이다. 또 뒷날의 창주일사(滄洲逸士)가 반드시 이 마음에 동참하여 영원토록 서로 느끼지 않을 수 없을 것이다. 신묘년 추구월 부용동조수(芙蓉洞釣叟)가 세연정(洗然亭) 낙기란(樂飢欄) 가의 배 위에서 써서 아이들에게 보이노라.

이러한 기록에서 첫째 〈어부사〉의 잘못되고 모자라는 부분을 고치겠다는 점, 둘째 강호에서 즐길 때 함께 노 저으며 부르게 하려 했다는 점, 셋째 훗날 창주(滄洲)의 일사들에게 감동을 주려 했다는 점을 볼 수 있다. 이처럼 〈어부사시사〉가 〈어부사〉의 영향을 받아 창작되었음은 알 수 있으나, 이때의 〈어부사〉가 고려 후기의 12장 노래인 〈어부가〉인지 이현보의 〈어부장가〉인지 명확히 밝히고 있지는 않다. 어떤 특정 작품의 모방이나 답습이라기보다는, 두 편의 〈어부가〉를 동일한 의미 지향으로 보고 〈어부가〉가 갖는 일반적인 의미 세계와 연행 관습을 창작의 모태로 삼았으리라 추정할 수 있다(김대행, 1991).

이후 〈어부사시사〉는 유기성을 가진 한 편의 작품에서 해체되어 각 장이 하나의 독립된 작품으로 연행되는 변화를 겪기도 한다. 『청구영언』, 『해동가요』, 『가곡원류』, 『병와가곡집(瓶窩歌曲集)』 등의 가집들은 〈어부사시사〉를 해체하여 각각의 장을 독립하여 수록하고 있는데, 여기서 전체의 유기성과 관계없이 각 장별로 연행된 전통을 보게 된다. 이때 종장의 노랫말이 일부 늘어나기도 한다.

쟁점

시조 형식의 확장인가, 다른 갈래인가

〈어부사시사〉는 다른 시조와는 달리, 각 연이 다섯 줄로 되어 있어 일찍부터 많은 관심을 받아 왔다. 둘째 줄과 넷째 줄은 조흥구로 이들을 제외하면 석

줄로 된 시조 형식과 흡사하지만, 자세히 들여다보면 일반적인 시조 형식과의 차이가 적지 않다. 특히 종장은 시조의 전형적인 형태에서 벗어난 모습을 보이고 있는데, 첫 마디가 평균 음절수에 비해 부족하기도 하고 감탄사나 감탄적 의미를 나타내는 어휘도 거의 등장하지 않는다. 두 번째 마디 또한 과음보로 실현되지 않아 초·중장의 형태를 그대로 반복하고 있는 모습이다.

이러한 이유로 인해 〈어부사시사〉를 시조가 아닌 다른 갈래로 보는 입장도 있다. 먼저 어부사류 자료의 계통과 역사적 궤적을 추적하여 〈어부사시사〉는 전래되어 오던 〈어부사〉를 우리말로 바꾸어 새로운 형태의 '어부사(漁父詞)'를 창조한 것으로 보기도 한다(윤영옥, 1982). 조선의 사대부들이 즐겨 향유하였던 어부사의 전통을 되살린 것으로 보는 것이다. 이처럼 어부사라는 독립된 작품군으로 보는 입장은 어부사에 영향을 받아 창작되었다는 배경 기록과, 텍스트에서 확인되는 어부사류 작품들의 여러 흔적을 근거로 하고 있다.

반면, 〈어부사시사〉는 시조 40수가 아니라 한 제목 아래 모여 있는 네 편의 가사로 보아야 한다는 주장도 제기되었다(김대행, 1987). 이러한 입장은 여음을 임의로 제외하고 나머지 부분만으로 시조로 규정하는 것에 대한 회의에서 출발한다. 특히 〈어부사시사〉의 바탕이 되는 〈어부가〉가 가사로 불렸을 가능성을 염두에 둔다면, 춘하추동 각 편 10장이 가사의 반복적인 선율 속에서 생성되고 즐겨졌을 것으로 추정할 수 있다.

이와 달리, 여음을 제외하고 나머지 실사 부분이 시조의 형식과 흡사하며, 특히 종장이 네 토막의 형식을 취하고 있다는 점에서 '광의의 시조'로 규정하기도 한다(조동일, 2005). 이처럼 〈어부사시사〉를 시조로 보더라도 시조의 일반적인 형태로부터 벗어난 까닭과 그것이 주는 효과를 밝히는 것이 과제가 된다.

〈어부사시사〉의 종장 형태가 초·중장과 유사한 형태를 지니는 것을 두고, 이를 연시조로서 연속적인 구조를 지니게 만드는 장치로 설명하기도 한다(김흥규, 1979). 일반적인 종장 형태가 시상을 '전환'하고 '완결'하는 구조적 장치로 작용하는 만큼, 40수에 이르는 연시조에서는 매 연의 종장들이 이러한 폐쇄와 완결을 가져오는 것을 막고 한 편의 작품으로서 시상과 호흡의 연속성을 유지해나가는 것이 필요하다. 따라서 〈어부사시사〉 종장이 초·중장과 같은 형태를 지니는 것은 한 편의 유장한 연시조를 이루기 위해 의도적으로 설계한 결과일 수 있다. 1연에서 39연까지는 일반적인 종장 형태에서 벗어나 있으면서도, 작품 전체를 종결하는 마지막 40연의 종장 "雪月(셜월)이 西峰(셔봉)의 넘도록 松窓(숑창)을 비겨 잇쟈"에서는 일반적인 종장 형태를 취하고 있는 사실도 이를 뒷받침한다.

특히 조선 후기 가집에는 40개의 연들이 하나의 연시조에서 해체되어 개별 작품 차원으로 수록되어 있다. 이때 종장의 형태는 본래의 모습과 달리 평시조 일반의 모습으로 변형되어 있다. 이는 전체 40수를 하나의 작품으로 즐길 때는 열려 있던 종장의 형태가 한 수 한 수를 개별적으로 향유하는 맥락에서는 일반적인 시조의 종결형에 맞게 변형된 것으로 설명할 수 있다(김흥규, 1979).

꼼꼼히 읽기

질서정연함의 미학

윤선도가 서문에서 밝힌 바와 같이, 〈어부사시사〉는 속세를 버리고 홀로 지내는 '창주일사'의 삶을 표방하고 있는 작품이다. 이러한 내용을 시조로서는 매우 방대한 분량인 40수로 담아내고 있다. 그런데 이러한 40수가 나열되는 데 그치지 않고, 긴밀한 유기성 속에서 질서정연하게 펼쳐지고 있는 것이 특징적이다. 연 내부에서, 각 연과 연 사이에서, 그리고 작품 전체의 유기적 질서 속에서 강호의 아름다움이 어떻게 담겨 있는지를 살펴보자.

먼저 각 연의 내부를 들여다보면, 곳곳에 짝을 이루어 표현하는 대우적(對偶的) 구조를 만나볼 수 있다. 이들은 단순히 형태상의 짝 맞추기 차원을 넘어서서 의미의 율격을 형성하는 중요한 장치로 작동하고 있다(김대행, 1987). 춘사 4연에서는 '우는 것'과 '푸른 것', 그리고 '벅구기'와 '버들숲'이 서로 대를 이루고 있는데, 이들은 청각과 시각, 그리고 동물과 식물의 대조를 바탕으로 하고 있다. 이들이 합쳐져 "우는 거시 벅구기가"와 "프른 거시 버들숩가"와 같이 서로 대조·대립되는 시상을 맞세우는 대우적인 구조가 완성되고, 이로써 봄을 맞이한 강호의 아름다움이 포괄적으로 그려진다. 이러한 모습은 작품 곳곳에 등장하는바, 춘사의 다른 연으로 확장하면 다음과 같은 모습도 볼 수 있다.

> 압개예 안개 것고 뒫 뫼희 ᄒᆡ 비췬다
> ᄇᆡ 떠라 ᄇᆡ 떠라
> 밤믈은 거의 디고 낟믈이 미러 온다
> 지국총(至匊悤) 지국총(至匊悤) 어ᄉᆞ와(於思臥)
> 강촌(江村) 온갓 고지 먼 빗치 더옥 됴타 (춘사 1)

> 동풍(東風)이 건듣 부니 믉결이 고이 닌다
> 돋 ᄃᆞ라라 돋 ᄃᆞ라라
> 동호(東湖)를 도라보며 셔호(西湖)로 가쟈스라
> 지국총(至匊悤) 지국총(至匊悤) 어ᄉᆞ와(於思臥)
> 압 뫼히 디나가고 뒫 뫼히 나아온다 (춘사 3)

춘사 1에서는 "압개예 안개 것고"와 "뒫 뫼희 ᄒᆡ 비췬다", 그리고 "밤믈은 거의 디고"와 "낟믈이 미러 온다"가 서로 대를 이루고 있다. 춘사 3에서 "동풍이 건듣 부니"와 "믉결이 고이 닌다", "동호를 도라보며"와 "셔호로 가쟈스라", "압 뫼히 디나가고"와 "뒫 뫼히 나아온다" 등도 마찬가지이다. 자연물의 미적 정경을 감각적으로 포착하고 짝을 맞추어 핍진하게 드러내고 있는 것이다. 이러한 짝 맞추기는 대상 간의 기계적 대응을 넘어, 강호의 공간과 시간의 변화, 그리고 움직임을 서로 맞물어 구조화하는 장치가 되고 있다.

〈어부사시사〉의 유기적 질서는 작품의 전체 구조로 확장할 때 더욱 분명히 드러난다. 이 작품은 춘, 하, 추, 동 사계절을 네 개의 편으로 두고 각 편을 10수씩 구성하여 총 40수로 편성하고 있다. 이때 네 개의 편은 사계절의 아름다움을 드러내는 한편, 4일간의 시간으로도 읽힌다는 점이 이 작품의 또 다른 매력이다. 춘, 하, 추, 동에 해당하는 각 편의 10수가 아침[旦], 낮[晝], 저녁[夕], 밤[夜]과 같이 하루의 시간순으로 펼쳐지고 있기 때문이다. 일반적으로 사시(四時)라 하면 일 년의 네 계절인 봄, 여름, 가을, 겨울을 의미하지만, 이 작품에서는 여기에 그치지 않고 하루의 네 때인 아침, 낮, 저녁, 밤으로도 구성함으로써 계절의 단위와 더불어 하루의 시간 단위가 함께 담기는 치밀한 구성을 보이고 있다(김신중, 1997). 춘사의 경우를 예로 들면 다음과 같다.

춘사 1	압개예 안개 것고 뒫 뫼희 ᄒᆡ 비췬다	아침
춘사 5	고은 볃티 쬐얀ᄂᆞᆫᄃᆡ 믉결이 기름 ᄀᆞᆺ다	낮
춘사 6	셕양(夕陽)이 빗겨시니 그만ᄒᆞ야 도라가쟈	저녁
춘사 10	ᄅᆡ일(來日)이 또 업스랴 봄밤이 몃덛 새리	밤

안개가 걷히고 뒷산에 해가 비추기 시작하는 아침의 시간이(춘사 1) 볕이 내리쬐는 한낮으로 이어진다(춘사 5). 그리고 '석양'의 저녁을 거쳐(춘사 6) 마침내 '봄밤'에 이른다(춘사 10). 이처럼 춘사 전체가 아침에서 밤까지 순차적으로 펼쳐지는 치밀한 구성을 보인다. 봄날 아침 육지를 출발해 한낮을 바다에서 지내고(춘사 1~5) 저녁에 돌아와 밤을 맞는(춘사 6~10) 과정이 하루의 사시순으로 전개되고 있는 것이다.

이렇게 본다면, 춘사 10개의 연을 각각 전반부 5개와 후반부 5개로 나누는 것도 가능하다. 전반부가 시간적으로 낮을 노래한다면, 후반부는 밤을 노래한다. 한편, 아침과 낮은 '나아감[進]'에 대응하고 저녁과 밤은 '물러남[退]'에 해당한다. 이렇게 본다면 각 편은 1~5연과 6~10연이 서로 대응하는 유기적인 질서를 지닌다.

공간과 움직임에서도 유기적 질서를 만나볼 수 있다. 〈어부사시사〉의 조흥구는 단순히 음악적 기능에 머무르지 않고 공간적 질서와 정연한 짜임을 부여하고 있다. 초장과 중장 사이에 등장하는 조흥구는 각 연마다 배의 움직임에 따른 공간의 변화를 포착하여 드러낸다.

"닫 드러라 닫 드러라"(하사 2), "ᄇᆡ 떠라 ᄇᆡ 떠라"(추사 1)는 출항의 모습을 보여주고, "이어라 이어라"(춘사 4, 동사 4)를 통해 배가 운항하는 모습이 그려진다. 그 밖에도 "돋 디여라 돋 디여라"는 귀항하는 모습을, 마지막 장에서는 "ᄇᆡ 브텨라 ᄇᆡ 브텨라"로 정박하는 순간을 나타내고 있다. 이처럼 'ᄇᆡ 떠라-닫 드러라-돋 ᄃᆞ라라-이어라-이어라-돋 디여라-빅 셰여라-빅 ᄆᆡ여라-닫 디여라-빅 브텨라'와 같이 순차적으로 연결되는 조흥구들은 배의 움직임과 이를 위한 어부의 행동을 가리키지만, 배가 떠날 준비부터 배를 세워두는 데까지 육지-바다-육지에 이르는 공간적 노정도 드러낸다. 이로써 강호의 공간은 배의 움직임과 맞물리게 되어 그 아름다움이 포괄적으로 펼쳐진다.

이러한 움직임은 분위기의 차이로도 이어진다. 전반부가 출항을 통해 나아감과 일렁임의 동적 이미지로 충만해 있다면, 후반부는 귀항으로 인한 물러남과 침잠의 정적 이미지로 가득 차 있다. 이에 따라 전반부는 희망찬 물의 세계를, 후반부는 고요한 뭍의 세계를 나타내며 각각을 외부 지향과 자신의 내면을 향한 성찰로 구분하기도 한다(김대행, 1987).

	시간	공간	주체의 움직임	배의 움직임	시선
전반부	아침, 낮	희망찬 물의 세계	進(나아감)	출항, 운항	외부 지향
후반부	저녁, 밤	고요한 뭍의 세계	退(물러감)	귀항, 정박	내면 지향

이처럼 강호의 아름다움을 40수에 이르는 방대한 분량으로 그려내면서도 질서 정연함을 잃지 않은 것은, 〈어부사시사〉가 꼼꼼한 유기적 질서 속에서 완결된 구조를 갖고 있기 때문이다. 오늘날 윤선도를 두고서 "논리와 질서의식의 시인"(김진영 외, 2012)으로 일컫는 이유가 바로 여기에 있다.

엮어 읽기

어부, 사대부들이 꿈꾸는 이상적인 삶

〈어부사시사〉는 제목 그대로 어부의 사시 생활을 노래한 작품이다. 여기서 어부는 생계를 위해 고기잡이를 하는 진짜 어부가 아니라, 강호자연을 즐기는 사대부 계층을 가리킨다. 세속을 떠나 강호를 배경으로 하는 처사류의 인간을 가리킨다는 점에서 '실어옹(實漁翁)'과 구별하여 '가어옹(假漁翁)'이라 부르기도 한다.

어부가류 노래에 등장하는 어부는 사대부의 이상과 소망이 투영되어 문학적으로 형상화된 존재이다. 실제 어부와는 다른, 새로운 존재와 세계로 탈바꿈한 것이다. 이처럼 어부를 빌려 강호에 노니는 모습을 꿈꾸고 노래하는 것은 전국시대 『초사(楚辭)』에 실린 굴원의 〈어부(漁父)〉 이래로 하나의 문화적 전통이 되어 왔다. 이러한 전통 속에서 『악장가사』에 실려 있는 12장짜리 〈어부가〉(원어부가)를 비롯하여 이현보의 〈어부가〉 9장, 〈어부단가〉 5장, 윤선도의 〈어부사시사〉, 이중경의 〈오대어부가〉, 이형상의 〈창부사〉, 이한진의 〈속어부사〉, 12가사 〈어부사〉 등 수많은 작품이 만들어지기도 했다. 이 가운데 이현보의 〈어부단가〉를 살펴보자.

이 듕에 시름 업스니 어부(漁父)의 생애(生涯)이로다
일엽편주(一葉扁舟)를 만경파(萬頃波)에 ᄢᅴ워 두고
인세(人世)를 다 니젯거니 날 가ᄂᆞᆫ 줄ᄅᆞᆯ 안가

구버ᄂᆞᆫ 천심녹수(千尋綠水) 도라보니 만첩청산(萬疊青山)
십장홍진(十丈紅塵)이 언매나 ᄀᆞ롓ᄂᆞᆫ고
강호(江湖)애 월백(月白)ᄒᆞ거든 더옥 무심(無心) ᄒᆞ예라

청하(青荷)애 바ᄇᆞᆯ ᄡᆞ고 녹류(綠柳)에 고기 ᄢᅦ여
노적화총(蘆荻花叢)애 ᄇᆡ ᄆᆡ야 두고
일반청의미(一般淸意味)를 어ᄂᆡ 부니 아ᄅᆞ실고

산두(山頭)에 한운(閒雲)이 기(起)ᄒᆞ고 수중(水中)에 백구(白鷗)이 비(飛)이라
무심(無心)코 다정(多情)ᄒᆞ니 이 두 거시로다
일생(一生)애 시르믈 닛고 너를 조차 노로리라

장안(長安)을 도라보니 북궐(北闕)이 천리(千里)로다
어주(漁舟)에 누어신ᄃᆞᆯ 니즌 스치 이시랴
두어라 내 시름 안니라 제세현(濟世賢)이 업스랴

속세를 떠나 고기잡이하며 자연과 동화된 어옹의 삶이 그려져 있다. 여기서 어부의 삶은 강호에서 유유자적하는 삶을 추구했던 당시 사대부들의 이상을 나타낸다. 속세를 떠나 자연과 동화되는 어옹의 삶은 강호한정을 대표하면서 사대부의 정신세계를 구축하는 이념적 표상이 되어 왔다.

그런데 이러한 어부의 모습 이면에는 혼란한 정치 현실이 자리 잡고 있다. 사림파가 정계로 진출하면서 정치적 갈등과 쟁투가 치열하게 벌어지고, 사대부들은 왕도정치의 구현이라는 정치적 이상이 좌절되는 상황을 겪게 된다. 이렇듯 혼탁한 정치 현실에서 벗어나려는 욕구가 강호의 공간을 불러오게 만들었다. 이러한 배경으로 인해 〈어부단가〉에서도 '천심(千尋)', '만첩(萬疊)'과 같은 깊고 깊은 녹수와 청산을 동원하여 '십장(十丈)'의 정치현실을 가리려 했던 것이다. 그러면서도 '인세(人世)'나 '장안(長安)'과 같은 정치 현실이 튀어나오는 것은 정치 현실과 완전히 단절되지 못했기 때문이다.

이처럼 정치 현실과 대비되는 공간으로 강호가 설정되면서 정작 어부의 모습이나 배의 움직임 등은 구체적으로 드러나지 않는다. 정적인 이미지 속에서 혼탁한 정치 현실과 청정한 강호의 대립 구도가 강조될 뿐, 강호의 아름다움이 불러일으키는 흥취가 생생하게 그려지지도 않는다. 이러한 모습은 어부가류 작품이 노래하는 물외한적의 어부 생활이 대부분 동경에 그친 채 실제 삶으로 이어지지 못했고, 연회의 자리에서 노래로만 불렸던 사정과도 연결된다.

그런데 보길도의 빼어난 경관 속에서 실제로 유유자적한 삶을 경험했던 윤선도의 작품은 이와 다르다. 비록 정치적인 이유로 귀거래를 했을지언정 윤선도는 강호의 삶을 충분히 누렸다. 이러한 실제 체험이 있었기에 〈어부사시사〉에서는 자연이나 행동을 매우 구체적이고 생생하게 표현할 수 있었다(김흥규, 1992). 예컨대 "고은 볃티 쬐얀ᄂᆞᆫᄃᆡ 믉결이 기름 ᄀᆞᆮ다"(춘사 5)와 같이 청명한 봄

전남 완도군 보길도에 있는 세연정

별 아래 잔잔히 펼쳐진 물결이 아름답게 묘사되고 있다. 어부의 역동적인 몸짓과 배의 활기찬 움직임뿐만 아니라, 강호의 빼어난 아름다움이 작품 곳곳에 넘쳐난다. 작품 속에 무려 아홉 차례나 등장하는 흥은 이러한 고양된 기쁨과 충족감을 단적으로 나타내는 표지이다.

문학 속 어부의 삶이 실제 현실의 모습일 수는 없다. 그렇다고 이들 노래가 그리는 세계가 현실과 완전히 유리된 신기루에 불과한 것은 아니다. 발 딛고 서 있는 현재의 공간은 언제나 홍진(紅塵), 부세(浮世)와 같이 부정적인 곳이 되고, 그럴 때마다 이와 단절된 이상적 공간을 희구하는 것은 인간의 본성이자 욕망이다. 강호 속 어부는 바로 이러한 본성과 욕망이 만들어낸 하나의 관습적 형상이라 할 수 있다. 그런데 이러한 삶을 실현하기는 어렵기 때문에, 인간은 문학을 통해 현실과는 다른 세계를 꿈꾸어 왔다. 문학 속 어부의 삶에서 현실의 삶과는 다른 무욕의 삶을 꿈꾸고 경험하는 것이다. 부정적인 현실에서 벗어나 어부의 이상적인 삶을 꿈꾸는 일은, 문학이 존재하고 문학을 향유하는 하나의 이유가 된다.

참고문헌

고정희(2001), 「정철 윤선도의 문체시학적 연구」, 서울대학교 박사학위논문.
김대행(1986), 『시조유형론』, 이화여자대학교출판부.
김대행(1987), 「〈어부사시사〉의 외연과 내포」, 『고산연구』 1, 고산연구회.
김대행(1991), 『시가시학연구』, 이화여자대학교출판부.
김석회(2011), 「〈어부사시사〉의 흥과 서정적 특질」, 『국어교육』 134, 한국어교육학회.
김신중(1997), 「〈어부사시사〉의 공간과 시간」, 『국어국문학연구』 19, 원광대학교 국어국문학과.
김흥규(1979), 「〈어부사시사〉의 종장과 그 변이형」, 『민족문화연구』 14, 고려대학교 민족문화연구소.
김흥규(1984), 「강호자연과 정치현실」, 김학성 · 권두환 편, 『고전시가론』, 새문사.
김흥규(1992), 「〈어부사시사〉에서의 흥의 성격」, 백영정병욱선생10주기추모논문집간행위원회 편, 『한국고전시가작품론 2』, 집문당.
성기옥(1987), 「고산 시가에 나타난 자연인식의 기본 틀」, 『고산연구』 1, 고산연구회.
윤영옥(1982), 「어부사 연구」, 『민족문화논총』 2 · 3, 영남대학교 민족문화연구소.
이형대(2002), 『한국 고전시가와 인물형상의 동아시아적 변전』, 소명출판.
정운채(1995), 『윤선도』, 건국대학교출판부.
최진원(1977), 『국문학과 자연』, 성균관대학교출판부.

평시조 13

서검을 못 일우고

지은이 김천택(金天澤, ?~?) **출처** 『해동가요』(주씨본)

書劍서검을 못 일우고 쓸 ᄯᅵ 업슨 몸이 되야
五十오십 春光춘광을 ᄒᆡ옴 업씨 지ᄂᆡ연져
두어라 언의 곳 靑山청산이야 날 ᄭᅴᆯ 쭐이 잇시랴

맥락과 쟁점

가객 김천택에 대한 상반된 시선

이 시조는 조선 후기 가객 김천택의 작품으로 알려져 있다. 김천택은 70여 수의 시조를 남겼는데, 이 작품은 『해동가요』(주씨본)를 비롯하여 6종의 가집에 수록되어 있다. 김천택에 대해 자세히 알려진 바는 없으나, 숙종 무렵 포교(捕校) 출신이며 가객으로 활동했다는 기록이 전해진다. "성률이 뛰어날 뿐만 아니라 문예에도 밝다"는 『청구영언』의 기록에서 그의 음악적·문학적 재능을 짐작할 수 있다.

그런데 김천택에 대한 평가는 상반되어 나타난다. 양반 의식을 견지한 상층 지향의 인물이라는 평가가 있는가 하면, 신분적 한계로 인한 갈등과 번민으로 불우한 삶을 영위한 여항인이라는 평가도 있다. 그의 작품에 대해서도 사대부의 세계와 유사한 것으로 평가하기도 하고(최동원, 1980; 김학성, 1987), 전문가객으로서의 개성과 예술적 성취를 보여주었다는 평가도 있다(박노준, 1998; 허영진, 2015). 이렇듯 상반된 인식과 평가는 작품을 바라보는 시선의 차이에서 비롯된 것이지만, 그의 작품이 다양한 세계를 담고 있는 데서도 그 까닭을 찾을 수 있다. 실제로 김천택의 작품 중에는 사대부층을 답습한 것에 가까운 작품도 있고, 개성과 예술적 성취를 보여주는 것도 있다.

꼼꼼히 읽기

가객이 꿈꾸는 청산

이 시조는 서검(書劍)을 못 이루고 쓸데없는 몸이 되었다는 말로 시작한다. 자신의 삶을 되돌아보면서 문무에서 이룬 것이 없이 오십의 삶을 헛되이 보냈다는 자조적인 목소리가 이어진다. 자신의 꿈을 이루지 못한 회한과 아쉬움이 물씬 묻어난다. 종장에 이르러서는 이러한 회한과 아쉬움 속에서 청산(靑山)으로 대표되는 자연을 찾아나서려 한다. 홍진(紅塵)을 멀리하고 강호가도를 노래했던 사대부들의 보편적인 의식이나 태도와 크게 다르지 않아 보인다. 이쯤 되면 자연을 갈망하고 노래했던 시조로 이해될 수 있다.

그런데 문제는 청산만이 나를 꺼리지 않는다는 진술에 있다. 이 말은 지금 발딛고 서 있는 현실 공간이 자신을 내치고 있다는 의미일 수 있다. 그렇다면 청산을 찾는 것은 곧, 현실 세계의 제약 속에서 스스로 위안을 구할 수 있는 새로운 길을 모색한다는 의미를 갖는다(박노준, 1998). 왜 현실이 화자를 내쳤으며, 그래서 새로운 곳을 찾아 나서야 했을까? 이러한 물음에 대한 답은 작자 김천택이 중인의 신분이었고, 이로 인해 제약과 차별을 겪어야 했다는 데서 찾을 수 있다.

이제 당시 가객이 처했던 상황과 그의 심정을 통해 이 작품의 세계를 다시 읽어보자. 초장에서 쓸데없는 몸이 되었다는 것도 단순히 겸양의 표현이 아니라, "현실 세계에서 용납되지 못하는 신분적 한계에 대한 인식"(김진영 외, 2012)을 드러내는 표현이다. 이때의 서검 역시 조선 후기 중인들의 작품에서 능력과 이상은 갖추었지만 신분의 한계로 인해 이를 제대로 펴보지 못하는 좌절과 탄식의 순간에 보편적으로 등장하는 소재로 알려져 있다(박노준, 1998). 서(書)와 검(劍), 즉 문(文)과 무(武) 어느 쪽으로도 능력을 제대로 펴보지 못한 것에 대한 작자의 한탄이 작품 곳곳에 스며 있는 것이다.

그런데 이 시조의 의의는 이러한 좌절, 탄식, 회한에 함몰되지 않고 새로운 세계로 나아간다는 데에 있다. 종장의 첫 마디, '두어라'는 초·중장의 언급에 대해 분명한 거리를 두면서 새로운 세계로의 전환을 이끄는 데 핵심적인 기능을 한다. 이때 선택된 공간인 청산은 사대부들이 관념적으로 내뱉는 자연과는 차이가 있다. 가객이 노래한 시조에서 자연은 현실에서의 좌절에 따른 도피처로서의 성격을 갖고 있다(성호경, 2014). 실제로 자연 속에 기거하면서 감흥을 느끼는 곳이라기보다는, 신분 차별의 현실을 대체하고자 어쩔 수 없이 선택한 공간에 가깝다. 신분적 제약으로 말미암아 자신들의 이상을 제대로 펼칠 수 없는 처지와 감정이 이 같은 공간을 꿈꾸게 만든 것이다. 이렇게 본다면 이 시조는 이상을 꿈꾸되 실현할 수 없는 현실에서 생기는 '불평지기(不平之氣)'를 토해내면서, 자신을 받아주지 않는 현실의 벽을 넘어서 또 다른 공간인 자연을 꿈꾸는 작품이라 할 수 있다.

엮어 읽기

가객 노래, 청중을 만족시켜라

〈서검을 못 일우고〉에서는 뛰어난 재능에도 불구하고 신분의 제약으로 경세의 뜻을 제대로 펼 수 없었던 가객들의 심정을 읽을 수 있다. 가객은 당시 중간층 지식인으로 사대부 계층과는 구별되는 처지였던 만큼, 신분적 한계에서 오는 회한의 노래를 자주 만들고 불렀다. 불편한 심기와 억눌린 감정, 그에 따른 울분, 좌절과 고뇌 등 마음 깊이 맺혀있는 말을 털어놓는 데서 가객 시조의 개성이 잘 드러난다(조동일, 1994).

그러나 모든 가객시조가 신분의 한계와 그에 따른 회한을 노래했던 것은 아니다. 주제나 제재, 추구하는 삶의 가치 면에서 사대부의 시조와 유사한 경향을 보이는 노래들도 많이 발견된다.

> 전원(田園)에 나믄 흥(興)을 전 나귀에 모도 싯고
> 계산(溪山) 니근 길로 흥치며 도라와셔
> 아희야 금서(琴書)를 다스려라 나믄 히를 보내리라

이 시조 역시 김천택의 작품으로 알려져 있지만, 특별히 중인 가객이기에 겪어야 했던 신분적 제약이나 현실적 갈등을 찾아보기는 어렵다. 긴장이나 갈등 대신 조화로운 삶에서의 한가로움만이 작품 전체에 녹아 있을 뿐이다. 전원생활이 주는 흥겨움과 만족감을 보건대, 사대부의 취향과 그리 멀어 보이지 않는다.

가객의 노래에서 나타나는 사대부 시조와의 유사성은 조선 후기 문화 담당층으로서 중인 가객의 등장 및 그들의 문화적 보상 욕구와 관련 깊다. 조선 후기에 도시 기반 문화가 성장하고 다양한 시정 문화가 출현하면서 중인 계층이 새로운 문화 담당층으로 부상한다. 사대부에 비해 신분과 사회적 처우가 열악한 처지에 놓여 있었지만, 예술적 능력을 바탕으로 문화 활동에 적극적으로 뛰어들어 사대부 문화를 모방함으로써 신분적 차이와 제약을 보상받으려 했던 것이다. 사대부 취향의 주제나 소재를 다룬 시조 작품이 다수 생산된 까닭이 여기에 있다. 한 예로 앞서 인용한 김천택의 〈전원에 나믄 흥을〉에서 자연을 즐기고 거문고와 책으로 흥을 더하는 것도 사대부의 문화적 취향을 모방하고 추구했던 모습을 드러내는 장면이라 할 수 있다.

한편으로 당시 가객들이 사대부나 부호가의 대소 연회에 초청되어 시조를 연창했었기 때문에 노랫말에 이들 관객의 요구와 관심사가 반영될 수밖에 없었던 사정도 있다. '성은을 갚겠다'는 가사와 같이 가객의 상황과 처지에 맞지 않은 노랫말이 다수 들어있는 것도 이러한 사정에서 연유한다. 한 예로 19세기의 대표적인 가객이었던 안민영(安玟英)은 왕실을 송축하는 내용의 시조 작품을 46수나 창작했는데, 이들은 안민영 자신의 표현 욕구에 따른 것이라기보다는 왕실이라는 고객을 위해 만들어진 것으로 볼 수 있다(이동연, 2000). 당시 왕실은 가객들의 고객이자 경제적 후원자였던 만큼, 이들을 위한 노래에 이들의 취향과 의식을 고려하고 반영하는 것은 당연했던 일이다. 이렇게 본다면 가객의 노래에 사대부의 취향이 많이 나타나는 것은 음악 수요자이자 후원자였던 사대부와의 관계에 따른 결과라 할 수 있다.

이처럼 노랫말에는 작자의 의식뿐만 아니라 수용자의 의식 또한 관여한다. 관객, 청중을 고려한 이러한 노랫말은 오늘날 상업성이 강조되는 대중가요에서 두드러지게 나타난다. 다음은 '서태지와 아이들'이 불렀던 대중가요 〈교실 이데아〉(서태지 작사·작곡)의 한 부분으로, 노래 가사를 보면 당시 억압적인 학교 교육과 입시 제도를 고발하는 내용으로 채워져 있다.

매일 아침 일곱 시 삼십 분까지 우릴 조그만 교실로 몰아넣고
전국 구백만의 아이들의 머릿속에 모두 똑같은 것만 집어넣고 있어
막힌 꽉 막힌 사방이 막힌 널 그리고 우릴 덥석 모두를 먹어 삼킨
이 시꺼먼 교실에서만 내 젊음을 보내기는 너무 아까워
좀 더 비싼 너로 만들어 주겠어 네 옆에 앉아 있는 그 애보다 더
하나씩 머리를 밟고 올라서도록 해 좀 더 잘난 네가 될 수가 있어

입시 경쟁에 내몰린 학생들의 내면 이야기를 담아냄으로써 중·고등학생들의 열광과 환호를 끌어낼 수 있었다. 음악의 새로운 소비층이었던 청소년들의 요구와 갈망을 정확하게 파악하고 이를 노랫말로 표현한 사례라 할 수 있다.

오늘날 연예기획사의 주된 활동 중의 하나가 문화의 흐름과 경향을 파악하고 수요를 분석하여 새로운 요구에 부합하는 콘텐츠를 창출하는 일이라 한다면, 당시 음악의 주된 고객이었던 사대부의 취향과 요구에 부합하려 했던 가객 또한 연예기획사와 그리 달라 보이지 않는다. 실제로 가객들이 가단(歌壇)을 형성하여 새로운 악곡이나 창법을 개발하고 가집을 수집, 편찬하며 가객을 양성했던 일은 연예기획사의 일과도 닮아 보인다. 가객의 시조를 통해 문학에서 수용자가 어떠한 역할을 하며, 얼마나 중요한지를 다시금 생각하게 된다.

참고문헌

김학성(1987),『국문학의 탐구』, 성균관대학교출판부.
김용찬(2007),『조선 후기 시조문학의 지평』, 월인.
김진영 외(2012),『한국시조감상』, 보고사.
박노준(1998),「김천택과 위항인적 삶의 갈등」,『조선후기 시가의 현실 인식』, 고려대학교 민족문화연구원.
성호경(2014),『시조문학』, 서강대학교출판부.
이동연(2000),『19세기 시조예술론』, 월인.
이태극(1970),「남파 시조의 내용고」,『국어국문학』 49·50, 국어국문학회.
최동원(1980),『고시조론』, 삼영사.
허영진(2015),「김천택 작품의 전승 양상과 수용 방식」,『국제어문』 67, 국제어문학회.

VI

사설시조

사설시조

사설시조(辭說時調)는 장시조(長時調) 또는 장형시조(長形時調)라고도 한다. 정형시인 평시조의 틀을 벗어나 두 구 이상에서 자수(字數)가 대폭 늘어난 시조를 가리킨다. 대체로 세 개의 장 중에서 초장과 종장은 비교적 평시조에 가까운 데 비해 중장이 장형화되어 있는 것이 일반적이다. 일각에서는 평시조보다는 길고 사설시조보다는 짧은 엇시조를 시조의 또 다른 형식으로 분류하기도 하지만, 평시조의 정형성을 벗어난 시조 일체를 사설시조로 통칭하기도 한다. 사설시조는 음악적인 갈래 명칭으로서, 본래는 편시조(編時調)·엮음시조(--時調)라고 이르던 것이었다. 가곡은 원래 느리고 유장하게 부르다가 빠르고 촘촘하게 부르는 것으로 변천해 왔는데, 사설시조는 장황하다 할 정도의 사설을 음악적인 선율에 얹혀 부르는 가곡창의 일종이다.

사설시조는 임병양란 이후에 나타나기 시작하여 영·정조 시대를 거치면서 이른바 산문 정신의 발흥으로 주로 부녀자, 기생, 상인 등을 비롯한 서민 및 민중 사이에서 향유된 것으로 알려져 왔다. 정형시의 엄격한 형식에 구애받지 않고 자유로운 진술을 구사하였을 뿐만 아니라, 내용적인 면에서도 애정, 성욕, 재담, 음담, 욕설, 노동 등 일상적인 생활에서 상황이나 장면을 선택하는 등 사대부들에 의해 향유된 평시조와 구별되는 작품 세계를 보여준다는 것이다.

그러나 사설시조 중에서는 강호자연 속의 삶을 추구하거나 유교적인 이념을 옹호하는 주제의식, 사대부들이 공유하는 표현, 고답적이고 전아한 한문 투의 문체 등의 측면에서 평시조와 다름없는 작품들도 매우 많다. 진술 방식 또한 비교적 자유롭긴 하지만 나름의 율격을 따르고 있어서 산문이 아닌 율문으로서의 자격을 충분히 지니고 있다. 심지어 사대부 작가가 지은 것으로 명시된 작품도 많다. 따라서 사설시조 또한 서민들이 아니라 사대부들 혹은 문식성을 충분히 갖춘 중인들에 의해 향유되었을 것으로 보는 견해가 설득력을 가지게 되었다.

사설시조의 향유층에 대한 논란이 지속되는 것은 그만큼 사설시조의 작품 세계가 지닌 미적 스펙트럼이 넓기 때문이다. 사설시조 중에서는 평시조에서 쉽게 볼 수 있는 우아미나 숭고미를 온전히 구현하고 있는 작품도 상당하다. 그러나 평시조와 대별할 때 사설시조의 가장 두드러진 특징은 평시조에서 볼 수 없었던 골계미를 구현한 경우가 많다는 점이다. 현실의 모순에 대한 날카로운 비판, 유교적 관념을 추락시키는 풍자, 고달픈 생활이나 애정의 파탄에 대한 해학 등이 이에 해당한다. 문학사적인 맥락에서는 사설시조의 이러한 경향이 주요한 가치로 부각되었다.

분명한 것은 사설시조가 인간 삶의 다양한 면모를 보여주고 있다는 점이다. 종래의 관념적이고 고답적인 미의식에서 탈피하여 인간이라면 누구나 가질 수 있는 다양한 갈등 상황과 세속적인 삶의 모습을 발랄하고도 진솔하게 드러내는 경향 속에서 인간을 위한 문학의 진로를 개척했던 것이다. 그것이 상류층 양반에 의해 주도되었건 아니면 새롭게 부상한 중인에 의해 주도되었건 간에, 통시적으로는 고려속요에서 보이고 계층적으로는 민요에서 보이는 인간의 보편적인 욕망을 포함한 삶의 모습을 사설시조는 고스란히 형상화하고 있다.

사설시조 01

창 내고쟈 창을 내고쟈

지은이 미상 **출처** 『청구영언』(진본)

窓창 내고쟈 窓창을 내고쟈 이내 가슴에 窓창 내고쟈

고모장지 셰살장지 들장지 열장지 암돌져귀 수돌져귀 ᄇᆡ목걸새 크나큰 쟝도리로 ᄯᅮᆼᄯᅡᆨ 바가 이내 가슴에 窓창 내고쟈

잇다감 하 답답ᄒᆞᆯ 제면 여다져 볼가 ᄒᆞ노라

맥락

‘벽 노래’와 짝이 되는 ‘창 노래’

『악학습령(樂學拾零)』과 『청구영언』(진본) 등에 실려 전하는 이 노래는 ‘창 노래’로 지칭된 바 있는데(조동일, 1983), 다음의 ‘벽 노래’와 짝을 이룬다.

> 한슴아 셰한슴아 네 어ᄂᆡ 틈으로 드러온다
>
> 고모장ᄌᆞ 셰ᄉᆞᆯ장ᄌᆞ 가로다지 여다지에 암돌져귀 수돌져귀 ᄇᆡ목걸새 ᄯᅮᆨ닥 박고 용(龍) 거북 ᄌᆞ물쇠로 수기수기 ᄎᆞ엿ᄂᆞᆫ듸 병풍(屛風)이라 덜걱 져븐 족자(簇子)ㅣ라 ᄃᆡᄃᆡ글 만다 네 어ᄂᆡ 틈으로 드러온다
>
> 어인지 너 온 날이면 ᄌᆞᆷ 못 드러 ᄒᆞ노라

두 사설시조는 아주 비슷한 것 같으면서도 다르다. ‘창 노래’는 창을 만들어 열고자 하고, ‘벽 노래’는 창을 만들되 그것을 벽으로 삼고자 하는 점에서 반대된다. ‘창 노래’가 안과 밖을 연결하여 내부의 답답한 마음을 외부로 표출하고 해소하기 위한 창의 기능을 염두에 두고 있다면, ‘벽 노래’의 창은 무언가가 드나드는 통로

가 아니라 외부로부터 들어오는 한숨을 막기 위한 벽의 기능을 염두에 두고 있다. 두 시조의 중장은 마치 한 사람이 지은 듯 유사한 구절로 채워져 있다. 이를 보아 '창 노래'와 '벽 노래'는 짝을 맞추어 서로 주고받으며 부르는 수작(酬酌)의 레퍼토리로 읽어도 무방할 것이다.

쟁점

사설시조의 작자층과 발생 시기

이 작품 자체에 대해 큰 쟁점은 없다. 대신 여기에서는 사설시조의 향유층에 대한 쟁점을 다루기로 한다. 사설시조의 향유층에 대한 입장은 평민설, 양반설, 중인설로 대별된다.

평민설은 사설시조의 장르에 관한 논의에서 비교적 초기에 제출된 관점이다. 고대부터 현대에 이르기까지 총체적으로 개괄한 최초의 국문학 개론서인 우리어문학회의 『국문학개론』(1949)에서 저자 고정옥은 조선 후기에 새롭게 출현한 '서민 시조'를 '장시조'라 일컬으며 사설시조의 향유층을 언급했다. 그는 시조를 '평시조'와 '장시조'로 분류하고 그중 장시조를 귀족 시조인 평시조와 대비되는 '서민'들의 시조라 규정했다. 임병양란 이후 새로운 문학 담당층으로 떠오른, 귀족과 구별되는 중서층(中庶層)이 인간의 욕망 등을 적나라하게 드러내는 시조를 창작했다는 것이다. 이 관점은 사설시조의 향유층을 사대부가 아닌 계층으로 철저하게 분리한다는 점에서 이후의 논의들에서 사설시조를 평민의 문학으로 보는 관점의 초석을 마련했다고 하겠다.

그러다 보니 사설시조의 내용은 대체로 규범적인 평시조와 달리 탈규범성을 지닌다고 보고, 이를 사회상의 변화와 관련시켜 설명하는 논의들이 주류를 이루게 된다. 사설시조를 이룩한 주동적인 작가를 평민가객들로, 그리고 사설시조의 발생 시점을 17세기로, 성행 시점을 18세기로 추측했다. 조선 후기 평민들의 의식 향상으로 소위 평민문학이 번성하였고, 그 일환으로 산문정신과 실학사상을 배경으로 한 사설시조가 시조문학의 커다란 변화로 등장했다고 보는 것이다(정병욱, 1973; 김윤식 · 김현, 1973; 박을수, 1978; 박철희, 1980 등). 이와 같은 관점에서 사설시조의 향유층을 평민으로 규정하고 평시조와 대립적인 장르로 보며, 그 근거로 서민의식의 각성, 산문화의 추세, 문화 주체세력으로서 평민층의 성장 등을 든다. 이러한 관점들은 사회상과 장르의 출현을 인과적으로 설명한다는 특징을 보인다. 따라서 현재까지도 사설시조를 평민들의 작품으로 보는 관점에서는 조선 후기의 사회적 변화를 근거로 내세우는 경우가 많다.

그러나 '양반'이 아니니 '평민'이라는 식의 이분법적 신분 대별은 논리적으로 설득력이 다소 떨어진다. 그리하여 양반 사대부 향유설이 제기되었다. 양반설에서는 조선 후기 '평민'이 벼슬을 하지 않은 모든 이들을 일컫는 말로 사용되었음을 지적하며, 평민설의 경우 문식성이 전혀 없는 하층민까지도 사설시조의 작자층으로 규정한다는 점에 이의를 제기했다. 사설시조의 주요 작자층에 양반 사대부의 참여도 일부 인정한 의견(정병욱, 1973)이 제출된 이래, 고응척(高應陟) 6수, 정철(鄭澈) 2수, 강복중(姜復中) 3수, 백수회(白受繪) 2수, 채유후(蔡裕後) 1수로 확인되는 실명 작가의 작품을 들어 사설시조의 시발점을 양반 사대부들로 보는 견해(최동원, 1980)가 제출되기도 했다.

문헌적 근거에 의해 실증적으로 문제가 제기된 양반설은 내용상 오락적이고 유흥적인 특징을 지닌다는 점에 초점을 맞추어, 희작적(戱作的)인 창작 분위기를 추론해내는 논의로 이어진다. 사설시조가 사대부 계층의 오락적인 분위기에서 형성되고 발전된 것이라는 견해(김학성, 1986), 사설시조의 음악성에 주목하여 주 작자층을 연회에서 취흥을 즐겼던 양반들이라 보는 견해(김대행, 1991) 등이 이에 해당한다. 연행 장소의 분위기나 연행상의 흥에 따라 사회적으로 가려져 왔던 은밀한 얼굴이 나타난 것으로 보는 것이다. 즉, 사설시조는 숨겨 왔던 본능의 진면을 내보이는 내용을 담되, 이것이 다분히 극화된 형식과 희화화된 태도로 표출이 되었다는 것이며, 사대부들의 사회적인 가면보다 본능적인 진면이 전면적으로 확대된 장르라는 설명인 셈이다. 이들 논의에서는 사설시조의 작가가 대부분 미상인 이유도 근엄한 양반의 체면 때문에 작자를 익명으로 처리한 결과일 것으로 보았다. 내용의 파격이 드러내놓고 자랑할 만한 일은 아니므로 작품을 익명으로 세상에 내어놓았다는 것이다. 경건함과 음탕함을 동시에 추구하는 인간 본능의 양면성이 양반들에게도 그대로 드러나 있는 셈이다.

그러나 양반설은 조선 후기에 사설시조를 주도적으로 창작했던 전문 가객인 중인 계층을 포함하지 못했다는 문제점이 있다. 이들이 양반들에게 종속되었다는 점을 들어 주요 작자층으로 보지 않기도 하나, 사설시조의 성행에 큰 영향을 미쳤던 만큼 중인들의 역할을 축소하기는 어렵다는 판단에 따라 주 작자층을 조선 후기에 급격히 성장한 중인 계층으로 보는 견해들도 제시되었다. 사회 계급 구조의 맥락에서 사설시조를 해석하려는 시도를 통해 사설시조의 사회적 토대를 중세적 관념이나 기득권으로부터 이탈해 있는 한편 민중적 삶과도 일정한 거리에 있는 중간 집단이라 보는 견해(고미숙, 1991)가 대표적인 중인설에 해당한다. 이에 따르면 조선 후기 생산력과 상품 화폐 경제가 발달하면서 물질적 부를 획득한 중간 계급이 성장하였고, 이에 따라 중인 및 서리층의 이론적 · 창작적 활동이 활발해졌다는 것이다. 중인설은 사설시조의 형성이 양반에 의한 것임을 일부 인정하지만, 조선 후기 사설시조 성행의 주역은 중인이라 본다는 점에서 양반설과 차이가 있다. 비슷한 맥락에서 조선 후기 사설시조의 주된 창작 향유층 역시 양반 사대부가 아니라 중간 계층이었음을 확신하면서, 『청구영언』(진본)에 수록된 사설시조의 대부분은 중간 계층에 의해 창작되고 향유되었다고 하는 주장(강명관, 1993)도 등장하였다. 음악계에서 일어난 중간 계층의 대두와 사설시조의 성행이 맞물려 있다는 것이다. 이처럼 사설시조의 중인 향유설은 중인 계급의 사회적 위상 강화, 조선 후기 사회적 · 경제적 변화 등을 근거로 삼고 있다. 이는 평민 향유설과 공유되는 근거이기도 하다.

현재에도 사설시조 향유층은 양반 사대부설과 중인설이 경합을 벌이고 있으며, 이 둘을 아우르는 관점도 설득력을 얻고 있다. 반면에 평민설은 거의 거세된 상황이다. 사설시조의 향유층을 평민으로 보는 관점의 기저에는 사설시조의 미적 특질로 보아 주된 향유층이 귀족이 아니었을 것이라고 보는 계급 중심의 관점이 전제되어 있는바, 여기에는 사회사와 문학사를 단선적으로 연결시킨다는 논리적 한계 또한 노정되어 있다.

꼼꼼히 읽기

그로테스크의 미학

이 작품은 시적 화자의 간절한 소망을 담고 있다. 답답할 때 열 수 있는 창을 가슴에 내고 싶다는 기이한 소망을 자신의 내면을 향한 독백의 어조로 노래한다. 다만 답답한 이유는 끝내 밝히지 않는다. 사랑하는 임을 기약도 없이 기다리는 답답함인지, 자신을 오해하는 데 대한 답답함인지 알 수 없다. 사랑과 관계없이 가난한 인생살이에서 오는 답답함일 수도 있겠다. 그것이 무엇이든 초장에서 aaba형 구조에 맞추어 같은 내용을 연이어 반복하여 말하는 것은 일차적으로 운율을 형성하는 데 크게 기여하고, 내용적으로는 그 바람의 간절함을 드러내는 데도 효율적으로 기능한다.

초장에서 제시되는 화자의 소망은 인지적 충격을 준다. 가슴에 창을 내다니 이 무슨 해괴한 발상인가. 청자는 자연스럽게 그 이유를 궁금해하며 이어서 나올 말에 귀를 기울이게 된다.

중장에 이르면 노래는 가속도가 붙은 듯 야단스럽게 이어진다. 숙달된 목수가 창을 만들어 매다는 장면을 저절로 연상하게 할 정도로 창문의 종류와 부속품을 장황하게 나열한다. '장지'는 방과 방 사이, 혹은 방과 마루 사이에 칸을 막아 끼우는 문을 의미한다. '고모장지'는 T자 모양의 농기구인 고무래를 닮은 장지, '세살장지'는 문살이 가는 장지, '들장지'는 들어 올려서 여는 장지, '열장지'는 옆으로 밀어서 여는 장지이다. 그런데 '들장지'와 '열장지'는 같은 창에 함께 있을 수 없는 형태의 문이다. 따라서 시적 화자는 하나의 문으로는 부족하여 여러 개의 문을 달기를 바라거나 아니면 이 중에 어떤 것이라도 좋으니 어서 문을 달고 싶다는 마음을 표현한 것으로 보인다. 어떤 식의 해석이든 화자가 답답한 마음을 시원하게 풀어버리고 싶다는 소망을 나타낸 것임에는 변함이 없다. '돌쩌귀'는 문짝을 문설주에 달아 여닫는 데 쓰는 두 개의 쇠붙이를 뜻한다. '암톨쩌귀'와 '수톨쩌귀'는 각각 돌쩌귀의 암짝과 수짝이다. 암짝은 문설주에, 수짝은 문짝에 박아서 서로 맞물리게 한다. '목걸새'는 문고리에 꿰는 쇠를 의미한다. '배목걸새'는 문고리를 걸기 위하여 둥글게 구부려 만든 고리 걸쇠를 말한다. 모두 창이나 문을 만들 때 쓰는 도구들이다. 못을 박거나 빼는 도구인 '크나큰 장도리'로 이것들을 '뚝딱' 박아 가슴에 창을 만들었으면 한다. '뚝딱'이라는 부사어에는 단박에 만들어지는 느낌이 있다. 보통 크기의 장도리도 아니고 '크나큰 장도리'를 들어서 뚝딱하고 문을 만들 수 있다면 솜씨가 숙련된 사람일 것이다. 이렇듯 이 시조의 해학성은 중장에서 여러 종류의 장지문과 부속품, 연장들을 열거하는 기법을 통해 유발된다. 이러한 사물들을 나열함으로써 어떤 것이라도 상관없으니 어서 창문을 달고 싶다는 소망이 뚜렷이 강조되는 것이다. 중장의 발상과 표현을 한마디로 압축한다면, 괴기한 것, 극도로 부자연스러운 것, 흉측하고 우스꽝스러운 것을 통칭하는 '그로테스크(grotesque)'라는 말이 적실하게 어울린다. 사실 가슴에 창을 낸다는 초장의 발상부터가 그로테스크의 한 정점을 이룬다. 중장은 그 연장선상에서 이를 세세히 묘사한 것이다.

종장에서는 화자가 가슴에 창을 만들고자 하는 목적이 분명하게 드러난다. 화자는 '이따금 하' 답답할 때가 있고 그것을 해소할 마땅한 방법을 찾지 못한 듯하다. 창문은 그럴 때마다 사용된다. 감당하기 어려운 마음의 고통이 있을 때에만 '여닫아' 보고 싶어 하는 것이다. 마음이 답답할 때마다 늘 창을 열어보는 것이 아니라는 점에서 화자는 자신의 마음이 그리 쉽게 풀릴 수 있는 것이 아님을 알고 있다. 그래서 '하'라는 수식어를 사용한다. 창문을 가슴에 달아놓으면 언제든 자기 마음대로 열고 닫을 수 있을 텐데, 자기 스스로가 조건을 다는 것이다. 너무나 답답할 때만 사용하겠으며 그것도 계속 열어놓는 것이 아니라 '여닫아' 보겠다고 한다. 이것은 화자의 간절한 마음을 강조하면서 수용자가 그것을 따뜻한 웃음으로써 받아들일 수 있는 여지를 남긴다. 여기에서 다시 한번 그로테스크의 미학이 증폭된다.

이 노래에서 화자가 느끼는 답답한 마음이 어디에서부터 비롯되었는지는 알 수 없다. 답답함을 느끼게 하는 상황이 무엇인지는 끝내 감추고 있는 것이다. 굳이 얘기할 필요가 없는지도 모른다. 스스로가 그 마음을 풀 수만 있다면 좋겠다고 여기는 것이다. 어떤 상황이든지 자신의 감정만 마음대로 조절할 수 있다면 이유는 문제될 것이 없다. 가슴에 창을 낸다는 발상은 시적 화자가 자신의 마음을 꽉 막힌 방과 같다고 여긴 것이다. 장지문이 달려 있지 않은 방은 감옥과 다름이 없다. 가슴에 창을 달아 너무 답답할 때면 방문을 열듯이 열어 시원한 바람을 맞으면 문제는 단번에 해소가 된다. 장지문을 만드는 것도 '뚝딱'인 것처럼 문제를 해결하는 방식도 단숨에 이루어진다.

이 노래의 초장과 종장에서는 '가슴에 창을 내어 답답하면 열어보고자' 하는 가냘프고 가여운 생각이, 중장에서는 무지막지한 짓을 하겠다는 뜻이 나타난다. 이는 어떤 면에서 정서의 부조화로 볼 수 있다. 그러나 바로 이 점 때문에 이 노래는 시적 품격을 얻었다고 할 수 있다(조동일, 1983). 이는 달리 보면 희화화를 통해 갈등을 해소하는 발상이다(김대행, 2005). 이런저런 장치를 모두 동원하고 크나큰 장도리를 사용해서 창을 만든다는 발상은 곧 희화화된 갈등 해결 방식이라 할 수 있다. 위중하고 심각한 사태를 우스운 것으로 비하해버림으로써 갈등으로부터 벗어나고자 하는 것이다. 이런 점에서도 이 노래의 시적 정황과 표현은 전체적으로 그로테스크의 미학이라 할 만하다.

엮어 읽기

비현실적인 묘사의 현실감

'벽 노래'와 '창 노래'가 공통적으로 지닌 가장 뚜렷한 특징은 표현의 구체성과 현실감이다. 숨이 막힐 듯 답답한 마음에 창을 내고자 하는 화자의 절실한 심정을 노래한 작품으로서, 그와 같은 감정을 어떤 매개항도 두지 않고 사물을 열거하여 직설적으로 표현하고 있다. 이와 같은 격정적 정서는 이러한 표현의 구체성과 사실성으로 말미암아 생생한 현실감을 자아낸다. 그래서 시적 표현이 단순히 상상의 차원에만 머물게 하지 않는 효과를 준다. 이 노래가 지닌 박진감과 현실성은 현실의 미세한 사물에 대한 밀착된 시선에서 나온 것이며, 이는 평시조에서는 찾아볼 수 없는 사설시조 고유의 미학이다.

그런데 주의 깊게 살펴보면 그 현실성이 비현실적 장면 묘사에서 비롯된다는 역설이 발견된다. 중장에서 화자는 들장지와 열장지를 만들어 달고 싶다고 했다. 그런데 둘을 동시에 매달기는 어렵고, 굳이 그럴 필요도 없다. 어떤 형태로든 창문이 있어야 한다는 당위가 실현 가능성을 압도하면서 만들어진 표현이다. 문제는 그 실현 가능성과는 별개로 화자가 추구하는 소망이 시각적으로 극대화되어 청자의 귀와 독자의 눈에 가까이 다가온다는 점이다. 비현실적인 장면에 대한 묘사가 오히려 현실감, 곧 리얼리티를 높이는 효과를 부르는 역설이다.

이와 같은 표현은 특정한 장면의 정서나 분위기를 최대치로 끌어올리는 데도 효과적이다.

> 가슴에 궁글 둥시러케 ᄠᆞᆯ고
>
> 왼ᄉᆞᆺ기를 눈 길게 너슷너슷 ᄭᅩ와 그 궁게 그 ᄉᆞᆺ 너코 두 놈이 두 ᄀᆞᆺ 마조 자바 이리로 훌근 져리로 훌적 훌근훌적 ᄒᆞᆯ 저긔ᄂᆞᆫ 나남즉 ᄂᆞᆷ대되 그ᄂᆞᆫ 아모ᄶᅩ로나 견듸려니와
>
> 아마도 님 외오 살라 ᄒᆞ면 그ᄂᆞᆫ 그리 못ᄒᆞ리라

이 사설시조는 『청구영언』을 비롯한 20여 개의 가집에 수록되어 있을 정도이니 당시에 상당히 인기를 끌었던 레퍼토리였을 것으로 짐작된다. 이 작품에서 가슴에 구멍을 내고 그 구멍에 새끼줄을 넣어 이리저리로 왔다 갔다 한다는 발상은 창 노래, 벽 노래보다도 더 강한 고통을 표현하고 있다. 임과 이별하여 혼자 사는 고통이 이만큼이나 크다는 것을 새끼줄을 움직여 스스로의 몸에 고통을 가하는 가학적인 행위를 통해서 현실감 있게 드러내고 있는 것이다. 그러나 이러한 화자의 고통스런 정서와는 별도로 과장되고 해학적인 표현이 두드러진다. '두 놈이 두 끝을 마주 잡고 이리로 훌근 저리로 훌적 훌근훌적 할 적에'라는 표현이 그것이다. 이 정도면 정서와 표현의 불일치라 해도 무방하다. 시적 상황이 사랑하는 연인과의 이별이든 임금이나 나라에 대한 충정이든, 화자의 격정적인 정서가 비현실적 묘사를 통해 오히려 더 큰 실감으로 다가오게 되는 것이다.

이와 같은 묘사는 그 장면이 실제가 아닌 말로만 존재하는 듯한 인상을 주고, 결과적으로 상황적 정서의 확장이라는 효과를 낳는다. 장면이 단지 '말'로만 존재한다는 것은 언어가 직접 지시하는 현실 세계가 아니라 언어에 의해 구성된 허구의 세계 그 자체를 즐겼다는 뜻이 된다. 이는 문학의 언어가 지닌 본질적인 특성 중의 하나이기도 하다.

참고문헌

우리어문학회(1949), 『국문학개론』, 일성당서점.
강명관(1993), 「사설시조의 창작향유층에 대하여」, 『민족문학사연구』 4, 민족문학사학회.
고미숙(1991), 「사설시조의 역사적 성격과 그 계급적 기반 분석」, 『어문논집』 30, 안암어문학회.
김대행(1991), 『시가시학연구』, 이화여자대학교출판부.
김대행(2005), 『웃음으로 눈물 닦기: 한국 언어문화의 한 특질』, 서울대학교출판부.
김학성(1986), 「사설시조의 장르 형성 재론」, 『대동문화연구』 20, 성균관대학교 대동문화연구원.
김윤식 · 김현(1973), 『한국문학사』, 민음사.
박을수(1978), 『한국시조문학전사』, 성문각.
박철희(1980), 『한국시사연구』, 일조각.
정병욱(1973), 「시가의 운율과 형태」, 『한국사상대계 1』, 성균관대학교 대동문화연구원.
조동일(1983), 「사설시조의 두 가지 노래」, 『국문학 연구의 방향과 과제』, 새문사.
최동원(1980), 「장시조의 생성과 그 시대적 전개」, 『고시조론』, 삼영사.

사설시조 02

개를 여라믄이나 기르되

지은이 미상 **출처** 『청구영언』(진본)

개를 여라믄이나 기르되 요 개ᄀᆞᆺ치 얄믜오랴

뮈온 님 오며는 ᄭᅩ리를 홰홰 치며 치ᄯᅱ락 ᄂᆞ리ᄯᅱ락 반겨셔 내닷고 고온 님 오며는 뒷발을 버동버동 므르락 나으락 캉캉 즈져셔 도라가게 ᄒᆞᆫ다

쉰밥이 그릇 그릇 난들 너 머길 줄이 이시랴

맥락 **관용의 태도를 내포한 사설시조의 한 유형**

『악학습령』과 『청구영언』(진본) 등에 실려 있다. 아래와 같이 종장이 변개되어 있는 작품도 있다.

> 개를 기르든 중(中)에 요 개갓치 얄뮈오랴
>
> 즈즈라 ᄒᆞᆯ 재는 안니 즛다가 그리던 님이 오실 제면 뒷발를 바둥바둥 무로 나오며 콩콩 즛져 도로 가게 ᄒᆞ는다
>
> 문(門) 밧긔 개 장사 가거든 찬찬 동혀 쥬리라

조선 후기 사설시조는 작중 인물이나 사태에 대한 심리적 거리와 시선을 기준으로 유형이 분류되기도 한다(김흥규, 1999). 심리적 거리를 기준으로 하면 동화(同化)와 이화(異化)로 구별되는데, 전자는 다시 대상에 대한 예찬의 시선과 공감의 시선으로, 후자는 관용의 시선과 비판의 시선으로 나누어질 수 있다. 예찬의 시선을 가진 작품으로는 유교의 윤리 규범을 노래한 시조 등을 들 수 있다. 〈귓도리 져 귓

도리〉는 공감의 시선으로 끌어들이는 유형에 속한다. 〈백발에 환양 노는 년이〉는 심리적 거리가 크고 그 거리가 비판을 주축으로 매개되는 유형이다. 〈개를 여라믄이나 기르되〉는 수용자와 작중 인물 사이에 거리가 있지만 관용의 태도가 내포되어 있는 노래이다.

〈개를 여라믄이나 기르되〉에서는 작중 인물과 사태에 대해 수용자가 심리적으로 동화되는 것이 차단당한다. 작품의 상황과 작중 인물의 언행이 보통의 수용자가 자신을 투영하여 일체화하기 어렵도록 희화화되어 있기 때문이다. 애정 문제로 인한 조바심을 개에다 전가하고, 속상한 마음을 "쉰밥이 그릇 그릇 난들 너 머길 줄이 이시랴"라고 내뱉은 화자의 행위는 자연스럽게 웃음을 자아낸다. 이때의 웃음은 수용자가 지적·정서적 거리를 두고 작중 인물의 심리와 행위를 희극적으로 객관화하는 데서 형성되는 것이다. 그러나 이처럼 용렬한 작중 인물을 타자로 객관화하면서도, 그 희화적 언행 속에 담긴 안타까운 심사 자체에 대해서는 관용하거나 일면적으로나마 공감할 수 있는 여지를 함축하고 있다. 따라서 이 시조는 '범속한 삶에 대한 관용'의 시선을 보여주는 노래 중의 하나로 볼 수 있다.

쟁점 미운 임 따로, 고운 임 따로?

화자에게는 미운 임과 고운 임이 따로 있다. 화자가 기르는 개는 두 임에 대해 화자와는 상반된 반응을 보인다. 이러한 개의 역할을 매개로 하여 작중 화자가 어떤 존재인가에 대해 다수의 논의가 이루어졌다. 개가 미워하는 임과 여주인이 미워하는 임이 서로 다르다는 점에 주목하여, 개가 짖어 돌아가게 만드는 임은 낯선 사람일 것이므로 여주인의 간부(間夫 혹은 姦夫)일 것이고 개가 좋아하는 사람은 본 주인일 것으로 보기도 한다(정재호, 1999). 여주인은 간부와 즐기기를 희망하지만 개는 캉캉 짖어 그 희망을 꺾어버리고, 여주인은 그 개에게 쉰밥을 주어 인색하게 굴겠다고 한 것이다. 이러한 시각은 개의 등장이 불륜의 욕망을 추구하는 인간을 희극화하는 데 촉매 구실을 하고 있다는 설명(김학성, 2003)과도 일맥상통한다.

복수의 남성을 상대한다는 점에서 이 작품의 화자는 평범한 사회적 관계를 유지하는 범상한 인물은 아닌 것으로 보인다. 불륜을 저지르는 일반적인 여성이 아니라면, 유락적 공간에서 거하는 인물일 가능성도 있다(김용찬, 2002). 이 작품에는 화자의 의지와 상반되는 행동을 하는 개를 원망하는 내용이 담겨 있다. 화자의 "고온 님"은 그가 기르는 개와 친숙하지 못하며, "뮈온 님"은 오히려 개와 친숙한 관계로 설정되어 있다. 이 작품의 묘미는 이렇듯 유락적 공간에 있는 화자의 미묘한 심리를 개를 통해 우회적으로 드러내는 데 있다.

한편 개는 표면적으로 주인의 마음을 배반하는 얄미운 존재로 묘사되어 있지만, 시각을 달리하면 개는 또 다른 역할을 한다고 볼 수도 있다. 개는 사랑하는 임을 쫓아버린 것이 아니라 사랑하는 임에 대한 생각이 더욱 간절하도록 유도하는 매개물일 수도 있는 것이다(류해춘, 1991).

꼼꼼히 읽기

개에게 책임 묻기

이 작품에는 개의 거동이 실감 나게 묘사되는 가운데 자신의 심정과는 아랑곳없이 미운 임을 반기고 고운 임을 내모는 개를 얄미워하는 한 여인의 심리가 형상화되어 있다. 우선 초장에서는 개에 대한 얄미운 감정이 직접적으로 제시된다. 얄미운 이유는 중장에서 나타난다. 화자의 미운 임은 반기고 고운 임은 경계하는 행동 때문이다. 반기고 경계하는 개의 거동을 "홰홰", "버동버동"이라는 의태어와 "캉캉"이라는 의성어를 동원하여 묘사함으로써 개의 표정까지 보일 정도의 생동감을 불러일으킨다. 종장에 이르러 "쉰밥이 그릇 그릇 난들 너 머길 줄이 이시랴"에서는 그 개를 얄미워하는 정서가 드러난다. 그러나 그 대응 방법은 유치하다고 할 정도로 소박하다. 이러한 개의 사실적 형상과 여인의 소박한 대응 방법으로부터 아무런 조건 없는 웃음이 유발되는 것이 이 작품의 묘미라고 할 수 있다(박영주, 1999).

이제 화자의 내면 심리로 들어가보자. 내가 좋아하는 사람은 나를 좋아하지 않고, 내가 좋아하지 않는 사람이 나를 좋아하는 경우가 있다. 남녀 간의 사랑에서 그런 일은 흔하다. 화자에게도 자신이 좋아하는 임과 자신을 좋아하는 임이 따로 있는 모양이다. 그런데 공교롭게도 열 마리 넘게 기르는 개들 중 한 마리는 그 감정의 동선(動線)이 정반대이다. 고운 임과의 밀회를 기다리는 화자로서는 그 개가 얄미울 수밖에 없다. 화자는 이에 얄미운 개에게 복수를 하겠다는 마음을 품는다. 그 방법으로 착안해낸 것이 쉰밥조차 주지 않고 굶기는 것이다. 매우 즉흥적이고 감정적인 복수 방법이다. 이에 비해 『청구영언』(가람본)에 실린 이본의 종장 "문 밧긔 개 장사 가거든 찬찬 동혀 쥬리라"는 좀 더 강도 높은 응징의 방법이기는 해도 실제로 행할 의지를 가지고 있는 것은 아닌 듯하다. 개를 두고 '밉다'고 하지 않고 '얄밉다'고 한 이유를 충분히 짐작할 만하다.

사실 자신이 기르는 많은 개 중에 유독 한 마리만이 고운 임과 미운 임을 구별해서 후대하거나 박대하는 일은 매우 드물다. 그렇기에 객관적인 정황은 자기가 만나고 싶은 임은 쉽게 만날 수 없는데 미워하는 사람은 끈질기게 구애를 하고 있는 상황이라고 볼 수 있다. 그렇다면 개는 사랑하는 임에 대한 생각을 더욱 간절하게 만드는 매개물이라고 보는 것도 설득력 있는 해석이다. "개야 개야 쌉살개야 / 내가 너를 밥 줄 적에 / 살찌라고 밥 주드냐 / 밤중 밤중 야밤중에 / 총각 낭군이 이시거덩 / 짖지 말라고 너 밥 줬제"(〈경남 개타령〉) 등 이와 유사한 발상을 보이는 민요들(임재욱, 2017)도 이러한 추정의 근거가 될 수 있다.

이 노래에서 사랑하는 임과의 관계가 단절된 정확한 이유는 알 수 없다. 그러나 그 책임은 화자 자신이나 임에게 있을 것으로 보는 것이 상식이다. 따라서 이 시의 화자는 임과의 관계가 단절된 데 대한 책임을 개에게 전가하면서, 임이나 자신에게는 그 책임이 없다고 자위하고 있는 것인지도 모른다.

엮어 읽기

문제 사태에 대한 심리적 방어 기제

개는 말을 알아들을 수 있는 존재가 아니다. 그런데도 이 노래의 시적 청자는 '개'로 설정되어 있다. 아마도 시적 화자는 궁극적으로 "뮈온 님"에게는 제발 오지 말라는 전언을, "고온 님"에게는 자주 와달라는 전언을 전달하고 싶었을 것이다. 이처럼 전언의 대상을 제쳐 두고 제삼자를 불러들인 것은 일종의 우회적 전언에 해당한다. 이와 같은 우회적 전언은 일방적인 통보적 진술의 단조로움을 극복하게 하여 작품에 입체적이면서도 극적인 성격을 부여한다.

이러한 말하기 방식은 고려가요 〈서경별곡〉(▶164쪽) 3연에서도 볼 수 있다. 이별을 적극적으로 거부하며, 생활의 터전을 버리는 한이 있어도 자신을 떠나는 임을 따라가고야 말겠다는 시적 화자는 3연에서 임을 원망하는 대신에 뱃사공에게 이별의 책임을 전가하고 있다. 자신에게는 잘못이 없고, 임은 사랑하는 사람이므로 그를 직접적으로 원망하고 싶지 않으며, 그러니 자신이 겪고 있는 이별의 고통은 바로 임을 태운 사공이 주는 것이라 여긴다. 이것이 화자가 이별 상황을 합리화하는 논리인 셈이다. 화자는 임을 싣고 대동강을 건너는 사공을 위협하고 원망하며 임을 붙잡아두고 싶은 강렬한 욕구를 표출하고 있다. 즉, 이별의 원인을 제공한 책임을 뱃사공에게 전가함으로써 이별을 부정하고 싶은 시적 화자의 마음을 드러내게 된다. 그렇지만 화자로서는 자신의 마음을 안정시키기 위해서 취할 수 있는 방법이 그것밖에 없었는지도 모를 일이다. 그렇게라도 해야 자신이 원하지 않은 이별이라는 상황을 스스로 납득할 수 있었던 것이다. 그런 점에서 〈서경별곡〉의 화자와 〈개를 여라믄이나 기르되〉의 화자는 모두 심리학에서 말하고 있는 투사(投射, projection)라는 심리적 방어 기제를 작동시키고 있다고 볼 수 있겠다.

이와 같은 시적 발상은 작자 미상의 다음 시조에서처럼 다른 방식으로도 실현된다.

백구(白鷗)야 놀ᄂᆡ지 마라 너 잡을 ᄂᆡ 아니로다
성상(聖上)이 ᄇᆞ리시니 갈 곳 업셔 예 왓노라
이ᄌᆡᄂᆞᆫ ᄎᆞ즈 리 업스니 너를 좃녀 놀니라

이 작품에서 백구는 강호에서 노닐면서 살고자 하는 화자의 의지를 드러내는 객관적 상관물로 설정된 소재라 할 수 있다(김대행, 1997). 그런데 '성상'이 버렸다고 했으니 화자는 아마도 탄핵 등의 이유로 정계를 떠난 인물인 듯하다. 표면적으로는 강호에서 노닐고자 하는 소망이 표현되어 있지만, 그것은 자발적이고 적극적인 선택의 결과가 아니라 외부에서 차선책으로 주어진 조건인 셈이다. 그래서 성상이나 정치적 반대자들에 대한 원망의 어조도 감지된다. 이 점을 고려할 때 백구는 불가피하게 주어진 상황에서 호명되어 화자가 스스로를 위로하는 데 동원된 존재로 볼 수 있다. 심리적 방어 기제라는 차원에서 보면, 자신의 사고나 행동을 정당화한다는 점에서는 합리화(rationalization)에 가깝고 충동을 사회적으로 용인되는 형태로 변화시킨다는 점에서는 승화(sublimation)에 가깝다.

한편 제삼자를 청자로 불러들이는 정도는 아니지만, 화자가 바라지 않는 현재 상황에 처하게 된 이유를 다른 조건 탓으로 돌리는 발상도 종종 발견된다. 능운(凌雲)이라는 기생이 지은 〈대낭군(待郎君)〉이라는 다음 한시도 그중의 하나이다.

郎云月出來(낭운월출래)	달이 뜨면 오마고 약속하신 임
月出郎不來(월출낭불래)	달이 떠도 어인 일로 오시질 않네
想應君在處(상응군재처)	아녀요, 아니어요. 임 계신 곳은
山高月上遲(산고월상지)	산이 높아 저 달도 더디 뜬대요

달이 뜨면 온다고 했던 임이 달이 둥실 떠오른 뒤에도 나타나지 않는다. 임의 마음이 변했을 수도 있지만, 그렇게 믿기는 싫다. 그렇다면 다른 이유가 필요하다. 그래서 생각해낸 것이 지형적 조건이다. 임이 계신 곳은 산이 높아서 아직도 달이 떠오르지 않았다는 논리를 구성한다. 이렇게 함으로써 임을 만나지 못한 아쉬움을 달래고 있다. 아무리 산이 높아도 달이 뜨는 시간은 크게 다르진 않을 텐데도 그렇게 믿기로 한 것이다.

이러한 발상은 제삼자를 불러들여 청자로 설정하고 대화적 어조로 정서를 표현한 경우와는 차이가 있다. 여기에서 '산'은 시적 청자 역할을 하지는 않는다. 약속을 지키지 않는 임에 대한 원망을 스스로 누그러뜨리는 데 동원된 구실일 뿐이다. 임의 지각에 대해 그 책임을 직접 임에게 묻지 않는 대신, 오히려 높은 산을 끌어들임으로써 그 문제 사태를 합리화하고 있는 것이다. 그렇게 함으로써 얻는 것은 자기 위안이었을 것이다.

이처럼 앞에서 살핀 작품들은 모두 화자가 마주하고 있는 현실 상황을 결정하는 것이 자기 자신이 아니라 그와 무관한 제삼자 혹은 외부의 자연적 조건이라고 본다는 공통점을 지니고 있다. 물론 그것은 일상적 정황으로 보면 억지스러운 책임 전가일 수 있다. 그러나 이별이나 재회 불능의 상황 등의 문제 사태를 맞은 사람들에게는 심리적 고통을 다스리기 위한 매우 효능 좋은 치유책이라 할 것이다. 그리고 그 이면에는 임에 대한 원망을 직접적으로 표출할 때 초래될 수 있는 직설적 진술의 위험을 차단하고 우회적으로 메시지를 전달하는 구도가 깔려 있다.

참고문헌

김대행(1997),『시가시학연구』, 이화여자대학교출판부.
김용찬(2002),『조선후기 시가문학의 지형도』, 보고사.
김학성(2003),『한국고전시가의 연구』, 내일을 여는 지식.
김홍규(1999),『욕망과 형식의 시학』, 태학사.
류해춘(1991),「사설시조에 나타난 시적 화자의 유형과 그 성격」,『어문학』 52, 한국어문학회.
박영주(1996),「사설시조의 표현미학과 시적 지향」, 반교어문학회 편,『조선조 시가의 존재양상과 미의식』, 보고사.
임재욱(2017),「하기야키에 기록된 '개' 소재 시조에 대하여」,『시조학논총』 47, 한국시조학회.
정재호(1999),『한국 시조 문학론』, 태학사.

사설시조 03

나모도 바히돌도

지은이 미상 **출처** 『청구영언』(진본)

나모도 바히돌도 업슨 뫼헤 매게 ᄧᅩ친 가토릐 안과

大川대천 바다 한가온대 一千石일천석 시른 ᄇᆡ에 노도 일코 닷도 일코 뇽총도 근코 돗대도 것고 치도 ᄡᅡ지고 ᄇᆞ람 부러 물결치고 안개 뒤섯계 ᄌᆞ자진 날에 갈 길은 千里萬里천리만리 나믄듸 四面사면이 거머어득 져뭇 天地寂寞천지적막 가치노을 ᄯᅧᆺᄂᆞᆫ듸 水賊수적 만난 都沙工도사공의 안과

엇그제 님 여흰 내 안히야 엇다가 ᄀᆞ을ᄒᆞ리오

맥락 여러 가집에 전하는 사설시조 작품

〈나모도 바히돌도〉는 『청구영언』(진본)을 비롯하여 다수의 가집에서 작자 미상으로 전해지는 사설시조 작품이다. 일찍부터 많은 주목을 받으면서 사설시조를 대표하는 작품으로 여러 책에 널리 소개되고 있다. 수록하는 가집에 따라 노랫말에 부분적인 차이가 있고 어석 일부에 미세한 차이를 보이지만, 작품 전체의 의미를 파악하는 데에는 큰 어려움이 없다.

꼼꼼히 읽기 이별은 절체절명의 위기

초장에서 매에게 쫓긴 다급한 까투리가 등장한다. 정황에 대한 자세한 설명을 걷어내고, 몸을 숨길 나무나 바위마저 없는 산에서 매에게 쫓기고 있는 절체절명의 위기 상황만이 제시되고 있다. 까투리의 가쁜 숨소리가 전해지는 듯하다.

중장에서는 뱃길이라는 또 다른 위기 상황이 펼쳐진다. 사실 뱃길에서 사공이 처한 위험은 여러 시조에 널리 등장하는 인기 있는 소재이다(서인석, 1992). 풍파에 놀란 사공이 배를 팔아 말을 사는 장면(〈풍파에 놀란 사공〉)도 있고, 대천 한바다 속에 헌 배를 탄 사공이 처한 위험(〈대천 한바다 속의〉)도 만나볼 수 있다. 판소리 〈박타령〉에도 "정신없이 비틀비틀 오는 거동, 조창배 격졸로서 일천 석 실은 곡식 풍랑에 파선하고"와 같은 사설로 흥부의 초라하고 기운 없는 모습을 묘사하기도 했다.

그런데 이들 작품과 달리 이 시조에서는 엎친 데 덮친 격으로, 이보다 더할 수 없는 절체절명의 위기 상황이 끝없이 펼쳐진다. 넓고 넓은 대천 바다 한가운데 값비싼 화물을 실었는데 항해에 필요한 노와 닻 모두 잃어버린 상황이다. 위기와 고난은 여기서 멈추지 않고, 농총, 돛대, 치도 망가진 데다가 날씨마저 바람이 불고 물결치며 안개가 뒤섞여 험악해지고 있다. 아직도 갈 길은 천리만리 남았건만 사면은 어둑어둑하기만 하고, 급기야 수적까지 만난다.

이처럼 초장과 중장에 등장하는 까투리, 도사공의 처지는 한마디로 말해 다급함의 극한으로, 목숨이 위협받는 위기 상황을 대표한다. 다급함을 드러낼 소재나 장치를 더 추가할 수 없을 만큼 거듭 더해지면서, 그 심각성이 최고조에 이른다. 이러한 위기 상황이 급박한 호흡 속에서 생생하게 전해지고 있다.

그런데 종장에서는 이러한 절체절명의 위기 상황과 임을 여윈 내 마음을 나란히 놓는다. 임을 여윈 고통이 얼마나 심각한지를 위기 상황과 견주어 드러내고 있다. 분명 '나'의 상황은 목숨을 위협받는 까투리나 도사공의 상황과는 차이가 있다. 그렇지만 쉽게 벗어날 수 없는 극한의 어려운 상황이라는 점은 크게 다르지 않다.

비교 대상이 있으면 고통의 정도가 훨씬 구체적으로 와닿는다. 이 작품의 구도 역시 이러한 비교의 효과를 기반으로 하고 있다. 절체절명의 위기 상황인 까투리와 도사공의 처지를 제시하고 여기에 임을 여윈 자신의 상황을 나란히 놓으면서, 궁극적으로 내가 처한 상황이 얼마나 크고 심각한지를 강조하고 있다. 이런 틀 속에서 본다면, 까투리와 도사공의 존재는 내가 처한 상황의 심각성과 고통의 크기를 생생하게 보여주기 위한 비교군이 된다.

그렇다고 까투리와 도사공의 존재가 단순히 비교를 위한 수사적 장치에 그치는 것은 아니다. 이들은 현실의 삶에 밀접하게 닿아 있는 대상으로, 삶에서 겪는 고난에 대한 우의적 표현일 수 있다. 이렇게 보면 이 시조는 이별의 슬픔을 말하는 것이 아니라, 고달픈 현실을 우회적으로 환기하는 것이 된다(고정희, 2002). 삶의 구체성으로 대변되는 이들이 끼어들면서 임을 여윈 슬픔이 갖는 추상성과 관념성이 제거되고, 애상적인 정서로 침전하는 것도 막아내고 있다. 이 노래는 이별당한 상황을 하소연하는 애정시조의 하나이면서, 거기 따르는 관례를 넘어서 세상살이에서의 시련을 거듭 암시하고 있다(조동일, 2005).

엮어 읽기

엎친 데 덮친, 과장과 중첩

〈나모도 바히돌도〉는 이별의 슬픔을 말하고 있지만, 정작 사람들의 관심과 흥미를 모으는 지점은 초·중장에 등장하는, 겹겹이 이어지는 과장과 중첩의 표현이다. 비슷한 내용들이 연거푸 등장하고 더해지면서, 급박한 위기의 상황과는 정반대의 재미를 낳고 있다. 분명 위험한 고비와 상황이 거듭되고 있건만, 하나씩 읽어가다 보면 어느 순간 웃음마저 짓게 된다. 어차피 울고불고 하소연을 해도 임은 벌써 떠났고, 내 마음의 상처는 쉽사리 치유되지 않는다. 그렇다면 차라리 이별한 마음은 그 어느 것에도 견줄 수 없다는 것을 거듭하여 늘어놓는 가운데 마음 한편이 후련해지는 것, 이것이 이 노래가 의도한 바가 아니었을까?

이처럼 비슷한 내용을 연거푸 더하여 상황을 과장하고 증폭시키는 모습은 주변에서 쉽게 찾아볼 수 있다. 다음은 김용택의 시 〈이 바쁜 때 웬 설사〉 전문이다.

소낙비는 오지요
소는 뛰지요
바작에 풀은 허물어지지요
설사는 났지요
허리끈은 안 풀어지지요
들판에 사람들은 많지요

이 작품에서도 여러 상황이 더해지고 겹쳐진다. 용변이 너무나 급한데, 용변 보는 것을 어렵게 만드는 소낙비, 소, 풀이 하나씩 등장한다. 급기야 설사는 나고 허리끈은 안 풀어지는 데다가 지나가는 사람들까지 많은 난감한 상황이 겹겹이 쌓인다. 용변을 참아내느라 흘렸을 화자의 땀방울이 눈에 보이는 듯하다. 제시되는 상황은 더할 수 없이 다급하지만, 정작 이를 읽는 사람은 재미있기만 하다.

서로 얽히고 중첩되는 상황에서 발생하는 재미는 상황을 심화하여 심각성을 고조시키는 것과는 분명한 차이가 있다. 독자로 하여금 작품 속 사태를 진실하다고 믿어 그 분위기와 감정에 몰입하게 하기보다는, 비정상적으로 강조된 상황과 표현을 격막(膈膜)처럼 인지하게 함으로써 오히려 작중 사태에 대해 심리적 거리를 갖게 만들기 때문이다(김흥규, 2015). 이로 인해 분명 다급하고 위태로운 상황인데도, 서로 얽히고 연거푸 쌓이면서 경쾌한 웃음마저 짓게 된다. 〈나모도 바히돌도〉나 〈이 바쁜 때 웬 설사〉는 임을 여읜 상황이나 용변이 급한 처지에 공감하도록 하기보다는 재미와 웃음을 주기 위해 과장되고 중첩된 설정을 활용한 대표적인 예라 할 수 있다. 부정적인 상황과 정서를 웃어넘기게 만드는 것이다.

이처럼 유사한 내용을 연이어 등장시키면서 과장과 중첩으로 표현의 강도를 고조시켜 나가는 것은 간결과 압축을 지향하는 서정의 본질과는 거리가 있다. 경제성도 떨어지고 과도한 감정이 노출되기도 한다. 그러나 내용이 반복되어 제시될 때마다 그 의미의 강도가 세져서 더욱 호소력 있게 전달되고, 유사한 표현이 연거푸 반복되는 데서 재미도 발생한다. 이러한 효과로 과장과 중첩의 표현은 하나의 언어문화로 널리 자리 잡고 있다.

참고문헌

고정희(2002), 「사설시조의 우화적 내면 표현」, 『국어교육』 108, 한국어교육학회.
김용택(1999), 『강 같은 세월』, 창작과비평사.
김흥규(2015), 『사설시조의 세계』, 세창출판사.
서인석(1992), 「〈나모도 바히 돌도〉와 사설시조의 미학」, 백영정병욱선생10주기추모논문집간행위원회 편, 『한국고전시가작품론 2』, 집문당.
조동일(2005), 『한국문학통사 3』(제4판), 지식산업사.

사설시조 04

두터비 ᄑᆞ리를 물고

지은이 미상 **출처** 『청구영언』(진본)

두터비 ᄑᆞ리를 물고 두험 우희 치ᄃᆞ라 안자

것넌 山산 ᄇᆞ라보니 白松骨백송골이 써 잇거ᄂᆞᆯ 가슴이 금즉ᄒᆞ여 풀덕 뛰여 내닷다가 두험 아래 쟛바지거고

모쳐라 ᄂᆞᆯ낸 낼싀만졍 에헐질번 ᄒᆞ괘라

맥락

두꺼비가 등장하는 사설시조

〈두터비 ᄑᆞ리를 물고〉는 작자 미상의 사설시조로, 『청구영언』(진본)을 비롯하여 10여 종의 가집에 수록되어 전한다. 이본에 따라 일부 시어에 약간의 차이가 있다. 주요 소재인 '두꺼비', '백송골'은 공통적으로 등장하는 데 반해, '파리'의 경우는 'ᄀᆡ고리'로 대체되기도 하고 '전파리' 또는 '뎐파리'로 상세화되기도 한다.

그 밖에도 "둑거비 뎌 둑거비 ᄒᆞᆫ 눈 멀고 다리 져ᄂᆞᆫ 저 둑거비 ᄒᆞᆫ 나ᄅᆡ 업슨 파리를 물고 날ᄂᆡᆫ체ᄒᆞ야 두험 ᄊᆞ흔 우흘 속ᄭᅩ다가 발싹 나뒤쳐지거고나 모쳐로 몸이 날ᄂᆡᆯ세망졍 중인첨시(衆人僉視)에 남 우릴번 ᄒᆞ거다"라는 작품이 일부 가집에 전한다. 백송골은 등장하지 않지만 두꺼비를 빌어 당시의 세태를 비꼬고 있다는 점에서 위 작품과 상당한 친연성을 확인할 수 있다.

꼼꼼히 읽기

두꺼비의 우스꽝스러움

이 작품에서는 웃긴 장면이 연이어 연출된다. 느린 행동의 대명사인 두

꺼비가 어울리지 않게 뛰어오르기도 하고 펄쩍 뛰어 내닫다가, 마침내 두엄 아래 자빠지고 만다. 가슴이 끔찍하여 정신을 잃고서 허둥대는 꼴이며, 하필 두엄 위에 자빠져서 망신을 당하는 모습을 통해 두꺼비를 한없이 우스꽝스러운 대상으로 희화화시키고 있다.

여기까지만 해도 충분히 웃기고 재미난데, 종장에서 굳이 "늘낸 낼싀만졍"이라는 말을 덧붙이고 있다. 초·중장까지는 시적 화자에 의해 관찰 대상으로 존재하다가 종장에 이르러 두꺼비 자신의 이야기로 옮겨가고 있다(박상영, 2009). 그런데 두꺼비는 일반적인 예상을 깨고 '날랜 나였기에 망정이지 하마터면 다쳐서 멍들 뻔했구나'라고 말한다. 두꺼비는 결코 날쌔지 않기 때문에 본래의 속성과 상반된 이 말은 웃음을 자아낸다. 이러한 말들은 이미 두엄 아래 자빠져서 큰 망신을 당했음에도 불구하고 아무렇지 않은 듯 다시 거드름을 피우는 모습과 결합하여 두꺼비의 권위를 한층 더 실추시키고 웃음거리로 만들어버린다.

그런데 이 작품을 가볍게 웃고 쉽게 보아 넘길 수는 없다. 무엇보다 두꺼비의 존재가 예사롭지 않다. 파리가 약자, 더 구체적으로는 당대 서민들을 나타낸 것이라면, 파리를 물고 있는 두꺼비는 서민을 괴롭히는 탐관오리로 자연스럽게 연결된다. 이러한 구도에서 두꺼비가 올라앉아 있는 두엄은 지배층이 서민들을 착취해서 쌓아올린 구린내 나는 재물로 생각할 수 있다. 두꺼비를 '가슴이 섬뜩하도록' 놀라게 만든다는 점에서 하늘 위 백송골은 두꺼비보다 훨씬 힘이 센 중앙 관리에 대응된다.

이들 셋은 철저히 약육강식의 논리 속에서 관계 맺고 있는 대상들이다. 이러한 구도 자체가 약자를 괴롭히고 약자 위에 군림하지만 정작 강자 앞에서는 비굴한 두꺼비의 존재를 더욱 두드러지게 만든다. 약한 사람들을 짓밟으면서도, 더 막강한 권력자인 백송골 앞에서는 몸을 낮추고 숨기는 인물로 그려지고 있다. 이처럼 우스꽝스럽게 그려진 두꺼비는 당대 지배층의 비리를 겨냥하고 있다.

이 작품의 미학은 이와 같이 경쾌하고 가벼운 웃음이 무거운 비판과 비웃음을 동반하는 데에 있다. 사실적인 시각으로 포착하여 자세하게 다루기 어려운 현실 비판의 과제를 우화적 기법으로 에둘러 그려냄으로써 당시 사회의 부조리를 신랄하게 드러내고 있는 것이다.

엮어 읽기

부정적 대상을 향한 조롱

〈두터비 ᄑᆞ리를 물고〉는 두꺼비를 통해 당시 사회의 부조리를 들추어내고 지배층의 비리를 폭로하는 작품이다. 두꺼비로 대표되는 부정적인 대상을 깎아내려 우스꽝스럽게 만들어버리고 있다. 이처럼 부정적인 대상을 향한 조롱은 문학이 부조리한 세상을 바라보고 그려내는 오래된 방식 중 하나이다.

판소리 〈적벽가〉는 이러한 조롱이 두드러지게 나타나는 작품이다. 소설 『삼국지연의』가 영웅 중심의 이야기로 전개되는 것과 달리, 〈적벽가〉에서는 지배층을 향해 조롱을 쏟아내고 있다. 적벽대전에서 크게 패하여 도망가면서도, 상황 판단을 제대로 하지 못하고 경박한 언행을 일삼는 조조의 희화화된 모습에서 부정적 대상을 향한 조롱의 실제를 만나볼 수 있다.

> 좌우편 호통소리 조조 정원 기겁하야 말을 거꾸로 잡아타고 가자가자 어서 가자 까딱하면 나 죽것다 여봐라 정욱아 주유 노숙이 축전 축지법을 못하는 줄 알았더니마는 오늘 보니 축지법을 허나 부다 이 말이 웨 퇴불여전이 되야 앞으로는 아니 가고 적벽강으로만 그저 뿌드득 뿌드득 들어가니 이것이 웬일이냐. 어따 승상이 말을 거꾸로 탔오. 조조 듣고 급한 대로 언제 옳게 타것느냐 말 모가지만 쑥 빼다가 얼른 들여다 뒤에다 꽂아라 나 죽겄다 어서 가자 아이고 아이고

말을 거꾸로 탄 것도 모르고, 나중에 말을 거꾸로 탄 것을 알고서도 말의 목을 빼어 뒤에다 꽂으라는 말을 한다. 상황을 엉뚱하게 해석하고 전혀 어울리지 않게 행동하고 있다. 조조라는 인물에 대한 일반적인 기대나 예상과는 완전히 동떨어진 모습이다. 소설에서는 조조가 난세의 간웅이나 임기응변에 능한 인물로 그려지는 데 반해, 여기서의 조조는 영웅과는 거리가 먼 우스꽝스러운 인물로 추락하고 만다.

이러한 진술은 물론 사실일 리 없다. 그러나 권력자의 능력이 일반인보다도 못하다는 것을 드러내고 권력과 능력의 불균형과 부조화를 마음껏 폭로하는 효과를 거두고 있다. 이로써 권력을 가진 인물들은 한없이 추락하여 보잘것없는 왜소한

인물이 되고 만다. 현실에서 높은 권력을 지닌 이가 열등한 존재로 희화화되는 순간, 조롱이 뒤따르는 것은 자연스러운 일이다.

참고문헌

김진영 외(1998), 「박봉술 창본 화용도」, 『적벽가 전집 1』, 박이정.
김흥규(1992), 「사설시조의 시적 시선 유형과 그 변모」, 『한국학보』 68, 일지사.
박상영(2009), 「사설시조 웃음의 미학적 연구」, 경북대학교 박사학위논문.
신은경(1992), 『사설시조의 시학적 연구』, 개문사.

사설시조 05

대장부 공성신퇴ᄒᆞ야

지은이 이정보(李鼎輔, 1693~1766) **출처** 『해동가요』(주씨본)

大丈夫대장부ㅣ 功成身退공성신퇴ᄒᆞ야 林泉임천에 집을 짓고 萬卷書만권서를 ᄡᅡ하 두고

죵 ᄒᆞ여 밧 갈리고 甫羅보라ᄆᆡ 질들이고 千金駿駒천금준구 알픠 ᄆᆡ고 金樽금준에 술을 두고 絶代佳人절대가인 겻틔 두고 碧梧桐벽오동 검은고에 南風詩남풍시 놀릐ᄒᆞ며 太平煙月태평연월 에 醉취ᄒᆞ여 누엇신이

암아도 平生평생 ᄒᆡ올 일이 잇분인가 ᄒᆞ노라

맥락

음악에 빠진 전직 고관대작

이정보는 숙종~영조 조의 인물로 사간원, 홍문관, 사헌부 등 주요 요직에서 활동한 인물이다. 그가 문과에 급제하여 관직에 나아간 것은 영조 8년(1732)인 40세 무렵으로, 비교적 늦은 나이라 볼 수 있다. 이는 그의 정치적 기반인 노론 세력이 실권했다가 다시 권력을 확보해나간 정쟁의 과정과 무관하지 않다. 기록에 따르면 그는 왕에게 직간할 정도로 강직한 성품을 지녔던 것으로 보인다. 그는 여러 차례 영조에게 탕평책을 비판하는 간언을 올렸고, 그로 인해 파직을 당하기도 했다. 이후 노론의 정치적 입지가 확고해지면서 이정보는 당상관 등 여러 요직을 거쳐 70세 무렵 기로소(耆老所)에 들게 된다. 기로소는 일종의 명예직으로 70세 이상의 정2품 문과 관료들만 들어갈 수 있는 곳이었다. 특별한 임무가 없는 한직이었으나, 관리들은 기로소에 들어가는 것을 영예로 여겼다.

이정보는 당대 음악계에서 가창자들의 후원자이자 교육자로 활동했으며, 당대 여항 예술의 흐름과 밀접한 관계를 맺고 그 자신도 활발히 창작에 임했다. 심노숭

(沈魯崇)의 『효전산고(孝田散稿)』에 따르면 이정보는 관직을 그만두고 음악과 기예로 소일했는데, 자신의 집을 포함하여 일상 속에서 음악을 매우 가까이했다. 또한 음악에 대한 이해도 깊어서 '노래 잘 부르는 이[善唱子]'를 배출했다고 적고 있다. 이정보의 가르침을 받았다고 알려진 가기(歌妓) 계섬(桂纖)은 지방 관기들의 교육을 맡을 정도의 실력을 갖추고 있었다고 전해지는데, 이를 통해 이정보의 음악적 수준이 당대의 가객들과 비교해서도 상당한 경지였음을 알 수 있다(김용찬, 1999). 〈대장부 공성신퇴ᄒᆞ야〉는 정계 은퇴 이후 음악계에서 활약하면서 풍류를 즐겼던 이정보와 그의 동류들의 생활상을 압축적으로 보여주고 있는 것으로 보인다.

한편 이 노래는 양반 사대부의 이름이 명시된 사설시조로서, 몇 편 되지 않는 기명 사설시조 중의 하나라는 점에서 주목을 받기도 한다. 사설시조의 향유층을 평민들로 보아 왔던 초창기 이래 국문학 연구의 주류적 관점(우리어문학회, 1949)에 이의를 제기할 수 있는 단서가 되기 때문이다. 양반 향유설의 근거로 처음 제시된 것이 한문 어투의 문체였거니와(장사훈, 1973), 실제로 널리 알려진 일부 사설시조 작품을 제외하면 대부분의 사설시조가 평시조와 크게 다를 바 없는 문체를 지니고 있다. 게다가 이정보는 자신의 이름과 함께 작품을 전하였으니, 그는 사설시조의 평민 향유설을 반박하는 데 결정적 증거가 된 인물이라 할 것이다. 18세기 중엽에는 이미 삭대엽의 변주곡이 가곡창의 형식으로 자리 잡았고, 사설시조 역시 가곡창의 영역으로 적극 수용되었다. 이런 맥락에서 시조 연행에 적극 관여하고 있었던 이정보가 사설시조의 창작 및 향유에도 적극적으로 참여했던 것으로 보인다.

꼼꼼히 읽기

이루고 다 이루었으니

이정보의 시조 〈대장부 공성신퇴ᄒᆞ야〉는 공을 세운 후 은퇴한 사대부의 이상을 그리고 있다. 사대부에게 개인의 수신(修身)은 중요한 덕목이다. 수신만큼이나 중요한 것이 백성의 교화이다. 유학자의 목표는 개인의 수양에서 시작하여 나라의 안정을 꾀하는 것이다. '몸을 일으켜 도를 행하고, 이름을 후세에 떨치는 것[立身行道, 陽名於後世]', 즉 입신양명은 단순히 물질적인 성공이나 명예를 의미하는 것이 아니라 그 자체로 사대부로서 지켜야 할 중요한 덕목이다. 그렇다면 그 모든 것을 이룬 후에는 어떻게 살 것인가.

〈대장부 공성신퇴ᄒᆞ야〉에서 화자는 은퇴 후 전원으로 간다. '냇물이 흐르는 숲속[林泉]'에 집을 짓고 거기에 만권의 책[萬卷書]를 쌓아 두고 있다. 자연과 더불어 지내며 수신하는 삶은 유학자들의 보편적 이상이다. 유학자들에게 자연은 그 자체로 조화를 이룬 이상적인 공간이자 안빈낙도의 소박한 삶을 영위하는 공간이기도 하다. 초장에 국한하여 보면 이정보 또한 이런 삶을 지향하고 있는 것으로 보인다.

그러나 중장에 나타난 삶의 모습은 이러한 소박함과는 거리가 멀다. 농사는 직접 짓는 것이 아니라 종을 시키고, 정작 본인은 갖가지 유흥을 즐긴다. 이 유흥에는 일단 술이 빠질 수 없다. '금으로 된 술동이[金樽]'에서 술을 퍼서 마시는 호화로운 술자리다. 게다가 옆에는 아름다운 미녀가 있다. 이따금 답답하면 나가서 놀이를 즐긴다. 보라매(甫羅ᄆᆡ)를 길들여 '천금 값어치의 뛰어난 말[千金駿驄]'을 타면서 매사냥을 한다. 술과 놀이를 즐기니 노래가 절로 난다. 벽오동 거문고를 타며 노래를 부른다. 이때 부르는 시는 〈남풍시(南風詩)〉이다. 순임금이 지었다고 알려진 이 시는 태평성대를 노래한 것으로 "남풍의 훈훈함이여, 우리 백성들 걱정 풀어주겠네[南風之薰兮 可以解吾民之慍兮]"와 같은 내용을 담고 있다. 시대가 '태평연월(太平煙月)'이 아니라면, 화자는 그처럼 호화로운 생활을 만끽하지 못할 것이다. 게다가 화자는 '공을 세운 후 물러난[功成身退]' 인물이었으니, 자신이 추구하는 삶은 충분한 명분을 확보하고 있는 셈이다.

이처럼 이 노래에서는 향촌에서 전개되는 상황에 대해 땀과 노동의 수고로움은 종에게 미루는 대신, 화자 자신은 거기서 획득되는 삶의 풍요로움을 만끽하겠다는 의지를 드러낸다(김상진, 2011). 그리고 종장에서 표현한 대로 "평생(平生) ᄒᆡ올 일"은 오직 이뿐이라고 선언한다. 의지는 호기롭고 선언은 당당하다.

그런데 만일 이 노래를 정계 은퇴 이전에 지어 불렀다면 이는 공성신퇴 후에 누리고 싶은 생활을 그린 설계도에 해당한다. 그렇다고 해도 의미가 크게 달라지지는 않는다. 그가 동경하는 생활의 이상은 절대가인과 더불어 술을 마시고, 보라매를 앞세워 매사냥을 즐기며, 거문고를 타면서 노래를 부르는 데 있었으니 이 정도면 가히 환상에 가깝다. 안빈낙도를 임금의 은혜로 여기거나 초가집, 보리밥 등으로 표상되는 안빈의 이념을 드러냈던 다른 사대부들의 강호시가와는 전혀 다른 세계상이다.

이처럼 〈대장부 공성신퇴ᄒᆞ야〉에 나타나는 삶의 모습은 사대부의 현실적인 욕망과 지향점을 그대로 보여주고 있다. 어떤 면에서 이정보는 사회적 위신 때문에 가면을 써야 했던 다른 사대부들과는 달리, 체면 따위 과감하게 버리고 자신의 욕망을 진솔하게 드러낸 인물이 아니었을까 한다.

엮어 읽기

사설시조의 편폭

사대부가 창작자라고 알려진 사설시조 작품들을 보면 사대부의 정체성을 드러내고 있는 경우가 많다. 〈대장부 공성신퇴ᄒᆞ야〉 역시 사대부가 추구하는 삶의 모습을 진솔하게 형상화한 것이다. 그런데 사대부의 사설시조라고 해서 그 결이 단일한 것은 아니다. 이정보가 창작한 것으로 기록되어 있는 다음 작품만 보더라도 〈대장부 공성신퇴ᄒᆞ야〉와는 전혀 다른 미적 지향을 보이고 있다.

> 간밤의 ᄌᆞ고 간 그놈 암아도 못 니즐다
>
> 와야(瓦冶)ㅅ놈의 아들인지 즌흙에 쏨니듯시 두더쥐 영식(伶息)인지 국국기 뒤지듯시 사공(沙工)의 성령(成伶)인지 사어(沙禦)ᄉᆡ 질으듯시 평생(平生)에 처음이오 흉증(凶症)이도 야르제라
>
> 전후(前後)에 나도 무던이 겪거시되 츰 맹서(盟誓) 간밤 그놈은 참아 못 니즐ᄉᆡ ᄒᆞ노라

인용한 작품은 전체 6개의 가집에 수록되어 있는 노래로서 그중 주씨본 『해동가요』와 두 개의 가집에 이정보의 소작(所作)으로 명기되어 있어 작가 시비는 피할 수 있을 것이다. 이 작품에서는 간밤에 몰래 정을 통한 남자를 잊지 못해 지나간 시간의 성적 쾌락을 회고하는 여성의 어조가 유지되고 있다. 화자는 청루의 여

인으로 추정되는데, 비밀에 부칠 만한 일을 자랑스러워하는 듯한 태도로 소개하고 있다. 작위적이라 할 만큼 과장된 표현과 다양한 비유로 인해 해학미가 충만한 작품이다(류수열, 2008). 이른바 진솔한 표현, 서민적 감수성 등으로 요약되는 사설시조의 미학을 전형적으로 보여주는 작품으로 보인다.

그러나 이정보라는 사대부 남성이 지었다는 가집의 기록을 생각하면, 사설시조 미학의 전형성을 이렇게 규정하는 것은 성급해 보인다. 이 작품에서 이정보는 마치 고소설의 전기수나 강담사처럼 청자를 향해 음담패설을 전달하는 역할을 담당하고 있다고 해도 과언이 아니다(박노준, 1993). 이정보의 소작으로 기록되어 있는 또 하나의 사설시조인 〈님으란 회양 금성 오리남기 되고〉 또한 성애의 쾌락을 노골적으로 드러내고 있다는 점에서 사설시조의 향유층에서 사대부를 배제하는 것은 매우 위험한 일로 보인다.

그런가 하면 전형적인 강호가도의 흥취를 보여주는 다음과 같은 사설시조도 주목된다.

어촌(漁村)의 낙조(落照)ᄒᆞ고 강천(江天)이 일색(一色)인 제

소정(小艇)에 그물 싯고 십리 사정(沙汀) ᄂᆞ려가니 만강(滿江) 노적(蘆荻)에 하목(霞鶩)은 섯거 ᄂᆞᆯ고 도화유수(桃花流水)에 궐어(鱖魚)ᄂᆞᆫ ᄉᆞᆯ짓ᄂᆞᆫᄃᆡ 유교변(柳橋邊)에 ᄇᆡ를 ᄆᆡ고 고기 주고 술을 바다 명정(酩酊)케 취ᄒᆞᆫ 후에 의내성(欸乃聲) 부르면서 ᄃᆞᆯ을 ᄯᅴ고 도라오니

아마도 강호지락(江湖至樂)은 이ᄲᅮᆫ인가 ᄒᆞ노라

이 작품은 50여 개의 수록 문헌 중 유일하게 『청구영언』(연민본)에서만 조식(曺植)의 작품으로 기록되어 있고 나머지에서는 작자 미상으로 처리되어 있어서 작자를 확신하기는 어렵다. 게다가 산청의 지리산 기슭에서 처사로 자처하며 학문에만 전념했던 조식의 생애를 고려해보면 이 가집의 작자 표시는 더더욱 신뢰하기 어렵다. 그럼에도 불구하고 이 노래가 사대부들의 주된 레퍼토리였던 강호가도의 사설시조 버전임은 분명해 보이고, 작자 또한 사대부 계층일 것으로 추정된다. 어촌

에 석양이 비칠 무렵 일엽편주를 띄워두고 고기를 낚고 술을 마시며 노래를 부르고 달빛을 받으며 돌아오는 일상의 한 자락이 고스란히 묘사되고 있으며, 화자는 자신의 이러한 생활을 '강호지락'으로 요약하고 있다. 평시조 형식의 강호가도에서 보여주는 일상적인 삶의 흥취와 다를 바 없다.

사대부 소작의 이 같은 사설시조 작품들은 보편적인 상식으로 받아들여져 온, 평시조와 사설시조의 미학을 이분법적으로 갈라놓는 설명을 반박하는 예이다. 즉, 평시조는 사대부적 이념을 지향하며 사설시조는 현실적이고 세속적이라는 인식, 그리고 사설시조의 향유층을 조선 후기 중인·평민 계층으로 전제하고 장르적 특성을 규정하는 관점에 대한 재고가 필요한 이유가 된다.

사대부의 정체성이 드러난 사설시조 작품들을 사설시조의 일반적 범주에서 벗어난 예외적 작품으로만 설명하는 것은 사설시조에 담겨 있는 이념과 가치의 다양한 편폭을 단순화시킬 위험이 있다. 음란하고 저속한 표현, 서민적 생활 감각이 담긴 작품마저도 사대부들의 레퍼토리였을 가능성을 배제할 수 없다. 그리고 사설시조 작품의 전체적인 상을 고려해 본다고 해도 사설시조의 향유에 사대부들이 참여했을 것임은 분명해 보인다.

참고문헌

김상진(2011), 「시조에 나타난 조선후기 풍속도 — 이정보 시조를 중심으로」, 『온지논총』 27, 온지학회.
김용찬(1999), 「이정보 시조의 작품 세계와 의식 지향」, 『우리문학연구』 12, 우리문학회.
류수열(2008), 「놀이로 본 사설시조의 에로티시즘」, 『고전시가교육의 구도』, 역락.
박노준(1993), 「이정보 시조와 퇴행 속의 진경」, 『고전문학연구』 8, 한국고전문학회.
우리어문학회(1949), 『국문학개론』, 일성당서점.
장사훈(1973), 『시조음악론』, 국악학회.

Ⅶ

가사

가사

가사(歌辭)는 두 마디씩 짝을 이루면서 분량의 제약 없이 연속되는 문학 양식을 가리킨다. 노래의 길이가 자유롭고 상대적으로 길어서 비슷한 시기에 공존했던 짧은 형식의 시조와 대비하여 '장가(長歌)'로 불리기도 했다. 일정한 율격을 지키기만 하면, 길이와 내용에 특별한 제약이 없어 여러 계층에서 다양한 주제를 담아 노래할 수 있었다. 다만 분량이 자유롭고 무한히 길어질 수 있다는 점은 노래로 불리는 데 제약이 되었을 것이고, 이로 인해 초창기 가창의 전통이 오래 지속되지 못한 채 대부분 선율 없이 흥얼거리는 낭독의 방식으로 향유되었던 것으로 보인다.

가사는 형식적인 면에서는 두 마디가 짝을 이루는 일정한 율격을 지니고 있어 시가의 성격을 갖지만, 내용 면에서는 자신의 생각과 체험, 정서를 자유롭게 진술하는 산문의 성격도 동시에 지닌다. 이러한 특질로 인해 가사가 어느 장르에 속하느냐와 관련해서는 교술, 서정, 혹은 여러 장르가 복합된 혼합 장르와 같이 여러 이견이 있다.

가사가 언제 어떻게 생겨났는지에 대해서 명확히 알기는 어렵다. 최초의 작품을 두고서도 나옹화상의 〈서왕가〉와 정극인의 〈상춘곡〉 중 어느 것인지에 대해서 의견이 나뉜다. 두 작품 모두 당대에 기록된 것이 아니라서 첫 작품으로 의구심이 남는다. 가사의 연원과 관련해서도 경기체가, 시조, 장편 한시, 불교 노래, 민요 등 여러 선행 갈래가 거론되지만, 그 어느 것도 가사 양식의 기원을 완벽하게 설명해주지는 못한다. 아마도 짧은 형식의 시조가 길고 복잡한 문제를 담아내는 데 한계가 있었던 만큼 이러한 것들을 담아낼 수 있는 양식이 요청되었고, 이에 응답한 결과로 가사 양식이 출현한 것으로 설명할 수 있다. 두 마디 형식이 반복되어 입에서 입으로 전달되기에 쉽다는 점에서 특별한 효용을 지녔던 것으로 보인다.

가사는 시조에 비해 형식적 조건이 까다롭지 않고 길이의 제약도 없기 때문에 상대적으로 진입 장벽이 낮아 사대부에서 평민에 이르기까지 다양한 계층에서 여러 문제를 담아낼 수 있었다. 청자나 독자를 상대로 자신의 생각을 전달하고 설득하는 데 목적을 둔 유형이 있는가 하면, 자신의 생각과 감정을 드러내어 표출하는 데 중점을 둔 유형도 있다. 〈서왕가〉에서 출발하여 종교적·이념적 문제를 다룬 여러 종교가사, 도학가사 등이 전자에 해당하고, 〈상춘곡〉, 〈면앙정가〉, 〈성산별곡〉과 같은 강호가사 등이 후자에 속한다. 〈사미인곡〉, 〈속미인곡〉과 같은 충신연주지사 전통의 작품도 하나의 문화적 관습이 될 만큼 많은 인기를 얻었다. 그 밖에도 길이의 제약이 없어 기행의 여정과 경험을 담아내는 데에도 활용되었다. 〈관동별곡〉, 〈관서별곡〉과 같이 빼어난 경치를 유람하고서 쓴 기행가사들이 연이어 등장했고 멀리 일본이나 청나라를 사행으로 다녀온 경험을 기록하여 쓴 〈일동장유가〉, 〈연행가〉 등의 장편 작품도 있다.

조선 후기에 이르러 현실의 문제를 본격적으로 다루면서, 나라와 백성의 어려움을 드러내고 사회의 모순을 고발하는 작품도 등장한다. 곤궁한 사대부의 모습이 나타나기도 하고, 학정으로 고통받던 평민들의 괴로움이 토로되기도 한다. 또한 시조와 달리 여성의 참여가 비교적 쉬웠던 탓에 여러 규방가사가 생산되고 향유되었는데, 자신의 신세를 한탄하기도 하고 〈화전가〉와 같이 풍류를 늘어놓기도 하였다. 때로는 가사가 시집살이의 규범을 전달하고 가르치는 도구가 되기도 하였다.

이처럼 가사는 동시대의 갈래인 시조와 쌍벽을 이루면서, 상대적으로 긴 이야기를 늘어놓고 들려주는 기능을 맡았다. 압축의 부담과 형식의 제약 없이 자신의 생각과 이야기를 길게 늘어놓을 수 있다는 장점이 있어서, 자신이 처한 상황이나 겪었던 일, 그리고 그에 대한 생각을 자유롭게 담아내는 양식으로 널리 활용될 수 있었다.

가사 01

서왕가 西往歌

지은이 나옹화상(懶翁和尙, 1320~1376) **출처** 『보권염불문』(해인사본)

나도 이럴 만정 셰샹애 인재러니
무샹을 ᄉᆡᆼ각 ᄒᆞ니 다 거즛 거시로쇠
부모의 기친 얼골 주근 후에 쇽졀 업다
져근닷 ᄉᆡᆼ각ᄒᆞ야 셰ᄉᆞ을 후리치고
부모ᄭᅴ 하직 ᄒᆞ고 단표ᄌᆞ 일납애
청녀쟝을 비기 들고 명산을 ᄎᆞ자 드러
션지식을 친견ᄒᆞ야 ᄆᆞᄋᆞᆷ을 ᄇᆞᆰ키려고
쳔경 만론을 낫낫치 츄심ᄒᆞ야
뉵적을 자부리라 허공마ᄅᆞᆯ 빗기 ᄐᆞ고
마야검을 손애 들고 오온산 드러가니
졔산은 쳡쳡ᄒᆞ고 ᄉᆞ샹산이 더옥 놉다
뉵근 문두애 자최 업슨 도적은
나며 들며 ᄒᆞᄂᆞᆫ 듕에 번노심 베쳐 노코
지혜로 ᄇᆡᄅᆞᆯ 무어 삼계 바다 건네리라
념불 듕ᄉᆡᆼ 시러 두고 삼승 딤째에
일승듯글 ᄃᆞ라 두고 츈풍은 슌히 불고
ᄇᆡᆨ운은 섯도ᄂᆞᆫᄃᆡ 인간을 ᄉᆡᆼ각ᄒᆞ니
슬프고 셜운지라 념불 마ᄂᆞᆫ 듕ᄉᆡᆼ드라
몃 ᄉᆡᆼ을 살냐 ᄒᆞ고 셰ᄉᆞ만 탐챡ᄒᆞ야
ᄋᆡ욕의 즘겻ᄂᆞᆫ다 ᄒᆞᄅᆞ도 열두 시오

ᄒᆞᆫ ᄃᆞᆯ도 셜흔 날애 어늬 날애 한가ᄒᆞᆯ고
쳥뎡ᄒᆞᆫ 불셩은 사ᄅᆞᆷ마다 ᄀᆞ자신ᄃᆞᆯ
어ᄂᆡ 날애 ᄉᆡᆼ각 ᄒᆞ며 ᄒᆞᆼ사 공덕은
볼ᄂᆡ 구독ᄒᆞᆫᄃᆞᆯ 어ᄂᆡ 시예 나야 쁠고
셔왕은 머러지고 지옥은 갓갑도쇠
이보시소 어로신네 권ᄒᆞ노니 죵졔션근 시무시소
금ᄉᆡᆼ애 ᄒᆞ온 공덕 후ᄉᆡᆼ애 슈ᄒᆞᄂᆞ니
ᄇᆡᆨ년 탐믈은 ᄒᆞᄅᆞ 아젹 듯글이오
삼일ᄒᆞ 온 념블은 ᄇᆡᆨ쳔 만겁에
다흠 업슨 보뵈로쇠 어와 이 보뵈
력천겁이 불공ᄒᆞ고 긍만셰이 쟝금이리
건곤이 넙다 ᄒᆞᆫᄃᆞᆯ 이 ᄆᆞ음애 미출손가
일월이 볼다 ᄒᆞᆫᄃᆞᆯ 이 ᄆᆞ음애 미출손가
삼셰 졔불은 이 ᄆᆞ음을 아ᄅᆞ시고
눅도 즁ᄉᆡᆼ은 이 ᄆᆞ음을 져ᄇᆞ릴ᄉᆡ
삼계 뉸회을 어늬 날에 긋칠손고
져근닷 ᄉᆡᆼ각ᄒᆞ야 ᄆᆞ음을 ᄊᆡ쳐 먹고
태허를 ᄉᆡᆼ각ᄒᆞ니 산쳡쳡 슈잔잔
풍슬슬 화명명ᄒᆞ고 숑쥭은 낙낙ᄒᆞᆫᄃᆡ
화장 바다 건네 저어 극낙 셰계 드러 가니
칠보 금디예 칠보망을 둘너시니
구경ᄒᆞ기 더옥 죠히 구품 년ᄃᆡ예
념불 소ᄅᆡ 자자 잇고 쳥학 ᄇᆡᆨ학과 ᄋᆡᆼ무 공쟉과
금봉 쳥봉은 ᄒᆞᄂᆞ 니 념불일쇠
쳥풍이 건듯 부니 념불 소ᄅᆡ 요요ᄒᆞ외
어와 슬프다 우리도 인간애 나왓다가
념불 말고 어이 ᄒᆞᆯ고 나무아미타불

맥락

사찰에서 전승된 노래

〈서왕가〉는 숙종 30년(1704) 예천 용문사에서 판각된 『대미타참략초요람보권염불문(大彌陀懺略抄要覽普勸念佛文)』(일명 『보권염불문』)에 전한다. '아미타불에 대한 찬양과 극락세계에 대한 묘사', '왕생한 사람들의 이야기', '염불작법(念佛作法)', '부록' 중 '염불작법' 부분에 '나옹화샹셔왕가'라는 제목으로 수록되어 있다. 1741년 수도사에서 재간한 이본과, 1764년 동화사에 간행한 이본, 1765년 용문사에서 개판한 삼간본(三刊本)과 같은 해 흥률사에서 간행한 이본, 1776년 합천 해인사에서 복각한 오간본(五刊本), 1787년 선운사에서 간행한 이본 등에도 〈서왕가〉가 수록되어 전한다. 『보권염불문』 계열의 〈서왕가〉 이본들은 흥률사본을 제외하고는 모두 '염불작법' 부분에 수록되어 있다. 한편 이들과는 다른 계열의 이본도 존재한다. 1776년 해인사에서 간행한 『신편보권문(新編普勸文)』에 수록되어 전하는 〈강월존자서왕가(江月尊者西往歌)〉와, 김태준(金台俊)이 『조선가요집성』에 수록하여 소개하고 권상로(權相老)가 채집한 〈나옹화상서왕가(懶翁和尙西往歌)〉가 바로 그것이다. 요약하면 『보권염불문』 계열의 〈서왕가〉 이본들에, '염불작법'이 없는 『신편보권문』에 수록된 〈강월존자서왕가〉와, 근대에 이르러 노래로서 채집된 이본까지 합치면 현전하는 〈서왕가〉의 이본은 현재 십여 종(정한기, 2016)에 이른다.

불교 의식에서 구송하는 게송(偈頌)과 진언(眞言)을 모아놓은 '염불작법'에 수록된 것을 보면, 기록 당시 〈서왕가〉가 일종의 염불문으로 불교 의식에 소용되는 노래였을 가능성(정한기, 2016)이 있다. 그런데 후대에 이르러 '염불작법'과 무관하게 기록된 것을 보면 포교를 의도한 포교가사였을 가능성도 추정해볼 수 있다. 다시 말해, 종교의식이나 포교를 위해 소용된 노래였음을 짐작할 수 있는데, 후대에 천주교 가사가 대거 만들어진 사실이나 동학가사집이라고 할 수 있는 『용담유사(龍潭遺詞)』가 존재하는 것을 보면 교리를 알리고 종교적 감화를 불러일으키기 위해 율문 형식의 가사를 활용하는 것이 범종교적으로 보편적인 현상이었음을 알 수 있다. 무한히 길어질 수 있는 데다가 동일한 글자 수의 주기적인 반복으로 인해 율동감까지 만들어낼 수 있는 가사 양식이야말로 교리를 전달하는 동시에 정서적 감화를 유발하는 데 효과적이었을 것이다.

쟁점

나옹화상의 작품인가 아닌가

나옹화상 혜근(慧勤)은 고려시대의 유명한 선승이다. 여러 문헌이나 비(碑) 등에 생애에 대한 기록이 비교적 상세히 남아 있고, 전설의 주인공으로 등장하기도 한다. 1379년 제자들이 다시 출간한 『나옹화상어록(懶翁和尙語錄)』에 나옹화상의 행장·탑명(塔銘)·법어 등이, 『나옹화상가송(懶翁和尙歌頌)』에 가(歌)·송(頌)·게(偈)·찬(讚) 등의 시가가 각각 수록되어 전한다.

그런데 현존하는 〈서왕가〉의 최고본(最古本)은 18세기 초반 간행물에나 존재한다. 나옹화상의 생존 시기와 최초 문헌 사이에 적어도 400년 이상의 시간차가 나는 셈이다. 이처럼 적지 않은 시간차가 나는 까닭에, 〈서왕가〉의 작자가 과연 나옹화상인지, 나옹화상이라 하더라도 현존하는 〈서왕가〉가 지어진 당시의 모습을 얼마나 간직하고 있을지에 대한 논란(이병철, 2006)이 야기되었다. 이 문제는 가사의 발생 시기에 대한 논란과도 밀접하게 관련된다. 기록의 내용을 그대로 인정한다면 〈서왕가〉가 현전하는 최고의 가사 작품이기 때문이다.

포교에 유리하도록 유명한 선승인 나옹화상이 지었다고 했을 가능성이 없지 않고, 실제로 나옹화상이 지었다 하더라도 문헌으로 기록된 시점을 감안해보면 현존하는 〈서왕가〉가 발생 당시의 모습이라는 보장은 없다(강전섭, 1986; 정재호, 1986, 2003). 그러나 현재로서는 고려 말 나옹화상의 작이라는 기록을 뒤집을 만한 결정적인 증거 또한 존재하지 않는다. 사상과 어휘 등이 나옹의 다른 가사 작품이나 글에서 나타나는 것과 유사하다는 점과 〈서왕가〉가 종교가사이고 따라서 사찰이라는 폐쇄적인 공간에서 전승되었을 것이라는 점을 감안하면 현존하는 〈서왕가〉 최고본이 고려시대에 나옹화상이 지은 작일 가능성(김태준, 1934; 장덕순, 1960; 김성배, 1973; 최강현, 1986)을 부정하긴 어렵다.

꼼꼼히 읽기

'나'의 여정을 '우리'의 여정으로

〈서왕가〉는 종교적 각성 및 수행의 과정을 우의적으로 서사화한 이야기이다. 표면적으로 보면 집을 나간 '나'가 허공마를 타고 마야검을 가지고 육적(六賊)

을 잡으러 오온산(五蘊山)에 들어가 결국 도적을 베어냈다는 이야기가 주된 내용이다. 그리고 도적을 베어낸 후 삼계 바다를 건너 당도한 극락세계에 대한 묘사가 덧붙어 있다. 이렇게 화자 '나'가 서방 정토로 가는 이야기가 바로 〈서왕가〉이다.

세상 모든 것이 다 거짓이고 죽은 후에 모든 것이 속절없음을 불현듯 깨달은 화자 '나'가 부모님께 하직하고 출가하는 것으로 노래가 시작된다. 이어 출가한 후의 여정이 펼쳐진다. 화자는 육적을 잡기 위해 마야검을 휘두르며 거듭 전진한 끝에 번뇌심을 베어내는 데 성공한다. 그러나 화자의 여정이 여기서 끝나지는 않는다. 삼계 바다로 순항하던 중 화자는 불현듯 "인간을 싱각"하게 된다. 생각인즉 "슬프고 셜운" 생각이다. 슬프고 설운 생각에 화자는 염불을 하지 않는 '중생'들에 대한 권면의 말을 하기에 이른다. 몇 생을 살려고 염불을 하지 않느냐고 수사적 질문을 던진 후, 염불을 하지 않으면 극락이 멀어지고 지옥이 가까워지니 염불을 하며 불도에 정진하라고 권한다.

이렇게 중생들을 향해 설득의 말을 던지고 나서 화자는 마침내 극락세계에 당도한다. 불교의 여러 이상향 중 서방[西]의 정토에 왕생[往]한 것이다. 칠보와 온갖 보물로 장식된 그곳은 학과 봉황, 앵무 등 신화적 동물들마저 염불을 하고 있는, 그야말로 불토(佛土) 그 자체로 형상화되어 있다. 그런데 이런 이상향에 당도한 화자가 기쁨이 아닌 '슬프다'라는 탄식의 말을 내뱉는다. 화자는 왜 슬프다고 탄식한 것일까. 전후를 살펴야만 그 답이 나온다. 전후 맥락을 참고해보면 화자 '나'가 아직 서방 정토에 도달하지 못했음을, 〈서왕가〉에 그려진 서방 정토로의 여정과 정토의 모습이 오로지 화자 '나'의 머릿속에서 일어난 일임을 짐작할 수 있다. 청중과 화자 자신을 인간 세계에 있는 '우리'로 묶어 호명하면서 서방 정토에 다시 태어나기 위해 함께 염불에 힘쓰자고 청하는 것으로 노래를 마무리하는 것을 보면, 화자의 여정이 끝나지 않았음을, 정확하게 말하면 시작되지도 않았음을 분명하게 확인할 수 있다. 구도 여정은 일종의 환상적 체험이었고 불경 소리가 넘쳐나는 아름다운 정토의 모습 역시 화자가 도달하고자 꿈꾸는 이상향이었던 것이다.

요약하면 〈서왕가〉는 '나'의 출가 및 수행 과정에 대한 고백의 말로 시작하여, 중간에 '중생'을 향한 설득의 말을 하고, 마지막에 이르러서는 중생과 '나'를 '우리'로 묶어 호명하면서 서왕, 즉 서방 정토에 왕생하기 위하여 함께 염불을 하자는 청유의 말로 마무리된다. 1인칭 '나'가 고백하듯이 자신의 종교적 여정을 비유적으로 형상화하여 들려줌으로써 청중들의 자연스런 동화를 유도하는 한편, 이들에게 염불을 하라고 직설적으로 권면의 말을 던지기도 한다. 나아가 서방 정토가 얼마나 아름다운 곳인지 형상화하여 보여줌으로써 그곳에 가기 위하여 '나'와 청중인 '너', 즉 '우리'가 해야 할 일이 염불임을 자연스럽게 받아들이도록 유도하고 있다.

화자의 독백과 전언이 교차되는 이중 구조(김대행, 1996)가 불교의 교리나 수행 과정을 알려주는 동시에, 중생들을 종교적으로 감화하는 데 기여하고 있다. 어리석은 중생으로 호명된 청중들이 어리석고 평범한 사람[凡人]인 '나'의 여정을 따라가면서 불교 수행의 과정을 자연스럽게 배우고 극락세계의 모습을 상상적으로 경험할 수 있게 한다. 나아가 이들이 수행을 권하는 말에 설득되고 결국 은연중에 수행 공동체 '우리'의 한 구성원으로 동화되어 종교적 구도의 자세를 다지게 한다.

엮어 읽기

우의의 미학

〈서왕가〉는 표면적으로 한 사람의 인생 여정을 담고 있는 노래처럼 보인다. 그런데 이 노래는 불교의 수행 과정과 방법 및 수행의 결과로 도달할 수 있는 이상향에 대해 알려주는 우의(寓意), 즉 알레고리를 활용하고 있다. 따라서 〈서왕가〉에서 겉으로 드러난 이야기를 문면 그대로 받아들이면 곤란하다. 〈서왕가〉는 불교의 교리와 수행의 과정을 이해하고 추체험하게 하려는 의도로 지어졌고, 드러난 이야기 이면에 다음과 같은 이야기를 숨기고 있기 때문이다.

드러난 이야기	평범한 사람의 투쟁 이야기 : 허공마를 타고 마야검을 들고 육적과 싸우는 이야기
↓ 간접적으로 교리를 제시[寓意]	
숨은 이야기	종교적 수행의 과정 이야기 : 출가(出家)하여 선지식을 친견[請益]하고 구도(求道)하여 오도(悟道)하는 과정에 대한 이야기

우의가 문학적 효과를 발휘하려면, 즉 청중들로 하여금 표면적 이야기를 넘어 이면의 이야기를 받아들이도록 하려면, 드러난 이야기가 숨은 이야기와 구조적 동일성을 가지고 있어야 한다. 그래서 드러난 이야기를 보고 숨은 이야기를 파악하는 데 어려움이 없어야 한다.

이솝우화를 예로 생각해보자. 동물들이 주인공으로 등장한다고 해서 독자들이 그 이야기를 실제 동물들의 이야기로 받아들이지는 않는다. 분명한 행동 특성이 있어 성격화하는 데 수월하기 때문에, 인간의 어떤 특성이나 행동을 대변하기 위해 전략적으로 동물을 주인공으로 선택했다는 것을 알고 있기 때문이다. 그걸 아는 독자들은 잔꾀를 부리다가 허리가 부러질 뻔한 당나귀 이야기를 제 꾀에 넘어가곤 하는 인간의 어리석음을 드러내기 위한 이야기로 어렵지 않게 받아들인다. 동시에 당나귀의 이야기를 통해 심리적 저항감 없이 어떤 교훈이나 전언을 받아들이거나 깨닫게 된다. 〈서왕가〉의 작자와 창작 의도, 전승 공간 등은 모두 불교와 관련된다. 작품 속 '나'가 출가하는 계기 역시 종교적 이유인 데다가 화자가 타는 말과 휘두르는 검, 싸우는 적의 이름 등도 모두 불교에서 중요하게 내세우는 개념들이다. 따라서 당시 청중들은 〈서왕가〉가 도적을 잡는 이야기가 아니라 불교 수행의 과정을 우의적으로 표현한 노래임을 어렵지 않게 인지하고 또 받아들일 수 있었을 것이다.

우의는 불교뿐만 아니라 다른 종교에서도 포교를 목적으로 흔히 사용했던 문학적 장치였다. 동학가사인 〈용담유사〉가 그 대표적인 사례이다. 〈서왕가〉나 〈용담유사〉는 물론이고 천주교 가사 등 20세기 초 포교가사에서도 작자들은 교리를 직접 설명하기보다는 어떤 이야기에 빗대어 알기 쉽게 전달하는 이러한 전략을 적극 활용했다. 청중들이 심리적 거부감이나 부담감을 느끼지 않고 이야기를 듣는 즐거움과 재미를 경험하면서 부지불식간에 종교적 교리나 수행 방법을 익히고 종교적 감화를 받기를 바랐기 때문이다.

참고문헌

강전섭(1986), 「전나옹화상작 가사 4편에 대하여」, 『한국시가문학연구』, 대왕사.
김대행(1996), 「서왕가와 문학교육론」, 정재호 외, 『한국가사문학연구』, 태학사.
김성배(1973), 『한국 불교가요의 연구』, 동국대학교 박사학위논문.
김태준(1934), 『조선가요집성』 1, 한성고서주식회사.
이병철(2006), 「가사발생과 관련한 〈서왕가〉의 논의」, 『인문학 연구』 10, 경희대학교 인문학연구소.
염은열(1995), 「서왕가의 인식적 특성 연구」, 『선청어문』 23, 서울대 국어교육과.
장덕순(1960), 『국문학통론』, 신구문화사.
정재호(1986), 「나옹작 가사의 진위 고」, 『사대논집』 11, 고려대학교 사범대학.
정재호(2003), 「나옹작 가사의 작자 시비」, 『한국학연구소』 19, 고려대학교 한국학연구소.
정한기(2016), 「서왕가의 수용 문맥과 교훈의 재구성」, 『국문학연구』 34, 국문학회.
최강현(1986), 『가사문학론』, 새문사.

가사 02

상춘곡 賞春曲

지은이 정극인(丁克仁, 1401~1481) **출처** 『불우헌집』

紅塵[홍진]에 뭇친 분네 이내 生涯[생애] 엇더ᄒᆞᆫ고

녯 사ᄅᆞᆷ 風流[풍류]를 미ᄎᆞᆯ가 ᄆᆞᆺ 미ᄎᆞᆯ가

天地間[천지간] 男子[남자] 몸이 날만ᄒᆞᆫ 이 하건마ᄂᆞᆫ

山林[산림]에 뭇쳐 이셔 至樂[지락]을 ᄆᆞᄅᆞᆯ 것가

數間茅屋[수간모옥]을 碧溪水[벽계수] 앏픠 두고

松竹[송죽] 鬱鬱裏[울울리]예 風月主人[풍월주인] 되여셔라

엇그제 겨을 지나 새 봄이 도라오니

桃花杏花[도화행화]ᄂᆞᆫ 夕陽裏[석양리]예 퓌여 잇고

綠楊芳草[녹양방초]ᄂᆞᆫ 細雨中[세우중]에 프르도다

칼로 ᄆᆞᆯ아낸가 붓으로 그려낸가

造化神功[조화신공]이 物物[물물]마다 헌ᄉᆞᄅᆞᆸ다

수풀에 우ᄂᆞᆫ 새ᄂᆞᆫ 春氣[춘기]를 ᄆᆞᆺ내 계워

소ᄅᆡ마다 嬌態[교태]로다 物我一體[물아일체]어니

興[흥]이ᄋᆡ 다ᄅᆞᆯ소냐 柴扉[시비]예 거러 보고

亭子[정자]애 안자보니 逍遙吟詠[소요음영]ᄒᆞ야

山日[산일]이 寂寂[적적]ᄒᆞᆫᄃᆡ 閑中眞味[한중진미]ᄅᆞᆯ

알 니 업시 호재로다

니바 니웃드라 山水[산수] 구경 가쟈스라

踏靑[답청]으란 오ᄂᆞᆯ ᄒᆞ고 浴沂[욕기]란 來日[내일] ᄒᆞ새

아ᄎᆞᆷ에 採山[채산]ᄒᆞ고 나조ᄒᆡ 釣水[조수]ᄒᆞ새

ᄀᆞᆺ 되어 닉은 술을 葛巾갈건으로 밧타 노코
나모 가지 것거 수 노코 먹으리라
和風화풍이 건ᄃᆞᆺ 부러 綠水녹수ᄅᆞᆯ 건너 오니
淸香청향은 잔에 지고 落紅낙홍은 옷새 진다
樽中준중이 뷔엿거ᄃᆞᆫ 날ᄃᆞ려 알외여라
小童소동 아ᄒᆡᄃᆞ려 酒家주가에 술을 믈어
얼운은 막대 집고 아ᄒᆡᄂᆞᆫ 술을 메고
微吟緩步미음완보ᄒᆞ야 시냇ᄀᆞ의 호자 안자
明沙명사 조ᄒᆞᆫ 물에 잔 시어 부어 들고
淸流청류ᄅᆞᆯ 굽어보니 ᄯᅥ오ᄂᆞ 니 桃花도화ㅣ로다
武陵무릉이 갓갑도다 져 ᄆᆡ이 긘 거인고
松間細路송간세로에 杜鵑花두견화ᄅᆞᆯ 부치 들고
峯頭봉두에 급피 올나 구름 소긔 안자보니
千村萬落천촌만락이 곳곳이 버러 잇ᄂᆡ
煙霞日輝연하일휘ᄂᆞᆫ 錦繡금수ᄅᆞᆯ 재폇ᄂᆞᆫ ᄃᆞᆺ
엇그제 검은 들이 봄빗도 有餘유여ᄒᆞᆯ샤
功名공명도 날 ᄭᅴ우고 富貴부귀도 날 ᄭᅴ우니
淸風明月청풍명월 外외예 엇던 벗이 잇ᄉᆞ올고
簞瓢陋巷단표누항에 흣튼 혜음 아니 ᄒᆞᄂᆡ
아모타 百年行樂백년행락이 이만ᄒᆞᆫ들 엇지ᄒᆞ리

맥락과 쟁점

300여 년 뒤 후손이 기록한 노래

〈상춘곡〉은 성종 대 정극인이 지은 가사 작품이다. 정조 9년(1786)에 후손인 정효목(丁孝穆)에 의해 수집 편찬된 『불우헌집(不憂軒集)』이라는 문헌에 수록되어 전한다. 정극인 사후 305년이 지난 시점에 기록되었기 때문에, 현전하는 〈상춘곡〉이 과연 15세기에 지어진 노래인지, 정극인의 작품인지 논란이 있다. 분명한 것은 〈상춘곡〉이 정극인이 죽은 지 300여 년 뒤에 정극인의 작품으로 기록되었고 가문을 중심으로 향유되고 전승되었다는 사실이다.

〈상춘곡〉의 창작 시기에 대한 논란은 작자뿐 아니라 가사의 발생에 대한 논의와도 관련된다. 문헌 기록을 존중하여 〈상춘곡〉을 성종 연간 정극인이 지은 노래로 보고, 가사, 그중에서도 강호가도를 노래한 사대부 가사의 효시 작품으로 보는 견해가 일찍이 제출되었다. 그러나 문집 수록 시점에 주목하여 〈상춘곡〉을 15세기 정극인의 작품으로 볼 수 없다는 문제 제기가 있었고, 그와 관련하여 〈서왕가〉를 가사의 효시 작품으로 보는 견해(이병기 · 백철, 1981)가 제출되었다.

그러나 아직은 정극인이 지은 〈상춘곡〉을 가사의 효시 작품으로 보고 조선 전기, 특히 성종 연간을 가사의 형성 시기로 보는 견해가 지배적이다. 〈상춘곡〉을 근거로 제시하는 논자들(정재호, 1960; 이상보, 1974)은 현전 가사의 대부분이 조선 전기 이후의 사대부 계층에 의하여 지어졌다는 점과 내용 또한 전기 가사의 특징인 자연미의 형상화와 관련된다는 점을 들어 〈상춘곡〉을 효시 작품으로 보고 정극인의 활동 시기인 성종 연간을 가사의 형성 시기로 추정하였다.

그러나 〈상춘곡〉의 어휘가 15세기가 아니라 17세기 이후의 것임을 들어 〈상춘곡〉이 정극인 당대의 작품이 아니라 적어도 17세기 이후의 작품일 것이라는 견해도 제출되었다. 〈상춘곡〉에 나오는 어휘와 『불우헌집』에 실린 어휘들 사이에 많은 차이점이 발견된다는 점, 〈상춘곡〉에 드러난 내용과 정극인의 실제 삶 및 사상이 일치하지 않는다는 점, 중국 지향적이었던 정극인이 훈민정음 반포 후 30년밖에 지나지 않은 시점에서 한글을 익혀 작품을 썼을 것으로 추정하기는 어렵다는 점을 들어 〈상춘곡〉의 작자가 정극인이 아니라고 본 주장(최강현, 1984; 양희찬, 2012)이 바로 그 예이다. 이 논의에 따르면 〈상춘곡〉은 가사의 효시작도 될 수 없다. 〈상춘곡〉을 강호시가의 형성 이후 지어진 작품으로 추정하는 견해가 제출되기도 했는데, 이 견해는 『불우헌집』의 편찬 과정을 추정하고 편찬할 때 가사 작품을 수정 보완하여 수록했다는 기록에 근거하여 〈상춘곡〉의 원작이 사실은 이낙(李洛)의 〈환산별곡(還山別曲)〉이라는 주장(강전섭, 1980)으로까지 나아갔다.

현전하는 〈상춘곡〉이 15세기 정극인의 작품인지 아닌지, 나아가 가사의 역사에서 어떤 자리를 차지하고 있는지는 분명하지 않다. 작품이 작자의 생애와 사상으로부터 자유로울 수는 없지만 이를 있는 그대로 반영하는 것도 아니고, 시차를 두고 기록으로 남은 까닭에 창작 당시의 어휘와 기록 당시의 어휘가 혼재되어 있을 가능성도 있어 〈상춘곡〉의 작자 및 창작 연대에 대한 시비를 가리기가 쉽지 않다. 현재로서는 기록을 존중하여 정극인의 작으로 보되 고려 말부터 시도되던 가사 양식이 조선 중기에 이르러 사대부 문화의 중심에 있는 본격적인 장르로 부상하였다고 결론지을 수밖에 없다.

꼼꼼히 읽기

이상화된 봄 풍경과 흥취

〈상춘곡〉은 말 그대로 '봄 경치를 보고 즐긴[賞春]' 내용이 주를 이룬다. 봄을 맞이한 작자가 강호에서의 지극한 즐거움을 노래하고 있는데, 봄날의 풍광과 그 속을 노닐면서 즐기는 흥취가 잘 형상화되어 있다.

〈상춘곡〉은 홍진에 묻혀 있는 사람, 즉 세상 사람들을 부르는 말로 시작한다. 그리고 강호에서 봄을 맞이한 자신의 삶이 어떠한지, 옛 사람들의 풍류에 미치고 있는지 아닌지 묻는다. 청중을 호명하고 수사적 질문을 던짐으로써 우선 청중들의 흥미를 끌며 노래를 시작한다.

이어 화자는 자신이 '산림에 묻혀' 있으며 '푸른 시냇가에 수간모옥을 지어두고 소나무와 대나무가 울창한 속에 풍월주인이 되어 살고 있노라'고 말한다. 그곳에 긴 겨울이 지나고 새 봄이 돌아오니 조물주의 재주가 온갖 사물들에서 발현되기 시작한다. 복사꽃과 살구꽃이 석양 속에서 붉게 피어 있고, 푸른 버들과 고운 풀이 가는 비에 더욱 푸르며 수풀 속에서는 춘흥을 못 이긴 새들이 교태롭게 노래한다. 꽃과 풀, 새 등 모든 자연물이 이처럼 봄의 흥취를 즐기고 있으니 그 속에 있는 화자 역시 동화되어, 즉 물아일체가 되어 흥이 절로 난다. 〈상춘곡〉에서 화자의 흥을 유발하는 봄 풍광은 시각적으로나 청각적으로나 매우 강렬하다. '연붉은' 복사꽃과 살구꽃은 굳이 '붉은' 석양 속에 피어 있고, '녹양방초'가 가는 이슬비에 더욱 '푸르르며', 수풀 속에는 새들이 온갖 교태를 부리며 울어댄다. 봄의 빛깔과 소리, 그로부터 유발되는 정서가 감각적으로 형상화되어 있는 것이다. 이는 화자가 가장 이상적인 장면으로 관념한 봄의 이미지이자 풍경들이다.

다음으로 이처럼 아름다운 봄을 맞이한 화자의 일상 혹은 행위가 이어진다. 화자는 시비에 걸어보고 정자에도 앉아보고 천천히 거닐며 시를 읊조리는 등 한가한 중에 진정한 즐거움을 경험한다. 이어 유유자적하다가 꽃나무 가지로 수를 놓으면서 술을 마시고 도화가 떠내려오는 시냇가에 앉아 또 술잔을 기울인다. 그러다가 진달래를 꺾어 들고 봉우리에 올라가 내려다보니 안개와 노을, 햇살이 비치는 마을에 봄빛이 아름답게 펼쳐져 있다. 무릉도원이 따로 없다. 자연 외에 다른 벗은 없지만 허튼 생각하지 않는 화자는 급기야 평생의 즐거움이 이만하면 어떠하냐고 묻기에 이른다. 그렇게 상춘의 노래가 끝이 난다.

시비(柴扉), 정자(亭子), 화풍(和風), 녹수(綠水), 명사(明沙) 깨끗한 물가, 송간세로(松間細路), 연하일휘(煙霞日輝) 등 여러 심상이 등장하고, 그 속에서 미음완보(微吟緩步)하거나 소요음영(逍遙吟詠)하는 작가의 모습 또한 하나의 심상으로 제시된다. 물론 봄을 맞이한 화자의 실제 생활이 이처럼 아름답고 낭만적이기만 하지는 않았을 것이다. 봄의 풍광을 이상적으로 그려낸 것처럼, 화자의 행동이나 강호에서의 생활 또한 당시 사대부들이 이상적으로 생각했거나 꿈꾸어 왔던 삶의 모습을 그려냈다고 볼 수 있다.

그런 점에서 〈상춘곡〉은 학과 소나무, 물결이 조화를 이루는 동양화의 세계처럼, 관념적으로 설정된 조화의 풍경이자 사대부들이 지향하던 삶과 이념이 투영된 작품이라 할 수 있다. 당시 사람들이 생각했던 봄의 아름다움 혹은 봄에 대한 관념과 당시 문인들이 추구했던 자연에서의 삶을 추상(抽象)하여 표상(김대행, 1998)한 것이다.

아름다운 풍경을 봤을 때 흔히 '그림 같다'고 말한다. 우리 머릿속에 하나의 '그림'이 있고 그 '그림'에 견주어 실제 풍경을 보는 것이다. 그런데 그 '그림'은 '일종의 관념적 아름다움'으로, 여러 구체적인 풍경들로부터 추상하여 머릿속에 자리하게 된 관념이기에 실제 풍경이 아니다. 감각적인 실체로서의 관념이라 생생한 느낌을 주지만 사실은 여러 경험과 생각을 통해 구성된 이미지이기 때문에 추상적인 속성도 지닌다. 〈상춘곡〉의 작자는 자신이 동경하는 봄날의 아름다움을 표현하기 위하여 오감으로 느낄 수 있는 이미지들을 동원하고 있다. '석양리에 피어 있는 도화와 행화', '가는 비 오는데 더 푸른 녹양방초', '푸른 잔' 등 아름다움을 환기하는 이미지들을 제시하고 있다. 그러나 감각적으로 인식되는 사물이나 이미지를 활용했다고 해서 〈상춘곡〉이 봄의 실경과 봄을 맞이한 작자의 실제 생활을 그려내고 있다고 보기는 어렵다. 그보다는 작자가 생각하는 '그림', 정확하게 말하자면 작자가 상상한 아름다운 봄 풍경과 상춘의 행위 및 자세를 드러낸 것으로 볼 수 있다.

작자는 허다한 식물들 중에서도 '울울한 송죽'과 '도화행화', '녹양방초'를, 허다한 공간 중에서도 띠집인 '수간모옥'과 '사립문', '정자' 등을 선택하였다. 그리고 여러 행위나 일상 중에서도 술잔을 기울이며 친구를 기다리고, 미음완보하며 소요음영하는 자신의 행위만을 노래하고 있으며 자신이 처한 공간을 무릉도원과 연결 짓는가 하면 저녁 안개 내린 마을을 굽어보며 단표누항의 삶에 만족하는 자신의 마음을 드러내고 있다. 이것이야말로 〈상춘곡〉의 작자가 동경하고 꿈꾸던 봄의 풍경이자 물러난[退] 자의 일상 및 삶의 자세라고 할 수 있다.

엮어 읽기

동경의 생산과 유통

〈상춘곡〉이 사대부들의 이념을 표상한 강호시가로 분류될 수 있는 까닭은 이 노래가 당시 사대부들이 꿈꾸던, 즉 동경하던 자연의 모습 혹은 상춘의 모습을 형상화하고 있기 때문이다. 그리고 가문을 중심으로 유통되고 사대부 문화의 중심에 자리할 수 있었던 것도 이와 무관하지 않다. 〈상춘곡〉과 같은 가사 작품을 통해 자신들의 '동경(憧憬)'을 생산 및 유통(김대행, 1998)함으로써 사대부로서의 문화적 정체성을 확인하고 공유했던 것으로 보인다.

문학이 출현한 이래로 동경의 유통은 늘 지속되었던 문화적 현상이자 문학 및 예술을 창작하고 향유하는 중요한 이유 혹은 동기가 되어 왔다.

나의 살던 고향은 꽃피는 산골
복숭아꽃 살구꽃 아기 진달래
울긋불긋 꽃 대궐 차린 동네
그 속에서 놀던 때가 그립습니다

꽃동네 새 동네 나의 옛 고향
파란 들 남쪽에서 바람이 불면
냇가에 수양버들 춤추는 동네
그 속에서 놀던 때가 그립습니다

우리나라 대표 동요인 〈고향의 봄〉은 1927년 홍난파가 만든 곡에, 월간 아동문학지 『어린이』에 실렸던 이원수의 동시 작품을 가사로 붙여 만든 노래이다. 산업화와 도시화의 바람 속에서 고향을 떠나 도시로 이주한 여러 사람들에게 이 노래는 단순한 동요 이상의 의미를 지녔다. 고향의 봄, 나아가 한국의 봄을 떠올리게 해주는 특별한 노래였다. 떠나온 고향 마을에 봄이 되면 살구꽃과 진달래꽃이 필 수도 있다. 그러나 고향 마을이 꽃피는 산골이 아닌 사람들도, 살구꽃을 모르고 진달래꽃을 식별하지 못하는 사람들도 이 노래를 들으면 고향의 봄을 떠올리고 향수에 빠지게 된다. 이호우(爾豪愚)의 시조에 나오는 '살구꽃 핀 마을은 어디나 고향 같다'는 시구에 토를 달 사람도 없다. 이 시를 읽으면서 동경하는 고향의 이미지를 감각적으로 떠올리는 데 부족함이 없기 때문이다. 살구꽃이 핀 마을은 일종의 관념이지만, 살구꽃이나 마을에 대한 개인의 경험을 통해 추상화된 보편적 관념이자 우리의 감각에 각인된 관념이라 심리적으로 익숙하게 받아들여지기에 그러하다.

사실 석양리에 복숭아꽃과 살구꽃이 함께 피어 있고 가는 비가 녹양방초에 뿌리는 실경이 나타날 가능성은 낮다. 개화 시기를 감안하면 복숭아꽃, 살구꽃과 진달래가 한꺼번에 피어 꽃 동네를 연출할 가능성 또한 낮다. 그러나 사실 여부를 따지기에 앞서, 혹은 사실 여부와 상관없이, 청중들은 그렇게 그려진 봄의 정경과 분위기를 떠올릴 수 있고 그래서 그 풍경을 상상적으로 경험할 수 있다. 〈상춘곡〉이 아름다운 봄 풍경과 강호에서의 지극한 즐거움에 대한 관념과 동경을 그려냄으로써 당시 사람들에게 상춘의 감흥을 유발하였듯이, 〈고향의 봄〉 역시 한국적이면서도 이상화된 풍경과 그 풍경 속에서 걱정 없이 놀던 때를 감각적으로 그려냄으로써 우리가 떠나온 고향 혹은 유년기를 환기한다.

우리는 일상에서도 여러 관념의 도움을 받아 어떤 것을 인식하고 떠올리며 표현하곤 한다. 영원한 안식처인 고향이나 어머니 등의 이미지 역시 일종의 관념으로, 실제 고향이나 실제 어머니와 같지 않다. 아름다운 풍경뿐만 아니라 고향에 대한 관념이나 어머니에 대한 관념 등도 예술 작품으로 구상화하여 즐기고 거기에서 심리적 위안을 얻곤 하는 것이다.

참고문헌

강전섭(1980), 「상춘곡의 작자를 둘러싼 문제」, 『동방학지』 23-24, 연세대학교 국학연구원.
권영철(1969), 「불우헌곡 연구」, 『국문학연구』 2, 효성여자대학교.
김대행(1998), 「상춘곡 — 추상의 의미」, 『한국시가문화연구』 5, 한국시가문화학회.
양희찬(2012), 「상춘곡의 작자에 대한 고찰」, 『어문논집』 65, 민족어문학회.
이병기 · 백철(1981), 『국문학전사』, 신구문화사.
이상보(1974), 『한국가사문학의 연구』, 형설출판사.
정재호(1960), 「불우헌고」, 『어문논집』 4, 민족어문학회.
조윤제(1954), 『한국시가사강』, 을유문화사.
최강현(1984), 「상춘곡과 불우헌집 연구」, 『홍대논총』 6, 홍익대학교.

가사 03

면앙정가 俛仰亭歌

지은이 송순(宋純, 1493~1582) **출처** 『잡가』(필사본)

无等山무등산 ᄒᆞᆫ 활기 뫼히 동다히로 버더이셔
멀리 ᄠᅦ쳐와 霽月峯제월봉의 되여거ᄂᆞᆯ
無邊大野무변대야의 므ᄉᆞᆷ 짐쟉 ᄒᆞ노라
일곱 구ᄇᆡ ᄒᆞᆷᄃᆡ 움쳐 므득므득 버럿ᄂᆞᆫ ᄃᆞᆺ
가온대 구ᄇᆡᄂᆞᆫ 굼긔 든 늘근 뇽이
선ᄌᆞᆷ을 ᄀᆞᆺ ᄭᆡ야 머리ᄅᆞᆯ 안쳐시니
너ᄅᆞ바회 우ᄒᆡ 松竹송죽을 헤혀고
亭子정자ᄅᆞᆯ 안쳐시니 구름탄 쳥학이
千里천리를 가리라 두 나ᄅᆡ 버렷ᄂᆞᆫ ᄃᆞᆺ
玉泉山옥천산 龍泉山용천산 ᄂᆞ린 믈이
亭子정자 압 너븐 들ᄒᆡ 兀兀올올히 펴진 드시
넙ᄭᅥ든 기노라 프르거든 희지 마니
雙龍쌍룡이 뒤트ᄂᆞᆫ ᄃᆞᆺ 긴 깁을 ᄎᆡ 폇ᄂᆞᆫ ᄃᆞᆺ
어드러로 가노라 므ᄉᆞᆷ 일 ᄇᆡ얏바
ᄃᆞᆮᄂᆞᆫ ᄃᆞᆺ ᄯᆞ로ᄂᆞᆫ ᄃᆞᆺ 밤ᄂᆞᆺ즈로 흐르ᄂᆞᆫ ᄃᆞᆺ
므조친 沙汀사정은 눈ᄀᆞᆺ치 펴졋거든
어즈러온 기럭기ᄂᆞᆫ 므스거슬 어르노라
안즈락 ᄂᆞ리락 므드락 흣트락
蘆花노화을 ᄉᆞ이 두고 우러곰 좃니ᄂᆞᆫ뇨
너븐 길 밧기요 긴 하ᄂᆞᆯ 아ᄅᆡ

두르고 ᄭᅩᆺ존 거슨 모힌가 屛風[병풍]인가 그림가 아닌가
노픈 ᄃᆞᆺ ᄂᆞ즌 ᄃᆞᆺ 근ᄂᆞᆫ ᄃᆞᆺ 닛ᄂᆞᆫ ᄃᆞᆺ
숨거니 뵈거니 가거니 머믈거니
어즈러온 가온ᄃᆡ 일홈ᄂᆞᆫ 양ᄒᆞ야 하ᄂᆞᆯ도 젓치 아녀
웃독이 셧ᄂᆞᆫ 거시 秋月山[추월산] 머리 짓고
龍龜山[용구산] 夢仙山[몽선산] 佛臺山[불대산] 魚登山[어등산]
湧珍山[용진산] 錦城山[금성산]이 虛空[허공]의 버러거든
遠近[원근] 蒼崖[창애]의 머믄 것도 하도 할샤
흰구름 브흰 煙霞[연하] 프로니ᄂᆞᆫ 山嵐[산람]이라
千巖[천암] 萬壑[만학]을 제 집을 삼아 두고
나명셩 들명셩 일ᄒᆡ도 구ᄂᆞᆫ지고
오르거니 ᄂᆞ리거니
長空[장공]의 ᄯᅥ나거니 廣野[광야]로 거너거니
프르락 불그락 여트락 지트락
斜陽[사양]과 서거지어 細雨[세우]조ᄎᆞ ᄲᅳ리ᄂᆞᆫ다
藍輿[남여]ᄅᆞᆯ ᄇᆡ야 ᄐᆞ고 솔 아ᄅᆡ 구븐 길로
오며 가며 ᄒᆞᄂᆞᆫ 적의
綠楊[녹양]의 우ᄂᆞᆫ 黃鶯[황앵] 嬌態[교태] 겨워 ᄒᆞᄂᆞᆫ괴야
나모 새 ᄌᆞᄌᆞ지어 綠陰[녹음]이 얼린 적의
百尺[백척] 欄干[난간]의 긴 조으름 내여 펴니
水面[수면] 凉風[양풍]이야 긋칠 줄 모르ᄂᆞᆫ가
ᄌᆞᆫ 서리 ᄲᅡ딘 후의 산 빗치 금슈로다
黃雲[황운]은 ᄯᅩ 엇디 萬頃[만경]에 펴거지요
漁笛[어적]도 흥을 계워 ᄃᆞᆯᄅᆞᆯ ᄯᆞ롸 브니ᄂᆞᆫ다
草木[초목] 다 진 후의 江山[강산]이 ᄆᆡ몰커ᄂᆞᆯ
造物[조물]리 헌ᄉᆞᄒᆞ야 氷雪[빙설]노 ᄭᅮ며 내니
瓊宮瑤臺[경궁요대]와 玉海銀山[옥해은산]이 眼底[안저]의 버러셰라

乾坤(건곤)도 가ᄋᆞᆷ열샤 간 대마다 경이로다
人間(인간)을 ᄯᅥ나와도 내 몸이 겨를 업다
니것도 보려 ᄒᆞ고 져것도 드르려코
ᄇᆞᄅᆞᆷ도 혀려 ᄒᆞ고 ᄃᆞᆯ도 마즈려코
봄으란 언제 줍고 고기란 언제 낙고
柴扉(시비)란 뉘 다드며 딘 곳츠란 뉘 쓸려뇨
아ᄎᆞᆷ이 낫브거니 나조ᄒᆡ라 슬흘소냐
오ᄂᆞᆯ리 不足(부족)거니 내일리라 有餘(유여)ᄒᆞ랴
이 뫼ᄒᆡ 안ᄌᆞ 보고 져 뫼ᄒᆡ 거러 보니
煩勞(번로)ᄒᆞᆫ ᄆᆞᄋᆞᆷ의 ᄇᆞ릴 일리 아조 업다
쉴 ᄉᆞ이 업거든 길히나 젼ᄒᆞ리야
다만 ᄒᆞᆫ 靑藜杖(청려장)이 다 뫼되여 가노ᄆᆡ라
술리 닉어거니 벗지라 업슬소냐
블ᄂᆡ며 ᄐᆞ이며 혀이며 이아며
온가짓 소ᄅᆡ로 醉興(취흥)을 ᄇᆡ야거니
근심이라 이시며 시ᄅᆞᆷ이라 브터시라
누으락 안즈락 구브락 져츠락
을프락 ᄑᆞ람ᄒᆞ락 노혜로 노거니
天地(천지)도 넙고넙고 日月(일월)도 ᄒᆞᆫ가ᄒᆞ다
羲皇(희황)을 모을너니 니 적이야 긔로괴야
神仙(신선)이 엇더턴지 이 몸이야 긔로고야
江山風月(강산풍월) 거ᄂᆞ리고 내 百年(백년)을 다 누리면
岳陽樓(악양루) 上(상)의 李太白(이태백)이 사라오다
浩蕩(호탕) 情懷(정회)야 이예셔 더ᄒᆞᆯ소냐
이 몸이 이렁굼도 亦君恩(역군은)이샷다

맥락

면앙정에서 지은 노래

〈면앙정가〉는 송순이 관직에서 물러나 고향인 담양 기촌(企村)에 '면앙정'이라는 정자를 지으면서 그 경관의 아름다움과 풍류 생활을 노래한 가사 작품이다. 『잡가(雜歌)』(필사본)에 국문가사가 전하고, 송순의 문집인 『면앙집(俛仰集)』에 이 노래를 한역한 〈신번면앙정장가(新翻俛仰亭長歌)〉가 실려 있다.

송순은 중종 28년(1533) 벼슬 생활에서 잠시 물러나 귀향한 후 제월봉 아래 면앙정을 지었다. 면앙정을 짓고서 그 주변 경관을 소재로 〈면앙정가〉를 비롯하여 〈면앙정기(俛仰亭記)〉, 〈면앙정삼십영(俛仰亭三十詠)〉, 〈면앙정부(俛仰亭賦)〉 등 많은 작품을 남겼다. 아래 〈면앙정삼언가(俛仰亭三言歌)〉는 어떤 생각에서 면앙정 정자를 만들었는지를 짐작케 한다.

俛有地(면유지)　　굽어서는 대지요
仰有天(앙유천)　　우러르면 하늘이라
亭其中(정기중)　　그 사이에 정자를 세워
興浩然(흥호연)　　호연지기를 일으키리
招風月(초풍월)　　바람과 달 불러들이고
揖山川(읍산천)　　산과 내를 끌어당겨
扶藜杖(부려장)　　명아주 지팡이 짚고
送百年(송백년)　　한평생을 보내리라

'면앙(俛仰)'이라는 이름은 "굽어보니 땅이요, 우러러보니 하늘이라[俛有地兮 仰有天兮]"라는 대목에서 따온 것으로, 『맹자』 '진심장(盡心章)'에 나오는 군자의 세 가지 즐거움 가운데 "하늘을 우러러 부끄러움이 없고, 굽어보아 남에게 부끄러움이 없다[仰不愧於天 俯不怍於人]"는 구절과도 통한다. 송순에게 '면앙정'은 하늘과 땅 사이의 대자연에서 자신을 성찰하는 공간이었던 것이다.

이처럼 〈면앙정가〉는 면앙정이라는 공간과 밀접한 관련성을 갖고 있다. 일찍이 사대부들은 경치 좋은 곳에 당(堂)이나 정(亭)을 지어 시와 노래를 창작하고 향유해 왔는데, 누정과 그 주변의 경관을 대상으로 자신이 추구하는 삶과 거처하는 공간의 의미를 표현한 문학을 가리켜 '누정문학(樓亭文學)' 혹은 '원림문학(園林文學)'이라 부른다. 누정을 중심으로 지향하는 삶의 가치를 이상적으로 그려내는 것은 당시의 문학적 전통이었는데, 〈면앙정가〉는 이러한 누정문학의 대표작으로 손꼽힌다. 실제로 송순뿐만 아니라, 호남 지역의 많은 인사들이 면앙정을 드나들면서 시 짓기를 즐겼다고 한다. 면앙정을 소재로 이들이 남긴 작품이 수백 편에 이른다.

〈면앙정가〉는 빼어난 묘사로 인해 일찍부터 많은 관심을 받아 왔다. 조선 중기의 문인 심수경(沈守慶)은 『견한잡록(遣閑雜錄)』에서 "〈면앙정가〉의 줄거리를 보면 아늑한 산천과 널찍한 전야의 모양과 높고 낮은 정대(亭臺), 휘돌아드는 지름길, 그리고 춘하추동 사시와 아침저녁의 경치를 두루 기록하지 않음이 없는데, 우리말에 한자를 써서 그 변화를 지극히 하였으니, 진실로 볼 만하고 들을 만하다. 송공(宋公)은 평생 동안 가사를 잘 지었는데, 이것은 그중에서도 가장 잘된 작품이다."라고 높이 평가한 바 있다. 조선 후기의 학자 홍만종(洪萬宗) 또한 『순오지(旬五志)』에서 "산수의 아름다운 경치를 남김없이 그리고 그 속에서 노는 즐거움을 잘 표현했으니, 가슴속에 저절로 호연한 지취가 서리는 듯하다."라고 극찬하기도 했다.

꼼꼼히 읽기

자연 경관의 역동적 조화로움

〈면앙정가〉의 배경이 되는 면앙정은 실제로 어디에 있을까? 무등산에서 북쪽으로 흐르는 하천인 증암천 근처에는 '소쇄원', '식영정' 등 유명한 정자들이 즐비하게 들어서 있다. 여기서 조금 떨어진 곳에 정철이 머물렀던 '송강정'과 송순의 '면앙정'이 자리 잡고 있는데, 정확히는 담양군 봉산면 제월봉 언덕에 위치한다. 〈면앙정가〉는 이러한 면앙정의 위치가 얼마나 상서로운지를 설명하는 것으로부터 시작된다.

무등산의 한 줄기가 무변대야를 가로질러 동쪽으로 뻗어 나와 만든 일곱 굽이 중의 하나가 제월봉이 되었다고 한다. 남도의 상징인 무등산마저 끌어들여 그 상서로움을 나타내고 있다. 산수를 바라보며 느끼는 흥취를 시작부터 거침없이 표현해내고 있다. 여기서 면앙정은 구멍에 든 늙은 용이 선잠을 갓 깨어 머리를 얹힌 곳, 다시 말해 상서로운 명당에 자리 잡고 있는데, 그 모습 또한 마치 구름을 탄 청학이 천 리를 가려고 두 나래를 벌린 듯한 역동적인 모습에 빗대어진다. 모든 경물이 상서로움 속에서 역동적으로 그려지고 있다.

전남 담양군에 있는 면앙정 (©한국학중앙연구원)

이번에는 카메라의 렌즈 줌을 잡아당겨 면앙정 앞으로 흘러내리는 시내, 눈 같은 모래밭에 기러기가 날아다니는 모습을 잡아낸다. 두 개울은 '넓거든 길지 말든가 푸르거든 맑지 말거나', '쌍룡이 뒤트는 듯 긴 깁을 펼치는 듯', '어디로 가느라 무슨 일로 바빠 달리는 듯 따르는 듯 밤낮으로 흐르는 듯'과 같이, 생동감 넘치는 활기찬 모습으로 형용되고 있다. 물가에 넓게 드리운 모래는 또 어떠한가? 눈같이 펼쳐져 있다고 묘사한다. 여기에 어지러운 기러기는 '무엇을 유혹하려 앉을락 내릴락 모일락 흩어질락'하는 모습으로 활기차게 그려진다.

이제 다시 줌을 밀어내어 먼 하늘 아래 면앙정을 둘러싼 산들을 포착해낸다. 산인지 병풍인지, 그림은 아닌지 그 아름다움에 감탄하게 된다. 이어 '높은 듯'하면서도 '낮은 듯'하고, '끊어진 듯'하면서도 또한 '이어진 듯' 하고, '숨거니 뵈거니 가거니 머물거니 어지러운 가운데' 그 모습이 물과 마찬가지로 역동적인 이미지로 펼쳐진다. 흰 구름, 뿌연 안개와 노을, 산 아지랑이들도 마찬가지이다. 잠시의 멈춤 없이 '나면서 들면서', '오르거니 내리거니' 분주하게 굴면서 하늘로, 광야로 빠르게 건너가고 있다.

이 같은 공간의 변화에 더해서 시간의 흐름도 동원되고 있다. 춘하추동 사계절의 아름다움은 교태롭게 우는 노란 꾀꼬리, 그칠 줄 모르고 불어오는 서늘한 바람, 흥에 겨운 어부의 피리 소리, 눈 덮인 산과 바다 등을 통해 생동감 있게 묘사된다. 작자의 눈길이 머무는 곳마다 역동적인 아름다움이 펼쳐지고, 그 속에서 조화로움이 넘쳐나고 있다. 이처럼 자연은 잠시도 쉼 없이 살아 움직이고, 노래는 그 조화로운 아름다움을 낱낱이 포착해낸다.

경물이 중심이 된 전반부와 달리, 후반부에서는 화자를 중심에 두고 전개된다. 자연이 역동적이기에 그 속의 화자 역시 잠시의 쉼도 없이 바쁘게 지낸다. 자연의 곳곳을 모두 보고 들으려 하고, 바람과 달도 맞이하며, 밤도 줍고 고기도 낚아야 하기에 한적함이 찾아들 틈이 없다. 소소하면서도 분주한 일상이 나열되면서 여유롭고 풍요로운 자연 속에서의 삶이 그려진다.

화자는 이미 자연이 만들어낸 역동적인 조화 속에 자리 잡고 있어 자연과의 합일은 예정된 수순이라 할 수 있다. 면앙정은 모든 것을 갖춘 완벽한 자연의 공간이자 선계의 공간이다. 그렇기 때문에 〈면앙정가〉에서 자연은 이현보의 〈어부단가〉처럼 현실과 단절되지도 않고 추상화·관념화되지도 않는다. 오히려 희황(羲皇)이나 이태백(李太白)을 끌어들이면서 선계 속 삶을 얘기한다. 자연의 조화로운 아름다움이 곧 선계이기에 이를 즐기는 화자의 삶 역시 선계와 다를 수 없기 때문이다. 인간과 자연, '나'와 강호는 더 이상 구별되지도 나눠지지도 않는 경지에 이르고 있다.

이처럼 전반부가 면앙정의 위치와 주변 산수 풍경을 조망하면서 사계절의 경관을 노래하는 것과 같이 경물의 조화로움이 중심이라면, 후반부는 풍류 생활을 통한 화자의 흥취가 중심이 되고 있다. 그렇다고 해서 이 둘이 완전히 구분되는 것은 아니다. 〈면앙정가〉에서 화자는 이미 자연 속에서 하나가 되고 있다. 상자연(賞自然)을 통해 철학적으로는 천인합일의 경지를 체득하고 미학적으로는 물아일체의 희열을 맛보는 것이 규범적 삶이자 이상적 삶이라면(김학성, 1999), 〈면앙정가〉는 이러한 모습이 어떠한 것인지를 실제로 드러내 보여주는 작품이라 할 수 있다.

엮어 읽기

사시의 순환

〈면앙정가〉는 사계절의 시간 속에서 면앙정 주변의 경관을 아름답게 그려내고 있다. 봄 하늘을 채운 구름과 비는 나무와 억새풀이 우거진 여름의 생명력으로 이어지고, 한가로움 속 푸르름은 풍요로운 가을의 비단 물결을 낳는다. 겨울에는 눈과 얼음으로 신선이 사는 경궁요대와 옥해은산이 만들어진다.

이처럼 자연의 경관을 묘사할 때면 공간 못지않게 사계절의 시간 변화가 중요한 장치가 되곤 하는데, 이러한 작품을 가리켜 '사시가'라고 부른다. 사시가란 일년의 시간을 춘, 하, 추, 동의 사시순으로 구획하여 자연의 풍광과 그 속에서의 삶을 담아내는 형식의 노래를 가리킨다. 맹사성의 〈강호사시가〉(▶252쪽), 윤선도의 〈어부사시사〉(▶322쪽), 신계영의 〈전원사시가(田園四時歌)〉 등이 대표적이다. 가사 작품으로는 송순의 〈면앙정가〉 이외에도 정철의 〈사미인곡〉, 〈성산별곡(星山別曲)〉 등을 들 수 있다.

한 예로 정철의 〈성산별곡〉을 보면, 본사 전체가 사계절로 나뉘어 성산 주변의 아름다운 경치를 낱낱이 묘사하는 것으로 채워져 있다.

매창(梅窓) 아젹 벼ᄐᆡ 향기(香氣)예 잠을 ᄭᆡ니
산옹(山翁)의 ᄒᆡ욜 일이 곳 업도 아니ᄒᆞ다
울 밋 양지(陽地) 편의 외씨ᄅᆞᆯ ᄲᅢ허 두고
ᄆᆡ거니 도도거니 빗김의 달화내니
청문고사(靑門故事)ᄅᆞᆯ 이제도 잇다 ᄒᆞᆯ다
망혜(芒鞋)ᄅᆞᆯ 뵈야 신고 죽장(竹杖)을 흣더디니
도화(桃花) 픤 시내 길히 방초주(芳草洲)의 니어셰라
ᄃᆞᆺ봇근 명경(明鏡) 중(中) 절로 그린 석병풍(石屛風)
그림애ᄅᆞᆯ 버들삼아 서하(西河)로 ᄒᆞᆷᄭᅴ 가니
도원(桃源)은 어드매오 무릉(武陵)이 여긔로다

인용한 부분에서는 식영정(息影亭)의 봄 풍경을 그려내고 있다. 매화가 핀 창밖에 햇빛이 비치고, 그 향기에 잠이 깬다. 울타리 밑 양지쪽에 오이씨를 뿌려두는데, 이때 오이를 심는 것은 절개를 지키기 위해 벼슬을 버리고 은둔한 은자를 상징한다. 이어 짚신과 지팡이로 복숭아꽃 핀 시내 길로 나아가니, 그 길은 무릉도원으로 이어진다. 그곳은 마치 잘 닦은 거울 속에 돌 병풍 그림자를 벗으로 할 만큼 아름답기만 하다. 여기에 도화, 방초주 등의 소재를 동원하여 식영정이 곧 무릉도원인 것으로 그려낸다. 이와 같이 〈성산별곡〉의 본사는 봄, 여름, 가을, 겨울의 시간 순서에 따라 식영정의 아름다운 정경으로 채워지고 있다.

그렇다면 〈면앙정가〉, 〈성산별곡〉과 같이 면앙정이나 식영정 주변의 풍경을 사시의 구획 속에서 그려내면 어떠한 효과를 거두게 될까? 우선 사계절의 변화에 맞추어 자연의 모든 순간을 생생하게 포착함으로써 그 아름다움을 충실하게 드러낼 수 있다는 장점이 있다. 같은 공간을 두고서도 봄, 여름, 가을, 겨울에 따라 변화하는 풍경을 달리 포착하여 그려내기에 아름다움과 풍류를 보다 풍부하게 담아낼 수 있다는 것이다. 〈성산별곡〉을 보더라도 봄에는 매화와 도화가 이끄는 향기와 아름다움으로, 여름에는 꾀꼬리의 소리와 녹음의 푸른 색채 등으로 채워진다. 가을밤 오동나무에 비치는 환한 달과 목동의 단적(短笛) 소리는 뱃놀이의 풍류를 더하고, 눈으로 뒤덮인 산의 모습은 겨울 성산의 또 다른 아름다움이다.

사시의 시간 의식은 이 같은 네 계절이 순환되어 연속한다는 점을 본질로 한다. 사계의 끝없는 반복과 순환은 영원성을 가져다주는데, 이는 인간의 시간이 단절적이고 유한한 것과 뚜렷한 차이가 있다. 사계절이 겨울에서 끝나지 않고 다시 봄으로 이어지고 연결되듯이, 사시로 바라보면 자연의 시간은 단절된 것이 아니라 끊임없이 순환하고 연속하는 것이 된다. 〈강호사시가〉를 보더라도 강호의 아름다움과 풍요로움이 춘, 하, 추, 동 4개의 연으로 나뉘어 그려지면서도, 선형적으로 흘러가지 않고 겨울에서 봄으로 다시 순환되어 영원성과 반복성을 지향하고 있다.

특히 〈면앙정가〉, 〈성산별곡〉 등의 작품에서는 이러한 사시의 순환적 시간 의식이 현실 세계에 위치한 면앙정과 식영정에 영원성을 부여하면서 이들을 선계의 시공간으로 옮기는 기능을 한다. 사시의 풍경이 그려진 이후에 이들 공간은 영원성을 가진 선계의 공간이 되고, 화자도 인간적 번민과 고통에서 벗어난 신선의 존재로 바뀌게 된다. 사계의 시간을 거치면서 이들 공간 속 시간은 이제 끝없이 순환하는 것이 되고, 이로써 인간 세계의 유한적인 시간을 뛰어넘어 선계의 영원한 시간으로 변화한다(손종흠, 2011).

시간을 구획하는 것은 인간의 관념이다. 그렇지만 인간 존재 역시 시간 속에 놓여 있으며 시간에 의해 지속적으로 영향을 받는다. 그런 만큼 시간을 선형적 흐름으로 보느냐, 혹은 순환적 반복으로 보느냐는 세계 인식에 결정적인 차이를 가져올 수 있다. 이때 사시의 순환은 시간을 순환적 반복으로 바라보는 하나의 계기가 된다. 이처럼 시간을 사계절의 변화와 같이 순환하는 것으로 받아들이면 인간의 유한한 삶은 자연과 선명하게 대비된다. 그러나 자연을 본받아 조화롭게 살아가는 태도 속에서 그 유한성을 극복하고 초월적인 세계를 꿈꿀 수 있다.

참고문헌

김동욱(1964), 「면앙정가 해설」, 『문학춘추』 1(3), 문학춘추사.
김학성(1999), 「송순 시가의 시학적 특성」, 『한국고시가의 거시적 탐구』, 집문당.
손종흠(2011), 『고전시가 미학 강의』, 앨피.
임형택(1991), 「16세기 광라 지역의 사림층과 송순의 시 세계」, 임하최진원박사정년기념총서간행위원회 편, 『고전시가의 이념과 표상』, 대한출판사.
정재호(1967), 「면앙정가와 성산별곡의 비교 연구」, 『현대문학』 151, 현대문학.
최상은(1991), 「면앙정 송순 시가의 미의식」, 임하최진원박사정년기념총서간행위원회 편, 『고전시가의 이념과 표상』, 대한출판사.

관동별곡 關東別曲

지은이 정철(鄭澈, 1536~1593) **출처** 『송강가사』(이선본)

江湖강호애 病병이 깁퍼 竹林듁님의 누엇더니

關東관동 八百里팔ᄇᆡᆨ리에 方面방면을 맛디시니

어와 聖恩셩은이야 가디록 罔極망극ᄒᆞ다

延秋門연츄문 드리ᄃᆞ라 慶會南門경회남문 ᄇᆞ라 보며

下直하직고 믈너나니 玉節옥졀이 알ᄑᆡ 셧다

平丘驛평구역 ᄆᆞᆯ을 ᄀᆞ라 黑水흑슈로 도라 드니

蟾江셤강은 어ᄃᆡ메오 雉岳티악은 여긔로다

昭陽江쇼양강 ᄂᆞ린 믈이 어드러로 든단 말고

孤臣고신 去國거국에 白髮ᄇᆡᆨ발도 하도 할샤

東州동쥐 밤 계오 새와 北寬亭븍관뎡의 올나 ᄒᆞ니

三角山삼각산 第一峯뎨일봉이 ᄒᆞ마면 뵈리로다

弓王궁왕 大闕대궐 터희 烏鵲오쟉이 지지괴니

千古쳔고 興亡흥망을 아ᄂᆞᆫ다 몰ᄋᆞᄂᆞᆫ다

淮陽회양 녜 일홈이 마초아 ᄀᆞᄐᆞᆯ시고

汲長孺급댱유 風彩풍치를 고텨 아니 볼 거이고

營中영듕이 無事무ᄉᆞᄒᆞ고 時節시졀이 三月삼월인 제

花川화쳔 시내 길히 風岳풍악으로 버더 잇다

行裝ᄒᆡᆼ장을 다 ᄠᅥᆯ티고 石逕셕경의 막대 디퍼

百川洞ᄇᆡᆨ쳔동 겨ᄐᆡ 두고 萬瀑洞만폭동 드러가니

銀은 ᄀᆞᄐᆞᆫ 무지게 玉옥 ᄀᆞᄐᆞᆫ 龍룡의 초리

섯돌며 ᄲᅮᆷᄂᆞᆫ 소ᄅᆡ 十里[십리]예 ᄌᆞ자시니
들을 제ᄂᆞᆫ 우레러니 보니ᄂᆞᆫ 눈이로다
金剛臺[금강ᄃᆡ] ᄆᆡᆫ 層[우층]의 仙鶴[션학]이 삿기 치니
春風[츈풍] 玉笛聲[옥뎍셩]의 첫ᄌᆞᆷ을 ᄭᆡ돗던디
縞衣玄裳[호의현샹]이 半空[반공]의 소소 ᄯᅳ니
西湖[셔호] 녯 主人[쥬인]을 반겨셔 넘노ᄂᆞᆫ ᄃᆞᆺ
小香爐[쇼향노] 大香爐[대향노] 눈 아래 구버보며
正陽寺[졍양ᄉᆞ] 眞歇臺[진헐ᄃᆡ] 고텨 올나 안ᄌᆞᆫ말이
廬山[녀산] 眞面目[진면목]이 여긔야 다 뵈ᄂᆞ다
어와 造化翁[조화옹]이 헌ᄉᆞ토 헌ᄉᆞᄒᆞᆯ샤
ᄂᆞᆯ거든 ᄯᅱ디 마나 셧거든 솟디 마나
芙蓉[부용]을 ᄭᅩ잣ᄂᆞᆫ ᄃᆞᆺ 白玉[ᄇᆡᆨ옥]을 믓것ᄂᆞᆫ ᄃᆞᆺ
東溟[동명]을 박ᄎᆞᄂᆞᆫ ᄃᆞᆺ 北極[북극]을 괴왓ᄂᆞᆫ ᄃᆞᆺ
놉흘시고 望高臺[망고ᄃᆡ] 외로올샤 穴望峰[혈망봉]
하ᄂᆞᆯ의 추미러 무ᄉᆞ 일을 ᄉᆞ로리라
千萬劫[쳔만겁] 디나ᄃᆞ록 구필 줄 모ᄅᆞᄂᆞᆫ다
어와 너여이고 너 ᄀᆞᄐᆞ니 ᄯᅩ 잇ᄂᆞᆫ가
開心臺[기심ᄃᆡ] 고텨 올나 衆香城[즁향셩] ᄇᆞ라보며
萬二千峯[만이쳔봉]을 歷歷[녁녁]히 혜여ᄒᆞ니
峰[봉]마다 ᄆᆡ쳐 잇고 긋마다 서린 긔운
ᄆᆞᆰ거든 조티 마나 조커든 ᄆᆞᆰ디 마나
뎌 긔운 흐터 내야 人傑[인걸]을 ᄆᆞᆫ들고쟈
形容[형용]도 그지업고 體勢[톄세]도 하도 할샤
天地[텬디] 삼기실 제 自然[ᄌᆞ연]이 되연마ᄂᆞᆫ
이제 와 보게 되니 有情[유졍]도 有情[유졍]ᄒᆞᆯ샤
毗盧峰[비로봉] 上上頭[샹샹두]의 올나보 니 긔 뉘신고
東山[동산] 泰山[태산]이 어ᄂᆞ야 놉돗던고

魯國노국 조븐 줄도 우리ᄂᆞᆫ 모ᄅᆞ거든
넙거나 넙은 天下텬하 엇씨ᄒᆞ야 젹닷 말고
오ᄅᆞ디 못ᄒᆞ거니 ᄂᆞ려가미 고이하랴
圓通원통골 ᄀᆞᄂᆞᆫ 길로 獅子峰ᄉᆞᄌᆞ봉을 ᄎᆞ자가니
그 앏ᄑᆡ 너러바회 化龍화룡쇠 되여셰라
千年老龍쳔년노룡이 구ᄇᆡ구ᄇᆡ 서려 이셔
晝夜듀야의 흘녀 내여 滄海창ᄒᆡ예 니어시니
風雲풍운을 언제 어더 三日雨삼일우ᄅᆞᆯ 디련 ᄂᆞᆫ다
陰崖음애예 이온 플을 다 살와 내여ᄉᆞ라
磨訶衍마하연 妙吉祥묘길상 雁門안문재 너머 디여
외나모 ᄲᅥ근 ᄃᆞ리 佛頂臺블뎡ᄃᆡ예 올라ᄒᆞ니
千尋絶壁쳔심졀벽을 半空반공애 셰여 두고
銀河水은하슈 한 구ᄇᆡᄅᆞᆯ ᄎᆞᆫᄎᆞᆫ이 버혀 내여
실ᄀᆞ티 플텨이셔 뵈ᄀᆞ티 거러시니
圖經도경 열 두 구ᄇᆡ 내 보매ᄂᆞᆫ 여러히라
李謫仙니뎍션 이제 이셔 고텨 의논ᄒᆞ게 되면
廬山녀산이 여긔도곤 낫단 말 못 ᄒᆞ려니
山中산듕을 ᄆᆡ양 보랴 東海동ᄒᆡ 로 가쟈ᄉᆞ라
籃輿남여 緩步완보ᄒᆞ야 山映樓산영누의 올나ᄒᆞ니
玲瓏碧溪녕농벽계와 數聲啼鳥수셩뎨됴ᄂᆞᆫ 離別니별을 怨원ᄒᆞᄂᆞᆫ ᄃᆞᆺ
旌旗졍긔ᄅᆞᆯ ᄠᅥᆯ티니 五色오ᄉᆡᆨ이 넘노ᄂᆞᆫ ᄃᆞᆺ
鼓角고각을 섯브니 海雲ᄒᆡ운이 다 것ᄂᆞᆫ ᄃᆞᆺ
鳴沙명사길 니근 ᄆᆞᆯ이 醉仙취션을 빗기 시러
바다ᄒᆞᆯ 겻ᄐᆡ 두고 海棠花ᄒᆡ당화로 드러 가니
白鷗ᄇᆡᆨ구야 ᄂᆞ디 마라 네 벗인 줄 엇디 아ᄂᆞᆫ
金蘭窟금난굴 도라 드러 叢石亭총셕뎡의 올나ᄒᆞ니
白玉樓ᄇᆡᆨ옥누 남은 기동 다만 네히 셔 잇고야

工垂[공슈]의 셩녕인가 鬼斧[귀부]로 다ᄃᆞ믄가

구ᄐᆞ야 六面[뉵면]은 므어슬 象[샹]톳던고

高城[고셩]을란 뎌만 두고 三日浦[삼일포]ᄅᆞᆯ ᄎᆞ자 가니

丹書[단셔]ᄂᆞᆫ 宛然[완연]ᄒᆞ되 四仙[ᄉᆞ션]은 어ᄃᆡ 가니

예 사흘 머믄 後[후]의 어ᄃᆡ 가 ᄯᅩ 머믈고

仙遊潭[션유담] 永郞湖[영낭호] 거긔나 가 잇ᄂᆞᆫ가

淸澗亭[쳥간뎡] 萬景臺[만경ᄃᆡ] 몃 고ᄃᆡ 안돗던고

梨花[니화]ᄂᆞᆫ ᄇᆞᆯ셔 디고 졉동새 슬피 울 제

洛山[낙산] 東畔[동반]으로 義相臺[의샹ᄃᆡ]예 올라 안자

日出[일츌]을 보리라 밤듕만 니러ᄒᆞ니

祥雲[샹운]이 집픠ᄂᆞᆫ 동 六龍[뉵뇽]이 바퇴ᄂᆞᆫ 동

바다희 ᄠᅥ날 제ᄂᆞᆫ 萬國[만국]이 일위더니

天中[텬듕]의 티ᄠᅳ니 毫髮[호발]을 혜리로다

아마도 녈구름 근쳐의 머믈셰라

詩仙[시션]은 어ᄃᆡ 가고 咳唾[ᄒᆡ타]만 나맛ᄂᆞ니

天地間[텬디간] 壯[장]ᄒᆞᆫ 긔별 ᄌᆞ셔히도 ᄒᆞᆯ셔이고

斜陽[샤양] 峴山[현산]의 躑躅[텩툑]을 므니ᄇᆞᆯ와

羽蓋芝輪[우개지륜]이 鏡浦[경포]로 ᄂᆞ려가니

十里氷紈[십리빙환]을 다리고 고텨 다려

長松[댱숑] 울흔 소개 슬ᄏᆞ장 펴뎌시니

믈결도 자도 잘샤 모래ᄅᆞᆯ 혜리로다

孤舟[고쥬] 解纜[ᄒᆡ람]ᄒᆞ야 亭子[뎡ᄌᆞ] 우희 올나가니

江門橋[강문교] 너믄 겨ᄐᆡ 大洋[대양]이 거긔로다

從容[동용]ᄒᆞᆫ댜 이 氣像[긔샹] 闊遠[활원]ᄒᆞᆫ댜 뎌 境界[경계]

이도곤 ᄀᆞᄌᆞᆫ ᄃᆡ ᄯᅩ 어ᄃᆡ 잇단 말고

紅粧[홍장] 古事[고ᄉᆞ]ᄅᆞᆯ 헌ᄉᆞ타 ᄒᆞ리로다

江陵[강능] 大都護[대도호] 風俗[풍쇽]이 됴흘시고

節孝旌門절효정문이 골골이 버려시니
比屋可封비옥가봉이 이제도 잇다 ᄒᆞᆯ다
眞珠館진쥬관 竹西樓듁셔루 五十川오십쳔 ᄂᆞ린 믈이
太白山ᄐᆡᄇᆡᆨ산 그림재ᄅᆞᆯ 東海동ᄒᆡ로 다마 가니
ᄎᆞᆯ하리 漢江한강의 木覓목멱의 다히고져
王程왕뎡이 有限유ᄒᆞᆫᄒᆞ고 風景풍경이 못 슬믜니
幽懷유회도 하도 할샤 客愁ᄀᆡᆨ수도 둘 ᄃᆡ 업다
仙槎션ᄉᆞᄅᆞᆯ 띄워 내여 斗牛두우로 向향ᄒᆞ살가
仙人션인을 ᄎᆞᄌᆞ려 丹穴단혈의 머므살가
天根텬근을 못내 보와 望洋亭망양뎡의 올은 말이
바다 밧근 하ᄂᆞᆯ이니 하ᄂᆞᆯ 밧근 므어신고
ᄀᆞᆺ득 노ᄒᆞᆫ 고래 뉘라셔 놀내관ᄃᆡ
블거니 ᄲᅮᆷ거니 어즈러이 구ᄂᆞᆫ디고
銀山은산을 것거 내여 六合뉵합의 ᄂᆞ리ᄂᆞᆫ ᄃᆞᆺ
五月오월 長天댱텬의 白雪ᄇᆡᆨ셜은 므ᄉᆞ 일고
져근덧 밤이 드러 風浪풍낭이 定뎡ᄒᆞ거ᄂᆞᆯ
扶桑부상 咫尺지쳑의 明月명월을 기ᄃᆞ리니
瑞光셔광 天丈쳔댱이 뵈ᄂᆞᆫ ᄃᆞᆺ 숨ᄂᆞᆫ고야
珠簾쥬렴을 고텨 것고 玉階옥계ᄅᆞᆯ 다시 쓸며
啓明星계명셩 돗도록 곳초 안자 ᄇᆞ라보니
白蓮花ᄇᆡᆨ년화 ᄒᆞᆫ 가지ᄅᆞᆯ 뉘라셔 보내신고
일이 됴흔 世界셰계 ᄂᆞᆷ대되 다 뵈고져
流霞酒뉴하쥬 ᄀᆞ득 부어 ᄃᆞᆯᄃᆞ려 무론 말이
英雄영웅은 어ᄃᆡ 가며 四仙ᄉᆞ션은 긔 뉘러니
아ᄆᆡ나 맛나 보아 녯 긔별 뭇쟈 ᄒᆞ니
仙山션산 東海동ᄒᆡ예 갈 길히 머도 멀샤
松根숑근을 볘여 누어 픗ᄌᆞᆷ을 얼픗 드니

ᄭᅮᆷ애 ᄒᆞᆫ 사ᄅᆞᆷ이 날ᄃᆞ려 닐온 말이
그ᄃᆡᄅᆞᆯ 내 모ᄅᆞ랴 上界상계예 眞仙진션이라
黃庭經황뎡경 一字일ᄌᆞᄅᆞᆯ 엇디 그ᄅᆞᆺ 닐거 두고
人間인간의 내려 와셔 우리ᄅᆞᆯ ᄯᆞᆯ오ᄂᆞᆫ다
져근덧 가디 마오 이 술 ᄒᆞᆫ 잔 먹어 보오
北斗星븍두셩 기우려 滄海水창ᄒᆡ슈 부어 내여
저 먹고 날 먹여 서너 잔 거후 로니
和風화풍이 習習습습ᄒᆞ야 兩腋냥익을 추혀 드러
九萬里구만리 長空댱공애 져기면 ᄂᆞᆯ리로다
이 술 가져다가 四海ᄉᆞᄒᆡ예 고로 ᄂᆞᆫ화
億萬억만 蒼生창ᄉᆡᆼ을 다 醉ᄎᆔ케 ᄆᆡᆼ근 後후의
그제야 고텨 만나 ᄯᅩ ᄒᆞᆫ 잔 ᄒᆞ쟛고야
말 디쟈 鶴학을 ᄐᆞ고 九空구공의 올나 가니
空中공듕 玉簫옥쇼 소ᄅᆡ 어제런가 그제런가
나도 ᄌᆞᆷ을 ᄭᆡ여 바다ᄒᆞᆯ 구버보니
기픠ᄅᆞᆯ 모ᄅᆞ 거 니 ᄀᆞ인들 엇디 알리
明月명월이 千山쳔산 萬落만낙의 아니 비쵠 ᄃᆡ 업다

맥락

가사의 전범(典範)

〈관동별곡〉은 선조 13년(1580) 강원도 관찰사로 부임한 송강 정철이 내금강과 외금강, 해금강 및 관동팔경을 돌아보고 지은 기행가사이다. 정철은 1575년 동서분당이 시작되면서 창평으로 물러났다. 그런데 서인들의 견제를 받아 한동안 중앙으로 진출할 수 없었고, 45세가 되던 해 1월에 이르러서야 강원도 관찰사로 임명되었다. 관찰사라고는 하지만 임금을 지척에서 모실 수 없는 외직이라는 점에서 일종의 좌천에 가까운 인사였기에, 관내 명산과 명승지를 여행하고 지은 〈관동별곡〉에서도 관료로서의 포부와 임금에 대한 변함없는 충성심을 드러낼

〈관동별곡〉 수록 부분 일부
(『송강가사집』)

수밖에 없었다. 〈관동별곡〉은 정철의 가사와 시조를 모아 엮은 가집인 『송강가사(松江歌辭)』 여러 이본들에 기록되어 전한다.

〈관동별곡〉은 다른 가사 작품들처럼 음영되거나 낭송되었을 뿐만 아니라 노래로도 불렸던 것으로 추정된다. 『송강별집(松江別集)』 부록에 "악보의 절조[新樂譜之絶調也]"라는 표현이 나오고, 송준길(宋浚吉)의 문집인 『동춘당별집(同春堂別集)』에도 〈관동별곡〉을 부르게 했다는 기록이 나오며, 김득신(金得臣)은 "〈관동별곡〉을 잘 부르는 어린 기생의 노래를 들으니 고상한 기운이 파도 같을 뿐만 아니라 호호한 문재가 있어 진실로 기이한 곡조"였다고 평하기도 하였다. 조선 전기에 지어진 일부 가사 작품들과 더불어 〈관동별곡〉이 조선 중기까지 가창되었다는 사실은 여러 기록을 통해 어렵지 않게 확인할 수 있다.

그런가 하면 〈관동별곡〉은 조선조 문인들의 특별한 주목을 받았으며 감상의 중요한 원천이자 창작의 지침으로 간주되었다. '성행어세(盛行於世)'[『지봉유설』], '일세전송(一世傳誦)'[『연려실기술(燃藜室記述)』], '악부유전오십춘(樂府流轉五十春)'[『청음선생집(淸陰先生集)』] 등의 언급은 〈관동별곡〉의 인기를 한눈에 보여주며, '최선(最善)'이라든가 '역시절조(亦是絶調)'[『동춘별집(同春別集)』]라든가 '최청신(最淸新)'[『청음선생집』]하다든지 '청지신왕(聽之神旺)'[『낙전당집(樂全堂集)』] 등의 언급은 〈관동별곡〉의 뛰어남에 대한 찬사로 볼 수 있다.

〈관동별곡〉은 〈관서별곡(關西別曲)〉으로부터 영향을 받았다고는 하지만, 〈관서별곡〉에 비할 수 없는 미적 성취를 이룸으로써 이후 유산(遊山) 경험을 담은 작품에 자주 등장하는 것은 물론이고 기행가사 창작 시에는 직접적인 선행 텍스트로 지대한 영향력을 행사하였다. "우연히 송강의 〈관동별곡〉을 얻어서 보니 다만 글이 극히 뛰어나고 절주가 좋을 뿐만 아니라 수천 마디의 말이 감분하고 격양하는 마음이 핍진하게 그려져 있어 진실로 걸작이었다."고 극찬한 조우인(曺友仁)이 송강이 가지 않은 곳을 중심으로 지은 〈관동속별곡(關東續別曲)〉은 물론이고, 중기의

〈금강별곡(金剛別曲)〉이나 후기의 〈관동신곡(關東新曲)〉, 개화기의 〈봉ᄂᆡ청긔〉에 이르기까지, 관동 지방을 유람하고 지은 여러 가사 작품들 역시 〈관동별곡〉을 선행 텍스트로 삼고 있다(염은열, 1998, 2010).

오늘날에도 〈관동별곡〉은 가장 많이 연구되는 작품이며, 교과서에도 빠지지 않고 실린다. 이는 〈관동별곡〉이 정전으로서의 가치를 인정받은 결과인바, 〈관동별곡〉이라는 텍스트가 보편적 공감을 끌어내기에 충분한 자질을 지니고 있기에 가능한 일이다.

꼼꼼히 읽기

산행에 따른 심리적 변화

〈관동별곡〉은 여정과 견문이 주된 내용과 형식이 되는 기행 문학이다. 관찰사로 부임 받아 관동 지역에 이르기까지의 여정과 관찰사로서 금강산 일대를 유람한 체험이 박진감 있게 펼쳐지고 있다.

〈관동별곡〉은 담양에서 임금의 명을 받은 정철이 벅찬 마음으로 한양에 올라와, 옥절을 앞세우고 당시 관동 지역 관아가 있는 원주를 향해 내닫는 것으로 시작한다. '평구역 말을 갈아 흑수로 돌아드니 섬강은 어드메오 치악이 여기로다'라는 식으로, 즉 4·4조의 율격에 맞춰 경유지를 점고하는 식으로 노정을 그려내고 있다(염은열, 2016). 이처럼 4·4조와 대구 형식을 활용하여 경유지를 나열함으로써 독자들에게 이동의 속도감까지 느끼게 한다.

원주 감영에 도착한 후 신임 관찰사인 정철은 '영중이 무사하고 시절이 삼월'일 때 금강산 및 관동 지역으로 유람을 떠난다. 이렇게 유람한 내용, 구체적으로 그 여정 및 견문과 감회가 〈관동별곡〉의 주요 내용이다. 작자 정철의 탁월함이 발휘되는 부분도 바로 여기이다. 이 부분은 여정에 따른 화자의 심리 변화를 기준으로 다시 두 부분으로 나뉜다. 목표 지점을 향해 갈 때와 그 목표를 달성한 이후의 심리 상태가 같을 수는 없다. 마찬가지로 산 정상을 향해 올라갈 때와 정상에 발을 디딘 후 하산할 때의 마음가짐 역시 달라질 수밖에 없다. 체력적인 부담도 다를 뿐더러 오를 때는 산정상이라는 목표를 끊임없이 의식하며 긴장감을 가지고 전진하지만, 하산할 때는 정상에 오른 기분을 만끽하며 한결 느슨해진 마음으로 걷게 되는 것이 일반적이다. 정철 역시 여정에 따라 변화하는 심리 상태를 잘 보여주고 있다.

산에 오르거나 산중에 있을 때 화자는 은과 옥같이 부서지는 만폭동과, 백옥을 묶은 듯하고 부용을 꽂은 듯한 여러 봉우리 사이에서 하늘을 향해 우뚝 솟아 있는 혈망봉을 보며 조화옹의 재주에 감탄한다. 봉마다 서린 좋은 기운을 담아 인걸을 만들고 싶다는 포부를 밝히고, 화룡소의 용이 때를 만나 하늘에 올라 시든 풀들을 다 살려냈으면 좋겠다는 소망을 말한다. 그런가 하면 불정대에 올라 은하수 몇 구비를 마디마디 베어 걸어놓은 듯한 폭포의 모습에 감탄하기도 한다. 수직으로 내려오는 폭포와 하늘을 향해 솟아 있는 봉우리들을 선택하여 은과 옥, 부용과 백옥, 은하수 등 흰색의 소재들에 빗대어 묘사하는 한편, 인걸을 소망하고 음지에서 시든 풀을 염려하는 목민관으로서의 태도 또한 숨기지 않는다. 금강산을 깨끗하고 고고한 백색의 이미지로 형상화하며 나라를 걱정하고 선정의 포부를 밝히는 등 고결한 가치를 지향하는 위정자로서의 태도나 자세를 드러내고 있는 것이다.

그런데 정상에서 내려오면서부터는 상황이 달라진다. 화자는 스스로를 취선(醉仙)이라고 부르며 유산객으로서의 감정을 드러내기 시작한다. 오색 깃발과 야단스러운 피리 연주를 앞세우고, 술에 취해 말을 빗겨 탄 채 붉은 해당화가 핀 길을 지나가는가 하면, 불거니 뿜거니 야단스럽고 어지러운 바다에 감탄하기도 한다. 의상대에 올라 요란한 일출 장면에 압도당하고 경포대와 망양정 등에 올라 감회에 젖기도 한다. 더 이상 관찰사로서의 책무감이나 위정자로서의 정신적 지향은 현저하게 약화된다.

〈관동별곡〉에는 이렇게 두 가지 상반된 심리적 상태가 나타난다. 산에서의 화자는 나라와 백성들을 걱정하고 의식하는 관찰사로서의 사회적 가면에 충실한 반면에, 해금강 바닷길로 접어들면서는 일체의 강박에서 벗어나 술에 취하고 뛰어난 경치에 취한 인간 본연의 진실한 모습을 드러낸다(김병국, 1972). 위정자로서 사회적 책무를 의식하며 떠난 여행이었지만, 여행이라는 것이 본질적으로 현실이나 일체의 강박으로부터 벗어남을 그 속성으로 하는 까닭에 화자 역시 결국에는 사회적 가면을 벗어던지고 유산자로서의 진실한 감정과 감회, 흥취를 드러내지 않을 수 없었던 것이다.

바다에 이르러 고조되었던 화자의 내적 갈등은 꿈이라는 형식을 빌려 자신이 상계의 진선이었다고 변명함으로써, 즉 그렇게 사회적 가면에 억눌렸던 인간 본연의 진실을 인정함으로써 일단락된다. 갈등이 해소되자 밝은 달이 천촌만락을 두루 비친다. 그렇게 노래는 끝이 난다.

엮어 읽기

'말'로 그린 풍경

홍만종은 〈관동별곡〉의 탁월함을 "조어지기 상물지묘(造語之奇 狀物之妙)"라고 평했다. 말을 엮고 사물을 언어로 형상화하는 능력, 즉 묘사가 매우 특징적이고 절묘하다는 말이다. 이러한 평가는 새삼스러운 것이 아니다. 〈관동별곡〉은 봉우리나 폭포, 유적 등 개별 대상에 대한 묘사뿐만 아니라, 개별 대상들로 구성된 금강산 및 관동 지역에 대한 묘사가 탁월한 작품(염은열, 1999)으로 평가되어 왔다.

정철은 자신의 좁은 시야에 포착되는 물리적 모습에 만족하지 않았다. 금강산의 형세와 역사에 대한 지식을 바탕으로, 상상력을 발휘하여 눈에 포착되지 않는 부분까지 그려냈다. 마치 하늘을 나는 매처럼 금강산 전체의 풍경을 조망할 수 있었기에 하늘을 향해 우뚝우뚝 솟아 있는 금강산의 여러 봉우리에 대해 언급할 수 있었다. 내려다보니 백옥을 묶은 듯하고 부용을 꽂은 듯한 화강암의 여러 봉우리가 하늘을 향해 우뚝 서 있다고 감탄하고 있는바, 이러한 구도는 정선(鄭敾)의 〈금강전도〉의 시선과 닮아 있다. 화면의 오른쪽을 보면 여러 바위봉우리들이 바위 꼭대기에서 'ㅅ'자로 붓 자국을 내면서 수직으로 다시 꺾이는, 이른바 수직

정선, 〈금강전도〉

준법(垂直皴法)으로 표현되어 있다. 또 산의 둘레는 엷은 청색을 문질러 발라 원형 구도의 둥근 형태를 강조함으로써 하늘 높이 솟아오르는 듯한 공간감을 만들어내고 있다. 이렇듯 원형의 구도와 수직준법으로 그려진 〈금강전도〉의 여러 봉우리들 역시 연꽃이나 옥을 묶은 듯한 형상이다(한국민족문화대백과사전). 〈관동별곡〉 표현의 묘가 당시 예술사 전반을 아우르는 철학과 구도 및 미의식에서 나온 문학적 성취임을 확인할 수 있다.

정철은 폭포 묘사에서도 남다른 상상력을 보여준다. 마치 조물주라도 된 것처럼 '천심절벽을 반공에 세워두고 은하수 한 구비를 마디마디 잘라내서 실같이 풀어 베처럼 걸었더니 그림 같은 풍경이 여럿 나온다'고 말한다. 정철은 금강산이나 폭포를 구성하는 여러 요소들을 차례로 조화롭게 배치함으로써 금강산의 진면목이나 폭포의 전체상을 그려낸다. 여기에 압축과 대구 형식을 활용하여 우리말 표현의 박진감까지 살려내고 있다.

이렇게 말로 그려낸 금강산의 모습은 그 자체로 '헌사하고도 헌사하다'. 만이천봉을 거느린 산답게 금강산의 풍경이 다채롭고도 다기해서 야단스럽게 다가온다. 정철은 금강산의 변화무쌍하고 다채로운 모습을 이미지로 형상화한 것은 물론이고, 4·4조의 반복과 대구를 활용하여 음악적으로도 이를 구현하고 있다. 말로 율동감까지 더함으로써 금강산의 역동적인 기운을 형상화한 것이다. 그로 인해 〈관동별곡〉을 듣거나 읽는 청중들은 2차원 이미지뿐만 아니라 야단스러운 기운과 소리까지 함께 듣는 듯한 느낌을 받게 된다. 이는 형(形)의 충실한 묘사에 바탕을 두되 신(神)을 추구하는 초상화의 기법과 흡사하다. 즉, 표현 대상의 외재적 형체를 핍진하게 묘사함으로써 그 대상의 정신적 풍모까지 드러내고자 한 예술관과도 무관하지 않다(정우봉, 1993).

결론적으로, 정철은 말로써 금강산을 포함한 관동 지역의 승경과 그 기운까지 그려내고자 했다. 그리고 〈관동별곡〉이 두루 인기를 끌었던 정황을 보면 그 노력이 어느 정도 성공했다고 볼 수 있다. 결국 〈관동별곡〉의 탁월함은 눈에 보이는 것을 뛰어넘는 정철의 활달한 사고와 상상력, 형을 넘어서 '신(神)'이나 '기(氣)'까지 느껴지게 하는 묘사력 및 언어 구사력에 바탕을 두고 있다고 할 수 있다.

이러한 독특한 미학 및 활달한 상상력은 오늘날에도 이어지고 있다. 다음은 이육사의 시 〈광야〉의 일부이다.

모든 산맥(山脈)들이
바다를 연모(戀慕)해 휘달릴 때도
차마 이곳을 범(犯)하던 못하였으리라

끊임없는 광음(光陰)을
부지런한 계절이 피어선 지고
큰 강물이 비로소 길을 열었다

태곳적부터 시작된 광야의 역사가 눈앞에 펼쳐진다. 작가는 엄청난 배속으로 시간을 압축하여 광야의 역사를 보여준다. 몇억 년의 시간을 찰나의 시간으로 압축함으로써 산맥들이 융기하는 과정을 바다를 향해 휘달려간다고 표현하였고, 온갖 산맥들이 다투어 생겨난 그 억겁의 시간 속에서도 살아남을 수 있었던 광야의 유구한 역사 또한 부각시키고 있다. 그렇게 광야는 그 어떤 시간의 흔적도 새겨지지 않은 태곳적 공간으로 그려진다. 그런데 그 광야에 다시 수없이 많은 시간이 흐르고 또 흘러 큰 강물이 생겨나고 길이 열렸다. 이육사는 지금 눈에 보이는 광야의 모습을 그려내는 데 만족하지 않았다. 광야가 만들어지고 현재에 이른 과정을 활달한 상상력을 발휘하여 마음의 눈으로 조망하였다. 이는 정철이 눈에 보이는 금강산과 폭포의 풍경에 머무르지 않고 날아가는 매의 눈이나 조물주의 입장에서 그 풍경을 상상적으로 조망하여 하나의 '상(狀)'으로 그려낸 것과 다르지 않다.

〈관동별곡〉과 〈광야〉는 관찰자의 눈에 포착되는 물리적인 외관뿐만 아니라, 눈에 보이지 않는 부분이나 사물의 역사까지도 말로 그려낼 수 있음을 보여준다. 이와 동시에 말이라는 매체를 통해 그림이나 음악의 그것과는 다른 형상화, 즉 이미지[정적]와 율동감[동적]을 동시에 경험할 수 있는 형상화가 가능함을 보여준다.

참고문헌

김병국(1972), 「가면 혹은 진실 —〈관동별곡〉 평설」, 『국어교육』 18-20, 한국국어교육학회.
염은열(1998), 「19세기 금강산 가사의 특징과 문화적 의미 —〈금강산유산록〉과 〈관동신곡〉을 중심으로」, 『고전문학연구』 14, 한국고전문학회.
염은열(1999), 「표현자료로서의 〈관동별곡〉 연구」, 『독서연구』 4, 한국독서학회.
염은열(2010), 「금강산 가사의 지리적 상상력과 장소 표현이 지닌 의미」, 『고전문학연구』 38, 한국고전문학회.
염은열(2016), 「문학을 통해 본 조선조 산의 발견과 구성」, 한국문화역사지리학회 편, 『한국인에게 산은 무엇인가』, 민속원.
이육사(1945), 〈광야〉, 『자유신문』.
장준석(2011), 『한국성과 한국현대회화에 대한 탐구』, 한국연구재단연구보고서.
정우봉(1993), 「조선후기 문예이론에 있어 형과 신의 문제」, 『민족문학사연구』 4, 민족문학사학회 · 민족문학사연구소.
한국민족문화대백과사전, '정선필 금강전도'. https://encykorea.aks.ac.kr/Contents/Item/E0007558

가사 05

속미인곡 續美人曲

지은이 정철(鄭澈, 1536~1593) **출처** 『송강가사』(이선본)

뎨 가ᄂᆞᆫ 뎌 각시 본 듯도 ᄒᆞᆫ뎌이고

天上텬샹 白玉京ᄇᆡᆨ옥경을 엇디ᄒᆞ야 離別니별ᄒᆞ고

ᄒᆡ 다 뎌 져믄 날의 눌을 보라 가시ᄂᆞᆫ고

어와 네여이고 내 ᄉᆞ셜 드러보오

내 얼굴 내 거동이 님 괴얌즉 ᄒᆞ냐마ᄂᆞᆫ

엇딘디 날 보시고 네로다 녀기실ᄉᆡ

나도 님을 미더 군ᄠᅳ디 전혀 업서

이ᄅᆡ야 교ᄐᆡ야 어ᄌᆞ러이 구돗ᄯᅥᆫ디

반기시ᄂᆞᆫ ᄂᆞᆺ비치 녜와 엇디 다ᄅᆞ신고

누어 ᄉᆡᆼ각ᄒᆞ고 니러 안자 혜여ᄒᆞ니

내 몸의 지은 죄 뫼ᄀᆞ티 ᄡᅡ혀시니

하ᄂᆞᆯ히라 원망ᄒᆞ며 사ᄅᆞᆷ이라 허믈ᄒᆞ랴

셜워 플텨 혜니 造物조믈의 타시로다

글란 ᄉᆡᆼ각 마오 ᄆᆡ친 일이 이셔이다

님을 뫼셔 이셔 님의 일을 내 알거니

믈 ᄀᆞᄐᆞᆫ 얼굴이 편ᄒᆞ실 적 몃 날일고

春寒츈한 苦熱고열은 엇디ᄒᆞ야 디내시며

秋日冬天츄일동텬은 뉘라셔 뫼셧ᄂᆞᆫ고

粥朝飯쥭조반 朝夕죠셕 뫼 녜와 ᄀᆞᆺ티 셰시ᄂᆞᆫ가

기나긴 밤의 ᄌᆞᆷ은 엇디 자시ᄂᆞᆫ고

님 다히 消息쇼식을 아므려나 아쟈 ᄒᆞ니
오ᄂᆞᆯ도 거의로다 ᄂᆡ일이나 사ᄅᆞᆷ 올가
내 ᄆᆞ음 둘 ᄃᆡ 업다 어드러로 가쟛 말고
잡거니 밀거니 놉픈 뫼ᄒᆡ 올라가니
구롬은ᄏᆞ니와 안개ᄂᆞᆫ 므ᄉᆞ 일고
山川산쳔이 어둡거니 日月일월을 엇디 보며
咫尺지쳑을 모ᄅᆞ거든 千里쳔리ᄅᆞᆯ ᄇᆞ라 보랴
ᄎᆞᆯ하리 물ᄀᆞ의 가 ᄇᆡ 길히나 보쟈 ᄒᆞ니
ᄇᆞ람이야 믈결이야 어둥졍 된뎌이고
샤공은 어ᄃᆡ 가고 뷘 ᄇᆡ만 걸렷ᄂᆞ니
江天강텬의 혼자 셔셔 디ᄂᆞᆫ ᄒᆡᄅᆞᆯ 구버 보니
님다히 消息쇼식이 더옥 아득ᄒᆞᆫ뎌이고
茅簷모쳠 ᄎᆞᆫ 자리의 밤듕만 도라오니
半壁靑燈반벽쳥등은 눌 위ᄒᆞ야 ᄇᆞᆰ갓ᄂᆞᆫ고
오ᄅᆞ며 ᄂᆞ리며 헤ᄯᅳ며 바니니
져근덧 力盡녁진ᄒᆞ야 픗ᄌᆞᆷ을 잠간 드니
精誠졍셩이 지극ᄒᆞ야 ᄭᅮᆷ의 님을 보니
玉옥ᄀᆞᄐᆞᆫ 얼굴이 半반이나마 늘거셰라
ᄆᆞ음의 머근 말ᄉᆞᆷ 슬ᄏᆞ장 ᄉᆞᆲ쟈 ᄒᆞ니
눈믈이 바라 나니 말인ᄃᆞᆯ 어이ᄒᆞ며
情졍을 못다 ᄒᆞ야 목이조차 몌여
오뎐된 鷄聲계셩의 잠은 엇디 ᄭᆡ돗던고
어와 虛事허ᄉᆞ로다 이 님이 어ᄃᆡ 간고
결의 니러 안자 窓창을 열고 ᄇᆞ라 보니
어엿븐 그림재 날 조ᄎᆞᆯ ᄲᅮᆫ이로다
각시님 ᄃᆞᆯ이야ᄏᆞ니와 구즌비나 되쇼셔

맥락

우리나라의 참된 문장

〈속미인곡〉은 송강 정철이 당쟁으로 조정에서 물러나 창평에 거주하던 시기, 즉 50세(1585)에서 54세(1589) 사이에 지은 작품으로 추정된다. 정철의 여러 시조 작품과 〈관동별곡〉, 〈사미인곡〉, 〈성산별곡〉 등의 가사 작품과 함께 『송강가사』에 수록되어 전한다.

90여구 내외의 짧은 노래인 〈속미인곡〉은 〈사미인곡〉과 더불어 '전후미인곡'으로 일컬어지며 송강 가사의 백미로 꼽힌다. 대화체를 활용하여 자연스럽게 사연을 끌어내고 있는 점과, 유려한 호흡으로 쉬운 우리말 어휘를 사용하여 절실한 심정을 담아낸 점이 돋보인다. 김만중(金萬重)은 〈관동별곡〉, 〈사미인곡〉과 더불어 〈속미인곡〉을 우리나라의 이소(離騷)로 칭하며 "천기(天機)의 자발(自發)함이 있고 이속(夷俗)의 비리(鄙俚)함이 없어 자고로 좌해(左海)의 진문장(眞文章)"이라고 하였는데, 그 셋 중에서도 〈속미인곡〉이 최고라 하였다. 홍만종 역시 〈속미인곡〉을 〈사미인곡〉과 견주어 말이 더욱 묘하고 뜻이 더욱 절실하여 가히 제갈량의 출사표와 더불어 백중할 만하다고 하였다. 생경한 한자 어휘를 배제하고 쉬운 우리말을 구사하되, 우아하면서도 자연스럽게 절실한 연주지정(戀主之情)을 잘 드러내고 있는 점을 높이 평가한 것이다. 이러한 평가에 힘입어 〈속미인곡〉은 김상숙이나 후손인 정도(鄭棹)에 의해 한역되기도 하였다.

쟁점

누구의 말인가

〈속미인곡〉은 화자의 개입 없이 두 여인의 대화로만 구성되어 있다. '저기 가는 저 각시 본 듯도 하다'며 어딜 가냐고 묻는 여인의 질문에 '어와 너로구나 내 사설 들어 보'라고 대답하는 여인의 말이 이어진다. 편의상 이 두 여인을 '갑녀'와 '을녀'라고 부른다면 〈속미인곡〉은 갑녀와 을녀의 대화로 이루어진 작품이라고 할 수 있다.

그런데 어디까지가 갑녀의 말이고 어디까지가 을녀의 말인지 명확하지 않아 논란이 있고, 심지어 제삼의 인물인 병녀의 존재 가능성(조세형, 1990)까지 제기되었다. 갑녀의 질문에 을녀가 답을 하는 처음 부분까지는 별다른 이견이 없지만, "글란 싱각 마오 믹친 일이 이셔이다"라는 대목에 이르러 해석의 차이가 발생한다. 이 말을 누구의 말로 볼 것인가가 문제인데, 제삼의 인물인 병녀의 말로 보는 견해도 있지만 갑녀나 을녀의 말로 보는 견해가 대부분이다.

먼저 '그런 생각 말라'는 말만 갑녀가 을녀를 위로한 말로 보고, 그 위로의 말을 듣고 을녀가 '맺힌 일이 있다'며 구체적으로 사연을 풀어놓기 시작한 것으로 볼 수 있다. 그러나 버림받은 이유를 허물 많은 자신과 조물의 탓으로 돌리며 이야기를 시작했던 을녀가 그런 생각 말라는 갑녀의 위로를 받고 갑자기 다시 맺힌 일이 있다고 호소하는 것은 자연스럽지 않다. 그런 이유에서 사연, 즉 맺힌 일의 주인공이 을녀라는 점에 주목하여 "글란 싱각 마오 믹친 일이 이셔이다"라는 말의 주체를 아예 을녀로 보기(김사엽, 1959)도 한다. 자신과 조물을 탓하던 을녀의 말이 이 대목까지 이어진다고 보는 것이다. 그러나 '그런 생각 말라'를 을녀의 말로 보는 것 역시 자연스럽지 않다. 자신과 조물을 탓하던 을녀가 갑자기 태도를 바꾼 점도 여전히 설명할 수 없다.

그래서 "글란 싱각 마오 믹친 일이 이셔이다"라는 말을 갑녀의 말로 해석(정재호, 1982)하는 주장도 나왔다. 이별한 상황을 이미 알고 있는 상태에서 을녀에게 어딜 가느냐고 물었다는 점에서, 갑녀가 을녀의 상황을 어느 정도 알고 있을 뿐만 아니라 을녀와 아는 사이일 가능성 또한 배제할 수 없다. 그런 갑녀가 을녀에게 그렇게 생각하지 말라며 자신이 알고 있는 이별한 이유를 새삼 말해주고 있다고 해석하는 것이다. 갑녀가 을녀를 위로하는 말, 구체적으로는 다른 맺힌 일이 있어서 상황이 그리된 것이니 을녀에게 자기 자신이나 조물을 탓하지 말라고 위로하는(정재호, 1982; 박연호, 2015) 말로 보는 것이다.

여기서 한걸음 더 나아가 갑녀의 말이 어디까지 이어지는지에 대해 새로운 견해가 제안되기도 하였다. 갑녀의 말이 "글란 싱각 마오 믹친 일이 이셔이다"에서 끝나는 것이 아니라 "님을 뫼셔 이셔 님의 일을 내 알거니 믈 ᄀᆞ튼 얼굴이 편ᄒᆞ실 적 몃 날일고"까지 이어진다(서영숙, 1995)고 보는 것이다. 이러한 견해에서는 갑녀가 다른 맺힌 일이 있어서 이별한 것이니 그런 생각을 하지 말라고 위로하는 차원을 넘어서, '다른 맺힌 일'에 관해 추정하여 '자신도 님을 모셔 봐서 아는데 여러 일들로 인해 님의 얼굴이 편한 날이 별로 없었다'고 부연하고 있다고 본다. 이렇게 갑녀의 말이 끝나자, 을녀가 자연스럽게 '춘한고열', '추일동천' 어찌 보내시고 계신지 궁금해하고 그리워하는 사연을 다시 쏟아놓기 시작한다는 것이다.

사실 어디까지가 갑녀의 말이고 을녀의 말인지 판단하기는 쉽지 않다. 그러나 분명한 것은 갑녀나 을녀, 혹은 병녀 모두 작가가 설정한 배역들이라는 점에서 연주지정을 효과적으로 드러내는 데 협력하고 있다는 점이다. 그런 점에서 〈속미인곡〉의 대화체는 연주지정을 드러내기 위한 역할 분담의 방식이자 미학적 장치로 볼 수 있다.

꼼꼼히 읽기

배역 설정을 통한 전략적 표현

〈속미인곡〉은 갑녀의 말로 시작한다. '본 듯도 하다'는 말로 시작하여 해 저문 날에 누구를 보러 가느냐고 묻는다. 친근감 있게 말을 건 후, 정황 등으로 보건대 이별한 사연이 있는 듯한데 어찌하여 이별을 하였으며 어디를 가는 것이냐고 구체적으로 묻는다. 관계를 설정하고 상대방의 상황을 섬세하게 고려하여 공감적 질문을 던지는 과정이 제법 체계적이다. 짧지만 사연을 끌어내기에 효과적인 전략을 구사함으로써, 을녀가 자연스럽게 자신의 사연을 이야기하게 하는 한편 청중들로 하여금 갑녀처럼 궁금해하면서 을녀의 사연에 귀를 기울이게 한다.

어디까지가 갑녀의 말이고 을녀의 말인지 분명하지 않지만 작품을 이해하는 데는 문제가 없다. 작품의 주 내용은 천상 백옥경을 이별해두고 해 저문 날에 방황하고 있는 을녀의 사연이다. 상계와 하계를 구분하는 발상이나 쫓겨난 신선, 곧 적객(謫客)의 이미지는 일종의 관습적 표현 혹은 구도이다. "천상 백옥경 십이루 어듸매오"로 시작하는, 좀 앞선 시대(1498)에 지어진 조위(曺偉)의 〈만분가(萬憤歌)〉에서도 확인할 수 있다. 〈만분가〉는 무오사화로 유배를 당한 조위가 유배지 순천에서 지은 가사로서 유배가사의 효시로 알려져 있다. 천상 백옥경이란 옥황상제가 산다는 천궁, 즉 하늘 궁전을 이르는 말이며, 화자는 천궁에서 구만리나 떨어져 있는 하계에 있다. 유배란 왕이 있는 곳이자 정치와 경제, 문화의 중심지로부터 쫓겨나 열악한 장소로 추방되는 것이니, 유배자의 처지는 천상계에서 하계로 쫓겨난 신선, 즉 적객의 처지에 빗댈 만하다. 이러한 적강의 모티프는 사대부들에게 익숙한 인식 틀이자 문학적 관습이기도 했다. 고려시대에도 좌천되거나 유배된 문인들이 천상계의 신선이 죄를 지어 인간 사회에 내려와 죗값을 치른 후 다시 천상계로 돌아가는 적강 모티프를 활용하곤 하였다. 이러한 인식이나 모티프는 정철의 전후미인곡에 이르고, 이후 유배가사의 문학적 전통이자 관습적 표현으로 더욱 굳어지게 된다(염은열, 2015).

천상에서 하계로 쫓겨난 〈속미인곡〉의 화자는 해가 다 저물어가는 때 누굴 보려는지 바삐 가고 있는 모습으로 등장한다. 〈사미인곡〉의 화자에 비해 적극적이고 동적인 모습이다. 〈속미인곡〉의 화자는 있는 자리에서 기다리지 않고 날이 다 저물 때까지 그리움과 조바심에 산으로 강으로 누군가 혹은 누군가의 소식을 찾아 헤맨다. 그러나 산은 안개에 구름까지 끼어 원근은커녕 지척도 분간이 어렵고 사공도 없는 강가엔 바람과 물결만 거세게 몰아친다. 저녁까지 동분서주했지만 임의 소식을 알 길이 없자 체념한 화자가 꿈에서라도 임을 만나보려 한다. 그러나 닭울음소리에 그마저도 불가하다. 어쩔 수 없이 일어나 창을 여는데 불쌍한 그림자만 을녀를 따라온단다. 을녀의 사연이 끝나자, 갑녀가 '달보다는 임의 옷을 적시는 궂은비가 되라'고 말한다. 달도 좋지만 궂은비가 되는 게 더 좋지 않겠느냐는 제안이다. 갑녀의 제안 앞에 "출하리 싀여디여 落月(낙월)이나 되야 이셔 님 겨신 窓(창) 안히 번드시 비최리라"라는 구절이 삽입되어 있는 이본도 있다. 이 구절의 삽입 유무와 무관하게, 갑녀의 마지막 말은 달이 되어 비추고 싶기도 하지만 비가 되어 적시고 싶기도 한 절절한 심정을 드러내기에 충분하다. 그런 절절한 심정을 토로하는 것으로 노래가 끝이 난다. 달빛, 비 등 상대적으로 이동이 자유로운 자연물을 끌어와 의탁함으로써, 화자는 천상과 지상의 거리감을 상상적으로 해소하는 방식으로 노래를 마무리하고 있다.

〈속미인곡〉은 비록 버림을 받았지만 한 점의 원망도 없이, 임을 그리워하며 다시 만날 날을 고대하는 지고지순한 여성 화자의 노래라고 결론지을 수 있다. 적강한 신선이자 임을 그리워하는 여성의 배역을 맡은 화자와 화자의 분신일 수 있는 또 한 명의 대화 상대자를 등장시킴으로써, 임을 향한 그리움을 효과적으로 드러내는 데 성공하였다.

엮어 읽기

여성의 목소리를 선택하다

어떤 화자를 택하느냐의 문제는 작품에 설정된 극적 상황에 의해 좌우되는데, 화자는 그에 어울리는 목소리로 그에 어울리는 역할을 수행함으로써 개성을 구현한다(김준오, 1988).

정철의 〈속미인곡〉은 물론이고 〈사미인곡〉을 보면 정철이 선택한 화자의 특성이 잘 드러난다. 젊어서 임의 사랑을 받던 〈사미인곡〉의 화자는 다 늙어 임과 이별을 했다. 구체적으로 임은 광한전, 즉 상계에 있고 임과 이별한 후 화자가 하계에 내려온 지는 벌써 삼 년이나 되었다. 이별의 상황임을 어렵지 않게 알 수 있고, 나아가 어조와 '연지분' 등의 소재를 통해 정철이 선택한 화자가 이별을 당한 여성임을 알 수 있다.

여기에는 〈속미인곡〉과 마찬가지로 실제 작자이자 당대 독자인 남성들의 상상이 개입되어 있다. 즉, 의식했든 의식하지 않았든 간에, 어떤 방식으로 말해야 이것을 여성이 말하는 것으로 믿게 할 수 있을까 하는(최미정, 1998) 남성 작자인 정철의 관점이나 상상이 개입한 결과이다. 극적 상황의 설정이나 역할의 수행은 독자나 작품이 통용되던 시대로부터 자유로울 수 없다. 그런 점에서 이른바 전후미인곡에도 군신 관계 및 여성에 대한 관념 혹은 이데올로기가 개입했다고 보아야 한다. 여성 화자는 이 지경이 된 것에 대해 원망하지도 억울함을 호소하지도 않고 3년 동안을 마치 죄인처럼 살고 있다. 상(喪)을 당한 자식의 모습과도 흡사하다. 이는 임금과 신하의 관계를 부모와 자식 간의 수직적인 질서로 이해했음을, 그리고 남녀 관계 역시 수직적인 질서 안에 있는 것으로 보았음을 알려준다. 물론 이것이 바로 당시 임금에 대한 신하의 태도이자 남성 작자와 독자들이 원하는 여성의 태도였다. 그리고 이러한 여성의 목소리와 이미지가 이른바 충신연주지사나 미인곡 계열의 작품에 반복적으로 나타나는 것은 이것이 지극히 남성 중심적인 문화 속에서 하나의 문학적 관습으로 자리 잡았음을 뜻한다.

사실 어떤 화자를 내세울 것인가의 문제는 일차적으로 작자 개인의 선택이지만, 그 개인이 속한 시대와 문화를 반영한 선택이기도 하다. 따라서 문학을 읽을 때 화자의 정체를 파악하고 작가의 의도나 당대적 의미까지 간파할 필요가 있다. 작품이나 글을 쓸 때 주제는 물론이고 의도에 부합하는 화자를 선택하여 적극 활용하는 전략 또한 필요하다.

갈래는 다르지만 다음에 제시된 조남주의 〈현남 오빠에게〉라는 소설 역시 여성의 목소리를 취함으로써 주제를 구현한 작품 중의 하나이다.

> 오빠가 싫어하는 친구들과는 몰래 연락하며 그냥 조용히 만나면 되지 뭐, 했어요. 식당에서 음식 하나 주문할 때도 제 의견은 묻지 않고 늘 자기 뜻대로만 하는 오빠를 따르면서도 중요한 일이 아니니까, 좋은 게 좋은 거야, 애써 넘겼어요. 한켠에 미심쩍은 마음이 자라고 있었죠. 사회생활을 하며 많은 사람을 만나고 넓은 세상을 경험하고 나니 이제야 제 모습이 보이더군요. 내 인생이 내 뜻과는 무관하게 흘러왔다는 것을 알게 됐습니다. …(중략)…
>
> 오빠가 아무것도 할 줄 모르는 나를 돌봐줬던 게 아니라 나를 아무것도 할 줄 모르는 사람으로 만들었더라. 사람 하나 바보 만들어서 마음대로 휘두르니까 좋았니? 청혼해줘서 고마워. 덕분에 이제라도 깨달았거든. 강현남, 이 개자식아!

이 소설은 '현남'이라는 남자를 사귀는 스무 살 여성 '나'의 말로 시작된다. 서울에서의 대학생활을 시작한 '나'에게 남자 친구인 '현남 오빠'는 여러모로 도움을 주지만, '나'는 '다 너를 위한 거'라는 현남 오빠의 말과 행동에 무언가 불편함을 느끼곤 한다. 그러나 그 불편함에도 불구하고 '현남 오빠'의 여자 친구로 살아오던 '나'는 오빠의 청혼을 계기로 대한민국의 평균적인 남자인 '현남 오빠'가 '나'를 수동적인 여성 혹은 자신이 바라는 여성으로 길들이고 있음을 자각하게 된다. 인용한 부분은 마지막 대목으로, '나'가 '현남 오빠'로 대표되는 남성 혹은 남성 중심의 문화를 인식하고 그로부터의 해방을 선언하는 부분이다. '현남 오빠에게' 말을 거는 '나'를 내세움으로써 여성에 대한 우리 사회의 미묘한 인식과 이데올로기를 잘 드러내고 있다. '나'는 이 소설의 화자일 뿐만 아니라 여성 작가의 분신이라고 할 수 있다. 여성으로서의 체험에 바탕에 둔 소설이라는 점에서 '나'는 일종의 페르소나인 것이다.

〈속미인곡〉과 〈현남 오빠에게〉 모두 여성 화자를 선택함으로써 주제를 효과적으로 드러냈다. 어떤 화자를 선택할 것인가, 즉 어떤 역할을 부여하고 어떤 목소리를 내세울 것인가. 이는 문학적 표현과 이해는 물론이고 일상의 국면에서도 중요한 수사적 선택의 문제이다.

참고문헌

김사엽(1959), 『교주 송강가사』, 문호사.
김춘오(1988), 『시론』, 이우출판사.
박연호(2015), 『가려 뽑은 가사』, 현암사.
서영숙(1995), 「〈속미인곡〉과 〈성산별곡〉의 대화양상 분석」, 『한국시가문화연구』 3, 한국시가문화학회(구 한국고시가문화학회).
염은열(2015), 『유배, 그 무섭고도 특별한 여행』, 꽃핀자리.
정재호(1982), 「〈속미인곡〉의 내용 분석」, 『한국가사문학론』, 집문당.
조남주(2017), 「현남 오빠에게」, 조남주 외, 『현남 오빠에게』, 다산책방.
조세형(1990), 『송강가사의 대화 전개 방식 연구』, 서울대학교 석사학위논문.
최미정(1998), 「조선 초 중기 여성화자 국문시가와 풍류」, 『어문학』 64, 한국어문학회.

가사 06

규원가 閨怨歌

지은이 허난설헌(許蘭雪軒, 1563~1589) **출처** 『고금가곡』

엇그제 저멋더니 ᄒᆞ마 어이 다 늘거니
少年行樂[소년행락] 생각ᄒᆞ니 일러도 속절업다
늘거야 서른 말ᄉᆞᆷ ᄒᆞ자니 목에 멘다
父生母育[부생모육] 辛苦[신고]ᄒᆞ야 이내 몸 길러 낼 제
公侯配匹[공후배필]은 못 바라도 君子好逑[군자호구] 願[원]ᄒᆞ더니
三生[삼생]의 怨業[원업]이오 月下[월하]의 緣分[연분]ᄋᆞ로
長安遊俠[장안유협] 輕薄子[경박자]를 ᄭᅮᆷᄀᆞᆺ치 만나 잇서
當時[당시]의 用心[용심]하기 살어름 디듸는 ᄃᆞᆺ
三五二八[삼오이팔] 겨오 지나 天然麗質[천연여질] 절로 이니
이 얼골 이 態度[태도]로 百年期約[백년기약] ᄒᆞ얏더니
年光[연광]이 훌훌ᄒᆞ고 造物[조물]이 多猜[다시]ᄒᆞ야
봄바람 가을 믈이 뵈오리 북 지나듯
雪鬢花顔[설빈화안] 어ᄃᆡ 두고 面目可憎[면목가증]되거고나
내 얼골 내 보거니 어느 님이 날 괼소냐
스스로 慙愧[참괴]ᄒᆞ니 누구를 원망ᄒᆞ리
三三五五[삼삼오오] 冶遊園[야유원]의 새 사람이 나단 말가
곳 피고 날 저물 제 定處[정처] 업시 나가 잇어
白馬[백마] 金鞭[금편]으로 어ᄃᆡ어ᄃᆡ 머무는고
遠近[원근]을 모르거니 消息[소식]이야 더욱 알랴
因緣[인연]을 긋쳐신들 ᄉᆡᆼ각이야 업슬소냐

얼골을 못 보거든 그립기나 마르려믄
열두 ᄣᅢ 김도 길샤 설흔 날 支離지리ᄒᆞ다
玉窓옥창에 심근 梅花매화 몃 번이나 픠여 진고
겨울 밤 차고 찬 제 자최눈 섯거 치고
여름날 길고 길 제 구즌 비ᄂᆞᆫ 므스 일고
三春花柳삼춘화류 好時節호시절의 景物경물이 시름 업다
가을 ᄃᆞᆯ 방에 들고 蟋蟀실솔이 床상에 울 제
긴 한숨 디ᄂᆞᆫ 눈물 속절업시 헴만 만타
아마도 모진 목숨 죽기도 어려울사
도로혀 풀쳐 혜니 이리 ᄒᆞ여 어리 ᄒᆞ리
靑燈청등을 돌라 노코 綠綺琴녹기금 빗기 안아
碧蓮花벽련화 한 곡조를 시름 조ᄎᆞ 섯거 타니
瀟湘夜雨소상야우의 댓소리 섯도ᄂᆞᆫ ᄃᆞᆺ
華表화표 千年천년의 別鶴별학이 우니ᄂᆞᆫ ᄃᆞᆺ
玉手옥수의 타는 手段수단 녯 소래 잇다마ᄂᆞᆫ
芙蓉帳부용장 寂寞적막ᄒᆞ니 뉘 귀에 들리소니
肝腸간장이 九曲구곡되야 구븨구븨 ᄭᅳᆫ쳐서라
출하리 잠을 들러 ᄭᅮᆷ의나 보려 ᄒᆞ니
바람의 디ᄂᆞᆫ 닢과 풀 속에 우는 즘생
므스 일 원수로서 잠조차 ᄭᅢ오ᄂᆞᆫ다
天上천상의 牽牛織女견우직녀 銀河水은하수 막혀서도
七月七夕칠월칠석 一年一度일년일도 失期실기치 아니거든
우리 님 가신 후는 무슨 弱水약수 가렷관ᄃᆡ
오거나 가거나 消息소식조차 ᄭᅳᆫ쳣는고
欄干난간의 비겨 셔서 님 가신 ᄃᆡ 바라보니
草露초로ᄂᆞᆫ 맷쳐 잇고 暮雲모운이 디나갈 제
竹林죽림 푸른 고ᄃᆡ 새 소리 더욱 설다

세상의 서룬 사람 수 업다 ᄒᆞ려니와

薄命박명ᄒᆞᆫ 紅顔홍안이야 날 가ᄐᆞ니 ᄯᅩ 이실가

아마도 이 님의 지위로 살동말동 ᄒᆞ여라

맥락

여성이 지은 최고(最古)의 가사

〈규원가〉는 송계연월옹(宋桂煙月翁)이 엮었다는 시가집 『고금가곡(古今歌曲)』(1800)과 『교주가곡집(校註歌曲集)』에 허난설헌이 지었다는 기록과 함께 전한다. 그 밖에도 '원부사(怨夫詞)', '원부사(怨婦辭)', '원부가(怨婦歌)', '박명가(薄命歌)', '청루원별곡(青樓怨別曲)' 등의 제목으로 여러 가집에 수록되어 전한다. 그러나 더 이른 시기의 비평서인 홍만종의 『순오지』(1678)에는 허균(許筠)의 첩 무옥(巫玉)이 〈원부사(怨婦辭)〉를 지었다는 언급도 나온다.

쟁점

허난설헌인가 무옥인가

작품이 수록된 『고금가곡』과 『교주가곡집』에는 허균의 누이 허난설헌이 지었다고 기록되어 있지만, 홍만종의 『순오지』나 『견첩록(見睫錄)』 등의 문헌에는 허균의 첩 무옥이 지었다는 언급이 있어 〈규원가〉를 누가 지었는지 논란이 된다.

작가가 허난설헌이라는 기록이 엄연히 존재하고 작품의 내용 또한 허난설헌의 한시 〈소년행(少年行)〉이나 〈규원(閨怨)〉의 그것과 크게 다르지 않다는 점에 주목하여 〈규원가〉가 허난설헌의 작이라는 주장이 일찍이 제기되었다(이상보, 1974). 한편 〈규원가〉와 허난설헌의 생애는 물론이고 한시와의 관련성을 면밀하게 따짐으로써 허난설헌이 지었다는 주장을 보강하는 한편, 〈규원가〉의 여성가사로서의 시대적 성취에 주목하는 논의(박요순, 1964)도 있었다.

그러나 국문시가 여러 작품에 대해 비평을 시도한 홍만종의 『순오지』에 "원부사는 허균의 첩 무옥이 지었다[怨婦辭 許筠之妾 巫玉之所製]"라는 기록이 나오고 작자 미상이기는 하지만 조선 전기 인물이나 제도, 문물 등에 대해 기록한 『견첩록』 등에도 무옥의 작이라는 언급이 나온다. 〈규원가〉를 허균의 첩 무옥이 지은 〈원부사〉의 이본으로 보는 주장(강전섭, 1973)은 가집의 기록보다는 이들 문헌의 기록을 신뢰한 결과이다. 그런가 하면 누이의 작품을 꼼꼼하게 정리한 허균이 〈규원가〉에 대해서는 한 마디도 언급하지 않았다는 사실로 미루어볼 때도 〈규원가〉가 허난설헌이 아니라 무옥의 작일 가능성이 높다는 주장(이혜순, 1983)이 제기되기도 하였다.

현재로서는 허난설헌의 작인지 무옥의 작인지 판단할 수 없다. 분명한 것은 홍만종 당대는 물론이고 그 이후에도 〈규원가〉 혹은 〈원부사〉가 많은 사람들에 의해 구송되었고 식자들에 의해 필사되었다는 점이며, 그런 점에서 이 작품이 적층 문학으로서의 성격을 지닌다는 사실(윤영옥, 1984)이다. 그리고 당대는 물론이고 후대에도 작자가 누구인지가 그리 중요하지 않은, 보편적 공감을 불러일으키는 모두의 노래로 구송 혹은 낭송되었으며 사랑을 받았다는 사실이다.

꼼꼼히 읽기

조선시대, 여성으로 산다는 것

화자는 어느새 늙어서 과거를 회상하는 처지가 되었다. 젊었을 때 즐거웠던 일을 떠올린들 무슨 소용이 있겠냐면서 늙은 처지에 설운 말씀, 즉 서러운 이야기를 시작하자니 목이 멘다고 운을 뗀다.

화자의 서러운 인생이 시간의 흐름에 따라 압축적으로 펼쳐진다. 부모님의 은덕으로 태어나고 자라 공후배필은 바라지도 않고 그저 군자호구를 원했는데, 삼생(三生)에 걸친 원망스러운 인연으로 어린 나이에 장안유협 경박자를 만났단다. 경박한 남편을 만남으로써 규원이 비롯되었음을 알 수 있다. 화자는 살얼음을 디디듯 조마조마한 심정으로 결혼 생활에 임한다. 꽃처럼 피어나는 젊은 나이에는 한때 임과의 백년기약을 꿈꾸기도 했지만, 어느새 세월이 흘러 경박한 남편의 사랑이 식어버린다. 남편은 장안, 곧 한양의 유흥가에 새 사람이 생겼는지 '꽃 피고 날이 저물 때', 즉 가장 인간의 감성과 심회를 불러일으키는 그런 시간에 잘 차려입

강원 강릉시에 있는 허난설헌 생가터

고 정처 없이 나가 소식을 알 길이 없다. 남편과 인연을 맺고 살아온 그간의 세월을 운율감 있는 말로 요약하여 전한다.

생애에 대한 요약적 술회 이후에는 규방에 홀로 남은 화자의 자탄이 이어진다. 남편에 대한 원망과 자신의 외로운 처지에 대한 자탄이 길게 이어지고 있다. 규방에 갇힌 화자에게 기다림의 시간은 길기만 하다. 눈물과 한숨 속에서 화자는 가야금도 타보고 꿈에서라도 임을 만날까 잠도 청해본다. 그러나 옛 솜씨는 여전한데 가야금 소리가 오히려 오장육부를 끊어내는 듯하고, 바람에 지는 잎새와 풀 속에서 우는 벌레 때문에 잠이 들기도 어렵다. 결국 화자는 세상에 서러운 사람이 많겠지만 박명한 홍안으로는 나만한 사람이 있겠느냐고 반문하며 이렇게는 살동말동하다는 탄식의 말을 내뱉고 만다.

남편에 대한 원망과 남편을 만난 자신의 처지에 대한 자탄이 구체적으로 드러나는 〈규원가〉는 앞서 살핀 '미인곡'류의 사대부 가사와 닮아 있다. 표면적으로 임에게 버림받은 여성 화자가 존재하고 임에 대한 그리움과 기다림이 주요 내용인데다가 구체적인 표현과 표현 방법이 같거나 유사한 대목 또한 적지 않다. 〈규원가〉가 연주지사 혹은 '미인곡'류의 사대부 가사의 전통 속에서 지어졌음을 알 수 있다. 그러나 그리움의 대상인 임에 대한 화자의 태도가 달라진 〈규원가〉는 새로운 문학적 관습의 출현을 예고한다. 절대자인 임을 원망하기보다는 자신이나 세상을 탓하며 한결같은 연정을 주장하던 화자의 모습은 사라지고, 상처받은 감정을 솔직하게 드러내고 임에 대한 원망을 토로하며 자신의 운명을 탓하는 화자의 모습이 새롭게 등장한 것이다. 이런 점에서 〈규원가〉는 후기 내방가사 혹은 규방가사의 효시 작품으로 볼 수 있다(이상보, 1974). 규한(閨恨)을 노래한 〈상사별곡(相思別曲)〉 류에 영향을 미친 작품으로 볼 수 있다.

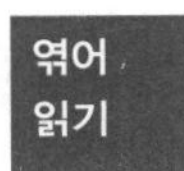

문학으로 드러내고 치유하다

다음은 허난설헌이 지은 '규원(閨怨)'이라는 제목의 한시 두 편이다.

錦帶羅裙積淚痕(금대나군적루흔)	비단 띠 비단 치마에 쌓인 눈물 흔적
一年芳草恨王孫(일년방초한왕손)	일 년 그리움에 돋아난 방초의 원한
瑤箏彈盡江南曲(요쟁탄진강남곡)	거문고를 켜 강남곡 한 곡조를 연주하니
雨打梨花晝掩門(우타이화주엄문)	배꽃은 비에 지고 낮에 문은 닫혔구나

月樓秋盡玉屛空(월루추진옥병공)	누각에 가을 깊으니 병풍 안은 허전하고
霜打蘆洲下暮鴻(상타노주하모홍)	서리 친 갈밭에 저녁 기러기 내리네
瑤瑟一彈人不見(요슬일탄인불견)	한 곡조 거문고에도 임은 아니 오고
藕花零落野塘中(우화영락야당중)	연꽃만 들못 위로 소리 없이 지고 있네

눈물로 지새우다 보니 치마폭에 눈물 흔적이 쌓였다고 한다. 가을이 깊어지니 임이 찾지 않는 규방은 더욱 쓸쓸하다고도 한다. 거문고 한 곡조를 켜보지만 규방의 외로움과 쓸쓸함은 줄어들지 않는다. 급기야 그 깊은 규중의 한을 비를 맞아 떨어지는 배꽃과 들 연못에서 소리 없이 지고 있는 연꽃의 이미지로 형상화하기에 이른다. 〈규원〉은 〈소년행〉과 더불어 〈규원가〉의 작가가 허난설헌임을 보여주는 작품으로 일찍이 주목을 받았다.

〈규원가〉를 직접 지었든 짓지 않았든 간에 허난설헌은 '규원'을 노래한 사대부 가문의 여인임에 틀림이 없고, 사실 여부와는 별개로 당대 혹은 후대의 사람들은 〈규원가〉를 허난설헌과 관련된 작품으로 간주하거나 간주하고 싶어 했다. 그 이유는 모두 소문과 이야기를 끊임없이 만들어낸, 허난설헌의 남다른 생애 때문이다. 허난설헌은 그 시대 양반집 여성들과는 다른 유년기를 보냈는데, 동생 허균과 마찬가지로 이달(李達)에게 배웠고 일찍이 그 학식과 능력을 인정받았다. 그러나 열다섯의 나이에 김성립(金成立)에게 시집을 가면서 비극이 시작된다. 허난설헌은 조선시대 양반 여성으로서의 삶을 살아야 했는데, 불행히도 남편과 시댁 식구들의 사랑을 받지 못했다. 그리고 규방이라는 지극히 사적이면서도 제도적인 공간에 갇혀 여인으로서의 고독한 삶을 강요받았다. 당시의 성 역할이나 가족 제도, 사회문화적 규범 등에 갇혀 자신의 자유로운 감정이나 이상을 펼칠 기회를 가질 수 없었음은 물론이고, 오지 않는 남편을 의지하고 기다려야만 하는 모순된 상황에 처했다. 연이어 두 자식까지 잃은 허난설헌은 글로 원망의 말을 하고, 글로 솔직한 감정과 욕망을 드러내고, 글로 다른 세계를 꿈꾸는 것 외에 할 수 있는 일이 없었다.

精金凝寶氣(정금응보기)	보배로운 기운이 엉긴 순금에
鏤作半月光(루작반월광)	반달무늬를 아로새겨
嫁時舅姑贈(가시구고증)	시집올 때 시부모님 내주신 노리개
繫在紅羅裳(계재홍나상)	이제껏 다홍치마에 차고 있었죠
今日贈君行(금일증군행)	오늘 아침 떠나는 임께 드리니
願君爲雜佩(원군위잡패)	원컨대 서방님 패물로 삼으소서
不惜棄道上(부석기도상)	길가에 버리는 것 아깝지 않으나
莫結新人帶(막결신인대)	시앗의 허리띠엔 매어 주지 마소

위 작품은 허난설헌이 지은 한시 〈유흥(遣興)〉 중 네 번째 수다. 허난설헌은 소중하게 지니고 있던 노리개를 떠나는 임에게 건네주면서 새 여자에게는 절대 주지 말라고 당부한다. 길가에 버리는 것이 차라리 아깝지 않다고 말함으로써 남편이 새 여자에게 베풀 호의에 대한 반감을 과감하게 드러내고 있다. 덕이 있는 사대부 여인이 아니라 장안유협 경박자를 남편으로 둔 아내로서의 솔직한 목소리를 낸 것이다. "장안의 길목서 서로 만나 / 꽃밭에서 사랑을 속삭였네 / 황금 채찍 놓아두고서 / 말머리 돌려 돌아갔다네[相逢長安陌 / 相向花間語 / 遣却黃金鞭 / 回鞍走馬去]"라는 짧은 내용의 한시 〈상봉행(相逢行)〉에서는 성애를 과감하면서도 낭만적으로 표현하기도 하고, 규방에 갇혀 있음에도 불구하고 〈출새곡(出塞曲)〉이나 〈입새곡(入塞曲)〉 등의 한시를 지어 남성 못지않은 필치로 전장(戰場)의 기세와 처참함 등을 그려내기도 하였다. 〈유선사(遊仙詞)〉 87수에서는 일체의 강박이 사라진 자유

롭고 아름다운 선계와 여신의 이미지를 형상화하기도 하였다. 이처럼 허난설헌은 시를 지음으로써 현실의 고통과 억압된 감정이나 욕망을 솔직하게 드러내고, 남성의 영역으로만 존재했던 공적 영역, 즉 규방 밖의 현실 세계의 이슈와 역사에 동참하였으며, 이상향인 선계를 상상함으로써 현실의 강박이나 한계를 상상적으로 초월하기도 하였다(최유미, 2010).

여기서 허난설헌에게 시란, 문학이란 무엇이었을지 생각해보자. 조선을 넘어 중국에서 먼저 인정받았던 조선인이자, 남편보다 더 잘난 아내였던 허난설헌은 '규방'이라는 공간에 갇혀 누구보다도 큰 고통을 받았다. 허난설헌의 시를 높이 평가하는 문인들조차 정작 작자인 허난설헌을 문제적 인물로 폄하하기도 하였다. 허난설헌의 비극은 중세 조선에서 태어나 김성립의 아내가 되었기에 생겨난 것이었고, 그 현실에서 벗어날 길이 없었던 허난설헌은 시를 지음으로써 상상적으로 현실을 극복하고 위안을 받는 방법 외에 다른 선택지가 없었을 것이다.

같은 맥락에서 〈규원가〉를 왜 지었을까 혹은 왜 불렀을까 역시 생각해볼 수 있다. 작자가 허난설헌이든 무옥이든 간에 이들은 모두 당시 소수자였던 여성이며, 사실상 〈규원가〉는 이들이 짓고 부른 일종의 넋두리에 가깝다. 사전에 따르면 '넋두리'는 "불만을 길게 늘어놓으며 하소연하는 말"을 뜻한다. 이는 '넋풀이'와 같은 말인데 '하소연을 하면 풀린다'는 사실이 오랜 경험을 통해 입증되어 '넋두리'가 '넋풀이'와 동의어가 되었다. 남편에 대한 불만과 처지에 대한 하소연이 길게 이어지고 있는 점, 즉 화자가 불만과 심회를 밖으로 표현함으로써 자신의 감정을 객관화하고 있다는 점에서 〈규원가〉를 일종의 넋두리로 볼 수 있다. 나아가 〈규원가〉는 스스로를 위로하고 치유하기 위한 넋두리 차원 이상의 역사적·실천적 의미까지 지닌다. 작자가 시대의 한계에 순종하기보다는 규방 여성으로서 자신의 목소리를 냈다는 점에서 그러하고, 이 작품이 널리 공감받고 이후 여러 다른 규방가사들로 이어졌다는 점에서 그러하다. 따라서 〈규원가〉는 개인의 넋두리를 넘어서 규방 여성들의 한을 드러내고 여성들의 목소리를 대변하는 중세 여성 문학으로서의 위상을 지닌다. 이 모든 문학적 의의와 성취가 문학의 치유적 기능에 대한 인식에서 비롯된 것임은 물론이다.

참고문헌

강전섭(1973), 「원부사에 대하여」, 『한국언어문학』 11, 한국언어문학회.
박요순(1964), 「허난설헌과 규원가고」, 『호남문화연구』 2, 전남대학교 호남학연구원.
윤영옥(1984), 「상상계가사연구」, 『여성문제연구』 13, 대구가톨릭대학교 사회과학연구소.
이상보(1974), 『한국가사문학의 연구』, 형설출판사.
이혜순(1983), 「규원가 봉선화가의 작가고」, 『한국시가문학연구』, 신구문화사.
최유미(2010), 「문학 — 결핍을 극복하는 두 가지 방식」, 『온지논총』 24, 온지학회.

누항사 陋巷詞

지은이 박인로(朴仁老, 1561~1642) **출처** 『노계집』

어리고 迂闊우활ᄒᆞᆯ산 이 ᄂᆡ 우ᄒᆡ 더니 업다

吉凶禍福길흉화복을 하날긔 부쳐 두고

陋巷누항 깁픈 곳의 草幕초막을 지어 두고

風朝雨夕풍조우석에 석은 딥히 셥히 되야

셔홉 밥 닷홉 粥죽에 煙氣연기도 하도 할샤

설 데인 熟冷숙냉애 뷘 ᄇᆡ 쇡일 ᄲᅮᆫ이로다

生涯생애 이러ᄒᆞ다 丈夫장부 ᄯᅳᆺ을 옴길넌가

安貧一念안빈일념을 젹을망정 품고 이셔

隨宜수의로 살려 ᄒᆞ니 날로조차 齟齬저어ᄒᆞ다

ᄀᆞ올히 不足부족거든 봄이라 有餘유여ᄒᆞ며

주머니 뷔엿거든 瓶병의라 담겨시랴

貧困빈곤ᄒᆞᆫ 人生인생이 天地間천지간의 나ᄲᅮᆫ이라

飢寒기한이 切身절신ᄒᆞ다 一丹心일단심을 이질ᄂᆞᆫ가

奮義忘身분의망신ᄒᆞ야 죽어야 말녀 너겨

于橐于囊우탁우랑의 줌줌이 모와 녀코

兵戈병과 五載오재예 敢死心감사심을 가져 이셔

履尸涉血이시섭혈ᄒᆞ야 몃 百戰백전을 지ᄂᆡ연고

一身일신이 餘暇여가 잇사 一家일가를 도라보랴

一奴長鬚일노장수ᄂᆞᆫ 奴主分노주분을 이졋거든

告余春及고여춘급을 어ᄂᆡ 사이 ᄉᆡᆼ각ᄒᆞ리

耕當問奴경당문노 ᅵᆫ들 눌ᄃᆞ려 물롤ᄂᆞᆫ고
躬耕稼穡궁경가색이 ᄂᆡ 分분인 줄 알리로다
莘野耕叟신야경수와 壟上耕翁농상경옹을 賤천타 ᄒᆞ리 업것마ᄂᆞᆫ
아므려 갈고젼ᄃᆞᆯ 어ᄂᆡ 쇼로 갈로손고
旱旣太甚한기태심ᄒᆞ야 時節시절이 다 느즌 졔
西疇서주 놉흔 논애 잠깐 긴 녈비예
道上도상 無源水무원수을 반만깐 ᄃᆡ혀두고
쇼 ᄒᆞᆫ 젹 듀마 ᄒᆞ고 엄섬이 ᄒᆞᄂᆞᆫ 말삼
親切친절호라 너긴 집의 달 업슨 黃昏황혼의 허위허위 다라 가셔
구디 다든 門문 밧긔 어득히 혼자 서셔
큰 기춤 아함이를 良久양구토록 ᄒᆞ온 後후에
어화 긔 뉘신고 廉恥염치 업산 ᄂᆡ옵노라
初更초경도 거읜ᄃᆡ 긔 엇지 와 겨신고
年年연년에 이러ᄒᆞ기 苟且구차ᄒᆞᆫ 줄 알건만ᄂᆞᆫ
쇼 업ᄉᆞᆫ 窮家궁가애 혜염 만하 왓삽노라
공ᄒᆞ니나 갑시나 주엄 즉도 ᄒᆞ다마ᄂᆞᆫ
다만 어제 밤의 거넨 집 져 사람이
목 불근 수기雉치을 玉脂泣옥지읍게 ᄭᅮ어 ᄂᆡ고
간 이근 三亥酒삼해주을 醉취토록 勸권ᄒᆞ거든
이러한 恩惠은혜을 어이 아니 갑흘넌고
來日내일로 주마 ᄒᆞ고 큰 言約언약 ᄒᆞ야거든
失約실약이 未便미편ᄒᆞ니 사셜이 어려왜라
實爲실위 그러ᄒᆞ면 혈마 어이ᄒᆞᆯ고
헌 먼덕 수기 스고 측 업슨 집신에 설피설피 물너 오니
風採풍채 저근 形容형용애 ᄀᆡ 즈칠 ᄲᅮᆫ이로다
蝸室와실에 드러간ᄃᆞᆯ 잠이 와사 누어시랴
北牕북창을 비겨 안자 ᄉᆡ비ᄅᆞᆯ 기다리니

無情무정ᄒᆞᆫ 戴勝대승은 이ᄂᆡ 恨한을 도우ᄂᆞ다
終朝종조 惆悵추창ᄒᆞ며 먼 들흘 바라보니
즐기ᄂᆞᆫ 農歌농가도 興흥 업서 들리ᄂᆞ다
世情세정 모른 한숨은 그칠 줄을 모ᄅᆞᄂᆞ다
아ᄉᆡ온 져 소뷔ᄂᆞᆫ 볏보님도 됴ᄒᆞᆯ세고
가시 엉귄 묵은 밧도 容易용이케 갈련마ᄂᆞᆫ
虛堂半壁허당반벽에 ᄉᆞᆯ듸업시 걸려고야
春耕춘경도 거의거다 후리쳐 더뎌 두쟈
江湖강호ᄒᆞᆫ ᄭᅮᆷ을 ᄭᅮ언지도 오ᄅᆡ러니
口腹구복이 爲累위루ᄒᆞ야 어지버 이져ᄡᅥ다
瞻彼淇燠첨피기욱ᄒᆞᆫᄃᆡ 綠竹녹죽도 하도 할샤
有斐君子유비군자들아 낙ᄃᆡ ᄒᆞ나 빌려ᄉᆞ라
蘆花노화 깁픈 곳애 明月淸風명월청풍 벗이 되야
님ᄌᆡ 업ᄉᆞᆫ 風月江山풍월강산애 절로절로 늘그리라
無心무심ᄒᆞᆫ 白鷗백구야 오라 ᄒᆞ며 말라 ᄒᆞ랴
다토리 업슬ᄉᆞᆫ 다문 인가 너기로라
無狀무상ᄒᆞᆫ 이 몸애 무ᄉᆞᆫ 志趣지취 이스리마ᄂᆞᆫ
두세 이렁 밧논를 다 무겨 더뎌 두고
이시면 粥죽이오 업시면 굴물망졍
남의 집 남의 거슨 젼혀 부러 말렷노라
ᄂᆡ 貧賤빈천 슬히 너겨 손을 헤다 물너가며
남의 富貴부귀 불리 너겨 손을 치다 나아오랴
人間인간 어ᄂᆡ 일이 命명 밧긔 삼겨시리
貧而無怨빈이무원을 어렵다 ᄒᆞ건마ᄂᆞᆫ
ᄂᆡ 生涯생애 이러호ᄃᆡ 설온 ᄠᅳᆮ은 업노왜라
簞食瓢飮단사표음을 이도 足족히 너기로라
平生평생 ᄒᆞᆫ ᄠᅳᆮ이 溫飽온포애ᄂᆞᆫ 업노왜라

太平天下태평천하애 忠孝충효를 일을 삼아

和兄弟화형제 信朋友신붕우 외다 ᄒᆞ리 뉘 이시리

그 밧긔 남은 일이야 삼긴 ᄃᆡ로 살렷노라

맥락

임란 이후 변화한 사대부의 삶

〈누항사〉는 박인로가 1611년경에 지은 가사 작품으로 알려져 있다. 『노계집(蘆溪集)』에는 이덕형(李德馨)의 은거지인 경기도 용진강 사제를 찾아갔을 때, 산골 살림의 어려운 형편이 어떠하냐는 이덕형의 물음에 회포를 풀면서 이 노래를 창작했다는 기록이 남아 있다.

> 공이 한음 상공(漢陰相公)을 좇아 놀 때에, 한음 상공이 공에게 산촌 생활의 곤궁한 형편을 물었다. 이에 공이 자신의 마음을 서술하여 이 곡을 지었다.

위 기록과 같이 이 작품은 곤궁한 처지와 관련되어 있다. 임진왜란 이후 일부 사대부들은 경제적인 어려움에 처하게 되는데, 이러한 곤궁한 삶은 사대부로서 어떠한 삶을 살아가야 하는지에 대해 고민하게 만들었다. 박인로의 경우에는 한미한 향반의 무인 집안에서 태어나 어려운 삶을 살아가면서도 유학의 덕목을 몸소 실천하려 했고, 어려운 현실에 처해 있으면서도 유가적 이념을 잃지 않으려 했다. 〈누항사〉는 바로 이러한 배경에서 창작된 작품이다. 이러한 문제 인식과 태도가 조선 전기의 작품과 뚜렷하게 구별되기 때문에, 조선 후기 가사의 변모를 보여주는 작품으로 평가되고 있다.

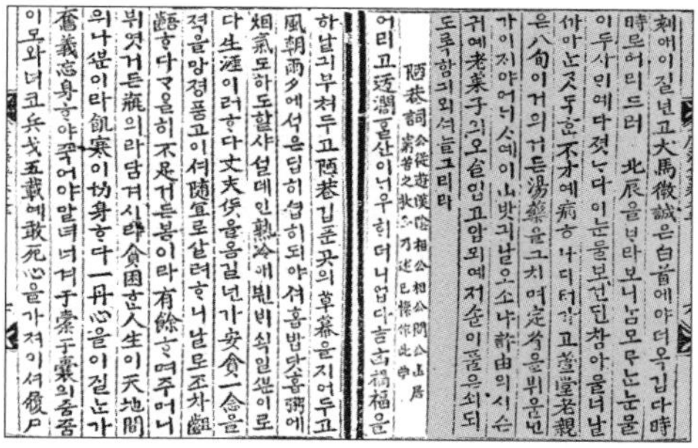

한편, 고사본(古寫本)으로 전하는 사설에서는 『노계집』에 실려 있는 작품에 없는 내용이 군데군데 덧붙여져 있어 일부 내용을 부연하고 있으나, 전체적인 주제 면에서는 큰 차이가 없다.

〈누항사〉 수록 부분 일부 (『노계집』)

쟁점

작중 상황은 누구의 처지인가

누추한 공간을 뜻하는 '누항(陋巷)'이라는 제목이 드러내듯, 이 작품은 경제적으로 궁핍한 문제를 다루면서 이를 핍진하게 서술하고 있는 점이 특징으로 꼽힌다. 그런데 누항으로 대표되는 작품 속 궁핍이 실제로 누구의 처지를 반영한 것이었는지에 대해서는 여러 의견이 나뉜다. 『노계집』에 수록된 여러 글과 당시의 상황을 근거로 하여 박인로 자신이 겪었던 실제의 상황과 경험으로 보는 것이 일반적이다(우응순, 1985; 김용철, 1995; 박현숙, 2011). "사대부로서의 지위도 보장되어 있지 않고, 농민으로 살아가는 데 만족할 수 있는 여건을 갖추지도 못했으므로, 양쪽에서 소외되어 있는 괴로움을 절실하게 그렸다."(조동일, 1994)고 평가하는 것이다.

그러나 박인로가 전후 향촌 질서의 개편을 주도했던 만큼 〈누항사〉에 그려진 정도로 가난했던 것은 아니라는 견해도 있다. 중소 재지사족으로서 경제적 · 정치적 위상을 어느 정도 확보하고 있었으리라는 추정에 따르면, 자신의 처지를 직설적으로 드러낸 작품으로 보기 어렵다. 그렇다면 자신의 경험이 아닌 다른 이의 가난을 대변한 작품이 되는데, 특히 당대 향촌사족의 생활을 일반화하여 창작한 것으로 보거나(이동찬, 1999; 최현재, 2003), 신분을 막론하고 경제적 궁핍으로 고통받는 전체의 모습으로 해석하기도 한다(김광조, 2007). 최근에는 작품에 그려진 가난이 경제적 궁핍의 문제라기보다는 세상에서 자신의 뜻을 펴지 못하는 정치적 소외 상태를 의미하는 것으로 보는 견해도 제기되고 있다(박연호, 2013). 당시 사족이 경제적 궁핍의 문제를 직설적으로 토로하기는 어려웠을 것이라는 사정을 고려한 것이다.

이처럼 그동안의 논의는 주로 작품 속 궁핍이 작자 박인로가 실제로 겪은 경험인지 아닌지를 규명하는 데 초점이 맞춰져 왔다. 그의 문집에 실려 있는 행장이나 몇 가지 한정된 자료에 의거하여 박인로의 생애를 단편적으로 유추하면서, 박인로의 처지에 대해 서로 상반된 의견이 제기되기도 했다. 그러나 중요한 점은 실제 궁핍의 여부를 떠나 강호에서의 유유자적한 삶과는 구별되는 경제적 궁핍의 문제가 가사 작품의 제재가 되었다는 점이다. 조선 전기의 성리학적 관념에서 벗어나, 실제 현실 세계의 문제를 본격적으로 다루게 된 점은 이전 시기의 작품과는 구별되는 특징임에 분명하다.

꼼꼼히 읽기

가난, 안빈낙도로 넘어서다

우선 '누항사'라는 작품의 제목부터 눈에 띈다. 도대체 얼마나 궁핍하고 어려웠으면 자신이 사는 거처를 '누항'이라 칭했을까? 겸양의 수사적 표현으로 넘길 수 없는 것은 뒤따르는 상황이 심상치 않기 때문이다. 비바람 부는 아침과 비 오는 저녁에 썩은 짚을 땔감 삼아 겨우 세 홉 밥과 다섯 홉 죽으로 끼니를 준비하는데 그것마저도 연기만 많이 피어오를 뿐이며, 심지어 설 데운 숭늉으로 빈 배를 채우는 일도 많다. 가난한 생활의 비참한 광경이 그대로 드러난다.

이러한 궁핍은 경제적 차원에서 해결되어야 하기에, 이는 직접 농사에 뛰어드는 계기가 된다. 그런데 이미 노비들은 노비와 주인의 구분을 잊었으므로 노비의 힘을 빌릴 수도 없고, 밭을 갈려 해도 가진 소가 없다. 농사를 지을 최소한의 여건마저 확보되어 있지 않은 것이다.

이어서 소를 빌리는 데 실패한 일화가 등장한다. 한미한 향반이라고는 하나 그래도 양반의 지위를 유지하고 있는 이가 소 한 번 빌리지 못하는 사건은 임란 이후 지방 사족들이 처한 현실을 단적으로 들추어낸다. 특히 이 장면에 주목해야 하는 까닭은, 당대 현실에 대한 냉철한 인식을 불러일으키는 계기가 되기 때문이다. 아무리 춥고 배고파도 '일편단심'을 잊지 않았지만, 세상은 이미 친구 관계마저 물질적 보상 속에서나 유지될 수 있는 상황으로 변했음을 일깨운다. 이는 자신이 처한 현실을 바라보게 만들면서, 현실과 이상 사이의 간격과 괴리로 치닫게 만든다. 이러한 까닭에 '세정 모르는 한숨'은 그치질 않는다.

이러한 상황에서 안빈낙도로 귀결되는 모습은 다소 의아하게 여겨질 수 있다. 문제가 경제적 궁핍에서 비롯된 것인 만큼, 이를 제거하고 해소해야 근본적으로 해결할 수 있기 때문이다. 그러나 농사를 지어 궁핍한 현실을 극복하는 일이 애초부터 불가능한 일이라면, 오히려 사대부로서의 정체성을 강화하는 가운데 정신적·심리적 위안을 추구하는 것이 하나의 방법이 될 수 있다. 경제적 어려움을 현실적으로 해소할 수 없다면, 궁핍의 문제 상황을 있는 그대로 자신의 분수로 받아들이는 인식의 전환을 꾀하는 것이다. 이러한 인식의 전환은 궁핍한 현실을 극복의 대상이 아니라 정신적 위안의 조건과 환경으로 바꾼다. 여기서 안빈낙도는 궁핍한 현실의 문제를 바라보는 인식의 전환을 가져오는 새로운 틀로 작용한다. 그런 만큼 〈누항사〉 속 안빈낙도는 단순히 현실 도피나 체념과도 다르고, 경제적 여유와 삶에 대한 내면적 관조 속에서 촉발되는 조선 전기의 그것과도 같지 않다. 조선 전기 사대부들에게 자연이 정치 현실과 대비되는 우주적 조화의 공간이었다면, 〈누항사〉에서 자연은 궁핍한 현실로부터 벗어나 정신적 평온을 가져다주는 공간이 되는 만큼, 안빈낙도의 의미와 기능에도 뚜렷한 차이가 있다.

여기에 이르면 〈누항사〉에서 갈등을 유발하는 요인은 이제 가난 그 자체가 아니라, 오히려 가난을 문제 삼아 벗어나려고 노력하는 것이 된다. 이러한 인식의 전환에 따라 '이제야 소 빌리기 맹세코 다시 말자', '두세 이랑 밭과 논을 다 묵혀 던져두고'와 같이 현실적 해결을 포기하게 되지만, 그 대신 '있으면 죽이요 없으면 굶을망정 남의 집 남의 것을 전혀 부러워 않겠노라'는 비장한 다짐을 얻게 된다. '빈이무원(貧而無怨)', '단사표음(簞食瓢飮)'과 같은 가치가 작품 전면에 거듭 등장하는 것도 자기 선언과 다짐을 공표하고 강화하는 데서 비롯된 결과이다. 처한 상황이 아무리 심각하더라도 사대부로서의 직분과 정체성은 더욱 견고히 지키겠다는 의지의 표명인 것이다. 이로써 누항은 궁핍의 공간이지만, 한편으로 가난에 얽매이지 않는 진정한 정신적 즐거움의 공간이 될 수 있다.

이처럼 〈누항사〉에는 조선 전기 성리학적 관념의 세계와 달리, 당위와 현실의 간격 속에서 전에 없는 현실 인식이 담겨 있으며, 그에 따라 작품 곳곳에서 궁핍한 생활의 모습과 그로 인한 갈등이 토로되고 있다. 미화된 표현을 거둬내고 일상의 경험 속에서 현실의 문제를 절실하게 드러내는 모습도 만나볼 수 있다. 현실 세계의 변화에 따라 가사의 작품 세계와 표현이 어떻게 대응하고 변화하는지를 보게 된다.

엮어 읽기

말과 행동을 통한 장면의 연출

〈누항사〉 사설에는 소를 빌리러 갔다가 허탕 치고 돌아오는 이야기가 하나의 일화로 들어있다. 화자와 소 주인 간의 대화는 현실 세계의 사건을 작품으로 끌고 들어와 인물의 심리와 갈등을 장면 속에 핍진하게 그려내면서 현장감 있게 보여주고 있다. 이처럼 대화로 전개되는 언술을 특별히 '대화체'로 부르기도 하는데, 이러한 대화체는 작중 인물 사이의 극적 재현을 실연하거나, 일상생활에 밀착된 구체적인 사실들을 연결 지어 형상화함으로써 극적·서사적 요소를 획득하는 데 기여하는 장치가 된다(이승남, 2003).

특히 〈누항사〉에서는 궁핍하고 절망적인 분위기를 직접 서술하지 않고, 소 주인의 도도한 목소리와 작자의 처량한 목소리로 문장을 바꿈으로써 가난의 형상을 간접적으로 전달하는 효과를 거두고 있다(김성룡, 1992). 이처럼 말과 행동을 통해 장면을 구성하는 것은 화자의 독백적 토로나 요약적 진술로 전달하는 것과는 분명한 차이가 있다. 나아가 이러한 장면의 앞뒤로 누항의 현실적인 삶과 강호의 이상적 삶이 구분되어 배치되는 것도 눈여겨볼 지점이다. 소 주인과 대화를 나누는 장면은 누항에서의 궁핍한 삶을 극복하려는 경제적 노력이 정신적·심리적 위안을 추구하는 방향으로 전환되는 구조적 계기가 되고 있다.

말과 행동을 통한 장면의 연출은 조선 후기 가사의 변모를 드러내는 하나의 표지가 된다. 예컨대 19세기 초엽에 지어진 〈향산별곡(香山別曲)〉은 향촌에 거주하는 선비가 삼정(三政)의 문란함과 과거 제도의 타락상을 비판하는 가사로, 여기서도 말과 행동으로 구성되는 장면이 두드러지게 나타난다. 화자가 당대 현실을 비판하면서 작품을 이끌면서도, 작중 인물인 백성을 등장시켜 사건을 극화하여 재현해내고 있는 것이다. 아래는 〈향산별곡〉 중에서 백성의 말을 들어보라는 말에 이어 백성이 등장하여 하소연을 늘어놓기 시작하는 부분이다. 고을 수령에게 직접 찾아가 호소를 해보지만 도리어 감옥에 갇히게 되는 사건을 대화와 행동을 통해 실감 나게 전하고 있다.

불샹(不祥)ᄒᆞᆯᄉᆞ ᄇᆡᆨ셩(百姓)이야 잔인(殘忍)할ᄉᆞ ᄇᆡᆨ셩(百姓)이야

ᄇᆡᆨ셩(百姓)의 말 ᄒᆞ라 ᄒᆞ면 목이 메고 눈물 ᄂᆞ늬

ᄃᆡ한소한(大寒小寒) 한치위예 벗고 굼고 ᄉᆞ라ᄂᆞ셔

졍이월(正二月)이 다다ᄅᆞ면 환ᄌᆞ셩ᄎᆡᆨ(還子成冊) 감결(甘結)보고

ᄌᆞ루망ᄐᆡ 엽희ᄭᅵ고 허위허위 드러가셔

너 말 타면 셔 말 되고 셔 말 타면 두 말 되니

허다소솔(許多所率) ᄉᆞᄅᆞ나셔 그 무어ᄉᆞᆯ 먹ᄌᆞᆫ 말고

… (중략) …

모진 마암 다시 먹고 관문 안의 드러다라

명졍(明正)ᄒᆞ신 ᄉᆞ도(使道)님긔 민망ᄇᆡᆨ활(憫惘白活) 알외ᄂᆡ다

마른 남긔 물이 날가 일족(一族) 물 것 업ᄂᆞ이다

원님 얼굴 ᄂᆡ아던가 형방(刑房)놈이 ᄂᆡ다ᄅᆞ셔

쇄장(鎖匠) 불너 큰 칼 ᄡᅵ워 하옥(下獄)ᄒᆞ라 ᄌᆡ촉(催促)ᄒᆞ니

슌식간(瞬息間)의 칼을 ᄡᅳ고 옥문(獄門) 안의 들거고나

궤샹육(机上肉)의 도슈(屠獸)놈들 고(鼓)ᄎᆡ 들고 ᄂᆡ다ᄅᆞ셔

슐갑ᄂᆡ라 지져괴며 발ᄡᅵᆫᄂᆞᆫ 양(樣) 즈긔 업다

소한, 대한 추위에 헐벗고 굶주리며 겨우 살아남아 '환자'를 얻으러 갔지만, 그곳에는 더 큰 고난인 환곡의 비리가 기다리고 있었다. 이후 부분도 마찬가지이다. 수령에게 직접 억울한 사연을 아뢰는 장면에서는 "마른 남긔 물이 날가 일족 물 것 업ᄂᆞ이다"와 같이 작중 인물의 말을 그대로 드러내고 있다. 하옥되는 장면에서도 "하옥ᄒᆞ라", "슐갑ᄂᆡ라"와 같이 등장인물들의 말을 생생하게 표현하고 있다.

이처럼 화자의 독백으로 진술되는 가사의 일반적인 서술 방식에서 벗어나, 여러 인물이 등장하고 이들의 말과 행동으로 극화되어 전개되고 있다. 이러한 방식은 작자의 주관적 정서가 전면에 그대로 노출되는 것을 막고, 장면을 통해 일상적 경험을 생생하게 재현하는 데 효과적이다. 이는 비단 과거의 가사에만 유효한 것은 아니다.

"전하, 집현전 대제학 정인지 아뢰옵니다. 찌아찌아 족이란 남만 종족이 있는데 말은 있으나 문자가 없는 소수민족이라 하옵니다. 이런 전차로(까닭에) 전하께옵서 창제하신 훈민정음을 빌려 그네들의 말을 표기하기로 결정하였다 하옵니다."

"허허 그것 참 장한 일이로고. 나랏말쌈이 인도네시아와 달라 서로 사맛디(맞지) 아니하여 제 뜻을 펴지 못하던 어린 백성들이 비로소 문자를 가지게 되었단 말이 아닌가. 집현전 학사들을 서둘러 파견해 그네들이 훈민정음을 익히는 데 차질이 없도록 하라."

세종대왕께서 환생하시더라도 깜짝 놀랄 일임에 틀림없다. 훈민정음을 창제한 애민정신이 이름조차 생소한 찌아찌아 족에게서 구현되고 있으니 말이다. 후발주자 한국이 정보기술 강국이 될 수 있었던 원동력도 따지고 보면 친(親)디지털 문자로서의 과학성에 있었는지 모른다. … (후략) …

위의 글은 인도네시아 찌아찌아족에게 한글을 전하게 된 사건을 세종대왕과 정인지의 가상 대화로 연출한 장면('[분수대] 세종대왕', 『중앙일보』, 2009.10.7.)이다. 이처럼 관련 인물을 등장시키고 이들의 가상 대화를 통해 사건을 재구성하여 전달하는 모습은 우리 주변에서 쉽게 만나볼 수 있다.

사실에 부합하지 않음에도 불구하고, 이 같은 장면을 굳이 만들어서 삽입한 까닭은 무엇일까? 이 또한 〈누항사〉에서 소를 빌리러 가는 장면을 소 주인과 화자 간의 대화로 구성한 의도와 크게 다르지 않다. 사건을 생생하게 그려내어 현장감 있게 전달할 수 있고, 독자의 관심과 흥미를 불러일으키는 데도 효과적이기 때문이다. 이처럼 대화와 행동을 통한 장면의 연출은 내용을 실감나게 전달하기 위한 방법의 하나로 오늘날에도 널리 활용되고 있다.

참고문헌

김광조(2007), 「누항사에 나타난 탄궁의 의미」, 『고전과 해석』 2, 고전문학한문학연구학회.
김문기(1980), 「노계집 고사본의 고찰」, 『동양문화연구』 7, 경북대학교 동양문화연구소.
김성룡(1992), 「누항사와 강호의 의미」, 백영정병욱선생10주기추모논문집간행위원회 편, 『한국고전시가작품론 2』, 집문당.
김용철(1995), 「누항사의 자영농 형상과 17세기 자영농 시가의 성립」, 『한국가사문학연구』, 집문당.
김유경(1992), 「누항사에 나타난 사실주의의 양상」, 『연세어문학』 24, 연세대학교 국어국문학과.

박연호(2008), 「누항사의 우의성과 그 의미」, 『개신어문연구』 28, 개선어문학회.
박연호(2013), 「누항사에 나타난 '가난'과 '우활'의 의미」, 『한민족어문학』 64, 한민족어문학회.
박현숙(2011), 「박인로의 누항사 연구」, 『국어국문학』 157, 국어국문학회.
예영준(2009), '[분수대] 세종대왕', 『중앙일보』, 2009년 10월 7일자.
우응순(1985), 「박인로의 안빈낙도 의식과 자연」, 『한국학보』 41, 일지사.
이동찬(1999), 「누항사에 나타난 사족의 가난체험과 의식의 변화」, 『한국민족문화』 14, 부산대학교 한국민족문화연구소.
이승남(2003), 『사대부가사의 갈등표출 연구』, 역락.
조동일(1994), 『한국문학통사 3』, 지식산업사.
최원식(1977), 「가사의 소설화 과정과 봉건주의의 해체」, 『창작과 비평』 1977 가을.
최현재(2003), 「재지사족으로서 박인로의 삶과 누항사」, 『국문학연구』 9, 국문학회.
하윤섭(2013), 「의미의 역사와 누항사」, 『고전과 해석』 14, 고전문학한문학연구학회,

가사 08

만언사 萬言辭

지은이 안도환(安道煥, ?~?) **출처** 『만언사』

…(전략)…

이리 혜고 뎌리 혜고 치 혜고 ᄂᆞ리 혜고
다 혜다가 못 다 혜니 문ᄒᆞᆫ한 혬이로다
오래 오래 ᄆᆡᆺ친 셜움 눌도쳐 ᄒᆞ쟈 말고
북벽은 증인되야 내 셜움 알연마ᄂᆞᆫ
알고도 묵묵ᄒᆞ니 아ᄂᆞᆫ 동 모ᄅᆞ는 동
남초ᄂᆞᆫ 벗이 되야 내 셜움 위로 ᄒᆞᆫ다
먹고 ᄯᅥᆯ고 담아 부쳐 ᄒᆞᆫ 무릅희 ᄉᆞ오대예
현긔 나고 두통 나니 셜움 잠간 닛치인다
닛치인들 오랠손가 홀연 놀나 ᄉᆡᆼ각ᄒᆞ니
어와 내 일 무슴 일고 내 음이 여긔 왓노
번화 고향 어듸 가고 젹막 졀도 드러 오며
오량 와가 어듸 가고 모옥 반간 의지ᄒᆞ며
ᄂᆡ외 당원 어듸 가고 밧 고랑의 뷘 터힌고
셰 살 장ᄌᆞ 어듸 가고 듁 창문을 다다시며
셔화 도벽 어듸 가고 흙 ᄇᆞ람이 터더시며
산슈 병풍 어듸 가고 갈발대를 둘너시며
각댱 댱판 어듸 가고 삿자리물 ᄭᆞ라시며
겨울 핫것 어듸 가고 봄 누비것 닙어시며
경뒤 탕건 어듸 가고 봉두 난발 ᄆᆡᆫ 머리의

안팟 보션 어듸 가고 다목 다리 벌긔ᄒᆞ며
녹피 화ᄌᆞ 어듸 가고 뉵총 집신 신어시며
조반 정심 어듸 가고 일듕 ᄒᆞ서 어려우니
ᄇᆡᆨ통 연듁 어듸 가고 돌 담ᄇᆡ대 무러시며
ᄉᆞ환 노비 어듸 가고 고공이가 되엿ᄂᆞᆫ고
아ᄎᆞᆷ이면 마당 ᄡᅳᆯ고 져역이면 불 ᄡᅡ히서
볏치 나면 쵀동ᄎᆞ기 보리 멍석 새 ᄂᆞᆯ니기
들ᄒᆡ 가면 집적희기 비가 오면 도랑 ᄎᆞ기
거쳐 의복 번화 샤치 나도 젼의 ᄒᆞ엿넌가
초흔 음식 맛난 맛도 ᄒᆞ마 거의 니저셰라

…(후략)…

맥락

세전 꽤나 받던 유배가사

〈만언사〉는 정조 때 대전별감을 지낸 안도환이 유배지 추자도에서 지은 작품이다. 1781년 4월 6일 유배의 명을 받고 4월 말 추자도에 당도하여 추자도에서 일 년 정도 지냈을 때, 구체적으로는 1782년 봄 또는 늦어도 8월 이전에 지은 작품으로 추정된다.

〈만언사〉는 단편 가사집의 제목이자 가사 한 편의 제목이기도 하다. 『만언사』라는 제목 아래, 〈만언사〉와 〈사부모(思父母)〉, 〈사백부(思伯父)〉, 〈사처(思妻)〉, 〈사자(思子)〉, 〈만언답사(謾言答詞)〉라는 작품들이 들어 있다. '만(萬)'이라는 숫자는 전통적으로 가장 큰 수를 뜻하는바, 안도환은 만언을 하고도 모자라 여러 연작 가사를 지은 것이다. 〈만언사〉는 〈남자가〉, 〈사고향〉, 〈안도은가〉 등의 이름으로 전해지기도 하고, 그 이본이 대략 12종 정도에 이른다. 필사의 주체가 다양해서 개인인 경우도 있지만 도서 대여업자인 세책가들에 의해 상업적인 목적으로 필사되어 유통된 경우도 적지 않다.

필사본 중에는 작품의 창작 경위와 유통 경로 등을 짐작할 수 있는 후기(後

記)가 붙어 있는 경우가 여럿 있는데, 내용이 가장 자세한 가람본 후기는 다음과 같다.

> 정묘조의 대전별감 안도원이 용모 백승설이요 풍채 동인하며 문장필법이 사람을 놀래고 또 언변이 유여하고 총명영오하야 어전의 근시하매 상의를 영합하기를 잘하매 매야지 그림자 쫓듯하니 상이 극히 사랑하니 주야 근시로 사환하시고 상사하시는 별네 자못 형추하사 마침내 벼슬을 주고자 하시니 모든 동무 크게 부러워하나 믿지 못함을 한하더니 도원 상총을 믿고 양양 자득하며 사람에게 교만하더니 문득 어인을 도적하여 조롱하고 일이 발각되니 그리 반드시 죽을 것이로되 상이 전일 과도히 총애하시거든 고로 측은으로 감사(減死)하여 제주절도에 정배하시나 평생 생전에 사치 말나 하신고로 생환할 기약이 없으니 글을 지어 본가의 보내니 도원의 숙모와 사촌누이 다 대전상궁이라 이 글을 보며 슬퍼하니 상이 우연히 누상의 올라 배회하시며 보시니 무수한 궁녀 둘러앉아 한 책을 돌려보고 두세 상궁은 오열체읍하고 모든 궁녀는 손벽 쳐 간간 졸도하며 혹 탄식하고 칭찬하야 자못 분분하거늘 상이 괴이히 여기사 환시로 하여금 그 책을 가져오라 하사 읽혀 들으시고 지은 사람을 물으시니 이르되 죄인 안도원의 글이라 아뢰오니 그 문장의 기틀과 변사의 재담을 사랑하사 즉일 방송하시고 즉시 옛 소임을 주사 천문을 근시하사 천은의 호탕하심과 도원의 재리일세의 유명하더라

후기에 따르면 안도환은 어인(御印)을 도적질하는 죄를 지어 유배되었는데, 안도환의 숙모와 사촌누이가 상궁으로 있었고 이들을 통해 〈만언사〉가 궁궐로 유입되어 궁녀들에게 인기를 끌었다. 무수한 궁녀들을 울고 웃게 만들었는데, 우연히 그 장면이 왕의 눈에 띄어 안도환이 해배되기에 이르렀다고 한다. 다른 이본들에도 가람본의 후기를 압축한 내용이 기록되어 있다. 물론 상업적으로 유통된 필사본의 후기 내용을 그대로 믿을 수는 없다. 후기의 기록처럼 〈만언사〉가 해배의 직접적인 계기가 되었는지도 알 수 없다. 다만 〈만언사〉가 상당히 인기 있는 작품이었고 다양한 방식으로 읽힌 정황은 분명하게 포착된다.

쟁점

'안도환' 찾기

조선 후기에 〈만언사〉는 소설처럼 인기를 누렸던 작품이다. 여러 편의 이본 혹은 각편이 남아 있는데, 이본마다 작자가 조금씩 다르게 표기되어 있다. 안됴원, 안도원, 안조원, 안도환, 안조환 등 우리말로 표기된 경우도 있고, 安肇煥, 安肇源, 安肇元 등 한자로 표기된 경우도 있는데 가장 많이 등장하는 이름은 안도원과 안조원이다. 이렇듯 이름이 여럿인 이유는 〈만언사〉가 말로 향유되었기 때문일 것이다. 그러나 더 주요하게는 작자가 기록에 남을 만한 신분의 사람이 아니었기 때문이다. 필사본 후기에도 작자가 양반이 아니라 정조 때 대전별감을 지낸 사람이고 어인을 도적질하는 중범죄를 지어 유배되었다는 내용이 기록되어 있다.

다행히 일종의 국정 일기라고 할 수 있는 『일성록(日省錄)』에 정조 때 별감이었던 안도환이란 자에 대한 언급이 총 세 차례 등장한다. 첫 번째는 1778년(정조 2년 6월 27일) 왕이 '차지 별감 안도환을 서제로 제수한다'는 명을 내렸다는 기록이다. 어약원에 들어와 궁살이를 하던 안도환이 1778년 차지 별감으로 가례청에 소속되었다가 그해 6월 서재로 임명을 받아, 임금 가까이에서 공문을 발송하고 접수하는 등의 업무를 담당했음을 알 수 있다. 두 번째는 1781년(정조 5년 4월 6일)의 기록으로 '죄인 안도환을 추자도로 즉시 압송하라'는 내용이고, 세 번째 기록은 1782년(정조 6년 12월 3일) 의금부와 형조에서 올린 일종의 문서인 소결안(疏決案)에 대해 임금이 결재하면서 '나로도에 있는 안도환을 방면하라'고 한 내용이다. 특이한 것은 추자도에 있어야 할 안도환이 나로도에서 해배의 명을 받았다는 점이다. 그런데 『조선왕조실록』을 보면 1782년(정조 6년 8월 23일) 왕이 '유배 죄인들이 넘쳐 섬사람들이 피해를 주니 죄인들을 인근 섬으로 분산하여 배치하라'는 명을 내린 기록이 있다. 그 명에 따라 안도환이 추자섬에서 나로도로 이배되었을 것으로 짐작된다.

『일성록』과 『조선왕조실록』의 기록을 종합해보면 정조 때 대전별감을 지낸 안도환이 추자도로 유배되었다가 나로도로 이배되었고 그곳에서 해배되었음을 알 수 있다. 『일성록』의 기록은 별감 안도환의 득죄 배경과 경과에 대해 추정할 수 있게 한다. 기록에 따르면 안도환은 정조 2년경 임금의 눈에 띄어 이후 3년 정도 임금을 측근에서 모시다가 모종의 죄를 범해 유배형을 받았다. 추자도라는 원악지

(遠惡地)로 배소를 정한 점이나 시간적 여유를 주지 말고 즉시 압송하라고 명한 것을 보면 무거운 죄를 지었고 그로 인해 왕의 노여움을 샀던 것으로 보인다. 그러나 추자도에서 1년 4개월 정도 기거하다가 나로도로 이배되었고, 나로도에서 3~4개월을 유배 죄인으로 더 생활하다가 해배되어 서울로 돌아왔을 것으로 추정된다. 섬 안에 있으면서 탄식한다고 자술한 부분이나 해배의 기약이 없이 고향을 그리워하는 내용들로 미루어볼 때 〈만언사〉는 나로도로 이배되기 전, 추자도에서 1년 정도 체류한 시점에서 지어진 작품으로 보인다.

꼼꼼히 읽기

유배살이, 이보다 처절할 순 없다

〈만언사〉는 세책가가 두 권으로 분권하여 대여했을 정도로 길이가 긴 작품이다. '어와 벗님네야 이내 말씀 들어보소'라는 말로 관심을 끈 후, 여러 번 뒤집어지고 승침을 거듭한 자신의 인생 이야기를 들려준다. 특유의 언변으로 자신의 유년기와 한양에서의 화려했던 생활에 대해 먼저 이야기를 꺼내지만, '만언'의 대부분은 득죄 후 유배지인 추자도에서 생존을 위해 고군분투한 이야기들로 채워져 있다.

인용한 부분을 보면 네 마디 형식을 반복하면서 한양에서의 풍족했던 삶과 배소에서의 열악한 삶을 대비하고 있다. 믿을 수 없는 현실 앞에서 어쩌다가 여기에 와 있는지 아직도 모르겠다고 자탄을 하며, 열악한 현실과 대비되는 과거 한양을 떠올린다. 안도환은 번화한 한양 땅에서 오량이나 되는 기와집에 살았다고 말한다. 18세기 부유한 중인 계급의 가옥 구조와 취향 등을 엿볼 수 있는 대목이다. 집 안과 바깥에 담장이 있고, 방과 방 사이에는 가는 살을 가로세로로 좁게 짠 장지가 있으며, 그림과 글씨로 도배된 방들에는 산수 병풍들이 자리하고 있는가 하면, 심지어 방바닥까지도 폭이 넓고 두꺼운 장판지를 까는 등 섬세하게 배려한 그런 집이었다는 것이다. '조선판 오렌지족'이라는 별칭이 붙여졌을 정도로 대전별감의 화려한 옷차림은 유명한데(강명관, 2003), 한양에서 입었다는 안도환의 복장 또한 화려하고 사치스럽기 짝이 없다. 단벌로 버티고 있는 추자도에서의 옷차림과는 견줄 수도 없다. 한양에서는 사환노비까지 부리는 신세였는지 이곳 추자도에서는 자신이 고공, 즉 노비 신세가 되었다고 한탄하고 있다. 안도환에게 한양은 물질적인 풍요가 허용된 지극히 세속적인 공간이었던 반면, 유배지인 추자도는 생존을 위협할 정도로 열악한 장소였음을 알 수 있다.

이는 서울을 이념의 공간으로 인식한 사대부 유배가사와 구별되는 지점이다. 사대부 가사의 작자들은 유배지에서도 이념을 실현하기 위해 정진하는 모습을 보여준다. 달라진 현실 속에서도 이념을 추구하는 것은 가능하기 때문이다. 또는 이념을 앞세워 달라진 현실을 외면하거나 초극할 수 있기 때문이다. 〈속사미인곡(續思美人曲)〉을 지은 이진유(李眞儒)는 18세기 안도환보다 좀 더 이른 시기에 추자도에 정배되었다. 그는 위리안치(圍籬安置)라는 가장 가혹한 유배형을 받았는데, '거처가 소쇄하다'고 노래하며 그 거처를 '망미헌(望美軒)'이라 이름 지었다. 그리고 그곳에서 종일 문을 닫고 주희의 책을 읽으니 의리가 무궁함을 늦게 깨닫게 된다고 하였다. 19세기 채귀연(蔡龜衍)도 안도환과는 다른 태도를 보여준다. 같은 중인 계급이었고 〈채환재적가(蔡宦再謫歌)〉(1870)를 지어 신지도에서의 처절한 생활상을 실감 나게 그려내긴 했지만, 안도환과 달리 현실에 굴복하지 않고 그곳 백성들을 '잔민'으로 인식하는 관료의 풍모를 유지하는 한편, 관료로서의 예의와 체면을 지키기 위해 갈등하는 모습을 보여준다. 그러나 안도환은 '덜 쓰른 보리밥과 무장덩이'를 먹고 안빈낙도를 노래할 수 있는 사람이 아니었기에 한양에서의 생활을 끊임없이 떠올리며 먹고 자고 입는 문제에 대해 거듭 말하면서 배소의 열악한 상황에 한탄할 수밖에 없었다.

그런데 흥미로운 것은 이념과 명분을 중시하는 사람이 아니었기 때문에 현실을 초극할 수도 외면할 수도 없었고, 그래서 '생애를 생각ᄒᆞᄌᆞ'고 스스로 다짐하며 현실의 어려움을 타개하고자 적극적으로 노력하는 모습 또한 보여준다는 점이다. 먹고 살기 위해 동냥까지 나서는데, 보리 동냥을 다녀온 이야기는 웃음과 눈물을 쏙 빼는 〈만언사〉의 명장면으로 꼽힌다. 보수주인(保守主人)이 다른 집 손님들의 경우를 이야기하면서 은근히 보리 동냥을 강요하고, 그 강요에 못 이겨 화자가 보리 동냥을 나선다. 귀양다리라는 놀림을 받으면서 보리를 얻는 데 성공하지만, 그것을 옮길 하인이 없어 별 우스꽝스러운 동작을 다 하면서 보리를 품에 넣어 간신히 보소(保所)로 돌아온다. 그런데 '밥값 했으니 오늘은 많이 먹으'라며 '양반이 동냥하고 중인이 등짐 지는 세상'이라고 비웃는 주인의 조롱만이 돌아온다. 마음의 상처를 받은 안도환은 신 삼기와 노 꼬기 등 건강한 노동에 도전한다. 그러나 그 일이라고 쉬울 리 없다. 생계를 해결하고자 눈물겨운 노력을 거듭할수록 떠나온 곳에 대한 그리움이 깊어진다. 겨울이 되어 추위와 배고픔까지 더해지다 보니 '보ᄂᆞᆫ 거시 다 셜우며 듯ᄂᆞᆫ 거시 다 슬퍼', 'ᄂᆡ 눈물 모혀시면 츄자셤이 잠겨시며 ᄂᆡ 한숩 픠여ᄂᆡ면 한나산을 덮허시리'라고 한탄하기에 이른다.

해배의 기약조차 없는 현행범으로서, 척박한 절도(絶島)에서 사나운 인심과 싸우며 생존하는 것 자체가 관건이 되는 상황임을 알 수 있다. 죄인의 몸이기는 하지만 온갖 벌레가 나오는 주거 환경과 열악한 생존 조건을 말없이 견디는 것이 얼마나 어려운 일이었을지, '견융(犬戎)의 행사(行事)'를 견디며 섬사람들에게 빌붙어 살아갈 수밖에 없는 처지로 인해 심사가 얼마나 복잡하고 어지러웠을지 짐작할 수 있다. 적응하려고 몸부림을 치지만 현실은 달라지지 않고 섬 생활에 익숙해질수록 열악한 유배지의 실상과 고독한 자신의 정체성을 확인하게 되었을 것이다. 그로 인해 서울로의 복귀를 더욱 열망할 수밖에 없었을 것이다.

이런 점에서 〈만언사〉는 표면적으로 보면 한 유배자의 적응 이야기처럼 보이지만, 심층적으로 볼 때는 유배자의 좌절과 절망의 이야기로 읽힐 수도 있다. 생활인으로서의 적응기이자 유배자라는 자신의 정체성을 받아들이는 체념의 이야기이기도 한 것이다. 그래서 안도환은 '하나님께 비나이다 설운 정원을 비나이다 책력도 묵어지면 고쳐 보지 아니하고 노호함도 밤이 새면 풀어져서 아니나니 세사도 묵었으니 천사만사 탕척하고 그만저만 용서하사 끊어진 옛 인연을 고쳐 잇게 하옵소서'라는 직접적인 호소로 노래를 마무리한다. 그렇게 만언을 하고도 모자라 〈만언사답〉을 지어 해배의 그날을 상상한다.

엮어 읽기

사람살이의 다양성을 배우다

유배지에 도착한 유배자는 보수주인에게 맡겨진다. 보수주인이란 유배자를 보호·관리하는 현지 사람인데, 안도환 역시 죽을 고비를 넘고 바다를 건너와 보수주인에게 인계된다. 다음은 안도환을 맡게 된 보수주인의 말이다.

> 이 집의 가 쥬인 ᄒᆞ랴 가난ᄒᆞ다 핑계ᄒᆞ고
> 뎌 집의 가 의지ᄒᆞ랴 연고 잇다 칭탈ᄒᆞ니
> 이 집 뎌 집 아모 된들 젹ᄀᆡᆨ 쥬인 뉘되잘고
> 관녁으로 ᄑᆡᆸ박ᄒᆞ야 셰부득이 맛다서나
> 관인저허 못ᄒᆞᆫ 말을 ᄆᆞᆫᄆᆞᆫᄒᆞᆫ 내 다 듯ᄂᆡ
> 셰간 그릇 드더지여 역졍 내야 ᄒᆞᄂᆞᆫ 말이
> 뎌 나그내 혜여 보소 쥬인 아니 불샹ᄒᆞᆫ나
> 이 집의셔 잘 사ᄂᆞᆫ 집 ᄒᆞᆫ두 집이 아니여든
> 관인들은 인졍 밧고 손님ᄂᆡᄂᆞᆫ 츄김 드러
> 굿ᄒᆞ야 내 집으로 연분 어셔 와 겨신가
> 내 사리 담박ᄒᆞᆫ줄 보다사이 니알가
> 압 뒤히 뎐답 업고 물숙으로 ᄉᆡᆼ애ᄒᆞ야
> 압 내히 고기 낙고 웃 녁흐로 쟝ᄉᆞ 가니
> ᄉᆞ망 니러 보리셤이 미들 거시 아니로ᄉᆡ
> 신겸 쳐ᄌᆞ 세 식구도 호구 ᄒᆞ기 어렵거든
> 냥식 업ᄂᆞᆫ 나그내는 무엇 먹고 살냐시노

죄인을 떠맡게 된 보수주인은 세간까지 내던지면서 불만을 토로한다. 잘사는 집도 적지 않은데 관리들이 인정, 즉 뇌물을 받고 전답 하나 없고 고기잡이로 간신히 풀칠하며 살고 있는 자신의 집에 유배 죄인을 맡기고 갔다며, 양식 없는 나그네는 대체 무엇을 먹고 살 계획이냐고 툭하니 원망 겸 책임 회피성 발언까지 던진다. 대전별감 안도환이 천덕꾸러기로 전락하는 순간인데, 안도환은 이러한 구박과 냉대 속에서 처마 밑에 거적떼기를 깔고 유배살이를 시작한다.

그러나 〈북천가(北遷歌)〉의 작가 김진형(金鎭衡)의 사정은 이와 딴판이다.

… (전략) …

이 곳지 어딕 딕야 주인집 차자 가이
놉푸 딕문 네른 사랑 삼천셔군 집이련가
본관관 초면이라 서로 인사 다흔 후의
본관이 하난 말이 김 교리 이번 정빅
죄 업시 오난 주른 북과수렴 아난빅오
만민이 우럭나이 조곰도 슬허 말고
나와 함계 노사이다 삼심 기싱 다 불어라
오날븟틈 노사이다

… (후략) …

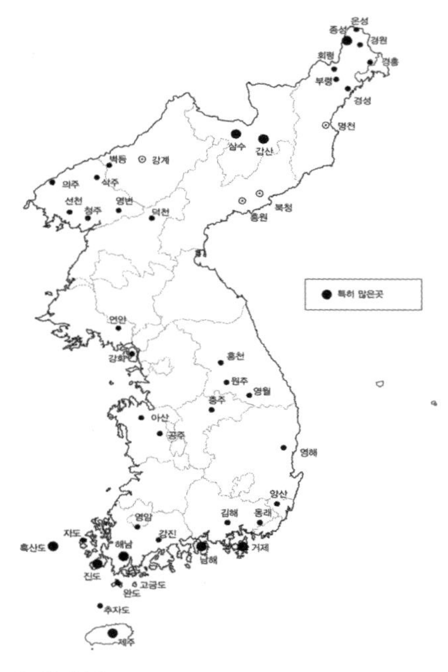

유배지 분포도

명천으로 유배된 김진형의 보수주인은 삼천석 부자였고, 김진형은 지방 관리에게도 지나칠 정도의 환대를 받는다. 본관사또가 마중 나와 있고 도착하자마자 삼현 기생을 불러놓고 놀자는 제안까지 받는다. 한양에서 명천까지 이동할 때도 경유 지역 관리들이 모두 나와 후한 대접을 하였고, 명천에 도착하자마자 지역의 선비들이 앞다투어 김진형을 찾아온다. 유배 중 선비들과 교유하는 것은 물론이고 유배지에서 이탈하여 칠보산 유람을 다녀오는가 하면, 귀양이 풀려 돌아올 때는 기생까지 동반한다. 김진형은 끝까지 주장을 굽히지 않고 간언함으로써 유배를 갔다는 사실과 유배지에서 여러 사람들과 교유하고 명산을 유람하며 어린 기생과 사랑에 빠지기도 했던 유배 체험을 '남아의 일생'이라고 자랑하기까지 한다.

〈만언사〉와 〈북천가〉에서 보듯 유배 죄인이 누구이며 어떤 죄목인지, 유배지의 현실적인 여건은 어떠한지 등에 따라 유배자의 삶은 천차만별로 달랐다(염은열, 2015). 안도환은 중인 신분인 데다가 왕의 측근으로 비리를 저질러 유배된 현행범이다. 반면에 홍문관 교리인 김진형은 왕과 경연을 하고 왕이 내리는 교서의 초안을 작성하던 고급 관리이자 일급 문인으로, 유배지 사람들의 입장에서 보면 배울 것이 있고 인연을 쌓아두면 도움이 될 인물이었다. 물론 양반이라고 해서 모두 유배지에서 환대를 받은 것은 아니었다. 죄의 경중에 따라, 지역의 여건에 따라 달랐으며 양반의 신분이지만 생존을 위해 고군분투한 사람도 적지 않다.

유배가사를 포함하여 유배문학에 담겨 있는 유배 경험의 양상은 참으로 천차만별이다. 김진형이나 안도환처럼 유배살이를 한 사람들도 있지만, 환대를 받았음에도 불구하고 스스로 좌절하여 몰락한 사람이 있는가 하면 온갖 어려움을 이겨내며 인식의 지평을 확장하여 지역사회는 물론이고 조선의 학문 및 역사 발전에 기여한 사람도 있다. 기록에 남지 못한 수많은 유배자들 중에는 유배지에서 소리 없이 사라져간 사람들도 많을 것이다. 문학 중에서도 유배문학은 유배지의 역사와 풍속을 잘 보여주는 사료적 가치를 지니기도 하지만, 무엇보다도 사람살이의 다양함, 즉 같은 처지에서도 다른 삶을 살아가는 인간의 모습을 보여줌으로써 어떻게 살아야 할 것인가에 대해 성찰하게 하는 인문 교육의 자료로서 그 가치가 적지 않다.

참고문헌

강명관(1999), 『조선 시대 문학예술의 생성 공간』, 소명출판.
강명관(2003), 『조선의 뒷골목 풍경』, 푸른역사.
권현주(2013), 「중인층 유배가사에 나타난 작자의식과 생활상」, 『어문학』 122, 한국어문학회.
김대행(2005), 『웃음으로 눈물 닦기: 한국 언어문화의 한 특질』, 서울대학교출판부.
백순철(1999), 「연작가사 〈만언사〉의 이본 양상과 그 현실적 성격」, 『우리문학연구』 12, 우리문학학회.
염은열(2011), 「자기 위안의 이야기로 본 〈만언사〉의 특징과 의미」, 『문학치료연구』 19, 한국문학치료학회.
염은열(2015), 『유배, 그 무섭고도 특별한 여행』, 꽃핀자리.
최홍원(2015), 「〈만언사〉의 재미, 흥미와 소통의 의미」, 『고전문학과 교육』 30, 한국고전문학교육학회.

가사 09

농가월령가 農家月令歌

지은이 정학유(丁學游, 1786~1855) **출처**『교주가곡집』

五月令5월령

五月오월이라 中夏듕하 되닌 芒種망종 夏至하지 節氣졀긔로다
南風남풍은 ᄣᅢ 맞초아 麥秋ᄆᆡᆨ추를 催促ᄌᆡ촉ᄒᆞ니
보리 밧 누른 빗치 밤 ᄉᆞ이 나것고나
門문 압희 터를 닥고 打麥場타ᄆᆡᆨ쟝 ᄒᆞ오리다
드ᄂᆞᆫ 낫 븨여다가 ᄃᆞᆫᄃᆞᆫ이 헤여 노코
도리ᄶᅢ 마조 셔셔 즛내야 드ᄃᆞ리니
블고 쁜 듯ᄒᆞ던 집안 猝然졸연이 興盛흥셩ᄒᆞ다
擔石담셕의 남은 穀食곡식 ᄒᆞ마 거의 盡진ᄒᆞᆯ너니
中間듕간의 이 穀食곡식이 新舊相繼신구샹계 ᄒᆞ거고나
이 穀食곡식 아니러면 녀름 農事농ᄉᆞ 엇디ᄒᆞᆯ꼬
天心텬심을 ᄉᆡᆼ각ᄒᆞ면 恩惠은혜도 罔極망극ᄒᆞ다
牧童목동은 노디 말고 農牛농우를 보ᄉᆞᆲ혀라
ᄯᅳ물의 ᄭᅩᆯ 먹이고 이슬풀 ᄌᆞ로 ᄠᅳ더
그루가리 모 심으기 뎨 힘을 빌니로다
보리집 ᄆᆞᆯ니우고 ᄉᆞᆯ 가지 만히 ᄡᅡ아
당마 나모 準備쥰비ᄒᆞ여 臨時림시 걱졍 업시 ᄒᆞ소
蠶農잠농을 ᄆᆞᄎᆞᆯ ᄣᅢ예 ᄉᆞ나희 힘을 비러

누에섭도 ᄒᆞ려니와 고치 나모 쟝만ᄒᆞ소
고치를 ᄯᆞ오리라 淸明청명ᄒᆞᆫ 날 ᄀᆞᆯᄒᆡ여셔
발 위희 엷게 널고 曝陽폭양의 ᄆᆞᆯ니우소
ᄡᆞᆯ고치 무리고치 누른고치 흰고치를
色色ᄉᆡᆨᄉᆡᆨ이 分別분별ᄒᆞ야 一二分일이분 ᄡᅵ를 두고
그남아 켜오리라 ᄌᆞᄋᆡ를 출혀노코
왕ᄎᆡ예 올녀 내니 氷雪빙셜 ᄀᆞᆺ흔 실오리라
ᄉᆞ랑옵다 ᄌᆞᄋᆡ 소ᄅᆡ 琴瑟금슬을 고로ᄂᆞᆫ 듯
婦女부녀들 積功젹공 드려 이 滋味ᄌᆞ미를 보ᄂᆞᆫ고나
五月五日오월오일 端午단오 날의 物色물ᄉᆡᆨ이 生新ᄉᆡᆼ신ᄒᆞ다
외밧희 첫물 ᄯᆞ니 이슬희 저저시며
櫻桃ᄋᆡᆼ도 닉어 붉은 빗치 아ᄎᆞᆷ 볏희 바희도다
목 ᄆᆡ친 軟鷄연계 소ᄅᆡ ᄂᆡᆨ임벌노 ᄌᆞ로 우ᄂᆡ
鄕村향촌의 兒女ᄋᆞ녀들아 鞦韆츄쳔은 말녀니와
靑紅裳청홍샹 菖蒲챵포빈혀 佳節가졀을 虛送허숑 마라
노ᄂᆞᆫ 틈의 ᄒᆞ올 일이 藥약ᄡᆞᆨ이나 ᄇᆡ여 두소
上天샹텬은 至仁지인ᄒᆞ샤 油然유연이 作雲작운ᄒᆞ니
ᄢᅢ 미쳐 오ᄂᆞᆫ 비를 뉘 能ᄂᆞᆼ히 막을소냐
처엄의 부슬부슬 몬지를 적신 後후의
밤 드러 오ᄂᆞᆫ 소ᄅᆡ 沛然ᄑᆡ연이 두리운다
관솔불 둘너 안자 ᄂᆡ일 일 磨鍊마련ᄒᆞ니
뒤 논은 뉘 심으며 ᄋᆞᆲ 밧츤 뉘가 갈꼬
되롱이 졉ᄉᆞ리며 簑笠사립은 볏 벌인고
모ᄶᅵ기ᄂᆞᆫ 자내 ᄒᆞ소 논 삼기ᄂᆞᆫ 내가 ᄒᆞᆷ세
들ᄭᆡ모 담ᄇᆡ모ᄂᆞᆫ 머흠하ᄒᆡ 맛타 내고
茄子가ᄌᆞ모 苦草고쵸모ᄂᆞᆫ 아기 ᄯᆞᆯ이 ᄒᆞ려니와
ᄆᆡᆫ도람 鳳仙花봉션화ᄂᆞᆫ 네 사쳔 너모 마라

아기 어멈 방ᄋᆞ ᄣᅵ어 들바라지 點心뎜심ᄒᆞ소

보리밥 파츤국의 苦椒醬고쵸쟝 샹치ᄡᅡᆷ은

食口식구를 혜아려셔 넉넉히 능을 두소

샐 ᄣᅢ예 門문의 나니 개올의 물 넘ᄂᆞᆫ다

며ᄂᆞ리 和答화답ᄒᆞ니 擊壤歌격양가 아니런가

맥락

양반이 지은 권농의 노래

정학유가 19세기 초에 지은 월령체 형식의 노래이다. 달별로 절기에 따라 농가에서 해야 할 일과 농촌의 풍경, 농사일의 보람과 즐거움, 의미 등에 대해 노래하고 있다. 멀게는 『시경』의 변풍 '칠월시(七月詩)'와 『예기(禮記)』 '월령편(月令篇)'에 그 기원을 두고 있고, 가깝게는 농경과 잠업이 근본이 되는 조선시대에 지어진 여러 농서(農書)나 경직도(耕織圖), 선행 월령체 시가 등으로부터 영향을 받았다.

쟁점

누구를 위한 노래인가

〈농가월령가〉의 주요 내용은 때에 따라 해야 할 농사일에 대한 정보이다. 그런데 정보를 제공하는 자가 직접 농사일을 하지 않는 양반 계층의 사람이라, 노래를 지은 의도가 무엇인지 논란이다. 문면 그대로 농민을 위해 지은 것인지, 농사 정보를 제공하고 농사일을 독려함으로써 농업 생산성을 높이려는 양반들의 의도가 숨어 있는 것인지 이견이 있다. 이 문제는 교술시가인 〈농가월령가〉의 문학성을 어느 정도 인정할 것인가 하는 문제와도 다소 관련된다.

이와 관련하여 〈농가월령가〉가 농사와 관련된 '때[時]'와 '할 일[事]'을 친절하고도 상세히 알려주는 기능을 하는 동시에, 기존 질서와 규범이 유지되기를 바라는 보수적 이데올로기를 재생산하는 기능을 담당했다는 주장이 일찍이 제기되었다(임치균, 1992; 김상욱, 1994). 작품을 보면 작자는 농부와는 다른 위치에서 무지한 농부들에게 농사일의 중요성을 알려주는 한편, 실기(失期)하지 말고 부지런히 일할 것을 지속적으로 권하고 있다. 임금의 은덕에 감사하라거나 장사나 다른 일보다 그래도 농사일이 정직하다고 말하는가 하면, 세금이 결코 많은 것이 아니라고 하고, 심지어 오륜(五倫)에 따를 것을 권하는 부분도 나온다. 지배자, 곧 상층 양반의 입장에 서 있는 대목들이다. 이러한 작자의 입장은 잦은 명령형 어미의 사용으로 드러나는데, 이는 이기원(李基遠)의 〈농가월령(農家月令)〉이 청유형 어미를 주로 사용하는 것과 대조된다.

그러나 시어가 평이하고 일상적이며, 노래의 내용이 농촌의 현실 및 농민들의 일상에 밀착해 있고, 체험적 실감에 토대를 둔 내용들 또한 적지 않다는 점에 주목한 연구도 많다. 작자 정학유가 감농자(監農者) 내지 친경자(親耕者)로서 자신의 실체험에 근거하여 농가의 사계를 그려냈다고 본 견해(김석회, 2004)가 대표적이다. 이 견해에 따르면 다산가는 넉넉한 지주가 아니라 자영농층이었고, 폐족을 면하려면 공부에 힘쓰라는 아버지 정약용의 당부에도 불구하고 작자가 양계 일에 종사하기도 하고 농사일과 농사 풍속에 관심을 두었다고 한다.

사실 〈농가월령가〉가 농민들을 위한 노래였는지 지배계급인 양반층을 위한 노래였는지 따지는 것이 작품의 실상을 입체적으로 이해하는 데 크게 도움이 되지는 않는다. 백성을 위하면서 동시에 양반을 위하는 노래일 수도 있고, 태생적으로 교훈적 의도나 목적을 가지고 만들어진 작품도 나름의 문학적 성취를 달성할 수 있기 때문이다. 사실 〈농가월령가〉는 농부가 계열의 농사시로 구분할 수도 있고, 백성들을 위한 마음에서 비롯된 민본시로 볼 수도 있으며, 농사에 필요한 내용 등을 알려주는 교술시나 교훈시, 나아가 일종의 풍속시로 접근하는 것도 가능하다(권정은, 2013). 농경을 경제의 바탕으로 삼았던 시대에 지도자의 위상에 있었던 양반이 지은 노래라는 점에서 의도했든 의도하지 않았든 중세의 가치와 질서를 인정하고 강화하는 기능을 하였다. 그럼에도 불구하고 〈농가월령가〉는 이전의 농서나 월령체 가사에서 볼 수 없었던 생동감과 핍진함, 그 이면에 자리한 애정과 진지함 또한 보여주고 있다.

꼼꼼히 읽기

농사일을 알리고 권하고

〈농가월령가〉는 1월령에서 12월령에 이르는 본사를 중심으로 앞뒤에 서사와 결사가 붙어 있는 노래이다. 그 구조를 밝히면 다음과 같다.

서사	우주 생성과 시간 구획의 원리 및 역법 설명	
본사	1월령 ↓ 12월령	※ 각 월령의 구조 혹은 내용 1) 절기 알림, 절기에 따른 풍경 변화 묘사 2) 농사일 및 세시풍속 언급 (▶ 곳곳에 작가의 정서, 권면의 말 등장)
결사	장사의 위험 등을 언급하며 농업에 힘쓸 것을 권면	

인용한 부분은 5월령에 해당한다. '오월이라 중하 되니 망종 하지 절기로다'로 시작되는데, 여름이 깊어지고[中夏], 오월의 절기로는 보리가 익는다는 망종(芒種)과 낮이 가장 길다는 하지(夏至)가 있다. 때맞춰 남풍이 불어 보리 추수를 재촉한다면서 보리를 수확하고 타작하는 과정을 노래하고 있다. 문 앞에 터를 닦아 타작할 준비를 해둔 후, 드는 낫으로 보리를 베고 베어 온 보리를 준비한 타맥장에 헤쳐 놓은 후 마주 서서 도리깨로 내리누르듯이 두드린다. 보리를 거둬들이고 타작하는 노동의 전모가 눈앞에 펼쳐지듯 생동감 있게 그려진다. 빗자루로 쓴 것처럼 먹을 것이라곤 없던 집안이 보리타작을 하니 흥성해졌다며 덕분에 여름 농사를 지을 수 있게 되었다고 말한다. 이어 농사에 도움을 줄 소를 잘 보살피라는 당부와 함께 보살피는 방법에 대해 이야기한다. 장마에 대비하라고 짧게 말하고, 잠농에 대해서는 비교적 자세히 이야기한다. 시골 아낙들에게는 추천도 하지 말고 단장하는 데 좋은 시절을 소비하지 말라며 차라리 약쑥이라도 베어두라고 조언한다. 이어 여름비가 내리는 밤, 옹기종기 모여 앉아 모찌기와 모내기, 논 삼기를 누가 어떻게 할 것인지, 들깨모와 담배모, 고추모 등은 누가 심을 것인지, 들바라지는 누가 어떻게 차릴 것인지 등을 상의하며 농사일을 준비하는 모습이 그려진다.

농촌의 부산하고 다채로운 5월경이 생동감 있게 그려지고 있는데, 다른 월령들의 내용이나 구조 및 표현 방식도 5월령과 크게 다르지 않다. '○월이라'라는 말로 몇 월에 대한 노래인지 알린 후, 그 월에 속한 절기에 대해 짧게 언급한다. 그리고 그 절기의 농촌 풍경과 그때 해야 할 여러 농사일들에 대해 주로 서술하되, 때를 맞춰 일했을 때의 보람이나 즐거움에 대해서도 짧게 언급하고 가끔 권면의 말을 더하는 식이다.

농촌에서의 생활과 농민이 해야 할 일을 시간적인 순서에 따라 노래한, 일종의 농사력(農事曆)이 바로 〈농가월령가〉인데, 5월령에서 볼 수 있듯이 당시 농촌의 구체적인 생활상이나 어려움 등에 대한 언급보다는, 뿌리고 가꾸고 거둬들이는 농촌에서의 농사일을 생기 있게 묘사하는(조동일, 2005) 데 집중하고 있다. 〈농가월령가〉는 절기에 따른 농사일을 구체적이며 생동감 있게 그려냄으로써, 농사일이 소망스럽고 가치 있는 일이라고 역설하는 한편 부지런히 일할 것을 은연중에 권면한다.

엮어 읽기

문학으로 가르치기

다음은 '아해야 들어봐라'로 시작하는 작자 미상의 〈계녀가(戒女歌)〉의 한 대목이다. 울산의 엄씨댁으로 출가하는 딸에게 시집살이에 꼭 필요한 내용을 알려주며, 명심하라는 다짐까지 두고 있다. 오륜 중 가장 중요한 것이 부모 공양이니 따뜻한 마음으로 성심을 다해 시부모를 모시라고 말한 후, 모시는 방법과 태도에 대해 자세히 이야기한다.

> 오날날 본선하니 깨쳐나면 되나니라
> 고사에 실린 말삼 역력히 있건마는
> 장황하여 다 못하고 대강으로 기록하니
> 자세히 들어두고 명심하야 잊지 마라
> … (중략) …
> 자주자주 나아가서 기운을 살핀 후에
> 안색을 화케하며 소리를 낮초와서

문안을 드린 후에 음식을 묻자오며
잠죽히 기달려서 묻난 말삼 대답하고
음식을 공궤(供饋)하되 구미를 맞초와서
찾기를 기대 말고 때 맞초와 드리오며
없다는 칭탁(稱託)마라

자주 시부모님의 기운을 살피되 얼굴 표정을 늘 밝게 하고 목소리를 늘 낮추며, 문안 후에는 드시고 싶은 음식이 있는지 묻고, 기다렸다가 묻는 말씀에 잘 대답하고, 구미에 맞는 음식을 드리되 찾기 전에 맞춰드려야 하며, 어떤 경우에도 없다고 핑계를 대서는 안 된다고 일러주고 있다. 〈계녀가〉는 주로 어머니가 지었으며, 할머니나 아버지, 간혹 할아버지가 짓기도 했는데, 작자층이 시집갈 딸을 교육할 수 있고 또 교육해야만 하는 직계존속임을 알 수 있다. 가사의 율문 형식을 활용하여 알려주고 깨우쳐주고자 지어진 것으로, 가정 내지 가문 안에서 문학으로 소통하고 가르친 대표적인 사례가 된다.

물론 작자나 가르침의 대상이 가정 혹은 가문, 나아가 특정 지역 사람들로 국한되는 것은 아니다. 이른바 훈민, 즉 일반 백성을 대상으로 한 가르침의 전통 역시 자리하고 있다. 잘 알려진 것처럼 정철 또한 45세 때 강원도 관찰사로 재직할 당시, 이른바 〈훈민가〉 16수(▶ 295쪽 참고)를 지었다. '감발(感發)'의 장치로 노래를 택하고 내포 청중인 백성들에게 쉽게 다가갈 수 있는 일상적이면서도 꼭 맞는 언어를 구사한 정철의 훈민가는 특히 큰 반향을 일으켰다. 정치적 의도가 개입되었다고 보든 그렇지 않든 간에 이후 사람들은 정철의 〈훈민가〉를 보급하고자 노력했는데, 이는 목적성을 넘어서 문학성까지 발휘한 정철의 작가적 역량과 무관하지 않다.

〈농가월령가〉 역시 문학으로 가르치기, 구체적으로 훈민 혹은 경민의 전통과 문화에서 나온 노래이다. 사람 사는 도리나 윤리가 아닌 농사 정보를 알려준다는 점이 다를 뿐이다. 농서나 경직도가 제작·배포되던 문화에서 나온 노래이지만, 내포 청중인 농민들에게 익숙한 언어를 사용하여 때에 따라 달라지는 농촌의 풍경과 해야 할 일들을 실감 나게 노래함으로써 문학적 성취까지 확보한 것은 〈훈민가〉와 다르지 않다. 〈계녀가〉를 짓고 읊조리면서 아녀자가 갖추어야 할 유교적 덕목과 태도를 공유했던 것처럼, 〈훈민가〉를 부름으로써 감발 혹은 정서적 교화를 경험했던 것처럼, 〈농가월령가〉 역시 즐겁게 부름으로써 부지불식간에 농사에 대한 정보를 얻는 한편, 농사일의 보람과 즐거움까지 떠올리고 결국에는 때를 놓치지 않고 즐거운 마음으로 농사일에 임하려는 각오를 다지게 되었을 것이다.

1970년대 보급된 이른바 〈새마을 노래〉 역시 같은 맥락에서 이해할 수 있다. 스피커를 통해 아침마다 울려 퍼졌던 〈새마을 노래〉는 당시 듣는 이로 하여금 '새벽종이 울렸고 새 아침이 밝았으니 이제 모두 함께 새 마을을 만들어내야 할' 것 같은 마음이 들게 했다. 누가, 왜 만든 노래인지 따지기에 앞서, 짧은 호흡의 문장을 반복하는 데서 오는 율동감과 청유형 말투가 부지런히 일하면 새마을을 가꿀 수 있을 것이라는 믿음과 건강한 노동에 대한 욕구를 불러일으켰던 것이 사실이다. 그런 점에서 〈새마을 노래〉는 일종의 현대판 〈농가월령가〉이고, 〈농가월령가〉는 일종의 조선판 〈새마을 노래〉이며, 두 노래 모두 노래로 마음을 움직이는 효과를 의도했고 또 어느 정도 그 효과를 보았다고 할 수 있다. 오늘날 모든 종교의식에 노래가 포함되어 있는 것도 같은 이치이다. 교리를 직설적으로 설명하여 가르치는 것보다 운율 있는 노래로 엮어 부르는 것이 정서적 감발까지 유발하는 효과적인 방법이기 때문이다.

참고문헌

권정은(2013), 「조선시대 농서의 전통과 〈농가월령가〉의 구성 전략」, 『새국어교육』 97, 한국어교육학회.

김상욱(1994), 「농가월령가의 교육적 수용을 위한 담론 분석」, 이상익 편, 『고전문학 어떻게 가르칠 것인가』, 집문당.

김석회(2004), 「〈농가월령가〉와 〈월여농가〉의 대비 고찰」, 『국어국문학』 137, 국어국문학회.

임치균(1992), 「〈농가월령가〉의 일고찰」, 백영정병욱선생10주기추모논문집간행위원회 편, 『한국고전시가작품론 2』, 집문당.

조동일(2005), 『한국문학통사 3』(제4판), 지식산업사.

가사 10

우부가 愚夫歌

지은이 미상 **출처** 『초당문답가』

ᄂᆡ 말이 狂言광언이나 져 畫相화상을 구경ᄒᆞ소
南村남촌활양 말ᄶᅩᆼ이ᄂᆞᆫ 父母德부모덕의 편니 길여
好衣好食호의호식 無識무식ᄒᆞ여 愚蠢우준ᄒᆞ고 庸劣용렬ᄒᆞ며
눈은 놉고 손은 커셔 ᄶᅡᆷ양 업시 쥬제 넘게
侍體시체 ᄯᅩᆯ아 衣冠의관 ᄒᆞ며 남의 눈만 爲위ᄒᆞᄂᆞᆫ다
長長春日장장춘일 낫ᄌᆞᆷ ᄌᆞ기 朝夕조석으로 반찬 투정
ᄆᆡ八字팔자로 無常出入무상출입 每日매일 長醉장취 게터님에
이리 모야 도로기요 져리 모야 투젼질
妓生妾기생첩 置家치가ᄒᆞ고 誤入오입장이 친구로셔
舍廊사랑의ᄂᆞᆫ 죠방군이 안방에ᄂᆞᆫ 老軀노구 할미
名祖上명조상을 써세ᄒᆞ고 世道세도 구멍 기웃기웃
炎涼염량보아 進奉진봉 ᄒᆞ기 祖上之業조상지업 ᄶᅡ불니기
虛慾허욕으로 장ᄉᆞ ᄒᆞ기 남의 빗시 泰山태산이라
ᄂᆡ 無識무식은 ᄉᆡᆼ각 안코 착ᄒᆞᆫ 行實행실 妬忌투기ᄒᆞ니
賤천한 ᄉᆞᄅᆞᆷ 업시 보고 어진 ᄉᆞᄅᆞᆷ 미워ᄒᆞ며
厚후ᄒᆞᆫ ᄃᆡᄂᆞᆫ 薄박ᄒᆞ여셔 ᄒᆞᆫ 푼 돈의 ᄡᅡᆷ이 나고
薄박ᄒᆞᆫ ᄃᆡᄂᆞᆫ 厚후ᄒᆞ여셔 數百兩수백양이 혓거시라
친구 벗슨 조와ᄒᆞ여 제 집안에 不睦불목ᄒᆞ고
勝己者승기자을 厭之염지ᄒᆞ며 反覆小人반복소인 허긔진다
ᄂᆡ 몸이 편ᄒᆞᆯ ᄃᆡ로 남의 말을 탄치 안코

病병날 노릇 모다 ᄒᆞ며 人蔘인삼 鹿茸녹용 몸보긔라
酒色雜技주색쳡기 모도 ᄒᆞ며 돈 걱정은 모도 ᄒᆞᆫ다
ᄂᆡ 行事행사는 ᄀᆡᄎᆞ반의 經界板경계판을 짊어지며
父母祖上부모조상 頓돈ᄒᆞ고 계집 子息자식 私妻子사처자라
財物재물이나 搜探수탐 ᄒᆞᆯ가 일가친쳑 구박ᄒᆞ며
ᄂᆡ 人事인사은 밤즁이요 ᄂᆞᆷ의 흉만 ᄌᆞ바 ᄂᆡᆫ다
업ᄂᆞᆫ 말도 지여ᄂᆡ며 先鋒將선봉장으로 是非시비로셰
날 ᄃᆡ 업시 用錢如水용전여수 上下撑石상하탱석 써러간다
손님은 債客채객니요 議論의논은 財利재리로다
田畓전답 파라 貨利화리돈의 죵 파라셔 月收월수 ᄌᆞᆼ이
잇구멍니 第一제일리라 돈 날 일을 ᄒᆞ여 보셔
舊木구목 버혀 ᄌᆞᆼᄉᆞ ᄒᆞ기 冊칙 파라셔 빗 쥬기며
동ᄂᆡ 상놈 ᄌᆞ바 오기 먼 데 百姓백성 行惡행악질노
ᄌᆞ바오라 ᄯᅳ물여라 自將擊之자장격지 몽둥이요
典當전당으로 셰간 잡기 계집 文書문셔 종 쌕씨와
살結縛결박의 소 ᄡᅳᆯ기와 볼호령의 숫 쎄면셔
여긔 져긔 간 곳마다 積失人心적실인심 ᄒᆞ것구나
사ᄅᆞᆷ마다 盜賊도적이요 怨원ᄒᆞᄂᆞ니 山所산소로다
遷葬천장이나 ᄒᆞ여 보며 移舍이사나 ᄒᆞ여 볼가
家藏什物가장즙물 다 파라셔 上八十상팔십의 ᄂᆡ 신세라
宗孫종손 핑계 位畓위답 팔아 投戰투전 빗에 다 나가고
祭祀제사 핑계 祭器제기 파라 숄갑시 모ᄌᆞ른다
各處각처 빗시 뒤더피고 還子口舌환ᄌᆞ구실 일어ᄂᆞ니
뉘라셔 도라 볼고 獨夫독부가 되단 말가
可憐가련타 져 貌樣모양이 一朝일조의 乞客걸객이라
玳瑁貫子대모관자 어ᄃᆡ 가고 물네쥴은 무ᄉᆞᆷ 일고
統營통영 갓슨 어ᄃᆡ 두고 헌 破笠파립에 通통모ᄌᆞ라

酒滯주체로 못 먹든 밥 숙가락니 ᄎᆡᆨ녁 보고
藥脯肉약포육은 어ᄃᆡ 가고 씀바귀을 단술 셜듯
竹瀝膏죽력고는 어ᄃᆡ 두고 母酒묘주 ᄒᆞᆫ 盞잔 어려워라
울타리가 ᄡᅵᆯᄂᆞ무요 동네 소곰 반ᄎᆞᆫ이라
角壯章板각장장판 小欄소라반ᄌᆞ 唐紙塗褙당지도배 어ᄃᆡ 가고
벽 ᄯᅥ러진 단칸방에 멍셕 ᄌᆞ리 죠각죠각
戶籍호적 조희로 문 발으고 神主褓신주보가 ᄀᆞᆺ슨이요
銀鞍白馬은안백마 어ᄃᆡ 두고 前後驅從전후구종 어ᄃᆡ 두고
셕식집신 지핑이요 졍강말이 졔격이라
ᄉᆞᆷ승버션 太史鞋틔ᄉᆞ혀는 ᄡᆞᆯ에발이 불쌍ᄒᆞ다
氈전쥬머니 漢蒲團한포단과 樺榴面鏡화류면경 어ᄃᆡ 가고
보션목에 ᄉᆞᆷ낙ᄉᆞᆫ을 ᄎᆞ고 나니 金囊금낭이라
돈피 背子배자 담비 揮項휘항 綾羅周衣능나주의 엇다 두고
동지섯달 베ᄎᆞᆼ 옷셰 三伏삼복 다림 ᄇᆞ지 거쥭
궁동이난 울근불근 엽거름의 ᄀᆡ 쫏치며
담베 업난 빈 ᄃᆡ통은 消日소일쪼로 손의 들고
빗ᄉᆞᆨ빗ᄉᆞᆨ 단니면셔 ᄒᆞᆫ 되 곡식 슈ᄉᆞᆷ錢절을
疫疾역질 핑계 祭祀제사 핑계 야속ᄒᆞ다 동네 人心인심
져 건너 곰生員생원은 怨원ᄒᆞᄂᆞᆫ니 八字팔자로다
졔 아비 덕분으로 돈 쳔이나 가졋더니
슐 ᄒᆞᆫ 盞잔 밥 ᄒᆞᆫ 슐을 친구 ᄃᆡ졉 ᄒᆞ엿던가
쥬제 넘게 아ᄂᆞᆫ 쳬로 陰陽術數음양술수 蠱惑고혹ᄒᆞ여
遷葬천장도 ᄌᆞ로 ᄒᆞ며 移徙이사도 힘을 쓰고
當代發福당대발복 예 안이면 避亂피난 곳지 여긔로다
올 젹 갈 젹 行路上행로상의 妻子息처자식을 흣터 노코
有無相關유무상관 안이 ᄒᆞ고 空공ᄒᆞᆫ 거슬 ᄇᆞ라거다
欺人取物기인취물 ᄒᆞᄌᆞ ᄒᆞ니 두 번ᄌᆡᄂᆞᆫ 아니 쇽고

公納犯用공납범용 ᄒᆞᄌᆞ ᄒᆞ니 일가집의 부ᄌᆞ업고
ᄡᅳᆫ 財物지물을 經營경영ᄒᆞ여 京鄕出入경향출입 ᄡᆞᆺ딘길 졔
宰相家재상가의 請청질 ᄒᆞ다 逢變봉변 ᄒᆞ고 물너 셔며
남의 골에 걸틱타가 閽禁혼금의 쪽계 오기
婚姻中媒혼인중매 先綵선채돈의 無聊무류보고 ᄲᅢᆷ 마지며
家垈奐成가대환성 口文구문 먹기 핀잔 보고 쫏바지고
不義行實불의행실 ᄶᅵ그렁이 僞造文書위조문서 非理好訟비리호송
富者부자ᄂᆞᆫ 홀려 볼가 甘言利說감언이설 ᄭᅬ야 보자
언막기의 보막기며 銀店은점이며 金店금점이라
大道邊대도변의 色酒家색주가며 노름판의 분돈 쥬기
南北村남북촌 ᄯᅮ장이로 人物招人인물초인 ᄒᆞ여 볼가
산지ᄆᆡ 수진ᄆᆡ로 산양질노 노라ᄂᆞ기
혼인 핑계 어린 ᄯᆞᆯ이 白兩백냥ᄶᆞ리 되얏구나
大宗孫대종손 兩班自揚양반자랑 山所산소ᄂᆞᆫ 파라 볼가
안악은 친庭정 ᄉᆞ리 子息자식은 雇工고공 ᄉᆞ리
일가의게 獨夫독부되고 친구의게 손ᄭᆞ락질
不知去處부지거처 나간 후의 所聞소문이ᄂᆞᆫ 들어든가
산 넘어 ᄶᅵᆼᄉᆡᆼ원은 그야 下愚不移하우불이로다
거들어거려 ᄒᆞᄂᆞᆫ 말이 大丈夫대장부의 氣象기상으로
洞內동내 尊丈존장 몰나보고 以少陵長이소능장 욕ᄒᆞ기와
衣冠列破의관열파 ᄉᆞ롬 치기 마졋노라 ᄲᅦ시며
남의 寡婦과부 동이기와 偸葬軍투장군의 請兵청병 가기
親戚친척집의 소 ᄭᅳᆯ기와 中目放賣중목방매 一手일수로다
富者부자집의 緊긴ᄒᆞᆫ 쳬로 親친한 ᄉᆞ롬 以奸이간질과
日收일수돈 月收월수돈의 場邊利장변리 場遞計장체계와
宗契종계빗 寡婦과부빗을 今日明日금일명일 졸나ᄂᆡ네
졔 父母부모게 몹시 구러 頑惡완악키 말對答대답ᄒᆞ며

投箋軍투전꾼은 조아ᄒᆞ여 손목 잡고 슐 勸권ᄒᆞ기
졔 妻子처자는 몰나보고 남의 계집 定標정표ᄒᆞ기
子息자식 노릇 못 ᄒᆞ면셔 졔 子息자식을 귀히 알며
며나리을 들복그며 욕ᄒᆞ면셔 ᄒᆞ난 말리
先殺人선살인 나ᄀᆡ구나 기동 ᄲᆡ고 벽 ᄯᅳᆯ어라
天下難逢천하난봉 自處자처ᄒᆞ니 북그럼을 ᄂᆡ 몰ᄂᆡ라
쥬리 틀고 경친 거슬 옷슬 벗고 自揚자랑ᄒᆞ되
슐집은 안방이요 投箋房투전방이 舍廊사랑이라
늘근 父母부모 病병든 妻子처자 손톱 발톱 제체지고
누에 치고 길ᄉᆞᆷᄒᆞᆫ 걸 술ᄂᆡ기로 ᄌᆞᆼ긔 두세
責望책망 업고 버린 몸이 무슴 ᄉᆡᆼ의 못ᄒᆞᆯ손야
누의 同生동생 족하ᄯᆞᆯ을 色紬家색주가로 換買환매ᄒᆞ세
父母부모가 걱정ᄒᆞ면 頑惡완악키 말對答대답과
안악이 ᄉᆞ셜ᄒᆞ면 밥床상 치며 계집 치기
젼녁 먹고 나간 후의 논두렁을 버엿는지
捕廳鬼神포청귀신 되얏는지 듯도 보도 못ᄒᆞᆯ너라

맥락

경세의 노래

〈우부가〉는 〈백발가(白髮歌)〉, 〈치산가(治産歌)〉, 〈용부가(庸婦歌)〉 등과 함께 『초당문답가(草堂問答歌)』에 수록되어 있다. 『초당문답가』가 필사본은 물론이고 『편편긔담경세가』(보문사, 1908)나 『만고기담경세가(萬古奇談警世歌)』(신구서림, 1914) 등 신활자본으로도 존재하는 것을 보면, 〈우부가〉 역시 19세기 말부터 20세기 초까지 상당한 독자를 확보했을 것으로 추정된다.

수록되어 있는 가사집인 『초당문답가』가 '경세(警世)'라는 일정한 의도를 가지고 편집되었기 때문에, 〈우부가〉 역시 가사집의 전체적인 맥락 안에서 해석될 수 있다(권순회, 1995). 가사집의 맥락에서 함께 수록된 다른 노래들까지 고려해 본다면, 〈우

부가〉는 세상을 바로 살지 않아 패가망신한 주인공들을 내세워 간접적인 교훈을 주려는 의도를 지니는 노래(정재호, 1982)인바, 구체적으로 향촌 사회의 경제적·윤리적 안정을 해치는 부도덕한 행위와 그 결과로 철저하게 몰락한 상황을 구체적인 인물을 통해 제시하는 방식으로 교훈을 전달하는 노래(박연호, 2015)라고 할 수 있다.

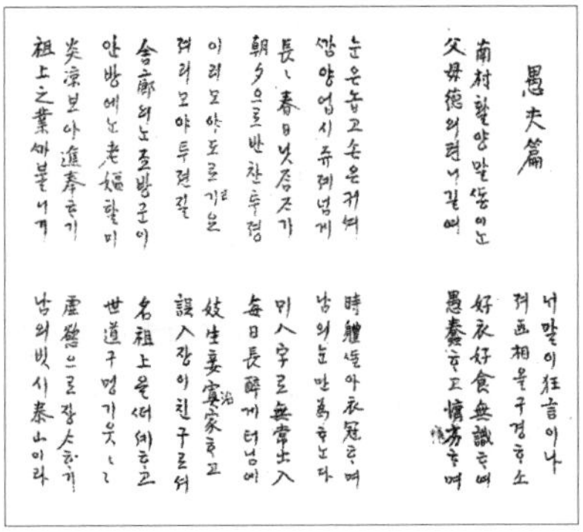

〈우부가〉 수록 부분 일부 (『초당문답가』)

쟁점

'우부'에 대한 해석

〈우부가〉에는 세 명의 우부(愚夫), 즉 "말뚝이", "곰생원", "꼉싱원"이 등장한다. '풍월주인(風月主人)'이나 '산림처사(山林處士)'가 아닌 세속적인 인물들이 등장하고 그들의 행태가 전면에 부각된다는 점이 특징적이다.

〈우부가〉에 대한 해석은 세 우부 및 그들의 어리석은 행위를 어떻게 보느냐에 따라 다소 차이가 난다. 우부들의 행동을 당시의 특수한 역사적·경제적 맥락과 관련지어 해석하는 관점(강명관, 1995; 정재호, 1982; 조동일, 2005)과 보편적인 인간의 일탈 행위로 보고 접근하는 관점(김대행, 1991)으로 크게 갈린다. 전자로는 우부들의 반윤리적인 행태를 기존의 윤리 규범에 반하고 저항하는 것으로 해석하여 〈우부가〉를 근대성을 드러낸 작품으로 해석하는 견해(정재호, 1982; 조동일, 2003), 근대성과 성급하게 연결하는 논의의 결점을 보완하여 주사(酒肆)와 기방(妓房), 투전(鬪牋)이 성행했던 당시의 소비 및 유흥 문화라는 맥락에서 〈우부가〉를 고찰함으로써 이 노래가 몰락하고 타락한 양반의 전형을 보여준다고 해석하는 견해(강명관, 1995), 그리고 이 견해를 발전시켜 〈우부가〉가 부정적 경제 영웅의 탄생을 통해 농업 사회 내부에서 자본이 어떻게 형성되었는가를 보여주는 작품이라고 보는 견해(김용철, 1998)가 대표적이다. 반면에 후자로는, 전자의 관점에 대해 근대적 징후를 읽어내고자 하는 의도가 앞선 결과라고 비판하면서 〈우부가〉가 심리적 대상성을 통한 오락적 흥미의 획득을 지향한다는 점을 들어 이 노래를 "보편적이고 통상적인 윤리 규범을 어긴 행위들에 대한 비난과 경계"가 드러난 노래로 보는 견해(김대행, 1991)가 있다.

우부가 누구이고 우부의 행태가 어떤 맥락에서 나온 것이며, 나아가 〈우부가〉의 창작 의도가 무엇인지 등에 대한 추론은 작품에 대한 면밀한 검토 이후에 내려져야 한다. 다만 분명한 것은 '우부'가 근대라는 특정 시기에 출현한 문제적 인물들이자 동시에 인간의 보편적인 욕망이나 타락한 행태를 보여주는 인물들이기도 하다는 점이다.

꼼꼼히 읽기

세 우부 이야기

〈우부가〉의 화자는 마치 무성영화 시대의 변사 같다. '내 말이 미친 말[狂言]인가 저 사람들을 좀 보라'는 말로 관심을 끈 후 첫 번째 인물 '말똥이'에 대한 이야기를 시작한다. 말똥이는 '남촌 한량'이다. 남촌 양반으로 편히 자라 호의호식을 하지만 능력도 없으면서 남을 의식해 허영과 허욕을 부리는 사람이다. 주사와 기생질, 놀음과 투전에 빠져 살며 가족을 돌보지 않는 것은 물론, 조상도 가문도 버리고 자기 일신만을 챙기는 인물이다. 돈이 궁해지자 고리대금업을 하는가 하면, 조상의 묘를 지키는 나무를 베어다가 팔고, 서책까지 팔아치우는 등 양반으로서의 정체성을 저버리는 행동마저 한다. 그런가 하면 권세를 이용하여 몽둥이질로 남의 소와 솥을 뺏는 등 패악까지 부린다. 결국 말똥이는 인심을 잃게 되고 '비슥비슥' 다니면서 문전걸식하는 신세로 전락하고 만다. 이것이 연사가 들려주는 남촌 한량 말똥이의 이야기다.

다음으로 '저 건너' 사는 '곰생원'을 보란다. 아버지 덕분에 돈 천이나 가지고 있지만 친구에게 술 한잔 밥 한술도 대접한 적이 없는 인물이라고 첫 소개를 한다. 미신을 믿어 이사를 자주 하는 곰생원에게 중요한 것은 가족도 아니고 오로지 돈이다. 곰생원은 치부에 대한 과도한 집착으로 패륜은 물론이고 범법 행위도 꺼리지 않는다. 사기를 치고, 문서를 위조하고, 보를 막아 물장사를 하고, 금점과 은점을 찾아다니고, 자신의 딸을 백 냥에 시집보내는 일도 서슴지 않는다. 그러다가 인심을 잃어 집을 나간 곰생원은 소식조차 알 수 없게 된다. 출신 계층을 밝히지는 않았지만 곰생원은 돈푼깨나 있었던 인물이고, 치부에 대한 집착으로 범법 행위까지 하는 인물로 그려진다.

마지막으로 등장하는 '꼉생원'은 우부 중에서도 가장 우부란다. 가진 것도 없고, 대장부 기상을 앞세워 온갖 비윤리적인 행동을 다 하는 인물이다. 후안무치(厚顏無恥)하여 위아래도 구분 못 하고, 욕하고 사람을 치고 난봉을 부리고, 술집과 투전판에서 사는가 하면, 누이동생과 조카딸을 색주가에 팔아넘기기까지 한다. 서술 비중이 상대적으로 가장 낮지만, 패륜적인 행동의 수위가 높아 인간이 도덕적으로 얼마나 타락할 수 있는지를 보여주기에 충분하다. 꼉생원 역시 저녁도 굶고 나가더니 종적을 알 수 없게 되었다는 것이 결말이다.

이처럼 〈우부가〉는 19~20세기 도덕적으로 타락한 세 인물군을 형상화하고 있다. 세 인물 모두 비윤리적이거나 반윤리적인 행동을 하고, 주사와 기방, 투전 놀음을 일삼으며, 말로(末路) 또한 좋지 않다는 공통점이 있다. 양반 출신의 말뚱이, 돈 천이나 가진 곰생원, 가진 것 없는 꼉생원이 보여주는 비행과 패악의 목록이 〈우부가〉의 주요 내용인 셈이다. 남촌 양반 출신의 말뚱이는 양반으로서의 허영과 허욕을 채우느라 가족과 조상도 버리고 양반의 권세를 이용하여 다른 이의 것을 빼앗기까지 하고, 유산층이었던 곰생원은 치부에 대한 욕심으로 인해 고리대금업 등 이권에 되는 일에 뛰어들고 사기 등 범법 행위까지 저지르며, 가진 것이 없었던 꼉생원은 부끄러움을 모르는 인물로 떼쓰고 때리고 남의 약점을 이용하는가 하면 누이동생과 조카딸을 색주가에 팔아먹는 데까지 이르렀다.

〈우부가〉는 돈의 가치가 점점 중요해짐에 따라 둑과 보를 막아, 즉 이른바 언막이와 보막이를 해서 물을 팔거나 금광과 은광을 찾아다니고 고리대금업을 하는 등 치부가 사회의 관심사가 되었던 당시의 세태를 배경으로 한다. 그러한 사회 분위기에서 전통적인 가치와 윤리가 도전받았던 상황 또한 역설적으로 잘 보여준다. 전략적으로 세 명의 우부를 선택하여 그들의 비행 목록을 나열함으로써 사회경제적 변화로 인해 생겨난 도덕적·사회적 문제들을 효과적으로 망라하고 있는 것이다. 동시에 주색과 노름의 유혹 그리고 치부에 대한 욕망에 넘어간 '어리석은' 세 사람의 행동은, 듣는 이로 하여금 비판적 거리를 두게 함으로써 경각심을 갖게 했을 것으로 추정된다. 세 우부의 비참한 말로 역시 경계의 메시지를 주기에 충분했을 것이다. 그런 점에서 세태에 대한 풍자와 비판, 나아가 경계의 메시지 또한 담고 있는 작품이 바로 〈우부가〉라 하겠다.

엮어 읽기

인물 소개의 공식

〈우부가〉의 화자는 마치 이야기꾼이나 변사처럼 세 명의 우부 이야기를 들려준다. 화자는 먼저 내 말이 미친 소리, 즉 광언(狂言)인지 한번 들어보라는 말을 툭 던진다. 여기에는 미친 소리가 아니라는 사실과 '저 화상', 즉 우부를 구경하면 이를 저절로 알게 될 것이라는 자신감이 숨어 있다. 동시에 이 말은 청중들의 예상을 깨는, 그래서 믿기 힘든 인물의 이야기가 펼쳐질 것이라는 예고이기도 하다. 이처럼 화자는 짧은 말을 툭 던져 독자들의 관심과 호기심을 자극한 다음, '남촌', '저 건너', '산 너머' 등 구체적인 장소나 거리와 관련지어 우부들을 호명함으로써 그 인물들이 우리 주변의 사람들인 것처럼 여기도록 만든다. 그렇게 우부를 불러낸 후, 세 우부의 어리석은 행동과 일생에 대해 차례로 나열한다. 얼마나 어리석은지, 왜 우부라고 불리는지 설명하기보다는 어리석은 행동들을 죽 나열하고 그들의 말로를 밝히는 방식으로 세 우부의 삶을 소개한다.

'저 화상 구경'하라고 한 화자는 동일한 구조의 언어 형식에 맞춰 우부들의 행동을 나열하여 보여준다. 말똥이의 치부 행위를 예로 살펴보면, 마치 화자가 말똥이인 것처럼 "잇구멍니 제일(第一)리라 돈 날 일을 ᄒᆞ여 보셔"라고 말을 뗀 후, "구목(舊木) 버혀 ᄌᆞᆼᄉᆞ ᄒᆞ기 ᄎᆡᆨ(冊) 파라셔 빗 쥬기며 동ᄂᆡ 상놈 ᄌᆞ바 오기 먼 데 백성(百姓) 행악(行惡)질노 ᄌᆞ바오라 ᄯᆞ물여라 자장격지(自將擊之) 몽둥이요 전당(典當)으로 셰간 잡기 계집 문셔(文書) 종 셱씨와 살결박(結縛)의 소 ᄲᆞᆯ기와 볼호령의 솟ᄲᅦ면셔" 등 돈을 벌기 위해 우부 말똥이가 한 행동들을 율동감 있게 나열하고 있다. 허영과 허욕, 유흥으로 빚을 진 말똥이는 돈을 벌기 위해 양반으로서의 체통이나 책무를 저버린 행위는 물론이고 양반 권세를 행사하여 이웃의 재물을 강탈하는 등 비윤리적인 행동까지 서슴지 않는다. 화자는 말뚱이의 행위 목록을 일일이 나열함으로써 청중들에게 우부 말뚱이 구경을 시켜주고 있다. 이어 "여긔 져긔 간 곳마다 젹실인심(積失人心) ᄒᆞ것구나"라는 논평을 끝으로 말뚱이가 행한 '돈 날 일'에 대한 이야기를 마감한다.

마치 이야기꾼이 된 것처럼 인물의 특징이나 행동을 동일한 언어 구조를 반복하며 나열한 후 그 인물에 대한 총평 혹은 평가적 언급으로 마무리하는 방법은 소설이나 판소리 등에서도 흔히 나타난다.

> 그 동ᄂᆡ 쌩덕어미라 ᄒᆞ난 홀엄이가 잇난ᄃᆡ ᄉᆡᆼ긴 형용 하난 힝실 만고사기 다 보와도 짝이 업난 ᄉᆞ람이라 인물을 볼짝시면 ᄇᆡᆨ둥칠일 보ᄂᆡ씨면 묵특정병 풀 터이요 육궁 빈ᄃᆡ 보와씨면 무안ᄉᆡᆨ을 ᄒᆞ것구나 말총 갓튼 머리털리 하날을 갈의치고 되박 이마 홰 눈셥의 우먹 눈 쥬먹코요 메쥬 볼 숑곳 텃의 썰에이 드문드문 입은 큰 궤문 열어 논 듯ᄒᆞ고 셔난 집신짝 갓고 억ᄀᆡ난 치 썩굴노 세워 논 듯 숀질은 쇼ᄃᆡ양을 업퍼 논 듯 허리난 집동 갓고 ᄇᆡ난 페문 북통만 엉치는 부ᄌᆞ집 ᄃᆡ문짝 쇽옷슬 입어기로 거기난 못 보와도 입을 보면 짐즉ᄒᆞ고 슈죵 다리 흑각 발틉 신은 침쳑 ᄌᆞ 가옷시라야 신나고나 인물은 글어ᄒᆞ고 힝실노 볼짝시면 밤이면 마을 돌기 나지면 즘자기와 양식 쥬고 떡 ᄉᆞ먹기 의복 젼당 슐 먹기와 졔메를 올일야도 담ᄇᆡᄊᆡᆨ난 셸 슈 업고 몸 볼 젹의 ᄎᆞ썬 셔답 죠왕 압페 셜너 노키 밥 푸다가 이 즙기와 머슴 즙고 어린양ᄒᆞ기 졀문 즁놈 보면 웃기 코 큰 춍각 슐 ᄉᆞ 쥬기 인물 힝실 이러ᄒᆞ니 눈 잇난 ᄉᆞ람이야 뉘가 도라 보것난냐 봉ᄉᆞ 셔넛 판을 ᄂᆡ고 아직 셔방 못 엇싸가 심봉ᄉᆞ 요부타고 ᄌᆞ쳥ᄒᆞ야 부부되니 심봉ᄉᆞ 눈 못 본니 얼골이야 알 슈 잇나 동포홀 제 잔ᄌᆡ쥬와셔 ᄌᆞ른 말쇼ᄅᆡ의 아죠 쨤박 ᄃᆡ혹ᄒᆞ야 일언 야단니 업구나

〈심청가〉 중에서 빽덕어미를 소개하고 있는 부분이다. '그 동네'라고 특정하는 것으로 빽덕어미에 대한 소개를 시작한다. '인물로 볼짝시면' 혹은 '행실로 볼짝시면'이라는 말로 운을 뗀 후, 빽덕어미의 인물과 행실에 대해 동일한 문장 구조를 반복하여 나열한다. 외모 등 인물에 대해 죽 나열하고, '밤이면 마을 돌기 낮이면

잠자기와 양식 주고 …(중략)… 머슴 잡고 어린양 하기 절문 중놈 보면 웃기 코 큰 총각 술 사 주기' 등 뺑덕어미의 행실을 희화화하여 나열한 후, '인물 행실 이러하니 눈 있는 사람이야 뉘가 돌아보겠느냐'는 평가적 언급으로 인물에 대한 소개를 마무리하고 있다.

갈래가 다르기는 하지만, 〈심청가〉의 인물 소개 및 묘사의 방식은 〈우부가〉와 거의 동일하다. '저 건너' 혹은 '그 동네'에 이런 인물이 있는데 한번 들어보라고 운을 뗀 후, 그 인물의 특징적인 행동이나 외모를 동일한 문장 구조를 반복하여 율동감을 만들어내면서 죽 나열하고, 간단한 논평을 곁들이는 방식이 다르지 않다. 이러한 인물 소개의 공식(formula)은 구술 소통의 문화에서 생겨난 것으로, 인물이나 세태를 풍자하고 희화화하는 다른 가사 작품은 물론이고 판소리와 소설 등에서도 두루 확인된다.

참고문헌

강명관(1995), 「우부가 연구」, 『한국가사문학연구』, 태학사.
강한영(1971), 『신재효 판소리 사설집』, 민중서관.
권순회(1995), 「초당문답가의 이본 양상과 주제적 의미」, 고려대학교 고전문학·한문학 연구회 편, 『19세기 시가문학의 탐구』, 집문당.
김대행(1988), 「〈우부가〉의 주제와 시대성 논의 반성」, 『개신어문연구』 5-6, 개신어문학회.
김대행(1991), 「윤리적 삶의 시대성」, 『시가시학연구』, 이화여자대학교출판부.
김용철(1998), 「〈우부가〉 — 부정적 경제 영웅의 성립과 비판」, 『민족문학사연구』 12, 민족문학사학회·민족문학사연구소.
박연호(2015), 『가려 뽑은 가사』, 현암사.
정재호(1982), 「우부가고」, 『한국가사문학론』, 집문당.
정재호(1996), 『주해 초당문답가』, 박이정.
조동일(2005), 『한국문학통사 3』(제4판), 지식산업사.

가사 11

용부가 庸婦歌

지은이 미상 **출처**『초당문답가』

匈흉보기도 실타마는 져 부인 모양 보소
親庭친정의 편지ᄒᆞ여 媤시집 凶흉도 ᄒᆞ고 만네
시집간 지 셕 달 만의 媤시집ᄉᆞ리 甚심ᄒᆞ다고
게검시런 媤시아바니와 암특홀ᄉᆞ 媤시어머님
야의덕이 媤시뉘들과 엄숙덕이 맛동셔며
요악ᄒᆞᆫ 아오동세와 녀호 갓튼 시앗년에
긔세롭다 男奴女婢남노여비 들며나며 홍부덕이
여긔져긔 ᄉᆞ셜이요 구셕구셕 모함니라
남편이나 미더든니 十伐之木십벌지목 되냐세라
시집ᄉᆞ리 못ᄒᆞ깃네 간슈병이 어ᄃᆡ 간노
치마 씨고 ᄂᆡ닷기와 褓보찜 쓰고 逃亡도망질의
오락가락 못 견듸여 僧승년이나 ᄯᆞ라갈가
들구경이나 ᄒᆞ여보며 나물이나 ᄯᅳᆺ어볼가
긴 長竹장죽이 벗님이요 問卜문복ᄋᆞ기 消日소일이라
겻트로난 셜름이요 속으로난 ᄡᆞᆫ싱각의
半粉반분ᄭᅵ로 일을 ᄉᆞᆷ고 털ᄲᅢᆸ기가 歲月세월이요
媤父母시부모가 걱정ᄒᆞ면 頑惡완악키 말對答대답이며
남편이 ᄉᆞ셜ᄒᆞ면 뒤즁그려 맛넉슈라
들고나면 쵸롱군이라 八字팔자나 고쳐 볼가
兩班自揚양반자양 모도 ᄒᆞ며 色酒家색주가나 ᄒᆞ여 볼가

南大門남대문 박 쎙덕어미 제 天性천성이 져러ᄒᆞᆫ가
ᄇᆡ와셔 글어ᄒᆞᆫ가 본ᄃᆡ업시 ᄌᆞ라구나
여긔져긔 무릅마침 싸홈질노 歲月세월이요
나며ᄂᆞᆫ 말傳主전주요 들며ᄂᆞᆫ 飮食共論음식공론
졔 祖上조상은 졔쳐노코 佛供불공ᄒᆞ기 爲業위업이요
巫堂무당 소경 苦惑고혹ᄒᆞ여 衣服의복가지 다 ᄂᆡ가고
남편 貌樣모양 볼작시면 삽살ᄀᆡ의 뒤다리라
子息擧動자식거동 볼작시면 털버슨 솔ᄀᆡ미라
엿장ᄉᆞ와 썩장ᄉᆞ는 아기 핑계 걸으치 안코
물네 압 씨야 압흔 션하품의 기지ᄀᆡ라
이야기ᄎᆡᆨ이 消日소일이요 淫談悖說음담패설 歲月세월이라
이 집 져 집 以奸이간질로 모함 ᄌᆞᆸ고 ᄯᅩᆼ 먹기며
人物招人인물초인 쩔어ᄂᆡ며 佩패족박니 되야구나
셰간이 짤나가고 걱졍은 늘어가며
치마는 짤나가고 허리ᄯᅩᆼ이 기러간다
총 업ᄂᆞᆫ 헌 집신에 어린 子息자식 둘쳐 업고
婚姻葬祀혼인장사 집집마다 飮食음식투심 일을 솜고
ᄉᆞᆫ 냥식 거울너라 ᄒᆞᆫ 번 飽食포식ᄒᆞ여보ᄌᆞ
아ᄒᆡ ᄊᆞ홈 어룬 ᄊᆞ홈 家夫之罪가부지죄로 ᄆᆡ 맛치고
일업시 셩을 ᄂᆡ여 어린 子息자식 구다리고
시앗슬 무여ᄒᆞ여 中媒중매아비 怨望원망니라
며나리를 쫏ᄎᆞ스니 아들은 홀아비요
ᄯᆞᆯ子息자식을 다려오니 無禮無義무례무의 淫亂음란니요
두 손벽 두다리며 放聲大哭방성대곡 駭怪해괴ᄒᆞ다
무숨 ᄊᆞᆯ의 生妬忌생투기로 머리 ᄊᆞ고 드러눕고
姦夫간부 달고 다라ᄂᆞ셔 官婢定屬관비정속 ᄒᆞ뭇지다
無識무식ᄒᆞᆫ 여자들아 져 擧動거동을 ᄌᆞ세 보니

글은 쥴을 아라거든 고칠 ᄀᆞᄌᆞ 심을 씨고
올흔 쥴을 알라거든 힝ᄒᆞ기를 위쥬ᄒᆞ쇼

맥락

인물의 행실을 낱낱이 보여주는 교훈가사

〈용부가〉는 작자와 창작 연대가 알려져 있지 않은 가사집 『초당문답가』에 〈우부가〉, 〈백발가〉, 〈치산가〉 등과 함께 수록되어 전한다. 『초당문답가』에 수록된 여러 작품들은 작품별로 인간의 마땅한 도리와 처신을 다루고 있어 각기 독립된 작품이면서도, 한편으로는 한데 모여 묶이면서 사람이 지켜야 할 '행실 규범 종합 편람'(조동일, 2005)과도 같은 성격을 갖고 있다.

이처럼 〈용부가〉는 도덕적인 교훈을 전달하고 행실을 계도하려는 분명한 편찬 의도를 갖고 있다. 그런데 〈용부가〉는 일반적인 교훈가사와 달리 용부를 등장시켜 그 행실을 구체적으로 드러내는 독특한 방식을 취한다. 〈우부가〉에서 예의 없고 염치를 모르는 남자 셋을 꼬집었던 방식으로(▶ 462쪽 〈우부가〉 참조), 〈용부가〉에서는 용렬한 여자의 행실을 비웃고 희화화하고 있는 것이다. 이러한 독특한 방식으로 인해 이 노래는 당시에 많은 인기를 얻어 여러 책에 수록되어 전한다.

쟁점

용부의 행실을 어떻게 받아들였을까

〈용부가〉는 교훈가사의 작품군에 속해 있으면서도 여타의 교훈가사와 달리 전달하려는 가치를 직접 제시하지 않고, 그 대신 인물의 행태를 열거하여 보여주는 방식을 취하고 있는 점이 특징적이다. 작품 속 '저 부인'과 뺑덕어미의 행태는 인간의 도리에서 벗어난 대표적인 항목들로 채워져 있어 이들에 대한 징벌과 경계의 의도를 읽어낼 수 있다.

그런데 이러한 인물들의 부정적인 행태는 관점과 시각에 따라서 달리 받아들여졌을 수도 있다. 〈우부가〉에서 말똥이의 행적 열거가 경계하기 위한 예증임과 동시에 경계에 대한 반론을 제기할 수 있게 한 것과 마찬가지로, 〈용부가〉 또한 비판의 구체적인 내용들을 형상화하여 열거하는 가운데, 또 다른 반론과 입장이 담기게 되었다고 보는 것이다(조동일, 1980). 이는 마치 판소리 〈춘향가〉, 〈흥보가〉 등에서 표면적 주제와 이면적 주제가 나란히 세워지는 것과 같은 모습이다.

특히 계층에 따라 〈용부가〉에 대한 반응과 수용에 차이가 있었을 것이라는 추정도 가능하다. 〈우부가〉나 〈용부가〉 모두 인륜도덕을 고취하려는 선명한 의도를 갖고 있다. 그러나 양반층 독자들에게는 유교적 덕목의 실천을 다루는 교훈문학의 차원에서 수용되었던 것과 달리, 서민층에게는 오히려 봉건적 질곡으로부터 해방감을 불러일으켰을 것으로 보기도 한다(김학성, 1987).

한편으로 〈용부가〉의 표현 형식이 처음부터 끝까지 규범에 어긋난 행실을 구체적인 사례로 열거하는 데 치중하는 만큼, 규범적 경직성이 해이해진 사회 분위기와 희화화의 문화적 특징을 보여주는 작품으로 접근하기도 한다(김대행, 1991). 등장인물이 희화화되고 열등하게 형상화되면서 오락적 쾌감을 불러일으키는 지점에 주목하는 것이다. 이에 따르면 〈용부가〉를 수용하는 과정에서 교훈과 규범의 메시지를 걷어내고, 오락물의 차원에서 그 자체를 즐겼을 가능성도 생각할 수 있다.

당시 〈용부가〉의 수용과 향유의 실상에 관한 기록이 충분치 않아 작품에 대한 독자의 반응을 정확하게 알기는 쉽지 않다. 그러나 문학 작품이 수용의 과정에서 작자의 의도를 넘어선 다양한 의미로 받아들여진다는 점은 분명하다. 이처럼 〈용부가〉는 교훈가사임에도 불구하고 높은 인기를 끌었던 사실과 맞물려, 당시 사람들에게 가사 작품의 향유가 어떤 의미와 효용을 가졌는지에 대해 관심을 불러일으키는 작품이다.

꼼꼼히 읽기

용렬한 두 여자 이야기

〈용부가〉는 시집살이에 적응하지 못하고 온갖 악행을 저지르는 두 인물, '저 부인'과 뺑덕어미의 행실을 하나하나 열거하고 있다.

먼저 '저 부인'을 등장시켜 그녀의 행실을 신랄하게 고발한다. 그 내용은 대부분 시집살이와 관련된 것들로 채워져 있다. 시집간 직후부터 시집 식구들의 흉을 보며 시집살이를 못 견디겠다고 야단이다. 시집에서 도망갈 궁리마저 일삼는다. 들 구경에 문복과 화장, 그리고 털 뽑기로 시간을 보낸다. 급기야 팔자를 고치고 색주가나 해보려는 생각까지 한다. 열거되는 내용은 당시 유교적 윤리에서 벗어난 도덕적 비행 그 자체이다.

이어 등장하는 뺑덕어미 또한 크게 다르지 않다. 무릎마침 싸움질에 말로 이간질하기, 음식 공론에 조상 제사 대신 불공하고 무당, 소경과 푸닥거리하기, 남편 자식은 내팽개치고 엿 장사, 떡 장사 부르기, 이집 저집 이간질에 음담패설 늘어놓기, 치마가 짧아지고 허리통이 길어지며, 혼인 장례에 음식추심이나 일삼는 행실들이 낱낱이 열거되고 있다. 뺑덕어미의 행실 역시 도덕적 비행의 사례들을 모아 집대성한 모습이다.

이처럼 '저 부인'과 뺑덕어미는 각각 행실이 나쁜 부도덕한 양반과 평민 부녀자의 전형으로 제시되고 있다. 행실이 과장되어 기술된 것을 볼 때, 두 인물은 실존 인물이라기보다는 사회의 기강이 무너지고 혼탁했던 당시 상황을 드러내고 이를 경계하기 위한 목적에 따라 창조된 인물에 가깝다. 사회 질서가 문란해짐에 따라 향락적이고 퇴폐적인 분위기가 봉건 윤리를 위협하는 지경에 이르게 되자, 이를 바로잡기 위한 계도의 방법으로 비난받을 만한 인물을 등장시킨 것이다. 부정적 측면을 통해 가르침과 교훈을 전달하려는 반면교사인 셈이다.

그런데 이러한 선명한 의도와 달리, '저 부인'과 뺑덕어미의 부도덕한 행실이 그렇게 나쁘게만 여겨지지 않을 수도 있다. 봉건 체제의 유지와 사회 질서의 확립이라는 차원에서 보면 이들의 행실은 분명 비난받을 일이다. 그러나 당시의 억압적인 규범을 걷어내고 인간의 본성에 주목하는 입장에서는 비난거리라기보다는 오히려 기존의 의식과 가치관을 비판하고 새로운 세계관을 보여주는 모습으로 수용될 수도 있다(조동일, 1980; 김문기, 1985; 김학성, 1987). 특히 이 작품은 가치관이 변화하던 조선 후기를 배경으로 하는 만큼, 수용 과정에서는 봉건적인 가치관이나 이념을 청산하고 새로운 것을 추구하는 욕망 또한 개입하고 반영되었을 것이다.

이렇게 본다면, '저 부인'과 뺑덕어미의 파격적인 행실은 자신의 욕망에 따른 행동을 통해 억압의 실체를 끄집어내고 기존의 규범과 윤리의 부당성을 일깨우는 것이 될 수 있다. '저 부인'과 뺑덕어미가 깨뜨린 것들의 상당수는 가부장제와 시집살이로 대표되는 당대 여성들의 억압에 해당한다. 따라서 이러한 억압과 속박에 대한 저항으로도 읽어낼 수 있다.

이처럼 텍스트에서 드러나는 주제 이외에, 수용의 과정에서 또 다른 의미를 읽어내고 그 의미를 능동적으로 재구성하는 것은 문학 감상의 공리이다. 특히 〈용부가〉는 조선 후기 가치관의 급격한 변화와 전환을 배경으로 하는 만큼, 작품의 수용과 반응이 단선적이지만은 않았으리라고 추정된다. 분명 비난의 의도로 등장시킨 두 용부이지만 이들이 다양하게 해석되고 평가되는 모습은 능동적 행위로서 문학 감상의 본질에 대해 생각하게 한다.

엮어 읽기

인물의 행실로 가르치기

사회 규범이나 인간 도리를 전하는 글에서는 '-하라', '-하지 말라'와 같은 명령형의 어법을 통해 전하려는 내용을 선명하게 드러내어 듣는 이의 태도 변화를 끌어내는 것이 일반적이다. 그러나 규범이나 도리를 하나의 명제로 제시하기보다는, 인물을 등장시켜 이러한 규범과 도리의 구체상을 보여주는 방식이 선택되기도 한다. 이때 제시되는 인물의 모습은 전달하려는 가치를 몸소 실천한 모범적인 사례와 이를 따르지 않아서 비난받는 부정적 사례로 나뉠 수 있다. 모범적인 인물과 사례를 제시함으로써 이들을 본받아 실천할 것을 설득하는 방식이 있는가 하면, 전달하려는 가치에 역행하는 부정적인 인물과 사례를 통해 이러한 가치의 중요성과 실천의 필요성을 역설적으로 일깨우는 방식이 있다.

『삼강행실도(三綱行實圖)』는 충, 효, 열을 몸소 실천한 모범적인 인물과 사례를 통해 유교의 가치를 전달하는 방식을 취하고 있어 전자의 대표적인 예가 된다. 광해군 때 발간된 『동국신속삼강행실도(東國新續三綱行實圖)』는 충, 효, 열의 대표적인 인물을 통해 유교의 가치와 교훈을 백성들에게 전달하고 있다. 각 인물마다 1장의 도화(圖畫)를 붙이고 한문 다음에 국문 언해를 붙여 충신, 효자, 열녀의 구체적인 사례를 자세히 보여준다. 다음은 자신의 손가락을 잘라서까지 부모의 목숨을 구하려 했던 이보의 효성심을 보여주는 '이보할지(李甫割指)' 부분이다.

이보는 용안현 사람이니, 그 아버지 태방이 고치기 힘든 병을 얻어 거의 죽게 되니 구완하여 치료해도 효험이 없어 밤낮으로 울고 있는데, 꿈에 어떤 중이 일러 말하되 산 사람의 뼈를 먹으면 나을 수 있을 것이라 했다. 이보가 즉시 놀라서 깨어 손가락을 베어 약을 만들어 드리니 아버지의 병이 즉시 나았다.

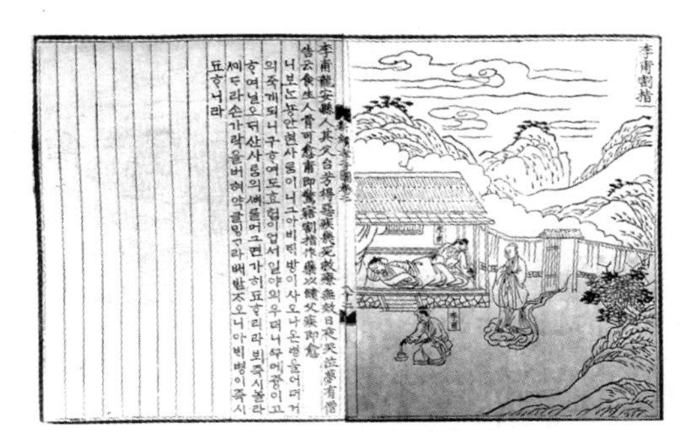

'이보할지' 수록 부분 (『동국신속삼강행실도』)

이처럼 『동국신속삼강행실도』에 등장하는 여러 인물들은 전달하려는 가치를 몸소 실천한 긍정적인 모델로서, 사회 규범과 가치를 일상생활에서 어떻게 실천할 수 있는지를 시범으로 보여주는 역할을 한다. 독자들로 하여금 이들을 본받아 따라 하게 만들려는 의도로 선택된 인물들인 것이다.

이와 달리, 〈용부가〉는 사회 규범이나 인간 도리에 반(反)하는 부정적 인물들을 등장시켜, 이러한 가치를 실천하지 않을 경우에 초래될 수 있는 여러 문제들을 구체적으로 드러내는 방식을 취한다. 두 인물, '저 부인'과 뺑덕어미를 등장시켜 이들이 한 일을 낱낱이 열거하여 보여줌으로써 그러한 행위를 금지하고 경계하려는 것이다.

김지하의 현대시 〈오적(五賊)〉 역시 이러한 전달 방식의 한 모습을 보여준다. 당시 권력층의 부정부패와 비리의 실상을 을사오적에 비유해서 신랄하게 비판하고 있는 작품으로, 아래는 오적 중의 하나인 국회의원이 등장하는 장면이다.

> 匔獪狋猿(국회의원) 나온다
> 곱사같이 굽은 허리, 조조같이 가는 실눈,
> 가래끓는 목소리로 웅숭거리며 나온다

털투성이 몽둥이에 혁명공약 휘휘감고

혁명공약 모자쓰고 혁명공약 배지차고

가래를 퉤퉤, 골프채를 번쩍, 깃발같이 높이들고 대갈일성, 쪽 째진 배암샛바닥에 구호가 와그르르

혁명이닷, 舊惡(구악)은 新惡(신악)으로! 改造(개조)닷, 부정축재는 축재부정으로!

근대화닷, 부정선거는 선거부정으로! 重農(중농)이닷, 貧農(빈농)은 離農(이농)으로!

건설이닷, 모든집은 臥牛式(와우식)으로! 社會淨化(사회정화)닷, 鄭仁淑(정인숙)을, 鄭仁淑(정인숙)을 철두철미 본받아랏!

궐기하랏, 궐기하랏! 한국은행권아, 막걸리야, 주먹들아, 빈대표야, 곰보표야, 째보표야,

올빼미야, 쪽제비야, 사꾸라야, 幽靈(유령)들아, 표도둑질 성전(聖戰)에로 총궐기하랏!

孫子(손자)에도 兵不壓邪(병불염사), 治者卽 盜者(치자즉 도자)요 公約卽 空約(공약즉 공약)이니

愚昧(우매)국민 그리알고 저리멀찍 비켜서랏, 냄새난다 퉤—

골프 좀 쳐야겠다.

국민을 대표하는 국회의원이 교활하고 으르렁거리는 '원숭이[猢猻猢猿]'로 지칭되어 곱사같이 굽은 허리, 조조같이 가는 실눈, 가래 끓는 목소리로 우스꽝스럽게 형상화되고 있다. 여기에 수많은 구호를 내뱉지만 모두 자기 잇속만 챙긴 채 헛소리만 늘어놓는 것으로 그려진다. 부정적 인물을 등장시켜 그 모습을 낱낱이 열거하여 보여줌으로써 올바른 사회 규범과 도리의 문제를 일깨우고 있는 것이다.

이처럼 인물을 통해 사회 규범과 가치를 전달하면, 추상적인 사회 규범과 도리를 실제적인 행동 강령으로 구체화할 수 있다. 무엇을 어떻게 해야 하는지를 명확하게 제시할 수 있는 것이다. 여기에 더해 등장인물들이 생동감 있게 형상화되면

독자의 흥미와 관심도 불러일으킬 수 있다. 오늘날 추상적인 가치나 교훈을 전달할 때면 만화나 영상이 빈번하게 동원되는 것도, 바로 이러한 효과를 노렸기 때문이다. 예컨대 군대에서 지켜야 할 가치와 마음가짐을 전달할 때, 이를 군인의 실제 행동이나 사례로 구체화하여 만화나 영상으로 보여주곤 한다. 물론 이때 등장하는 인물은 군기를 실천한 긍정적인 모델일 수도 있고, 여기에서 벗어난 부정적인 모델일 수도 있다.

참고문헌

권순회(1995), 「초당문답가의 이본 양상과 주제적 의미」, 고려대학교 고전문학·한문학 연구회 편, 『19세기 시가문학의 탐구』, 집문당.

김대행(1991), 『시가시학연구』, 이화여자대학교출판부.

김문기(1985), 『서민가사 연구』, 형설출판사.

김지하(1970), 〈오적〉, 『사상계』 205, 사상계.

김학성(1987), 「조선 후기 시가에 나타난 서민적 미의식」, 『국문학의 탐구』, 성균관대학교출판부.

박연호(1995), 「초당문답가의 지향과 창작 기반」, 『한국가사문학연구』, 태학사.

정재호 편(1996), 『주해 초당문답가』, 박이정.

조동일(1980), 『문학연구방법』, 지식산업사.

조동일(2005), 『한국문학통사 3』(제4판), 지식산업사.

한창훈(2002), 「고전문학 감상 교육에 있어서 역사적 상상력의 역할에 관한 시론 — 〈우부가〉 〈용부가〉의 풍자적 성격과 그 해석을 대상으로」, 『문학교육학』 9, 한국문학교육학회.

가사 12

연행가 燕行歌

지은이 홍순학(洪淳學, 1842~1892) **출처** 『연행가』

…(전략)…

ᄇᆞᆰ기를 기다려셔 ᄎᆡᆨ문으로 향ᄒᆡ 가니
목ᄎᆡᆨ으로 울을 ᄒᆞ고 문 ᄒᆞᆫ나흘 여러 노코
봉황셩장 나와 안져 인마을 졈검ᄒᆞ며
차례로 드러오니 변방신측 엄졀ᄒᆞ다
녹창 쥬호 녀념들은 오ᄉᆡᆨ이 녕농ᄒᆞ고
화사 ᄎᆡ란 시뎐들은 만물이 번화ᄒᆞᄃᆡ
집집이 호인들은 길에 나와 구경ᄒᆞ니
의복이 괴려ᄒᆞ여 쳐음 보기 놀납고나
머리ᄂᆞᆫ 압흘 깍가 뒤만 ᄯᅡ하 느리쳐셔
당사실노 당긔ᄒᆞ고 마ᄅᆡ기를 눌너 시며
거문빗 져고리은 깃 업시 지여시되
웃고름은 아니 달고 단초 다라 입더시며
아청 바지 반물 속것 허리ᄯᅴ로 눌너 ᄆᆡ고
두 다리의 힝젼 모양 타곡호라 일홈 ᄒᆞ여
회목의셔 오곰가지 회ᄆᆡᄒᆞ게 드리 ᄊᆡ고
깃 업ᄂᆞᆫ 쳥두루막니 단초가 여러이요
좁은 사ᄆᆡ 손등 덥허 손니 계오 드나들고
곰방ᄃᆡ옥 물부리 담ᄇᆡ 넛ᄂᆞᆫ 츄머이라
부쇠가지 쪄셔 들고 뒤짐지ᄂᆞᆫ 버르시라
ᄉᆞ람마다 ᄒᆞᆫ 모냥의 쳔만인니 ᄒᆞᆫ 빗치라

싼ᄃᆡ인 온다 ᄒᆞ고 져의ᄭᅵ리 지져귀며
무에라고 인사ᄒᆞ되 ᄒᆞᆫ 마ᄃᆡ도 모로ᄀᆡ다
계집년들 볼 만ᄒᆞᄃᆡ 그 모냥은 엇더터냐
머리은 치커슬너 가림자은 아니 타고
뒤통슈의 모화다가 ᄆᆡᆸ시 잇게 슈식ᄒᆞ고
오ᄉᆡᆨ으로 만든 ᄭᅩᆺ츤 사면으로 ᄭᅩ자시며
도화분 단장ᄒᆞ여 반취ᄒᆞᆫ 모냥갓치
블그레 고ᄒᆞᆫ ᄐᆡ됴 아미를 다시르고
살작을 고니 지녀 붓스로 그려시며
입슈 알예 년지빗츤 단슌이 분명ᄒᆞ다
귀방울 뚜른 구녕 귀여골을 다라시며
의복을 볼작시면 사나히 졔도로되
다홍빗 바지의다 프른빗 져고리요
연옥ᄉᆡᆨ 두루막니 발등가지 길게 지여
목도리며 슈구 ᄭᅳᆺ동 화문으로 슈을 놋코
품 너르고 사ᄆᆡ 널너 풍신 좃케 쪌쳐 입고
옥슈의 금지환은 외짝만 넙적ᄒᆞ고
손목의 옥고리ᄂᆞᆫ 굵게 스리 둥글고나
손톱을 길게 길너 ᄒᆞᆫ 치남즛 길너시며
발 ᄆᆡᆸ시을 볼작시면 슈당혜을 신너시며
청여은 발니 커셔 남자의 발 갓트나
당녀은 발니 적어 두 치 좀 되ᄂᆞᆫ 거슬
비단으로 ᄰᅡᆨ 동이고 신 두츅의 굽을 다라
위독바독 ᄀᆞᄂᆞᆫ 모냥 너머질가 위ᄐᆡᄒᆞ다
그럿타고 웃들 말나 명나라 ᄭᅵ츤 졔도
져 계집의 발 ᄒᆞᆫ나니 지금가지 볼 것 잇다

…(후략)…

맥락

중국 사행가사

〈연행가〉는 고종 3년(1866) 가례책봉을 주청(奏請)하기 위해 파견된 사신단의 일원으로 청나라를 다녀온 홍순학이 지은 장편 기행가사이다. 홍순학은 서장관(書狀官) 자격으로 청나라에 다녀왔는데, 4월 9일 한양을 출발하여 6월 6일 북경에 도착, 대략 40여 일 정도 북경에 머물다가 8월 23일 집으로 돌아왔다. 출발부터 귀국까지 대략 130여 일이 걸렸다. 그 기간 동안 보고 듣고 느낀 바를 자세히 서술한 작품이 바로 〈연행가〉이다. 다른 연행가와 구별하여 〈병자연행가(丙子燕行歌)〉 혹은 〈북원록(北轅錄)〉이라고도 불린다.

〈연행가〉 수록 부분 일부 (『연행가』)

꼼꼼히 읽기

호인, 그리고 청국을 만나다

조선시대까지만 해도 해외 체험이란 실로 드문 사건이었다. 현전하는 가사 작품들을 보면 불의의 사고로 중국에 다녀와 지은 〈표해가(漂海歌)〉 등의 표류가사류나 〈연행가〉처럼 사신단의 일원으로 중국을 다녀왔거나 〈일동장유가(日東壯遊歌)〉(1763)처럼 일본을 다녀와서 지은 사행가사류가 전부이다. 불의의 사고나 왕명이 아니라면 굳이 나라 밖으로 나가서 고생할 이유가 없었고 여행할 엄두조차 내기 어려운 시대였기 때문이다. 그런데 홍순학은 그 귀하고도 특별한 여행을 경험했다. 공무로 떠난 여행이었지만 젊은 선비 홍순학에게 중국행은 일생일대의 사건이었음에 틀림이 없다.

〈연행가〉는 그 일생일대의 여행을 앞둔 스물다섯 젊은이의 걱정으로부터 시작된다. 부모님을 늘 곁에 모시고 있었는데 '반년이나 어찌할까' 걱정하고, 허약하고 약한 기질의 자신이 만 리 길을 견뎌낼 수 있을까 걱정한다.

그러나 여행은 시작되었고 홍순학 일행은 북쪽 관리들의 환대를 받으며 한 달여 만에 '한 줄기 압록강이 경계를 나눈' 의주 땅에 당도한다. 압록강을 건너면 이제 중국 땅이다. 강을 넘자 조금 전까지 보이던 산과 봉우리들이 모두 사라지고 인가도 없고 논밭도 없는 '두 나라의 버린 땅'이 펼쳐진다. 홍순학 일행은 짐승 소리만 무섭게 들리는 무인지경(無人之境)의 땅을 지나 책문에 도달했고, 거기서 비로소 중국을 처음 만난다. 책문을 지나 봉황성에 도착하면서부터 본격적인 중국 여정이 시작되는데, 홍순학이 만난 중국은 '청국(淸國)'으로, 홍순학이 만난 중국인들은 '호인(胡人)들'로 명명된다. 명이 망한 지 200년도 더 지난 시점이었음에도 말이다.

홍순학의 눈에 비친 호인들의 풍속은 그야말로 '괴이하다'. '집집의 호인들이 길에 나와 구경하니 의복이 괴상하여 처음 보기 놀랍도다'라고 운을 뗀 후 남녀노소 호인들의 의복 치레에 대해 자세히 묘사한다. 머리 앞을 깎고 뒤만 길러 댕기를 한 모습부터 옷의 생김새와 깃이나 단추 등 매무새와 관련된 것들에 이르기까지 자세하게 들려주고 있다. 그리고 '처소라고 찾아가니 집 격식이 우습도다'라는 말로 가옥 구조와 생활 풍속에 대한 묘사를 이어간다. 청나라 수도 연경에 도착하여 다시 조선에 돌아오기까지 홍순학의 섬세한 관찰과 장황한 묘사는 이런 식으로 계속된다.

당시의 여행 여건이나 교류 상황 등을 감안하면, 중국은 말이나 글을 통해서나 보고 듣고 상상하여 그려본 나라, 곧 풍문의 세계였을 것이다. 아무리 많은 정보를 접하고 아무리 구체적으로 상상해본다 할지라도, 상상 속 중국의 모습이 실제 중국의 모습일 수는 없다. 홍순학 일행은 연경까지 이동하면서 조선 땅에서 관념적으로 그려본 상과 끊임없이 충돌하고 생각지도 못한 풍경을 쏟아내는, 그런 낯선 중국을 만났을 것이다. 보고 듣는 풍경이나 모습, 이야기 등이 상상했던 것과 달랐을 것이고, 때로는 흥미롭고 이상하고 놀라워서 저절로 관심을 기울일 수밖에 없었을 것이다. 홍순학이 '괴이하다', '놀랍도다' 등의 감탄사를 연발하면서 보고 들은 낯선 풍속과 문화 등에 대해 자세히 묘사한 것도 이 때문이다. 홍순학은 관찰자의 입장일 수밖에 없었으며, 처음 접한 풍경들이 연속되는 상황에서 감각에 부딪쳐 오는 것들에 대해 카메라로 찍듯이 서술할 수밖에 없었다(염은열, 1999). 홍순학의 탁월한 묘사 덕분에 우리는 당시 청나라의 풍속과 문화는 물론이고 북경 시장의 풍경과 음식 종류 및 문화, 심지어 당시의 마술쇼에 대한 생생한 정보까지 얻을 수 있다. 그렇기에 장편 기행가사인 〈연행가〉는 19세기 청나라 여행의 충실한 보고서로서 사료적 가치를 지닌다.

홍순학이 낯선 풍경이나 풍속, 문화에 대해 사실적으로 묘사하고는 있지만, 그렇다고 해서 중국을 바라보는 태도나 시선까지 객관적인 것은 아니다. 중국인들을 '호인'이라고 칭하고 '괴이하다'는 등의 감탄사를 연발하거나 부정적인 평가의 말을 덧붙이는 것을 보면, 홍순학이 청을 그리 긍정적으로 보고 있지 않음을 알 수 있다. 이른바 숭명배청의식(崇明排淸意識)이 호인들의 풍속이나 문화를 관찰하여 묘사하는 대목뿐만 아니라, 작품의 전편에 걸쳐 은근한 혹은 노골적인 시선으로 자리하고 있다. 청나라 풍속에 대해서는 대체적으로 괴이하다며 부정적 시선을 보이던 홍순학이 명나라 유습인 전족에 대해서는 '삐죽삐죽 가는 모양 넘어질까 위태하다'고 하면서도 '그렇다고 웃지 마라 명나라의 끼친 제도 저 계집의 발 한 가지 지금까지 볼 것 있다'고 긍정적인 시선을 보내는 모습에서도 청과 명에 대한 상반된 태도를 분명하게 확인할 수 있다. 심지어 홍순학은 대능하에 다다랐을 때 '슬프다 대명 적의 유 장군' 운운하면서 청과 싸우다 죽은 명나라 장수를 애도하기도 한다. 청나라에 맞서 끝까지 저항한 송씨 가문의 성(城)을 보고 감회에 젖는가 하면, 병자호란 때 고생한 삼학사와 효종을 생각하며 청에 대한 반감을 노골적으로 드러내기도 한다.

이처럼 〈연행가〉는 낯선 곳을 여행한 여행자의 시선으로 19세기 청나라의 풍속과 문화를 풍성하고도 생동감 있게 그려낸 작품이다. 동시에 당시 조선 젊은 사대부가 중국에 대해 가지고 있던 복잡한 시선, 즉 청과 명에 대한 태도와 자의식 또한 잘 보여주는 작품이다.

엮어 읽기

닫힌 시선 대 열린 시선

사행가사는 개인의 여행 체험에 바탕을 둔 작품이기는 하지만, 그 여행이 공무 수행의 일환이라는 점에서 작자는 조선 사대부로서의 공적 시선과 관점으로부터 완전히 자유로울 수 없었다. 따라서 사행가사에는 개인적인 감회나 경험뿐만 아니라, 조선 사대부 혹은 문인으로서의 자의식이나 대타의식 또한 곳곳에 드러나 있다. 조선의 지식인으로서 사행 대상이 되는 나라의 제도와 풍속, 문화 등을 조선의 그것들에 견주어 살피고 평가하는 대목 또한 적지 않은 것이 특징이다.

다음은 〈일동장유가〉의 한 부분이다. 〈일동장유가〉는 이른바 계미통신사(癸未通信使)의 삼방서기(三房書記)로 일본을 다녀온 김인겸(金仁謙)이 1763년 8월부터 1764년 7월까지 11개월 동안 보고 경험한 바를 기록한 사행가사이다.

나ᄒᆞ고 삼 문ᄉᆞ(三文士)ᄂᆞᆫ 가마 ᄐᆞ고 ᄆᆞᆫ져 가니
금안(金鞍) 지은 ᄌᆡ고 큰 ᄆᆞᆯ 거ᄃᆞᆲ말노 알ᄑᆡ 셧다
녀염(閭閻)도 왕왕(往往) 잇고 흘ᄒᆞᆯ손 듁뎐(竹田)일다
토디(土地)가 고유(膏腴)ᄒᆞ야 뎐답(田畓)이 ᄆᆞ이 됴희
이십이(二十里) 실샹ᄉᆞ(實相寺)가 삼ᄉᆞ샹(三使相) 됴복(朝服) ᄒᆞᆯ제
나ᄂᆞᆫ ᄂᆞ리쟌코 왜셩(倭城)으로 바로 가니
인민(人民)이 부려(富麗)ᄒᆞ기 대판(大阪)만은 못ᄒᆞ여도
셔의셔 동의 가기 삼십니라 ᄒᆞᄂᆞᆫ고나
관ᄉᆞ(館舍)ᄂᆞᆫ 봉등ᄉᆞ오 오층 문루(門樓) 우희
여러 둔 구리기동 운쇼(雲霄)의 다핫고나
슈셕(水石)됴 긔절(奇絶)ᄒᆞ고 듁슈(竹樹)도 유취(幽趣)잇ᄂᆡ
왜황(倭皇)의 사ᄂᆞᆫ ᄃᆡ라 샤치(奢侈)가 측냥(測量)업다
산형(山形)이 웅장(雄壯)ᄒᆞ고 슈셰(水勢)도 환포(環抱)ᄒᆞ여
옥야쳔니(沃野千里) 삼겨시니 앗갑고 애ᄃᆞᆯ을손
이리 됴흔 텬부금탕(天賦 金湯) 예놈의 긔물(器物)되여
칭뎨(稱帝) 칭왕(稱王)ᄒᆞ고 뎐ᄌᆞ(傳子) 뎐손(傳孫)ᄒᆞ니
개돗 ᄀᆞᄐᆞᆫ 비린 뉴(類)ᄅᆞᆯ 다몰속 소탕(掃蕩)ᄒᆞ고
ᄉᆞ쳔니(四千里) 뉵십쥐(六十州)ᄅᆞᆯ 됴션(朝鮮)ᄯᅡ ᄆᆡᆫ드라셔
왕화(王化)의 목욕(沐浴) ᄀᆞᆷ겨 녜의국(禮儀國) ᄆᆡᆫᄃᆞᆯ고쟈

김인겸 일행은 여염집과 대나무밭을 지나 왜왕이 사는 곳에 당도한다. 대판만은 못해도 도시가 번성하고, 그 규모가 서에서 동까지 삼십 리나 된다고 말한다. 도시의 규모도 규모지만, 왜왕이 사는 곳은 물과 돌, 대나무가 그윽하고 사치하기 이를 데 없는 곳이라고 말한다. 김인겸은 그 사치함과 부요함에 감탄하면서도 그 모든 풍요로움이 일본의 것임을 자탄하며 '사천 리 육십 주를 조선(朝鮮) 땅 만들어서 왕화(王化)에 목욕(沐浴) 감겨 예의(禮儀) 국민'으로 만들고 싶다는 말을 덧붙이기에 이른다. 물론 앞서 김인겸은 성안으로 물을 공급하는 기계의 생김새와 작동 원리 등에 대해 자세히 묘사하고 '제작(製作)이 기묘하여 법받음직 하고나야', '진실로 기특하고 묘함도 묘할씨고'라며 감탄한다. 그러나 그저 감탄에 그칠 뿐이다. 김인겸은 세계를 문명국과 야만국으로 구분하는 화이관(華夷觀)에 철저한 조선의 문인이었고, 문인으로서의 자질이 요구되는 삼방서기로 뽑혀 오랑캐의 나라를 찾은 상황이었다. 문명국인 조선의 문인이었기 때문에 일본의 발전상에 놀라면서도 발전의 이유를 단지 풍족한 자연환경 덕분으로 간주하고, 풍속의 미개함에 대해 비판하며 왕화의 포부를 드러내고, 조선을 침략한 과거에 대해 분개하는가 하면 문명인으로서의 자긍심을 보이곤 했다. 〈연행가〉의 홍순학이 청나라의 놀라운 풍속이나 문화 등에 대해 자세히 기술하면서도 '괴이하다'고 평하고 명나라에 대한 감회를 드러내는 것과 비슷하다. 청나라에 사신으로 가는 처지였음에도 불구하고 홍순학 역시 청나라를 오랑캐 나라로 보는 중세의 화이관으로부터 자유로울 수 없었던 것이다. 18세기의 감인겸이나 19세기의 홍순학을 보면, 일종의 화이관이라는 관념이 조선시대 사대부들의 의식 속에 얼마나 깊이 자리하고 있었는지 알 수 있다.

그런데 화이관이라는 관념이나 대타의식을 모두 버리고 개방된 자세 혹은 문화상대주의에 입각하여 중국을 바라본 사례도 있다. 건륭제의 칠순을 축하하는 사절단에 정사(正使) 자격으로 뽑힌 삼종형을 따라 북경을 다녀온 박지원이 바로 그 예다. 박지원은 1780년 5월에 출발하여 10월 말경까지 대략 5개월간 북경을 거쳐 열하까지 다녀와 『열하일기』를 남겼다. 『열하일기』를 보면 편협한 조선의 화이관과 그에 따른 숭명배청의식을 벗어버린 실용주의자의 개방된 시선, 문화상대주의를 인정하는 시선을 목격할 수 있다.

박지원은 국경검문소인 책문을 지나 그 안에 있는 마을을 보고 놀란다. 작은 마을임에도 불구하고 집이 큼직하고 거리와 상가가 정리되어 있으며 고급스러운 그릇이 진열되어 있고 수레가 가득하여 전혀 촌티가 나지 않는 점에 놀라 '이 책문은 천하의 동쪽 끝인데도 오히려 이러한데, 앞으로 유람(遊覽)할 것을 생각하니 문득 기가 꺾여 그만 발길을 돌리고 싶은 마음'까지 생긴다고 고백한다. 그러나 곧바로 박지원은 다음과 같이 반성하면서 청나라 여행의 자세를 가다듬는다.

> '이것은 시기하는 마음이다. 나는 본래 성품이 담박하여 남을 부러워하거나 시기하는 마음이 조금도 없었는데, 이제 겨우 외국에 한 발을 들여놓아 아직 만분의 일도 보지 못했는데, 이런 그릇된 마음이 일어나는 것은 웬일일까? 이는 소견이 좁기 때문이다. 만약 부처님의 밝은 눈으로 시방세계(十方世界)를 본다면 평등하지 않은 것이 없을 것이다. 모든 것이 평등해지면 자연 시기하거나 부러워하는 마음이 없을 것이다.'하고 장복을 돌아보며, "만약 네가 죽은 다음에 다시 중국에 태어나게 한다면 어떻게 하겠느냐?"고 묻자, 장복은 "중국은 되놈의 나라입니다. 저는 싫습니다."하고 대답한다. 이때 한 장님이 어깨에 비단 주머니를 둘러메고 손으로 월금(月琴)을 타고서 지나간다. 나는 홀연히 '저 사람이야말로 평등한 눈을 가진 것이 아니겠느냐?'하고 크게 깨달았다.

문화적 우월감이나 화이관에 입각하여 낯선 풍속을 찾아 '괴이하다'고 논평하거나 '풍요롭기만 하다'고 평하기에 앞서 순수하게 감탄한다. 그리고 예상치 못한 풍경에 기가 죽는 자신의 태도가 시기하는 마음에서 나온 것이라며 스스로 반성한다. 이어 이후 목격하게 될 모든 것을 부처의 밝은 눈, 곧 개방적인 마음으로 평등하게 바라보겠다고 다짐한다. 되놈의 나라인 중국에 태어나고 싶지 않다는 장복의 말은 조선 사대부들을 포함한 당시 조선인들의 일반적인 관점과 시선을 잘 보여주는데, 박지원은 장복의 말을 듣고 차라리 장님의 눈이 평등할 것이라고 말한다. '평등한 눈'이 어떤 눈인지, 어떤 자세로 중국을 만날 것인지 관심을 갖게 하는

데, 평등한 눈이란 되놈의 나라라고 미리 단정하지 않는 눈, 즉 화이론이나 그에 따른 숭명배청의식 혹은 문화적 우월주의 등을 모두 벗어버리고, 있는 그대로 중국을 바라보는 눈을 뜻한다. 중국 땅에 들어서자마자 박지원은 그런 평등한 눈으로 중국과 중국 사람을 보고 만나리라 다짐한 것이다.

여행에 대한 견문을 주로 기술한 〈도강록(渡江錄)〉, 〈성경잡지(盛京雜識)〉, 〈일신수필(馹汛隨筆)〉 등을 보면 박지원은 처음에 다짐한 것처럼 '평등한 자세'로 청나라의 정치, 사회, 경제, 문화 등 다방면의 현실에 대해 관찰하고 자세히 보고하고 있다. 박지원은 각 도시마다 시장이 번창하고 도로와 교량이 정비되어 있으며 견고하게 지은 건축들이 즐비한, 청나라의 발전상에 대해 놀라움을 가지고 보고한다. 우물이나 가옥 구조, 의복 치레 등에 대해 묘사하기도 하고, 벽돌을 찍어내는 기술에 감탄하고 상업 발전의 동력이 된 수레 제도에 관심을 갖는가 하면, 거름을 금같이 아끼고 삼태기를 들고 따라가면서 말똥을 줍는 중국인들의 행동에 감명을 받는 등 지극히 실용적인 입장에서 중국의 문물과 제도, 문화, 풍속 등을 바라본다. 중국인을 '호인'으로 폄하하거나, 풍속이 이상하다거나 미개하다는 식으로 평가하는 경우는 찾아볼 수 없다. 오히려 조선의 현실과 견주어 배울 점을 찾는 경우가 많다.

박지원은 특히 수레에 관심을 보였다. 밭 주인이 밭을 보호하기 위하여 자발적으로 수레 다닐 길을 내도록 유도하는 제도 등에 주목하고, 청나라의 경제 발전이 활발한 유통으로 인해 가능했음을 깨닫는다. 우리나라보다 험한 지형이 많음에도 잘 닦인 길로 수레가 부지런히 오가면서 재화가 한 곳에 정체되지 않도록 유통시켰고, 이를 통해 경제적으로 성장할 수 있었음을 알게 된다. 청나라 도로와 수레 제도에 대한 감탄은 낙후된 조선의 현실을 자각하는 것으로 이어진다.

이처럼 박지원은 당시 사대부나 조선인과 달리, 철저하게 실용적인 입장에서 중국의 풍속과 문화, 제도 등에 대해 섬세하게 관찰하고 배울 점을 찾았다. 십여 년 전 〈일동장유가〉의 김인겸이나 100여 년 후 〈연행가〉의 홍순학과 달리, 『열하일기』의 박지원은 화이관이나 문화적 우월주의에 입각하여 중국을 바라보지 않았다. 그러면서 청나라가 '오랑캐'의 나라가 아니라 눈부신 번영과 발전상을 보여주는 세계적인 나라임을 생생하게 보고하였다. 이러한 차이는 표현 대상이나 내용을 선정하는 데 작가의 관점이나 시각이 어떻게 개입하며 얼마나 중요한지를 잘 보여준다.

참고문헌

염은열(1999),『대상인식과 내용생성의 관계에 대한 표현교육론적 연구 — 기행가사를 중심으로』, 서울대학교 박사학위논문.
이병철(2010),「연행가사의 제언과 〈연행가〉를 통해 본 전환기 조선」,『한국사상과 문화』52, 한국사상문화학회.
임기중(2003),『연행가사연구』, 아세아문화사.
최강현(1982),『한국기행문학 연구』, 일지사.

가사 13

덴동어미 화전가

지은이 미상　출처 『소백산대관록』

가셰 가셰 화젼을 가셰 ᄭᅩᆺ 지기 젼의 화젼 가셰
잇ᄯᆡ가 어느 ᄯᆡᆫ가 ᄯᆡ마참 三月삼월이라
동군니 포덕ᄐᆡᆨᄒᆞ니 츈화일난 ᄯᆡ가 맛고
화신풍이 화공되여 만화방창 단쳥되ᄂᆡ
이른 ᄯᆡ乙을 일치 말고 화젼노름 ᄒᆞ여 보셰
불츌문외 ᄒᆞ다 가셔 소풍도 ᄒᆞ려니와
우리 비록 여자라도 흥쳬 잇계 노라 보셰
웃던 부人인은 맘이 커셔 가로 ᄒᆞᆫ 말 퍼ᄂᆡ 노코
웃던 부人인은 맘이 즈거 가로 반 되 ᄶᅧᄂᆡ 쥬고
그령져령 쥬어 모니 가로가 닷 말 가웃 질ᄂᆡ
웃던 부人인은 참지름 ᄂᆡ고 웃던 부人인은 들지름 ᄂᆡ고
웃던 부人인은 만니 ᄂᆡ고 웃던 부人인은 즉게 ᄂᆡ니
그령져령 쥬어 모니 기름 반 동의 실ᄒᆞ고나

… (중략) …

여보시요 말슴 듯소 우리 사정乙을 논지컨ᄃᆡᆫ
三十삼십 넘은 노총각과 三十삼십 넘은 혼과부라
총각의 신셰도 가련ᄒᆞ고 마너라 신셰도 가련ᄒᆞ니
가련ᄒᆞᆫ 사람 셔로 만나 갓치 늘그면 웃더ᄒᆞ오
가만이 솜솜 ᄉᆡᆼ각ᄒᆞ니 먼져 으든 두 낭군은
홍문 ᄋᆞᆫ의 사ᄃᆡ부요 큰 부자의 셰간사리

픠가망신 ᄒᆞ여시니 홍진비ᄅᆡ 그러ᄒᆞᆫ가
져 총각의 말 드르니 육ᄃᆡ 독자 나려오다가
죽을 목숨 사라시니 고진감ᄂᆡ ᄒᆞᆯ가 부다
마지 못ᄒᆡ 혀락ᄒᆞ고 손 잡고셔 이ᄂᆡ 마리
우리 셔로 불상이 여겨 허물 읍시 사라 보셔
영감은 사긔 ᄒᆞᆫ 짐 지고 골목의셔 크게 위고
나ᄂᆞᆫ 사긔 광우리 이고 가가호호이 도부ᄒᆞᆫ다
조셕이면 밥乙을 비러 ᄒᆞᆫ 그릇세 둘이 먹고
남촌북촌의 다니면서 부즈러니 도부ᄒᆞ니
돈 ᄇᆡᆨ이나 될 만ᄒᆞ면 둘 즁의 하나 병이 난다
병구려 약시셰 ᄒᆞ다 보면 남의 신셰乙을 지고 나고
다시 다니며 근사모아 ᄯᅩ 돈 ᄇᆡᆨ이 될 만ᄒᆞ면
ᄯᅩ ᄒᆞ나이 탈이 나셔 한 푼 읍시 다 씨고 나ᄂᆡ
도부장사 ᄒᆞᆫ 십 연ᄒᆞ니 장바군니의 털이 읍고
모가지지 자ᄅᆡ목 되고 발가락이 무지러젼ᄂᆡ
산 밋ᄐᆡ 쥬막의 쥬人인ᄒᆞ고 구진비 실실 오난 ᄂᆞᆯ의
건너 동ᄂᆡ 도부 가셔 ᄒᆞᆫ 집 건너 두 집 가니
쳔둥소ᄅᆡ 복가치며 소낙이 비가 쏘다진다
쥬막 뒷산니 무너지며 쥬막터乙을 ᄊᆡ 가지고
동히슈로 다라나니 사라나리 뉘귈고넌
건너다가 바라보니 망망ᄃᆡ히 ᄲᅮᆫ이로다
망측ᄒᆞ고 긔막킨다 이른 팔자 ᄯᅩ 잇ᄂᆞᆫ가
남히슈의 죽乙을 목숨 동히슈의 죽ᄂᆞᆫ고나
그 쥬막의나 잇세더면 갓치 ᄶᅡ라가 죽을 거슬
먼져 괴질의 죽어더면 이른 일를 아니 복걸
고ᄃᆡ 죽乙을 걸 모로고셔 천연만연 사자 ᄒᆞ고
도부가 다 무어신고 도부 광우리 무여 박고

ᄒᆡ얌읍시 안자시니 억장이 무너져 긔막큰다
쥭어시면 졸너구만 ᄉᆡᆼᄒᆞᆫ 목슘이 못 쥭乙을네라
아니 먹고 굴머 쥭으랴 ᄒᆞ니 그 집ᄃᆡᆨᄂᆡ가 강권ᄒᆞ니
쥭지 말고 밥乙을 먹게 쥭은덜사 시원홀가
쥭으면 씰 ᄃᆡ 잇나 살기마ᄂᆞᆫ 못ᄒᆞ니라
져승乙을 뉘가 가 반난가 이승마ᄂᆞᆫ 못ᄒᆞ리라

…(중략)…

츈삼월 호시졀의 화젼 노름 와서덜낭
ᄭᅩᆺ 빗쳘ᄂᆞᆼ 곱게 보고 ᄉᆡ소ᄅᆡᄂᆞᆫ 좃케 듯고
발근 달은 여사 보며 말근 발람 시원ᄒᆞ다
조흔 동무 존 노름의 셔로 웃고 노다 보소
사람의 눈이 이상ᄒᆞ여 졔ᄃᆡ로 보면 관계찬고
고은 ᄭᅩᆺ도 ᄉᆡᆨ여보면 눈이 캄캄 안 보이고
귀도 ᄯᅩᄒᆞᆫ 별일이지 그ᄃᆡ로 드르면 관찬은걸
ᄉᆡ소ᄅᆡ도 곳쳐 듯고 실푸 마암 졀노 나ᄂᆡ
맘 심 자가 졔일이라 단단ᄒᆞ게 맘 자부면
ᄭᅩᆺ천 졀노 피ᄂᆞᆫ 거요 ᄉᆡ난 여사 우ᄂᆞᆫ 거요
달은 매양 발근 거요 바람은 일상 부ᄂᆞᆫ 거라
마음만 여사 ᄐᆡ평ᄒᆞ면 여사로 보고 여로로 듯지
보고 듯고 여사하면 고ᄉᆡᆼ될 일 별노 읍소
안자 우던 청츈과부 황연ᄃᆡ각 ᄭᆡ달나셔
덴동어미 말 드르니 말슴마다 ᄀᆡᄀᆡ 오ᄅᆡ
이ᄂᆡ 슈심 풀러ᄂᆡ여 이리져리 부쳐 보셔
이팔청츈 이ᄂᆡ 마음 봄 츈 짜로 부쳐 두고
화용월ᄐᆡ 이ᄂᆡ 얼골 ᄭᅩᆺ 화 짜로 부쳐 두고
슐슐 나ᄂᆞᆫ 진 ᄒᆞᆫ숨은 셰우 츈풍 부쳐 두고
밤이나 낫지나 숫ᄒᆞᆫ 슈심 우ᄂᆞᆫ ᄉᆡ나 가져가ᄀᆡ

일촌간장 싸인 근심 도화 유슈로 씨여 볼가

쳔만 쳡이나 씌인 스름 우슴 ᄭᅳᆺ틔 ᄒᆞ나 읍ᄂᆡ

구곡간장 깁푼 스럼 그 말 ᄭᅳᆺ틔 실실 풀여

三冬삼동셜ᄒᆞᆫ 싸인 눈니 봄 츈 자 만나 실실 녹ᄂᆡ

자ᄂᆡ 말은 봄 츈 자요 ᄂᆡ ᄉᆡᆼ각은 ᄭᅩᆺ 화 자라

봄 츈 자 만난 ᄭᅩᆺ 화 자요 ᄭᅩᆺ 화 자 만난 봄 츈 자라

얼시고나 조을시고 조을시고 봄 츈 자

… (후략) …

맥락

덴동어미의 사연이 담긴 화전가

〈덴동어미 화전가〉는 『소백산대관록(小白山大觀錄)』이라는 가사집에 '화전가(花煎歌)'라는 이름으로 수록되어 전해진다. 일반적으로 화전가는 삼월 삼짇날이나 청명일 등 일기가 좋은 봄날에 부녀자들이 산에 올라가서 진달래 꽃잎 등으로 전을 부쳐 먹으며 하루를 즐겼던 화전놀이에서 불린 노래들을 가리킨다. 이 노래 역시 경북 순흥 지방 비봉산의 화전놀이가 배경이다. 그런데 일반적인 화전가와 달리, 작중 인물인 덴동어미의 기구한 사연이 장황하게 담겨 있어 여타의 화전가와 구별하여 특별히 〈덴동어미 화전가〉 또는 〈된동어미 화전가〉라 불린다.

노래의 창작 연대를 정확히 알 수는 없으나, 작품 속 덴동어미가 30대 때 겪은 '병술년 괴질'이 1886년에 일어난 사건인 점을 근거로 대략 20세기 초엽에 창작되었을 것으로 추정한다(김종철, 1992).

쟁점

덴동어미의 삶은 무엇을 보여주는가

〈덴동어미 화전가〉는 화전가의 일반적인 구조와 양식을 따르면서도, 덴동어미의 기구한 사연을 다루는 개성적인 모습을 동시에 갖고 있다. 또한 작품의 대부분을 차지하는 덴동어미의 삶 역시 당시에 궁핍했던 하층민의 전형적인 모습

이면서, 네 차례나 혼인하는 매우 개성적인 모습도 보이고 있다. 다시 말해 이 작품은 보편적인 화전가 양식 속에 덴동어미의 기구한 삶을 개성적으로 담아내고 있을 뿐만 아니라, 다루는 사연 역시 하층민의 전형적인 모습과 개가한 여성의 개성적인 모습을 동시에 보여준다. 따라서 이를 어떻게 읽어낼 것인지가 주된 과제이다.

먼저, 여성성의 측면에서 시집살이나 수절과 같은 굴레에서 벗어나 개가를 통해 자신의 삶과 운명을 개척해나가는 개성적인 모습에 초점을 맞출 수도 있다. 당시 수절이 여성에게 일방적으로 주어진 억압이었던 사실에 비춰보면 세 차례의 개가는 매우 특징적인 사건으로, 변화한 여성 의식의 차원에서 많은 관심을 불러일으키는 지점이다(박혜숙, 1992; 박경주, 1999).

그러나 덴동어미의 개가 과정을 자세히 들여다보면, 정작 덴동어미의 선택과 역할은 제한적이고 상당 부분 경제적 문제와 같은 외부 환경에 의해 어쩔 수 없이 이루어진 면이 있다. 이에 따라 당시 여성들이 사회적 모순으로 인해 굴절된 삶을 살아갈 수밖에 없었다는 점에 초점을 맞춰, 작품 속 여성 의식에 대해 달리 해석하고 평가하기도 한다(김유정, 1999). 개가가 개인의 욕망에 따른 주체적 결정이기보다는 여성으로서 경제적 자립이 어려웠던 삶의 조건 속에서 이루어졌다는 데 주목하는 것이다.

둘째, 여성보다는 하층민에 중심을 두고 덴동어미의 비극적 삶을 읽어내기도 한다. 중인의 신분에서 하층민으로 몰락하는 과정에서 덴동어미가 겪게 되는 경제적 어려움과 고통에 주목하여, 당시 하층민이 겪어야만 했던 삶의 비극성을 드러낸 작품으로 보는 것이다(정흥모, 1991; 김용철, 1995). 이러한 접근에 따르면 이 노래는 당대 하층민이 겪어야 했던 삶의 모습을 핍진하게 그려낸 전형적인 작품이라 할 수 있다.

셋째, 덴동어미 삶의 기구한 역정뿐만 아니라, 이를 통해 도달하게 되는 삶에 대한 인식과 태도에 주목하기도 한다. 분명 덴동어미의 삶은 불행으로 점철되어 있고 끝없는 노력에도 불구하고 결국 모든 것이 물거품이 되고 말지만, 그 속에서 삶에 대한 새로운 깨달음과 태도에 이르게 된다. 불행했던 삶을 겪으면서도 거기에 함몰되지 않고, 삶이 본래 그러한 것이라는 깨달음 속에서 달관과 신명이라는 특별한 인식과 태도를 보이는 것이다(김종철, 1992). 덴동어미의 삶이 지닌 한의 미학이 '신명'(박혜숙, 2005)과 어우러지면서, 이 작품만의 독특한 미학이 완성된다.

이처럼 이 노래는 화전가 양식에 덴동어미의 삶을 담고 있어 그녀의 삶을 어떻게 바라볼 것인지에 따라 여성성, 하층민의 삶, 혹은 달관과 신명 등이 다양하게 부각될 수 있다. 분명한 것은 이 노래가 인간과 삶의 문제를 정면에 두고 그 본질을 다루고 있다는 점이며, 우리에게 인간 삶과 운명이 어떠한 것인지를 깨닫게 만들고 있다는 점이다.

꼼꼼히 읽기

이보다 더 기구할 순 없다

많은 화전가 중에서도 〈덴동어미 화전가〉가 특별히 주목받는 이유는 덴동어미의 파란만장한 인생 역정이 옴니버스 형식의 소설처럼 펼쳐지기 때문이다. 덴동어미의 일생은 한 마디로 '어떻게 이런 일이 일어날 수 있단 말인가' 하는 탄식을 자아낼 만큼, 그리고 이보다 더 기구한 삶을 상상하기 어려울 만큼 온갖 불행으로 점철되어 있다.

그녀는 무려 네 번이나 혼인하는데, 혼인했던 네 명의 남편을 모두 잃는다. 개가가 쉽지 않았던 당시 사회에서 네 차례나 혼인한 이력도 특이하지만, 남편들(장 이방 아들, 이승발, 황 도령, 조 첨지)이 모두 죽게 된 사실도 예사롭지 않다. 게다가 남편들은 각각 추천, 괴질, 산사태, 화재로 인해 죽는다. 하나밖에 없는 아이마저 불에 데는데, '덴동어미'라는 이름도 여기서 비롯된다. 한 개인의 삶 속에서 이 모든 일들을 겪는 것이다.

이 같은 불행은 남편들 모두가 덴동어미와 특별한 갈등 없이 좋은 관계를 유지하고 있었다는 점에서 더욱 증폭된다. 한 예로 본문에 제시된 세 번째 남편 황 도령만 하더라도 동병상련의 처지에서 '가련한 사람 서로 만나 같이 늙으면 어떠하오'라 말하면서 서로 의지하며 살아갈 것을 제안하였고, '우리 서로 불쌍히 여겨 허물없이 살아보세'라며 새로운 삶을 시작할 수 있게 만들기도 했다. 장 이방의 아들, 이승발, 조 첨지의 경우에도 특별한 갈등 없이 긍정적이고 우호적인 인물로 그려진다. 이렇듯 남편과의 좋은 관계는 이들을 모두 잃게 되는 사건의 비극성을 더욱 심화시킨다.

이들뿐만 아니라, 작품에 등장하는 시부모나 주변 여성들 모두 덴동어미를 우호적으로 대한다. 손군노의 마누라, 주막 주인댁네, 이웃집 댁네, 고향 6촌 형님 등 주변 여성들 모두 덴동어미가 고난에 빠졌을 때 정신적·경제적으로 도움을 주는 조력자의 역할을 한다. 예컨대 주막 주인댁만 하더라도 소낙비에 산사태로 황 도령을 잃고서 어찌할 바를 모르는 덴동어미에게 세상일을 모르니 팔자 한번 고쳐 볼 것을 제언하기도 하였다. 이처럼 시집살이나 남편과의 갈등이 중요하게 다뤄지는 다른 화전가와 달리, 인간 사이의 갈등을 찾아보기 어려운 것은 이 작품이 벗어날 수 없는 비극적 운명과 그 속에서의 삶을 다루고 있기 때문이다.

또한 덴동어미의 불행은 거듭된 상부(喪夫) 이외에도, 경제적 궁핍에 따른 고단한 삶이 겹쳐지는 데서 심화된다. 덴동어미는 임 이방의 딸로 태어나 장 이방 집으로 혼인할 때만 해도 중인 신분을 유지하며 특별한 어려움을 겪지 않는다. 그러나 아전 신분의 이승발의 후처로 들어간 이후 재산을 다 잃게 되면서 경제적 고난이 시작된다. 옹기 장사를 하는 황 도령을 만나서는 옹기 장사가 되고, 엿 장사하는 조 첨지를 만나서는 엿 장사가 되어 힘들게 생계를 유지해나간다. 그 누구보다 열심히 일하지만, 돈이 제법 모일 때쯤이면 어김없이 병이 나서 모아둔 돈을 다 쓰게 된다. 도부장사를 십 년 하는 동안 목이 자라목이 되고 발가락이 문질러질 만큼 열심히 일했지만, 결국 가난 극복은 실패로 끝나고 만다. 새로운 남편을 만날 때마다 이러한 노력과 실패가 반복되고 악순환되면서 상황은 더 열악해져만 간다. 이처럼 덴동어미의 성실하고 근면한 노력에도 불구하고 경제적 고난을 극복하지 못한 채 더 어렵고 힘든 상황으로 내몰리고 거듭 추락하게 되는 데서도 이 작품의 비극을 찾을 수 있다.

위에서 살펴보았듯 덴동어미가 겪는 갈등은 주변 인물들과의 관계가 아닌, 그녀를 둘러싼 운명에서 비롯되었다. 덴동어미 개인의 의지나 책임과는 무관하게, 외부에서 고난이 일방적으로 던져져서 피할 수 없는 불가항력적인 성격을 갖고 있다(최홍원, 2013). 이러한 갈등은 사회적 관계를 기반으로 인과성 속에서 발생하는 인간 대 인간의 갈등과는 근본적으로 다르다. 그런 만큼 갈등의 해결과 극복 또한 개가, 근면과 같이 직접적인 문제 해결과는 다른 방식으로 이루어져야 한다.

덴동어미는 기구한 운명과 삶의 굴곡을 통해 비로소 인생의 본질을 새롭게 깨닫는다. 고난과 시련을 운명으로 받아들이면서 인생 자체가 단순히 패배만도 승리만도 아닌, 고난으로 점철된 불합리한 것이고 그것 자체가 본질이라는 점(김용철, 1995)을 깨닫게 된다. 개가를 통한 직접적인 문제 해결 대신, 역설과 불합리로 뒤엉킨 것을 인생의 본질로 새롭게 바라보는 달관과 여유를 갖게 된 것이다. 이로써 비극적 운명에 맞서 극복하려 하기보다는 이를 자신의 팔자로 받아들임으로써 마침내 화해에 도달할 수 있었다.

이처럼 〈덴동어미 화전가〉는 상부와 개가를 거듭하는 한 인간의 특별한 인생 역정과 당대 하층민의 경제적 고통이 함께 응축되어 있는 작품이다. 노력하면 할수록 더 불행해지고 궁핍해지면서 고난의 비애와 심각성이 부각된다. 그런데도 비극적 운명에 패배하지 않고, 마침내 이것이 인간 삶의 본질이라는 새로운 깨달음에 도달한다. 이러한 깨달음이 있었기에 자신의 기구한 삶과 화해하고, 달관과 신명의 경지에 이를 수 있었던 것이다. 〈덴동어미 화전가〉는 바로 이러한 인간 삶의 역설적 본질을 포착하여 전하는 작품이다.

엮어 읽기

놀이가 되는 문학, 문학이 되는 놀이

화전가는 여성에 의한, 여성을 위한, 여성의 문학(길진숙, 2003)을 대표하는 작품으로, 당시 여성들의 억눌린 상황이나 처지를 한탄하고 하소연하는 공인된 통로로 널리 향유되어 왔다. 유교 이념 하에 억눌려 지내던 여성들이 일 년에 한 차례 화전놀이를 하면서 잠재되었던 풍류의식이나 신세 한탄을 표출하는 노래였던 것이다(박경주, 1999).

이처럼 화전가는 위안과 유흥을 목적으로 하는 화전놀이의 일환으로 즐겨졌던 만큼, 발생과 향유의 전 과정에서 놀이의 속성과 긴밀하게 관련된다. 놀이가 강조되는 성격으로 인해 남성 집단을 비꼬거나 성 역할에 대해 논쟁을 펼치는 노랫말을 만들어 즐기기도 하였는데, 당시의 사회 문화적 분위기를 고려한다면 현실 세계에서는 내뱉기 어려운 것들이었다.

> ᄋᆞᄂᆞᆫ가 모르ᄂᆞᆫ가 이보소 남ᄌᆞ들아
> 츈시호광음에 여자 조롱 쌘이로쇠
> 너모들 됴롱마오 남ᄌᆞ 슈치 ᄯᅩ 잇ᄂᆞ니
> 읣히ᄂᆞᆫ ᄉᆞ셔삼경 겻히ᄂᆞᆫ 졔ᄌᆞᄇᆡᆨ가
> 위인도 경졔슐이 다주어 버럿거ᄂᆞᆯ
> 보고닑고 못힝ᄒᆞ니 단청구경 아닐소냐
> 인니예 너른 집을 궃호여 마다ᄒᆞ고
> 산경 좁흔 길노 군속히 ᄎᆞ자가니
> 산금야쉬가 벗ᄒᆞ려 ᄒᆞᄂᆞᆫ고야
> 녕ᄃᆡ예 거ᄎᆞᆫ 쒸ᄅᆞᆯ 뉘 능히 ᄆᆡ야내리
> 그려도 명니샹애 헛욕심 ᄌᆞ아내야
> 단양화월니예 져 소ᄅᆡ 흠염ᄒᆞ니
> 져러한 남ᄌᆞ들은 불취반치 되ᄂᆞᆫ고야

남성들이 〈됴화전가(嘲花煎歌)〉에서 자신들의 화전놀이가 무산된 데 대해 한탄하고 여성들의 화전놀이를 신랄하게 조롱한 것에 대해, 답가의 형식으로 만들어진 〈반됴화전가〉의 일부이다. 여기서는 자신들을 비판했던 남성들을 "산금야쉬(山禽野獸)"에 빗대면서 거침없이 비판을 늘어놓고 있다. 화전가가 지극히 여성 고유의 문학 활동 영역이었음에도 불구하고 남성이 참여하여 논쟁하는 것도 특별하거니와, 당시 여성의 사회적 지위를 고려했을 때 남성을 향해 비난을 퍼붓고 신랄하게 조롱하는 모습도 매우 인상적이다.

다음은 하당댁이 지은 〈기슈가(淇水歌)〉로, 올케들의 가문과 인물에 대해 신랄한 조롱을 거침없이 늘어놓고 있는 장면이다.

우리 말삼 더져두고 들오신이 헤어보ᄌᆞ

강누ᄃᆡᆨ 노파ᄃᆡᆨ아 ᄒᆞ도됴룡 슬허 마소

법ᄉᆞᆫᄃᆡᆨ ᄒᆡ평ᄐᆡᆨ은 명ᄐᆡ양반 아닐넌가

단동ᄃᆡᆨ 병산ᄃᆡᆨ은 한ᄉᆞᆫ양반 발명 마소

오촌ᄃᆡᆨ 샹지ᄃᆡᆨ은 아들 자랑 너무 마소

듕동ᄃᆡᆨ ᄃᆡ야ᄃᆡᆨ은 셰간ᄉᆞ리 ᄌᆞ미로쇠

ᄉᆞ촌ᄃᆡᆨ 각ᄉᆞᆫᄃᆡᆨ은 음젼얌젼 교ᄐᆡ 마소

마쳔ᄃᆡᆨ 김ᄉᆞᆫᄃᆡᆨ은 동실동실 구술갓ᄂᆡ

지동ᄃᆡᆨ 지동ᄃᆡᆨ은 일가라고 ᄌᆞ세 마소

도진ᄃᆡᆨ 산당ᄃᆡᆨ은 동향동서 ᄌᆞ별ᄒᆞ여

동ᄌᆞ부쳐 방불ᄒᆞ다

연회에 참여한 문중 며느리들을 일일이 거론하며 조롱투의 인물평을 하고 있다. 가까운 사람들을 상대로 신랄하게 조롱하고 희화화하고 있는 것이다. 이처럼 조롱하고 비난하는 노랫말에 대응하여, 이를 반박하는 〈답기슈가〉가 지어진다. 이어서 〈답기슈가〉를 본 시매들이 다시 〈희됴가〉와 〈위유가〉를 지어 조롱을 계속한다. 문중 여인들, 딸과 며느리들이 서로 편을 나눠 상대방의 가문과 인물 등에 대해 신랄한 조롱을 쏟아내고 있는 것이다. 이 역시 현실에서는 있을 수 없는 장면임에 분명하다.

다 함께 즐기면서 부르는 노래에 어떻게 남성이나 가문 구성원을 상대로 조롱하는 내용을 담을 수 있었을까? 그 이유는 이러한 조롱이 어디까지나 상대방의 답가 생산을 끌어내기 위한 하나의 관습화된 설정이었기 때문이다. 즉, 흥미를 위한 하나의 약속된 놀이이자 화전놀이의 연장선상에서 특별한 이벤트로 받아들여졌던 것이다.

놀이는 일상생활과 구별되고 분리된 특별한 시간과 공간의 구획 안에서 일정한 규칙을 준수하는 가운데 행해진다. 화전가 역시 화전놀이라는 특별한 공간에서 구성원의 약속된 규칙으로 즐겨졌던 놀이의 일환이었다. 그만큼 화전가의 노랫말은 가상의 놀이판 무대 위에서 즐기는 하나의 약속된 놀이이자 연기의 성격을 갖고 있다(최홍원, 2018). 일상의 규범을 떠나 놀이판에서 행해지는 하나의 놀이라는 인식을 공유하고 있었기 때문에, 노랫말의 내용 또한 현실 세계와 격리되어 놀이판에서만 유효한 놀이로 즐겨질 수 있었던 것이다. 이러한 성격을 바탕으로 화전가는 부조리한 삶을 함께 한탄하고 정서적으로 연대하며 치유하는 적극적인 기능을 수행할 수 있었다.

문학은 교훈과 감동을 주기도 하고 때로는 웃음과 재미를 불러오기도 한다. 문학을 놀이로 즐길 때 수용자는 놀이의 적극적인 참여자가 되고, 그만큼 삶에서 문학을 즐겁고 활발하게 향유할 수 있다. 어릴 적 동요나 이야기를 다 함께 즐겼던 것처럼 말이다. 이처럼 화전가 노래는 문학이 본래 놀이였으며, 우리 삶의 한 부분이었음을 깨닫게 한다.

참고문헌

고정희(2003), 「된동어미화전가의 미적 특징과 아이러니」, 『국어교육』 111, 한국어교육학회.
길진숙(2003), 「여성으로 말하기, 그 안과 밖」, 박노준 편, 『고전시가 엮어 읽기 (하)』, 태학사.
김대행(2003), 「덴동어미 화전가와 팔자의 원형」, 박노준 편, 『고전시가 엮어 읽기 (하)』, 태학사.
김문기(1983), 『서민가사 연구』, 형설출판사.
김용철(1995), 「덴동어미화전가 연구(1) — 서사구조와 비극성을 중심으로」, 『19세기 시가문학의 탐구』, 집문당.
김유정(1999), 「소백산대관록 소재 화전가 연구」, 『동국어문론집』 8, 동국대학교 국어국문학과.
김종철(1992), 「운명의 얼굴과 신명 — 된동어미화전가」, 백영정병욱선생10주기추모논문집간행위원회 편, 『한국고전시가작품론 2』, 집문당.
박경주(1999), 「반/조 화전가 계열 가사에 대한 고찰」, 『국문학연구』 3, 국문학회.
박혜숙(1992), 「여성문학의 시각에서 본 덴동어미화전가」, 『인제논총』 8, 인제대학교.
박혜숙(2005), 「덴동어미화전가와 여성의 연대」, 『여성문학연구』 14, 한국여성문학학회.
정홍모(1991), 「덴동어미화전가의 세계인식과 조선후기 몰락하층민의 한 양상」, 『어문논집』 30, 고려대학교 국어국문학연구회.
최홍원(2013), 「덴동어미화전가 작품 세계의 중층성과 통과의례를 통한 개인의 성장」, 『선청어문』 40, 서울대학교 국어교육과.
최홍원(2018), 「고전문학생활사 연구 시론 — 화전가를 대상으로」, 『문학교육학』 60, 한국문학교육학회.

Ⅷ

잡가

잡가

잡가(雜歌)는 조선 후기인 18~19세기 무렵에 발생하여 주로 시정(市井)에서 연행되었던 유흥적·세속적·통속적·오락적인 성격의 노래이다. 개화기까지 전승되고 향유되면서 다양한 모습을 보여주었는데, 상층 문화인 시조, 가사, 한시와 하층 문화인 민요, 판소리 등을 다채롭게 수용하여 변용시킨 노래이다. 음악적인 측면에서 잡가는 정가(正歌)로 분류되는 가곡, 가사, 시조를 제외한, 전문 소리꾼들이 부르던 대부분의 노래를 가리킨다. 주로 중인 계층의 가객들이 부르던 정가와 달리 잡가는 평민 가객이나 전문 소리꾼들이 불렀다. 정가와 구별되는 의미에서 잡가라는 명칭이 붙여진 것으로 보인다.

잡가는 조선 후기 상업 문화가 발달한 서울에서 유흥적인 목적으로 연행되고 향유되었다. 가집의 표지나 작품에 개별 가수의 이름이 함께 기록되어 있는 데서 알 수 있듯이, 삼패나 사계축 등 직업적인 가수 혹은 가객에 의해 창작되고 전승되었다. 이는 잡가의 연행이 흥행의 성격을 지니고 있었음을 뜻한다. 또한 잡가집이 간행되기도 했는데, 이는 전문적인 가수 외에 일반인들도 잡가를 향유했음을 말해준다. 일반인에 의해 구전으로 전승되다 보니 같은 노래라도 가집에 따라 차이를 보인다. 여기에 더하여 양반 취향의 다양한 문화적 레퍼토리를 동원했던 점을 염두에 두면 일부 양반층의 참여도 있었던 것으로 짐작된다. 요컨대 잡가는 상업적인 흥행을 목적으로 하는 노래판에서 가객에 의하여 창작·전수되었고, 여기에 일반인과 일부 양반들이 향유층으로 참여하면서 번창한 노래라 할 수 있다.

잡가의 특징은 다양성에 있다. 우선 형식이 다양하다. 가사와 유사하게 일정한 흐름을 형성하면서 '시작-중간-마무리'의 구조를 가진 것이 있는가 하면, 민요처럼 분절 혹은 유절 형식을 취하고 있는 작품, 대화적 형식으로 구성된 작품도 있다. 내용 또한 다양하여 사랑, 인생무상 등의 삶의 애환, 자연 풍경에 대한 예찬 등 인간이 보편적으로 겪는 상황이나 동경하는 장면으로 구성되어 있다. 문체 또한 전아한 한시문과 소박한 민요적 표현 등이 다양하게 나타난다. 이와 같은 다양성은 한 작품 안에서도 보인다. 한 작품 내에 다양한 형식과 내용, 문체가 공존하고 있는 것이다.

이와 같은 특성은 잡가가 당대에 널리 알려진 다양한 갈래, 다양한 작품의 표현을 빌려온 데서 비롯된다. 예컨대 서울 지역 중심으로 연행된 12잡가 중 〈집장가〉, 〈형장가〉, 〈십장가〉는 판소리 〈춘향가〉 중 춘향이 매 맞는 대목에서, 〈소춘향가〉는 춘향의 집 정경을 묘사하는 대목에서, 〈제비가〉는 판소리 〈춘향가〉 중 〈긴사랑가〉와 판소리 〈흥보가〉의 제비 후리는 대목에서 따온 것이다. 그런 가운데 한 작품 내에서 또 다른 갈래의 선행 작품을 원용하여 새로운 맥락을 구성하기도 한다.

잡가는 1930년도 정도까지 번창하다가 서양풍의 유행가에 자리를 내주고 만다. 그런 점에서 잡가는 조선시대의 마지막을 장식한 갈래에 해당한다. 그렇기 때문에 종래부터 있었던 한시, 시조, 가사, 판소리 등의 선행 갈래와 선행 작품을 대폭 수용하는 장르의 저수지와 같은 역할을 할 수 있었다. 그러나 독자적인 갈래로서 고유한 문법을 개척하는 데는 이르지 못했기 때문에 생명력이 길지는 못했다.

잡가 01

유산가 遊山歌

지은이 미상 **출처** 『신구시대잡가』(1914, 신구서림)

화란츈셩하고 萬化方暢만화방창이라 ᄣᆡ 죠타 벗님네야 山川景槪산쳔경기를 구경을 가세

竹杖芒鞋單瓢子쥭장망혜단표ᄌᆞ로 千里江山쳔이강산을 드러를 가니 滿山紅綠만산홍록드른 一年一度일년일도 다시 퓌여 春色츈ᄉᆡᆨ을 자랑노라 色色ᄉᆡᆨᄉᆡᆨ이 붉것ᄂᆞᆫᄃᆡ 蒼松翠竹창송취쥭은 蒼蒼鬱鬱창창울울ᄒᆞ고 琪花瑤草爛漫中긔화요초란만즁의 ᄭᅩᆺ 속에 잠든 나뷔 자취 업시 나라든다

柳上鶯飛유상잉비는 片片金편편금이오 花間蝶舞화간졉무는 紛紛雪분분셜이라 三春佳節삼츈가절이 조흘시고 桃花滿發點點紅도화만발졈졈홍이로구나 魚舟逐水愛山春어쥬츅수ᄋᆡ삼츈이여든 武陵桃源무릉도원이 예 아니냐 楊柳細枝絲絲綠양류세지ᄉᆞᄉᆞ록ᄒᆞ니 黃山谷裏當春節황산곡리당츈절에 淵明五柳연명오류가 예 아니냐

제비ᄂᆞᆫ 물을 차고 기럭이 무리 져서 居之中天거지즁쳔에 놉히 ᄯᅥ서 두 날ᄅᆡ 훨신 펴고 펄펄 白雲間백운간에 놉히 ᄯᅥ서 千里江山쳔리강산 머남은 길에 어이 갈ᄭᅩ 슬피 운다

遠山원산은 疊疊쳡쳡 泰山태산은 쥬츔ᄒᆞ여 奇巖긔암은 層層층층 長松장숑은 落落낙락 에이 구부러져 狂風광풍에 흥을 겨워 우쥴우쥴 츔을 츈다 層巖絶壁上층암절벽상에 瀑布水폭포슈는 ᄭᅪᆯᄭᅪᆯ 水晶簾슈정렴 드리온 듯 이 골 물이 주루루룩 져 골 물이 ᄊᆞᆯᄊᆞᆯ 열에 열 골 물이 한 ᄃᆡ 合水합슈ᄒᆞ야 쳔방져 디방져 소쿠라지고 평퍼져 널츌지고 방울져 져 건너 屛風石병풍셕으로 으르렁 ᄭᅪᆯᄭᅪᆯ 흐르는 물결이 銀玉은옥갓치 흐터지니 巢父許由소부허유 問答문답ᄒᆞ든 箕山潁水긔산영수가 예 안니냐

奏穀啼禽쥬곡제금은 千古節쳔고절이오 積多鼎鳥적다정조는 一年豊일년풍이라 日出落照일츌낙조가 눈압헤 버려나 景槪無窮경기무궁 됴흘시고

맥락

음악으로서의 잡가

전통 음악에는 십이잡가, 휘모리잡가, 서도잡가, 남도잡가 등 잡가라는 명칭이 붙은 노래들이 전해진다. 이러한 노래들은 전통사회에서 노래를 직업으로 삼던 기생, 사당패, 소리꾼과 같은 '전문 예능인'들의 노래로서 계보에 따라 스승으로부터 노래를 배우는 과정을 거쳐 이어져 왔다(백대웅, 1997). 19세기 중엽 추교신, 조기준과 〈유산가〉를 부른 박춘경이라는 세 명인들이 탄생하면서 여항 예술의 한 장을 차지하기 시작했고, 때때로 궁중에 불려가기도 할 만큼 그 위상이 높아졌다. 그러는 가운데 진고개패, 과천패, 애오개패, 뚝섬패 등 상권이 형성된 지역을 중심으로 수많은 노래패들이 형성되어 활동하였다(고미숙, 1994).

또한 잡가는 긴 사설이 하나로 연결된 통절(通節) 형태로 노래하는데, 이는 후렴이 붙는 짧은 사설들을 정해진 선율로 반복하는 유절(有節) 또는 분연(分聯) 형태의 민요와 구별된다. 〈유산가〉의 구조(舊調)에도 '화란춘성' 앞에 긴 사설이 있었다고 한다. 그러던 것을 박춘경이 고친 새로운 〈유산가〉가 널리 퍼져 오늘에 전한다(이창배, 1976). 잡가는 가창을 위한 문학이라는 점에서 낭독 위주의 가사 문학과 구별된다. 가사가 네 마디의 규칙적인 운율로 일정한 템포를 유지하며 여유 있게 읽을 수 있는 문학이라면, 잡가는 그렇게 읽을 필요가 없는 문학이다. 노래를 부르기 위한 사(詞)이기 때문에 정형적 운율로부터 자유롭다. 곡에 따른 사가 많으면 빠르게, 적으면 느리게 부르면 되기 때문에 네 마디의 외형률은 깨어져도 무방하다(정재호, 1982).

조선 후기의 대표적인 유행가이자 대중가요인 〈유산가〉를 비롯하여 잡가는 음악적 차원에서 전문성이 두드러지고 그만큼 세련되어 있었다고 볼 수 있다. 다만 대개의 잡가들은 사설이 비유기적으로 구성되어 있어 문학적 완성도 면에서 그다지 높은 평가를 받지 못한다. 그런 점에서 본다면 우리말의 묘미를 살린 표현과 한문 어구의 배합이 절묘한 작품으로 평가받는 〈유산가〉는 이례적인 잡가 작품이라 할 만하다.

쟁점

잡가의 갈래 귀속

우리 시가사의 장르 가운데 가장 혼란스럽다고 보는 것이 바로 잡가이다. 발생 근원의 면에서나 형식적인 면에서 그리고 언어 표현의 면에서도 잡연하여 시가 연구의 초창기에는 잡가를 가사의 하위 갈래로 보거나 민요의 범주 속에 귀속시키기도 했고 유행가로 지목하여 다루기도 하는 등 장르 규정이나 범주 설정에서 혼란을 보였다(김학성, 2002).

국문학 연구의 초창기에는 잡가를 독자적인 질서를 지닌 하나의 갈래로 보지 않았다. 가사의 하위 갈래로 보거나(조윤제, 1948) 어떤 전형적인 시가를 의미하는 것이 아니고 보통 가곡에서 사용되는 해당 가사를 의미하는 것으로 보기도 했다(조윤제, 1955). 뚜렷한 형식을 갖추고 있지 않으면서 가사 형식에 가까운 변격체로 규정하거나(이태극, 1964), 가사가 음악적인 창사로 발전하여 잡가를 이루었다고 하는 견해(박성의, 1967), 민요, 속요, 동요는 물론이고 경기잡가, 남도잡가, 고려속요 등을 모두 잡가로 일괄 처리하여 잡가를 광의의 민요로 보는 경우(이병기, 1965)도 맥을 같이 한다. 그런가 하면 "유흥의 거리에 기생들의 입에 오르고부터 자연 포퓰라하게 되어 드디어 초동들까지도 부르게 된 종류의 노래를 일음인데 그것은 민요도 아니고 가사도 아닌 현재의 유행가의 일익을 형성하는 노래라 할 것이다."(고정옥, 1949)라 하여 잡가를 속가로 보고 그 성격이 현재 유행가와 같다고 보는 견해도 있었다.

잡가의 가창층이 유녀층, 남성 소리패, 사당패 등 유랑 연예 집단 등의 전문적 혹은 반전문적 직업 가수 집단들이었고 소비층의 주거 공간도 서울이나 평양과 같은 전국 상공업 도시 지역들이 중심지를 이루고 있다는 데 주목한 연구(이노형, 1992)에서부터 잡가의 독자성이 인정되기 시작했다. 이는 노래 문화의 생산과 소비도 수요와 공급이라는 자본주의의 분화된 시장 형태에 기초하여, 대규모적이고 다양한 소비 집단을 대상으로 한 일종의 상품 체계를 통해 전개된다는 점을 전제로 한 견해이다. 여기에서는 담당층의 직업성 및 도시적 서민성과 토대의 근대성, 노래의 상업성 및 보편적 향유성 등은 외적 조건으로서, 애정, 유흥, 생활 현실 등에서 겪는 여러 가지 정서의 분방하고 발랄한 표현은 내적 조건으로서 잡가의 대중가요적 성격을 이룬다고 보았다.

이런 설명은 19세기의 화려하고 세련된 수사적 정형 문법들이 적층됨으로써 그 언어 표현들이 여러 가창 장르에 활발히 실현되어 왔고 이전 시기부터 당대까지 생산과 적층을 거듭하던 문자적 표현 역량과 구술적 표현 역량이 잡가를 통해 한꺼번에 분출되었다고 보는 견해(성무경, 2004)로 이어진다. 이런 관점에서는 잡가의 노랫말이 가사, 시조, 판소리, 송서, 단가, 민요 등의 선행 장르로부터 추출되어 재구성된 것이라 본다.

이처럼 잡가는 그 이름에서처럼 다양한 성격을 동시적으로 구비한 장르이다. 이와 같은 갈래의 탄생은 근대 자본주의의 맹아기에 흥행을 추구하는 레퍼토리들이 당대 문화 향유층의 사회적·문화적 욕구에 영합한 결과로 볼 수 있을 것이다.

꼼꼼히 읽기

춘흥에 겨운 상상의 유산

날씨 좋은 봄날을 골라 유산에 나선 이의 시야에 포착되는 풍경을 만화경처럼 나열한 것이 〈유산가〉이다. 우선 원문에 충실하게 그 뜻을 새기며 일별해보자.

서두에서 화자는 벗님네를 불러들이고 곧바로 산천경개를 구경 가자고 말을 건넨다. 청자에게 말을 건네는 이러한 수사는 도심을 연행 현장으로 삼아 노래를 듣는 관객으로 하여금 노래의 정취에 몰입하도록 하는 데 효과적이었을 것이다. 이어서 노래는 산으로 들어간다. 죽장에 짚신을 신고 표주박 하나를 챙겨서 떠나는 가벼운 산행이다. 이제 시야에 잡히는 것은 화려한 색채로 어우러진 봄날의 산이다. 온 산에 꽃이 피어 붉은 가운데 한편에서 소나무와 대나무는 여전히 푸른빛을 뿜어내고 있으며, 온갖 꽃 사이로 나비는 가볍게 난다.

봄날에 새는 왜 없겠는가? 버드나무 위에서 노란 꾀꼬리가 어울려 노니는 것은 마치 황금 조각이 날리는 것 같고, 꽃과 꽃 사이를 나비가 옮겨 다니는 것은 마치 눈송이가 분분히 날리는 것처럼 보인다. 봄철의 풍경에 분홍빛 감도는 도화가 빠질 리 없다. 도화는 곧 무릉도원의 환유적 표상이니, 화자가 선 자리는 고기잡이배를 타고 물 따라 봄을 즐긴다는 무릉도원이나 다름없는 곳일 터. 가느다란 버드나무는 가지가지 푸르니, 화자는 이제 자신이 자리 잡은 곳을 도연명이 버드나무 다섯 그루를 심어두고서 인생을 즐겼던 황산 골짜기에 견준다.

이제 눈을 들어 하늘을 본다. 따뜻한 남쪽 나라에 갔던 제비는 돌아와 물을 차고 날아오르고, 작년 가을에 날아왔던 기러기는 월동을 끝내고 다시 북쪽을 향해 먼 길을 떠나려 한다. 여기에는 길고도 추웠던 겨울이 지나 봄이 오니 하늘의 주인도 교체된다는 뜻이 함축되어 있는 듯하다.

다시 하늘과 맞닿은 멀고 먼 산을 보니 첩첩이 놓여 있고, 눈앞에 서 있는 큰 산은 주춤 솟은 가운데 기암괴석이 층층이 쌓여 있으며, 키 큰 소나무는 가지가 늘어진 채 갑자기 불어오는 바람에 맞추어 흥에 겨워 춤을 춘다. 층층이 쌓인 바위 절벽 위에서 폭포수가 콸콸 쏟아지니 수정으로 만든 투명한 발을 드리운 듯하고, 이 골 물과 저 골 물이 한데 모여 위로 솟았다가 아래로 퍼졌다가 길게 흐르다가 방울이 되었다가 저 건너 병풍석으로 으르렁거리며 흐르다가 이내 은처럼 옥처럼 흩어지니, 전설적인 은둔자 소부와 허유가 문답을 주고받던 기산 영수가 자연스럽게 떠오를 만하다.

다시 새 소리가 들린다. 두견새 소리는 천고의 절개라 했고, 소쩍새 울음소리는 풍년이 들 조짐이라 했다. 여기에는 넉넉한 충만감이 담겨 있는 것으로 보인다. 그러다 보니 이제 아침에 떴던 해가 석양이 되어 있다. 오늘 하루 우리가 본 경치의 아름다움은 얼마나 무궁한 것인가. 이는 화자가 다시 관객들에게 동의를 구하는 수사라 하겠다.

이 노랫말에는 이질적인 문체가 공존하고 있다. 우선 한시를 인용한 부분들이 눈에 띄고 고사를 사용하는 구절도 있다. '죽장망혜 단표자'는 길 떠나는 나그네의 행장을 가리키는 상투적 구절이며, '화란춘성', '만화방창'은 화려한 봄을 묘사하는 상투적 구절이다. '유상앵비는 편편금 화간접무는 분분설'이라는 구절이나 '어주축수애산춘' 등은 한시 문구를 인유한 것이다. 이처럼 이 작품은 전체적으로 상투적 표현의 집합체라 여겨질 정도로 전형적인 표현으로 전형적인 장면을 묘사하고 있다. 그런가 하면 '우줄우줄', '주루루룩', '쌀쌀', '으르렁 콸콸'과 같은 의태어와 의성어도 빈번하게 등장한다. 음성상징어는 특정한 장면의 이미지를 즉각적으로 환기하는 데 효과적이다. 이 노래가 도심에서 연행되었다는 점을 고려하면 음성상징어가 왜 빈번하게 동원되었는지를 충분히 짐작할 만하다.

이 노래의 향유층은 계층적으로 사대부가 아니라, 한양이라는 도시의 중간 계층을 포함한 시정인이다. 그런데도 시어와 정서는 사대부들의 시가와 다를 것이 없다. 이는 사회적으로 하층에 속한 사람들이 상층 문화를 의식적으로 지향한 결과라 할 수 있다. 즉 민중들의 건강한 삶이나 태도, 미의식을 적절하게 표현해내지는 못한 것이다(김흥기, 1995). 그런 의미에서 〈유산가〉에서 보이는 자연미는 자연에 대한 순수한 응시 혹은 관찰을 통해 형성되는 미적 정감이 아니라, 쾌락 지향적 태도의 표출에 자연이 단지 소재로 활용된 데 불과하다고 보는 것이 더 옳다 하겠다. 연행 현장이 도심이라는 점을 고려해보면, 쾌락과 즐거움을 위한 모든 조건이 완벽히 구비된 유흥 공간에서 느끼는 자족감을 노래하는 것이지(박애경, 2017), 화자가 목도하고 있는 자연의 아름다움에 대한 찬양이라 보기는 어려운 것이다. 요컨대 여기에서 산은 상상적 완상의 대상일 따름이다.

잡가의 창자들은 노래를 흥행의 목적으로 불렀고, 그만큼 직업적 차원에서 잡가의 상품화를 추구했다. 한 사람의 창작자로서 자신의 삶과 세계에 대한 생각이나 느낌을 표현하기보다는 실존하는 청중 앞에서 연행하는 공연자로서 그들 수요층의 가상적 욕구에 걸맞은 표현구들을 활용하여 작품을 구성했던 것이다. 즉, 이들은 자신의 삶을 여실하게 반영하는 것이 아니라 자신들이 모방하고자 했던 양반층의 미의식과 취향을 반영하면서 잡가를 유행시켰다.

엮어 읽기

음성상징어의 시적 효과

〈유산가〉는 의성어와 의태어를 사용하여 리듬감을 형성함으로써 노래에 생동감과 역동성을 부여한다. 의태법은 사물의 모양이나 태도를 그대로 모방하여 표현하는 수사법이고, 의성법은 사물의 소리를 그대로 묘사하여 실제와 같이 표현하는 비유법이다. 이러한 음성상징어는 기표와 기의가 자의적으로 결합한다는 언어 기호의 일반적 특성에서 벗어나 유연성(有緣性)을 지닌 채 결합하는 특이한 사례에 해당한다. 소리와 모습을 모방한 말이기 때문에 청각적·시각적 심상을 거의 자동적으로 형성하는 시적 기능을 발휘한다.

'우줄우줄' 등의 의태어와 '주루루룩, 쌀쌀, 으르렁 콸콸' 등의 의성어를 구사하여 생동감과 우리말의 묘미를 살리고 있다. 특히 우리말에 국한하지 않고 '첩첩(疊疊), 층층(層層), 낙락(落落)' 등의 한자어까지도 반복을 통해 의태어의 효과를 내고 있다는 점도 주목된다. 이러한 흥겨움의 표현은 동적인 이미지를 충분히 구현하고 있는 우리말의 다채로운 활용과 어우러져 말의 묘미를 맛보게 한다.

판소리 연행에서는 음성상징어가 형상화 효과와 유희 효과를 낳는 것으로 보기도 한다(류수열, 2016). 널리 알려진 대로 판소리에서는 개별 장면을 최대한 다채롭게 묘사하는 것을 지향하기 때문에 다양한 색채어와 감각어가 허다하게 등장한다. 특히 판소리 사설이 문자로 정착되면서 지속적으로 개작된 소설의 문체와 비교해보면 이 점은 두드러진다. 판소리에서 의성어와 의태어가 무수히 활용되는 것도 이런 맥락에서 이해될 수 있다.

> 골방에 수청통인 우루루루 달려들어 춘향의 머리채를 휘휘 칭칭 감아쥐고, 급창, 춘향 잡아 내리랍신다. 벌떼 같은 군로 사령 와르르르르 달려들어 춘향의 머리채를 전전시전 연줄 감듯 휘휘 칭칭 감어쥐고 휠씬 너른 동헌 뜰에 내동댕이쳐, 잡아 내렸오. 형리 들라. 형리는 쌍창 앞에 엎드리어 벌벌벌 떨고 서있을 적에, 벌떼 같은 군로사령들은 전후좌우로 늘어섰것다. …(중략)… 급창이 받아 춘향 주니, 춘향이 붓대를 받아 들고 벌벌벌 떠는디, 죽기가 무서워 떠는 것이 아니라, 한양 삼청동 이몽룡씨 못 보고 죽을 일과, 칠십당년 노모 앞에 죽을 일을 생각하여 사지를 벌렁벌렁 떨더니 한 일자 마음 심자를 드르르 긋고 붓대를 내어 던지는구나.

〈춘향가〉의 한 대목이다. 휘모리장단에 얹혀서 불리는 이 대목은 수청을 거절한 춘향을 하인들이 동헌 뜰로 끌어내리는 장면을 묘사한 것이다. 지극히 짧은 순간인만큼 정황은 다급하고 분위기는 긴장된다. 이러한 정서적 효과는 기본적으로 정황 자체가 빚어내는 것이지만, 여덟 개에 이르는 음성상징어가 이를 적극적으로 보조하고 있다. 위의 장면에서 음성상징어가 이 정도로 많이 동원된 것은, 그것이 긴박감을 조성하는 서사적 정황과 매우 적실하게 어울리기 때문으로 볼 수 있다. 더욱이 가장 빠른 장단에 속하는 휘모리장단이 이들 음성상징어와 결합하면서 그 긴박감은 한층 더 증폭된다.

음성상징어는 기본적으로 소리나 모양을 그대로 모사해낸 말이기 때문에, 구체적인 형상을 환기하는 데는 직접적인 효과를 가진다. 특히 시에서도 의성어와 의태어는 많이 쓰면 쓸수록 운율 효과만이 아니라 표현성까지도 비례해서 증가하게 된다. 의성어와 의태어 구사를 일종의 금기로 여기고 있는 한시에서도 생동감 있게 재현하려 할 때는 불가피하게 음성상징어를 쓰게 되는 경우가 있다. 이는 모두 음성상징어가 지닌 표현적 기능을 보여준다.

판소리에서 음성상징어의 역할은 형상을 제시하는 표현적 효과에만 머무르지 않는다. 음성상징어의 성립 요건으로 유사음(類似音)의 반복이 꼽히는 데서 알 수 있듯이, 음성상징어는 그 자체로 반복적 율동감을 갖는다. 이 점에서 음성상징어는 정보 제공이라는 언어의 기능과는 무관하며, 감정과 유희를 기호화한 결과이다. 특히 주목되는 점은 음성상징어의 유희적 효과가 일반적인 통사론적·의미론적 기능을 배반하는 데서 비롯되는 경향이 강하다는 것이다. 아래 인용된 〈심청가〉 사설은 음성상징어의 이러한 특성을 적절하게 보여준다.

> "아이고 이것이 웬 말이냐? 워따 동네 사람들, 우리 마누라가 죽었소? 허허허어 참으로 죽었소? 아이고 마누라, 죽을 줄 알았으면 약 지러 가지 말고 머리맡에 앉었다 극락 세계로 가라고 염불이나 해 줄 것을. 약능활인이요, 병불능살인일더니 약이 모두 원수로다." 약그릇을 번뜻 들어 방바닥에 부딪치고, 섰다 꺼꾸러져 데그르르르르 궁글러보고, 가슴을 쾅쾅 치고 머리도 찌걱찌걱 두 발을 둥둥둥둥, 여광여취 실성발광 남지서지를 가르쳐, "아이고 마누라, 마오. 죽지 마오. 평생의 정한 뜻을 사생동거 보잤더니 염라국이 어디라고 날 버리고 가랴시오? 아이고, 마누라, 마누라, 마누라, 마누라, 이게 웬일이요? 인제 가면 언제 와요?" 목제비질을 덜컥덜

컥 이리저리 헤매이며 "아이고 마누라, 아이고 이를 어쩔거나."

처를 잃은 심 봉사가 극도로 비장한 심경을 토로하는 이 대목은 심 봉사 자진 사설로 불린다. 이 사설에서 주목되는 것은 심 봉사라는 인물의 말과 서술자의 말이 어조 면에서 커다란 차이를 보이고 있다는 점이다. 심 봉사는 상황의 심각성에 어울리지 않게 "약능활인(藥能活人)이요, 병불능살인(病不能殺人)"이라는 문식까지 발휘하면서 탄식을 한다. 그런데 서술자는 인물이 처한 상황과 무관하게 해학적 어조로 일관하고 있다. 이때 그 해학적인 태도를 한껏 강화해주는 언어적 장치가 바로 음성상징어이다. 이는 음성상징어를 통한 묘사가 일반적으로 부정적인 함축을 포함하며, 동시에 행위나 태도를 과장하는 효과를 가진다는 점과 관련된다. 특히 이 사설에서는 '여광여취', '실성발광', '남지서지', '이리저리' 등 음성상징어가 아닌 어휘들마저도 유음의 반복을 통해 음성상징어와 동일한 기능을 함으로써 해학적 분위기를 한층 고조시킨다.

판소리에서는 실재하는 사물과 현상을 음성언어로 재현하고자 하는 극적 욕구를 '너름새'로 설명하곤 한다. 신재효(申在孝)는 〈광대가(廣大歌)〉를 통해 "너름새라 하는 것이 귀성 지고 맵시 있고 경각의 천태만상 위선위귀 천변만화 좌상의 풍류호걸 귀경하는 노소남녀 울게 하고 웃게 하는 이 귀성 이 맵시가 어찌 아니 어려우며…"라고 하면서 '너름새'를 소리꾼의 주요한 자질로 규정하였다. 이렇듯 너름새는 창자의 연행에 대한 청관중의 호응도나 정서적 감응에 큰 영향을 미치는 요소라 할 수 있다. 음성상징어는 이 너름새를 위해 요구되는 가장 핵심적인 요소 중의 하나이다. 〈유산가〉 또한 일종의 연행문학이므로, 여기에서의 음성상징어 역시 판소리에서와 다를 바 없는 연행 효과를 창출하고 있는 것으로 보인다.

참고문헌

고미숙(1994), 「대중가요의 선구, 20세기 초반 잡가 연구」, 『역사비평』 24, 역사문제연구소.
고정옥(1949), 『조선민요연구』, 수선사.
김풍기(1995), 「교과서 수록 작품 선택의 기준과 〈유산가〉」, 『한국언어문화』 13, 한국언어문화학회.
김학성(2002), 「잡가의 생성기반과 사설 엮음의 원리」, 『신편 고전시가론』, 새문사.
류수열(2016), 「판소리 문학의 음성상징어」, 『새국어생활』 26(1), 국립국어원.
박성의(1967), 「한국 시가문학사」, 『한국문학사대계』, 고려대학교 민족문화연구소.
박애경(2017), 「19세기말 · 20세기초 시정문화의 동향과 잡가 〈유산가〉」, 『한국문화연구』 33, 이화여자대학교 한국문화연구원.
백대웅(1997), 「잡가발생의 시대적 당위성과 전개과정」, 『예술논문집』 36, 대한민국예술원.
성무경(2004), 『조선후기 시가문학의 문화담론 탐색』, 보고사.
이노형(1992), 「한국 근대 대중가요의 역사적 전개 과정 연구」, 서울대학교 박사학위논문.
이병기(1965), 『국문학 전사』, 신구문화사.
이창배(1976), 『한국 가창 대계』, 홍인문화사.
이태극(1964), 「가사 개념의 재고와 장르고」, 『국어국문학』 27, 국어국문학회.
정병욱(1981), 『한국의 판소리』, 집문당.
정재호(1982), 『한국 가사 문학론』, 집문당.
조윤제(1955), 『국문학 개설』, 동국문화사.
조윤제(1948), 『조선 시가의 연구』, 을유문화사.
최동현 외(2005), 『교주본 심청가』, 민속원.

표제 작품 목록

인용 작품 목록

제목	저자	면수
사미인곡	정철	136
상대별곡	권근	215
생각하는 백성이라야 산다	함석헌	293
선인교 나린 물이	정도전	249
설색궤가	주몽	38
성산별곡	정철	399
소상팔경시	이인로	216
송인	정지상	171
슬픈 장례식(Funeral Blues)	위스턴 휴 오든(Wystan Hugh Auden)	272
시집살이 노래	미상	177
심청가	한애순 창본	471
심청가	신재효본	513
심청전	미상	22
애원애기 노래	미상	154
어부단가	이현보	330
어이 못 오던가	미상	272
어촌의 낙조ᄒᆞ고	미상	370
열하일기	박지원	489
오관산	미상	153
오륜가	김상용	303
오백년 도읍지를	길재	248
오우가	윤선도	109
오적	김지하	479
원왕생가	광덕	82
월령체 민요	미상	145
유홍	허난설헌	430
이 바쁜 때 웬 설사	김용택	360
이니스프리의 호도(The Lake Isle of Innisfree)	윌리엄 버틀러 예이츠(William Butler Yeats)	161
이별가	박목월	21